T0161593

V&R

Für Birgit,
Leonard und Eleonore

Christoph Raedel

Methodistische Theologie im 19. Jahrhundert

Der deutschsprachige Zweig der Bischöflichen Methodistenkirche

Vandenhoeck & Ruprecht

KIRCHE – KONFESSION – RELIGION
(vormals: Kirche und Konfession)

Veröffentlichungen des Konfessionskundlichen Instituts
des Evangelischen Bundes

Band 47

Herausgegeben von
Hans-Martin Barth, Jörg Haustein und Helmut Obst

Umschlagabbildung: Aus: Geschichte der Zentral Deutschen Konferenz
einschließlich der Anfangsgeschichte des deutschen Methodismus,
herausgegeben von C. Golder u. a., Cincinnati o.J., S. 75.

Bibliografische Information der Deutschen Bibliothek

Die Deutsche Bibliothek verzeichnet diese Publikation in der
Deutschen Nationalbibliografie; detaillierte bibliografische Daten sind
im Internet über <http://dnb.ddb.de> abrufbar.

ISBN 3-525-56952-1

Satz: Satzspiegel, Nörten-Hardenberg
Druck und Bindung: Hubert & Co., Göttingen

Gedruckt auf alterungsbeständigem Papier.

Vorwort

Die ersten konkreten Anregungen zur Beschäftigung mit methodistischer Theologie verdanke ich einem im Rahmen meines Theologiestudiums in Cambridge verbrachten Auslandsstudienjahr. Aus der Beschäftigung mit der Theologie John Wesleys heraus erwuchs schon bald ein Interesse für den Fortgang der methodistischen Theologie im 19. Jh. Anknüpfend an dieses Interesse, lenkte Pastor i. R. Karl Heinz Voigt (Bremen) meine Aufmerksamkeit auf Wilhelm Nast und den deutschsprachigen bischöflichen Methodismus. Prof. Dr. Helmut Obst bot mir die Möglichkeit an, die Theologie des deutschsprachigen Methodismus im 19. Jh. im Rahmen eines Dissertationsprojekts zu untersuchen. Die nun vorliegende, im Herbst 2002 von der Theologischen Fakultät der Martin-Luther-Universität Halle-Wittenberg angenommene Dissertation wäre ohne die bereitwillige und freundliche Unterstützung einiger Förderer und Freunde, denen ich an dieser Stelle ausdrücklich danken möchte, nicht zustande gekommen.

Mein Dank gilt zunächst der Begabtenförderung der Konrad-Adenauer-Stiftung, durch die ich seit dem zweiten Studiensemester gefördert wurde und die mir mit der Gewährung eines dreijährigen Graduiertenstipendiums ein konzentriertes Arbeiten ermöglichte. Notwendige Forschungsaufenthalte an verschiedenen Orten in den USA wurden darüber hinaus durch Unterstützung der Norddeutschen Jährlichen Konferenz meiner Evangelisch-methodistischen Kirche sowie mit einem Bridwell Library Visiting Scholar Fellowship der Southern Methodist University Dallas/Texas möglich. Aus der Vielzahl der Mitarbeiterinnen und Mitarbeiter, die mich in amerikanischen Archiven und Bibliotheken in vielfältiger Weise unterstützt haben, möchte ich namentlich Dr. David Himrod in Evanston/Illinois nennen. Mein besonderer Dank gilt an dieser Stelle Frau Dorothea Sackmann vom Zentral-Archiv der Evangelisch-methodistischen Kirche in Reutlingen. In sehr großzügiger und vertrauensvoller Weise hat sie mir die Nutzung der in Reutlingen vorhandenen Archivmaterialien gestattet. Eine umfassende und gründliche Auswertung der teilweise in schlechtem Zustand befindlichen und zumeist unersetzlichen Quellenmaterialien wäre ohne die Bereitwilligkeit von Frau Sackmann nicht möglich gewesen.

Meinem Vater, Helmut Raedel, danke ich für das Transkribieren einer Reihe handschriftlicher Manuskripte, womit er mir eine für mich sehr zeitintensive, wenn überhaupt zu leistende Tätigkeit abnahm. Pastor Karl Heinz Voigt war jederzeit bereit, bei der Beschaffung von Quellenmaterialien behilflich zu sein. Teile des Typoskripts sind von Dr. Gunter Stemmler (Frankfurt am Main) kritisch durchgesehen worden; bei der Endkorrektur der Arbeit hat mich zudem mein Bruder, Martin Raedel, eifrig unterstützt. Die Erstellung des Zweit- und Drittgutachtens übernahmen Herr Prof. Dr. Arno Sames (Halle) sowie Prof. Dr. Erich Geldbach (Bochum). Dem Verlag, und hier insbesondere Frau Eva Jain, danke ich für die gute Zusammenarbeit bei der Fertigstellung des Buches.

Meinem Doktorvater Herrn Prof. Dr. Helmut Obst, danke ich für die stets kritische, aber immer ermutigende und sehr persönliche Begleitung meines Dissertationsprojekts von den ersten Anfängen bis zur Fertigstellung. Sein Interesse an der Thematik dieser Arbeit und der weite Horizont seines theologischen Denkens, das auch vernachlässigte Nebenzweige christlicher Theologie nicht unberücksichtigt läßt, hat diese Arbeit überhaupt erst ermöglicht und ihren Fortgang beflügelt. Prof. Obst hat auch die Aufnahme meiner Arbeit in die Reihe KKR unterstützt. Mein herzlicher Dank gilt fernerhin meiner Frau Birgit, deren sanftes Drängen zu einem rechtzeitigen Abschluß dieser Arbeit beigetragen hat. Sie trug in den vergangenen Jahren die Hauptlast bei der Erziehung unserer zwei Kinder, denen zwar mittlerweile Namen wie John Wesley und Wilhelm Nast vertraut sind, die für diese Bekanntschaften aber den Preis der zwar selten physischen, aber um so öfter geistigen Abwesenheit ihres Vaters gezahlt haben. Meiner Frau und meinen Kindern widme ich diese Arbeit.

Eine Reihe von Institutionen hat dankenswerterweise das Erscheinen dieses Buches durch Druckkostenzuschüsse unterstützt: die Norddeutsche Jährliche Konferenz der Evangelisch-methodistischen Kirche, die Studiengemeinschaft für Geschichte der Evangelisch-methodistischen Kirche, der Arbeitskreis für evangelikale Theologie, die Calwer Verlagsstiftung und die Evangelische Landeskirche in Württemberg.

Spätestens im Angesicht einer manchmal unberechenbar erscheinenden Computertechnik dürfte auch einem Theologen klar werden, daß die Fertigstellung eines auf Jahre hin angelegten Projekts nicht in seiner, sondern in Gottes Hand liegt. Mein Dank gegenüber Gott erwächst im besonderen aus der Tatsache, daß mir, der ich wiederholt mit Netzhautproblemen zu kämpfen hatte, über die letzten Jahre hinweg das Augenlicht geschenkt worden ist, ohne das Lesen und Schreiben, und damit als Ergebnis diese Arbeit, nicht möglich gewesen wären.

Reutlingen am Reformationsfest 2003   *Christoph Raedel*

Inhalt

1. Einleitung

1.1. Der deutschsprachige Methodismus: Ein geschichtlicher Überblick

a) Der Methodismus in der kirchengeschichtlichen Forschung Deutschlands

Die Evangelisch-methodistische Kirche (EmK) als Teil der weltweiten United Methodist Church wird heute in Deutschland als eine der „klassischen" Freikirchen bezeichnet; sie hat ökumenische Anerkennung und insbesondere durch ihre sozialdiakonische Wirksamkeit auch ein gewisses Maß an gesellschaftlicher Akzeptanz gefunden. Und dennoch wird in Deutschland der Begriff „Methodismus" zumeist mit der englischsprachigen Welt in Verbindung gebracht – freilich nicht zu Unrecht. Daß und wie dem Methodismus im 19. Jh. der Übergang in den deutschen Sprachraum gelang, hat dagegen deutlich weniger Interesse gefunden, wie ein Blick auf die kirchengeschichtlichen Standardwerke der Gegenwart beweist. Hier werden gewöhnlich der englische Methodismus des 18. sowie der nordamerikanische Methodismus des 19. Jh. berücksichtigt[1] – allerdings ohne daß die Ausbreitung des Methodismus nach Deutschland und in die Schweiz in den Blick kommt. Lediglich der von Martin Jung verfaßte Band in der Reihe *Kirchengeschichte in Einzeldarstellungen* bildet mit seiner immerhin ansatzweisen Berücksichtigung der im Deutschland des 19. Jh. tätigen Freikirchen eine positive Aus-

---

1 Vgl. Kurt Dietrich Schmidt, Grundriß der Kirchengeschichte, 6. Aufl. Göttingen 1975, 524 ff.; Hans-Walter Krumwiede, Geschichte des Christentums, Bd. 3: Neuzeit: 17. bis 20. Jahrhundert, Stuttgart 1977, 128 f.; Erich Beyreuther, Die Erweckungs-Bewegung, 2. erg. Aufl. Göttingen 1977, 5 ff.; Martin Greschat, Das Zeitalter der Industriellen Revolution. Das Christentum vor der Moderne, Stuttgart 1980, 29 ff., passim. Immerhin berücksichtigt Greschat die Entwicklung des britischen Methodismus nach Wesleys Tod; jedoch finden die Freikirchen mit Blick auf Deutschland keine Berücksichtigung. Vgl. weiter Bernd Moeller, Geschichte des Christentums in Grundzügen, 5. verb. und erweit. Aufl. Göttingen 1992, 324 f. Auch die mehrbändige Geschichte des Pietismus hat lediglich einen Abschnitt zum Methodismus bis Wesleys Tod; vgl. Patrick Streiff, „Der Methodismus bis 1784/1791", in: Martin Brecht u. a. (Hg.), Geschichte des Pietismus, Bd. 2: Der Pietismus im achtzehnten Jahrhundert, Göttingen 1995, 617–665.

nahme.[2] Nun handelte es sich bei den im Deutschland der zweiten
Hälfte des 19. Jh. aktiven methodistischen Kirchen (ebenso wie bei
der EmK heute) um im Vergleich zu den evangelischen Landeskirchen numerisch marginale Größen. Dennoch überrascht der Befund
insofern, als ein Blick auf die vor mehr als 100 Jahren in Deutschland Fuß fassenden methodistischen Kirchen auch aus der Perspektive des landeskirchlichen Protestantismus notwendig erscheinen
müßte, um z. B. die (Vor)Geschichte der ökumenischen Bewegung,[3]
die Entwicklung der Heiligungsbewegung in den siebziger Jahren[4]
und die Entstehung der Gemeinschaftsbewegung in den achtziger
Jahren des 19. Jh.[5] historisch sachgemäß einordnen zu können. Vielleicht ist es kein Zufall, daß auch die beiden zuletzt genannten
Bewegungen in der deutschen Forschung bislang nur geringe Beachtung gefunden haben.

Vor dem Hintergrund dieser Beobachtungen scheint es angezeigt,
im Rahmen dieser Einleitung den geschichtlichen Entwicklungsgang
des deutschsprachigen Methodismus zu skizzieren und dabei den Begriff selbst im Hinblick auf die nachfolgende Untersuchung einzu-
grenzen.

b) Der deutschsprachige Methodismus in den Vereinigten Staaten

Infolge der Loslösung der amerikanischen Kolonien von der britischen
Krone im Jahr 1776 und der damit verbundenen Auflösung der ko-
lonialen Kirchenstrukturen entstand mit der „Christmas Conference"
im Jahr 1784 die Methodist Episcopal Church (MEC), zu deren ersten
Superintendenten (später Bischöfe genannt) Francis Asbury und Thomas Coke gewählt wurden. Innerhalb von gut sechzig Jahren, in der
Zeitspanne von 1784 bis 1850, wuchs die amerikanische Methodistenkirche von wenigen tausend auf über eine Million Mitglieder an und
verbreitete sich über das gesamte damals besiedelte Territorium der
Vereinigten Staaten. Maßgeblich für diese rasante Entwicklung waren
einerseits die kirchlichen Strukturen, in denen sich eine straffe hier-

---

2 Der Protestantismus in Deutschland von 1815 bis 1870, 99 ff.; vgl. auch 24 f.
3 Vgl. Karl Heinz Voigt, Die Evangelische Allianz als ökumenische Bewegung. Freikirchliche Erfahrungen im 19. Jahrhundert, Stuttgart 1990.
4 Vgl. Karl Heinz Voigt, Die Heiligungsbewegung zwischen Methodistischer Kirche
  und Landeskirchlicher Gemeinschaft. Die „Triumphreise" von Robert Pearsall Smith
  im Jahre 1875 und ihre Auswirkungen auf die zwischenkirchlichen Beziehungen,
  Wuppertal 1996.
5 Vgl. Karl Heinz Voigt, „Theodor Christlieb, die methodistischen Kirchen und die
  Gemeinschaftsbewegung. Ist die Bezeichnung ‚Neupietismus' für die ‚Gnadauer' historisch haltbar?", Monatshefte für Evangelische Kirchengeschichte des Rheinlandes
  45/46 (1996/97) 283–319.

archische Leitung mit dem flexiblen Einsatz der Reiseprediger verband, und andererseits die erwecklich-missionarische Theologie, die
faktisch jedes Mitglied zu einem Missionar in seinem persönlichen
Umfeld werden ließ.

Nach seiner Bekehrung im Jahr 1791 schloß sich Jakob Albrecht
(1759–1808) der Methodistenkirche an.[6] Er war der Sohn deutscher
Auswanderer aus der Pfalz. Infolge seiner geistlichen Erfahrung begann er, unter den in Pennsylvania, Virginia und Maryland siedelnden
Deutschen das Evangelium zu verkündigen. Sein Wunsch, innerhalb
der Methodist Episcopal Church eine eigenständige ausschließlich
deutschsprachige Missionsarbeit zu organisieren, wurde jedoch von
Bischof Asbury abgelehnt, der angesichts damals sinkender Einwandererzahlen einer bilingualen, auf rasche „Amerikanisierung" der
Deutschen ausgerichteten Missionsarbeit den Vorzug gab. So kam es
zur Trennung Albrechts von der Methodistenkirche und zur Bildung
einer ausschließlich unter den Deutschen Amerikas wirkenden Gemeinschaft, die sich rasch zu einer eigenständigen Kirche entwickelte
und 1816 den Namen „Evangelische Gemeinschaft" (EG) annahm.[7]
Sie erlebte im 19. Jh. Zeiten starken Wachstums, aber auch heftiger
interner Auseinandersetzungen, die 1894 zur Spaltung der Kirche
führten. Die Theologie der Evangelischen Gemeinschaft ist von William Henry Naumann erforscht worden,[8] der allerdings auf die für
das Selbstverständnis der EG zentralen Fragen der Heiligungslehre
nicht eingeht, möglicherweise weil einschlägige Studien dazu bereits
vorlagen.[9] In der nachfolgenden Untersuchung wird die Theologie der
Evangelischen Gemeinschaft *nicht* weiter berücksichtigt werden, da
wir uns hier auf den deutschsprachigen Methodismus innerhalb der
Methodist Episcopal Church beschränken wollen. Wo im folgenden
der Kürze halber vom „deutschsprachigen Methodismus" die Rede
ist, wird dann der deutschsprachige Methodismus innerhalb der MEC
gemeint sein.

---

6 Zum folgenden vgl. Karl Heinz Voigt, Jakob Albrecht. Ein Ziegelbrenner wird
  Bischof, Stuttgart 1997; Arthur Core, „Die Evangelische Vereinigte Brüderkirche in
  den Vereinigten Staaten von Amerika (Evangelical United Brethren Church; in
  Deutschland: Evangelische Gemeinschaft)", in: Karl Steckel/C. Ernst Sommer (Hg.),
  Geschichte der Evangelisch-methodistischen Kirche, Stuttgart 1982, 59–63; Ray-
  mond W. Albright, A History of the Evangelical Church, Harrisburg 1945, 21 ff.
7 Eine ältere, aber unverändert wichtige Darstellung der Geschichte bietet Ruben
  Jäckel, Geschichte der Evangelischen Gemeinschaft, 2 Bde., Cleveland 1890/1895;
  vgl. weiter: J. Bruce Behney/Paul H. Eller, The History of the Evangelical United
  Brethren Church, Nashville 1979.
8 Theology in the Evangelical United Brethren Church, unveröffentl. Dissertation
  (Yale) 1965.
9 Vgl. Ralph Kendall Schwab, The History of the Doctrine of Christian Perfection
  in the Evangelical Association, Menasha 1922.

Die Anfänge dieses letztgenannten Kirchenzweiges sind mit dem Namen Wilhelm Nast (1807–1899) verbunden.[10] Der gebürtige Stuttgarter Nast war unter dem Eindruck einer lebendigen Glaubenserfahrung zu dem Entschluß gelangt, sich im Basler Missionshaus auf den Dienst eines Missionars vorzubereiten. Da ihn sein bereits verstorbener Vater jedoch für den Pfarrdienst in der Württembergischen Landeskirche bestimmt hatte, begann Nast nach dem Besuch des evangelischen Seminars in Blaubeuren, als Stipendiat des Tübinger Stifts an der Universität in Tübingen Theologie zu studieren. Nach zwei Jahren waren die Glaubenszweifel in ihm so stark geworden, daß er sein Studium abbrach, die vom Staat getragenen Kosten aus eigenem Vermögen bezahlte und nach Amerika auswanderte, wo er im Herbst 1828 eintraf. Seiner anhaltenden inneren entsprach eine äußere Unruhe, die sich in häufig wechselnden Anstellungsverhältnissen niederschlug. So arbeitete Nast zunächst als Hauslehrer in Pennsylvania, dann als Bibliothekar an der Militärakademie Point West, um schließlich an zwei Colleges wiederum als Lehrer tätig zu sein. Nach mehrjährigem intensiven Bußkampf und verzweifelter Suche nach „wahrer Ruhe" für seine Seele erlangte er am 18. Januar 1835 während einer methodistischen Abendmahlsfeier in Danville (Ohio) die Gewißheit eines lebendigen Glaubens und schloß sich der Methodistenkirche an. Nach seiner Aufnahme auf Probe in die Ohio Conference wirkte er ab Herbst 1835 als Missionar in Cincinnati, das damals zu ca. einem Drittel von Deutschen bevölkert war. Infolge seiner Tätigkeit sowohl in Cincinnati als auch im Norden Ohios entstanden kleine methodistische „Klassen", aus denen schon bald eine Anzahl weiterer deutscher Prediger hervorging. Da Nast weder das Reiten noch das Predigen sonderlich lagen, schätzte er sich glücklich, 1839 den Posten eines Editors der neugegründeten deutschsprachigen Wochenzeitung *Der Christliche Apologete* übernehmen zu können, einen Posten, den er über mehr als fünfzig Jahre hinweg ausfüllte. In dieser Funktion

---

10 Vgl. Karl Heinz Voigt, „Wilhelm Nast", BBKL, Bd. 6, 464–468 (Lit.); ders., „Der deutschsprachige Zweig der Methodistenkirche in den Vereinigten Staaten von Amerika", in: Karl Steckel/C. Ernst Sommer (Hg.), Geschichte der Evangelisch-methodistischen Kirche, 39–58; Carl Wittke, William Nast. Patriarch of German Methodism, Detroit 1959; Friedrich Wunderlich, Brückenbauer Gottes, Frankfurt am Main 1963, 11–44; Paul Douglass, „Bilingual Work and the Language Conferences", in: Emory Steven Bucke, The History of American Methodism, Bd. 3, Nashville 1964, 476 ff. Wichtige biographische Quellentexte sind: Biographischer Abriß W. Nasts, von seiner Schwester Wilhelmine Süßkind überliefert [Zeitraum 1828–1844] (MS); Adam Miller, Experience of German Methodist Preachers, 59 ff.; Charles Nordhoff, „Rev. William Nast", Ladies' Repository, October 1864, 577–580; [W. Nast], „Meine Eindrücke beim Rückblick auf achtzig Jahre", ChrAp 49 (1887) 408; [W. Nast], „Dr. W. Nast's Lebensführung und Bekehrung. Von ihm selbst erzählt", ChrAp 56 (1894) 115.

verantwortete er auch das Buchwesen des deutschsprachigen Kirchenzweiges, edierte mehr als vierzehn Bücher anderer Autoren in überarbeiteter Form und verfaßte zwei Katechismen sowie einen umfangreichen Kommentar zu den synoptischen Evangelien. Das deutschsprachige Werk breitete sich indessen Richtung Westen bis nach Missouri, Richtung Osten bis nach New York aus, wo eine Hafen-Mission die Einwanderer aus Europa in Empfang nahm.[11] 1844 beschloß die Generalkonferenz, das höchste beschlußfassende Gremium der Methodistenkirche, die Bildung von zunächst drei eigenständigen Distrikten für den deutschen Kirchenzweig. Zugleich kam es mit der Bildung der Methodist Episcopal Church South auch zur Entstehung eines – zahlenmäßig kleinen – deutschsprachigen Missionszweiges der südlichen Methodisten, der hier nicht berücksichtigt werden kann.[12] Zwanzig Jahre später hatte das deutschsprachige Werk der nördlichen Methodisten Kalifornien und Texas erreicht. Die Generalkonferenz 1864 entschied nun, drei deutschsprachige Jährliche Konferenzen zu organisieren, die zu dieser Zeit über 300 Reiseprediger und 26000 Mitglieder zählten. Sowohl die Zahl der Kirchenglieder als auch die der Jährlichen Konferenzen wuchs in der zweiten Hälfte des 19. Jh. weiter an. Ursache waren – vor dem Hintergrund wachsender Einwandererzahlen – auch hier die intensive Evangelisationsarbeit und Gemeinschaftspflege. Weitere Publikationen, wie das Familienmagazin *Haus und Herd* (ab 1872) entstanden, Schulen und Seminare konnten, häufig dank großzügiger Spenden und Vermächtnisse, errichtet werden. In Waisen- und Altersheimen sowie durch das Diakonissenwerk „Bethanien" engagierten sich die deutschsprachigen Methodisten im sozialen Bereich. Wilhelm Nast, der als der bedeutendste Theologe des deutschsprachigen Methodismus im 19. Jh. im folgenden besonders zu berücksichtigen sein wird, starb am 16. Mai 1899. Wie kein anderer Theologe hatte Nast über Jahrzehnte hinweg durch die wöchentlich aus seiner Feder stammenden sowie durch die von seiner Hand ausgewählten Artikel im *Christlichen Apologeten* den deutschsprachigen

---

11 Zur Geschichte des deutschsprachigen Zweiges der amerikanischen Methodistenkirche vgl. auch Paul F. Douglass, The Story of German Methodism; New York/Cincinnati/Chicago 1939; John L. Nuelsen/Theophil Mann/J. J. Sommer, Kurzgefaßte Geschichte des Methodismus, 2. durchgesehene und erweiterte Aufl. Bremen 1929, 500–518.

12 Die Nichtberücksichtigung des deutschsprachigen Kirchenzweiges der MEC South liegt weniger in der Tatsache von dessen kirchlicher Eigenständigkeit gegenüber den Nordstaaten-Methodisten begründet, als vielmehr in dem Umstand, daß das Organ der südlichen deutschsprachigen Methodisten, der *Evangelische Apologete*, offenbar in keinem Archiv mehr vorhanden ist und daher nicht ausgewertet werden konnte. 1866 gab es 28000 deutschsprachige Methodisten innerhalb der MEC und 2000 innerhalb der MEC South; vgl. W. Nast, Der Hundertjährige Bestand des Amerikanischen Methodismus, Cincinnati 1866, 37.

Methodismus geprägt. Von keinem anderen Theologen dieses Kirchenzweiges besitzen wir daher so umfangreiches Quellenmaterial wie von Nast.

c) Der Methodismus in Deutschland

Die deutschen Auswanderer, die sich in den Vereinigten Staaten der Methodistenkirche angeschlossen hatten, hielten vielfältige Verbindungen in die alte Heimat.[13] Im Jahr 1849 waren die Voraussetzungen dafür gegeben, um in Deutschland mit einer Missionsarbeit beginnen zu können.[14] Für den Beginn seiner Tätigkeit hatte sich Ludwig Sigismund Jacoby (1813–1874) die Hansestadt Bremen ausgewählt, die auf der Grundlage eines mit den Vereinigten Staaten bestehenden Freundschafts- und Handelsvertrages amerikanischen Staatsbürgern – wie Jacoby einer war – besondere Schutzrechte einräumte.[15] Seine erste Predigt hielt Jacoby am 23. Dezember 1849 in einem angemieteten Saal des Krameramthauses. Von Anfang an zielte Jacoby auf die Bildung einer methodistischen Kirche. Es wurden „Klassen" gebildet und Prediger in die noch 1850 gebildete Jährliche Missionskonferenz aufgenommen. In den meisten deutschen Staaten sahen sich die Methodisten dem Widerstand staatlicher und kirchlicher Behörden ausgesetzt. Dennoch breitete sich der Methodismus, insbesondere in Sachsen und Württemberg sowie in der Schweiz, weiter aus. Die Anfänge der methodistischen Wirksamkeit in Sachsen[16] gehen auf Erhardt Wunderlich (1830–1895) zurück, der sich nach seiner Auswanderung in die Vereinigten Staaten der Methodistenkirche angeschlossen hatte und bald darauf nach Deutschland zurückgekehrt war. Ermutigt vom Heilsverlangen einiger Verwandter predigte er im sächsisch-thüringischen Raum. Anfänglich ohne Verbindung zu Jacoby in Bremen unterstellte er sich bereits 1852 der von Jacoby geleiteten Bischöflichen Methodistenkirche in Deutschland. Die Arbeit der bischöflichen Methodisten in Württemberg begann mit der Entsendung

---

13 Vgl. Karl Heinz Voigt, „Die Bedeutung der Auswanderung für die Ausbreitung der methodistischen Kirchen in Deutschland", MSGEmK 16 (Oktober 1995) 3–29.
14 Zur Deutschlandmission vgl. Karl Heinz Voigt, „Die Methodistenkirche in Deutschland", in: K. Steckel/C. E. Sommer (Hg.), Geschichte der EmK, 87–93; F. Wunderlich, Brückenbauer Gottes, passim; J. L. Nuelsen/T. Mann/J. J. Sommer, Kurzgefaßte Geschichte des Methodismus, 601–650; P. Douglass, The Story of German Methodism, 96–130.
15 Vgl. Karl Heinz Voigt, „Ein amerikanisch-hanseatischer Vertrag in seiner Bedeutung für die methodistische Kirche", MSGEmK 7 (Oktober 1986) 40–51.
16 Zur Geschichte des sächsischen Methodismus vgl. auch Rüdiger Minor, Die Bischöfliche Methodistenkirche in Sachsen, Ihre Geschichte und Gestalt im 19. Jahrhundert in den Beziehungen zur Umwelt, o. O. o. J. [1968].

von Ludwig Nippert nach Heilbronn im Herbst 1851. Im Laufe der nächsten Jahrzehnte, v. a. nach 1870, wurden weitere Gebiete für die Mission erschlossen; die Zahl der Glieder und Probeglieder belief sich im Jahr 1871 auf mehr als 7000. In Bremen war ein Traktathaus sowie eine 1869 nach Frankfurt/Main verlegte „Missionsanstalt" zur Predigerausbildung entstanden. Bis 1886 waren Deutschland und die Schweiz in einer gemeinsamen Missionskonferenz zusammengefaßt.

Neben der Bischöflichen Methodistenkirche – so die offizielle deutsche Bezeichnung für Methodist Episcopal Church – wirkten seit dem zweiten Drittel des 19. Jh. auch andere Kirchen wesleyanischen Ursprungs in Deutschland. Dazu zählen die Wesleyanische Methodistengemeinschaft als Zweig des britischen Methodismus,[17] die bereits erwähnte Evangelische Gemeinschaft[18] sowie die Vereinigten Brüder in Christo, eine weitere in den Vereinigten Staaten entstandene deutschsprachige Denomination methodistischer Prägung.[19] Sie werden in der weiteren Untersuchung zur Theologie des deutschsprachigen Methodismus allerdings nicht berücksichtigt, da wir uns hier auf den bischöflichen Methodismus beschränken. *Deutschsprachiger Methodismus meint im folgenden den deutschsprachigen Kirchenzweig der Methodist Episcopal Church in den Vereinigten Staaten, Deutschland und der Schweiz.*[20]

1.2. Erforschungsstand der Theologie des deutschsprachigen Methodismus

Während die *Geschichte* des deutschsprachigen Methodismus innerhalb der Methodist Episcopal Church bis in die Gegenwart immer wieder Gegenstand mehr oder weniger kritischer Darstellungen geworden ist, kann die *Theologie* des deutschsprachigen Kirchenzweiges

---

17 Vgl. Friedemann Burkhardt, Christoph Gottlob Müller und die Anfänge des Methodismus in Deutschland, Göttingen 2003. Eine ältere Darstellung bietet Ludwig Rott, Die englischen Beziehungen der Erweckungsbewegung und die Anfänge des Wesleyanischen Methodismus in Deutschland, Frankfurt am Main 1968.

18 Vgl. R. Albright, A History of the Evangelical Church, 414–431; Paul Wüthrich, „Die Evangelische Gemeinschaft im deutschsprachigen Europa", in: K. Steckel/C. E. Sommer (Hg.), Geschichte der EmK, 149–183; Ulrike Schuler, Die Evangelische Gemeinschaft. Missionarische Aufbrüche in gesellschaftspolitischen Umbrüchen, Stuttgart 1998, 31 ff. (Lit.).

19 Eine ausführliche Darstellung der Deutschland-Mission der Vereinigten Brüder enthält der Artikel „Christian Bischoff" von Karl Heinz Voigt im BBKL, Bd. 15, 159–196.

20 Auf die Schweiz ist dabei im folgenden mehr implizit Bezug genommen, insofern als sie aufgrund der Bildung der Missionskonferenz Deutschland/Schweiz immer mit Deutschland gemeinsam in den Blick kommt. Die Erhellung des historischen Kontextes beschränkt sich jedoch auf Deutschland und die Vereinigten Staaten.

als weithin unerforscht gelten. Amerikanische Untersuchungen zur methodistischen Theologie in Amerika im 19. Jh. nehmen den deutsch-amerikanischen Kirchenzweig zumeist überhaupt nicht wahr.[21] Geschichtliche Darstellungen aus dem Bereich der deutschen Methodismusforschung reißen die im engeren Sinne theologischen Fragen jeweils nur an, so daß die entsprechenden Ausführungen zumeist knapp und zudem recht allgemein gehalten sind. Auf drei Autoren soll an dieser Stelle näher eingegangen werden.

a) Paul Douglass

Paul Douglass hat in einer 1939 aus Anlaß des einhundertjährigen Bestehens des deutsch-amerikanischen Methodismus veröffentlichten Darstellung der Geschichte dieses Kirchenzweiges dessen unterschiedliche Lebensäußerungen und Wirkungsfelder erfaßt und dabei im letzten Kapitel auch nach der theologischen Prägung des deutsch-amerikanischen Methodismus gefragt.[22] Diese Prägung, Douglass spricht von einem „definite theological consciousness", wird anhand von sechs, leider etwas unübersichtlich geordneten, Leitmotiven entfaltet. Douglass nennt erstens das methodistische Verständnis von Erfahrungsreligion, beginnend mit dem Bewußtsein der Sünde und gipfelnd in der christlichen Vollkommenheit. Ihrer Erfahrungsorientierung entsprechend seien die deutsch-amerikanischen Methodisten *practical theologians* gewesen. Zweitens nennt Douglass ihren kompromißlosen Protestantismus, der sie als Verfechter der reformatorischen und Gegner der römisch-katholischen Lehre kennzeichnete, drittens ihr Festhalten an der Bibel als der alleinigen Autorität für Lehre und Leben, viertens ihre hohen moralischen Standards, die sich im Kampf gegen die Sonntagsentheiligung und die Trunksucht ausdrückten, und fünftens ihr soziales Engagement (Kranken-, Waisenhäuser, Schulen etc.). Schließlich verweist Douglass auf ihr konnexionales Bewußtsein als Ausdruck kirchlicher Loyalität. Zwei weitere Kennzeichen des deutsch-amerikanischen Methodismus arbeitet Douglass im Verlauf seines Buches heraus. Einmal verweist er auf das Anliegen der „theological correctness",[23] das sich insbesondere der *Christliche Apologete* zu eigen gemacht habe, und zwar von einem selbstbewußt methodi-

---

21 Vgl. Leland Howard Scott, Methodist Theology in America in the Nineteenth Century, unveröffentl. Diss. (Yale) 2 Bde. 1954; John L. Peters, Christian Perfection and American Methodism, Salem 1985. Berücksichtigt wird der deutschsprachige Methodismus allerdings in der Überblicksdarstellung von Thomas A. Langford, Practical Divinity. Theology in the Wesleyan Tradition, Nashville 1983, 240–245.
22 The Story of German Methodism, 271–276.
23 Vgl. ebd., 66 f.

stischen Standpunkt aus. Ein zweites Anliegen erkennt Douglass in der Popularisierung der biblischen und methodistischen Lehre.[24] Er verweist namentlich auf Wilhelm Nasts *Katechismen* sowie George Simons *Lebens-Compaß für Alt und Jung*, den er als das nach der Bibel wichtigste Buch eines deutsch-amerikanischen Methodisten bezeichnet.[25]

Obwohl Douglass keine wissenschaftlich-kritische, sondern eine für ein breiteres Publikum bestimmte Darstellung verfaßte und daher keinen konsequenten Gebrauch von den vorhandenen Quellen machte, hat er, wie kein Autor nach ihm mehr, wichtige Kennzeichen des theologischen Bewußtseins des deutsch-amerikanischen Methodismus im 19. Jh. erfaßt. Indem er sowohl das Bemühen um die Bewahrung und Verteidigung der „reinen" Lehre als auch die erfahrungsmäßig-praktische und katechetische Ausrichtung der Theologie feststellt, beschreibt er zutreffend den Horizont theologischen Arbeitens im deutschsprachigen Methodismus. Aus diesem theologischen Arbeiten erwachsene Einzelfragen werden jedoch nicht näher untersucht, was wohl auch nicht in der Absicht des Autors lag. Allerdings ist auch deutlich, daß Douglass lediglich die Auseinandersetzung der deutsch-amerikanischen Methodisten mit den moralischen, nicht jedoch ihre Auseinandersetzung mit den intellektuellen Herausforderungen jener Zeit wahrnimmt. Insgesamt gehen die von Douglass vorgetragenen Beobachtungen hinsichtlich des theologischen Charakters des deutsch-amerikanischen Methodismus im 19. Jh. in eine richtige Richtung. Sie bedürfen jedoch der Entfaltung, Konkretisierung und kritischen Analyse.

b) Carl Wittke

In seiner Biographie über Wilhelm Nast von 1959[26] hat Carl Wittke auch Nasts theologische Wirksamkeit untersucht. Seine Biographie basiert auf einer Auswertung der Jahrgänge des *Christlichen Apologeten* und der von Nast edierten Bücher. Wittke charakterisiert den *Apologeten* als ein von religiösen und theologischen Themen bestimmtes Blatt, das der Verteidigung der evangelischen Lehre, der selbstbewußten Darstellung der methodistischen Überzeugungen und einem direkten evangelistischen Interesse dienen sollte. Er arbeitet das Bemühen Nasts um die Klärung theologischer Detailfragen heraus, nennt dabei exemplarisch die Frage der christlichen

---

24 Vgl. ebd., 230 ff.
25 Diese Aussage relativiert sich mit Blick auf das 19. Jh., wenn man berücksichtigt, daß der Lebens-Compaß erst 1890 erschien.
26 William Nast. Patriarch of German Methodism, Detroit 1959.

Vollkommenheit und der Geisttaufe, spricht bewertend jedoch von
„hair-splitting". Breiten Raum in der Darstellung Wittkes nimmt die
von Nast über den *Apologeten* geführte konfessionelle Polemik mit
Lutheranern, Katholiken u. a. ein, wobei sich seine Darstellung
mehr an Vorgängen der äußeren Geschichte als an inhaltlich-dog-
matischen Diskussionen orientiert. Ähnlich wie Douglass gewichtet
auch Wittke die Auseinandersetzung mit den moralischen stärker
als die mit den intellektuellen Herausforderungen des 19. Jh., so
daß z. B. Nasts Auseinandersetzung mit den bibelkritischen Thesen
von David Friedrich Strauß nur beiläufig erwähnt wird. Weitere
Beobachtungen zur Theologie Nasts finden sich in dem Kapitel
„Theologian and Author". Darin nennt Wittke einige Stichworte zur
Theologie Nasts, die jedoch nur kurz erläutert werden. Er erwähnt
die für Nast fundamentale Bedeutung der Schriften Wesleys und
Fletchers, verweist auf Nasts Verteidigung der Inspiration der Bibel,
seine kenotische Interpretation der Christologie sowie auf Themen
wie das Verhältnis von Wiedergeburt und Heiligung, die Vorsehung
Gottes und das Verständnis der Taufe im Zusammenhang der Heilsordnung. Schließlich nennt er den von Nast wiederholt geführten
Nachweis, daß die Methodistenkirche alle Kennzeichen einer wahren Kirche Christi besitzt. Im daran anschließenden größeren Teil
des Kapitels bietet Wittke kurze Ausführungen zu den von Nast
edierten oder selbst verfaßten Büchern.

Hinter Wittkes Biographie steht die Kenntnis eines sehr großen
Teils der relevanten Quellen. Sein Interesse gilt jedoch eindeutig der
Darstellung der äußeren geschichtlich-biographischen Linien, nicht
aber den theologischen Fragen, die Nast bewegten. Sie werden nur
summarisch und inhaltlich wenig geordnet genannt. Die innere Struktur des theologischen Ansatzes Nasts entschlüsselt Wittke nicht. Dies
mag damit zusammenhängen, daß er sich mit seiner Beurteilung dogmatischer Detaildiskussionen als „Haar-Spalterei" den Weg eines tieferen Eindringens in die Thematik selbst verbaut hatte. Seine Beurteilung theologischer Diskussionen mag zwar punktuell zutreffen, sie
kann jedoch nur das Resultat einer eingehenden Analyse der behandelten Problemstellungen sein. In Wittkes Biographie erscheint die
Heiligungsthematik lediglich als Exempel einer die Vorväter beschäftigt habenden obsoleten Streitfrage. Ferner wird die intellektuelle Auseinandersetzung der Methodisten mit kritischen, die Gültigkeit der
biblischen Gottesoffenbarung in Frage stellenden Denksystemen nicht
in ihrer für den deutschsprachigen Methodismus grundsätzlichen Bedeutung erkannt.

c) *Karl Heinz Voigt*

In verschiedenen, seit den späten siebziger Jahren des 20. Jh. veröffentlichten Arbeiten hat sich Karl Heinz Voigt auch mit dem kirchlich-theologischen Selbstverständnis des deutschsprachigen Methodismus beschäftigt.[27] Voigt geht es dabei in erster Linie darum, das „reformatorische Erbe in der methodistischen Theologie" aufzuweisen. Nach Voigt ist gerade für Wilhelm Nast kennzeichnend, „daß sich in seiner Person lutherische Theologie und methodistische Frömmigkeit vereinten". Von daher kann Voigt ihn auch als „methodistische[n] Lutheraner" bezeichnen, wobei Nast hier offenbar prototypisch für das Selbstverständnis des deutsch-amerikanischen oder sogar deutschsprachigen Methodismus insgesamt stehen soll, was sich auch daran zeigt, daß Voigt, im Anschluß an F. Lezius, den (deutschsprachigen) Methodismus als „das richtig verstandene Luthertum" bezeichnet. Diese These gründet Voigt auf einige wenige Texte aus der Fülle der vorhandenen Primärquellen, wie z. B. auf den Aufruf zur Herausgabe des *Christlichen Apologeten*, in dem zwar auf Martin Luther verwiesen, die Heiligung jedoch nicht erwähnt werde, oder auf die Feststellung, daß Nast wie schon Luther einen „Kleinen" und einen „Großen" Katechismus veröffentlicht habe (obgleich Nast im Vorwort zu letzterem ausdrücklich darauf hinweist, daß ihm der Katechismus des reformierten Theologen Philipp Schaff als Vorlage gedient habe). Ferner urteilt Voigt, daß der deutschsprachige Methodismus dieser Zeit die Lehre von der Heiligung als Bestandteil des theologischen Erbes John Wesleys verloren habe. Zwei grundsätzliche Einwände sind hier geltend zu machen. Erstens bedarf es einer deutlich umfangreicheren und gründlicheren Quellenauswertung, um eine so weitreichende Interpretation wie die von Voigt vorgetragene stützen zu können. Auf eine Auswertung aller Jahrgänge des *Christlichen Apologeten* wird, um ein begründetes Urteil gewinnen zu können, nicht verzichtet werden dürfen. Zweitens ist festzuhalten, daß die Bestimmung des kirchlich-theologischen Selbstverständnisses der deutschsprachigen Methodisten im 19. Jh. nicht ohne genaue Rücksicht auf die von ihnen gesetzten Schwerpunkte theologischen Denkens geschehen kann. Dann aber ergibt sich nicht der Verlust, sondern eine dog-

---

27 Vgl. Die charismatische Grundstruktur der Evangelisch-methodistischen Kirche, Ein Beitrag zum zwischenkirchlichen Gespräch, Stutgart 1979; „Die deutschen Methodisten in Amerika und die reformatorischen Kirchen Europas", MSGEmK 2 (Oktober 1981) 6–16; „Der deutschsprachige Zweig der Methodistenkirche in den Vereinigten Staaten von Amerika", in: K. Steckel/C. E. Sommer, Geschichte der EmK, 39–58; Kirche mit Gemeinden aus Glaubenden und Suchenden. Wer kann Kirchenglied in der Evangelisch-methodistischen Kirche werden?, Stutgart 1998.

matisch mehr und mehr gesicherte Zentralstellung der Heiligungslehre. Voigts wiederholt publizierter Ansatz führt insgesamt in eine
falsche Richtung,[28] möglicherweise auch deshalb, weil hier geschichtliche Vorgänge von einem ökumenisch geleiteten Erkenntnis-
interesse her interpretiert werden. Zwar ist Voigts Anliegen einer
engeren kirchlichen Ökumene anzuerkennen, seine scharfe Unterscheidung des ekklesiologischen Charakters von bekenntnisgebun-
dener Konfession (also Luthertum) einerseits und „charismatischer"
Denomination (Methodismus) andererseits macht Lutheraner und
Methodisten aber gerade dadurch füreinander „kompatibel", daß
nach Voigt erstere ihre Theologie und letztere ihre Frömmigkeit
einbringen sollen. Diese Auffassung steht jedoch in deutlichem Kontrast zu dem kirchlichen und theologischen Selbstverständnis der
deutschsprachigen Methodisten, wie es sich im Ergebnis dieser Untersuchung darstellt.

1.3. Voraussetzungen und Anlage der Arbeit

Auf dem Boden der vorliegenden Arbeiten ist die Frage nach Gestalt
und Wesen einer Theologie des deutschsprachigen Methodismus weder sicher noch umfassend zu beantworten. Notwendig ist daher
eine grundlegende, in wesentlichen Fragen aber zugleich detaillierte
theologiegeschichtliche Untersuchung auf der Basis einer umfassenden systematischen Quellenauswertung. Dabei müssen die perspek-
tivischen Engführungen früherer Untersuchungen überwunden werden. Zwei Beobachtungen sind in diesem Zusammenhang grundlegend.

Zunächst scheint sich insbesondere im Gefolge der dialektischen
Theologie Karl Barths ein Wahrnehmungsverlust im Hinblick auf apologetische Fragen eingestellt zu haben. Dieser Wirklichkeitsverlust ist
besonders ausgeprägt in der geschichtlichen Wahrnehmung des
deutschsprachigen Methodismus, wie er insgesamt stärker ein Problem
der deutschen als der angelsächsischen Forschung darstellt. Der formale Ausgangspunkt für die Theologie des deutschsprachigen Methodismus im 19. Jh. ist jedoch das Verständnis der Bibel als die alle
Wirklichkeitsbereiche erschließende Gottesoffenbarung. Das reformatorische Formalprinzip *sola scriptura* begründet daher das Verstehen
religiöser ebenso wie naturwissenschaftlicher und (prä)historischer

---

28 Er ist gleichwohl unkritisch übernommen worden von W. Harrison Daniel, „Wilhelm
Nast (1807–1899). Founder of German-Speaking Methodism in America and Architect of the Methodist Episcopal Church Mission in Europe", MethH 39 (2001)
154–165.

Zusammenhänge. Die Bibel ist die Offenbarung göttlicher Tatsachen und damit normativ für die Erschließung aller Bereiche menschlicher Erkenntnis.

Eine *zweite* perspektivische Engführung ergibt sich aus einem falsch verstandenen ökumenischen Interesse, aus dem heraus die gegenwärtigen Dialogbemühungen um wachsende theologische Verständigung und Annäherung der Kirchen untereinander in das 19. Jh. zurückprojiziert werden. Im Hinblick auf die theologiegeschichtliche Erforschung des Methodismus zeigt sich diese Engführung in der Marginalisierung oder sogar gänzlichen Ausblendung der Heiligungsthematik, genauer: der Lehre von der christlichen Vollkommenheit. Das materiale Prinzip in der Theologie des deutschsprachigen Methodismus ist jedoch nicht die Lehre von der Rechtfertigung durch Glauben, sie wird als das von den Reformatoren gelegte Fundament vielmehr unter die theologischen Voraussetzungen gezählt, sondern die Lehre von der *Heiligung durch den Glauben*. Das spezifisch methodistische Verständnis der Heiligung als Möglichkeit einer in diesem Leben erreichbaren christlichen Vollkommenheit bestimmt als „Central-Idee" alle Bereiche der theologischen Reflexion des deutschsprachigen Methodismus. Dabei meint Heiligung stets mehr als eine in kontroverstheologischer Hinsicht zu bewährende Lehre. Vielmehr erhält die Heiligungslehre eine existentielle Bedeutung dadurch, daß sie einerseits als Prinzip der gelebten Christus-Nachfolge, andererseits als Erfahrung der Wirksamkeit des Heiligen Geistes verstanden wird.

Bei unvoreingenommener Betrachtung erweist sich der deutschsprachige Methodismus des 19. Jh. als eine sowohl in apologetischer als auch in kontroverstheologischer Hinsicht vitale Bewegung, die ihrem *Formalprinzip* nach mit den Kirchen der Reformation übereinstimmt, deren *Materialprinzip* aber mit Einführung der Heiligung als „Central-Idee" modifiziert. In der nachfolgenden Untersuchung wird zudem von einem dritten, dem methodistischen *Medialprinzip*, zu sprechen sein. Denn nach Überzeugung des deutschsprachigen Methodismus ist das Christentum Erfahrungsreligion; christliche Theologie ist folglich Erfahrungstheologie. Hinter dieser Bestimmung steht die anthropologische Überzeugung von der Vernunftbegabung und sittlichen Freiheit des Menschen. Danach erschließen sich sowohl die natürliche als auch die Heilsoffenbarung der persönlichen Erfahrung des Menschen. Die analog der empirischen Naturwahrnehmung verstandene christliche Heilserfahrung ist damit Grundvoraussetzung des persönlichen Heilslebens. Auf diese Weise kommt dem Menschen eine eigenständige und unverzichtbare Funktion im Heilsgeschehen zu.

Die nachfolgenden thematischen Kapitel erschließen die Grundstruktur und die Schwerpunkte theologischer Reflexion im deutschsprachigen Methodismus des 19. Jh. und setzen diese ins Verhältnis

zu den genannten drei Grundprinzipien.[29] Zu Beginn wird das methodistische Verständnis der Heilsordnung mit dem irdischen Ziel
der christlichen Vollkommenheit dargestellt werden. Die Heilsordnung bildet die Grundstruktur der methodistischen Theologie. Von
hier ausgehend werden weitere theologische Themenkreise erschlossen. So werden im zweiten thematischen Kapitel die theologischen
Auseinandersetzungen mit der Römisch-Katholischen Kirche sowie
mit Lutheranern und Baptisten dargestellt. In der Auseinandersetzung mit den Katholiken profilierte sich der deutschsprachige Methodismus als Teil des Protestantismus, in der Auseinandersetzung
mit Lutheranern und Baptisten (die hier von gegensätzlichen Stand-
punkten aus agierten) sein Sakramentsverständnis. Im dritten thematischen Kapitel werden die methodistischen Positionen im Bereich
der Fundamental- und der praktischen Apologetik untersucht. Hier
ist von grundsätzlichen Fragen wie dem Verhältnis von Offenbarung
und Vernunft sowie dem Bibelverständnis, schließlich von den konkreten Auseinandersetzungen mit Materialismus und Darwinismus zu
sprechen. Die Überlegungen dieser Abschnitte fließen in die Analyse
des kirchlich-theologischen Selbstverständnisses im dritten thematischen Kapitel ein. Hier wird der Bogen zur Ekklesiologie geschlagen, der im Rahmen dieser Untersuchung ebenfalls programmati-
scher Rang zukommt. Im Schlußkapitel dieser Arbeit sollen die charakteristischen Kennzeichen der Theologie des deutschsprachigen
Methodismus eine theologiegeschichtliche Einordnung und Bewertung erfahren, wobei konkret nach der Kontinuität bzw. Diskontinuität gegenüber der Theologie John Wesleys zu fragen ist. Außerdem ist festzustellen, ob und, wenn ja, inwiefern sich theologische
Unterschiede zwischen dem deutsch-amerikanischen Methodismus
einerseits und dem Methodismus in Deutschland und der Schweiz
andererseits haben erkennen lassen.

Das übergeordnete thematische Gliederungsprinzip schließt eine periodische Einteilung innerhalb einzelner Abschnitte nicht aus. Wo es
von der Sache her notwendig erschien, wird auf periodische Differenzierungen eingegangen. Aufs Ganze gesehen erwies es sich jedoch
als nicht gerechtfertigt, diese speziell theologiegeschichtlich ausgerichtete Untersuchung in grundsätzlich periodischer Hinsicht zu struktu-
rieren. Im Unterschied zum englischsprachigen bischöflichen Methodismus, der sich infolge der Öffnung für neue geistige Einflüsse seit
ca. 1870 in theologischer Hinsicht ausdifferenzierte und veränderte,

---

29 Unter den Schwerpunktbereichen theologischer Reflexion bleibt im Rahmen dieser
   Untersuchung lediglich der Bereich der (spekulativen) Eschatologie unberücksichtigt.
   Vgl. dazu: Christoph Raedel „,Die Zeichen der Zeit erkennen'. Spekulative Escha-
   tologie im deutschsprachigen Methodismus 1835–1914", JETh 18 (2004).

zeigt sich in der Theologie des deutschsprachigen Methodismus eine weitgehende Kontinuität mit dessen Anfängen in der ersten Hälfte des 19. Jh.[30]

Als zeitliche Grenze dieser Arbeit wird die Jahrhundertwende, also die Zeit um das Jahr 1900, gesetzt. Aus historischer Sicht gibt es keine zwingenden Gründe für einen Einschnitt an diesem Punkt. Freilich könnte man geltend machen, daß mit Wilhelm Nast in Amerika und Ernst Gebhardt in Deutschland im Jahr 1899 zwei der maßgeblichen Theologen des deutschsprachigen Methodismus verstorben waren. Aber aus diesem Faktum ergibt sich keine wirkliche Zäsur. Die Berechtigung der gewählten zeitlichen Eingrenzung ergibt sich in theologiegeschichtlicher Hinsicht vielmehr aus dem Aufkommen der Pfingstbewegung am Anfang des 20. Jh. Das Verhältnis von Methodismus und Pfingstbewegung aber kann nicht am (zeitlichen) Rand abgehandelt werden, sondern verdient eine eigenständige Untersuchung, die im Rahmen dieser Arbeit nicht zu leisten ist.

1.4. Die Quellen

Für die vorliegende Untersuchung ist eine Vielzahl an Quellentexten erstmals systematisch ausgewertet worden. Das umfangreichste theologische Material findet sich in den verschiedenen *Periodika*. Dem Umfang nach kommt unter ihnen dem von Wilhelm Nast herausgegebenen *Christlichen Apologeten* die größte Bedeutung zu. Von besonderem Wert sind hier die von Nast selbst verfaßten sowie die namentlich von anderen methodistischen Autoren stammenden Artikel. Von deutlich geringerem Aussagewert sind dagegen Nasts Darstellungen der Auffassungen anderer Personen sowie seine zahlreichen Artikelnachdrucke oft nicht genannter Autoren, es sei denn, diese Artikel werden von Nast ausdrücklich kommentiert. Für unsere Untersuchung sind alle Ausgaben der im Bereich des deutschsprachigen Methodismus erschienenen Periodika bis 1900 untersucht worden; darüber hinaus sind die in anderen, vorzugsweise englischsprachigen methodistischen Zeitungen erschienenen Artikel der meisten Autoren des deutschsprachigen Methodismus berücksichtigt.

---

30 Die Auffassung des hier behandelten Zeitraums von 1839 (Beginn des Erscheinens des ChrAp) bis 1900 als *eine* Periode innerhalb der methodistischen Theologiegeschichte deckt sich weitgehend mit der Periodisierung in der thematisch verwandten Untersuchung von William Henry Naumann, der eine Periode in den Jahren 1841 bis 1890 sieht; vgl. Theology in the Evangelical United Brethren Church, unveröffentl. Dissertation, Yale University 1965.

Von Bedeutung sind weiterhin die im deutschsprachigen Methodismus publizierten *Bücher*. Hier erwies es sich als notwendig, über den Rahmen der vorhandenen unvollständigen Bibliographien hinauszugehen, so daß einige Titel im Literaturverzeichnis erstmals erfaßt und auch verarbeitet worden sind. Als nicht sinnvoll erwies es sich, eine grundsätzliche Unterscheidung von theologischen und erbaulichen Büchern vorzunehmen. Eine solche Unterscheidung wäre nur im Hinblick auf einige Bücher eindeutig möglich gewesen. Außerdem bedarf gerade die nach heutiger Einschätzung mehr erbauliche Literatur wegen ihrer nachhaltigen geistlichen und theologischen Prägewirkungen einer grundsätzlichen Berücksichtigung.

Als drittes sind die *Dokumente* der Jährlichen Konferenzen sowie der Generalkonferenz zu nennen. Dabei ist zu berücksichtigen, daß der deutschsprachige Methodismus lediglich einen aufgrund sprachlicher Zuordnung gebildeten Zweig der MEC bildete und wie alle anderen Zweige dieser Kirche den Beschlüssen der Generalkonferenz und den Bestimmungen der von ihr verabschiedeten Kirchenordnung unterstand.[31] Herangezogen wurden hier v. a. die Beiträge deutschsprachiger Generalkonferenz-Delegierter sowie ferner die Konferenzverhandlungen der Missionskonferenz Deutschland/Schweiz. Die schwer zu erreichenden Konferenzverhandlungen der deutsch-amerikanischen Jährlichen Konferenzen sind nur in Auswahl benutzt worden.

Schließlich sind für diese Arbeit zahlreiche unveröffentlichte *Manuskripte* einschließlich v. a. an Wilhelm Nast gerichteter Briefe ausgewertet worden, die sich in der Nippert Collection der Cincinnati Historical Society befinden. Nicht berücksichtigt worden sind dagegen weitere Briefwechsel sowie, wichtiger noch, die vorhandenen durchgängig handschriftlichen Predigtbücher. Insbesondere die Auswertung letzterer bleibt ein dringendes Desiderat der Methodismus-Forschung.

Ergänzende Berücksichtigung fanden die *Bücher* der vornehmlich nichtmethodistischen Autoren, die sich *auf dem Studienplan* für die Reiseprediger finden. Der Studienplan strukturierte die „berufsbegleitende" Ausbildung eines bereits im Dienst stehenden Predigers, der kein theologisches Studium absolviert hatte, was anfänglich – schon in Ermangelung deutschsprachiger methodistischer Seminare – die Regel war. Einen gesonderten Studienplan für die deutschsprachigen Prediger gab es ab 1856, später erhielt die Missionskonferenz Deutschland/Schweiz die Vollmacht zur Ausarbeitung eines eigenen Studienplans. Neben den deutschen Übersetzungen methodistischer Autoren finden sich auf beiden Studienplänen Bücher nichtmethodi-

---

31 Auf einzelne für unsere Untersuchung relevante Sonderrechte insbesondere der Missionskonferenz Deutschland/Schweiz wird an gegebener Stelle verwiesen werden.

stischer Theologen, von denen einige in speziellen Bearbeitungen Wilhelm Nasts vorlagen. Da die Behandlung mancher theologischer Fragen eine spezifisch methodistische Sichtweise verlangte, wurden einige Bücher nichtmethodistischer Autoren nur unter Vorbehalt verwendet.[32] Man wird hier folglich differenzieren müssen.

Die Benutzung nicht nur einiger weniger fachtheologisch gehaltener Abhandlungen, sondern aller theologisch aussagehaltigen Quellen entspricht der Einsicht, daß Kirche und Gemeinde der Ort der Theologie im deutschsprachigen Methodismus des 19. Jh. waren. Die theologische Reflexion war hier ekklesial stark verwurzelt und galt nicht als das Privileg einiger akademisch geschulter Theologen. Zwar finden sich in den Quellen zu theologischen Fragestellungen deutlich mehr Äußerungen von methodistischen Theologen als von Laien, eine grundsätzliche Unterscheidung von Schul- und Gemeindetheologie scheint allerdings nicht angeraten. Denn erstens kann man die vielen in Verkündigung und Seelsorge engagierten Laien, aus deren Reihen die meisten Berufungen in den Reisepredigerdienst erfolgten, nicht ohne weiteres zu den theologischen „Laien" zählen, zweitens hatten nur wenige methodistische Reiseprediger, v. a. die Reiseprediger der Missionskonferenz Deutschland/Schweiz, eine formale theologische Ausbildung absolviert. Prediger und Laien standen in ungleich engerer Berührung miteinander, als dies heute, inzwischen auch in manchen Freikirchen, der Fall ist.[33]

Die meisten der hier genannten Quellen sind selbst für den Forscher nur schwer zugänglich. Wichtige Periodika sind – zumeist nicht einmal ganz vollständig – nur mehr in einigen wenigen Archiven vorhanden. Von den meisten der hier verwendeten Bücher gibt es nur noch einige wenige Exemplare, zudem verstreut über verschiedene Bibliotheken dies- und jenseits des Atlantik. Vor diesem Hintergrund und angesichts der Tatsache, daß die meisten der in dieser Untersuchung angeführten Texte hier zum ersten Mal zitiert werden, habe ich auf

32 Noch 1877 beklagte die Missionskonferenz Deutschland/Schweiz, daß „leider alle uns bekannten Handbücher der Kirchengeschichte und der Dogmengeschichte vom confessionellen Standpunkt aus behandelt sind, und in Folge dessen unsere Kirche in denselben oft sehr schief beurtheilt wird … .Oft saugen unsere Studirenden Vorurtheile gegen kirchliche Erscheinungen ein, die bei näherer Betrachtung gerade unsere völlige Anerkennung verdienen würden, oder lesen Urtheile über unsere Kirche, die ihr Herz lediglich verwunden müssen", Verhandlungen der 22. Sitzung der Jährlichen Missions-Conferenz von Deutschland und der Schweiz, Bremen 1877, 62. Und 1880 stellt der zuständige Konferenz-Ausschuß fest: „Wir sind in der Bestimmung der einzelnen Fächer im Allgemeinen einig, konnten aber eine richtige Auswahl der passenden Bücher noch nicht treffen, da dieselbe sehr schwierig ist.", Verhandlungen der 25. Sitzung der Jährlichen Missions-Conferenz von Deutschland und der Schweiz, Bremen 1880, 45.
33 So auch T. Smith, Revivalism & Social Reform, 250.

gründliche und umfassende Quellenverweise in den Anmerkungen Wert gelegt.[34]

1.5. Methodische Erwägungen

Die vorliegende Arbeit orientiert sich in ihrem Aufriß nicht an den Topoi der klassischen Dogmatik. Ein solches Vorgehen erscheint für eine erwecklich geprägte Bewegung, die vom Begriff der christlichen Erfahrungsreligion bzw. Erfahrungstheologie ausgeht, wenig sinnvoll. Entsprechendes gilt im Hinblick auf die wenigen im Bereich des deutschsprachigen Methodismus verfaßten Lehrbücher der Dogmatik und Ethik, deren thematische Breite nicht die Schwerpunktsetzungen des theologischen Denkens und geistigen Ringens im deutschsprachigen Methodismus insgesamt widerspiegelte. Sie werden hier zwar als ihrem Einfluß nach besonders wichtige theologische Quellentexte gewertet, allerdings durchgehend im Zusammenhang mit anderen theologisch aussagekräftigen Texten betrachtet. Gefragt werden kann im Einzelfall, ob signifikante theologische Differenzen zwischen den als Lehrmaterialien approbierten Büchern und den übrigen Texten erkennbar sind.

Auf zwei weitere methodische Überlegungen sei kurz verwiesen. Erstens darf nicht übersehen werden, daß Wilhelm Nast als von der Generalkonferenz ernannter Editor für den *Christlichen Apologeten* und das deutschsprachige Buchsortiment der Methodistenkirche[35] in Amerika einen überragenden Einfluß ausübte, indem er die Auswahl und damit die Ausrichtung der zur Veröffentlichung gelangten Texte bestimmte. Nast sah es als unvereinbar mit seiner kirchlichen Beauftragung an, Standpunkte zu veröffentlichen, die einer eindeutig von der Kirche festgestellten Lehrnorm widersprechen. Erhalten gebliebene Briefwechsel belegen dann auch die anhaltende Unzufriedenheit einiger Autoren mit Nasts editorieller Politik. Die Tragweite dieses methodischen Problems verringert sich jedoch dadurch, daß wir es in dieser Untersuchung vornehmlich mit Themenkreisen zu tun haben, zu denen nach Nasts Einschätzung entweder keine verbindliche Lehr-

---

34 So wird bei der Angabe eines Zeitschriftenartikels zur besseren Orientierung auch dessen voller Titel genannt. Vor dem Titel steht jeweils der Verfasser bzw. das verwendete Pseudonym des Verfassers (z. B. „Ein Methodist"), bei begründeter Zuweisung eines anonym erschienenen Artikels steht der betreffende Name – häufig handelte es sich um den Herausgeber der Zeitung – in eckigen Klammern. Steht dem Titel des Zeitschriftenartikels kein Name voran, ließ sich kein Verfasser ermitteln bzw. vermuten.

35 Mit Ausnahme der Sonntagsschulliteratur, die von Heinrich Liebhart betreut wurde.

norm existierte (z. B. das Verständnis der biblischen Urgeschichte) oder die formulierte Lehrnorm einen gewissen Interpretationsfreiraum ließ (z. B. in der Heiligungslehre), und bei denen er daher die kritische Diskussion sogar ausdrücklich begrüßte. Allerdings muß der aufgrund seiner Stellung überragende Einfluß Nasts immer dann bewußt gemacht werden, wenn von den Quellen auf die vermutete Mehrheitsmeinung im deutschsprachigen Methodismus zurückgeschlossen werden soll.

Als oftmals schwierig erweist sich zweitens, eindeutige geistige Rezeptionslinien zu rekonstruieren, da wörtliche und nichtwörtliche Zitate in den zugrundeliegenden Texten nur selten konsequent nachgewiesen sind. Es kann daher zwar punktuell aufgezeigt werden, bei welchem methodistischen oder nichtmethodistischen Autor sich eine bestimmte Überlegung bereits früher findet, eine direkte Abhängigkeit von diesem Autor kann jedoch oft nur mit einem je unterschiedlichen Grad an Wahrscheinlichkeit behauptet werden.

2. Die Heilsordnung als Grundstruktur methodistischer Theologie

Als John Wesley 1791 starb, hatte er seine theologischen Überzeugungen nicht in einer Dogmatik oder Ethik niedergelegt, sondern in seinen *Standard Sermons* und den *Notes upon the New Testament.* Wesleys Theologie war Auslegung der Heiligen Schrift; sie ging vom Wortlaut der Bibel aus und wollte die Gegenwart Gottes erfahrbar werden lassen. Wesleys Schriftauslegung nahm die Vielfalt biblischer Themen und Aussagen wahr, doch spürte Wesley in ihnen das eine Thema auf, um das es s. E. in der Schrift geht: „the way to heaven".[1] Nach Wesley ist es die Bestimmung des Menschen, diesen Weg zu gehen. Es ist das Ziel der Menschwerdung Gottes, diesen Weg zu offenbaren. Und es ist die Absicht seiner, Wesleys, Lehrpredigten, diesen Weg mit einfachen, verständlichen Worten zu lehren. Obwohl sich Wesley im Verlaufe seines Lebens mit einer großen Anzahl – auch kontroverser, auch spekulativer – theologischer Fragen beschäftigt hatte, bildete der, wie er es nannte, „Scripture Way of Salvation" das Herzstück seines theologischen Interesses. Wesleys Theologie war ihrem Wesen nach Soteriologie. In ihrem Zentrum stand die Frage nach der Realisierung des göttlichen Heils im gefallenen Menschen, anders gesagt: die Frage nach der Wiederherstellung der *imago dei* im Menschen.

Der deutschsprachige Methodismus des 19. Jh. übernahm – wie zu sehen sein wird – zwar nicht jedes Detail der Antworten Wesleys auf diese Grundfrage, aber er übernahm dessen soteriologische Grundorientierung mit ihrem besonderen Interesse am Heilsweg bzw. an der Heilsordnung – beide Begriffe wurden synonym gebraucht.[2] Die Heilsordnung setzt das in Christus objektiv geschehene Versöhnungshandeln Gottes immer schon voraus, thematisiert wird primär die Erfahrung des Menschen in ihrem subjektiven Verhältnis zu Gott. Die mit einer Konzentration auf die Heilsordnung zumeist einhergehenden Tendenzen der Subjektivierung und Ethisierung der Heilslehre verstärkten sich im Methodismus des 19. Jh. noch durch ein weiterge-

---

1 The Works of John Wesley, hrsg. von Albert Outler, Bd. 1, Nashville 1984, 105 f.
2 In seinem Größeren Katechismus spricht Nast vom „Heilsweg", Sulzberger bevorzugt in seiner Christlichen Glaubenslehre den Begriff „Heilsordnung".

hendes Interesse an der rationalen und psychologisierenden Durchdringung der christlichen Heilserfahrung. Dieses Interesse zeigte sich insbesondere in den das 19. Jh. durchziehenden Diskussionen um das Verständnis der Heiligung, die sich allzuoft weniger auf der Ebene der theologischen, als vielmehr der versuchten psychologischen Deutung des Heiligungsgeschehens bewegten.

Allerdings sollte nicht vorschnell von einer Reduktion des biblischen Heilsbegriffs auf das individuelle Seelenheil unter Ausblendung von dessen sozialer Dimension gesprochen werden. Richtig ist, daß der dem biblischen Heilsgeschehen einwohnende Gemeinschaftsaspekt im Rahmen der Soteriologie viel weniger thematisiert wird als der individuelle Aspekt. Aber zugleich darf nicht übersehen werden, daß die sozialen Implikate der Soteriologie im Zusammenhang ekklesiologischer Fragestellungen deutlich werden, was vom Gedanken der *Gemeinschaft* der Glaubenden her als durchaus gerechtfertigt erscheint. Es ist also jeweils danach zu fragen, in welcher – vielleicht unscheinbaren – Weise die Soteriologie mit anderen Bereichen der Theologie verknüpft ist.

Damit ist zugleich gesagt: als *Grund*struktur der Theologie des deutschsprachigen Methodismus bestimmt die Heilsordnung dessen theologische Grundorientierung, sie setzt der Theologie freilich nicht ihren äußeren Rahmen. Dieser Rahmen ist vielmehr durch die biblische Gottesoffenbarung gesetzt, die alle Bereiche der Wirklichkeit, und nicht nur den des individuellen Heils, erschließt. Eine einzelne geschichtliche Bewegung, wie die des (deutschsprachigen) Methodismus, wird freilich nicht alle Wirklichkeitsbereiche in gleichem Maße ausleuchten können, sondern ist geschichtlichen Bestimmungen unterworfen, die von den Methodisten als Ausdruck der göttlichen *providentia generalis* interpretiert wurden. Die besondere Bestimmung des Methodismus aber ist die Ausbreitung „schriftgemäßer Heiligung". Der soteriologische Primat methodistischer Theologie gründet also im Selbstverständnis als einer von Gott ins Leben gerufenen Bewegung. Doch unter welchen, im Hinblick auf Fragen der Heilsordnung wesentlichen, theologiegeschichtlichen Bedingungen wirkte nun der deutschsprachige Methodismus im 19. Jh.?

2.1. Theologiegeschichtlicher Kontext

a) Die Vereinigten Staaten

Die 1835 beginnende Wirksamkeit des deutschsprachigen Methodismus in den Vereinigten Staaten fiel zeitlich mit der um diese Zeit beginnenden Ausbreitung der amerikanischen Heiligungsbewegung zusammen. Eine kurze Skizze dieser sowohl in den calvinistisch als auch in den wesleyanisch geprägten Kirchen Einfluß gewinnenden Bewegung muß hier genügen. Besonderer Berücksichtigung bedarf in diesem Rahmen die methodistische „Laientheologin" Phoebe Palmer, deren Anschauungen auch auf den deutschsprachigen Methodismus einwirkten.

Die Anfänge der später zumeist als „Higher Life-Movement" bezeichneten calvinistischen Heiligungsbewegung gehen auf Asa Mahan und Charles Finney zurück. Beide lehrten am kongregationalistischen Oberlin College, als sie im Jahr 1836 – überzeugt von der Notwendigkeit eines zweiten Segens – eine geistliche Krisis-Erfahrung machten, die sie in den Stand der gänzlichen Heiligung einführte.[3] Finney, der am Oberlin College das Fach Systematische Theologie lehrte, versuchte schon bald, wenn auch nur mit mäßigem Erfolg, diese Erfahrung auch in dogmatischen Begriffen zu erfassen. Dabei zeigten sich einige theologische Ambivalenzen, die maßgeblich aus dem Versuch resultierten, die methodistische Betonung der freien göttlichen Gnade mit der Überzeugung des neueren Calvinismus („New School-Calvinism") vom natürlichen Vermögen des Menschen („natural ability") zu vermitteln.[4] So vertrat Finney die Auffassung, es sei dem Menschen kraft seines natürlichen Willens möglich, sich Gott völlig hinzugeben – für ihn eine Grundvoraussetzung der als augenblickliches Geschehen verstandenen gänzlichen Heiligung. In späteren Jahren akzentuierte er dann stärker den graduellen gegenüber dem punktuellen Aspekt der gänzlichen Heiligung. Asa Mahan stand anfänglich in seiner Interpretation der Heiligungslehre dem Methodismus noch näher als Finney,[5] was dazu führte, daß der Oberlin-Perfektionismus auch auf methodistische Kreise einzuwirken begann. Die grundlegende Bedeutung der Vorgänge am Oberlin College liegt allerdings in der Verschmelzung von amerikanischer Erweckung (die ihrerseits Elemente der Aufklärung enthielt) und methodistischem Perfektionismus.[6]

---

3 Vgl. Melvin E. Dieter, The Holiness Revival of the Nineteenth Century, Lanham/London ²1996, 18–20; T. Smith, Revivalism & Social Reform, 103–113.

4 Nach T. Smith könnte dies dem Druck orthodoxer Calvinisten geschuldet sein, „[who] confronted the Oberlin faculty with the alternative of acknowledging their conversion to Methodism or marrying sanctification to the doctrine of natural ability. That they leaned toward the latter course is small surprise", Revivalism & Social Reform, 109.

5 Bei Mahan zeigt sich bereits eine allmähliche Hinwendung zu pentekostaler Terminologie; vgl. Donald W. Dayton, „Asa Mahan and the Development of American Holiness Theology", WTJ 9 (Spring 1974) 60–69; vgl. weiter Lucida Schmieder, Geisttaufe. Ein Beitrag zur neueren Glaubensgeschichte, Paderborn u. a. 1982, 173–180.

6 „American revivalism gave perfectionist promotion new and effective methods, and Methodist perfectionism provided American revivalism with enlarged vision of the possibilities of normal Christian life", M. Dieter, Holiness Revival, 19.

Von Oberlin aus wurde es möglich, das Heiligungsanliegen in weite Bereiche des amerikanischen Protestantismus hineinzutragen.

Im bischöflichen Methodismus der Vereinigten Staaten am Anfang des 19. Jh. war Wesleys Lehre von der „christlichen Vollkommenheit" zwar nicht aufgegeben worden, sie wurde jedoch vermutlich weniger gepredigt und war seltener Gegenstand der christlichen Erfahrung.[7] Doch erschienen weiterhin Schriften methodistischer Theologen, denen es um die Wiederbelebung der Heiligungslehre ging, wie z. B. Timothy Merritts *The Christian's Manual. A Treatise of Christian Perfection* im Jahr 1825. Von Anfang an zeigten sich in der amerikanischen Methodistenkirche unterschiedliche Akzentsetzungen im Hinblick auf die Heiligungslehre, die allerdings je vom britischen Methodismus „ererbt" waren. So hatte der frühe Dogmatiker des britischen Methodismus, Richard Watson (1781–1833), in seinen *Theological Institutes* die Bedeutung der Rechtfertigung für das Erlangen gänzlicher Heiligung hervorgehoben und ferner die graduelle gegenüber der plötzlichen Seite der Heiligung betont. Dagegen hatte der durch seine Bibelkommentare einflußreiche methodistische Theologe Adam Clarke (1760?–1832) den augenblicklichen Aspekt der Heiligung ganz in den Vordergrund gestellt. Beide Theologen prägten, über Länder- und Sprachgrenzen hinweg, auch den deutschsprachigen Methodismus. Gerade Watsons *Theological Institutes* gehörten hier zu den meistzitierten theologischen Büchern.

Unmittelbarer aber wirkte auf die amerikanische Heiligungstheologie im 19. Jh. Phoebe Palmer (1807–1874) ein. Nachdem sie im Jahr 1837 die Erfahrung gänzlicher Heiligung gemacht hatte,[8] organisierte sie gemeinsam mit ihrer Schwester Sarah Lankford Tuesday Meetings for the Promotion of Holiness, die ein wichtiges Instrument bei der Ausbreitung der Heiligungsbewegung wurden.[9] Als Dichterin, Liedschreiberin, Theologin, Sozialaktivistin, Feministin und Herausgeberin des *Guide to Holiness* (ab 1839)[10] gehörte Palmer zu den prägenden Persönlichkeiten der amerikanischen Heiligungsbewegung. Theologisch sah sie sich in der Tradition John Wesleys, lehnte sich in wich-

---

7 Vgl. M. Dieter, Holiness Revival, 22. Dagegen vertritt Allan Coppadge die Auffassung, daß die methodistische Heiligungslehre weithin ungebrochen bewahrt und verkündigt wurde; vgl. „Entire Sanctification in Early American Methodism. 1812–1835", WTJ 13 (Spring 1978) 34–50. Für die Periode 1784 bis 1800 vgl. J. Peters, Christian Perfection, 90 ff.

8 Vgl. Thomas Oden (Hg.), Phoebe Palmer. Selected Writings, New York/Mahwah 1988, 114 ff.

9 Die Bedeutung der Tuesday Meetings kann nach Melvin Dieter kaum überschätzt werden; vgl. Holiness Revival, 23.

10 Der anfängliche Titel der von Palmer herausgegebenen Zeitschrift lautete Guide to Christian Perfection; vgl. dazu M. Dieter, Holiness Revival, 42.

tigen Punkten aber mehr an den bereits erwähnten Adam Clarke sowie an den ursprünglich zu Wesleys Nachfolger designierten, dann aber früh verstorbenen John Fletcher (1729–1785) an. Indem sie die methodistische Heiligungslehre neu akzentuierte, ebnete sie einerseits einige der noch für Wesley typischen Ambivalenzen ein, verhalf andererseits aber der Heiligungssache zu erhöhter Breitenwirkung. Die veränderten Akzentsetzungen Palmers lassen sich an sechs Punkten festmachen.[11]

1) Im Anschluß an John Fletcher[12] identifizierte Palmer die gänzliche Heiligung mit der Taufe des Heiligen Geistes. Für diese Interpretation bezog sie sich ausdrücklich auf Apostelgeschichte 2. Wesley hatte Fletchers Verknüpfung von gänzlicher Heiligung und Geisttaufe zwar nach anfänglichem Zögern akzeptiert, sie in den eigenen Schriften jedoch nicht vertreten.[13]

2) Verbunden mit Palmers Hinwendung zu pentekostaler Terminologie war eine inhaltliche Neuakzentuierung des Heiligungsbegriffs. Während Wesley den Vorgang der gänzlichen Heiligung als Reinigung von der einwohnenden Sünde betrachtet hatte, verband sich die Heiligung bei Palmer mehr mit dem Begriff der Ermächtigung („power"). Die gänzliche Heiligung als Vorgang des Erfülltwerdens mit dem Heiligen Geist ist ihrem Wesen nach ein Werk Gottes zur Ermächtigung und Befähigung des Christen zum Dienst.

3) Obwohl bereits Wesley mit zunehmendem Alter den augenblicklichen gegenüber dem fortschreitenden Aspekt der Heiligung betont hatte, verstärkte sich diese Akzentuierung bei Palmer noch weiter.[14] Sie argumentierte: Ist Heiligung ein Werk Gottes, dann ist sie durch Glauben zu erlangen, wenn aber durch Glauben, dann jederzeit und somit auch jetzt. Wenn aber die gänzliche Heiligung jetzt erlangt werden *kann*, dann folgt daraus, daß sie jetzt auch erlangt werden *muß*, denn: „Our privileges are duties".

4) Während Wesley den Gnadenstand der christlichen Vollkommenheit mehr als die Erfüllung eines sich nach dieser Erfahrung sehnenden Christenlebens angesehen hatte, stellte Palmer die Erfahrung der gänzlichen Heiligung an den Beginn des „eigentlichen"

---

11 Im folgenden beziehe ich mich auf Charles Edward White, The Beauty of Holiness. Phoebe Palmer as Theologian, Revivalist, Feminist, and Humanitarian, Grand Rapids 1986, 125–143.

12 Vgl. L. Schmieder, Geisttaufe, 127–134.

13 Melvin Dieter meint, daß Fletchers Redeweise einen bereits in der Lehre Wesleys keimhaft angelegten Aspekt aufgreift, dessen deutliches Herausarbeiten sich Fletcher in der Auseinandersetzung mit dem Calvinismus natürlicherweise und mit einer gewissen Logik ergeben mußte; „The Development of Nineteenth Century Holiness Theology", WTJ 20 (Spring 1985) 66 ff.

14 Vgl. ebd., 63 f.

Christenlebens. Ordnete sich Wesleys Heiligungslehre um die Sehnsucht nach gänzlicher Heiligung herum, so ging Palmer gedanklich vom gegenwärtigen Besitz dieser höheren Gnadengabe aus.

5) Gegenüber Wesley erfuhr die Heiligungslehre bei Palmer eine stärkere Systematisierung. Indem Palmer der Heiligungslehre eine stärkere logische Kohärenz verlieh, löste sie damit jedoch zugleich einige noch Wesleys Verständnis kennzeichnende Spannungen und Ambivalenzen auf. So wird der Heiligungsvorgang, auf der Zeitebene betrachtet, wesentlich gerafft. Das Ausstrecken nach gänzlicher Heiligung sei der falsche Weg, denn es gebe einen kürzeren Weg („a shorter way"), der – richtig gesehen – der einzige biblische Weg sei. Auf diesen Gedanken ist gleich noch näher einzugehen.

6) Schließlich modifizierte Palmer die Abfolge und folglich das Wesen der Kennzeichen gänzlicher Heiligung. Während nach Wesleys Überzeugung das Zeugnis des Heiligen Geistes dem persönlichen Bekenntnis gänzlicher Heiligung vorausgehen muß, gründet das Bekenntnis der gänzlichen Heiligung nach Palmers Ansicht allein auf dem Glauben, daß Gott mich jetzt gänzlich heiligt. Das Warten auf ein erfahrbares Wirken Gottes wie das Zeugnis des Heiligen Geistes ist i. E. ein Ausdruck von Unglauben. Sowohl das Zeugnis als auch die Früchte des Heiligen Geistes seien vielmehr eine Folge meines Glaubens, daß ich gänzlich geheiligt bin.

Der von Palmer propagierte „kürzere Weg" umfaßte drei Schritte: erstens die völlige Übergabe, zweitens Glauben und drittens das Bekenntnis. Jeder dieser drei Schritte galt Palmer als unverzichtbar. Zweck der völligen Übergabe war es, alle Sünden und Vergehen, die der gänzlichen Heiligung im Wege stehen, aus dem Leben des Glaubenden auszuräumen. Konkret empfahl Palmer, einen Bund („covenant") mit Gott zu schließen, der die Übergabe aller Lebensbereiche an Gott besiegelt. Das Zentrum der Palmerschen Heiligungslehre ist der zweite Schritt, der Glaube. Der Glaube, wie Palmer ihn hier versteht, bezieht sich auf die Zusagen Gottes, jeden, der sich ihm vorbehaltlos übergibt, gänzlich zu heiligen.[15] Glaube heißt daher, darauf zu vertrauen, daß Gott mich jetzt – im Augenblick meines

---

15 „Thus with one bold stroke Phoebe Palmer had cut through the prolonged search and struggle which often characterized the early Methodists as they traversed the path toward perfection. She had shortened to ‚nothing flat' the time one must wait for the assurance of his/her sanctification. No supernatural evidence, no ‚inward impression on the soul', no empirical fruit of the Spirit, lay across the threshold which one must cross to enter into a state of entire sanctification. One only needed the Scriptual promise", Rob L. Staples, „John Wesley's Doctrine of the Holy Spirit", WTJ 21 (Spring/Fall 1986) 105.

Glaubensaktes – heiligt.[16] Palmers Verständnis des Glaubensaktes ist maßgeblich von alttestamentlichen Bibelstellen bestimmt, die von der Heiligkeit des Altars und der Heiligung der auf dem Altar liegenden Opfergaben sprechen. Übertragen auf das Neue Testament ergibt sich für sie, daß Christus der Altar ist und daß folglich jeder Christ, der sich „auf den Altar legt", geheiligt ist. Mit anderen Worten: „entire consecration guarantees entire sanctification".

Nach Palmer erfordert die gänzliche Heiligung das sofortige persönliche Bekenntnis des Geheiligten. Dieses Bekenntnis ist die notwendige Bedingung für das weitere Bewahren des erlangten Gnadenstandes.[17] Das Zeugnis des Heiligen Geistes stelle sich als eine Folge des öffentlichen Bekenntnisses ein, es als Voraussetzung des Bekenntnisses zu fordern bedeute, seine Heiligung nicht auf den Glauben, sondern auf Gefühle zu gründen.

Der von Palmer aufgezeigte „kürzere Weg" zur gänzlichen Heiligung rührte an das Dilemma vieler Methodisten der zweiten und dritten Generation, die daran zweifelten, ob sie das noch für die „Vätergeneration" typische Zeugnis des Heiligen Geistes von der gänzlichen Heiligung auf gleiche Weise wie diese erlangen könnten.[18] Bei Palmer stand dieses seinem Wesen nach menschlich unverfügbare Zeugnis nicht länger zwischen Erwartung und Bekenntnis der gänzlichen Heiligung. Jedes Warten war vielmehr Unglaube, denn mit der völligen Hingabe war auf Seiten des Christen alles Notwendige getan. Und daß Gott die auf den „Altar" gelegte Opfergabe auch tatsächlich heiligen würde, dafür bürgte die Zusage seines Wortes.[19] Palmers Heiligungsverständnis stellt sich nach Melvin Dieter dar als das Resultat eines „simple, literal Biblical faith and the prevailing mood of revivalism combined with an impatient, American pragmatism that

---

16 Palmer verwendete unterschiedliche Beispiele, um diesen Vorgang zu illustrieren. So führt sie einmal sinngemäß aus: Wenn ich das Testament eines Menschen bekäme und sich bei genauerer Prüfung die völlige sachliche und gesetzliche Richtigkeit des Testaments erwiese und ich darin läse, daß ich zum Erben eines Gutes eingesetzt bin, würde ich nicht zögern, mich für den Erben dieses Gutes zu halten; vgl. C. White, The Beauty of Holiness, 138.

17 Vgl. M. Dieter, Holiness Revival, 30 ff.

18 So Charles Edwin Jones, „The Inverted Shadow of Phoebe Palmer", WTJ 31 (Fall 1996) 124.

19 Nach C. Jones war der Akt des Glaubens damit jedoch auf die rationale Zustimmung zu einem Syllogismus reduziert: 1. Satz: Der Altar heiligt die Opfergabe. 2. Satz: Ich habe mich selbst zum Opfer gegeben. Schlußsatz: Ich bin geheiligt; vgl. ebd., 106. Vgl. weiter C. White, der bemerkt, daß „There is a difference between believing that if one meets certain conditions God will sanctify and believing that one has met those conditions. Phoebe Palmer never spoke clearly about that difference, and much of her teaching about faith and testimony obscured it", The Beauty of Holiness, 139.

always seeks to make a reality at the moment whatever is considered at all possible in the future".[20] Obwohl von anderen Einflüssen angereichert, wurden Palmers Auffassungen zur Standardkonzeption der amerikanischen methodistischen Heiligungsbewegung.

Die Ausbreitung der Heiligungsbewegung wurde durch den amerikanischen Bürgerkrieg 1861–1865 unterbrochen. Auf den Krieg aber folgte ein weiteres Anwachsen der Heiligungsbewegung. Aus den Heiligungstreffen in privatem Kreis entwickelten sich große *camp meetings*, die mit der Gründung der National Camp Meeting Association unter der Leitung des Methodisten John S. Inskip (1816–1884) auch eine organisatorische Verknüpfung erfuhren. Das Vordringen der Heiligungsbewegung in den öffentlichen Raum veränderte allerdings auch die Bewegung selbst. Vier Punkte sind hier zu nennen.[21] *Erstens* wurde der informelle Charakter der frühen Heiligungsbewegung und ihre Prägung durch Laien (wie Phoebe Palmer) abgelöst durch verbindlichere Organisationsstrukturen, die zumeist in den Händen von Pastoren lagen. *Zweitens* wurden die persönlich gehaltenen Bekenntnisse der eigenen Heiligungserfahrung in zunehmendem Maße überlagert von einer Verkündigung, die das Heiligungsanliegen in polemischer, mehr dogmatischer und folglich zu Stereotypisierung neigender Weise vortrug. Im Zuge dieser dogmatischen Ausdifferenzierungsprozesse traten *drittens* die theologischen und terminologischen Differenzen zwischen Methodisten und Calvinisten schärfer hervor. *Schließlich* verstärkten sich innerhalb der Heiligungsbewegung schismatische Tendenzen, z. B. infolge der Verkündigungsdienste einer wachsenden Zahl von Heiligungsevangelisten, die nicht bereit waren, sich kirchlicher Disziplin unterzuordnen.

Obwohl die Tuesday Meetings um die Mitte des 19. Jh. ein Vakuum füllten, das die nachlassende Bedeutung der *class meetings* in der MEC hinterlassen hatte,[22] war in ihnen der Keim des Separatismus angelegt, der – anfänglich ohne jede Bedeutung – unter bestimmten kirchlichen und gesellschaftlichen Bedingungen aufgehen würde. Diese Entwicklung setzte in den siebziger Jahren des 19. Jh. ein. Paradoxerweise sollte gerade der Erfolg der Heiligungsbewegung die Spannungen im Verhältnis zur MEC verschärfen. So änderte auch die Wahl von mindestens sechs neuen der Heiligungsbewegung nahestehenden Bischöfen durch die MEC-Generalkonferenz 1872 nichts daran, daß eine wachsende Zahl der an den neugegründeten theologischen Seminaren ausgebildeten Pastoren sich im selben Maße von der Heiligungssache abwendeten, wie sie sich den aus Europa kommenden neueren theo-

---

20 M. Dieter, Holiness Revival, 26 f.
21 Vgl. dazu ebd., 84 f.
22 Vgl. ebd., 41.

logisch-philosophischen Systemen gegenüber öffneten.[23] Allerdings vollzogen sich auch auf der Gemeindeebene Veränderungen, die das Verhältnis von Heiligungsbewegung und MEC betrafen. Dem vermehrten Wohlstand der Gemeinden folgte das Bemühen um größere gesellschaftliche Anerkennung, deutlich z. B. in der wachsenden Akzeptanz liturgischer Gottesdienstformen und stilvollerer Kirchenbauten. Vertreter der Heiligungsbewegung sahen ihre Kirche mehr und mehr in die Säkularisation abdriften. Sie erhöhten daher ihren evangelistischen Eifer.[24] Vor diesem Hintergrund und im Zusammenhang anderer Faktoren, wie dem sozialen Aufstieg vieler der MEC angehörender Methodisten, kam es seit den 1880er Jahren zur Bildung eigenständiger Heiligungskirchen, ohne daß von einer allgemeinen Austrittswelle der heiligungsorientierten Methodisten aus der MEC gesprochen werden könnte. Aber bereits die Tatsache, daß es nun „heiligungsorientierte" und wie auch immer „anders" orientierte Methodisten gab, zeigte den grundlegenden Wandel an, der sich mittlerweile vollzogen hatte. Sie alle gehörten einer Kirche an, die sowohl ihren Lehrstandards als auch ihren neueren Konferenz-Verlautbarungen nach an der Heiligungslehre Wesleys festhielt, die gleichwohl immer weniger gelehrt, immer seltener gepredigt und noch seltener persönlich erfahren wurde. Wer immer jedoch dies einforderte, geriet schnell in den Verdacht des Separatismus.[25]

b) Deutschland

Insbesondere im deutsch-amerikanischen Methodismus wurden die theologischen Diskussionen und Entwicklungen innerhalb der englischsprachigen Mutterkirche aufmerksam verfolgt (von Deutschland aus war dies ungleich schwieriger). Beiderseits des Atlantik aber blieb die deutschsprachige Theologie eine weitere, wenn auch kritische Bezugsgröße für das eigene theologische Denken. In der Heilslehre des deutschsprachigen Methodismus zeigen sich die Einflüsse von vier theologischen Richtungen, auf die hier einzugehen ist.

---

23 Daneben gab es auch einflußreiche Gegner der Heiligungsbewegung wie den langjährigen Herausgeber des Methodist Quarterly Review Daniel D. Whedon. Whedon warf den Vertretern der Heiligungsbewegung „hyper-Wesleyanism" vor. V. a. kritisierte er die disziplinarische Irregularität der Heiligungsbewegung in der MEC; vgl. ebd., 113 ff.

24 M. Dieter bemerkt zutreffend: „when the movement tried to establish the appropriateness of its special methods for the promotion of holiness within the increasingly bureaucratic structure of burgeoning Methodism, they lost the day", Holiness Revival, 108.

25 „Methodism could tolerate almost anything easier than it could tolerate independent, irregular methods which conflicted, in any significant degree, with its own tightly knit structures", ebd., 230.

Als erstes ist hier die deutsche *Erweckungstheologie* mit ihren Vertretern August Tholuck (1799–1877) und Julius Müller (1801–1878) zu nennen.[26] Während Tholuck v. a. in apologetischer Hinsicht rezipiert wurde, wirkte Müller auf den Methodismus maßgeblich über seine gelehrte und umfangreiche Sündenlehre ein.[27] Von Interesse war für methodistische Theologen v. a. Müllers Verknüpfung von Freiheits- und Sündenbegriff. Müller bestimmt die Sünde als eine sittliche Tat des freien Menschen: „Verfehlung ist Selbstverfehlung".[28] Zugleich übersieht er nicht die Allgemeinheit der Sünde und „ihre der Entscheidungskompetenz des empirischen Subjekts entzogene Einwurzelung in der menschlichen Natur".[29] Die Sünde bleibt aber auch darin auf das Subjekt bezogen, insofern als sie ihren Ursprung im vorzeitlichen intelligiblen Sein des Menschen hat, wie Müller im Anschluß an Kant formuliert. Die Allgemeinheit der Sünde hebt die sittliche Freiheit des Menschen also nicht auf. Allerdings meint Müller, zwischen der formalen und der realen Freiheit des Menschen unterscheiden zu müssen, um die sittliche Verantwortlichkeit des Menschen für seine Sünde sichern zu können. Dabei meint der Begriff Sünde, wie schon angedeutet, ein Doppeltes: Sünde ist zunächst Widerstreit des Menschen gegen das göttliche Gesetz, ein widergöttliches Tun. Seinem tiefsten Wesen nach jedoch ist Sünde Ungehorsam gegen Gott selbst, ein widergöttliches Sein. Entsprechend realisiert sich das sittlich Gute. Es meint zunächst die Achtung vor dem göttlichen Gesetz. Ihrem tieferen Wesen nach jedoch realisiert es sich in der Liebe zu Gott. So kommt Müller über subjekttheoretische Erwägungen zu ganz ähnlichen Einsichten wie Wesley, die im deutschsprachigen Methodismus gern aufgegriffen wurden.

Zu erwähnen ist zweitens die *evangelisch-positive Dogmatik*.[30] Wenn wir diesen übergreifenden Begriff sowohl für Lutheraner wie Hans Lassen Martensen (1808–1884) und Ernst Luthardt (1823–1902) als auch für einen reformierten Theologen wie Johann Heinrich August Ebrard (1818–1888) gelten lassen, dann deshalb, weil in der methodistischen Wahrnehmung der (insbesondere Luthardt kennzeichnende) konfessionelle Positivismus dieser Dogmatiker zurücktrat. Von größerer Bedeutung waren Grundtendenzen dieser Dogmatiker, die auf

---

26 Vgl. Gunter Wenz, Art. „Erweckungstheologie, 1. Deutschland", EKL³, Bd. 1, 1088–1094.
27 Die christliche Lehre von der Sünde, I. und II. Band, dritte, vermehrte und verbesserte Ausgabe, Breslau 1849.
28 Vgl. zum folgenden Gunter Wenz, Geschichte der Versöhnungslehre in der evangelischen Kirche der Neuzeit, Bd. 1, München 1984, 412 ff.
29 Ebd., 413 f.
30 Die Theologiegeschichtsschreibung kennt weitergehende Differenzierungen, auf die hier aus Platzgründen verzichtet werden muß und wohl auch kann, da hier die Wahrnehmung innerhalb der methodistischen Theologie im Blick ist.

methodistischer Seite als Annäherung an den eigenen dogmatischen
Standpunkt interpretiert werden konnten. Auf zwei Punkte sei hier
exemplarisch verwiesen. Auffallend ist zum *einen*, daß bei den genannten Theologen an die Stelle einer strengen Fassung der reformatorischen Lehre vom unfreien Willen die Behauptung der sittlich-religiösen Freiheit des menschlichen Willens tritt. So ist es nach Martensen ein Geschenk der „immanente[n] Gnade in der gefallnen
Menschennatur, daß die Freiheit sich der entgegenkommenden Gnade
hingeben, sich ihr öffnen kann, wie die Blume sich dem Strahl der
Sonne öffnet".[31] Wenn der Mensch daher die Kraft in sich hat, sich
Gott zuzuwenden, dann ist dies die „Kraft des innern göttlichen
Funkens, der unzertrennlich ist vom ebenbildlichen Wesen der Freiheit
und als die Gnade in der Natur bezeichnet werden muß".[32] Nach
Ebrard ist die Freiheit des Menschen, zwischen Tod und Leben zu
wählen, aufgrund der *gratia praeveniens* wieder hergestellt. Bei der
Aneignung des Heils sei der Mensch daher nicht passiv, sondern
rezeptiv.[33] Das Mitwirken des Menschen impliziere aber kein Verdienst, da der Mensch nicht „produktiv" sei. Willensfreiheit und Verdienst sind für Ebrard zudem „*gar keine correlate[n] Begriffe*", sondern
zwei Begriffe, „welche gleichsam in verschiedenen Ebenen liegen".[34]
Methodistische Theologen übersahen nicht, daß hier von seiten der
positiv-evangelischen Dogmatik der Versuch unternommen war, die
Wirksamkeit der göttlichen Gnade mit dem Faktum menschlicher Freiheit und Verantwortlichkeit zu vermitteln. Bei den positiven Dogma-
tikern wird zum *zweiten* die Heiligung stärker gewichtet als insbesondere bei Luther. Nach Ebrard ist die Heiligung „*der Sieg des neuen
Menschen über den alten*".[35] Eine Koexistenz beider sei dauerhaft nicht
denkbar, denn der Christ, so Ebrard, „will und soll aus Einem Guße

---

31 Die christliche Dogmatik, 309 (§ 204).

32 Ebd.

33 Ebrard faßt seine Auffassung in folgende Illustration: „[W]enn einer in's tiefe Wasser
   gestürzt ist, und ein zweiter ihm eine Stange hineinreicht, so ist dieses Hineinreichen
   der Stange eine *mera gratia praeveniens*, wobei der im Versinken begriffene durchaus
   nicht cooperirt; allein durch diese Darreichung wird für ihn eine *neue Wahl eröffnet*,
   die Stange entweder zu ergreifen oder nicht; die verloren gegangene Freiheit, zwischen Tod und Leben wählen zu können, wird restituirt, und wenn der Ertrinkende
   die Stange *ergreift*, so handelt er dabei nicht *mere passive*, sondern receptive", Christliche Dogmatik, Bd. 2, 560 (Hervorhebung im Original). Die in den Texten vorhandenen Hervorhebungen werden im Zitat stets übernommen, ohne darauf im folgenden gesondert hinzuweisen.

34 Ebd., 574.

35 „Der alte Mensch soll und kann nicht allmählich sich in einen neuen Menschen
   verwandeln, sondern der aus Christo durch den Geist geborene neue Mensch soll
   den alten Menschen bis zum Tode niederkämpfen, an's Kreuz nageln und erwürgen
   (Gal 5,24; Röm 6,6)", Christliche Dogmatik, Bd. 2, 515 f.

sein". Daher ist für Ebrard das Wachsen in der Heiligung *die Bedingung für das Fortleben des neuen Menschen*".[36] Für Luthard meint Heiligung die „Bethätigung der Lebens- und Liebesgemeinschaft mit Gott in Christo".[37] Folglich sei die Liebe als ein wechselseitiges Geschehen sowohl das Motiv als auch das Wesen der Heiligung. Ziel der Heiligung sei die „Verklärung in das Bild Christi".[38] Zwar war jeder dieser dogmatischen Entwürfe weit davon entfernt, seiner Gesamtanschauung nach methodistisch zu sein, doch wurden ähnliche Akzentsetzungen erkennbar. Zumindest bot sich hier ein Fundus an Zitaten, wenn es darum ging, den dogmatischen Standpunkt des Methodismus im Kontext protestantischer Theologie zu begründen.

Als dritte Richtung ist die *Heiligungsbewegung* in Deutschland zu nennen.[39] Ihre Ausbreitung geht maßgeblich auf die „Triumphreise" des amerikanischen Fabrikanten Robert Pearsall Smith (1827–1897) im Jahr 1875 zurück, wobei zu beachten ist, daß die Belebung der „Heiligungssache" in der deutschen BMK – vermutlich aufgrund ihrer Kontakte in die Vereinigten Staaten – bereits 1872 einsetzte. Im Jahr 1874 hatte Pearsall Smith zu einer großen Heiligungskonferenz nach Oxford eingeladen. Seiner Einladung folgten ca. 3000 Interessierte, darunter zahlreiche Pastoren und Prediger aus Deutschland und der Schweiz.[40] Sichtbares Resultat dieser Konferenz war die Gründung einer ersten deutschsprachigen Heiligungszeitschrift[41] und schließlich die Einladung an Pearsall Smith, Deutschland zu besuchen. Von dieser durch Deutschland führenden „Triumphreise" im Jahr 1875 gingen wesentliche Impulse für die deutschsprachige Heiligungsbewegung aus. Bereits bei der Durchführung der im Zuge dieser Reise stattfindenden Heiligungsversammlungen in Berlin, Basel, Zürich, Karlsruhe, Korntal, Stuttgart, Frankfurt und Heidelberg kam es zur – allerdings nicht ganz spannungsfreien – Zusammenarbeit denominationell unterschiedlicher Gemeinden vor Ort. Pearsall Smith bemühte sich nicht nur, den überkonfessionellen Charakter der Heiligungsbewegung hervorzuheben,[42] sondern tat auch alles, um theologische Kontroversen zu ver-

---

36 Ebd., 516.
37 Die christliche Glaubenslehre, 481.
38 Ebd., 487.
39 Vgl. Stephan Holthaus, „Heil, Heilung, Heiligung – Zur Geschichte der deutschen Heiligungsbewegung (1875–1909)", JETh, 11/12 (1997/98) 142–174; K. H. Voigt, Heiligungsbewegung.
40 U. a. Carl Heinrich Rappard, Otto Stockmeyer, Friedrich Fabri und Theodor Jellinghaus.
41 Des Christen Glaubensweg. Blätter zur Förderung des christlichen Lebens.
42 Zur Reaktion in den evangelischen Landeskirchen vgl. Eva-Maria Zehrer, „Reaktionen auf die Heiligungsbewegung aus den evangelischen Landeskirchen", MSGEmK 13 (Oktober 1992) 2–16.

meiden.[43]. Den Versuch einer theologischen Ausarbeitung der Heiligungs- in Verbindung mit der Rechtfertigungslehre versuchte erst Theodor Jellinghaus mit seiner 1880 in erster Auflage erschienenen Dogmatik *Das völlige, gegenwärtige Heil in Christo*.[44] Sein Werk läßt deutlich den aktualistischen Akzent der Heiligungsbewegung erkennen. Im Hinblick auf den Sündenbegriff kommt Jellinghaus zu ähnlichen Differenzierungen wie Wesley, allerdings spricht er nicht von einer „Ausrottung" der bitteren Wurzel der Sünde. Auch ist seine Heiligungslehre stärker vom Verständnis einer „organischen" Verbindung des Gläubigen mit Christus her bestimmt.[45] Das heißt, daß Rechtfertigung und (gänzliche) Heiligung weniger scharf als im Methodismus voneinander unterschieden werden, auch wenn Jellinghaus „aus praktischen Erwägungen" (Ohlemacher) an der Vorstellung von einem zweiten Gnadenwerk festhielt. Gleichwohl wirkten Jellinghausens Überlegungen auch dort, wo die bestehenden theologischen Unterschiede erkannt wurden, ihrerseits auf methodistische Theologen ein.

43 Vgl. K. H. Voigt, Heiligungsbewegung, 51 ff. Michel Weyer zufolge waren vielen Methodisten insbesondere in Deutschland die Feindifferenzierungen innerhalb der amerikanischen Heiligungstheologie überhaupt nicht bewußt. Weyer nennt exemplarisch A. Rodemeyers Buch Biblische Heiligung, das in der Tat eine nicht ganz spannungsfreie Kompilation von Auffassungen verschiedener Autoren ist, die unterschiedliche Positionen in der Heiligungslehre vertraten; vgl. „The Holiness Tradition in German-speaking Methodism", Asbury Theological Journal 50/51 (Fall 1995/ Spring 1996) 200. Allerdings trifft Weyers Beurteilung nur teilweise zu, wie der differenzierte Vergleich der Heiligungslehre Wesleys und Pearsall Smiths durch Carl Weiß belegt. Doch zieht auch Weiß am Ende seiner Untersuchung ein – wohl apologetisch motiviertes – sehr harmonisierendes Fazit: „Somit hätten wir gezeigt, daß P. Smith uns keine neue Lehre bringt, sondern wesentlich die alte biblische Lehre, wie dieselbe die Methodistenkirche schon seit ihrem Bestehen hält, und daß die scheinbaren Gegensätze sich sehr leicht vereinigen lassen", „Die verschiedenen Lehren über Heiligung, in wieweit dieselben miteinander übereinstimmen und in wieweit sie von einander abweichen", WäSt 6 (1876) 41–53 (das Zitat auf 41; im Original ist der ganze Satz hervorgehoben). Vgl. weiter „Robert Pearsell Smith", Evst 49 (1898) 380: „Eine eingehendere Prüfung der oben genannten Bewegung möchte vielleicht auch zu einigen negativen Ergebnissen führen und den Gegnern nicht ganz unrecht geben, wenn sie behaupten, die einseitige Betonung dieser Lehre habe viele zu einem gesetzlichen Heiligungsstreben verleitet, so daß es bei ihnen mehr Gefühls-, als wirkliche Herzens- und Erfahrungssache sei"

44 Zu dieser Dogmatik vgl. Jörg Ohlemacher, Das Reich Gottes in Deutschland bauen. Ein Beitrag zur Vorgeschichte und Theologie der deutschen Gemeinschaftsbewegung, Göttingen 1986, 163–190.

45 Dies wird zutreffend, wenn auch kritisch herausgearbeitet von Benjamin Warfield, „The German Higher Life Movement in its Chief Exponent", in: ders., Perfectionism, Bd. 1, Grand Rapids 2000, 345–399; vgl. weiter Ernst Heinatsch, Die Krisis des Heiligungsbegriffes in der Gemeinschaftsbewegung der Gegenwart (Theodor Jellinghaus), Neumünster in Holstein o. J., Heinatsch spricht sogar vom „Mystizismus" bei Jellinghaus.

In anfänglich enger Beziehung zur Heiligungsbewegung stand schließlich die deutsche *Gemeinschaftsbewegung*. Die erstmals 1887 tagende Gnadauer Konferenz setzte der Bewegung das Ziel, „das Recht der gemeinschaftlichen Privaterbauung, der Gemeinschaftspflege, der Evangelisation, sowie der Laientätigkeit überhaupt" in ihrem Verhältnis zur Kirche klarzustellen sowie „durch brüderliche Gemeinschaft und Gebet sich neu zu stärken für die vielfachen Aufgaben" im Reich Gottes.[46] Unter den Teilnehmern dieser ersten Konferenz befand sich auch der Bonner Professor Theodor Christlieb, der durch eine „Neuevangelisierung der längst Entchristlichten" die Missions- und Gemeindeaufbauarbeit der Freikirchen in Deutschland „überflüssig" machen wollte.[47] In theologischer Hinsicht muß an dieser Stelle lediglich auf das innerhalb der Gemeinschaftsbewegung aufkommende Verständnis von der Geisttaufe eingegangen werden.[48] Das Interesse an der Lehre von der Geisttaufe scheint durch die nach England und in die Vereinigten Staaten bestehenden Beziehungen geweckt worden zu sein. So konnte der amerikanische Evangelist Reuben Torrey auf den Bad Blankenburger Allianz-Konferenzen für sein Verständnis einer auf die Wiedergeburt folgenden Geisttaufe als „Krafterfüllung für den Dienst" werben. Diese Lehre wurde innerhalb der Gemeinschaftsbewegung von Elias Schrenk vertreten. Eine in dieser Form neue Dreistufenlehre vertrat dagegen Jonathan Paul, „insofern er das Kerngeschehen der Geisttaufe als das *erste* Werk der Gnade bezeichnet und mit der Wiedergeburt" verband.[49] Auf dieses erste Gnadenwerk folgen dann weitere Wachstumsstufen, die er (im Anschluß an 1Kor 1,30) als Heiligung und als Erlösung bezeichnete. Bei Otto Stockmeyer u. a. schließlich verband sich die Lehre von der Geisttaufe – unter darbystischen Einfluß – mit einer speziellen Endzeitauffassung zur Lehre von der Auswahlentrückung der gänzlich Geheiligten. So ist auch für Teile der deutschsprachigen Heiligungs- und Gemeinschaftsbewegung am Ende des 19. Jh. eine Tendenz zum Gebrauch pentekostaler Terminologie nicht zu übersehen.

Die hier für die Vereinigten Staaten wie für Deutschland genannten theologischen Richtungen zeichneten sich durch ihr primäres soteriologisches Interesse aus, was sie zum natürlichen Gesprächspartner methodistischer Theologie machte. Im Mittelpunkt aller Überlegungen

---

46 Zu den Anfängen der Gemeinschaftsbewegung vgl. J. Ohlemacher, Das Reich Gottes in Deutschland bauen, 35–121 (das Zitat auf 69 f.).

47 Karl Heinz Voigt, „‚Die Neuevangelisierung der längst Entchristlichten' – Eine Forderung von Professor Christlieb von 1888. Evangelisation in Landeskirchen, Freikirchen und Gemeinschaftsbewegung", in: „Alles ist euer, ihr aber seid Christi", FS Dietrich Meyer, hrsg. v. Rudolf Mohr, Köln 2000, 433–458.

48 L. Schmieder, Geisttaufe, 263–284.

49 Ebd., 276.

stand die Frage nach Weg und Wesen der Aneignung des göttlichen Heils unter den Bedingungen der gefallenen menschlichen Existenz. Sünde und Gnade sind die Bezugspunkte menschlichen Daseins. Sie bilden zugleich die gegensätzlichen Ausgangspunkte der Heilsordnung, der wir uns nun zuwenden.

2.2. Die Sünde

Im Rahmen der Theologie des deutschsprachigen Methodismus setzt die Lehre von der Sünde die Grundbestimmungen im Hinblick auf den Menschen, dem das göttliche Heilsangebot gilt. Dabei zielen alle harmatiologischen Überlegungen letztlich auf die Beantwortung der Frage, inwiefern sich die den Menschen infolge des Sündenfalls kennzeichnende gänzliche Verdorbenheit mit dessen sittlicher Freiheit und Verantwortlichkeit in Übereinstimmung bringen läßt.

a) Gottebenbildlichkeit und Sündenfall des Menschen

Die Überlegungen der deutschsprachigen Methodisten zur Gottebenbildlichkeit des Menschen gehen stets von einer grundlegenden Differenzierung des Begriffs aus. So ist nach Arnold Sulzberger zwischen einer Gottebenbildlichkeit im weiteren und im engeren Sinne zu unterscheiden. Im weiteren Sinne meint das Bild Gottes im Menschen dessen geistige Persönlichkeit und ewige Bestimmung, „unsterblich, heilig und selig zu sein".[50] Die Gottebenbildlichkeit im engeren Sinne meint dagegen die sittliche Vollkommenheit des Menschen, seine Gerechtigkeit und Heiligkeit. Im Anschluß an Augustin möchte Sulzberger diese ursprüngliche sittliche Vollkommenheit jedoch nicht als „absolut vollendet" verstanden wissen, sondern als den vollkommenen Ausgangspunkt einer lebendigen Entwicklung.[51] Der Sündenfall des ersten Menschenpaares habe diese von Gott intendierte Entwicklung unterbrochen. Zwar habe der Mensch nicht seine Beschaffenheit als geistige Persönlichkeit, wohl aber seine ursprüngliche Gerechtigkeit und Heiligkeit verloren. Nach Sulzberger trägt der gefallene Mensch daher im weiteren, jedoch nicht mehr im engeren Sinne das Ebenbild Gottes an sich.[52] Die von Sulzberger aufgenommene alte dogmatische

---

50 Glaubenslehre, 314.
51 Vgl. ebd.; vgl. weiter [W. Nast], „Sünde und Sündenfall", ChrAp 33 (1871) 281 und Franz Nagler, Geistliche Erweckungen. Ihre Bedeutung in der Entwicklungsgeschichte des Reiches Gottes, nebst Anweisungen wie dieselben zu fördern und ihre Früchte zu wahren, Cincinnati 1883, 102.
52 Ganz ähnlich C. F. Paulus, Das Christliche Heilsleben. Eine populäre Darstellung der Christlichen Sittenlehre, Cincinnati/Chicago/St. Lewis 1890, 29 f.

Unterscheidung innerhalb des Gottebenbildlichkeitsbegriffs ist im deutschsprachigen Methodismus durchgängig vertreten, aber in unterschiedliche Ausdrücke gefaßt worden. So unterscheidet Charles Treuschel zwischen einem verlierbaren moralischen und einem unverlierbaren natürlichen Gottebenbild im Menschen,[53] wobei auch hier ersteres seine ursprüngliche Gerechtigkeit und Heiligkeit, letzteres sein „vernünftiges Wesen" meint.

Die Unterscheidung von einer Gottebenbildlichkeit im engeren und im weiteren Sinne wird anthropologisch konkret angesichts des in Gen 3 berichteten Sündenfalls des ersten Menschenpaares. Denn obwohl zunächst lediglich als Schilderung eines historisches Faktums aufzufassen, ergibt sich aus der Sündenfallgeschichte nach Auffassung der deutschsprachigen Methodisten ein bleibendes anthropologisches bzw. harmatiologisches Axiom. So ist für Nast der Sündenfall Adams „nicht allein der geschichtliche Anfang der allgemeinen Sündhaftigkeit des menschlichen Geschlechts, sondern zugleich auch die dieselbe bewirkende Ursache. Diese Sündhaftigkeit ist nach Erfahrung und Schrift zu einer natürlichen Beschaffenheit aller Menschen geworden, aus welcher die wirklichen, thätigen, persönlichen Sünden eines jeden einzelnen Menschen sich entwickeln".[54] Indem Adam das ihm von Gott gegebene Gebot übertrat, mißbrauchte er die ihm von Gott verliehene Freiheit. Durch die Sünde trat die Selbstsucht als das innere Lebensprinzip an die Stelle der Gottesliebe.[55] In dieser Verkehrung des göttlichen Schöpferwillens gründet das transgenerative Sündenverhängnis, dem die Menschen jenseits aller auf der Erfahrungsebene sich manifestierenden Einzelsünden ausgeliefert sind. Was aber bedeutet diese zumeist als „Erbsünde" bezeichnete Zuständlichkeit des Menschen für die These von dessen sittlicher Freiheit und Verantwortlichkeit?

b) Das Wesen der Erbsünde

Nach Überzeugung der deutschsprachigen Methodisten setzt die Rede von der Erbsünde zunächst voraus, daß die gesamte Menschheit als ein Organismus aufgefaßt wird, wobei „der erste Mensch zum Haupt und Repräsentanten für alle andern wird, so daß die einzelnen Glieder

---

53 Vgl. „Die Gottebenbildlichkeit des Menschen", HaHe 12 (1874) 206–209.
54 „Die Lehre der christlichen Kirche vom Sündenfalle", ChrAp 19 (1857) 29.
55 „So ist die Selbstsucht das Grundprinzip der Sünde; sie scheidet von Gott, erdrückt jede edlere Regung des Gemüthes, und wird zur Quelle jeglicher anderer Sünde", A. Löbenstein, „Ursprung der Sünde", HaHe 2 (1874) 78; vgl. weiter F. F[ischer], „Die Sünde", HaHe 2 (1874) 77 f.; [H. Liebhart], „Die biblische Lehre vom Menschen", HaHe 3 (1875) 393; C. F. Paulus, Heilsleben, 44.

dieses Organismus in einem engen sich gegenseitig bedingenden und bestimmenden Zusammenhang mit einander stehen".[56] Aufgrund dieses organischen Zusammenhangs, von dem die biologische Abstammung aller Menschen von Adam und Eva lediglich eine, wenn auch wichtige, Komponente darstellt, wurde die Sünde Adams eine „bleibende Zuständlichkeit aller seiner Nachkommen".[57] Erbsünde meint daher das Verderben der Natur eines jeden Menschen, den Verlust seiner ursprünglichen Gerechtigkeit und seine fortwährende Neigung zum Bösen. Sie läßt sich, da jeder Mensch auch in sich selbst eine organische Einheit bildet, nicht auf die sittliche Seite seiner Natur eingrenzen, sondern meint eine im umfassenden Sinne verstandene „leiblich-geistige … Zerrüttung, gotteswidrige Störung, ,das Verderbniß der Natur eines jeden Menschen'".[58]

Wenn in diesem Zusammenhang von der „gänzlichen Verdorbenheit" der menschlichen Natur geredet wird, dann ist dieser Ausdruck in einem qualitativen, nicht in einem quantitativen Sinne zu verstehen. Gemeint ist nach Nast also nicht eine größtmögliche Verdorbenheit, „als ob der Mensch nicht schlimmer werden könnte, als er schon von Natur ist",[59] sondern vielmehr eine alle Bereiche der menschlichen Natur umgreifende Verdorbenheit. So wie der Verstand geistlichen Dingen gegenüber geblendet ist, so fehlt dem Willen „die Kraft zur Vollbringung des Guten".[60] Unwillkürlich neigt er dem Bösen zu und beharrt in seiner Feindschaft gegen Gott. „Seine Kraft besteht demnach in der Auflehnung gegen Gottes Willen, seine Freiheit in dem Ablehnen und Verwerfen des Guten".[61] Sowohl der Wille des Men-

---

56 W. Nast, „Die Lehre der christlichen Kirche vom Sündenfalle", ChrAp 19 (1857) 33.

57 A. Sulzberger, Erklärung der Glaubensartikel und Hauptlehren der Methodistenkirche, Bremen o.J., 44. An anderer Stelle spricht Sulzberger vom Sündenfall als „wirksamer Anfang eines desorganisirenden Einflusses auf alle seine Nachkommen; die mit Adams Fall eingetretene Veränderung der menschlichen Natur wurde fortan Erbe des ganzen Menschengeschlechtes", Glaubenslehre, 342.

58 H. Liebhart, „Die biblische Lehre vom Menschen", HaHe 3 (1875) 394. Liebhart greift hier die Formulierung des VII. (er selbst spricht irrtümlich vom IX.) der 25 methodistischen Glaubensartikel auf; vgl. weiter A. Sulzberger, Erklärung der Glaubensartikel, 43 ff. W. Nast formuliert: Erbsünde ist „die durch die erste Sünde Adams entstandene, durch die Abstammung von ihm über alle Menschen verbreitete Verderbniß der menschlichen Natur, durch welche der Mensch das göttliche Ebenbild, die ursprüngliche Gerechtigkeit verloren hat und *aus eigener Kraft* Gott weder richtig erkennen noch wahrhaft zu lieben vermag, d. h. von Natur zum Bösen geneigt und zum Guten untüchtig ist", „Die Lehre der christlichen Kirche vom Sündenfalle", ChrAp 19 (1857) 29; vgl. weiter C. F. Paulus, Heilsleben, 44.

59 „Die Lehre der christlichen Kirche vom Sündenfalle", ChrAp 19 (1857) 33.

60 A. Sulzberger, Glaubenslehre, 343.

61 Ebd., 344. W. Nast bemerkt zur Freiheit des Menschen: „Der Mensch ist nicht mehr frei. … Eine fremde Macht hat Besitz von ihm genommen, so daß er nicht mehr

schen als auch seine Naturtriebe neigen dem Bösen zu. Verkehrter Wille und verkehrte Gesinnung des Menschen wirken aufeinander und verstärken sich wechselseitig.[62] Nicht mehr beherrscht der Wille die seelisch-leiblichen Triebe, sondern umgekehrt ist er diesen unterworfen. So folgt schließlich aus der „verkehrten" Grundstellung des Menschen eine verkehrte Lebensordnung, „ein falsches oder verkehrtes Handeln".[63]

Damit ist die Frage aufgeworfen, wie angesichts der auf diese Weise bestimmten „gänzlichen Verdorbenheit" von einer bleibenden sittlichen Freiheit und Verantwortlichkeit des Menschen gesprochen werden kann. Wilhelm Nast beschreibt das Problem mit folgenden Worten:

„Das Eigenthümliche und Geheimnißvolle hinsichtlich der allgemeinen Sündhaftigkeit des menschlichen Geschlechts besteht darin, daß sie sich in jedem einzelnen Menschen vorfindet *vor* seinem vollen Bewußtsein, und *doch so, daß er sie nicht als Etwas abweisen kann, wofür er nicht verantwortlich wäre.*"[64]

Warum aber kann der Mensch die Verantwortlichkeit für sein Tun nicht zurückweisen? Die methodistische Soteriologie beantwortet diese Frage mit dem Hinweis auf die vorlaufende Gnade. Diese vorlaufende Gnade ist nach methodistischer Ansicht zwar einem jeden Menschen von Geburt her mitgegeben, sie ist aber dennoch keine natürliche Mitgift, sondern eine Wirkung der allgemeinen Erlösung durch Christus. Die allgemeine Erlösung, oft im Unterschied zur persönlichen Rechtfertigung durch den Glauben als „Rechtfertigung des Lebens" bezeichnet, meint die objektive Seite der Wirksamkeit des Versöhnungshandelns Christi, durch welche der Fluch des allgemeinen Sündenverderbens zunächst aufgehoben ist. Diese Sicht wird mit Röm 5,18 begründet. Denn, so Nast, „[w]ie wir vom ersten Adam Sünde und Tod erben, so sollen wir von Christo, dem zweiten Adam, kraft geistiger Verbindung, Gerechtigkeit und Leben ererben".[65] Mit der Erbschuld geht folglich ein „Erbsegen" einher, „durch welchen die Erbschuld gedeckt ist".[66] Die individuelle Zueignung dieses Erbsegens

---

thut, was er will, sondern eine Kraft in sich herrschen fühlt, der er gehorchen muß, ob er wohl weiß, sie führt ihn ins Verderben", „Sünde und Sündenfall", ChrAp 33 (1871) 289.

62 Vgl. C. F. Paulus, Heilsleben, 48.

63 F. F[ischer], „Die Sünde", HaHe 2 (1874) 309.

64 „Die Lehre der christlichen Kirche vom Sündenfalle", ChrAp 19 (1857) 29.

65 Ebd., 33. Nach C. F. Wunderlich besagt Röm 5,18, „daß Alle, welche in Adam gefallen, vorkehrungs- und bedingungsweise in Christo wieder hergestellt werden. Er [der Apostel Paulus] kann nicht die Meinung haben, daß Alle und alsobald gerechtfertigt sind, denn die Erwachsenen werden nicht gerechtfertigt, bis sie Buße thun und glauben", „Der moralische Zustand der Kinder", DAThK 12 (1891) 309.

66 A. Sulzberger, Glaubenslehre, 347. Diese Auffassung von einer allgemeinen „Recht-

aber geschieht mittels der vorlaufenden Gnade, die den Menschen
befähigt, sich dem Guten zuzuwenden und das Böse zu meiden.
Nach methodistischer Überzeugung ist damit der schmale Grad
getroffen, der zwischen augustinischem Determinismus einerseits sowie Pelagianismus und Semipelagianismus andererseits verläuft. Denn
es bleibt auf der einen Seite gültig, daß der Mensch gänzlich verderbt
und daher unfähig ist, sich aus eigener Kraft Gott zuzuwenden. Seine
Hinwendung geschieht vielmehr kraft der ihm verliehenen vorlaufenden Gnade Gottes. Die vorlaufende Gnade aber ist auf der anderen
Seite keine natürliche Beschaffenheit des Menschen. Der Mensch ist,
verstanden in qualitativem Sinne, gänzlich verdorben, seiner ursprünglichen Gerechtigkeit und Heiligkeit beraubt. Und doch bleibt er eine
Person, ein sittlich freies und verantwortliches Subjekt. Die zwischen
der Totalität der Erbsünde und der bleibenden sittlichen Freiheit des
Menschen bestehende sachliche Spannung ist mit dem Gedanken der
vorlaufenden Gnade von der soteriologischen Seite her gelöst. Wie
aber läßt sich diese Spannung von der Anthropologie her auflösen?
Ausgangspunkt der entsprechenden Überlegungen im deutschsprachigen Methodismus ist die bereits erwähnte Unterscheidung innerhalb der *imago dei*. Was auch dem gefallenen Menschen bleibt, ist die
Gottebenbildlichkeit im weiteren Sinne (Sulzberger), das natürliche
Ebenbild (Treuschel) bzw. ein Rest an Ebenbildlichkeit (Nagler), das
durch den Sündenfall zwar „getrübt, zerbrochen, entstellt", jedoch
nicht „vernichtet" wurde.[67] Wie läßt sich dieser Imago-Rest im Menschen näher bestimmen? Nach Franz Nagler zeigt sich der dem gefallenen Menschen verbliebene Rest der Gottebenbildlichkeit als „Anknüpfungspunkt" für die göttliche Gnade, nämlich in dem Vermögen
des Menschen, „die Gnade Gottes, wenn der Geist Gottes ihm diese
anbietet, anzunehmen".[68] Dem Menschen bleibt also über den Sün-

---

fertigung des Lebens" durch das objektiv gültige Erlösungswerk Christi hat insbesondere Konsequenzen für die Beurteilung des Schicksals von in Unmündigkeit
sterbenden Kindern. Denn wie durch die Sünde Adams die Verdammnis das Erbteil
aller seiner Nachkommen ohne deren persönliches Verschulden wurde, so kommt
auch der Segen, der durch den Tod Christi erwirkt wurde, ohne Zutun auf diese
Kinder. Zwar sind sie nicht von den Folgen der Erbsünde befreit, wohl aber von
der mit der Erbsünde verbundenen Schuld; vgl. ebd., 349 ff. Auf diesen Punkt wird
im Zusammenhang des methodistischen Taufverständnisses ausführlicher einzugehen
sein.

67 F. L. Nagler, „Die Erlösungsfähigkeit des Menschen", DAThK 15 (1894) 4; vgl.
    weiter ders, Geistliche Erweckungen, 102; C. Treuschel, „Die Gottebenbildlichkeit
    des Menschen", HaHe 12 (1884) 207.

68 Nagler fügt an: „ ... welches sicherlich ein guter Akt ist", „Die Erlösungsfähigkeit
    des Menschen", DAThK 15 (1894) 2. Problematischerweise bemüht Nagler sich
    nicht, deutlich zu machen, daß „gut" hier nicht „verdienstlich" meint. Nagler kann
    auch davon sprechen, daß in sittlicher Hinsicht „noch manches Gute" im Menschen

denfall hinaus das Vermögen zu *wollen*. Allerdings klingt es bei Nagler so, als besitze der Mensch kraft der ihm verbliebenen Gottebenbildlichkeit nicht nur das formale Vermögen zu wollen, sondern auch das reale Vermögen, das Gute zu wollen. Tatsächlich aber ist letzteres nach methodistischer Auffassung Wirkung der vorlaufenden Gnade, wie Sulzberger in einer deutlicheren Bestimmung des Sachverhalts ausdrückt. Danach gibt Gott dem Menschen vermittels der vorlaufenden Gnade „das Vermögen, die Wahrheit zu erkennen und das Gute zu wollen", dem Menschen aber obliegt es aufgrund der ihm bewahrten sittlichen Freiheit, „von diesem Vermögen einen richtigen Gebrauch zu machen durch seinen persönlichen Willensentschluß für das Gute".[69] Sulzberger unterscheidet also, im Anschluß an den methodistischen Dogmatiker Richard Watson, zwischen dem „Vermögen" und dem „Gebrauch dieses Vermögens".[70] Diese Unterscheidung ist jedoch im deutschsprachigen Methodismus infolge zumindest terminologischer Unschärfen häufig verwischt worden, wie exemplarisch das obige Zitat von Nagler belegt.

Die Unschärfe der Anthropologie zeigt sich auch in Wilhelm Nasts Verständnis der menschlichen „Natur". Seiner Auffassung nach ist auch der gefallene Mensch noch von den ihm intuitiven religiösen Ideen durchdrungen.[71] Es ist ein bleibendes „Etwas im Herzen der Menschen ..., das Dessen bedarf, was Christus bringt, und das sich dadurch befriedigt fühlt".[72] Dieses „Etwas" ist der „Anknüpfungspunkt" für die Gnade in der verdorbenen Menschennatur. Doch Nast legt Wert auf die Feststellung, daß diese durch den Sündenfall verdorbene Natur dem Menschen zu einer zweiten, nicht jedoch zu seiner einzigen bzw. zur „eigentlichen" Natur wurde. So betrachtet ist „das Böse an sich eine Verkehrtheit, die wider die [erste] Natur streitet".[73] Soteriologisch gesehen bedeutet die Annah-

---

ist; vgl. auch ders., Geistliche Erweckungen, 103 f. Vgl. weiter C. Treuschel, „Die Gottebenbildlichkeit des Menschen", HaHe 12 (1884) 208; C. F. Paulus, Heilsleben, 52; F. Fischer, „Der Wille", HaHe 1 (1873) 182; Fr. Kopp, „Der Zustand des Menschen von Natur, sein Verhältniß zur Gnade und zum Reich Gottes", ChrAp 28 (1866) 401.

69 Erklärung der Glaubensartikel, 49.

70 Ähnlich die Unterscheidung Adam Clarkes zwischen dem Vermögen zu wollen und dem Akt des Wollens; vgl. L. S. Jacoby, Handbuch des Methodismus, 250 f.; D. Gräßle, „Wie haben wir uns das Verhältniß der göttlichen Gnade zur menschlichen Freiheit zu denken", HaHe 4 (1876) 400; etwas anders H. Geerdes, „Die Freiheit des menschlichen Willens gegenüber dem Vorherwissen Gottes", WäSt 1 (1871) 109.

71 Vgl. Commentar, Bd. 1, 56, wo W. Nast davon spricht, daß es - nach Lehre der Bibel - „der menschlichen Seele angeboren [ist], an Gott zu glauben".

72 „Das Evangelium Christi", ChrAp 24 (1862) 73.

73 Ebd. Ähnlich L. Peter und G. Breunig. Nach L. Peter besitzt der Mensch nach dem Sündenfall zwei Naturanlagen: eine sittlich gute und eine sittlich böse. Erstere ist

me des Evangeliums den Sieg der „eigentlichen" Natur des Menschen, die Rückkehr in die gottgewollte ursprüngliche Kreatürlichkeit. Das Ja zu Gott entspricht dem Ja zu meiner ursprünglichen menschlichen Bestimmung.[74] Als problematisch erscheint, daß Nast den Gedanken der ursprünglichen Bestimmung mit dem Begriff der menschlichen Natur verbindet, weil auf diese Weise der Eindruck entstehen muß, im gefallenen Menschen liege ein dem Heilsangebot korrespondierendes natürliches Vermögen.

Die Vermittlung der Vorstellung von der Erbsünde mit der Überzeugung von der sittlichen Freiheit und Verantwortlichkeit des Menschen wird folglich auf eine doppelte Weise vollzogen, aus der eine gewisse soteriologische Ambivalenz folgt. Übereinstimmend wird die Auffassung vertreten, daß dem Menschen das Vermögen eigne, das von Gott angebotene Heil anzunehmen oder zurückzuweisen. Dieses Vermögen wurde zum einen aus dem Gedanken eines im gefallenen Menschen verbliebenen Imago-Restes, zum anderen von der Wirksamkeit der vorlaufenden Gnade Gottes her begründet. Im deutschsprachigen Methodismus des 19. Jh. gewinnt faktisch der erstere gegenüber dem letzteren Begründungsgang stärkeres Gewicht. Zwar bleibt die vorlaufende Gnade die Voraussetzung der Hinwendung des Menschen zum Heil, doch rückt das „natürliche" Vermögen des Menschen stärker in den Mittelpunkt des Interesses. Mag es sich hier und da um zunächst lediglich terminologische Unschärfen handeln, so ist doch die grundsätzliche Tendenz hin zur Betonung der sittlichen Freiheit und Verantwortlichkeit des Menschen nicht zu übersehen.

---

auch durch den Sündenfall nicht gänzlich zerstört „und bleibt auch bei dem größten Sünder als ein Echo aus der Urzeit und als Mitgift aus dem Vaterhaus zurück". Damit wird auch hier die Gnade zu einem *dritten* Faktor neben diesen beiden Naturanlagen; vgl. „Natur und Gnade", WäSt 2 (1872) 50–52. Vgl. weiter G. A. Breunig: „Ob bei dem Sündenfall noch ,Etwas' zurückgeblieben ist, das gewissermaßen *gut* zu nennen wäre, ist eine Frage, welche bejahend beantwortet werden kann". Und an anderer Stelle heißt es: „Der Mensch besitzt also noch ein gewisses Etwas in seinem Inneren, welches Gott selbst das ,verstoßene Rohr und das glimmende Docht' nennt", Von Rom nach Zion, oder: Mein Zeugniß vom Finden der köstlichen Perle, Cincinnati [7]1887, 111. 112.

74 „Wer wollte leugnen, daß es mit *der Natur* des Menschen übereinstimmend sey, *an Gott zu glauben,* oder daß der Mensch ursprünglich dazu bestimmt sey?", „Das Evangelium Christi", ChrAp 24 (1862) 73. Nach W. Nast liegt es ferner in der Natur des Menschen, eine göttliche Offenbarung anzunehmen und an eine göttliche Vorsehung zu glauben.

c) *Die Zurechnung der Erbsünde*

Diese Grundtendenz bestimmte auch die Beantwortung der Frage nach der Zurechnung der Erbsünde. Die Frage selbst war von der reformatorischen Tradition her aufgeworfen und dahingehend beantwortet worden, daß sich die Verlorenheit des Menschen vor Gott nicht erst aus dem Aufweis einzelner Tatsünden, sondern bereits als unmittelbare Folge der jedem Menschen zugerechneten Erbsünde ergäbe.

Die gründlichste Auseinandersetzung mit dem Gedanken einer unmittelbaren Zurechnung der Erbsünde führt Arnold Sulzberger in seiner *Christlichen Glaubenslehre*. Er bemüht sich, durch einen differenzierten Gebrauch der Begriffe jeden Verdacht des Pelagianismus zu entkräften, ohne dabei die Grundüberzeugung von der sittlichen Freiheit und Verantwortlichkeit des Menschen aufzugeben. Sulzberger arbeitet heraus, daß der biblische Begriff der Sünde zwei Bedeutungsebenen aufweist. Danach meint Sünde in einem engeren Sinne die „freiwillige, bewußte Uebertretung des göttlichen Gesetzes", wie es im Anschluß an Wesley heißt. Sünde ist eine Tat des freien Willens.[75] In einem allgemeinen Sinne meint der Begriff jedes Zurückbleiben hinter dem Maßstab der vollkommenen Gerechtigkeit und Heiligkeit Gottes.[76] Im Hinblick auf die Erbsünde Adams kann laut Sulzberger von Schuldzurechnung lediglich in einem „allgemeinen" bzw. „objektiven" Sinne gesprochen werden, wobei er sofort ergänzt, daß diese objektive Schuldzurechnung durch die allgemeine und vorlaufende „Rechtfertigung des Lebens" in ihrer Wirkung aufgehoben wird.[77] „Von einer subjectiven Zurechnung der Sünde", so Sulzberger weiter, „ist in der Schrift nur da die Rede, wo die That von der Person selbst geschehen ist, welcher sie zugerechnet wird".[78] Damit ist bestritten, daß den Nachkommen Adams dessen Sünde zugerechnet wird, als

---

75 F. Fischer führt dazu aus: „da nun aber dieses [das Sündigen] mit Bewußtsein, mit freiem Willen geschehen muß, so offenbart sich uns hier die Sünde in ihrem innersten Kern ... als ein absichtlicher, *bewußter Ungehorsam* gegen das Gesetz, und weil das Gesetz von Gott gegeben und zu seinem Inhalt das Gute hat, als Ungehorsam gegen das Gute, ja gegen Gott selbst", „Die Sünde", HaHe 2 (1874) 308.

76 Diese Unterscheidung wird uns bei der Behandlung der Lehre von der christlichen Vollkommenheit noch einmal begegnen; vgl. weiter [H. Liebhart], „Die biblische Lehre vom Menschen", HaHe 3 (1875) 394.

77 Diese Differenzierung findet sich auch bei C. F. Wunderlich, „Der moralische Zustand der Kinder", DAThK 12 (1891) 310.

78 Sulzberger zitiert in diesem Zusammenhang sowohl John Wesley als auch Richard Watson; ebd., 348. An anderer Stelle erklärt Sulzberger: Der Mensch wird deshalb nicht für das ihm angeborene Sündenverderben, sondern für das Beharren in der Sündenknechtschaft verantwortlich gemacht, „weil dieses in seinem Nichtwollen und Verschmähen der angebotenen Gnade seinen Grund hat", Erklärung der Glaubensartikel, 49 f.

hätten sie selbst diese Sünde begangen, nicht jedoch, daß sie „in Folge
Adams Fall durch den natürlichen Zusammenhang mit ihrem gefallenen Stammvater schon von Geburt aus eine sündige Natur haben und
dann in Folge dessen wirklich Sünder wurden".[79] Die Nachkommen
Adams trifft also dessen Schuld nicht in unmittelbarer und persönlicher Weise, sondern lediglich mittelbar in den Folgen von dessen
Sünde: der verderbten Natur.

Aufgrund der von Adam her ererbten verderbten Natur ist es dem
Menschen unmöglich, dem vollkommenen Wesen Gottes gänzlich zu
entsprechen. Wäre daher bereits das Leiden an den Folgen der Erbsünde, wie es sich in den sogenannten „Schwachheitssünden" oder
unwillkürlichen Verfehlungen bzw. Unterlassungen ausdrückt, Sünde
im eigentlichen Sinne und folglich mit Schuldzurechnung verbunden,
dann hieße das konsequenterweise, daß der Mensch allein aufgrund
der Sünde Adams schuldig und verloren ist. Eine solche Auffassung
widerspräche nach Sulzberger jedoch dem Begriff der persönlichen
Verantwortlichkeit so sehr, „daß dadurch der eigentliche Unterschied
zwischen Erb- und Thatsünde aufgehoben wird".[80]

Die unmittelbare bzw. subjektive Zurechnung der Erbsünde ist damit abgewiesen. Dabei möchte Sulzberger einerseits auch die Erbsünde
unter den biblischen Begriff der Sünde fassen, im Hinblick auf die
Erbsünde aber andererseits den ansonsten für den Sündenbegriff konstitutiven Zusammenhang von Sünde und Schuldzurechnung auflösen.
Diese um Vermittlung bemühte Position Sulzbergers hat innerhalb des
deutschsprachigen Methodismus Zustimmung, aber auch Ablehnung
gefunden. Im Anschluß an Sulzberger verwies u. a. C. Ulrich auf den
ursächlichen Zusammenhang, der zwischen der sündigen Natur des
Menschen und den einzelnen Tatsünden bestehe, und von dem her
sich eine scharfe Unterscheidung von Erb- und Tatsünde verbiete.[81]
Auch die „aus der natürlichen Verdorbenheit des Menschen entsprin-
genden Mängel und Gebrechen des Geistes und Leibes, sowie die
häufigen Irrthümer und fehlerhaften Handlungen, welche der Christ

---

79 Glaubenslehre, 349. In der deutschen Fassung eines Buches von Bischof Stephen
   Merrill wird diese Ansicht auf den nicht ganz einfachen Nenner gebracht: „Wir
   werden nicht als *Sünder* geboren; jedoch können wir nicht beanspruchen, *sündlos*
   geboren zu sein ....Wir sind also von Natur nicht Sünder, auch nicht sündlos, wohl
   aber sündhaft. Das heißt, unsere Natur ist durch die Sünde verkehrt und zum
   Sündigen geneigt worden, ehe wir Sünde thun", Die Christliche Erfahrung, 23 f.
80 A. Sulzberger, Glaubenslehre, 346.
81 „Es wird ja zudem die in dem Kind schlummernde Neigung zum Bösen bei jedem
   Menschen, früher oder später, zur wirklichen Sünde, weil der Keim jeder sündlichen
   That von vornherein schon in der angebornen, sündigen Anlage des Kindes liegt",
   C. Ulrich, „Etwas über die Sünde und der Erlösung von derselben", HaHe 17 (1889)
   261.

in Folge dessen begeht", faßte Ulrich als wesentlichen Bestandteil der Erbsünde und damit des Sündenbegriffs auf, und zwar ungeachtet der Tatsache, daß diese „Mängel" unverschuldet und angesichts des gefallenen Zustandes des Menschen sogar unvermeidlich seien. Wie schon Sulzberger hielt Ulrich an der Überzeugung fest, daß die „Mängel" und „Gebrechen" dem Gläubigen um der Versöhnung durch Christus willen nicht als Sünde angerechnet werden, daß der Mensch daher keinesfalls allein aufgrund der Erbsünde schuldig und damit verloren ist.

Andere Theologen wollten im Anschluß an Wilhelm Nast die Rede von der Erbsünde zugunsten des Begriffs „Erbübel" aufgeben.[82] Nach ihrer Überzeugung sei es problematisch, von Erb*sünde* zu sprechen, wenn der Mensch zwar unter den Folgen der Sünde Adams leide, ihm diese aber nicht unmittelbar als Schuld zugerechnet werde. Denn wirkliche Sünde sei nicht zu trennen vom Gedanken der individuellen Zurechnung. Sachlich meint der Begriff des Erbübels hier nichts anderes als der Ausdruck Erbsünde bei Sulzberger.[83] Das zeigt sich u. a. bei Clemens Achard, wenn er das „Erbübel" als eine „angeerbte physisch-ethische Abnormität" bezeichnet, die für sich genommen – um des allgemeinen Verdienstes Christi willen – nicht als Schuld angerechnet wird. Erst durch die freie Entscheidung des Menschen für die Sünde wird die angeerbte Abnormität zum „positiven Sündenzustand",[84] der die sittliche Verantwortlichkeit und die von Gott verhängte Schuld einschließt.

Die Meinungsdifferenzen in der Harmatiologie reduzierten sich damit auf die Frage, ob die Begriffe Sünde und Schuld(zurechnung) in solcher Unbedingtheit aufeinander zu beziehen sind, daß die Erbsünde aus dem Begriff der Sünde auszuklammern ist. Sulzberger u. a. neigten dazu, den Begriff der Sünde in seiner weiteren Bedeutung festzuhalten und damit vor einer möglichen Verflachung zu bewahren. Nast u. a. dagegen wollten den Sündenbegriff möglichst scharf fassen, um die sittliche Verantwortlichkeit des Menschen für die Sünde her-

---

82 Frage 86: „Wie nennt man dieses ererbte Verderben der menschlichen Natur? – Die Erbsünde, richtiger aber das Erbübel", W. Nast, Der Größere Katechismus (5. Aufl.), 32; anders im Kleineren Katechismus (1. Aufl. 1868), wo noch nicht von Erbübel die Rede ist (vgl. 19); vgl. weiter A. Heinzelmann, „Sünde und Buße", Evst 28 (1877) 6 f.

83 So bezeichnet das Erbübel nach C. Achard „[d]ie uns innewohnende Geneigtheit, das Gottwidrige und Sündhafte in uns aufzunehmen und die Unfähigkeit, aus eigenem Vermögen Gutes zu vollbringen; das Uebergewicht der Sinnlichkeit über die Vernunft; die angeerbte Lust zur Sünde, welche Leib, Seele und Geist durchdringt und sie zu einem fruchtbaren Boden für die Sünde macht, … ein abnormer Zustand", „Die Erbsünde oder das Erbübel", WäSt 4 (1874) 114.

84 Ebd., 114.

vorzuheben. Hinter diesen beiden unterschiedlichen Tendenzen steht jedoch die in der Sache gemeinsame Überzeugung, daß der Mensch zum einen aufgrund des Falls Adams unter der Macht der Sünde steht, er zum anderen jedoch die sittliche Freiheit und Verantwortung besitzt, auf das Angebot der göttlichen Gnade einzugehen. Nach Sulzberger vermeidet der Methodismus mit dieser Auffassung sowohl das augustinische als auch das pelagianische Extrem.[85] Freilich ist die letztendliche Basis des göttlichen Urteilsspruchs über den Menschen die in bewußter Entscheidung – mit oder gegen Gott – begangene sittliche Tat, nicht die Erbsünde an sich.

Tatsächlich sollte es sich als wesentlich schwieriger erweisen, diese zwischen Augustin und Pelagius bestimmte Vermittlungsposition durchzuhalten. Unter dem mittelbaren Einfluß der Aufklärung setzte sich – zumindest terminologisch – die undifferenzierte Rede von der sittlichen Freiheit und Verantwortlichkeit des Menschen durch, wobei die Wirkungen der vorlaufenden Gnade in den Hintergrund gerieten. Zwar kann von einem wirklichen theologischen Paradigmenwechsel – also dem Aufgeben des Primats der göttlichen Gnade gegenüber der Glaubensantwort des Menschen – nicht gesprochen werden, doch verliert der Sündenbegriff gegenüber dem Freiheitsbegriff deutlich an Gewicht und Tiefe. Dies zeigt sich konkret in der Anwendung des Sündenbegriffs im Rahmen der weiterführenden Heilsordnung, wo die Sünde, verstanden im weiteren Sinne als ein Zurückbleiben hinter den absoluten Forderungen Gottes, weitgehend aus dem Blick gerät und erst im Zusammenhang mit der Lehre von der christlichen Vollkommenheit noch einmal aufgegriffen wird, um den Vorwurf, eine „sündlose" Vollkommenheit zu lehren, theologisch zu entkräften.

Mit den vorgetragenen harmatiologischen Überlegungen ist der Weg geebnet für die Beschäftigung mit der eigentlichen Heilsordnung.

2.3. Die vorlaufende Gnade

Daß der Gedanke der vorlaufenden Gnade zwar aufs Ganze gesehen zurücktritt, aber keinesfalls grundsätzlich aufgegeben wird, belegen die Ausführungen in Sulzbergers *Christlicher Glaubenslehre*. Nach Sulzberger ist im Hinblick auf Gabe und Wirksamkeit des Heiligen Geistes zwischen einem allgemeinen und einem eigentlichen Sinn zu unterscheiden. In einem *allgemeinen* und objektiven Sinn ist der Heilige Geist „als universelle Macht über die Welt ausgebreitet, [zu dem Zweck] die Seelen aus dem Sündenschlaf zu wecken und ihnen das neue Leben aus

---

85 Vgl. Glaubenslehre, 518.

Christo mitzutheilen".[86] Diese allgemeine Wirksamkeit des Geistes ist
Ausdruck der auch über den Sündenfall hinaus bestehenden Kommu-
nikation zwischen Gott und dem des Heils bedürftigen Menschen und
wird als vorlaufende Gnade bezeichnet, wobei die Universalität der
vorlaufenden Gnade dem *objektiven* Charakter des Versöhnungswerkes
Christi entspricht. Die vorlaufende Gnade umfaßt also „alle Gnadenwirkungen, welche der Wiedergeburt vorausgehen, von den ersten Re-
gungen an bis zum völligen Erwachen aus dem Sündenschlaf und dem
ernstlichen gläubigen Bitten um die verheißene Gnade".[87]

Die Wirkungen der vorlaufenden Gnade lassen sich nach Sulzbergers Überzeugung anthropologisch konkretisieren. Er nennt zunächst
das Gewissen des Menschen, das er bezeichnet als einen „Nachhall
jener Stimme Gottes im Paradies, vor welcher der gefallene Mensch
floh". Diese Formulierung erweckt den Eindruck, als handele es sich
beim Gewissen nicht um eine Wirkung der vorlaufenden Gnade, sondern um ein Rudiment der ursprünglichen Gottebenbildlichkeit des
Menschen. Sulzberger klärt seine Ansicht mittels einer weitergehenden
Differenzierung: Für sich betrachtet sei das Gewissen ein „natürliches"
Erkenntnisorgan, seine Tätigkeit jedoch sei eine Wirkung der vorlaufenden Gnade.[88] Die Wirkung der vorlaufenden Gnade erstreckt sich
aber auch auf Verstand und Wille. So werde der Verstand des Menschen von einem „Urlicht" erleuchtet, das eine grundsätzliche Wahr-
heitserkenntnis ermögliche. Darüber hinaus fänden sich im Bewußtsein des Menschen „Spuren einiger Grundwahrheiten", z. B. hinsichtlich des Wesens und der Eigenschaften Gottes, die in allen Kulturen
der Welt vorhanden seien. Die Wirkung der vorlaufenden Gnade auf
den menschlichen Willen besteht laut Sulzberger „in der vereinigten
Kraft des Denkens und Beurtheilens, des Wählens und Handelns
gemäß unseres Denkens und Beurtheilens"[89] und begründet die Fähigkeit und die Pflicht des Menschen, am Erlangen seiner Seligkeit
mitzuwirken. Dabei ist jeder Verdienstgedanke ausgeschlossen:

„Gott giebt das Vermögen, die Wahrheit zu erkennen und das Gute zu
wollen; dem Menschen liegt es aber ob von diesem Vermögen den richtigen
Gebrauch zu machen durch seine freie Wahl und seinen persönlichen Willensentschluß für das Gute. Weder in diesem Vermögen noch in dessen richtiger Anwendung liegt etwas Verdienstliches unserer eigenen Natur, denn

---

86 Ebd., 519.
87 Ebd., 525.
88 Vgl. ebd., 526. Sulzberger bezeichnet das Gewissen als „die Fähigkeit, wodurch wir
   auf einmal unserer eigenen Gedanken, Worte und Handlungen, ihres Werthes und
   Unwerthes, ihres guten oder bösen Charakters bewußt werden, und ob sie Lob oder
   Tadel verdienen", ebd. Vgl. weiter W. Nast, Commentar, Bd. 1, 227.
89 Ebd., 529. A. Sulzberger zitiert mit diesen Worten Richard Watson.

jenes ist, wie schon bemerkt, eine Gnadengabe und dieses ist nichts anderes, als wenn Jemand seine Hand ausstreckt eine Wohlthat zu empfangen."[90]

Im soteriologischen Sinne verdienstlich ist das Wirken des Menschen also deshalb nicht, weil es sich erstens in seiner Ermöglichung dem Wirken der Gnade Gottes verdankt und zweitens nicht aktives, sondern rezeptives Tun ist. Das bereits bei Wesley belegte Bild vom Ausstrecken der Hand nach einer Wohltat wurde zur Standardillustration des methodistischen Heilssynergismus.[91]

Die allgemeine Wirksamkeit des Heiligen Geistes führt nach Sulzberger dadurch zu dessen eigentlicher Wirksamkeit, daß der Mensch seine Verlorenheit vor Gott als „Schuldbewußtsein" und als „Unseligkeitsgefühl" empfindet. Diese Empfindung kann dem Menschen – so er ihr folgt – zu einer Vorstufe des Heilsverlangens werden. Sofern der Mensch dem Verlangen nach Befreiung aus der Verlorenheit nachgibt, erfährt er die Wirksamkeit des Heiligen Geistes im *eigentlichen* Sinne. Diese eigentliche Zueignung des Geistes als des Geistes der Gotteskindschaft gehört in den Zusammenhang von Rechtfertigung und Wiedergeburt und entspricht der *subjektiven*, nicht der objektiven, Wirksamkeit des Heilswerkes Christi. So weist die vorlaufende Gnade in den Heilsweg ein, anders gesagt: am Anfang des Heilsweges steht der „Gnadenruf Gottes an den Sünder".[92]

2.4. Berufung, Erleuchtung und Erweckung

Im Unterschied zur Rechtfertigung, Wiedergeburt und (gänzlichen) Heiligung haben die zur persönlichen Aneignung des Heils hinführenden Stufen der Gnadenordnung innerhalb des deutschsprachigen Methodismus kein breites Interesse gefunden. Weil die Dynamik des Heilsgeschehens offenbar alle Aufmerksamkeit auf das Ziel der Umkehr und der Erneuerung durch Gott hin lenkte, fanden die Schritte der Berufung, Erleuchtung und Erweckung fast ausschließlich in for-

---

90 Ebd.
91 Eine scharf logische Fassung des methodistischen Synergismus findet sich allein bei William F. Warren. Er unterscheidet mehrere, für sich genommen falsche Auffassungen des Synergismus und stellt dann fest: „The doctrine of our Church on this point is, that while there is an exercise of human agency in the work of personally appropriating salvation, there is a precedent, attendant, and consequent exercise of divine agency". D.h., daß Gott zunächst in alleiniger vorlaufender Wirksamkeit den Menschen für geistliche Erfahrungen bereitet, ihm dann, nachdem er ihm alle Pflichten und Vorrechte gezeigt hat, dazu hilft, diese zu erfüllen, und ihm infolge dieser Wirksamkeit neue Segnungen zukommen läßt; „The Methodist Doctrine of the Appropriation of Salvation", Methodist Review 68 (1886) 594–597.
92 W. Nast, Der Kleinere Katechismus, 64 (Frage 219).

mal theologischen Darstellungen der Heilsordnung Berücksichtigung. Tatsächlich zielte die methodistische Verkündigung auf nicht weniger als zunächst Rechtfertigung und Wiedergeburt, dann auf die fortschreitende und schließlich gänzliche Heiligung. Diese Tatsache kann das vergleichsweise geringe Interesse für den zur Aneignung des Heils führenden Weg zwar nicht rechtfertigen, ihn zu einem bestimmten Grade aber erklären.

Selbst in den wenigen lehrmäßigen Abhandlungen findet sich hinsichtlich der „Anbahnung" des Heils kein einheitliches Schema. So behandelt Wilhelm Nast diesbezüglich in seinen Katechismen lediglich die Berufung,[93] Carl Friedrich Paulus die Erweckung,[94] Ludwig Nippert Berufung und Erweckung,[95] Franz Nagler Erweckung und Erleuchtung,[96] wogegen allein Arnold Sulzberger zwischen Berufung, Erleuchtung und Erweckung differenziert.[97] In der Konzeption Sulzbergers geht die Berufung der Erleuchtung und Erweckung voran. Die *Berufung* besteht „in dem bestimmten und deutlichen Ruf Gottes, welchen der Herr durch seinen Geist vermittelst des Evangeliums an die Menschen ergehen läßt, indem er sie zur persönlichen Theilnahme an dem Heil in Christo einladet und dasselbe sich anzueignen sie ernstlich auffordert".[98] Der – wie es bei Nast heißt – „Gnadenruf Gottes" ist dabei nicht auf einige Erwählte beschränkt, sondern ergeht an alle Menschen. Da Sulzberger jedoch ausdrücklich von einer „Berufung durch die Predigt des Evangeliums" spricht, kann die Universalität des Gnadenrufes zunächst nur eine Potentialität meinen, insofern als (noch) nicht alle Völker von der Verkündigung des Evangeliums erreicht sind.[99] Damit ist zugleich die Evangeliumsverkündigung als unbedingtes Medium des Gnadenrufes definiert. Über das Wort Gottes als wichtigstes Medium hinaus verweist Ludwig Nippert auf eine Anzahl weiterer Mittel, durch die hindurch der göttliche Gnadenruf ergeht, wie z. B. die Lebensführungen, mittels derer sich Gott im Leben des Menschen bemerkbar macht.[100] Hinsichtlich der Ver-

---

93 Vgl. ebd.
94 Vgl. Heilsleben, 106 ff.
95 Vgl. Leitfaden, 89 f.
96 Vgl. Geistliche Erweckungen, 105 ff.
97 Vgl. Glaubenslehre, 541–548.
98 Ebd., 541. Nach L. Nippert will die Berufung uns „die Sünde sündig und das Leben in Christo lieblich machen", Leitfaden, 89.
99 Die Erfüllung der Verheißung Jesu, daß vor seiner Wiederkunft allen Völkern das Evangelium verkündet werden wird (vgl. Mk 13,10), vollzieht sich, so A. Sulzberger, „wie die Geschichte der Kirche lehrt, nach den Gesetzen des Reiches Gottes auf geschichtlichem Wege allmählig, im Zusammenhang mit der allgemeinen Weltregierung, gemäß der göttlichen Liebe und Weisheit", Glaubenslehre, 543.
100 C. F. Paulus, bei dem Berufung und Erweckung zusammenfallen, nennt als ein weiteres Medium der Erweckung das Gewissen; vgl. Heilsleben, 106.

kündigung des Evangeliums unterscheidet er zwischen einem allgemeinen und einem speziellen Ruf. Während der allgemeine Ruf die Einladung aller zum Inhalt hat und zu dem Schluß herausfordert: „Sind
Alle geladen, so bin auch ich es", ist der spezielle Ruf die Anrede
Gottes an den einzelnen.

Zwischen Erleuchtung und Erweckung unterscheiden lediglich Arnold Sulzberger und Franz Nagler. Allerdings geht bei Nagler die
Erweckung der Erleuchtung voran, bei Sulzberger ist es umgekehrt.
Der Begriff der *Erleuchtung* bezieht sich bei Sulzberger ausschließlich
auf das geistliche Erkenntnisvermögen und ist folglich für sich genommen, also ohne nachfolgende Erweckung, nicht ausreichend für
die Mitteilung des neuen Lebens aus Gott. Dabei unterscheidet er
zwischen einer gesetzlichen und einer evangelischen Erleuchtung.
Während erstere die verborgene Sündhaftigkeit des Menschen auf-
deckt und diesem die „Verdammlichkeit seines Wesens und Lebens"
deutlich vor Augen stellt, wird durch letztere dem Menschen „Erkenntniß des Heils und der Gnade in Christo mitgetheilt".[101] In der
Erweckung wird aus der Erkenntnis der Sünde ein tiefes Schuldgefühl,
aus der Heilserkenntnis entsteht Heilsverlangen.[102] Zugleich wächst
der Wille, den erkannten Heilsweg zu betreten. An der Erweckung
ist folglich nicht allein das Wissen, sondern auch das Wollen betei-
ligt.[103] Sulzberger hebt ferner die Wichtigkeit einer Unterscheidung
von Erweckung und Bekehrung hervor. Erstere ist die Grundvoraussetzung für letztere, nicht jedoch mit dieser identisch: „Die Erweckung
ist das Aufwachen, die Bekehrung das Aufstehen von den geistlich
Todten".[104] Jedoch besteht nach C. F. Paulus insofern eine Analogie
zwischen Erweckung und Bekehrung, daß beide sich nicht notwendigerweise krisenhaft, sondern – insbesondere unter der Voraussetzung
einer christlichen Erziehung – auf dem Wege einer längeren Entwicklung vollziehen können.[105]

---

101 Glaubenslehre, 545.
102 Die Zuordnung der Begriffe unterscheidet sich bei F. L. Nagler von der A. Sulzbergers. Nagler erläutert die selbst vertretene Reihenfolge von Erweckung und Erleuchtung mit den Worten: „Wenn der Mensch vom natürlichen Schlafe aufgeweckt wird,
   so öffnet er alsobald die Augen, und sie werden erleuchtet von dem Lichte der
   Sonne, die ihn umgibt. Aehnliches geschieht bei dem, der aus dem Schlafe der Sünde
   erweckt wird; alsobald strahlt ihm entgegen das Licht des göttlichen Geistes", Geistliche Erweckungen, 107 f.
103 Vgl. C. F. Paulus, Heilsleben, 107 f.
104 Glaubenslehre, 546.
105 C. F. Paulus führt dazu näher aus: „Häufig tritt dieses Erwachen aus dem Sündenschlaf ganz *plötzlich* und *scheinbar unvorbereitet* ein ...; aber darum darf noch
   keineswegs gesagt werden, daß dies in *allen* Fällen geschehen *müsse*. Vielmehr kann
   die Erweckung auch durch *Jahre lange Einwirkungen der göttlichen Gnade angebahnt
   und vorbereitet werden*, und von manchen Personen, die von Jugend auf den Segen

Mit Berufung, Erleuchtung und Erweckung beginnt das Wirken der erweckenden bzw. überführenden Gnade. Der Mensch kann in das Wirken dieser Gnade einwilligen oder aber ihr widerstehen. Darin liegt dann auch der Grund, warum ungeachtet der Universalität des göttlichen Gnadenangebotes nicht alle Menschen erlöst werden.[106]

2.5. Die Bekehrung – Buße und Glaube

Nach Überzeugung der deutschsprachigen Methodisten wird der Mensch, sofern er sich der erweckenden Gnade nicht verschließt, früher oder später zur Bekehrung geführt. Gerade im Hinblick auf das Werk der Bekehrung gilt es, aufmerksam nach der näheren Bestimmung des Zusammenwirkens Gottes und des Menschen zu fragen.

Der Begriff der Bekehrung weist im deutschsprachigen Methodismus des 19. Jh. einige Nuancen auf. Sulzberger bestimmt die Bekehrung zunächst als „dasjenige, was der Mensch zu thun hat, wenn er wiedergeboren werden soll".[107] Die Bekehrung ist daher nicht mit der Erneuerung in der Wiedergeburt identisch bzw. ein Aspekt derselben. Vielmehr kommt ihr im Rahmen der Heilsordnung eine eigenständige, der Rechtfertigung und Wiedergeburt vorlaufende Bedeutung zu. Dagegen orientiert sich Nast stärker am Sprachgebrauch Richard Watsons, wenn er die Bekehrung als die vom Menschen, die Wiedergeburt als die von Gott zu bewirkende Tat in der mit der Rechtfertigung verbundenen inneren Erneuerung des Menschen bezeichnet, Bekehrung und Wiedergeburt also als die zwei Seiten des Rechtfertigungsgeschehens auffaßt.[108]

---

einer frommen Erziehung genossen, läßt sich in einem gewissen Sinne sagen, daß sie sich ihr Leben lang in dem Zustande der Erweckung befunden haben ... .Aber auch in diesen Fällen werden sich immer wieder Zeitpunkte finden, in denen das Gefühl der eigenen Sündhaftigkeit und Hülfsbedürftigkeit besonders tief und mächtig ist, und welche sich daher vornehmlich zum *Ausgangspunkt für die Bekehrung* eignen", Heilsleben, 107.

106 Sulzberger, Glaubenslehre, 524: „Die Wirkung des Heiligen Geistes ist keine unwiderstehliche, je nachdem der Mensch sich derselben hingibt oder ihr widerstrebt, ist das Wirken des Geistes ein vermehrtes oder ein geschwächtes". Vgl. weiter W. Nast, Der Kleinere Katechismus, 64 (Frage 218): „Warum werden denn nicht alle Menschen selig? – Weil so Viele den ihnen von Gott bezeichneten Heilsweg nicht gehen wollen".

107 A. Sulzberger, Glaubenslehre, 548.

108 Vgl. Der Kleinere Katechismus, 67 f. (Frage 232). Ähnlich wie bei Nast heißt es in einem methodistischen Traktat: „Bekehrung, insofern sie die Vergebung der Sünden und die Erneuerung des Herzens in sich faßt ...", „Ein Gespräch über die Vergebung der Sünden", W. Nast, Was ist und will der Methodismus?, 6 (dieses Traktats).

Übereinstimmung besteht dagegen hinsichtlich der Bestimmung des Wesens der Bekehrung, die als das Ausüben von Buße und Glauben bestimmt wird.[109] Obwohl Sulzberger und andere methodistische Theologen durchaus sehen, daß der biblische Begriff der *Buße* bereits für sich genommen sowohl die Abwendung vom Bösen als auch die Hinwendung zu Gott einschließt,[110] wird die Buße fast durchweg als die Abwendung vom Bösen aufgefaßt, wogegen der Aspekt der Hinwendung zu Gott dem Glauben zugeordnet wird. Die Buße schließt wesentlich drei Momente ein: erstens eine tiefe Sündenerkenntnis, zweitens Reue bzw. eine „göttliche Traurigkeit" über die Sünde (vgl. 2Kor 7,10) und drittens den Willen zur Abkehr vom Bösen, verbunden mit einer wachsenden Sehnsucht nach Erlösung.[111] C. F. Paulus kann in diesem Zusammenhang – im Anschluß an Tholuck – von der „Höllenfahrt" der menschlichen Selbsterkenntnis sprechen.[112]

Wie die Buße der negative, so ist der *Glaube* der positive Aspekt der Bekehrung. Glaube an Christus meint die persönliche Annahme und das Vertrauen auf das durch ihn erworbene Heil.[113] Der Glaube an Christus schließt einerseits den gänzlichen Verzicht auf eigenes Verdienst und andererseits die Zustimmung zu den in Christus offenbarten Heilswahrheiten und Heilstatsachen ein.[114] Er läßt sich jedoch nicht auf eine verstandesmäßige Zustimmung zu den geoffenbarten Wahrheiten reduzieren, sondern ist seinem Wesen nach *fiducia*, persönliches Vertrauen auf Gott.[115] Als solcher ist der Glaube

---

109 Vgl. C. F. Paulus, Heilsleben, 108; F. L. Nagler, Geistliche Erweckungen, 108 ff.

110 Vgl. W. Nast, Der Kleinere Katechismus, 65 (Frage 222); A. Sulzberger, Glaubenslehre, 553.

111 Vgl. die jeweils leicht variierenden Aussagen bei J. Petzing, „Buße", ChrAp 11 (1849) 176. 180; A. Sulzberger, Glaubenslehre, 553 ff.; L. Nippert, Leitfaden, 92 f.; C. F. Paulus, Heilsleben, 111 ff.; G. Wibel, „Das Verhältniß der Buße zum Glauben", DAThK 16 (1895) 241 ff.

112 Heilsleben, 109; vgl. A. Tholuck, Die Lehre von der Sünde und vom Versöhner, oder: Die wahre Weihe des Zweiflers, Gotha ⁸1862, 8.

113 Konkret schließt der Glaube nach Nast eine „Erkenntniß Christi, heilsbegierige Aufnahme seines Wortes und herzliches Vertrauen auf seine Gnade" ein; vgl. W. Nast, Der Kleinere Katechismus, 65 f. (Frage 223–224).

114 Vgl. A. Sulzberger, Glaubenslehre, 561; W. Nast, „Die Absonderung der Christen von der Welt", ChrAp 29 (1867) 20; ders., Der Kleinere Katechismus, 65 f. (Frage 224); L. Nippert, Leitfaden, 95 f.

115 Das Entstehen des Heilsglaubens stellt sich Nast folgendermaßen vor: „Indem das Wort Gottes dem Verstand und Herzen des Menschen vorgestellt wird, entspringt ein Glaube ans Wort, und damit sind nach den festen Gesetzen des menschlichen Geistes gewisse Gemüthsbewegungen oder Affekte verbunden, welche auf den Willen als Beweggründe wirken. Nicht eher, bis ein aus dem freien Willen des Menschen entstehendes Vertrauen auf das dem Verstande für wahr gehaltene Wort gesetzt wird, findet Glauben im eigentlichen Sinne des Wortes, evangelischer oder seligmachender Glauben statt. Vorher ist er nur eine Verstandesüberzeugung oder bloßes Gefühl", „Glauben", ChrAp 11 (1849) 179.

„göttlicher Krafterweis", der nicht allein die Gewißheit der Vergebung mit sich bringt, sondern *auch geistliches Leben*, weil er mit
Christo, der Quelle des Lebens, verbindet".[116] Die Frucht des Glaubens ist daher nicht allein eine forensisch verstandene Rechtfertigung, sondern ferner eine beginnende effektive Heiligung des Gläubigen, m. a. W., nicht allein die Vergebung, sondern auch die Erlösung von allen Sünden. Beide, Rechtfertigung und Heiligung, sind
nicht anders als durch den Glauben zu empfangen; dieser ist ihr
notwendiges „Receptionsorgan".[117]

Obwohl die Buße in einem bestimmten Sinne die Ausübung des
Glaubens vorbereitet, stehen *Buße und Glaube* doch in einem kom-
plexeren wechselseitigen Verhältnis zueinander. Um dieses Verhältnis
zu verstehen, ist es notwendig, zwischen einer weiteren und einer
engeren Bedeutung des Glaubensbegriffs zu unterscheiden. Der Glaube im weiteren Sinne bezieht sich auf die Anerkennung gewisser biblischer Grundwahrheiten, ohne deren Akzeptanz eine wirkliche Buße
überhaupt nicht möglich wäre.[118] Ein allgemeiner Glaube muß folglich
der Buße vorausgehen. Dagegen ist die Buße ihrerseits Voraussetzung
für den Glauben im engeren Sinne, nämlich für den rechtfertigenden,
seligmachenden Glauben. Er schließt nicht nur eine Anerkennung der
Heilstatsachen, sondern „ein persönliches Verhältniß zu Christo
selbst" ein. Dem rechtfertigenden Glauben folgt schließlich im Leben
des Wiedergeborenen eine erneute, die „evangelische" Buße nach. Sie
ergibt sich als Wirkung der auch im Leben des Wiedergeborenen noch
vorhandenen Verfehlungen sowie aus dem Bewußtsein der totalen
Abhängigkeit von Gott. Im Unterschied zur Buße des noch nicht
Gerechtfertigten fehlt dieser Buße des Gläubigen jedoch das Bewußt-
seinsmoment der Verdammungswürdigkeit. Die Buße des Gläubigen
steht daher nicht im Widerspruch zur Heilsgewißheit.

Wie ist nun schließlich das *Verhältnis von göttlichem und menschlichem Wirken* in der Bekehrung zu bestimmen? Im Unterschied zu
Rechtfertigung und Heiligung sind Buße und Glauben nach Überzeugung des deutschsprachigen Methodismus die durch die fortgesetzte
Wirksamkeit des Heiligen Geistes ermöglichte Tat des Menschen und
insofern ein Werk nicht „des natürlichen, sondern des durch die Gna-

---

116 Glaubenslehre, 565. Sulzberger zitiert in diesem Zusammenhang auch den lutheri-
    schen Systematiker Martensen.
117 Der Glaube ist nach Sulzberger „für die Aneignung des in Christo bereiteten Heils
    und für das Leben aus Gott, so nothwendig, wie das Auge für das Schauen der
    Sonne, wie das Ohr für das Vernehmen des Schalles, wie der Mund für den Genuß
    der Nahrung", ebd., 566.
118 Vgl. C. F. Paulus, Heilsleben, 115; G. Wibel, „Das Verhältniß der Buße zum Glau-
    ben", DAThK 16 (1895) 241–244. Etwas anders E. Hug, „Das gegenseitige Ver-
    hältniß von Buße und Glauben", WäSt 18 (1888) 132 ff.

de befreiten Willens".[119] Die vorlaufende Wirksamkeit der göttlichen
Gnade schließt die Mitwirkung des Menschen nicht aus, sondern setzt
diese frei. Dabei gilt nach Überzeugung der deutschsprachigen Methodisten, daß die respektiven Wirkweisen Gottes und des Menschen
auf unterschiedlichen, sich zueinander komplementär verhaltenden
Ebenen liegen. So besteht das Wesen der Buße darin, daß sie „nicht
zu leisten, sondern zum *sich helfen lassen,* nicht *zu geben, sondern zu
empfangen fähig macht".*[120] Entsprechend ist es im Vollzug des Glaubens „*Gottes Sache zu geben, des Menschen Sache zu nehmen".*[121] Der
Glaube ist, bildlich gesprochen, lediglich die Hand, die das angebotene Gut ergreift, die Seele der Mund, der es genießt: „Die Hand
schafft nicht die Gabe, welche dargeboten wird, sondern nimmt sie
nur an; der Mund bereitet nicht die Speise, sondern genießt sie nur".[122]
Obwohl immer wieder versucht worden ist, das Verhältnis von göttlicher und menschlicher Wirksamkeit auch in anderer Weise zu bestimmen,[123] wird zweierlei deutlich. Erstens gilt, daß weder Buße noch
Glauben verdienstlichen Charakter haben.[124] Der Glaube, als Bedingung der Rechtfertigung, ist die vermittelnde, nicht die verdienstliche

---

119 A. Sulzberger, Glaubenslehre, 550. Vgl. weiter Frage 285 in W. Nasts Größerem
    Katechismus, 125: „Können wir von uns selbst aus eigener Kraft Buße thun und an
    Christum glauben? Nein; das Vermögen dazu wird uns von Gott gegeben". Diese
    Frage fehlt in den Auflagen des Kleineren Katechismus.
120 A. Sulzberger, Glaubenslehre, 556.
121 W. Nast, „Der Glaube – das einzig mögliche Vereinigungsmittel zwischen Gott und
    den Menschen", ChrAp 35 (1873) 244. Vgl. weiter ders., „Was lehrt der Katechismus
    der bisch. Meth. Kirche über die Heiligung?", ChrAp 36 (1874) 308.
122 L. Nippert, Leitfaden, 96. In ähnlichem Sinne zitiert Sulzberger den reformierten
    Systematiker Ebrard: „Die Buße ist der Hunger, der Glaube ist der geöffnete Mund,
    Christus ist die Speise", Glaubenslehre, 566. Und W. Nast sagt: „Wenn von Gnade
    die Rede ist, so handelt es sich nicht um einen *Naturprozeß,* sondern blos um's *Geben*
    und *Nehmen. Gott giebt* uns die Gnade, sei es nun Rechtfertigung oder Heiligung,
    und wir können sie auf keinem andern Wege *nehmen,* als durch den Glauben", „Was
    lehrt der Katechismus der bisch. Meth. Kirche über die Heiligung?", ChrAp 36
    (1874) 308.
123 So urteilt W. Nast: „Gottes Werk ist es: den Sünder zu erleuchten und zu ziehen,
    und wenn er sich ziehen läßt, ihn zu erneuern, zu begnadigen und in die Kindschaft
    zu versetzen. Das Geschäft des Sünders ist: sich zu unterwerfen, seine Sünde zu
    bekennen, Gott zu suchen, zu ihm zu kommen", „Belebungen der Religion", ChrAp
    12 (1850) 87. Und C. F. Paulus schreibt: „*Unsere* Sache ist es, mit Aufbietung aller
    unserer Seelenkräfte den Versuch zum Glauben zu machen; die Kraft zum Vollbrin-
    gen wird dann *Gott* verleihen", Heilsleben, 118.
124 In diesem Zusammenhang betont C. F. Paulus, daß die jeweilige Form und Intensität
    des *Bußkampfes* sowohl von der Individualität des einzelnen Menschen als auch vom
    sittlich-religiösen Einfluß der Umgebung abhängig ist und sich folglich nicht sche-
    matisieren läßt; vgl. Heilsleben, 111 f.; vgl. weiter [W. Nast], „Nothwendigkeit und
    Natur der Rechtfertigung durch den Glauben", ChrAp 10 (1848) 108; ders, „Die
    mancherlei Wege zu Gott", ChrAp 29 (1867) 60; A. Sulzberger, Glaubenslehre, 557.

Ursache der Erlösung. Damit steht zweitens fest, daß Christus die alleinige verdienstliche Ursache der Erlösung ist.[125] So gilt mit Blick auf die verdienstliche Ursache, daß die Erlösung *sola gratia* geschieht, mit Blick auf die vermittelnde Wirksamkeit des Glaubens aber, daß sie ihrer subjektiven Seite nach nicht ohne die Mitwirkung des Menschen zustandekommt.

2.6. Rechtfertigung und Wiedergeburt

Bekehrung einerseits sowie Rechtfertigung und Wiedergeburt andererseits stehen in einem wenn auch nicht streng zeitlichen, so doch zumindest sachlichen Folgeverhältnis zueinander, insofern als Buße (in einem entfernteren) und Glauben (in einem unmittelbaren Sinne) Bedingungen für Rechtfertigung und Wiedergeburt sind. Gegenüber der Bekehrung sind zwei veränderte Grundbestimmungen zu beachten. Erstens sind Rechtfertigung und Wiedergeburt ein Werk der „erneuernden" Gnade und schon darin von Erweckung und Bekehrung unterschieden. Zweitens sind Rechtfertigung und Wiedergeburt das alleinige Werk Gottes, das sich ohne jede Mitwirkung des Menschen vollzieht. Beide fallen in der Erfahrung des Menschen zusammen und lassen sich zwar sachlich, nicht aber zeitlich voneinander unterscheiden.

Die Frage nach dem *Wesen der Rechtfertigung* wird im deutschsprachigen Methodismus nicht ganz einheitlich beantwortet, wobei sich ähnliche Differenzen wie schon zwischen Luther und Melanchthon abzeichnen, daneben aber auch Einflüsse Wesleys deutlich werden. Unterschiedlich beantwortet wird konkret die Frage, ob die Rechtfertigung – als unterschieden von der Wiedergeburt – rein forensisch aufzufassen sei oder auch ein effektives Moment beinhalte. Die letztgenannte Überzeugung, die sich mehr an Luther als an Melanchthon orientiert, wurde von Sulzberger vertreten. Seiner Definition zufolge ist die Rechtfertigung „derjenige Akt Gottes, durch welchen er auf Grund der von Christo vollzogenen Versöhnung nach seiner Gerechtigkeit und Gnade den Sünder freispricht von seiner Schuld und Strafe, und zugleich ihm ein Anrecht an alle durch Christum erworbenen Gnadengüter, Kindschaft und Erbrecht ertheilt".[126] Sulzberger ergänzt seine Definition um den Hinweis, daß in der Rechtfertigung auch „die persönliche Gemeinschaft mit Gott in Christo geschenkt"

---

125 „Unsere Begnadigung stellen wir auf den Felsen *Christus*, nicht aber auf unsern Glauben", L. Nippert, Leitfaden, 97.
126 Glaubenslehre, 571; vgl. weiter ebd., 575.

wird.[127] Neben den forensischen Aspekt der Sündenvergebung – Sulzberger spricht vom „negativen" bzw. „objektiven" Aspekt – tritt als ein „positiver" bzw. „subjektiver" Aspekt die *adoptio*, also die Aufnahme in das Kindschaftsverhältnis. Damit ordnet Sulzberger, anders als z. B. Nast, die *adoptio* der Rechtfertigung und nicht der Wiedergeburt zu. Indem Sulzberger den Gedanken der Sündenvergebung mit dem der Aufnahme in das persönliche Kindschaftsverhältnis mit Christus verbindet, gewinnt er für die Rechtfertigung eine subjektive Dimension, die sachlich zur Wiedergeburt hinführt. Ausdrücklich spricht er davon, daß die Rechtfertigung die Wiedergeburt zum „Zweck" bzw. zum Ziel hat.[128] Über Sulzberger hinausgehend deutet Franz Nagler die Rechtfertigung sowohl als Gerechterklärung als auch als Gerechtmachung, wobei auch er sofort anerkennt, daß der zweite Aspekt bereits „in die Wiedergeburt hereinreicht".[129]

Zumeist jedoch wird der Vorgang der Rechtfertigung im deutschsprachigen Methodismus – mehr in Übereinstimmung mit Melanchthon – allein als Sündenvergebung aufgefaßt. Danach ist die Rechtfertigung „ein gerichtlicher Vorgang, der ... zunächst im Himmel geschieht"[130] und durch den der Sünder von aller Schuld und Strafe freigesprochen wird. Die von Sulzberger festgehaltene „subjektive" Seite der Rechtfertigung tritt ganz hinter den „größeren" subjektiven, realen Wirkungen der Wiedergeburt zurück.

Übereinstimmung zeigt sich dann wieder im Hinblick auf den *Zurechnungscharakter der Rechtfertigung*. Dabei wird das Bemühen der deutschsprachigen Methodisten deutlich, jede Möglichkeit einer antinomistischen Fehldeutung des Rechtfertigungsgeschehens auszuschließen,[131] zugleich jedoch, die eigene Interpretation der Rechtfertigungslehre auch exegetisch abzusichern.[132] Die Kritik der methodistischen Theologen gilt der ihres Erachtens in der Tendenz antinomistischen These der Reformatoren von der unmittelbaren Zurechnung der Gerechtigkeit Christi, also der Auffassung, daß der Gerechtfertigte „vor Gottes Gericht als gerecht angesehen" wird und „um seiner [Christi] Gerechtigkeit willen

---

127 Ebd., 578.
128 Vgl. ebd., 590.
129 „Wir setzen hinzu, die Rechtfertigung schließt *andererseits* auch ein Gerechtmachen des Sünders in sich, und nur insofern als Gott den Sünder gerecht *macht*, kann er ihn auch als gerecht *erklären*, d. h., er erklärt ihn einfach wie er ist, nämlich als *gerecht in Christo Jesu*", Geistliche Erweckungen, 115. Allerdings schließt Nagler im Anschluß sofort jedes menschliche Verdienst aus.
130 A. Gröbe, „Der Unterschied zwischen Rechtfertigung und Wiedergeburt", ChrAp 44 (1882) 354; vgl. weiter W. Nast, Der kleinere Katechismus, 67 (Frage 228); J. Krehbiel, „Rechtfertigung", ChrAp 31 (1869) 177; L. Nippert, Leitfaden, 98 f.
131 „Die Lehre von der Rechtfertigung durch den Glauben ist vielfach gröblich mißbraucht worden als Deckmantel der Sünde", L. Nippert, Leitfaden, 100.
132 Vgl. A. Sulzberger, Glaubenslehre, 576 f.

Gott angenehm" ist.[133] Dieser hier in den Worten Calvins wiedergegebenen Auffassung wird die Überzeugung entgegengehalten, daß Gott den Menschen nicht als etwas ansehe, was dieser gar nicht sei.[134] Unter Hinweis auf Röm 4,5[135] wird vielmehr geltend gemacht, daß dem Sünder nicht die Gerechtigkeit Christi zugerechnet, sondern ihm der Glaube an Christus als Gerechtigkeit angerechnet werde.[136] Gott vergibt dem Sünder nicht aufgrund der ihm zugerechneten Gerechtigkeit Christi,[137] sondern um des unendlichen Verdienstes der Gerechtigkeit Christi „und ihre[r] segensreichen Folgen" willen, die sich der Sünder durch den Glauben zueignet.

Obwohl Rechtfertigung und Wiedergeburt in der Erfahrung des Menschen zusammenfallen und auch sachlich nicht voneinander getrennt werden dürfen,[138] sind sie doch ihrem Wesen nach voneinander zu unterscheiden. *Wiedergeburt*, so definiert Wilhelm Nast, ist die „große Veränderung, welche Gott in der Seele wirkt, wenn er sie in Christo Jesu erneuert nach dem Ebenbilde Gottes, wodurch wir Kinder Gottes werden".[139] Abgesehen davon, daß Nast, im Unterschied

---

133 Johannes Calvin, Unterricht in der christlichen Religion. Institutio Christianae Religionis, Nach der letzten Ausgabe übersetzt und bearbeitet von Otto Weber, 2. durchgesehene Auflage der einbändigen Ausgabe, Neukirchen-Vluyn 1963, 471 (Buch III, § 11, 2).

134 „Rechtfertigung faßt nicht in sich, daß Gott diejenigen, welche Er rechtfertigt, sich so in Christo denkt, wie sie doch in der That nicht sind. Sein Urtheil ist immer der Wahrheit gemäß: Er kann mich ebensowenig mit Christo verwechseln, als mit David oder Abraham. Ich bin also nicht vor Gott gerecht, weil Gott mich in Christo ansieht als wäre ich rein und unschuldig wie Er, sondern weil er mir um Seines Versühnungstodes willen, alle meine Sünden vergiebt", L. Nippert, Leitfaden, 100; vgl. weiter A. Sulzberger, Glaubenslehre, 576 f.

135 „Dem aber, der nicht mit Werken umgeht, glaubt aber an den, der die Gottlosen gerecht macht, dem wird sein Glaube gerechnet zur Gerechtigkeit".

136 Vgl. J. Krehbiel, „Rechtfertigung", ChrAp 31 (1869) 177.

137 A. Sulzberger nennt zwei Gründe für die Ablehnung dieser Position. Einmal würde die positive Gerechtigkeit Christi zwar die Tat-, nicht aber die Unterlassungssünden des Menschen tilgen, zum anderen sei Christi Gerechtigkeit so eigentümlicher Art gewesen, daß sie nicht auf den Menschen übertragbar sei. Exemplarisch verweist er auf die Notwendigkeit der Buße, die angesichts der vollkommenen Gerechtigkeit Christi für diesen nicht denkbar, auf Seiten des Menschen dagegen eine Pflicht sei. 1Kor 1,30, so Sulzberger, meint nichts anderes, „als daß Christus der Urheber und Vermittler unserer Gerechtigkeit ist", Glaubenslehre, 576.

138 A. Sulzberger zitiert in diesem Zusammenhang Watson mit den Worten: „Die mit der Rechtfertigung verbundenen Segnungen sind Wiedergeburt und Annahme an Kindesstatt; obwohl sie von jener verschiedene Akte, so sind sie doch nicht von der Rechtfertigung zu trennen. Niemand ist gerechtfertigt, ohne nicht zugleich wiedergeboren und angenommen worden zu sein, und Niemand wird wiedergeboren, und zu einem Kind Gottes gemacht, wenn er nicht gerechtfertigt ist", ebd., 590; vgl. weiter L. Nippert, Leitfaden, 101.

139 Der Kleinere Katechismus, 67 (Frage 231).

zu Sulzberger, die *adoptio* der Wiedergeburt, und nicht der Rechtfertigung, zuordnet,[140] besteht Einigkeit zwischen ihnen dahingehend, daß die Wiedergeburt die „schöpferische Gottesthat der Erneuerung des inwendigen Menschen" bezeichnet.[141] Bezieht sich die Rechtfertigung auf die Änderung unseres Verhältnisses zu Gott, so bezieht sich die Wiedergeburt auf die Änderung unserer Natur.[142] Im Unterschied zur Rechtfertigung ist die Wiedergeburt ein bewußt erlebbarer Vorgang, bei dem sich Gottes Geist dem Geist des Menschen mitteilt. Dabei wird das menschliche Wesen nicht vernichtet, „sondern mit seinem wahren Inhalt, dessen es in Folge der Sünde entleert wurde, wieder erfüllt".[143]

Dies geschieht in der Weise, daß der auferstandene und lebendige Herr durch den Heiligen Geist das Lebenszentrum des erneuerten Menschen wird und folglich nicht nur Objekt, sondern auch Subjekt der „neuen Kreatur" (2Kor 5,17) ist.[144] Die Selbstsucht ist überwunden, die heilige Liebe ist das Grundprinzip der neuen, der christlichen, Existenz.[145] So wie die Rechtfertigung von der Schuld der Sünde befreit, so befreit die Wiedergeburt von der Macht der Sünde. Die Wiedergeburt ist damit zugleich als der *Initialpunkt der Heiligung* beschrieben.[146] Der Wiedergeborene ist von der Herrschaft sowohl der äußeren wie auch der inneren Sünde befreit und sündigt daher nicht mehr mit Vorsatz und Willen.[147]

---

140 Nast sieht gleichwohl, daß die *adoptio* bei Wesley der Rechtfertigung zugeordnet ist; vgl. Das Leben und Wirken des Johannes Wesley und seiner Haupt-Mitarbeiter. Bearbeitet nach den besten englischen Quellen, Cincinnati 1855, 167.

141 A. Sulzberger, Glaubenslehre, 590; vgl. weiter ders., Erklärung der Glaubensartikel, 142.

142 F. L. Nagler, Geistliche Erweckungen, 117; L. Nippert, Leitfaden, 101; J. A. Klein, „Ist Gott der alleinige Urheber oder Autor der Wiedergeburt?", ChrAp 29 (1858) 201; F. C., „Ueber Wiedergeburt", Evst 19 (1868) 73 f.; E. G[ebhardt], „Beleuchtung der biblischen Lehre der verschiedenen Arten von Wiedergeburt", WäSt 10 (1880) 97–100; C. F. Paulus, Heilsleben, 119 ff.

143 A. Sulzberger, Glaubenslehre, 591.

144 F. L. Nagler hebt hervor, daß die Mitteilung des neuen Lebens sachlich von der Umwandlung des Menschen zu unterscheiden ist. Die Wiedergeburt ist die Mitteilung des göttlichen Lebens, die Umwandlung des Menschen eine Folge dieser Mitteilung; vgl. Geistliche Erweckungen, 118 f.

145 Vgl. C. F. Paulus, Heilsleben, 122.

146 „Ohne Rechtfertigung würden wir nach strengem göttlichen Recht für immer aus dem Reich Gottes ausgeschlossen sein; ohne Heiligung wäre es selbst der göttlichen Allmacht unmöglich, uns ins Reich der Herrlichkeit und Seligkeit zu versetzen. In der Rechtfertigung werden wir gesetzlich berechtigt zum Reiche des Lichts; durch die Heiligung werden wir zubereitet und geschickt gemacht für das Erbtheil der Heiligen im Lichte", [W. Nast], „Rechtfertigung und Heiligung", ChrAp 41 (1878) 52.

147 Gegenüber der lutherischen Lehre von der Wiedergeburt werden von seiten der deutschsprachigen Methodisten zwei Einwendungen gemacht. Der erste Einwand

Damit ist noch einmal genauer nach dem Verhältnis von *Wiedergeburt und Heiligung* zu fragen. Nach methodistischer Auffassung stellt jede prozeßhafte Deutung des Wiedergeburtsgeschehens eine Verwechslung von Wiedergeburt und Heiligung dar. Denn die Wiedergeburt ist der Anfangs*punkt* jenes Prozesses, der als Heiligung bezeichnet wird. Insofern ist die Wiedergeburt ein Teil der Heiligung, nicht jedoch mit dieser identisch. Der Mensch ist zu neuem Leben geboren, das neue Leben hat jedoch noch nicht seine reife Gestalt bekommen. D. h., „in der Wiedergeburt liegen alle Keime und Anfänge, deren ausgebildeter Zustand die [gänzliche] Heiligung oder die völlige Liebe ist".[148] Wiedergeburt und gänzliche Heiligung können daher auch nur im Ausnahmefall zeitlich zusammenfallen,[149] doch zielen beide in die gleiche Richtung: die Wiederherstellung der Gottebenbildlichkeit des Menschen, also seiner ursprünglichen Gerechtigkeit und Heiligkeit. Ist damit die Wiedergeburt als ein „unvollkommenes" Werk qualifiziert? Ja und nein. Sie ist ein vollkommenes Werk des vollkommenen Gottes insofern, als sie den Wiedergeborenen zu einem vollkommenen

betrifft die Interpretation von Röm 7. Insofern als „Sündenknechtschaft" und „Gotteskindschaft" miteinander unvereinbar seien, könne Röm 7 nicht den Zustand des Wiedergeborenen, sondern nur den des Erweckten beschreiben. Ferner wird die Verbindung von (Wasser)Taufe und Wiedergeburt in der lutherischen Theologie abgewiesen, da sie die Wiedergeburt erstens zu einem (hinsichtlich des Glaubens) bedingungslosen, weil sakramental vermittelten Vorgang mache und zweitens die Freiheit des Heiligen Geistes begrenze; vgl. W. Nast, „Auslegung des siebenten Kapitels im Römerbrief", ChrAp 10 (1848) 151. 155. 159. W. Nast hält als Fazit seiner Auslegung fest, daß Röm 7 unmöglich den Zustand eines wiedergeborenen Christen beschreiben könne, da „es das Vorrecht jeder Person ist, die zuerst durch Glauben an Jesum Christum gerechtfertigt wurde, volle Gewalt über die Sünde zu geniessen und auszuüben, und den Willen Gottes im evangelischen Sinne zu vollbringen" (159). Vgl. weiter L. Nippert, Leitfaden, 114 f.; A. Rodemeyer, Biblische Heiligung, 63; F. C., „Ueber Wiedergeburt", Evst 19 (1868) 74; A. Sulzberger, Glaubenslehre, 595 f.

148 F. C., „Ueber Wiedergeburt", Evst 19 (1868) 74; vgl. A. Sulzberger, Glaubenslehre, 594 f.; ders., Erklärung der Glaubensartikel, 149 ff.; L. Nippert, Leitfaden, 103; C. F. Paulus, Heilsleben, 120;

149 Die Unterscheidung von Wiedergeburt und gänzlicher Heiligung wurde besonders gegenüber einer mehr von Zinzendorfs Position beeinflußten Auffassung betont; vgl. W. Nast, „Wiedergeburt und gänzliche Heiligung sind nicht ein und dasselbe", ChrAp 10 (1848) 183. Allerdings gelangte W. Nast in der Auseinandersetzung mit Vertretern eines eher gradualistischen Heiligungsverständnisses zu einer weitergehenden Differenzierung: „Die Zeit, in welcher dieses Werk der Heiligung zu Stande kommen soll oder kann, gehört nicht zur *Definition* des Werkes, obschon es eine *Thatsache praktischer Erfahrung* ist, daß die Heiligung oder Reinigung von aller Sünde in der Regel nicht gleichzeitig mit der Wiedergeburt stattfindet sondern erst später folgt", „Ohne Heiligung kann niemand den Herrn schauen", ChrAp 37 (1875) 76; vgl. weiter W. Nast, „Was lehrt die Methodistenkirche über die Heiligung?", WzH 4 (1888) 197–199; G. Simons, Lebens-Compaß für Alt und Jung, Memorial-Auflage Cincinnati 1900, 98.

Kind Gottes macht. Gott gibt diesem Kind alle Gnade, die es zu diesem Zeitpunkt zu fassen vermag.[150] Zugleich ist die Wiedergeburt ein unvollkommenes Werk am gefallenen Menschen, dessen Erneuerung in das Ebenbild Gottes des Fortschritts und Wachstums bedarf, wie auch das natürliche Kind erwachsen werden soll.

Sind Buße und Glaube Voraussetzung der sich erst im sittlich entscheidungsfähigen Menschen vollziehenden Wiedergeburt, dann stellt sich die Frage nach der Seligkeit von im unmündigen Alter versterbenden Kindern. In welchem Verhältnis zur Erlösung stehen Kinder, die qua definitionem die Erfahrung der Wiedergeburt (noch) nicht gemacht haben und ohne je eine bewußte Glaubensentscheidung getroffen zu haben sterben? Historisch betrachtet mag diese Frage mit dem Nachwachsen der „zweiten" methodistischen Generation und vor dem Hintergrund einer im Vergleich zu heute deutlich höheren Kindersterblichkeit zu erklären sein. Eine inhaltliche Analyse ergibt jedoch, daß sich in den Antwortversuchen auf diese Frage das Ringen um die theologische Bestimmung des Verhältnisses von „Natur" bzw. „Sünde" und „Gnade" fortsetzt. Dabei zeigt sich der deutschsprachige Methodismus als Teilnehmer einer Diskussion, die ihren Ausgangspunkt innerhalb der amerikanischen Mutterkirche hatte.[151] Die Theologen der englischsprachigen MEC versuchten um die Mitte des 19. Jh., die in der von Wesley her überlieferten Verhältnisbestimmung von Sünde und Gnade vorhandenen Ambivalenzen aufzulösen und eine kohärentere Position zu entwickeln. So deutete Gilbert Haven, im Anschluß an Randoph Mercein, die Empfängnis der sündigen Natur Adams und die wirksame Einpflanzung des göttlichen Lebensprinzips als zwei Vorgänge, die „though in point of time contemporaneous, in point of relation subsequent" verlaufen.[152] Die Einpflanzung des göttlichen Lebensprinzips bezeichnete Haven als Wiedergeburt, so daß s. E. jeder Mensch bereits als Christ geboren werde. Schöpfung und Neu-Schöpfung fallen für Haven zeitlich zusammen, auch wenn sie logisch noch unterschieden werden. Der Mensch wird hier zuerst

---

150 „Gott gab seinem Kinde in der Wiedergeburt Alles, was es zu der Zeit bedurfte und fassen konnte … .Das Kind Gottes ist ein vollkommenes Kind und hat einen vollkommenen Heiland, und hat daher auch einen vollkommenen Anspruch auf die ewige Seligkeit", F. Kopp, Das Verborgene Leben mit Christo in Gott. Ein neues Buch zur Förderung wahrer Gottseligkeit, Cincinnati 1876, 13; vgl. weiter F. C., „Ueber Wiedergeburt", Evst 19 (1868) 74.

151 Vgl. T. F. Randolph Mercein, Childhood and the Church, New York 1858; Gilbert Haven, „Infant Baptism and Church Membership", Methodist Quarterly Review 41 (1859) 5–26; F. G. Hibbard, The Religion of Childhood, Cincinnati 1864; C. Brooks, „The Moral Condition of Infants", MQR 46 (1864) 552–574.

152 „Infant Baptism and Church Membership", MQR 41 (1859) 12.

Glied der unsichtbaren Kirche der Wiedergeborenen, bevor er – durch die Taufe – Glied der sichtbaren Kirche wird.

Bereits vor Mercein und Haven vertrat Nast in diese Richtung gehende Überlegungen, allerdings in deutlich gemäßigter Weise. Nast bediente sich anfänglich der Vorstellung vom *Keim* der Wiedergeburt in einem jeden Kind.[153] Nach Nast findet sich – analog dem natürlichen Wachstumsprozeß – in jedem Kind auch eine vollkommene *Anlage* geistlichen Lebens, ohne daß es zum sofortigen *Gebrauch* des angelegten geistlichen Potentials kommt. Nach Nast kann man daher ein Kind bereits „wiedergeboren" und „heilig" nennen, insofern als „der Geist des Herrn den ersten Grund aller dieser Eigenschaften in dasselbe legt, woraus dann ein fruchtbringender Baum erwachsen kann, welcher Früchte der Gerechtigkeit trägt".[154] Notwendigkeit und Charakter einer *bewußt* erfahrenen Wiedergeburt sind damit jedoch für Nast, anders als für Haven, nicht aufgegeben. Denn der erwachsene Mensch kann erst als wiedergeboren und heilig bezeichnet werden, „wenn er alle Kennzeichen und Eigenschaften der Wiedergeburt nicht nur innerlich in sich hat, sondern auch äusserlich erweiset".[155] Gleichwohl tritt das Moment der erfahrbaren Krisis hier deutlich hinter das der organischen Entwicklung des geistlichen Lebens zurück.

Seit 1857 verwendete Nast den Begriff der Wiedergeburt jedoch nicht mehr im Hinblick auf das unbewußte geistliche Leben des Kindes, sondern ausschließlich im Sinne der bewußten erfahrbaren Erneuerung des erwachsenen Menschen.[156] Der unbedingten und sich am unmündigen Menschen auch unbewußt vollziehenden Wirksamkeit der vorlaufenden Gnade steht jetzt eine Wirksamkeit der Wiedergeburtsgnade gegenüber, die notwendig an das sittliche Entscheidungs- und Verantwortungsbewußtsein des Menschen gebunden ist. Der Gedanke einer unbewußten Wiedergeburt ist damit ausgeschlossen.[157] Allerdings hält Nast daran fest, daß das unmündige Kind aufgrund der vorlaufenden Gnade nicht allein ein *Anrecht* auf die Seligkeit, sondern zudem auch „die zum Genuß dieser Seligkeit nöthige *Tüchtigkeit*" besitzt.[158] Diese moralische Beschaffenheit des Kindes ist von

---

153 „Von der Kindertaufe", ChrAp 3 (1841) 198.

154 Ebd. Zwischen der Wiedergeburt im weiteren und im engeren Sinne unterscheidet auch C. Jost, „Sind Kinder in einem gerechtfertigten oder wiedergebornen Zustande in Kraft der Versöhnung Christi?", ChrAp 24 (1862) 61

155 Ebd.; vgl. weiter J. C. Lyon, „Das Verhältnis getaufter Kinder zu Christo und seinem Reiche", ChrAp 19 (1857) 180.

156 Vgl. „Wieder zu Hause", ChrAp 19 (1857) 186 f.

157 „Bei ihm [dem zum Prüfungsstande herangewachsenen Kind] kann die Wiedergeburt nicht eintreten, *ehe die Seele ihren Willen dazu giebt*", ebd., 187; vgl. weiter Commentar, Bd. 1, 380.

158 Vgl. „Der geistliche Zustand unmündiger Kinder", ChrAp 21 (1859) 86. Dieser

der des Erwachsenen zwar nicht ihrem Wesen, wohl aber ihrer Wirksamkeit nach unterschieden, insofern als „ein Kind, das nie mit Wissen
gesündigt hat, ... weder der Buße noch des Glaubens fähig [ist], und
darum passen auch auf seinen Zustand nicht die theologischen Begriffe
von Rechtfertigung, Wiedergeburt und Heiligung".[159]

Der Gnadenstand des unmündigen Kindes besitzt nach Nast sowohl
Positivität als auch Potentialität.[160] Die Positivität des Gnadenstandes
bezieht sich auf das die Annahme des Heils vorbereitende Wirken der
vorlaufenden Gnade. Das Kind kann Buße und Glauben üben, sobald
es in das Alter sittlicher Mündigkeit eintritt, weil es aufgrund der
unbedingten und objektiv gültigen Wirkungen der Erlösung von Anfang seines Lebens an „Theil an Christo" hat. Allerdings, und darauf
kommt es Nast an, ist das Kind damit noch nicht in die Gemeinschaft
der Wiedergeborenen aufgenommen.[161] Voraussetzung dafür ist die
bewußt erfahrene Wiedergeburt, wobei Nast konzidiert, daß es empirisch bei in der Kirche heranwachsenden Kindern möglich sei, „zu
einem vollen Alter im Christenthum auf eine so allmähliche Weise
heran[zuwachsen], daß es bisweilen nicht möglich ist, den Tag ihrer
wirklichen Neugeburt zu bestimmen".[162] Der Aspekt der Potentialität
bezieht sich auf die für den Eingang in die Seligkeit notwendige
Erneuerung und Heiligung. Beides sind für Nast unabdingbare Voraussetzungen für das Eingehen in die verewigte Gemeinschaft mit
Gott.[163] Doch wird das Kind – anders als bei Mercein und Haven –
nicht am Beginn seiner Existenz wiedergeboren und geheiligt, sondern
in der Stunde des Todes. Obwohl Nast zufolge nicht offenbart ist,
„auf welche Art und Weise sie das im Sündenfall verlorene Ebenbild
Gottes wieder erlangen",[164] kann er sich nicht der Versuchung entziehen, seine Überzeugung, daß dies so sei, theologisch zu begründen.
Immerhin hatte er in seinem reifen Denken das Geschehen der Wiedergeburt an das notwendige Vorhandensein sittlicher Mündigkeit

Aufsatz Nasts scheint eine direkte Replik auf den oben erwähnten Aufsatz G. Havens
im Methodist Quarterly Review zu sein.

159 Commentar, Bd. 1, 380 (Hervorhebung von mir).

160 „Es kann nicht bezweifelt werden, daß das Wort *Himmelreich* hier, wie an andern
Stellen, in seiner doppelten Bedeutung zu nehmen ist: als das sichtbare Reich der
Gnade auf Erden oder die Kirche Christi, und als das unsichtbare Reich der Herr-
lichkeit im Himmel", Commentar, Bd. 1, 380.

161 So auch L. Nippert, Leitfaden, 148.

162 Commentar, Bd. 1, 382 (Nast zitiert hier einen Dr. Olin). Ähnlich E. Hug: „Nicht,
daß die Taufe sie schon wiedergeboren hätte; aber die Erneuerung ihres Herzens
findet mehr auf dem Wege zarter Folgsamkeit und eines kindlichen Hingebens an
den Geist Gottes statt, als auf dem einer Umkehr aus der Fremde zum Vater als
verlorene Söhne im Sinne von Luk. 15", „Die heilige Taufe", WäSt 22 (1892) 5.

163 „Ein Gespräch über den Gnadenstand der Kinder", ChrAp 32 (1870) 169.

164 „Der geistliche Zustand unmündiger Kinder", ChrAp 21 (1859) 86.

gebunden. Nast argumentiert nun folgendermaßen: „[D]a in der Seele eines solchen Kindes noch gar kein Widerstand gegen die Einwirkungen des heiligen Geistes stattfinden konnte, so kann es gar nicht anders sein, als daß ein solches in der Unschuld sterbendes Kind in dem Augenblick, wann es durch die Trennung vom Leibe zum Selbstbewußtseyn erwacht, vom Geiste Gottes erfüllt oder wiedergeboren wird".[165] Diesen gedanklichen Ansatz entfaltet Nast nicht näher, doch ist die innere Logik seiner Überlegung unschwer zu entschlüsseln: Selbst im Fall eines in unmündigem Alter versterbenden Kindes ist das Geschehen der Wiedergeburt an das Vorhandensein eines (erwachenden) Selbstbewußtseins gebunden. Allerdings vollzieht sich die Wiedergeburt nicht auf Buße und Glauben hin, was sich aus der konkreten Situation ergibt. Zum einen ist sich das erwachende Selbstbewußtsein keiner Sünde, verstanden als willentliche Übertretung des göttlichen Gebotes, bewußt und bedarf daher keiner Buße. Zum anderen tritt das Bewußtsein in der Stunde des Todes vom Glauben in das Schauen ein, auch die Bedingung des Glaubens entfällt damit. Das Geschehen der Wiedergeburt selbst aber ist das alleinige Werk Gottes und kann damit jederzeit stattfinden. So erhält das Wiedergeburtsgeschehen auch bei unmündig versterbenden Kindern eine innere Logik.

Ohne gewöhnlich Gegenstand weitergehender Spekulation zu sein, ist die im Grundzug bereits von Richard Watson vertretene Position von der Seligkeit der unmündig versterbenden Kinder im deutschsprachigen Methodismus weithin geteilt worden.[166] Sachlich ist hier die Seligkeit der in Unmündigkeit versterbenden Kinder auf die unbedingten und objektiv gültigen Wirkungen des Erlösungswerkes Christi gegründet, wogegen eine äußere Handlung der Kirche wie die Nottaufe nicht heilsnotwendig ist. Zugleich wird daran festgehalten, daß Wiedergeburt und Heiligung – die Rechtfertigung ist hier mitgedacht – ausnahmslose Voraussetzungen für den Eingang in das Himmelreich darstellen. Das – angenommenermaßen – selige Sterben von Kindern

---

165 Commentar, Bd. 1, 381.
166 Vgl. „Wer soll getauft werden?", Sammlung von Traktaten, Bd. 2, 16 (dieses Traktats); A. Sulzberger, Glaubenslehre, 699; L. S. Jacoby, Handbuch des Methodismus, 283; „Von der Seligkeit ohne Taufe sterbender Christenkinder", ChrAp 11 (1849) 111; „Ein Gespräch über den Gnadenstand der Kinder", ChrAp 32 (1870) 169. Bemerkenswert ist, daß L. S. Jacoby den diesbezüglichen Satz Watsons nur in seinen früheren Schriften bringt. Er findet sich im Handbuch des Methodismus, 283, im Evst 5 (1854) 851 sowie in dem auf diesen Vorlagen basierenden Traktat „Was bedeutet die Taufe?", Sammlung von Traktaten, Bd. 2, 7 (dieses Traktats). Der Satz ist in Jacobys 1870 erscheinender Geschichte des brittischen Methodismus, die im dogmatischen Teil sonst weithin identisch ist mit dem entsprechenden Abschnitt im Handbuch des Methodismus von 1853, ausgelassen, vgl. 465.

in unmündigem Alter wird – und darin liegt die Bedeutung dieser Frage – nicht als Einwand gegen die Notwendigkeit einer auf Buße und Gaube hin bewußt erfahrenen Wiedergeburt akzeptiert. Die Heilserfahrung ist wesentlich sittlichen Charakters.

Überblickt man die methodistische Bestimmung der Begriffe Bekehrung, Rechtfertigung und Wiedergeburt bis hierher, dann ergibt sich folgendes Schema: Während die Erlösung des Menschen im weiteren Sinne, also unter Einschuß der Bekehrung, zustandekommt durch das Zusammenwirken der göttlichen und menschlichen Seite, und damit ein ihrem Wesen nach synergistisches Geschehen ist, sind Rechtfertigung und Wiedergeburt des Menschen das alleinige Werk Gottes. Dabei liegen auch im Synergismus der Heilslehre göttliche und menschliche Aktivität nicht auf gleicher Ebene, so daß der ermöglichende bzw. grund-legende Charakter des göttlichen Gnadenwirkens gegenüber der menschlichen Willensbetätigung gewahrt bleibt.

2.7. Heilsgewißheit – das Zeugnis des Heiligen Geistes

Wie bereits Wesley vertraten auch die deutschsprachigen Methodisten im 19. Jh. die Überzeugung, daß die subjektive Heilsgewißheit nicht das Privileg einiger, sondern Gottes Verheißung an alle Christen ist. Die Heilsgewißheit des Christen gründet im Zeugnis des Heiligen Geistes, durch das der Gläubige die Gewißheit seiner Sündenvergebung und fernerhin seiner Gotteskindschaft erhält. Bereits Wesley war von der Frage bewegt worden, ob der Heilige Geist in besonderer Weise die Erlangung des Gnadenstandes der gänzlichen Heiligung bezeuge, eine Frage, die auch für die methodistische Soteriologie im 19. Jh. von grundlegendem Interesse wurde. An dieser Stelle soll, der inneren Logik des Heilsweges folgend, vorerst nur von dem mit der Rechtfertigung verbundenen Zeugnis des Geistes die Rede sein.

Dabei zeigen sich im exemplarischen Vergleich von Sulzberger und Nast grundlegende Differenzen hinsichtlich der näheren Bestimmung des Geistzeugnisses, wobei sich Sulzberger mehr an John Wesley, Nast dagegen mehr an Phoebe Palmer orientierte. Beide, Sulzberger wie Nast, gehen zunächst übereinstimmend davon aus, daß Paulus in Röm 8,16[167] von einem „doppelten Zeugnis" des Geistes, nämlich dem Zeugnis des Heiligen Geistes und dem Zeugnis unseres eigenen Geistes, spricht. Im weiteren aber gehen beider Deutungen auseinander. *Sulzberger* übernimmt wortgetreu die Auffassung Wesleys und bestimmt so das Zeugnis des Heiligen Geistes als einen „innerliche[n]

---

167 „Der Geist [Gottes] selbst gibt Zeugnis unserm Geist, daß wir Gottes Kinder sind."

Eindruck der Seele", durch den der Geist Gottes dem Gläubigen seine Gotteskindschaft, Sündenvergebung und Versöhnung mit Gott bezeugt.[168] Das Zeugnis unseres Geistes ist, so Sulzberger weiter, „das Zeugnis unseres eigenen Gewissens, daß Gott uns die Gnade geschenkt hat, heilig in Gesinnung und Wandel zu sein".[169] Dabei ist das Zeugnis des Heiligen Geistes ein unmittelbares, das Zeugnis des eigenen Geistes dagegen ein mittelbares Zeugnis. Im Hinblick auf letzteres ist hier gemeint, daß der Gläubige, im Sinne einer fortwährenden Selbstprüfung, auf seine Gesinnung und seinen Lebenswandel reflektiert. Dabei geht das Zeugnis des Heiligen Geistes dem Zeugnis unseres eigenen Geistes voraus, beide bleiben jedoch fortwährend aufeinander bezogen. Das Zeugnis des Heiligen Geistes einerseits sowie Liebe und Gehorsam gegen Gott andererseits stehen in einer unaufhebbaren Wechselwirkung zueinander. Voraussetzung für das Zeugnis des Heiligen Geistes aber sind zuallererst Bekehrung und Wiedergeburt, wogegen „beseligende" Gefühle für sich genommen kein objektives Kriterium des erlangten Gnadenstandes sind. So ist nach Sulzberger die Lehre von der Heilsgewißheit in mehrfacher Weise gegen schwärmerische Fehldeutungen gesichert.

Bei *Nast* gewinnt das Schema Wesleys vom „doppelten Zeugnis" des Geistes eine deutlich andere Gestalt.[170] Nast unterscheidet „*einerseits* das *unpersönliche* Zeugniß, das der heilige Geist *im Worte Gottes Allen* gibt, welche an Christus gläubig geworden sind, und *andererseits* die durch den heiligen Geist gewirkte, *persönliche* Anwendung des allgemeinen Zeugnisses auf jeden einzelnen Gläubigen".[171] Es ist wichtig zu sehen, daß Nast mit dem erstgenannten das Zeugnis unseres Geistes und mit letzterem das Zeugnis des Geistes Gottes meint, nicht umgekehrt. Wie aber kann Nast das Zeugnis unseres Geistes – er spricht auch vom Zeugnis unseres „Selbstbewußtseins" – als „unpersönlich", zugleich aber wiederum als „subjektiv" bezeichnen? In der oben gegebenen Definition klingt bereits an, daß sich das Zeugnis des eigenen Geistes auf das Wort Gottes bezieht, in dem allen Wiedergeborenen die Versicherung gegeben wird, „daß sie Kinder Gottes geworden seien, vorausgesetzt, daß sie die in der Heiligen Schrift angegebenen Kennzeichen schriftmäßiger Wiedergeburt an sich tragen". In seinem Selbstbewußtsein schließt der Wiedergeborene also

---

168 Glaubenslehre, 606; vgl. weiter [L. S. Jacoby], „Von der Gewißheit unserer Annahme bei Gott", Evst 8 (1857) 1385; E. Riemenschneider, „Das Zeugniß des heiligen Geistes im Stande der Rechtfertigung und im Stande der Heiligung", HaHe 6 (1878) 25.

169 A. Sulzberger, ebd. Auch dies ein Zitat Wesleys.

170 Vgl. „Das doppelte Zeugniß von der Gotteskindschaft", ChrAp 48 (18.Juni 1886) 4 und ChrAp 48 (24.Juni 1886) 4.

171 Ebd., ChrAp 48 (18.Juni 1886) 4.

vom Wort Gottes und seinem Lebenswandel her auf seinen Stand vor Gott zurück. Das Zeugnis des eigenen Geistes ist nun sowohl „unpersönlich" als auch „subjektiv", insofern es der Wiedergeborene hier noch nicht mit einem unmittelbar-persönlichen Einwirken des Gottesgeistes auf seine Seele, sondern mit einer Art logischer Schlußfolgerung zu tun hat: 1) Das Wort Gottes nennt bestimmte Kennzeichen eines Wiedergeborenen. 2) Ich nehme diese Kennzeichen an mir wahr. 3) Schluß: Ich bin wiedergeboren. Um wirkliche Heilsgewißheit zu bekommen, muß jedoch zu diesem Zeugnis des eigenen das Zeugnis des Heiligen Geistes hinzukommen. Letzteres ist in der Terminologie Nasts „persönlich" und „objektiv". Denn hier nun wirkt Gottes Geist in persönlich-unmittelbarer Weise auf das Bewußtsein des Gläubigen ein. Der „objektive" Charakter dieses Zeugnisses ergibt sich daraus, daß die Gotteskindschaft von Gottes Seite her als eine *Tatsache* mitgeteilt wird. Mit diesem Verständnis hat Nast nicht nur die Begriffe – in etwas verwirrender Weise – neubestimmt, sondern auch die Reihenfolge neu festgelegt. Denn, wie schon angedeutet, geht nach seiner Überzeugung das Zeugnis des eigenen Geistes dem des Heiligen Geistes voraus.[172] Die Differenz zu Wesley war ihm dabei durchaus bewußt; weniger bereit war er, seine an diesem Punkt offenkundige Abhängigkeit von Phoebe Palmer zuzugeben.[173]

Sieht man einmal davon ab, daß Sulzberger ebenso wie Nast den Anspruch hatte, den biblischen Aussagen gerecht zu werden, dann fragt sich gleichwohl, was mit diesen Feindifferenzierungen gewonnen war. Im historischen Kontext ergab sich die Bedeutung der Modifikationen Nasts dadurch, daß dieser seine Einsichten auf das Zeugnis von der gänzlichen Heiligung übertrug. In diesem Sachzusammenhang aber konnte Nasts Interpretation gerade solchen Christen helfen, die im Abgleich des biblischen Offenbarungszeugnisses mit ihrem Lebenswandel zu der Gewißheit gelangen wollten, gänzlich geheiligt zu sein, ohne das – letztlich unverfügbare – Zeugnis des Heiligen Geistes abzuwarten. Dies konnte in analoger Weise auch für die Rechtferti-

---

172 Für Nast ergibt sich diese Reihenfolge bereits exegetisch aus der Syntax von Röm 8,16.

173 Daß Nast hier ganz offensichtlich von Wesleys Auffassung abwich, mußte ihm selbst als problematisch erscheinen, da er gegenüber seinen innerkirchlichen Gegnern sonst stark auf die Autorität Wesleys für die Lehre der Methodistenkirche abhob. Noch 1895 schrieb er in einem Brief an H. Grentzenberg: „Gott behüte mich in Gnaden irgend etwas zu lehren, was im direkten Widerspruch steht mit dem, was die Väter unserer Kirche bestimmt gelehrt haben" („Was der Gründer des Methodismus lehrte", WzH 11 (1895) 91). Im vorliegenden Fall versuchte er den Gegensatz zu Wesley dadurch zu überspielen, daß er vor „metaphysische[n] Spekulationen" warnte und in hintergründiger Weise formulierte: „Aber das *Wort Gottes* muß uns auch hier, obwohl auch andere Schriften benutzt werden mögen und sollten, die Richtschnur seyn", „Heiligung", ChrAp 28 (1866) 292.

gung gelten. Allerdings betont Nast durchaus, daß der höchste Grad an Gewißheit das Zeugnis des Gottesgeistes voraussetzt. Bei Sulzberger dagegen bleiben Rechtfertigung und Heilsgewißheit eng aufeinander bezogen, so eng, daß das zeitliche Zusammenfallen beider als die Regel angesehen wird.[174] Allerdings übersieht auch Sulzberger nicht, daß selbst manche wiedergeborenen Christen der Gewißheit ihres Gnadenstandes ermangeln. Im Anschluß an Wesley und Watson spricht Sulzberger daher – analog zu den Graden des Glaubens – von „Graden des Zeugnisses",[175] nimmt seine Beobachtung jedoch nicht zum Anlaß für eine grundsätzliche Veränderung der Ansichten Wesleys. In jedem Fall jedoch stimmen Sulzberger und Nast dahingehend überein, daß nicht die Heilsgewißheit, sondern die Rechtfertigung die Bedingung für das Erlangen der Seligkeit ist.[176]

2.8. Glaube und Gefühl

Sulzberger war bereits mit dem Hinweis zitiert worden, daß „beseligende" Gefühle kein objektives Kriterium für das Erlangen eines bestimmten Gnadenstandes sind. Gleichwohl sah sich der deutschsprachige Methodismus, v. a. in den ersten Jahrzehnten seiner Existenz, angesichts seiner als sehr intensiv erlebten Erfahrungsfrömmigkeit dem Vorwurf ausgesetzt, den Glauben auf das Gefühl zu gründen und bereits aufschäumende Emotion für den Beweis wahrer Religion zu nehmen. Daß methodistische Religiosität, zumal in der emotional gesteigerten Atmosphäre von Lagerversammlungen, enthusiastische Züge annehmen konnte und gerade in den ersten Jahrzehnten auch häufig annahm, wurde von methodistischer Seite überhaupt nicht bestritten. Zurückgewiesen wurde allerdings der Vorwurf, Methodisten gründeten ihren Glauben nicht auf das in Christus vollbrachte Erlösungswerk, sondern auf religiöse Gefühle.[177] Dies war eine grundsätz-

---

174 Vgl. A. Sulzberger, Erklärung der Glaubensartikel, 163 f. In sachlicher Hinsicht gilt überdies, daß sich die mit der Heilsgewißheit verbundenen Segnungen nur dem Grad, nicht jedoch dem Wesen nach von denen der Rechtfertigung unterscheiden; vgl. A. Gröbe, „Die Früchte der Rechtfertigung", ChrAp 44 (1882) 402 mit [L. S. Jacoby], „Von der Gewißheit unserer Annahme bei Gott", Evst 8 (1857) 1441 f.

175 Vgl. Glaubenslehre, 608.

176 L. S. Jacoby spricht jedoch in diesem Zusammenhang von einer Errettung „doch als durchs Feuer" (1Kor 3,15); „Von der Gewißheit unserer Annahme bei Gott", Evst 8 (1857) 1434. An anderer Stelle heißt es ferner: „Aber dieses Zeugniß zu suchen und zu besitzen, *ist auch aller Christen Pflicht*", „Das untrügliche Zeugniß der Kindschaft Gottes", in: Traktate, Nr. 227, 4 (dieses Traktats).

177 Vgl. „Warum bist du vom Glauben abgefallen?", in: W. Nast (Hg.), Was ist und will der Methodismus?, 6 (dieses Traktats).

liche theologische Kritik – mit theologischen Überlegungen und Argumenten mußte ihr folglich begegnet werden.[178] Dabei kristallisierten sich drei Grundsätze heraus.

Erstens gilt nach methodistischer Überzeugung, daß der einzige Grund des persönlichen Glaubens Jesus Christus ist.[179] Sowenig der Mensch sich selbst erlösen kann, sowenig liegt der Grund seiner Erlösung in ihm selbst. Zwar wohnt Christus durch den Heiligen Geist im Herzen des Gläubigen, doch ist der subjektiv erfahrene Christus *in me* identisch mit dem objektiven Christus *extra me*, der nicht in meinem Gefühlsleben aufgeht. Das Vermittlungsorgan der Einwohnung Christi aber ist der Glaube.

Ist Christus der Grund der Erlösung, so ist *zweitens* die Frucht der Gemeinschaft mit Christus ein geheiligtes Leben.[180] Es kommt nicht darauf an, sich mit Christus eins zu *fühlen*, sondern mit ihm eins zu *sein*. Nach methodistischer Überzeugung ist es klare biblische Lehre, „daß ein Wandel und Leben nach dem Vorbilde Jesu Christi irgend eine Erfahrung begleiten muß, die wirklich durch den Geist Gottes bewirkt ist".[181] Zugleich wird die schwärmerische Auffassung zurückgewiesen, der Christ dürfe nicht eher gute Werke tun, bis er einen inneren Impuls dazu verspüre.[182] Die guten Werke sind Frucht der Gemeinschaft mit Christus, nicht Folge eines besonderen religiösen Gefühls.

Das menschliche Gefühlsleben kann, *drittens*, schon seinem Wesen nach nicht das Fundament des Glaubenslebens sein. Denn grundsätzlich ist das Gefühlsleben des Menschen nicht ausschließlich der Gnade Gottes, sondern noch vielen anderen Einflüssen gegenüber empfänglich.[183] Daher ist es gefährlich, den eigenen oder anderer Leute Gnadenstand anhand der Gefühlsregungen zu beurteilen. Dazu kommen die unterschiedlichen, von Gott in ihrer Einzigartigkeit wertgeachteten Veranlagungen der Menschen. Lassen sich in Abhängigkeit von der inneren Konstitution eines Menschen unterschiedliche Intensitäten des Gefühlslebens feststellen, so darf von daher jedoch nicht auf eine

---

178 Die einschlägigen Texte lassen allerdings deutlich erkennen, daß mit den entsprechenden theologischen Reflexionen nicht allein die Kritiker eines „enthusiastischen" Christentums, sondern auch religiöse Schwärmer in den eigenen Reihen zurechtgewiesen werden sollten.

179 E. G[ebhardt], „Gefühle und Glauben im Christenleben", Evst 22 (1871) 121 f.; F. Fischer, „Gefühl und Glaube", ChrAp 34 (1872) 193; J. J. Meßmer, „Unsere Gefühle im Verhältnisse zu unserem Gnadenstande", ChrAp 44 (1882) 25.

180 Vgl. [W. Nast], „Warum treten Mitglieder der Luther. Kirche zu den Methodisten über?", ChrAp 3 (1841) 121.

181 J. J. Meßmer, „Unsere Gefühle im Verhältnisse zu unserem Gnadenstande", ChrAp 44 (1882) 25.

182 Vgl. E. G[ebhardt], „Gefühle und Glauben im Christenleben", Evst 22 (1871) 122.

183 J. J. Meßmer, „Unsere Gefühle im Verhältnisse zu unserem Gnadenstande", ChrAp 44 (1882) 25.

unterschiedlich hohe Intensität des Glaubenslebens, also der Gemeinschaft mit Christus, geschlossen werden. J.J. Meßmer versucht eine ausgewogene Bestimmung des Verhältnisses von Glaube und Gefühl, wenn er den Grundsatz formuliert, „daß dieses göttliche Leben in der Seele gefühlt wird und gefühlt werden muß, daß wir der Neigungen desselben ebenso gut durch unsere Gefühle wie durch irgendwelche andere Kanäle inne werden, aber wir warnen davor, *das innere göttliche Leben nach unseren Gefühlen zu bemessen*".[184]

Zwei Fragen sind damit jedoch noch nicht beantwortet. Erstens ist zu fragen, inwieweit eine religiöse Erfahrung, verstanden als Einwirkung des Heiligen Geistes auf den Menschen, von bloßen Gefühlsregungen zu unterscheiden ist. Und zweitens bleibt zu klären, was die mit einer religiösen Erfahrung manchmal verbundenen ekstatischen Phänomene zu dessen Bewertung beitragen. Hinsichtlich der erstgenannten Frage ist im deutschsprachigen Methodismus des 19. Jh. weniger auf das – kaum kommunikable – Wesen der subjektiven Heilserfahrung, als vielmehr auf dessen Wirkungen hingewiesen worden. So arbeitet Ernst Gebhardt heraus, daß wahres Christentum „Herzenssache" sei und „in einer fortlaufenden Kette von Herzenserfahrungen" bestehe.[185] „Erfahrungsreligion" und „Herzensreligion" sind folglich synonyme Begriffe, insofern sich die das Heil zueignenden Wirkungen des Heiligen Geistes nicht auf ein Segment der menschlichen Subjektivität, wie sein Gefühlsleben, beschränken, sondern auf das Personzentrum und damit auf die ganze Person beziehen. Damit ist zugleich gesagt, daß die Gefühle in die Heilswirkungen der Gnade eingeschlossen sind. So nennt Gebhardt als die mit der Buße verbundenen Gefühle „Betrübniß" und „Reue" über begangene Sünden sowie „Sehnsucht" nach der Erlösung. Die Rechtfertigung bringt dann „Friede und Freude im Heiligen Geist", wogegen mit dem weiteren Wachstum des Glaubenslebens schließlich alle Früchte des Heiligen Geistes zur Reife gelangten.[186] Gebhardt zeigt sich also darum bemüht, den Bereich der Gefühle von der Soteriologie her einzuholen, womit auch seine Überzeugung einsichtig wird, „daß, wer von jenen angedeuteten Gefühlen und Empfindungen des Herzens noch gar nichts aus eigener Erfahrung weiß, noch todt in Sünden und Uebertretungen darnieder liegen muß".[187] Die Überwindung der Sünde aber vollzieht sich im

---

184 J.J. Meßmer, „Unsere Gefühle im Verhältnisse zu unserem Gnadenstande", ChrAp 44 (1882) 25.

185 E. G[ebhardt], „Gefühle und Glauben im Christenleben", Evst 22 (1871) 121.

186 Eine ganz andere Deutung des Gefühlsbegriffs findet sich bei F. Fischer, „Gefühl und Glaube", ChrAp 34 (1872) 193. Fischer spricht nicht vom religiösen, sondern vom „sittlichen Gefühl".

187 E. G[ebhardt], „Gefühle und Glauben im Christenleben", Evst 22 (1871) 121.

Glauben, der das von Gott geschenkte Heil empfängt. Der Glaube zielt in anthropologischer Hinsicht jedoch nicht auf bestimmte ihrer Art nach enthusiastische Gefühle, sondern auf die Ausprägung eines christlichen Charakters, wie die Entfaltung der Heiligungslehre gleich noch zeigen wird.

Dieser theologische Befund bleibt jedoch unbestreitbar hinter der empirischen Realität insbesondere der Frühzeit des deutschsprachigen Methodismus zurück, in der die Heilserfahrung oft von ekstatischen Phänomenen wie Schreien, Hinfallen, Lachen, Jauchzen etc. begleitet war. Für Wilhelm Nast stand es außer Frage, daß „[e]rhabene Wahrheiten, wie die des Evangeliums, ... einen tiefen Eindruck machen [müssen]". Wenn unbestreitbar sei, daß Gott auf den Menschen einzuwirken vermöge, warum, so heißt es an anderer Stelle, sollte er dann gerade auf das „Gemüth" nicht machtvoll einwirken können? Aus der bestehenden engen Verbindung von Leib und Seele des Menschen erklären sich für ihn dann auch die infolge religiöser Gefühlsaufregung auftretenden körperlichen Phänomene. Wenn Gottes Geist nicht nur den Verstand zu erleuchten, sondern auch die Gefühle – nicht zu zerstören, sondern – „zu ordnen und zu heiligen" beabsichtige, dann ist laut Nast zu erwarten, „daß ebensowohl in religiöser als in anderer Hinsicht die Gefühle von Furcht, Hoffnung, Liebe und Freude angeregt werden müssen".[188] Diese Gefühle und die mit ihnen unter Umständen verbundenen körperlichen Phänomene sind jedoch für sich genommen kein Beweis von erlebter Buße, Bekehrung oder gänzlicher Heiligung: „Ob die beschriebenen Dinge die Bekehrung begleiten oder nicht, daran liegt wenig. Wenn eine Person, bei der sich dieselben zeigen, zu gleicher Zeit eine Herzensveränderung erfährt, wenn sie darnach in ihrem Lebenswandel die Früchte des Geistes hervorbringt, so dürfen wir sicher daraus schließen, daß das Werk von Gott war".[189] Auch hier ist das Zeugnis des Lebens in der Gestalt der Früchte des Geistes das gültige Beurteilungskriterium. Gefühlsausbrüche sind daher für sich genommen noch nicht Ausweis einer besonderen Tiefe der Erfahrung, sondern eher Indikator einer bestimmten Gemütsverfassung bzw. -neigung. Nast meint sogar eine soziologische Korrelation erkennen zu können, wenn er davon spricht, daß „Gefühlsaufregungen" eher ein Kennzeichen der niederen Volksschichten seien, wogegen die „gebildete Klasse" daran gewöhnt sei, *„sich selbst zu beherrschen".*[190] Und er fügt sogleich hinzu, daß es die

---

188 „Einige Bemerkungen über gewiße ausserordentliche Erscheinungen im Methodismus", ChrAp 4 (1872) 43.
189 Ebd.
190 „Einige ausserordentliche Erscheinungen im Methodismus", in: W. Nast (Hg.), Was ist und will der Methodismus?, 6 (dieses Traktats).

Methodisten „für eine Ehre [halten], das Evangelium besonders den Armen und Ungelehrten zu predigen".

Deutlich ist damit, daß der Glaube nach Überzeugung der deutschsprachigen Methodisten auch die Gefühlswelt des Menschen ergreift und durchdringt, ohne in dieser sein Fundament suchen zu müssen. Grundlage des Glaubens ist vielmehr der Christus extra me, dessen Erlösungstat das Heil ermöglicht. Allein deshalb gelangt der Glaube zu einer Heilsgewißheit, in der das Bewußtsein ständiger Abhängigkeit von der Gnade Gottes jeden Selbstruhm und jede Selbsttäuschung ausschließt.

2.9. Heiligung: Notwendigkeit und Wesen

Kein anderer Punkt innerhalb der Heilsordnung hat im deutschsprachigen Methodismus des 19. Jh. solch intensive Aufmerksamkeit und weitreichende Beschäftigung erfahren wie das Verständnis der Heiligung. Dabei ist zu beachten, daß der Begriff „Heiligung" weitverbreitet in einer sachlich verkürzenden Weise synonym für die Erfahrung der gänzlichen Heiligung verwendet wurde. Der Begriff „gänzliche Heiligung" wiederum bezeichnete, was Wesley und methodistische Theologen nach ihm als „christliche Vollkommenheit" bezeichnet hatten – ein Ausdruck, den die deutschsprachigen Methodisten – der im Deutschen empfundenen Mißverständlichkeit wegen – weniger verwendeten. Die sachliche Klarheit der Darstellung macht es im folgenden erforderlich, zwischen dem Vorgang der Heiligung und der Erfahrung der gänzlichen Heiligung auch dort zu unterscheiden, wo dies in den Quellen nicht konsequent geschieht.

Eine Untersuchung der mit heiligungstheologischen Fragen befaßten Texte des deutschsprachigen Methodismus im 19. Jh. ergibt einen in verschiedener Weise widersprüchlichen Befund. Eine letztgültige Bewertung dieser Widersprüche wird erst im Zusammenhang mit der Analyse des kirchlich-theologischen Selbstverständnisses des deutschsprachigen Methodismus möglich sein; an dieser Stelle müssen einige vorläufige Hinweise genügen. *Zunächst* ist darauf hinzuweisen, daß die Lehre von der gänzlichen Heiligung einerseits als die „Centrallehre" des Methodismus und insofern als kirchliche Sonderlehre,[191] andererseits als eine den Methodismus nicht konfessionell absondern-

---

191 „Alles, was der Methodisten Kirche eigenthümlich ist und ihr Lebenskraft gibt, gruppirt sich um diese Centrallehre", [W. Nast], „Heiligung", ChrAp 41 (1879) 260. An anderer Stelle spricht Nast von der Verbindlichkeit des „confessionellen Standpunkt[s]" der Methodistenkirche in der Heiligungslehre, „Was lehrt der Katechismus der bisch. Meth. Kirche über die Heiligung?", ChrAp 36 (1874) 308.

de „biblische" Lehre bezeichnet werden konnte.[192] Bei der genaueren Untersuchung solcher anscheinend gegensätzlichen Äußerungen ergibt sich, daß sich beide Aussagen auf zwei verschiedenen Ebenen bewegen, die in der Wahrnehmung des deutschsprachigen Methodismus zumeist nicht ausdrücklich unterschieden wurden. Denn bei der erstgenannten Aussage handelt es sich um nichts anderes als eine konfessionskundliche Bestandsaufnahme, die für sich genommen in keinem Widerspruch zu der ihrem Wesen nach biblisch-theologischen These steht, die vom Methodismus vertretene Vollkommenheitslehre lasse sich bereits in der Bibel nachweisen. Immerhin behauptete jede Denomination oder Konfession, und sei sie in der Lehre *de facto* noch so deutlich von anderen zeitgleich bestehenden Kirchen „abgesondert", fest auf biblischem Boden zu stehen.

Im Zusammenhang dieser Beobachtung ergibt sich ein *zweiter* anscheinender Widerspruch. Einerseits war die Lehre von der gänzlichen Heiligung von zentraler Bedeutung für das kirchlich-theologische Selbstverständnis des deutschsprachigen Methodismus, andererseits scheint keine andere Frage wie die nach dem Wesen der gänzlichen Heiligung ein so ausdifferenziertes Meinungsbild ergeben zu haben.[193] Die unzähligen Diskussionen zur Heiligungsfrage erwecken den Eindruck, als habe gerade in der für methodistisches Selbstverständnis zentralen Frage der Heiligung am wenigsten Einigkeit geherrscht. Bei genauerer Betrachtung ergibt sich jedoch auch hier ein etwas anderes Bild. So zeigt sich in den innerkirchlichen Auseinandersetzungen gerade um das Heiligungsverständnis, daß Detailfragen, ja selbst einzelne in der Diskussion verwendete Ausdrücke, zum Gegenstand anhaltender Diskussionen werden konnten. Es scheint, als habe gerade die zentrale Bedeutung, die der Heiligungslehre für den deutschsprachigen Methodismus zukam, dazu geführt, daß der Sache nach eher marginale Differenzen wie unter einer Lupe vergrößert erschienen. Auf diese Weise konnte schon eine abweichende Ausdrucksform zur grundsätzlichen Meinungsverschiedenheit werden.[194] Dies schien um

---

192 „Die methodistische Lehre von der christlichen Vollkommenheit ist ihrem Princip nach so alt, wie die christliche Kirche", A. Sulzberger, „Die Heiligungslehre nach methodistischem Lehrbegriff im Verhältniß zu den Bekennern der christlichen Kirche", WäSt 3 (1873) 78. Wortgleich A. Rodemeyer, Biblische Heiligung, 273; vgl. weiter [W. Nast], „Rechtfertigung und Heiligung", ChrAp 41 (1878) 52.

193 „Es würde schwer werden, irgendwo in Amerika oder Europa zwölf Methodistenprediger zu finden, die mit einer einzigen dieser [gerade von Schütz erwähnten] zahlreichen Definitionen übereinstimmen könnten, während alle Methodistenprediger in der Welt behaupten würden, daß sie in ihrer Ansicht von der Heiligung wesleyanisch sind", H. Schütz, „Das Wesentliche und Unwesentliche in der Lehre und Erfahrung der Heiligung", ChrAp 57 (1895) 354.

194 In diesem Sinne urteilt W. Nast: „Nichts ist weniger dazu angethan, Wortzänkereien

so einfacher, als eine verbindliche Unterscheidung von wesentlichen und unwesentlichen Aspekten der Heiligungslehre nicht existierte, grundsätzliche Debatten daher an jedem denkbaren Punkt aufbrechen konnten.

Schließlich muß auf einen Selbstwiderspruch hingewiesen werden, der die Auseinandersetzungen um die Heiligungslehre durchzieht. Dem methodistischen Verständnis vom Christentum als einer Erfahrungsreligion gemäß konnte es doch nicht in erster Linie darum gehen, zu einer letztgültigen Klärung aller dogmatischen Detailfragen im Hinblick auf die gänzliche Heiligung zu kommen, sondern vielmehr darum, die gänzliche Heiligung persönlich zu erfahren.[195] Und dennoch ist um keine andere dogmatische Bestimmung so anhaltend gerungen worden wie um die der gänzlichen Heiligung.[196] Es bleibt an dieser Stelle nur, aus historischer Sicht festzustellen, daß im deutschsprachigen Methodismus des 19. Jh. sowohl die Sehnsucht nach gänzlicher Heiligung als auch das Bemühen um eine nähere dogmatische Bestimmung der Heiligungslehre fortlebten. Beides schien nicht im Widerspruch zueinander zu stehen, sondern eng miteinander verwoben.

Im folgenden wollen wir uns auf die systematisch-theologischen Aspekte der *persönlichen* Heiligung konzentrieren. Die sozialen Implikationen der Heiligung sollen, wie zu Beginn dieser Arbeit erwähnt, im Zusammenhang mit den ekklesiologischen Fragestellungen behandelt werden; die Frage nach der sozialethischen Dimension der Heiligung muß einer gesonderten Studie vorbehalten bleiben, die in methodischer Hinsicht nicht bei der systematisch-theologischen Reflexion, sondern beim empirisch-praktischen sozialen Engagement einsetzt.

Wesen und *Notwendigkeit* der Heiligung ergeben sich nach methodistischer Überzeugung aus dem Charakter von Rechtfertigung und Wiedergeburt, die das Fundament der Heiligung bilden. Als Rechtfertigung war derjenige Akt Gottes bezeichnet worden, bei dem Gott

---

zu begünstigen, als die Heiligungslehre", „Reinigung von der Sünde durch den Tod", ChrAp 34 (1872) 316.

195 „Die heilige Schrift redet von der Heiligung als von einem von Gott gewollten, durch seine Gnade gewirkten Zustand des Herzens; sie stellt aber keine genaue, definitive Heiligungstheorie auf; deshalb ist es auch nutzlos und kann nur zu Mißverständnissen führen, wenn wir eine zu genaue bestimmte Theorie aufstellen wollen. Heiligung ist eine *Thatsache*, nicht eine *Theorie*. Sie läßt sich erfahren und praktisch beleben, aber nicht haarscharf definiren und erklären. Laßt uns nur dafür sorgen, daß wir die Sache selbst erlangen", „Heiligung – verschiedene Ansichten", ChrAp 43 (1881) 388. Vgl. weiter J. Krehbiel, „Die verschiedenen Stufen des christlichen Lebens", ChrAp 34 (1872) 361.

196 „Die Schwierigkeit in der Heiligungslehre tritt zu Tage, wenn *das Dogma gesetzt werden soll*. Und doch scheint das Dogma nöthig zu sein", H. Schütz, „Das Wesentliche und Unwesentliche in der Lehre und Erfahrung der Heiligung", ChrAp 57 (1895) 322.

mir um Christi willen alle bereits begangenen Sünden vergibt. Dieses
Werk, so Nast, „ist vollkommen, sowohl dem *Grade*, als seiner Natur
nach, es kann nicht vollkommener werden". Die Wiedergeburt als
Wiederherstellung der Gottebenbildlichkeit im Menschen ist auch ein
vollkommenes Werk, „aber nur seiner Natur, nicht dem Grade
nach".[197] In der Wiedergeburt wird aus einem Sklaven der Sünde ein
Kind Gottes, doch wohlgemerkt ein *Kind*, noch kein vollkommener
Mann Gottes, wie es oft in Anlehnung an Eph 4,13 heißt.

Das Verhältnis von Wiedergeburt und fortschreitender Heiligung ist
gelegentlich mit dem – biblischen – Bild vom Wachstum des Kindes zur
Reife des Mannesalters illustriert worden.[198] Danach schließt die Vollkommenheit der Wiedergeburt den Gedanken einer weiteren Entwicklung – der Heiligung – nicht aus, sondern natürlicherweise gerade ein,
denn ein „eben geborenes, gesundes, vollständiges Kindlein [kann] ein
vollkommener Mensch genannt werden, weil es alle die Theile an sich
hat, die zum menschlichen Wesen gehören", obwohl „jeder einzelne
Theil noch unvollkommen ist, insofern er noch wachsen und zunehmen
muß".[199] Man könnte auch anders sagen, daß der „Neubekehrte ... im
Kindschafts*verhältniß* [ist], und in dieser Hinsicht vollkommen, aber
auch im Kindes*zustand*, und in dieser Beziehung unvollkommen".[200] Legt
man das Bild von der menschlichen Entwicklung zugrunde, dann ist
auch deutlich, daß die Heiligung eine Grundnotwendigkeit des geistlichen Lebens darstellt. Denn wie im Reich der Natur, so gibt es auch im
Reich Gottes keinen Stillstand, sondern entweder Fortschritt oder (geistlichen) Tod. Ohne fortschreitende Heiligung ist es unmöglich, den Stand
der Rechtfertigung zu bewahren.[201]

Wie läßt sich das Wesen der Heiligung theologisch definieren?
Nach Sulzberger muß unbedingt zwischen Heiligung und christlicher
Vollkommenheit unterschieden werden. Seiner Definition zufolge be-

---

197 „Zweifache Bedeutung des Wortes ‚vollkommen'", ChrAp 11 (1849) 23; vgl. Commentar, Bd. 1, 218 f.
198 Vgl. z. B. A. Rodemeyer, Biblische Heiligung, 53.
199 Commentar, Bd. 1, 219; vgl. weiter A. Sulzberger, Glaubenslehre, 623.
200 W. Nast, „Heiligung", ChrAp 28 (1866) 282.
201 „Fortschritt ist das große Gesetz im Reiche Gottes. Sobald und so lange wir wissentlich und vorsätzlich dem Befehl des Herzogs unserer Seligkeit, *voranzuschreiten*,
ungehorsam sind, so gehen wir *rückwärts*, und zwar *unmerklich*, weil wir durch
unseren Ungehorsam den heil. Geist betrüben und dadurch mehr oder weniger von
seiner Erleuchtung verlieren, bis es endlich dazu kommt, daß das Licht, das in uns
ist, Finsterniß wird, und wir blind werden und mit der Hand tappen und der
Reinigung unserer vorigen Sünden vergessen", „Wachsthum in der völligen Heiligung", ChrAp 12 (1850) 47; vgl. weiter „Ueber Heiligung", ChrAp 29 (1868) 36;
F. Kopp, Das verborgene Leben mit Christo in Gott, 18; A. Rodemeyer nennt sechs
Gründe für die Notwendigkeit der gänzlichen Heiligung; vgl. Biblische Heiligung,
91–109.

steht die Heiligung ihrem Wesen nach in dem „Abgesondert*werden* von allem Unheiligen in Wandel und Gesinnung und in dem Erfüllt*werden* mit allerlei Gottesfülle".[202] Die christliche Vollkommenheit wiederum besteht „in dem Abgestorben*sein* allem sündhaften Wesen und Leben und in dem Erfüllet*sein* mit dem göttlichen Leben".[203] Die Heiligung unterscheidet sich als ein Vorgang des Werdens von der Vollkommenheit als einem Zustand, d. h. einem höheren Gnadenstand des Wiedergeborenen.

Die aus Sulzbergers *Glaubenslehre* zitierten Definitionen konnten sich im deutschsprachigen Methodismus des 19. Jh., ungeachtet ihrer sachlichen Nähe zu Wesley, nicht durchsetzen. Zwar versuchten gelegentlich auch andere Theologen des Kirchenzweiges, das Verhältnis von schrittweiser und augenblicklicher Heiligung unter Rückgriff auf das Schema Wesleys zu beschreiben, wie z. B. Louis Kunz, der auf insgesamt fünf Punkte verweist:
1. „Heiligung ist ein stufenweises Gnadenwerk;
2. Dann wird die Heiligung ein plötzliches Gnadenwerk;
3. Dann wieder bis zum Tod ein stufenweises Gnadenwerk;
4. Im Tod ein vollendetes Gnadenwerk; und endlich
5. Im Himmel ein zunehmendes Heiligseyn".[204]

Gleichwohl setzte sich im deutschsprachigen Methodismus des 19. Jh. eine andere Terminologie durch. Unterschieden wurde weniger zwischen dem Prozeß der Heiligung, also der Christus-Nachfolge, und der Erfahrung der gänzlichen Heiligung, also einer punktuellen Segenserfahrung, sondern zwischen der positiven und der negativen Seite der Heiligung. Gemeint war in negativer Hinsicht die Reinigung von der „Befleckung" der Sünde, in positiver Hinsicht das Erfülltsein mit göttlichem Leben bzw. mit der völligen Liebe. Im Hinblick auf diese grundsätzlichen Bestimmungen des Wesens der Heiligung herrschte weitgehende Übereinstimmung.[205] Differenzen ergaben sich dagegen

202 A. Sulzberger, Glaubenslehre, 618 (Hervorhebung von mir). G. Simons behandelt das fortschreitende Werk der Heiligung unter der Überschrift „Vom Wachsthum in der Gnade", Lebens-Compaß für Alt und Jung, 45–49.
203 Ebd., 618 (Hervorhebungen von mir). Zum fortschreitenden Werk der Heiligung vgl. weiter J. W. Fletscher, „Eine Betrachtung über die Wiedergeburt", in: Traktate, Nr. 6, 9 f. (dieses Traktats).
204 „Ist Heiligung ein plötzliches oder stufenweises Gnadenwerk?", ChrAp 19 (1857) 52. Vgl. weiter L. Peter, „Ist die Heiligung durch den Glauben nach Wesley ein plötzliches oder stufenweises Werk Gottes?", Evst 27 (1876) 78 f. 85 ff.; G. Simons, Lebens-Compaß für Alt und Jung, 98.
205 Vgl. W. Nast, „Was schließt die gänzliche Heiligung in sich?", ChrAp 11 (1849) 31; ders., „Was ist die Bedeutung des Wortes ‚heiligen' nach dem biblischen Sprachgebrauch?", ChrAp 29 (1868) 44; H. Schütz, Ein Handbüchlein über das volle Heil in Christo, Cincinnati 1875, 5 ff.; L. Nippert, Leitfaden, 109 ff.; H. G. Lich, „Die

zum einen in der näheren Bestimmung des negativen Aspekts der Heiligung und zum anderen im Hinblick auf die Frage, wie sich diese beiden Seiten der Heiligung zum schrittweisen sowie zum augenblicklichen Charakter der Heiligung verhalten. Die sachliche Klärung dieser Fragestellungen wurde oftmals von terminologischen Ambivalenzen überlagert. So konnte für den schrittweisen Aspekt der Heiligung auch der Begriff „Wachstum in der Gnade" verwendet werden. Wo in solchen Zusammenhängen von „Heiligung" gesprochen wurde, war dann meist die augenblickliche „gänzliche Heiligung" gemeint. Die sich aus diesem Befund ergebenden Schwierigkeiten lassen sich annähernd nur dadurch lösen, daß in der folgenden Entfaltung der Heiligungslehre von dem im deutschsprachigen Methodismus des 19. Jh. gewählten sachlichen Einsatzpunkt ausgegangen wird: der gänzlichen Heiligung bzw. christlichen Vollkommenheit.

2.10. Gänzliche Heiligung/Christliche Vollkommenheit

Die deutschsprachigen Methodisten sahen sich in grundsätzlicher Übereinstimmung mit den dogmatischen Traditionen sowohl der reformatorischen Kirchen als auch der römisch-katholischen Kirche hinsichtlich der Überzeugung, das Erlangen der ewigen Seligkeit setze – im Anschluß an Hebr 12,14[206] – die vollständige Reinigung von der Sünde voraus. Anders als Lutheraner, Reformierte und Katholiken verteidigten die Methodisten jedoch die Überzeugung, daß eine Erlösung nicht nur von der Schuld und Macht, sondern auch von der letzten „Befleckung" der Sünde bereits in diesem Leben möglich sei. In ihren Diskussionen um eine nähere begriffliche Klärung dieses Ausdrucks „Reinigung von der Befleckung der Sünde" kristallisierten sich zwei Fragestellungen heraus. Was bedeutet dieser Ausdruck erstens im Hinblick auf die Vorstellung der Erbsünde bzw. des Erbübels? Und wodurch unterscheidet sich zweitens der Gnadenstand der christlichen Vollkommenheit von dem der himmlischen Vollendung?

Zur Beantwortung dieser Fragen ist noch einmal zu vergegenwärtigen, was „Erlösung von der Sünde" im Horizont der methodistisch verstandenen Heilsordnung bedeutet. Dabei ergibt sich folgendes dreigliedrige Schema: die Rechtfertigung ist die Erlösung von der *Schuld* der Sünde, die Wiedergeburt die Erlösung von der *Macht* der Sünde

---

vom Methodismus hauptsächlich betonten Lehren der heiligen Schrift", WzH 1 (1885) 273; G. Guth, „Was ist biblische Heiligung?", WzH 9 (1893) 171.

206 „Jagt dem Frieden nach mit jedermann und der Heiligung, ohne die niemand den Herrn sehen wird".

und die gänzliche Heiligung die Erlösung vom *Wesen* bzw. von der Befleckung der Sünde.[207] Damit ist gemeint, daß der Wiedergeborene zwar nicht mehr unter dem Verdammungsurteil über die Sünde steht und auch ihrer Macht nicht mehr hilflos ausgeliefert ist, daß aber das Wesen der Sünde, ihre Wurzel, noch nicht besiegt bzw. beseitigt ist. Im Wiedergeborenen tobt daher ein Kampf zwischen seinem erneuerten Lebenszentrum, das von der Liebe bestimmt ist, und dem sich noch regenden „alten Menschen", der zum Tode verurteilt, aber noch nicht gänzlich vernichtet ist. Zur Veranschaulichung dieser Tatsache wurde gelegentlich auf ein Bild aus dem Ackerbau zurückgegriffen. Danach kann die Wiedergeburt verglichen werden mit dem „Aufpflügen und der Aussaat von gutem Weizen. Neben dem guten Weizen kommt aber auch das Unkraut zum Vorschein. Die [gänzliche] Heiligung ist ein solches Ausgäten und Verbrennen des Unkrautes, daß hinfort der gute Same allein, ohne das Unkraut wächst".[208]

Was bedeutet das „Ausgäten und Verbrennen" des Unkrautes bzw. des sündigen „Samens" in der Sprache der Theologie, konkreter noch, im Hinblick auf den Begriff der Erbsünde? Zwei Grundrichtungen lassen sich innerhalb des deutschsprachigen Methodismus erkennen. Auf der einen Seite vertrat eine Gruppe um Wilhelm Nast die Auffassung, in der gänzlichen Heiligung werde die Erbsünde oder, wie Nast sagte, das Erbübel *zerstört.* Die „bittere Wurzel" der Sünde werde im Menschen ausgerottet. Sofort stellt sich die Frage, ob Nast damit nicht die Unmöglichkeit des Sündigens für den gänzlich Geheiligten, dessen *non posse peccare,* behauptet? Nast verneint diese Frage unter Hinweis auf die geistig-personale Konstitution des Menschen. Dessen

---

207 „Er [Gott] *erlöst* uns *stufenweise,* zuerst von der natürlichen Blindheit und Sicherheit *durch die Erweckung und Buße,* dann von der Schuld und Knechtschaft der Sünde *durch den Glauben* in der Rechtfertigung und Wiedergeburt und endlich von aller Befleckung der inwohnenden Sünde durch die gänzliche Heiligung, worauf dann erst ein ununterbrochenes, schnelles und nie aufhörendes, allmähliges Wachsthum in allen Gnadengaben folgen kann. Jedes dieser drei Werke, die Buße, der rechtfertigende Glaube, und der heiligende Glaube erreicht seine Vollendung in einem gewissen Zeitpunkt augenblicklich, obschon die Vorbereitung dazu allmählig war und kürzer oder länger dauerte", „Warum ist die gänzliche Heiligung nicht eben sowohl in und mit der Rechtfertigung zu erlangen, als erst später?", ChrAp 12 (1850) 59; vgl. weiter [W. Nast], „Ueber den Unterschied zwischen den Wiedergeborenen und gänzlich Geheiligten", ChrAp 14 (1852) 45 f. 49; [ders.], „Editorielle Notizen", ChrAp 34 (1872) 68 (hier findet sich das Zitat fast wortgleich wieder); A. Rodemeyer, Biblische Heiligung, 70 f.
208 A. Rodemeyer, Biblische Heiligung, 83 (Rodemeyer zitiert hier Bischof Hamline); vgl. weiter W. Nast, Einige Gedanken über Rechtfertigung, Wiedergeburt und Heiligung (MS), 1 f.: „Der Acker des Herzens ist zwar zubereitet, aber die Wurzeln und Same der Sünde sind noch nicht völlig ausgerottet. Der Boden ist zwar umgebrochen u. das Unkraut untergepflügt, aber der Same u. Wurzel des Bösen ist noch nicht vertilgt".

schöpfungsgemäße Anlage schließe auch Leidenschaften und Triebe ein. Nicht die Triebe des Menschen sieht Nast als eine Folge des Falls, sondern deren verkehrte, nämlich von der Selbstsucht bestimmte Orientierung. Gänzliche Heiligung meint daher nicht die Zerstörung der menschlichen Triebe, sondern die Zerstörung von deren *Neigung*, also dem Anreiz, dem Bösen zuzustimmen.[209] Der gänzlich Geheiligte ist daher vom *Hang* zur Sünde, nicht aber von der *Anlage* zum Sündigen befreit.[210] So verstanden impliziert die Zerstörung der Erbsünde für Nast nicht eine prinzipielle Unfähigkeit zum Sündigen.[211] Auch der gänzlich geheiligte Christ bleibt bis zu seinem Eintritt in die Ewigkeit im, wie Nast es ausdrückt, „Prüfungszustand".

Andere Theologen des Kirchenzweiges lehnten Nasts Ausdrucksweise von der „Zerstörung" bzw. „Ausrottung" des Erbübels ab, ohne jedoch, wie wir sofort erkennen werden, in der Sache selbst etwas grundsätzlich anderes zu behaupten. Nach Clemens Achard muß der Begriff des „Erbübels" – auch er lehnt den Begriff „Erbsünde" ab – von anderen harmatiologischen Begriffen der Bibel, wie z. B. dem „alten Menschen" und dem „sündlichen Leib", unterschieden werden.[212] Im Stand der christlichen Vollkommenheit, so Achard, werde zwar der „alte Mensch", nicht aber das Erbübel zerstört. Denn das Erbübel, das dem Menschen als eine „abnorme Naturbasis" inhäriert, werde erst im Tod abgelegt.[213] Im Hinblick auf den Stand der gänzlichen Heiligung ergibt sich so für Achard, daß das Erbübel zwar nicht zerstört, aber immerhin besiegt ist.[214] Eine ähnliche Unterscheidung trifft H. Geerdes. Er bezeichnet das Erbübel als eine „Disposition zum Bösen" und damit als den Ursprung und das Wesen des „alten Menschen", der seinerseits jedoch von diesem Ursprung zu unterscheiden sei. Die „Disposition zum Bösen" aber werde in der gänzlichen Heiligung nicht zerstört, sondern „nur besiegt, gebunden und gefangen gelegt".[215]

---

209 Vgl. „Was lehrt die Bibel über Heiligung?", ChrAp 37 (1875) 284; vgl. weiter G. Guth, „Schriftgemäße Heiligung", ChrAp 50 (1888) 241.

210 In ähnlicher Weise unterscheidet H. Schütz zwischen der „Gefahr" und dem „Hang" zur Sünde: „Der ‚Hang', Gottlob, wird hinweggenommen, während die Gefahr bleibt bis in den Tod". Oder anders gesagt: „Die *Anlage* zur Sünde bleibt, aber die *Tendenz* wird, Gottlob, hinweggethan", „Die Erbsünde im Verhältniß zur Wiedergeburt und Heiligung", ChrAp 37 (1875) 209.

211 Vgl. „Zur Erklärung verworrener Begriffe über die Heiligung", ChrAp 37 (1875) 188.

212 So auch A. Rodemeyer, Biblische Heiligung, 41 ff.

213 Vgl. „Die Erbsünde oder das Erbübel", WäSt 4 (1874) 115 f. Vgl. weiter W. Ahrens, „Reinigung von der Sünde durch den Tod", ChrAp 34 (1872) 316; „Die Zerstörung der Erbsünde", ChrAp 34 (1872) 393; F. W. Dinger, „Die Erbsünde und christliche Vollkommenheit", ChrAp 50 (1888) 664.

214 „Die Erbsünde oder das Erbübel", WäSt 4 (1874) 116.

215 „Ueber Heiligung", WäSt 45 (1874) 12-19. Von „Überbleibseln" der Sünde im

Was die praktisch-ethischen Vorstellungen von einem geheiligten Leben angeht, ließen sich zwischen den Vertretern dieser beiden Auffassungen[216] keinerlei Unterschiede ausmachen. Wie immer man das Verhältnis der gänzlichen Heiligung zum Wesen der Erbsünde bestimmte, gänzliche Heiligung meinte, in den Worten des in dieser Frage unentschieden wirkenden Sulzberger gesprochen, nichts anderes als die „Erlösung von dem fortwährenden Geneigtsein und Hang zu allem Bösen und dem Ungeschicktsein zu allem Guten".[217] Allerdings warf die von Nast bevorzugte Ausdrucksweise sachliche Schwierigkeiten auf. Z. B. machten Achard und andere den Einwand geltend, daß das Erbübel auch im vollkommen Geheiligten noch vorhanden sein müsse, da sonst die Kinder der gänzlich Geheiligten ohne das Erbübel und d. h. mit einer adamitischen Natur geboren würden.[218] Das aber schien ihnen unvereinbar mit grundlegenden anthropologischen Aussagen des Neuen Testaments. Auch wollte es Nast nicht recht gelingen zu plausibilisieren, wie der gänzlich Geheiligte auch weiterhin „von innen" heraus versucht werden könne, da doch das Erbübel in ihm zerstört sei, ja wie er überhaupt wieder in die Sünde zurückfallen könne. Er erklärte diese Frage schließlich für unbeantwortbar.[219]

Damit stellt sich zweitens die Frage, worin sich die irdische Vollkommenheit von der himmlischen Vollendung unterscheidet? Zwei Punkte sind hier zu nennen. Erstens ist auch der vollkommene Christ nicht frei von *Versuchungen*.[220] Doch nicht die Versuchung selbst, sondern erst das Eingehen auf sie ist Sünde.[221] Die Möglichkeit des

gänzlich Geheiligten spricht F. Kopp, Das verborgene Leben mit Christo in Gott, 40.

216 Vgl. weiter C. Ulrich, „Etwas über die Sünde und der Erlösung von derselben", HaHe 17 (1889) 264; J. Krehbiel, „Machen Wesley und andere Väter des Methodismus einen Unterschied zwischen angeborener (inbred) und inwohnender (indwelling) Sünde?", ChrAp 37 (1875) 217.

217 Glaubenslehre, 629.

218 Vgl. C. Achard, „Die Erbsünde oder das Erbübel", WäSt 4 (1874) 116; vgl. weiter H. Lahrmann, „Noch ein Beitrag zur Heiligungslehre", ChrAp 29 (1868) 226.

219 Vgl. „Zur Erklärung verworrener Begriffe über die Heiligung", ChrAp 37 (1875) 188. W. Nast verweist in diesem Zusammenhang namentlich auf A. Tholucks Ausspruch, daß die Sünde zu erklären sie zu rechtfertigen heiße. Einige Jahre zuvor hatte Nast von der gänzlichen Heiligung gesprochen als einem Gnadenstand, „in dem der Mensch, wenn er zur Sünde versucht wird, nicht mehr von seiner eigenen Lust gereizet und gelocket wird, sondern dadurch, daß der Satan von Neuem einen bösen Samen in sein Herz streut", „Das Ziel und die Krone der Erneuerung durch den heiligen Geist", ChrAp 29 (1868) 60; vgl. auch Anm. 223.

220 Vgl. [W. Nast], „Wie auch die geheiligte Seele versucht wird", ChrAp 34 (1872) 124.

221 Vgl. A. Sulzberger, Glaubenslehre, 635.

Versucht-Werdens liegt in der Beschaffenheit des Menschen als ein zur sinnlichen Wahrnehmung befähigtes Wesen.[222] Die Versuchung kann lediglich an dieser Wesensbeschaffenheit des gänzlich geheiligten Christen anknüpfen, wogegen sie in ihm „nichts Correspondirendes, Entgegenkommendes im Lebenscentrum, und daher auch keinen Raum im Herzen des Menschen" finden kann.[223] Zweitens leidet auch der vollkommene Christ an den *Folgen des Falls*. Sie zeigen sich in „Mängeln" und „Gebrechen", z. B. geistigen Fehlfunktionen wie Irrtum oder Vergessen, aus denen unwissentlich und unabsichtlich begangene „Schwachheitssünden" resultieren können.[224] Ferner kann es weiterhin zu „Übereilungssünden", wie einem im aufbrausenden Zorn gesagten bösen Wort, kommen, auch wenn der vollkommene Christ sich um sofortige Heilung des angerichteten Schadens bemüht. Die Grenze zum mutwilligen Sündigen war zugegebenermaßen nicht scharf zu ziehen, hinter dem Gedanken der „Übereilungssünden" stand jedoch der Gedanke, daß der Christ im Affekt gerade nicht *mit*, sondern *gegen* seinen eigentlichen, von der Liebe bestimmten Willen handel-

---

222 Zur Erklärung bedient sich Nast einer Illustration des Predigers F. W. Robertson: „Nehmen wir, um ein anderes Beispiel anzuführen, die natürliche Empfindung von Hunger. Ein Mensch ist eine Zeitlang ohne Speise. Setzt man ihm jetzt Speise vor, so wird sein Verlangen darnach geweckt, ganz unwillkürlich. Dies Verlangen würde ebenso gewiß geweckt unter verbotenen wie unter erlaubten Umständen. Es wird sich kundgeben, gleichviel ob das Brot, das vor ihm liegt, sein eigen oder eines Andern ist. Und die Schuld liegt sicherlich nicht in dem Bedürfniß nach Speise, in dem Gefühl von Hunger oder in dem Verlangen, das gefühlte Bedürfniß zu befriedigen. Die Schuld liegt allein darinnen, daß man das natürliche, rechte Verlangen auf unrechte, auf verbotene Weise befriedigen will", „Die inwohnende Sünde", ChrAp 34 (1872) 324. Zur Unterscheidung von „menschlichen Bedürfnissen" und „sündhaften Lüsten" vgl. A. Sulzberger, Glaubenslehre, 631 ff.
223 A. Sulzberger, Glaubenslehre, 635. Wenn der frühe Nast davon spricht, daß auch der gänzlich Geheiligte noch von innen heraus versucht werden könne, dann meint er damit, daß dieser „auch seine durch die Heilung völlig geordneten Triebe zu bewachen habe; denn sie können leicht ihre Schranken überschreiten und mögen auch dem Geheiligten zur Versuchung werden", „Nähere Erklärung", ChrAp 12 (1850) 51; vgl. weiter W. Nast, „Was Paulus von sich selbst sagt in Bezug auf Erlösung von der Sünde", WzH 11 (1895) 2–4.
224 Nast definiert hier folgendermaßen: „Ein Gebrechen ist eine bloße Schwachheit oder ein unvermeidlicher Mangel in unsern Leibes- oder Geisteskräften; Sünde dagegen ist eine jede bewußte und willkürliche Uebertretung des Gesetzes Gottes. Ein Gebrechen ist vereinbar mit reiner Liebe Gottes und des Nächsten, aber eine Sünde ist mit derselben unvereinbar", „Der Unterschied zwischen Sünde und Gebrechen", ChrAp 23 (1861) 33. Vgl. weiter [W. Nast], „Von der christlichen Vollkommenheit", ChrAp 1 (1839) 143; ders., „Ist Liebe und Heiligung, und wiederum völlige Liebe und völlige Heiligung eins und dasselbe? Oder ist ein Unterschied zwischen Liebe und Heiligung zu machen?", ChrAp 10 (1848) 10 f.; G. Guth, „Schriftgemäße Heiligung", ChrAp 50 (1888) 272.

te.[225] Als Folgen des Falls sind die unabsichtlich begangenen „Sünden"
vom Versöhnungsblut Christi getilgt (s. u.).[226]

Bezeichnet die negative Seite der Heiligung das *Befreit*werden vom
Wesen der Sünde, so bezeichnet die positive Seite das *Erfüllt*werden mit
der Liebe Gottes. Gänzliche Heiligung impliziert, positiv betrachtet, die
Erfüllung des biblischen Liebesgebotes, Gott von ganzem Herzen zu
lieben und seinen Nächsten wie sich selbst (Mk 12,30 f.). In dieser Liebe
realisiert sich die Vollkommenheit Gottes in seinen Kindern (Mt 5,48).[227]
Die vollkommene Liebe schließt das bis zum Tod, genauer noch: das in
alle Ewigkeit fortlaufende Wachsen des Menschen in der Gnade und ein
Reifen der Früchte des Heiligen Geistes ein.[228]

Auch die weitergehende Bestimmung dieser positiven Seite der Heiligung ließ unterschiedliche Deutungen hervortreten. So läßt sich seit
den 1870er Jahren eine sachliche Unterscheidung der Begriffe „gänzliche Heiligung" bzw. „völlige Liebe" einerseits und „christliche Vollkommenheit" bzw. „vollkommenes Mannesalter" (nach Eph 4,13) andererseits erkennen, Begriffe, die zuvor als Synonyma verwendet worden waren. So definiert C. Iwert: „Während die [gänzliche] Heiligung
sich auf die Reinheit des Herzens bezieht und die völlige Liebe auf
die beseligende Wirkung und den beglückenden Genuß dieses Gnadenstandes, so bezieht sich das vollkommene Mannesalter in Christo
auf ein Herangereiftsein in diesem Gnadenstande, so daß unser ganzer
sittlicher Charakter zu seiner christlichen Vollkommenheit gelangt
ist".[229] In Iwerts Definition werden die positive sowie die negative

---

225 Vgl. C. F. Paulus, „Was ist die Grenze zwischen einem Uebereiltwerden von der
    Sünde und dem Ebr. 10,26 bis 29 beschriebenen muthwilligen Sündigen?", ChrAp
    36 (1874) 217.
226 H. Geerdes nennt insgesamt sechs Kennzeichen des verherrlichten im Unterschied
    zum auf Erden gänzlich geheiligten Christen:
    1. Die Freiheit von Versuchungen,
    2. Das Ende aller Leiden, Trübsale und Kämpfe,
    3. Das Aufhören allen Schmerzes und aller Traurigkeit,
    4. Unfehlbarkeit und Irrtumslosigkeit,
    5. Die Unfähigkeit zu sündigen oder abzufallen,
    6. Erlösung vom gefallenen Organismus und dem Keim des Todes. Vgl. „Ueber
    Heiligung", WäSt 5 (1874) 18 f.
227 „Darum sollt ihr vollkommen sein, wie euer Vater im Himmel vollkommen ist."
228 Vgl. [W. Nast], „Wachsthum in der völligen Gnade", ChrAp 12 (1850) 47; [W.
    Nast], „Ein gefährlicher und weitverbreiteter Irrthum", ChrAp 21 (1859) 3; [W.
    Nast], „Was ist das Ziel, dessen Erreichung in diesem Leben den Gläubigen im
    Neuen Testament vorgesteckt ist?", ChrAp 34 (1872) 52; A. Sulzberger, Glaubens-
    lehre, 631; G. Simons, Lebens-Compaß für Alt und Jung, 46.
229 „Ist ein Unterschied zwischen Heiligung, völliger Liebe und dem vollkommenen
    Mannesalter in Christo?", ChrAp 40 (1878) 234. Vgl. weiter J. Zipperer, „Schließt
    völlige Liebe unbedingt den Stand des vollkommenen Mannesalters in Christo in
    sich?", WäSt 4 (1874) 51–54; A. Rodemeyer, Biblische Heiligung, 58 ff.

Seite der Heiligung zusammengefaßt und ihrerseits der christlichen
Vollkommenheit gegenübergestellt. Die Absicht ist offenbar, die
Aspekte der Reinheit und Reife stärker zu unterscheiden. Immerhin
ergibt sich hier ein wichtiger Unterschied. Die gänzliche Heiligung
als Sündenreinigung und Genuß der göttlichen Liebe kann hier auf
Erden zu ihrem Abschluß kommen, die christliche Vollkommenheit
dagegen bezeichnet einen in alle Ewigkeit fortlaufenden Reifeprozeß
des Christen.[230] Folglich ist nur erstere, nicht aber letztere die Bedingung der ewigen Seligkeit. Außerdem wird ein zeitliches Folgeverhältnis beider Aspekte notwendig. Denn, so Georg Guth, es „kann Jemand
den Segen der völligen Liebe erlangt haben und ein Kind an Erkenntniß und Erfahrung sein, aber Niemand kann zum vollkommnen Mannesalter in Christo heranschreiten, ohne völlig zu sein in der Liebe.
Völlige Liebe ist die Vorbedingung der Vollkommenheit, letztere ist
Frucht der ersteren und nicht umgekehrt".[231] So beginnt sich innerhalb
des Vollkommenheitsverständnisses eine Mehrstufigkeit abzuzeich-
nen.[232] Dabei bot die stärkere Differenzierung von Reinheit und Reife
offenbar den Vorteil, die Unterscheidung von göttlicher und menschlicher Vollkommenheit herauszuarbeiten. Denn auch der gänzlich geheiligte Christ kann niemals die absolute, weil keiner Reifung bedürf-
tige Vollkommenheit Gottes erreichen, sondern bleibt dessen, wenn
auch „vollkommenes", Geschöpf.[233]

---

230 Auch ein persönliches Bekenntnis ist nur von der gänzlichen Heiligung, nicht aber
von der christlichen Vollkommenheit, möglich; vgl. H. Schütz, „Das Wesentliche
und das Unwesentliche in der Lehre und Erfahrung der Heiligung", ChrAp 57 (1895)
419 f. Vgl. weiter J. Zipperer, „Schließt völlige Liebe unbedingt den Stand des
vollkommnen Mannesalters in Christo in sich?", WäSt 4 (1874) 51–54; A. Rodemeyer, Biblische Heiligung, 58 ff.

231 G. Guth, „Sind die Schriftausdrücke ‚völlige Liebe' und ‚Vollkommenheit' gleichbedeutend?", ChrAp 45 (1883) 281.

232 Vgl. auch die deutsche Fassung des von S. Merrill verfaßten Buches Die Christliche
Erfahrung auf den verschiedenen Stufen des Gnadenwerks, Cincinnati 1883. Merrill
unterschied nicht nur die christliche Vollkommenheit von der Heiligung, sondern
diese wiederum vom Wachstum in der Gnade. Obwohl auch Merrill grundsätzlich
Reinheit und Heiligung auf der einen Seite sowie Reife und christliche Vollkommenheit auf der anderen Seite einander zuordnet, spricht er zudem noch von einer
positiven und einer negativen Seite der Vollkommenheit, worunter er dann – im
Sinne der traditionellen Terminologie – die Reinigung von der Befleckung der Sünden
und das Erfülltwerden mit dem Heiligen Geist versteht. Die argumentative Stringenz
des Buches leidet maßgeblich unter dieser terminologischen Ambivalenz. Auf die
Unterscheidung von Wachstum in der Gnade, (gänzlicher) Heiligung und vollkommener Mannesreife rekurriert auch C. Soel, „Beachtenswerthe Winke betreffs der
biblischen Heiligungslehre", WzH 8 (1892) 57–59. Die hier genannten Differenzierungen finden sich zuerst bei John Allen Wood in seinem Buch Purity and Maturity
(1876).

233 Vor dem Aufkommen der hier genannten terminologischen Differenzierungen unterschied W. Nast zwischen „vollkommen" und „vollendet". Die vollkommene Liebe

2.11. Gänzliche Heiligung – ein „zweites Gnadenwerk"?

Die Unterscheidung von positiver und negativer Seite der Heiligung resultierte in die oft nur impliziert gestellte Frage, ob die gänzliche Heiligung schrittweise oder augenblicklich erlangt werde. Obwohl diese Frage auf der Grundlage der Schriften Wesleys und Fletchers nicht im Sinne eines „Entweder-Oder" entschieden werden mußte, nahmen die entsprechenden Überlegungen der deutschsprachigen Methodisten im 19. Jh. zwei unterschiedliche Richtungen, je nachdem, ob mehr das schrittweise oder das augenblickliche Moment der Heiligung betont wurde. Beide Ansichten sollen im folgenden dargestellt werden, wobei zu beachten ist, daß es sich hier zumeist eher um unterschiedliche Akzentsetzungen handelte, die die Gestalt einer Vielzahl an Vermittlungspositionen annehmen konnten. Zudem ist mit der Möglichkeit zu rechnen, daß sich persönliche Überzeugungen im Laufe der Jahre änderten – eine Vermutung, die im Hinblick auf Wilhelm Nast verifiziert werden kann (siehe Exkurs unten). Wenn im folgenden einzelne Autoren zitiert werden, dann soll dies in erster Linie zur Verdeutlichung der einen oder anderen Grundrichtung dienen und nicht zur „Schablonisierung" des zitierten Autors.

a) Die gänzliche Heiligung – ein notwendigerweise „zweites Gnadenwerk"

Der Betonung des augenblicklichen gegenüber dem schrittweisen Moment der Heiligung entsprach die Auffassung, bei der gänzlichen Heiligung handele es sich um ein von der Wiedergeburt unterschiedenes, zeitlich bestimmbares „zweites Gnadenwerk" bzw. um einen „zweiten Segen". Neu war nicht der Gedanke als solcher – er findet sich bereits bei Wesley und Fletcher im 18. Jh. –, sondern vielmehr die stärkere Akzentuierung und deutliche Systematisierung der Lehre vom „zweiten Segen".

Zunächst mußte es darum gehen, die Notwendigkeit einer augenblicklichen Heiligung im Sinne eines „zweiten Gnadenwerkes" herauszuarbeiten. Die Begründung ergab sich den Verfechtern dieser Überzeugung aus dem bereits erarbeiteten Unterschied von positiver und negativer Seite der Heiligung. Sie bestritten nicht, daß das Erfüllt-

---

sei nicht vollendet in dem Sinne, daß sie kein weiteres Wachstum zuließe – analog der gänzlichen Verdorbenheit des Menschen, die ebenfalls ein Absinken in noch tieferes Verderben zuläßt; vgl. „Ist Liebe und Heiligung, und wiederum völlige Liebe und völlige Heiligung eins und dasselbe? Oder ist ein Unterschied zwischen Liebe und Heiligung zu machen?", ChrAp 10 (1848) 10 f.; vgl. weiter H. Schütz, Ein Handbüchlein über das volle Heil in Christo, 5 f.

werden mit der Liebe bzw. das Wachsen in der Gnade ein Vorgang
ist, der zum einen mit der Wiedergeburt beginnt und sich zum anderen
auch im Gnadenstand der gänzlichen Heiligung fortsetzt. Das *konti-
nuierliche* Prinzip der Christus-Nachfolge wird folglich vom Erfülltwerden von der Liebe her verstanden. Was sie aber bestritten, war
die Möglichkeit, aus der Sünde „herauszuwachsen". Möglich zwar,
daß dem Augenblick, in dem die Sünde zerstört wird, ein Prozeß des
Absterbens der Sünde vorausgehe. Die Befreiung vom Wesen der Sünde selbst aber müsse ein notwendigerweise radikaler Schnitt, ein
„zweites Gnadenwerk" Gottes sein. Ist aber das Wesen der Sünde
vernichtet bzw. besiegt, dann ist die Heiligung ihrer negativen Seite
nach zum Abschluß gelangt.[234] Um so ungehinderter können nun die
Früchte des Geistes wachsen und reifen.[235]

Die Notwendigkeit eines augenblicklichen „zweiten Gnadenwerkes"
ergab sich ferner aus dem synergistischen Verständnis der Heiligungslehre. Danach ist Heiligung zunächst ein Werk Gottes und wird dem
Wiedergeborenen allein durch den Glauben zugeeignet.[236] Weil aber
Gott den wiedergeborenen Menschen dazu befähigt, die ihm angebotene heiligende Gnade anzunehmen, ist auch die Heiligung nicht ohne
die so verstandene Mitwirkung des Menschen denkbar.[237] Allerdings
werden nun die göttliche Mitwirkung auf der einen und die menschliche Mitwirkung auf der anderen Seite nicht nur in sachlicher, sondern auch in formaler Hinsicht voneinander unterschieden. Denn, so
Nast:

„Auf Seiten Gottes ist das Werk plötzlich, weil er immer bereit, immer willig,
immer vermögend ist; aber auf Seiten der Menschen muß die Vorbereitung
dafür Zeit haben und Fortschritte machen. Zum richtigen Verständnis dieser
Sache ist es deshalb nöthig, genau den Unterschied zu machen zwischen der
menschlichen und der göttlichen Seite dieses Werkes. Das menschliche, vorbereitende Werk muß immer als ein allmähliges gefaßt werden. Unsere
menschlichen Unvollkommenheiten sind Schuld daran."[238]

---

234 Vgl. [W. Nast], „Was ist das Ziel, dessen Erreichung in diesem Leben den Gläubigen
    im Neuen Testament vorgesteckt ist?", ChrAp 34 (1872) 52.
235 Vgl. W. Nast, „Ein gefährlicher und weitverbreiteter Irrthum", ChrAp 21 (1859) 2.
236 So kann Nast sagen: „Und wenn er [der Mensch] nur durch den Glauben vollkom-
    men werden kann, so kann er es auch nur aus *Gnaden* werden; woraus folgt, daß
    die christliche Vollkommenheit gänzlich das Werk Gottes, ein Gnadengeschenk ist
    und dem Menschen allen Ruhm nimmt", „Ueber christliche Vollkommenheit",
    ChrAp 11 (1849) 19; vgl. weiter W. Nast, „Wie kann die christliche Vollkommenheit
    erlangt werden?", ChrAp 10 (1848) 189.
237 Vgl. [W. Nast], „Was schließt gänzliche Heiligung in sich?", ChrAp 11 (1849) 31;
    ders., „Vom Wachsthum in der Gnade", ChrAp 13 (1851) 201.
238 „Augenblickliche Heiligung", ChrAp 43 (1881) 236; vgl. weiter [W. Nast], „Ein
    gefährlicher und weitverbreiteter Irrthum", ChrAp 21 (1859) 2 f.

Daß die gänzliche Heiligung sowohl ein augenblickliches als auch ein schrittweises Moment umfaßt, liegt daher im gegensätzlichen Wesen Gottes und des Menschen begründet. Die gänzliche Heiligung als Werk Gottes, durch den Glauben, zu erwarten heißt, sie jederzeit und damit augenblicklich, gerade jetzt, zu erwarten. Die Alternative zu dieser Erwartung wäre der Versuch des „Besserwerdens" als einer Form der Selbsterlösung.[239] Gleichwohl geht dem augenblicklichen Eingreifen Gottes ein vorbereitendes Tun des Menschen voraus. Dieses Tun des Menschen war im Zusammenhang von Rechtfertigung und Wiedergeburt mit den Begriffen Buße und Glauben bzw. als die Bekehrung bezeichnet worden. Analoge Bestimmungen sollten auch für die augenblickliche Heiligung als „zweites Gnadenwerk" gelten. Der zu Rechtfertigung und Wiedergeburt führenden Bekehrung entspricht die „erneute Hingabe" bzw. „höhere Weihe".[240] Diese zweite Hingabe an Gott unterscheidet sich in zwei wesentlichen Bestimmungen von der ersten Buße. Zum einen bezieht sich die erste Buße v. a. auf die Sündenschuld, die erneute Hingabe dagegen erfolgt mit Blick auf die Sündenbefleckung. Zum anderen ist die erste Buße von Schuldbewußtsein und Verzweiflung bestimmt, die zweite dagegen von Traurigkeit und Vertrauen auf Gott.[241] Sie ist also eine Form der evangelischen, nicht der gesetzlichen Buße. Im Sinne des methodistischen Heilssynergismus gilt auch hier, daß die zweite Hingabe wie schon die Buße das Werk des Menschen ist, „da Gott, obwohl er beides in uns wirkt, es doch nicht ohne unser Mitwirken thut, aber die Vergebung der Sünde und die Reinigung der Seele von aller Sünde, ist ein Werk, das wir gänzlich unfähig sind zu thun, das Gott allein thun kann".[242] Vermittelnde Ursache auch der Heiligung ist somit der Glaube, ihre einzige verdienstliche Ursache Christus.

Insbesondere der Einfluß Phoebe Palmers führte auch in Teilen des deutschsprachigen Methodismus zu einer manchmal einseitigen Betonung der augenblicklichen gegenüber der schrittweisen Heiligung. Gegenüber dem Wesley zufolge notwendigen Ausstrecken nach gänzli-

239 [W. Nast], „Ohne Heiligung wird Niemand den Herrn schauen", ChrAp 37 (1875) 76. Vgl. weiter [W. Nast], „Wie und wann ist das dem Gläubigen vorgesteckte Ziel zu erreichen?", ChrAp 34 (1872) 765; K., „Heiligung durch den Glauben", ChrAp 39 (1877) 116.

240 Vgl. [W. Nast], „Was muß der Erlangung der völligen Reinigung des Herzens vorangehen?", ChrAp 34 (1872) 84; vgl. weiter [W. Nast], „Dem Herrn geweiht", ChrAp 39 (1877) 180.

241 Vgl. [W. Nast], „Wie kann die christliche Vollkommenheit erlangt werden?", ChrAp 10 (1848) 189.

242 [W. Nast], „Was muß der Erlangung der völligen Reinigung des Herzens vorangehen?", ChrAp 34 (1872) 84.

cher Heiligung wurde hier Palmers „kürzerer Weg" propagiert.[243] Ihr theologischer Einfluß zeigt sich insbesondere an zwei Punkten. Zum einen wirkte sie im Sinne der Überzeugung, daß die gänzliche Heiligung allein durch den Glauben und daher auch *ohne* das innere Zeugnis des Geistes erlangt werden müsse, eine Auffassung, die ab 1872 auch Wilhelm Nast verteidigte.[244] Zum anderen popularisierte Palmer die Auffassung, daß ein Bekenntnis zur gänzlichen Heiligung notwendige Bedingung dafür sei, diesen höheren Gnadenstand bewahren zu können.[245] Nast verteidigte diese These nicht nur exegetisch – mit Bezug auf Röm 10,10[246] –, sondern auch kirchengeschichtlich, theologisch und praktisch.[247] Allerdings mußte das Fehlen eines Bekenntnisses der gänzlichen Heiligung von Wesley in diesem Zusammenhang ein ernsthaftes Problem bleiben.[248]

---

243 Vgl. „Der heilige Weg (Jes 35,8). Gibt es keinen kürzeren Weg?", ChrAp 12 (1850) 12.16.20.24.25.29 f. 33.40.41.

244 „Nach der Schrift kommt der Glaube zuerst, dann der Segen und zuletzt das Zeugniß oder der Beweis. Diese Ordnung kehren Manche um, indem sie das Zeugniß vor dem Glauben haben wollen. Man verwechselt den Glauben und das Gefühl mit einander", „Was ist der Akt des Glaubens, der nöthig ist, um zu erfahren, daß das Blut Christi rein macht von aller Sünde?", ChrAp 34 (1872) 92; vgl. weiter H. Schütz, „Das Wesentliche und das Unwesentliche in der Lehre und Erfahrung der Heiligung", ChrAp 57 (1895) 402 f.

245 Ausdrücklich weist H. Schütz darauf hin, „daß es eine große *Sünde*, eine sehr sträfliche *Undankbarkeit*, ja eine sehr gefährliche *Unredlichkeit* ist, nicht zu bezeugen, daß Jesus unser Herz mit seinem Heil erfüllt hat, wenn *es in der That geschehen ist*", Ein Handbüchlein über das volle Heil in Christo, 58; vgl. weiter ders., „Wie weit geht die Verbindlichkeit, völlige Liebe zu bekennen?", ChrAp 37 (1875) 17. Von der Pflicht zum Bekenntnis spricht auch G. A. Breunig, Von Rom nach Zion, 183.

246 „Denn wenn man von Herzen glaubt, so wird man gerecht; und wenn man mit dem Munde bekennt, so wird man gerettet."

247 Vgl. „Das Bekenntniß schriftmäßiger Heiligkeit", ChrAp 36 (1874) 188. Vgl. weiter W. N[ast], „Die Pflicht und der Segen persönlichen Bekenntnisses von empfangener Gnade", ChrAp 44 (1882) 372; [ders.], „Der praktische Einfluß von der Lehre der christlichen Vollkommenheit", ChrAp 34 (1872) 124. Hier weist Nast darauf hin, daß der Mißbrauch einer Sache, des Bekenntnisses zur Heiligung, deren rechten Gebrauch nicht aufhebe.

248 1868, zu einer Zeit, als W. Nast die allmähliche gegenüber der augenblicklichen Seite der Heiligung hervorhob, mutmaßte er, daß Wesley ein Beispiel für das allmähliche Erlangen der gänzlichen Heiligung gewesen sei, und sagt dann: „Haben wir nicht darin die Erklärung zu finden, warum Johannes Wesley, obschon er so viel über die auf die Wiedergeburt folgende gänzliche Heiligung geschrieben hat, doch nichts darüber sagt, wann und wie er *selbst* dieselbe erlangt hat, und warum er bei der Beschreibung christlicher Vollkommenheit in seinen Predigten und in seinem ‚Plain Account' sie mit denselben Schriftstellen beweist, welche er in seiner Predigt von der Wiedergeburt auf dieses Gnadenwerk anwendet?", „In wiefern und warum ist die in der Wiedergeburt beginnende Heiligung noch unvollkommen?", ChrAp 29 (1868) 52. Nach 1872 vertrat er dann entschieden die Auffassung, Wesley habe durchaus öffentlich bekannt, die von ihm gepredigte gänzliche Heiligung persönlich zu besitzen. Er nennt fünf Argumente: 1) Wenn kein schriftliches Bekenntnis

Mit der stärkeren Betonung der augenblicklichen gegenüber der schrittweisen Heiligung ging eine deutlichere Akzentuierung der Notwendigkeit und des Vorrechts eines „höheren" Gnadenstandes einher. Die „grund-legende" Bedeutung der Rechtfertigung wurde freilich nicht bestritten, insofern als sie von fundamentaler Bedeutung für das „höhere" christliche Leben ist. In diesem Sinne formulierte Emil Uhl: „Die Rechtfertigung ist der unbedingt nothwendige große Wendepunkt im Leben, aber auch nur der erste Schritt und Anfang des göttlichen Lebens".[249] In der logischen Konsequenz mußte sich der Eindruck ergeben, daß der Gnadenstand des Wiedergeborenen lediglich die Vorstufe zu dem ist, was das Leben aus Gott seiner eigentlichen Bedeutung nach meint: nämlich das „höhere" Leben der christlichen Vollkommenheit.[250] Insofern als die völlige Erneuerung in das Ebenbild Gottes erst mit der gänzlichen Heiligung geschieht, wird dieses zweite Gnadenwerk zu einem zweiten bzw. höheren „Wendepunkt" im Leben des Christen.[251] Zu den maßgeblichen Vertretern einer tendenziell stärkeren Akzentuierung der gänzlichen Heiligung als „zweites Gnadenwerk" gehörten (v. a. nach 1872) Wilhelm Nast sowie Hermann Grentzenberg, der Herausgeber des 1885 begründeten *Wegweisers zur Heiligung.* Beide waren einerseits leidenschaftlich der Heiligungsbewegung verbunden, bemühten sich jedoch andererseits, den theologischen Sachzusammen-

---

Wesleys überliefert ist, sei damit nicht ausgeschlossen, daß er sein Bekenntnis mündlich abgelegt habe. 2) Habe er auch mündlich kein Bekenntnis gänzlicher Heiligung abgelegt, dann sei unerklärlich, wie andere von ihm die Ermahnung annehmen konnten, zur Vollkommenheit zu fahren. 3) Es sei undenkbar, daß Wesley in anderen diese Erfahrung wecken wollte und sie erwartete, ohne ihrer selbst teilhaftig geworden zu sein. 4) Nach Nasts Überzeugung gibt es einen schriftlichen positiven Beweis für Wesleys Erfahrung gänzlicher Heiligung. Er zitiert einen entsprechenden, jedoch im Hinblick auf Wesleys persönliche Erfahrung sehr vage formulierenden Brief aus dem Jahr 1771. 5) Andere Äußerungen Wesleys stünden zu diesem Bekenntnis nicht im Widerspruch. Für Nast galt es damit als erwiesen, daß Wesley selbst im Stand völliger Liebe gelebt hatte; vgl. „Selbst der apostolische Wesley hat nicht bekannt, im Besitz christlicher Vollkommenheit zu sein", ChrAp 36 (1874) 196; vgl. weiter H. Grentzenberg, „Hat John Wesley jemals die Heiligung bekannt?", WzH 4 (1888) 68 f.

249 „Was ist die Heiligung und wie unterscheidet sich dieselbe von der Rechtfertigung?", WzH 1 (1885) 228.

250 In diese Richtung bewegt sich Nast, wenn er den „großen Unterschied" hervorhebt, der bestehe „[z]wischen der Gemeinschaft mit Christo, wie sie jeder wahre Christ erfährt, und dem bewußten, bleibenden Inwohnen Christi", „Das Inwohnen Christi. Eph 3,14–21", WzH 9 (1883) 2. Als exegetisch bemerkenswert erscheint in diesem Zusammenhang auch, daß Nast in diesem Zusammenhang sogar Röm 7 auf die Erfahrung des Wiedergeborenen bezieht, offenbar um den Kontrast zum Stand des gänzlich Geheiligten stärker herausstellen zu können; vgl. „Reinigung von der Sünde durch den Tod", ChrAp 34 (1872) 316 sowie „Die inwohnende Sünde", ChrAp 34 (1872) 324.

251 Vgl. H. Grentzenberg, „Christliche Vollkommenheit", ChrAp 41 (1879) 162. 170.

hang von schrittweiser und augenblicklicher Heiligung sowie von Rechtfertigung und Heiligung nicht zerbrechen zu lassen. So heißt es bei Nast im Hinblick auf die fundamentale Bedeutung der Rechtfertigung für die Heiligung:

„Der Werth des Fundaments wird nicht dadurch herabgesetzt, daß man den darauf errichteten Bau höher schätzt. Gerade so verhält es sich mit Rechtfertigung und gänzlicher Heiligung. Es setzt die Rechtfertigung nicht herab, daß die Heiligung in der christlichen Erfahrung einen Platz einnimmt, den Gott nie für die Rechtfertigung bestimmte. Die Rechtfertigung ist der Heiligung gegenüber gerade das, was das Fundament dem darauf errichteten Bau gegenüber, was das Alphabet dem Lesen gegenüber ist."[252]

Der Unterschied zwischen dem Gnadenstand des wiedergeborenen und dem des gänzlich geheiligten Christen liegt Nast zufolge nicht in der *Natur*, sondern allein im *Grad* der Sache.[253] Besitzt der Wiedergeborene die Früchte des Geistes in „unvollkommenem" Maße,[254] so besitzt der gänzlich Geheiligte sie in vollkommener, d. h. in beständiger und gewisser Weise.[255] Auch das Liebesgebot Jesu kann er in vollkommener Weise erfüllen. Wenn obiges Zitat – entgegen der Intention Nasts – im Sinne einer Abwertung der Rechtfertigung interpretiert werden kann, so legt Nast doch gegenüber bestimmten Tendenzen innerhalb der Heiligungsbewegung Wert auf die Feststellung, daß das Anrecht auf die ewige Seligkeit mit der Rechtfertigung, nicht erst mit der gänzlichen Heiligung erworben wird. Auf Grund von Röm 8,17 (vgl. Gal 4,7) war für ihn klar, daß auch der noch nicht gänzlich geheiligte Christ, sofern er ein Leben der zunehmenden Heiligung führt, also Christus nachfolgt, der Seligkeit versichert ist: „Sind wir aber Kinder, so sind wir auch Erben, nämlich Gottes Erben und Miterben Christi".[256] Stirbt der Christ, bevor er den Stand der völligen

---

252 „Zur näheren Erklärung", ChrAp 34 (1872) 20.
253 Vgl. „Was lehrt die Bibel über Heiligung?", ChrAp 37 (1875) 268.
254 Vgl. [W. Nast], „Zweifache Bedeutung des Wortes ‚vollkommen'", ChrAp 11 (1849) 23.
255 H. Schütz faßt die Merkmale des höheren Gnadenstandes von gänzlich geheiligten Christen in den folgenden sechs Punkten zusammen:
    1) „Ihr Leben in und mit Gott ist inniger, als es sein würde ohne diese Erfahrung.
    2) Im Kampf gegen das Böse haben sie einen großen Vortheil.
    3) Sie überwinden leichter und öfter, als sie es früher konnten.
    4) Sie kommen leichter als früher wieder zurecht.
    5) Sie gehen von einer Klarheit zur anderen.
    6) Sie haben die völlige und tägliche Weihe durch Erfahrung und Uebung gelernt",
    vgl. „Das Wesentliche und das Unwesentliche in der Lehre und Erfahrung der Heiligung", ChrAp 57 (1895) 387 f.
256 Vgl. „Zweifache Bedeutung des Wortes ‚vollkommen'", ChrAp 11 (1849) 23; vgl. weiter [W. Nast], „Ohne Heiligung wird Niemand den Herrn schauen", ChrAp 37 (1875) 76; A. Rodemeyer, Biblische Heiligung, 106.

Liebe erlangt hat, so befähigt ihn Gott – gleich den unmündigen Kindern! – auf eine uns unbekannte Weise zum Eingang in die Herrlichkeit.[257] Auch Hermann Grentzenberg sah es als Herausgeber des *Wegweisers zur Heiligung* einerseits als seinen besonderen Auftrag an, die augenblickliche Seite der gänzlichen Heiligung und damit die konkrete Erfahrung eines zweiten Segens zu verkündigen,[258] er akzeptierte aber andererseits – v. a. in seinen späteren Lebensjahren – die Tatsache, daß Gott manche Christen auch auf andere Weise heilige,[259] und veröffentlichte gelegentlich sogar Aufsätze einseitig gradualistisch argumentierender Theologen.[260]

Die Überzeugung eines grundsätzlich notwendigen „zweiten Gnadenwerkes" schloß die Einsicht in die Vielgestalt der Gott möglichen Wege mit dem Menschen also nicht prinzipiell aus. Die gleichwohl behauptete grundsätzliche Bedeutung des „zweiten Gnadenwerkes" ergab sich für die Theologen um Nast und Grentzenberg einerseits aus der i. E. wahrnehmbaren Unbeständigkeit eines im Stand der Rechtfertigung verharrenden Christen, andererseits aus den vor diesem Hintergrund gedeuteten neutestamentlichen Imperativen.[261] Allerdings schien eine eindeutige Unterscheidung des „höheren" vom „niederen" Gnadenstand weder empirisch noch biblisch-theologisch ohne

---

257 Vgl. [W. Nast], „Acht Fragen beantwortet", ChrAp 37 (1875) 116; vgl. weiter [W. Nast], „Was lehrt die Bibel über Heiligung?", ChrAp 37 (1875) 268. Eine Kontroverse zu dieser und damit zusammenhängenden Fragen gab es im Christlichen Apologeten des Jahres 1857. Vgl. weiter Ein alter Methodist, „Acht Fragen, nebst der Ansicht eines alten Methodisten über das Verhältniß zwischen Wiedergeburt und völliger Heiligung", ChrAp 19 (1857) 129; F. Kopp, „Ueber das Wesen und den Zusammenhang der Wiedergeburt und Heiligung", ChrAp 19 (1857) 137; G. L. Mulfinger, „Antwort auf Br. F. Kopp's Artikel", ChrAp 19 (1857) 149 f.; G. L. Mulfinger, „Die Sterbegnade wiederum", ChrAp 19 (1857) 157 f. 161 f.
258 Vgl. „Ist die Heiligung ein zweites Werk?", WzH 3 (1887) 186. In gleichem Sinne bemerkt Grentzenberg einige Jahre später, daß der Wegweiser zur Heiligung „stets die Erlösung von aller Sünde stärker hervorgehoben [hat] als die Reife des christlichen Charakters ... Indessen dürfen wir die beiden Seiten nicht von einander trennen", „Christliche Vollkommenheit", WzH 7 (1891) 163.
259 „Wie es wahre Kinder Gottes giebt, die nicht im Stande sind, auf irgendeine Stunde oder einen Ort hinzuweisen als Ort und Stunde ihrer Wiedergeburt, so giebt es auch geheiligte Kinder Gottes, deren Erfahrung der gänzlichen Heiligung sich nicht auf einen Ort oder eine Stunde zurückführen läßt. Die so wiedergeborenen oder geheiligten Gotteskinder wissen aber zur Stunde, durch den Geist Gottes, was ihnen von Gott gegeben ist", „Ist die Heiligung ein zweites Werk?", WzH 3 (1887) 186.
260 Vgl. E. Hug, „Wiedergeburt und Heiligung und ihr gegenseitiges Verhältniß?", WzH 8 (1892) 266–271.
261 Vgl. z. B. W. Nast, „Hebr. 6,1", ChrAp 11 (1849) 27; vgl. weiter P. Kuhl, „1 Thess. 5,23", ChrAp 20 (1858) 81. 85. 89; H. Köneke, „1 Joh. 3,9", ChrAp 21 (1859) 69; A. Löbenstein, „1 Thess. 5,23", ChrAp 38 (1876) 169. 177 [siehe auch WzH 1 (1885) 157 f. 181 ff.]; G. Götz, „1 Joh. 3,9", Evst 29 (1878) 161 f.

weiteres möglich.[262] So konnte es geschehen, daß der Stand des Wiedergeborenen in einem evangelistischen Kontext teilweise mit den gleichen Bibelstellen beschrieben wurde, die in einem anderen Zusammenhang auf den Stand der christlichen Vollkommenheit bezogen
wurden. Insgesamt ist festzuhalten, daß insbesondere Wilhelm Nast
in dem der Heiligungsbewegung nahestehenden Flügel des deutschsprachigen Methodismus einer scharfen Unterscheidung von wiedergeborenen und gänzlich geheiligten Christen entgegenwirkte und in
diesem Sinne einen mäßigenden Einfluß geltend machte.

b) Die gänzliche Heiligung – kein notwendigerweise „zweites Gnaden-werk"

Auf der anderen Seite des Meinungsspektrums wurde der gradualistische Aspekt der Heiligung hervorgehoben. Daraus ergaben sich unmittelbar zwei Konsequenzen. Erstens erhielt die Rechtfertigung ein
stärkeres Gewicht. Sie wird nicht nur als der Heiligung gegenüber
„grund-legend" bezeichnet, darüber hinaus wird ihr fundamentaler
Charakter im Gesamtzusammenhang der Heilsordnung stärker gewichtet.[263] Dadurch verliert sich zweitens das Interesse an einem de-
taillierten Schema für den Vorgang des Erlangens der gänzlichen Heiligung. Demgegenüber wird die Variabilität individueller menschlicher
Erfahrungsweisen stärker wahrgenommen. An der Notwendigkeit einer auf die Wiedergeburt folgenden fortschreitenden Heiligung mit
dem Ziel und der Verheißung christlicher Vollkommenheit bestand
auch hier gleichwohl kein Zweifel. So wäre die Wiedergeburt nach E.

---

262 Nach Emil Uhl ist dann der Unterschied zwischen dem höheren und dem niederen
Gnadenstand auch nicht so sehr im praktischen Leben, sondern v. a. im inneren
Bewußtsein manifest. „Nach Außen, im praktischen Leben, muß es sich am deut-
lichsten kund geben denen, die uns am nächsten stehen und am besten mit uns
bekannt sind; unserer eigenen Familie, unsern Nächsten, mit welchen wir im tägli-
chen Wandel im Kaufen und Verkaufen Umgang haben", „Wie unterscheidet sich
der Gnadenstand des Geheiligten von dem des Gerechtfertigten und worin zeigt sich
der Unterschied im Leben?", WzH 3 (1887) 222.
263 „Wir brauchen Heiligung, mehr Heiligung in der Kirche; aber hüten wir uns, auf
Kosten derselben den Grund der Wiedergeburt herabzusetzen, zu verdunkeln, in
den Hintergrund zu drängen, sondern halten wir daran fest, daß wir durch die
Kraft des heiligen Geistes, in der Wiedergeburt, befreit werden von der Gewalt der
Sünde und des Satans, geheiligt werden zum Dienste Gottes, angenommen, und
zwar völlig als Kinder Gottes, und daß man solche wiedergeborene Personen, ob
Kindlein, Kinder, Jünglinge etc. – Geheiligte (obgleich noch nicht völlig geheiligt)
in Christo Jesu nennt", F. Fischer, „Völlige Hin- oder Uebergabe an Gott, und –
völlige Heiligung, ist es dasselbe, sind beide Begriffe identisch?", ChrAp 34 (1872)
185. Die gleiche Grundrichtung vertritt Friedrich Kopp in seinem Buch Das verborgene Leben mit Christo in Gott; vgl. ferner A. Rodemeyer, Biblische Heiligung, 90 f.

Hug ohne fortschreitende Heiligung „wie ein unvollendeter Bau, der bald zur Ruine wird. Der Mangel an Heiligung würde den Wiedergebornen dem geistlichen Bankerott überantworten".[264] Beständiges Wachsen in der Liebe und den Früchten des Heiligen Geistes sind daher unbedingt notwendig, um in den Genuß der ewigen Seligkeit zu gelangen.

Der Protest richtete sich hier in erster Linie gegen die Schematisierung des Heiligungsvorgangs in der Heiligungsbewegung. Allerdings wurden auch positive Argumente für die eigene Schwerpunktsetzung vorgebracht. So vollzieht sich nach Ferdinand Fischer die Wirksamkeit der göttlichen Gnade dergestalt, daß diese „analog dem Begriffsvermögen des menschlichen Geistes, ihn allmählig, stufenweise, vom Niederen zum Höheren" hinaufführt.[265] Der schrittweise Charakter der Heiligung entspricht damit der Konstitution des Menschen, mithin seinem begrenzten Erkenntnisvermögen. Fischer verweist ferner darauf, daß sämtliche die Heiligung betreffenden Bibelstellen „für eine *allmählige* Reinigung von Sünden" sprächen. Und Franz Nagler gibt zu bedenken, daß auch Wesley diesen exegetischen Befund anerkannt habe.[266] Der Weg zum Ziel der christlichen Vollkommenheit wird daher bestimmt als „ein beständiges Wachsthum in der *,Gnade und Erkenntniß'* ".[267] Nach E. Hug beruht die Vorstellung eines „zweiten Gnadenwerkes" auf einem subjektiven Mißverständnis: „Was sie zweites Werk nennen, ist im Grunde nur Fortsetzung des ununterbrochenen ersten, das sich stufenweise weiter entwickeln wollte, aber durch Unkenntnis oder Untreue zeitweilig aufgehalten wurde, oder es ist eine höhere Stufe des einen königlichen Weges".[268] Als

---

264 „Wiedergeburt und Heiligung und ihr gegenseitiges Verhältnis", WäSt 21 (1891) 103.

265 „Plötzlich oder – stufenweise, allmählig?", ChrAp 34 (1872) 161. 169.

266 Er zitiert Wesley mit den Worten: „In der ganzen heiligen Schrift ist kein einziges Wort, kein Vers zu finden, der die Plötzlichkeit der Heiligung beweist", Geistliche Erweckungen, 121 Anm. Nagler bezieht sich damit auf Aussprüche Wesleys wie den folgenden: „But it may be inquired, In what manner does God work this entire, this universal change in the soul of the believer? ... Scriptures are silent upon this subject; because the point is not determined – at least, not in express terms – in any part of the oracles of God", The Works of John Wesley, Bd. 3, Nashville 1986, 176. 177 (Predigt 83 „On Patience", § 11).

267 Indiana, „Ueber das Erlangen der völligen Liebe", ChrAp 30 (1868) 273. Und G. Götz sagt: Wenn der Wiedergeborene in Christus bleibt, „so ist *derjenige geheiligt und bleibt geheiligt, so lange er in Christo bleibt;* und darf die Heiligung nicht als einen zweiten Act der Gnade suchen, sondern fortfahren in der Heiligung zum vollkommenen Mannesalter in Christo", „1 Joh. 3,9", Evst 29 (1878) 162.

268 Zum Begriff der Heiligung sagt E. Hug: „Wie der Erziehung die Momente der *Entwicklung des gegebenen Guten, die Ueberwindung des vorhandenen Bösen und die Bewahrung vor umgebendem Uebel* eigen sind, so auch dem Werk der Heiligung", „Wiedergeburt und Heiligung und ihr gegenseitiges Verhältnis", WäSt 21 (1891) 99.

grundlegende Differenz gegenüber den Verfechtern eines notwendigerweise „zweiten Gnadenwerkes" erweist sich damit nicht die Vorstellung eines allmählichen Wachsens in der Liebe und den Früchten
des Heiligen Geistes, sondern vielmehr die These, daß es auch eine
allmähliche „Ueberwindung des vorhandenen Bösen" gebe, daß die
Besiegung des Wesens der Sünde nicht eines notwendigerweise augenblicklichen Eingreifens der göttlichen Gnade bedürfe.

Alle weiteren Differenzen resultieren aus dieser These. So wird im
Hinblick auf das Zeugnis des Heiligen Geistes ein Zeugnis von der
gänzlichen Heiligung zwar nicht grundsätzlich ausgeschlossen, doch
wird die wesensmäßige Einheit des Zeugnisses von der Rechtfertigung
und von der gänzlichen Heiligung stärker betont.[269] Eine grundsätzliche Ablehnung eines zweiten Geistzeugnisses findet sich lediglich bei
Engelhardt Riemenschneider. Er machte geltend, daß zwar die Rechtfertigung des Sünders und seine Annahme als Gotteskind eines göttlichen Zeugnisses bedürften, da dieses Geschehen sich außerhalb des
Menschen, in Gott, vollziehe. Dagegen sei die gänzliche Heiligung
„kein Akt, der allein in Gott vorgeht, sondern ein Werk, welches
durch den heiligen Geist im Herzen gewirkt wird". Daher, so Riemenschneider weiter, „wäre es befremdend, wenn wir derselben nicht
ohne ein direktes Zeugniß uns bewußt wären. Ein solches Werk redet
für sich selbst".[270] Insgesamt zeigt sich in dieser Gruppe schließlich
eine deutliche Zurückhaltung gegenüber dem Bekenntnis der Heiligung, das keinesfalls als notwendige Grundbedingung dafür gesehen
wird, die Heiligung auch bewahren zu können. Zumindest sollte das
Zeugnis und die Früchte des Heiligen Geistes dem Bekenntnis der
gänzlichen Heiligung vorausgehen.[271]

---

269 So auch Nast bis 1871; vgl. „Heiligung", ChrAp 28 (1866) 292. Vgl. weiter F. L.
Nagler, Geistliche Erweckungen, 123.

270 „Das Zeugniß des heiligen Geistes im Stande der Rechtfertigung und im Stande der
Heiligung", HaHe 6 (1878) 26. Daß Riemenschneider gleichwohl den Gnadenstand
der völligen Liebe als „beständiges Vorrecht" eines jeden Christen ansah, belegt sein
nahezu zeitgleich erschienener Aufsatz „Anfang und Fortschritt im christlichen Leben", HaHe 6 (1878) 185–188. Weniger begründet findet sich die Ablehnung der
Notwendigkeit eines zweiten Geist-Zeugnisses bereits bei C. H. Schmidt, „Ueber das
Zeugniß von der völligen Liebe", ChrAp 30 (1868) 121.

271 Vgl. „Heiligung", Evst 18 (1867) 100; W. Schwind, „Praktische Heiligkeit", ChrAp
35 (1873) 161; L. Nippert, Leitfaden, 111; F. Kopp, Das verborgene Leben mit
Christo in Gott, 116.

2.12. Gänzliche Heiligung und die Taufe mit dem Heiligen Geist

Seit den 1870er Jahren zeigte sich insbesondere bei Wilhelm Nast[272] das Bemühen, den Vorgang der gänzlichen Heiligung theologisch stärker mit dem Gedanken der Geistausgießung (nach Apg 2) zu verbinden. Dieser Ansatz barg grundsätzliche Konsequenzen für das Verständnis der Wiedergeburt. So vertritt Nast in einem Aufsatz aus dem Jahr 1872 die Auffassung, daß dem Gläubigen in der Wiedergeburt lediglich ein „Vorgeschmack" des Heiligen Geistes zuteil wird. Der Wiedergeborene tritt erst in den Gnadenstand ein, um dann – in der gänzlichen Heiligung – die Fülle des Heiligen Geistes zu empfangen. Der Grund für diese Abfolge ist nach Nasts Überzeugung, daß der Gläubige zur Zeit seiner Bekehrung „noch nicht im Stande wäre, diesen Segen recht zu würdigen, noch geschickt, ihn fest zu halten".[273] Zugleich aber erhält der Wiedergeborene die Verheißung einer noch kommenden Geistausgießung, die Nast in der Pfingstgeschichte vorgebildet sieht und als „Versiegelung" bezeichnet. Diese Versiegelung bezeichnet die bleibende „persönliche Inwohnung des heil. Geistes mit seiner ganzen Kraft und Fülle". Verbunden mit dieser Taufe des Heiligen Geistes ist das Geschenk der völligen Liebe. Seine Auslegung der Pfingstgeschichte untermauert Nast mit einem Zitat aus Langes Kommentarwerk, in dem es heißt: „Das Spezifische der Pfingstgabe, gegenüber anderen Mittheilungen des heiligen Geistes, ist *die Fülle des Geistes*, mit dem ganzen Reichthum seiner Kräfte und Gaben, sodann die *bleibende Vereinigung* des heiligen Geistes mit den menschlichen Persönlichkeiten und mit der Menschheit im Ganzen".[274] Diese Definition schließt sowohl das Moment der Kontinuität wie das der Diskontinuität ein. Denn der in der gänzlichen Heiligung in ganzer Fülle empfangene Geist ist kein anderer als der bei der Wiedergeburt empfangene. Auch wird in der Wiedergeburt keine Gemeinschaft mit einem anderen Herrn hergestellt als in der gänzlichen Heiligung. Und doch markiert die Taufe des Heiligen Geistes den Übergang in ein Stadium vollmächtigen, sieghaften Glaubens sowie die Ablösung einer unbeständigen durch eine bleibende Vereinigung mit Christus.

---

272 Vgl. aber auch „Die Geisttaufe", Evst 29 (1878) 179 f.; „Die Pfingstausrüstung", ChrAp 59 (1897) 344.

273 „Die Gabe oder Taufe des heil. Geistes", ChrAp 34 (1872) 4.

274 „Zur näheren Erklärung", ChrAp 34 (1872) 28 (Hervorhebungen bei Nast). An anderer Stelle sagt W. Nast: „wir haben nie die Wiedergeburt so hoch erhoben, daß der Gläubige keiner besonderen Taufe des heil. Geistes bedürfe, um von aller Sünde gereinigt zu werden", „Editorielle Notizen", ChrAp 34 (1872) 68.

Bereits in Nasts Äußerungen der 1870er Jahre zeichnet sich die
Weiterentwicklung dieses Zwei- zu einem Drei-Stufen-Schema ab. Die
gänzliche Heiligung wird nun v. a. mit dem Gedanken der Reinigung
von der Sünde, die bislang noch damit verknüpfte Geisttaufe bzw.
„Versiegelung" mit dem Begriff der Kraft und Vollmacht des Geistes
in Verbindung gebracht. Endgültig treten beide Momente bei Nast in
den achtziger Jahren auseinander. Die Geisttaufe als ein auf die christliche Vollkommenheit folgendes Werk erhält ein eigenständiges theologisches Gewicht, indem sie als „Ausrüstung" für eine bestimmte
Aufgabe im Reich Gottes verstanden wird. Nast meint insbesondere
in der Apg erkennen zu können, daß Gott zu je bestimmten Arbeiten
durch eine besondere Mitteilung des Heiligen Geistes befähigt und
durch diese Geistmitteilung eine auch von anderen wahrnehmbare
Veränderung bewirkt.[275] Als primäre Wirkung der Geistmitteilung erscheint mehr und mehr die Vollmacht zum Dienst im Reich Gottes.
Zugleich wird in wachsendem Maße deutlich, daß Nast die Bedingungen für den Empfang der Geisttaufe in vollständiger Analogie zu
den Voraussetzungen der gänzlichen Heiligung beschreibt.[276] Bedingung der Geisttaufe ist ein Verlangen nach ihr, die Überzeugung, daß
dieses besondere Gnadenwerk zu erlangen ist, sowie eine erneute
völlige Hingabe an Christus. Nasts Verständnis der Geisttaufe als
Ausrüstung für den Dienst scheint über Phoebe Palmer und Dwight
Moody (1837–1899) letztlich von Charles Finney beeinflußt gewesen
zu sein.[277] In der Synthese mit dem eigenen methodistischen Vollkom-
menheitsverständnis nahm der Gedanke von der Geisttaufe als einem
auf Wiedergeburt und gänzliche Heiligung folgenden „dritten Gnadenwerk" zum Ende von Nasts Leben hin immer klarer die Konturen
des späteren pfingstlerischen Drei-Stufen-Schemas an. Nasts Überlegungen trafen innerhalb des deutschsprachigen Methodismus sowohl
auf Zustimmung[278] als auch auf Kritik.[279]

---

275 Vgl. „Die Taufe des Heiligen Geistes", ChrAp 42 (1880) 20; vgl. weiter [W. Nast],
   „Die Nothwendigkeit einer neuen Geisttaufe", ChrAp 44 (1882) 164.
276 Vgl. „Bedingungen einer Geisttaufe", ChrAp 42 (1880) 36.
277 Zu Finneys und Moodys Lehre von der Geisttaufe vgl. L. Schmieder, Geisttaufe,
   180–186. 224–233.
278 Vgl. W. Fotsch, „Die Taufe des heiligen Geistes, das Bedürfniß unserer Zeit", WzH
   10 (1894) 107–109.
279 Vgl. F. W. Schneider, „Die Gabe des heiligen Geistes ist immer ein zweiter Segen",
   ChrAp 57 (1895) 769 f. 786 f. Schneider, der die in der Überschrift genannte These
   ablehnt, bezieht sich auf einen im Christian Standard erschienenen Artikel.

2.13. Gänzliche Heiligung und das Versöhnungswerk Christi

Mit keinem Vorwurf hatte sich die methodistische Heilslehre stärker auseinanderzusetzen als mit dem Vorwurf, sie lehre eine „sündlose" Vollkommenheit. Dieser Einwurf konnte sachgerecht an der Tatsache anknüpfen, daß die Heilsordnung nach methodistischem Verständnis den Weg der vollständigen Erlösung von der Schuld, der Macht und dem Wesen der Sünde nachzeichnete. Am irdischen Ende dieses Weges steht die christliche Vollkommenheit, verstanden, wie wir sahen, als vollständiger Sieg über die Sünde und Erfülltsein mit der Liebe zu Gott und den Menschen. Vor diesem Hintergrund bemühten sich die methodistischen Theologen aufzuzeigen, daß „christliche" bzw. „evangelische" Vollkommenheit gerade keine „sündlose" Vollkommenheit sei und daß daher auch der vollkommen geheiligte Christ auf das durch Jesus Christus erworbene Verdienst angewiesen sei.

Für das Verständnis der methodistischen Argumentationsweise ist es notwendig, sich noch einmal die bereits erwähnte zweifache Bedeutung des Sündenbegriffs, nämlich dessen engere und weitere Bedeutung, zu vergegenwärtigen. Der Begriff im engeren Sinne gibt der Sünde ihren positiven Gehalt: sie ist willentliche Übertretung eines bekannten Gesetzes, im Kern des Doppelgebots der Liebe. Im weiteren Sinne ist Sünde ein Mangelbegriff, d. h. er beschreibt negativ das immerwährende Zurückbleiben des Menschen hinter der absoluten Vollkommenheit Gottes, wie es sich aus seiner gefallenen Kreatürlichkeit ergibt. Dieser zweifachen Bedeutung des Sündenbegriffs entspricht nun auch eine doppelte Bedeutung des Vollkommenheitsbegriffs. Da ist zum einen die „gesetzliche" Vollkommenheit. Sie wird dem absoluten Maßstab Gottes in allem gerecht; dies war die Vollkommenheit Adams vor dem Fall und ist unverändert die Vollkommenheit der Engel Gottes. Für den Menschen als ein unter den Folgen des Falls stehendes Geschöpf ist es unmöglich, eine solche Vollkommenheit zu erreichen. Daher hat Gott an die Stelle des absoluten Gesetzes den Glauben gestellt, „dessen Erfüllung die Liebe ist".[280] Völlige Liebe zu Gott und dem Nächsten ist daher das Wesen nicht der gesetzlichen, sondern der evangelischen Vollkommenheit.[281] Für den Menschen gilt: „Wir mögen Gott vollkommen lieben – nach dem Maßstab unserer durch den Fall beschädigten Fähigkeiten, aber nicht vollkommen – nach dem Maßstab des ursprünglichen Gesetzes".[282]

---

280 „Betrachtung der Einwendungen gegen die Lehre von der christlichen Vollkommenheit", ChrAp 11 (1849) 51. Nast zitiert hier Wesley.

281 Vgl. W. Nast, „Die Methodisten glauben an keine gesetzliche Vollkommenheit", ChrAp 11 (1849) 58 f.; vgl. weiter A. Sulzberger, Glaubenslehre, 622 ff.

282 [W. Nast], „Fernere Gründe gegen die Annahme einer gesetzlichen Vollkommen-

Nach methodistischem Verständnis ist der Mensch vollkommen, insofern als er zu dem wird, was zu werden ihn sein Schöpfer bestimmt hat: nicht Gott, sondern ein Gott-Gegenüber, ein vollkommener Mensch nach Eph 4,13.[283]

Die evangelische bzw. christliche Vollkommenheit meint also eine Befreiung von der Sünde im engeren, nicht jedoch im weiteren Sinne, oder anders ausgedrückt: eine Befreiung vom Wesen der *Sünde*, nicht vom Wesen der *Kreatur*. Der Christ leidet auch im Gnadenstand der Vollkommenheit an den Folgen des Sündenfalls Adams, d. h. an sogenannten „Schwachheiten" und „Gebrechen". Der weitere Fortgang der Argumentation steht unter dem Vorzeichen der Ambivalenz, die sich bei der Bestimmung des Begriffs der Erbsünde zeigte. Wenn Sulzberger auch die sich infolge des Sündenfalls unter den Bedingungen der Kreatürlichkeit begangenen Verfehlungen als Sünde bezeichnet, allerdings als Sünde, die nicht unmittelbar persönlich zugerechnet wird, dann kann er zu Recht den Vorwurf abweisen, eine sündlose Vollkommenheit zu lehren.[284] Die auch im Leben des vollkommen von der Liebe Gottes bestimmten Christen noch auftretenden „Schwachheiten" und „Gebrechen" sind Ausweis der Geschöpflichkeit des Menschen, der unaufhebbar in der Erblinie Adams steht, auch wenn Christus ihn von der Sünde befreit hat. Christliche Vollkommenheit ist die geschöpfliche Analogie zur Vollkommenheit Gottes, aber nicht identisch mit dieser.

Obwohl auch Nast es ablehnt, von „sündloser" Vollkommenheit zu reden, muß fast notwendig der Eindruck entstehen, daß er eine solche lehrt. Denn Nast zufolge sind die Folgen des Sündenfalls Adams –

---

heit", ChrAp 11 (1849) 71. Nast zitiert hier George Peck.

283 Bei Nast liest sich dieser Begründungsgang folgendermaßen: Eine Sache ist vollkommen, „wenn sie dasjenige an sich hat, was *sie ihrem Wesen und ihrer Absicht nach* an sich haben soll ... .Verglichen mit dem unendlich vollkommenen Schöpfer, ist nichts Geschaffenes vollkommen zu nennen, aber in *seiner Art, nach seiner Natur* mag irgend Etwas vollkommen genannt werden". Die Vollkommenheit des Christen besteht folglich darin, „daß der Mensch das ist, was er nach seiner christlichen Bestimmung seyn soll; das, wozu ihn Christus erlöst hat, was ihm das Evangelium verheißt, und was der heil. Geist in ihm wirken will und kann", „Ueber christliche Vollkommenheit", ChrAp 11 (1849) 19. Nast knüpft mit seiner Definition an Adam Clarke an; vgl. Christian Theology, [Reprint] Salem 1990, 183.

284 Der Grund ihrer Nichtzurechnung liegt darin, daß „durchaus die Absicht zu sündigen nicht dabei war und nicht als Sünde angesehen werden kann, wenn die Liebe der einzige Grund der Handlung ist. Sicherlich, wenn nicht das Blut der Versöhnung wäre, würde jeder Fehler und Irrthum die Verdammniß sich nach ziehen, und daraus sehen wir, wie selbst der Vollkommenste beständig das Verdienst Christi nöthig hat, noch vielmehr aber, daß diese völlige Liebe nur eine Frucht des Glaubens an das Verdienst Jesu Christi ist und auch nur durch den Glauben dem Christen bleiben kann", „Heiligung", Evst 18 (1867) 99.

gerade *weil* sie den Kindern Adams nicht unmittelbar persönlich zugerechnet werden – keine Sünden, sondern „Übel" bzw. „Gebrechen". Die auch dem vollkommenen Christen noch anhaftenden Schwachheiten sind daher keine Sünden. Was aber folgt daraus anderes als die Vorstellung einer „sündlosen" Vollkommenheit? Nast lehnt es ab, diese terminologische Konsequenz zu ziehen, indem er – darin wieder mit Sulzberger einig – auf das bleibende Angewiesensein des Gläubigen auf das Verdienst des Erlösungstodes Christi verweist. Diese These setzt voraus, daß nicht nur die Sünde im engeren Sinne der Vergebung durch Gott bedarf, sondern auch die Sünde im weiteren Sinne (Sulzberger) bzw. die Schwachheiten (Nast). Dem Unterschied von vorsätzlich begangener und unbewußt begangener Sünde korrespondieren zwei Wirkweisen des Versöhnungswerkes Christi. *Vorsätzliche* Sünde, von der der vollkommene Christ befreit ist, bedarf der persönlichen Buße und des Glaubens an die *subjektive* Wirksamkeit der Versöhnung, die durch den Glauben persönlich zugeeignet wird. Im Unterschied dazu sind die *unbewußten* Verfehlungen, also die Schwachheiten des gänzlich Geheiligten durch die *objektive* Wirksamkeit des Versöhnungswerkes getilgt. Allerdings muß der vollkommene Christ, auch wenn er demzufolge keine Schuld vor Gott empfindet, sich die objektive Erlösungswirkung immer wieder subjektiv zueignen, z. B. indem er in die Worte des Vaterunser einstimmt: „und vergib uns unsere Schuld". Mit diesen Worten erkennen auch Christen im Stand der gänzlichen Heiligung ihre bleibende Abhängigkeit von den Wirkungen des Erlösungswerkes Christi an.[285] Dieses bleibt alleiniger Grund und verdienstliche Ursache der christlichen Vollkommenheit.

Es bleibt noch zu fragen, inwieweit es im Fortgang der Heiligung zu einer wirklichen Mitteilung der göttlichen Natur Christi an den Menschen kommt. Anders gefragt: Besteht seine Heiligung allein „in Christus" oder ist sie reale Neuschöpfung seines, des Christen, eigenen Wesens? Zentrales Motiv für die Beantwortung dieser Frage ist im deutschsprachigen Methodismus das biblische Bild vom Weinstock und seinen Reben. So sagt Friedrich Kopp: „Der Glaube ist das Band, das uns mit Gott verbindet, und durch den wir, wie die Rebe mit dem Weinstock, so verbunden sind, daß wir durch den Glauben fortwährend Kraft und Stärke aus ihm empfangen; aber sobald wir aufhören wollten, uns im Glauben an ihn zu halten, wären wir von ihm

---

285 „Obwohl diese Gebrechen nach dem evangelischen Gesetz nicht als Sünden angerechnet werden, so bedürfen sie dennoch nach dem absolut vollkommenen Gesetz des Versöhnungsopfers Christi; weßhalb der Vollkommenste stets des Verdienstes Christi bedarf und alle Tage zu beten hat: ‚Vergieb uns unsere Schulden'", A. Sulzberger, Glaubenslehre, 632; vgl. weiter [W. Nast], „Die rechte Mitte getroffen", ChrAp 13 (1851) 15; L. Nippert, Leitfaden, 110.

getrennt und das neue Leben müßte sterben".[286] Durch den Glauben
wird also eine reale Lebensgemeinschaft mit Christus hergestellt, in
der Christus wirkliche Lebenskräfte, genauer: sich selbst, mitteilt und
der Glaubende dieses Leben auch tatsächlich empfängt.[287] Seine Heiligung hat folglich allein durch den Glauben, und zwar durch den
fortwährenden Glauben, an Christus Bestand, aber sie bleibt nicht in
einem forensischen Sinne *extra me*, sondern ist reale Neuschaffung
meines Wesens nach dem Ebenbild Gottes.[288] Das Angewiesensein des
geheiligten Christen auf Christus hat damit nicht allein die forensische
Komponente, wonach auch unbewußte Schuld durch das Verdienst
Christi getilgt wird, sondern erweist sich mehr noch in der organischen Lebensgemeinschaft mit Christus, der die Quelle des neuen
Lebens ist.

Mit dem Gesagten bestätigt sich noch einmal die Vermutung, daß
hinter den unterschiedlichen Terminologien, wie wir sie bei Nast und
Sulzberger finden, eine Übereinstimmung in der Sache steht. Danach
ist Christus die im Glauben empfangene Kraft des neuen Lebens aus
Gott. Die durch den Glauben empfangene Liebe reift im Prozeß der
Heiligung zur vollkommenen Liebe, die analog dem liebenden Wesen
Gottes entspricht. Dies und nichts anderes meint nach methodistischer
Auffassung christliche bzw. „evangelische" Vollkommenheit. Eine „gesetzliche" bzw. „absolute" Vollkommenheit des Menschen ist ausgeschlossen, weil der Mensch Kreatur Gottes ist und bleibt. Als Geschöpf ist er auf den Schöpfer angewiesen, der auch „Schwachheiten"
und „Gebrechen", die selbst dem vollkommenen Christen als unver-
schuldete Folgen des Sündenfalls Adams anhaften, nur vergibt auf der
Grundlage der durch den Tod Christi erwirkten Erlösung.

---

286 Das Verborgene Leben mit Christo in Gott, 117. Bereits vorher gebraucht er ein
     anderes Bild: Danach ist das Leben des Geheiligten zu vergleichen dem „Leben eines
     Baumes, der in seiner vollen Kraft und Lebensfülle an einem Bache in gutem Boden
     stehet und unaufhörlich seine Früchte bringt", ebd., 79. Vgl. weiter E. G[ebhardt],
     „Beitrag zur Förderung biblischer Heiligung", WäSt 8 (1878) 36; C. F. Paulus, „In
     wiefern ist die Heiligung ein Werk des heiligen Geistes?", HaHe 9 (1881) 308; A.
     Sulzberger, „Die Lehre von der christlichen Vollkommenheit", WzH 1 (1885) 202.
287 „Die gänzliche Heiligung der Seele ist ein beständiger Strom, fließend von einer
     beständigen Quelle, und wird zum persönlichen Eigenthum gemacht durch den
     aneignenden Glauben", H. Schütz, „Das beständige Bedürfniß des Verdienstes Chri-
     sti", ChrAp 39 (1877) 9.
288 Zur Kritik der Lehre von der zugerechneten Heiligung vgl. C. Weiß, „Die Lehre
     von der zugerechneten Heiligung", Evst 26 (1875) 406–408. Innerhalb der MEC
     wurde die Lehre von der zugerechneten Heiligung prominent vertreten von Daniel
     D. Whedon, Herausgeber des Methodist Quarterly Review; vgl. J. Peters, Christian
     Perfection, 151.

Biographischer Exkurs:
Wilhelm Nast und die Lehre von der gänzlichen Heiligung

In den wenigen vorhandenen Forschungsarbeiten zu Wilhelm Nast bleibt völlig unberücksichtigt, daß die Lehre und Erfahrung der gänzlichen Heiligung das Zentrum der Theologie und des Lebenswerkes Nasts darstellt. Folglich konnte bislang gar nicht in den Blick kommen, daß Nasts Heiligungsverständnis über die Jahrzehnte seiner Zugehörigkeit zur methodistischen Kirche hinweg bestimmten Veränderungen unterworfen war. Ein kurzer Überblick über diese theologischen Veränderungen ist möglich, da uns der von Nast edierte *Christliche Apologete* sowie andere von Nast verfaßte Publikationen eine für den Bereich des deutschsprachigen Methodismus einzigartige Kenntnis verschaffen über sein Denken während der Jahrzehnte von 1839 bis fast zu seinem Tod. Ein solcher Überblick scheint angesichts der zentralen Bedeutung Nasts für den deutschsprachigen Methodismus auch durchaus notwendig.

In Hinblick auf die Heiligung sind drei Perioden im Leben Nasts zu unterscheiden. Der Beginn der *ersten* Periode fällt ungefähr mit dem Beginn seines Dienstes in der amerikanischen Methodistenkirche zusammen. Nach eigenem Bekunden wurde Nast am Ende seines ersten Jahres als Missionar unter den Deutschen Cincinnatis die Notwendigkeit einer tieferen Übergabe an Gott deutlich.[289] Auf seine erneute und gänzliche Weihe hin erfuhr er „Etwas von der Realität" des Standes der gänzlichen Heiligung. Ohne diese Erfahrung, so Nast, wäre seine bis dato nach äußeren Kriterien recht erfolglose Arbeit „zu Ende gegangen".[290] Wenn Nast am Ende seines Lebens davon spricht, daß er 1836 „Etwas" von der Realität des Standes der gänzlichen Heiligung erfuhr, dann ist nach dogmatischen Kriterien nicht ganz klar, was genau er damit meint.[291] Allerdings hält Nast Zeit seines Lebens daran fest, daß die Erfahrung gänzlicher Heiligung letztlich den Rahmen dogmatischer Fixierung sprengt. Für ihn schließt diese Tatsache jedoch nicht das Bemühen aus, die Heiligungserfahrung soweit wie möglich rational zu explizieren.[292] Wie auch immer seine

---

289 So heißt es in einem beiläufigen Einschub eines 1850 publizierten Artikels, „Innere Erfahrung von gänzlicher Heiligung", ChrAp 12 (1850) 31.

290 „Meine Eindrücke beim Rückblick auf achtzig Jahre", ChrAp 49 (1887) 408.

291 1850 bewertete Nast das Geschehen von 1836 noch ohne Einschränkung als seine erste Erfahrung gänzlicher Heiligung; vgl. „Innere Erfahrung von gänzlicher Heiligung", ChrAp 12 (1850) 30 f.

292 Im Rückblick nennt W. Nast als Motiv seiner Sehnsucht nach einem höheren Gnadenwerk sein „Ordinationsversprechen", genauer gesagt, die bei der Aufnahme des Predigers in die Konferenz gestellten Fragen bezüglich des Strebens nach der völligen Liebe; vgl. „Meine Eindrücke beim Rückblick auf achtzig Jahre", ChrAp 49 (1887) 408.

Erfahrung von 1836 zu bestimmen ist, fest steht, daß Nast den *Christlichen Apologeten* von der ersten Ausgabe seines Erscheinens im Jahr 1839 an in den Dienst der Verkündigung der methodistischen Heiligungslehre stellt. Während dieses bis 1868 dauernden biographischen Abschnitts orientiert sich Nast stark an John Wesley und John Fletcher. Er beschäftigt sich intensiv mit Wesleys Lehrpredigten (und Fletchers Appeals), druckt diese (als Vorstufe späterer Bucheditionen) im *Christlichen Apologeten* nach und veröffentlicht eine Vielzahl von Artikeln zur Heiligungsthematik. Dabei versucht Nast, sowohl theologisch als auch terminologisch Klarheit in eine weithin verworrene Debatte zu bringen. Auch verweist er auf unbedingt notwendige Differenzierungen in der Sache.[293]

Schwerpunktmäßig scheint es das Anliegen Nasts in dieser Phase zu sein, die Notwendigkeit eines über die Rechtfertigung bzw. Wiedergeburt hinausgehenden weiteren Gnadenwerkes herauszuarbeiten. Allerdings nähert sich Nast bereits während dieser Zeit der amerikanischen Heiligungsbewegung an, wie sich u. a. aus seinem Zeugnis einer (erneuten) Erfahrung gänzlicher Heiligung am 1. Februar 1850 ergibt. Sein Bekenntnis enthält einen ausdrücklichen Hinweis auf Palmers „heiligen Weg",[294] allerdings auch eine implizite Abgrenzung von ihrem theologischen Konzept, wenn er daran festhält, daß die Früchte und das Zeugnis des Geistes dem öffentlichen Bekenntnis der gänzlichen Heiligung vorausgehen müßten.[295] Nasts Annäherung an die aktualistische Emphase der Heiligungsbewegung erreicht ih-

---

293 So sind in einer Darstellung der methodistischen Heiligungslehre zu berücksichtigen: „1) Der Anfang – und der Fortgang und die Vollendung der Heiligung; 2) die Mittel zur Heiligung in ihren verschiedenen Stufen, a) von Gottes Seite, b) von unserer Seite", Nasts Anm. zu H. B. „Tägliche Selbstverleugnung – der einzig sichere Weg zur christlichen Vollkommenheit", ChrAp 13 (1861) 134.

294 Gemeint ist wohl P. Palmers Buch The Way of Holiness (1843). Weiter schreibt Nast: Ich fühlte, „daß es meine unerläßliche Pflicht und Schuldigkeit sey, mich *jetzt, gerade jetzt*, gänzlich u. für immer dem Herrn zur *völligen* Besprengung Seines Blutes und zum *ausschließlichen* Eigenthum zu übergeben, und zu glauben, daß der Herr das Opfer, so unwürdig und befleckt es auch sey, mit dem unendlichen Verdienst Seines kostbaren Blutes *jetzt, gerade jetzt*, annehmen und Gott wohlgefällig machen wolle ... Sobald ich diesen Akt des Glaubens übte, ging eine große Veränderung in meiner Seele vor, ich fühlte die reinigende Kraft des Blutes Christi u. daß Jesus völligen Besitz von meinem Herzen habe", „Innere Erfahrung von gänzlicher Heiligung", ChrAp 12 (1850) 31.

295 „Nach diesen Früchten und nach dem untrüglichen Zeugniß des Geistes hungert und dürstet meine Seele, und ehe ich dieses erlange, kann ich nicht bezeugen, daß ich die volle Erlösung im Blute des Lammes gefunden habe", ebd. Dieser Satz wirkt freilich insofern etwas rätselhaft, als der Leser bis zum Lesen dieses Satzes den Eindruck haben mußte, Nast lege gerade Zeugnis ab von seiner gänzlichen Heiligung. Nach Phoebe Palmers Kriterien ist der zuletzt zitierte Satz sogar Ausdruck sündhaften Unglaubens.

ren sichtbaren Höhepunkt in der Erstauflage seiner beiden 1868
veröffentlichten *Katechismen*, in denen er Heiligung definiert als den-
jenigen „Akt der göttlichen Gnade, durch welchen wir heilig gemacht
werden".[296]

Noch im selben Jahr – und damit ist der Beginn einer *zweiten*
Periode markiert – beginnen Nast Zweifel an der Richtigkeit dieser
gegenüber Wesley verkürzten und einseitigen Auffassung zu plagen.
Er veranlaßt eine Änderung des Textes der Katechismen – und zwar
allein an dieser Stelle und einschließlich der biblischen Belegstellen.
Heiligung, so heißt es in der 1869 erscheinenden englischen Fassung
des Größeren Katechismus, ist „A continued growth in grace and
godliness, by the indwelling power of the Holy Ghost, until we are
perfected in Christ Jesus".[297] Überblickt man die v. a. 1868/69 im
Christlichen Apologeten veröffentlichten Artikel, dann wird deutlich,
daß Nast während dieser Zeit tatsächlich die fortschreitende gegenüber der augenblicklichen Seite der Heiligung betont und auch die
Befreiung von der Befleckung der Sünde als ein in erster Linie all-
mähliches Werk versteht. Deutliche Kritik findet jetzt die aktualistische Emphase mancher Heiligungstheologen und ihr Anspruch, Wesleys Lehre mehr als andere sachgemäß zu repräsentieren.[298] Nach einer
Auseinandersetzung um das Wesen der Heiligung im Jahr 1869
schweigt Nast dann eigentümlich zur Sache. Zwar druckt er weiterhin
(wenn auch merklich weniger) Artikel anderer Autoren, äußert sich
selbst aber nicht mehr zur Heiligungsthematik.

Dies ändert sich mit Beginn des Jahres 1872 – in einem *dritten*
Lebensabschnitt Nasts. Am Beginn dieses Jahres legt Nast im *Christlichen Apologeten* das Bekenntnis ab, wiederum – „wie schon ein- oder
zweimal früher" – eine gänzliche Übergabe an Gott vollzogen zu

---

296 Der Größere Katechismus, 128 (Frage 295); Der Kleinere Katechismus, 68 (Frage
233).

297 The Larger Catechism, 124 (Frage 294). Als biblische Belegstellen werden nun nicht
mehr wie noch in der deutschen Ausgabe 1Thess 5,23, sondern 2Petr 3,18 und 2Kor
7,1 genannt. Dieselbe Änderung findet sich in der 1869 in Bremen gedruckten
Auflage.

298 „Wir sehen: Die, welche ein auf einen Glaubensakt augenblicklich folgendes, besonderes Werk des heiligen Geistes zur Regel und zur Hauptsache in der Heiligung
machen, haben ebenso viel Recht, sich auf Wesley zu berufen, als die, welche, wie
wir, die Heiligung bis zu ihrem höchsten erreichbaren Grade für ein in der Wiedergeburt begonnenes und allmählig fortschreitendes Gnadenwerk halten ... .Wir
haben kein Recht, eine in einem Augenblick gewirkte Vollendung der negativen
Heiligung für unmöglich zu erklären und der Macht der Gnade irgend welche
Grenzen zu setzen; aber noch viel weniger Recht haben wir, aus dem allmähligen
Heranreifen zur Vollendung der Heiligung, *auch nach ihrer negativen Seite*, eine
Nebensache zu machen", „Schluß unserer Abhandlung über Heiligung", ChrAp 29
(1868) 84.

haben: „Ich danke dem Herrn, daß es mir vergönnt ist, jetzt mit einer aus Erfahrung geschöpften Gewißheit von dem Werk der Heiligung zeugen zu können, was ich vor drei Jahren, als ich darüber schrieb, nicht konnte".[299] Obwohl Nast jetzt bei seiner bis 1868 vertretenen Heiligungsinterpretation anknüpft, sind die Akzentverschiebungen nicht zu übersehen. Die grundsätzliche Neuakzentuierung läßt sich so fassen: Während Nast bis 1868 die *Vorzüge* eines gegenüber der Rechtfertigung höheren Gnadenstandes hervorhebt, stellt er nach 1872 mehr die *Defizite* eines noch nicht gänzlich geheiligten Christenlebens heraus. Im einzelnen bedeutet dies eine stärkere Betonung der augenblicklichen gegenüber der fortschreitenden Seite der Heiligung sowie ein erhöhtes Augenmerk für technisch-terminologische Detailfragen der Heiligungslehre. Zwangsläufig verstärkt sich auch das „apologetische" Moment. Denn zum einen beziehen sich Skeptiker und Gegner der Heiligungsbewegung innerhalb des deutsch-amerikanischen Methodismus wiederholt auf das von Nast im Jahr 1869 formulierte Heiligungsverständnis, so daß dieser seine damals dargelegte Position einschließlich der Katechismusformulierung von 1869 öffentlich widerruft.[300] Zum anderen treten auch innerhalb des deutsch-amerikanischen Methodismus Verfechter einer Heiligungslehre auf, die – mit ihrer weitgehenden Identifizierung von Wiedergeburt und gänzlicher Heiligung – sich mehr an Zinzendorf als an Wesley orientieren. Diese Auffassung wurde von Nast publizistisch unterdrückt und, wo dies nicht gelang, vehement bekämpft.[301]

---

299 „Zur näheren Erklärung", ChrAp 34 (1872) 20.
300 So veröffentlicht Nast 1874 eine Abhandlung in der Absicht, „um auf das Mangelhafte in der Definition des Begriffs ,Heiligung' im deutschen Katechismus von 1869" hinzuweisen; vgl. „Was lehrt der Katechismus der bisch. Meth. Kirche über die Heiligung?", ChrAp 36 (1874) 308. In seinem Buch Biblische Heiligung verweist A. Rodemeyer, der eine große Anzahl an Literatur in seinen Text einarbeitet, auch auf Nasts Katechismus (in der Formulierung von 1869) und „entschuldigt" die einseitig gradualistische Definition Nasts mit dem Hinweis: „Man vergesse aber nicht, daß man in einem ,Katechismus' nicht immer eine vollständige Definition eines Begriffes geben kann", ebd., 20 Anm. Vgl. weiter die Rückkehr zur Sprachregelung der 1. Auflage der deutschen Katechismen in der überarbeiteten Fassung des englischsprachigen Larger Catechism, wo es nun wiederum heißt: „Sanctification is that act of Divine grace, whereby we are made holy", The Larger Catechism, Revised Edition [o. J.], 124 (Frage 294).
301 Möglicherweise waren „unwesleyanische" Auffassungen methodistischer Prediger bereits verschiedentlich an die Öffentlichkeit gelangt, als Nast 1875 im Vorwort eines von ihm approbierten Buches daran erinnerte, daß „[k]ein doctrinelles Buch ... im Buchverlag unserer Kirche zum Druck befördert [wird], ohne die Empfehlung des Editors der Bücher [d. h. W. Nasts] an die Buchagenten"; H. Schütz, Ein Handbüchlein über das volle Heil in Christo, 1. Fest steht, daß kurz nach dem Erscheinen dieses Buches von Schütz Prediger Henry Pfaff um Veröffentlichung einer Abhandlung zur Heiligung bat. Nach Nasts Darstellung – weder in amerikanischen noch

Dagegen begegnete Nast Auffassungen, die er als legitime, wenn auch von der eigenen abweichende Interpretation der Heiligungslehre Wesleys empfand, mit einer – zum Ende seines Lebens hin spürbar wachsenden – Toleranz.[302] Im übrigen war sich Nast durchaus der Tatsache bewußt, daß sich bereits im Leben Wesleys bestimmte Lehrentwicklungen nachweisen lassen.[303]

Obwohl Nast einer der bedeutendsten Förderer der Heiligungsbewegung innerhalb des deutschsprachigen Methodismus wurde, übernahm er zu keiner Zeit alle für die Bewegung kennzeichnenden Positionen. So schloß er sich nicht der in Heiligungskreisen verbreiteten

in deutschen Archiven und Bibliotheken scheint Pfaffs Heft von 16 Seiten mehr vorhanden zu sein – lehrte Pfaff, daß Wiedergeburt und gänzliche Heiligung zeitlich zusammenfielen. Nast zitiert wörtlich Pfaff: „Der Mensch wird in der Wiedergeburt ganz rein: er wird in dem Maaße zum Ebenbild Gottes erneuert, daß er in Herz und Gesinnung dem Willen des himmlischen Vaters vollkommen entspricht, und Christus nicht nur sein halber, sondern sein völliger Erlöser ist". Nast lehnte die Veröffentlichung des Manuskripts daher ab, woraufhin Pfaff das Heft auf seine Kosten durch die methodistischen Buchagenten in Cincinnati verlegen ließ; vgl. „Editorielle Notizen", ChrAp 37 (1875) 245. Da Pfaffs Ansichten auf diesem Wege in die Öffentlichkeit gelangt waren, sah Nast sich, wie er sagte, zur Auseinandersetzung mit ihnen genötigt: „Denn der Apologete ist das Organ der Bisch. Methodistenkirche und seine Aufgabe ist es, die Lehren dieser Kirche gegen Angriffe und Mißverständnisse von Zeit zu Zeit in's rechte Licht zu setzen, und dies scheint uns nöthig zu sein, wenn ein ordinirter Prediger unserer Kirche Ansichten in Bezug auf die Heiligung publizirt, welche die Methodistenkirche von den Tagen Wesley's bis heute bekämpft hat", „Was lehrt die Bibel über Heiligung?", ChrAp 37 (1875) 260. Pfaff zog sich 1884 aus unbekannten Gründen von seinem Dienst in der St. Louis Deutschen Conferenz zurück; vgl. Deutscher Kalender für das Jahr 1884, 50.

302 Vgl. W. Nasts Beurteilung im Jahr 1878: „Es giebt theure Brüder und Knechte Gottes in verschiedenen Zweigen der evangelischen Kirche, welche sich keiner nach ihrer Bekehrung erlangten, besonderen und augenblicklichen Wirkung des heil. Geistes, wodurch sie völlig in der Liebe gemacht wurden, bewußt geworden sind, und doch mit Mund, Sinn und Wandel bekennen, daß das Blut Jesu sie von aller Sünde rein mache, während sie im Lichte wandeln. Ihr Zeugniß ist ebenso glaubwürdig als das Zeugniß Derer, welche die Heiligung erlangt haben, als ein von der Wiedergeburt unterschiedenes Werk des heiligen Geistes. Das eine Zeugniß steht in keinerlei Widerspruch mit dem andern", „Die Bitte Christi um die Heiligung seiner Jünger", ChrAp 40 (1878) 20.

303 Vgl. das Vorwort W. Nasts zu H. Grentzenbergs „Chronologischer Zusammenstellung kurzer Aussprüche Wesleys über die Heiligung während eines Zeitraumes von beinahe fünfzig Jahren", WzH 3 (1887) 42 f. Darin führt Nast u. a. aus: „Ueber zwei Punkte war Johannes Wesley niemals im Zweifel, *erstens*, daß eine Erlösung von aller Sünde, eine völlige Reinigung des Herzens oder gänzliche Heiligung vor dem Tode erreichbar und nothwendig ist, und *zweitens*, daß die Heiligung mit der Wiedergeburt beginnt. Aber mit Bezug auf die Art und Weise, wie *dieselbe zu erlangen* ist, auf die Verpflichtung, *dieselbe zu bekennen*, und wie *dieselbe gepredigt werden soll*, sowie auch über die Möglichkeit, diesen Gnadenstand wieder zu verlieren, veränderten sich seine Ansichten *in Folge seiner eigenen persönlichen Erfahrungen und sorgfältigen Beobachtungen*".

Auffassung an, das Bekenntnis gänzlicher Heiligung sei Voraussetzung dafür, sie zu bewahren – wobei ein Grund dafür vermutlich darin zu suchen ist, daß Gott ihm „die wiederholte Bitte um größere Freiheit und Freudigkeit im Bekenntniß nicht gewährte",[304] er hinter diesem Anspruch also selbst zurückblieb. Gleichwohl konnte es nach 1872 keinen Zweifel daran geben, daß Nast mit ganzer Kraft die Heiligungsbewegung unterstützte. Sein Engagement sollte der Heiligungsbewegung einen nachhaltigen Einfluß auf den deutschsprachigen Methodismus verschaffen, verschloß ihm aber auch Sympathien innerhalb seines Kirchenzweiges.[305] Um so mehr bemühte sich Nast, seine kirchliche Loyalität deutlich werden zu lassen, v. a. dadurch, daß er methodistische Theologen – und unter ihnen vorzugsweise MEC-Bischöfe – zitierte, die der Heiligungsbewegung nahestanden, seltener dagegen Heiligungsbefürworter, deren kirchlicher Standpunkt unklar war.

2.14. Fazit

Die Theologie des deutschsprachigen Methodismus ist primär soteriologisch orientiert. Als Erfahrungstheologie fragt sie nach der Verwirklichung der Gnade Gottes im Leben des einzelnen Menschen, und zwar auf den verschiedenen Gnadenstufen, wie sie sich aus dem methodistischen Verständnis der Heilsordnung ergeben. Die Realisierung des Heils im Menschen wird als ein synergistisches Geschehen beschrieben, wobei das Mitwirken Gottes und des Menschen auf unterschiedlichen Ebenen liegen. Gottes Wirken trägt nicht nur grundsätzlich vorlaufenden und damit die Heilsaneignung ermöglichenden Charakter, sondern ist seinem Wesen nach *aktives* Geschehen im Unterschied zu dem seinem Wesen nach *rezeptiven* Mitwirken des Menschen. Innerhalb der Heilsordnung konkretisiert sich das rezeptive Mitwirken des Menschen in der Bekehrung, d. h. in Buße und Glauben, sowie in der „erneuten Hingabe", das aktive Wirken Gottes in Rechtfertigung, Wiedergeburt und gänzlicher Heiligung. Nach methodistischem Verständnis gilt daher, daß die Erlösung einerseits *sola gratia*, andererseits unter Beteiligung des mit sittlicher Freiheit und Verantwortung ausgestatteten Menschen geschieht.

---

304 Nast verweist auf die paulinische Erfahrung in 2Kor 12,8 und fügt dann an, daß Gott ihn darüber „völlig beruhigt" habe; „Meine Eindrücke beim Rückblick auf achtzig Jahre", ChrAp 49 (1887) 408.
305 Vgl. Carl Wittke, William Nast, 77. Wittke erwähnt bleibende Widerstände einiger Prediger, wann immer Nast als möglicher Bischof des deutsch-amerikanischen Kirchenzweiges ins Gespräch gebracht wurde.

In soteriologischer Hinsicht zeichnen sich innerhalb des deutschsprachigen Methodismus im 19. Jh. zwei Grundrichtungen ab, die sich exemplarisch an Arnold Sulzberger einerseits und dem späten Wilhelm Nast (ab 1872) andererseits festmachen lassen. Während sich Sulzberger in wesentlichen Fragen der Soteriologie an John Wesley zu orientieren suchte, rezipierte der späte Nast ungleich stärker die in der amerikanischen Heiligungsbewegung, genauer noch, die vom innerkirchlich-gemäßigten Flügel der Heiligungsbewegung, vertretenen Auffassungen.

Die Differenzen lassen sich an einigen wenigen Punkten markieren. Stärker als der späte Nast hebt Sulzberger die Notwendigkeit hervor, den Sündenbegriff seinem engeren und seinem weiteren Sinne nach zu unterscheiden. Der Sündenbegriff schließt damit konzeptionell nicht allein die willentliche Gesetzesübertretung, sondern auch die Erbsünde und alle aus ihr resultierenden Folgen ein, auch wenn letztere lediglich dort in den Blick kommen, wo es um die Abweisung des Begriffs der „sündlosen" Vollkommenheit geht. Dagegen grenzt Nast die Erbsünde auch konzeptionell aus dem Sündenbegriff aus und spricht vom „Erbübel". Dabei hält er jedoch in Übereinstimmung mit Sulzberger an der Überzeugung von der ererbten Verderbnis des Menschen fest. Während Sulzberger sich deutlich um eine Balance zwischen dem schrittweisen und dem augenblicklichen Aspekt der Heiligung bemüht, akzentuiert Nast nach 1872 den augenblicklichen Aspekt deutlich stärker. Er spricht – an diesem Punkt in deutlicherer Kontinuität zu Wesley als Sulzberger – von der „Ausrottung" bzw. „Vernichtung" der Sünde im Menschen, wogegen Sulzberger dazu neigt, von der „Besiegung" der Sünde zu sprechen. Impliziert der Gedanke der Vernichtung ein eher substantielles Verständnis der Sünde, so der Begriff des Besiegens ein eher relationales. Aus der Betonung des augenblicklichen Heiligungswerkes ergibt sich beim späten Nast ein stärkeres Insistieren auf die Notwendigkeit des persönlichen Bekenntnisses der Heiligung; dieses Bekenntnis sollte, wie Nast im Anschluß an Phoebe Palmer lehrt, dem inneren Zeugnis des Heiligen Geistes vorausgehen. Im Unterschied dazu hält Sulzberger daran fest, daß das persönliche Bekenntnis die innere Bezeugung des Segens der gänzlichen Heiligung durch den Heiligen Geist voraussetzt. Übereinstimmend betonen beide jedoch die Notwendigkeit eines mit dem Bekenntnis übereinstimmenden Lebenswandels. Trotz der stärkeren Betonung der augenblicklichen Heiligung ist Nast gegenüber radikalen Tendenzen der Heiligungsbewegung um Mäßigung bemüht. So lehnt er eine scharfe Unterscheidung von wiedergeborenen und vollkommenen Christen zugunsten einer dynamischen Sichtweise ab und bekennt sich zur fundamentalen Bedeutung der Rechtfertigung für das Heilsleben des Christen. Die gleichwohl zu spürende, wenn auch zunächst nicht greifbare Tendenz zur impliziten Abwertung von Rechtfertigung und Wiedergeburt gegenüber einem „höheren" Gnadenwerk bricht zum Ende von Nasts Leben hin dann doch noch an die Oberfläche durch, wenn er – im Zusammenhang seiner Lehre von der Geisttaufe – erklärt, in der Wiedergeburt werde dem Gläubigen lediglich ein „Vorgeschmack" des Heiligen Geistes zuteil.

Im deutschsprachigen Methodismus des 19. Jh. setzen sich damit zwei ältere, vom britischen Methodismus des ausgehenden 18. Jh. ererbte Traditionsstränge fort. Verwiesen worden war eingangs auf die ihrer Herkunft nach britischen, jedoch im amerikanischen Methodismus des 19. Jh. äußerst einflußreichen methodistischen Theologen Adam Clarke und Richard Watson. Innerhalb des deutschsprachigen Methodismus setzt Nast nach 1872 stärker die Linie Clarkes mit seiner Betonung des augenblicklichen Heiligungswerkes fort, Sulzberger stärker die Linie Watsons, wobei Sulzberger sich stärker noch als Watson um eine Balance beider Aspekte der Heiligung bemüht.

Aufgrund der systematischen Explikation der Heiligungslehre gewinnt die methodistische Lehre von der „schriftgemäßen Heiligung" im deutschsprachigen Methodismus des 19. Jh. ein schärferes kontroverstheologisches Profil. Dabei ist einerseits das Bemühen erkennbar, durch die Berücksichtigung des soteriologischen Zusammenhangs der Heilsordnung eine isolierte Betrachtungsweise der Heiligungslehre zu verhindern. Andererseits zeigt sich gerade in der Berücksichtigung des soteriologischen Gesamtzusammenhangs, wie aus der an anderen theologischen Traditionen kritisierten Überbewertung der Rechtfertigungsleicht eine Überakzentuierung der Heiligungs- bzw. Vollkommenheitslehre werden konnte. Auch das Moment der himmlischen Vollendung der Gläubigen tritt spürbar hinter dem der irdisch möglichen Vollkommenheit zurück, wobei letztere durchaus als eine Form realisierter Eschatologie aufgefaßt werden kann. Allerdings handelt es sich hier lediglich um auch innerhalb des deutschsprachigen Methodismus unterschiedlich stark ausgeprägte Tendenzen, die nicht mit einer Überwindung oder völligen Ausblendung weder der Rechtfertigungslehre noch der Eschatologie gleichgesetzt werden dürfen. Jedenfalls erwies sich der Anspruch, die der Heilsordnung einwohnende innere Balance zu bewahren, als enorme theologische Herausforderung.

Das besondere Interesse an der Heiligungslehre erscheint jedoch nur konsequent, vergegenwärtigt man sich deren Bedeutung als *Materialprinzip* methodistischer Theologie. In der Bestimmung der Heilsordnung als Grundstruktur der Theologie des deutschsprachigen Methodismus zeigt sich ferner dessen Verpflichtung auf das *Formal-* sowie das *Medialprinzip*. Obwohl die deutschsprachigen Methodisten die Bibel als die alle Wirklichkeitsbereiche erschließende Gottesoffenbarung verstanden, lasen sie die Bibel doch *primär* als Leitfaden für die

Annahme und Verwirklichung des dem Menschen bestimmten göttlichen Heils. Für die deutschsprachigen Methodisten entsprach die Heilsordnung als systematische Grundstruktur der Theologie dem dogmatisch-ethischen Grundgehalt der biblischen Heilsoffenbarung. Dabei ist offensichtlich, daß die methodistische Tradition den primären Deuterahmen für die Interpretation der Heilsordnung bereitstellte. Zugleich jedoch hatte sich das *sola scriptura* als normatives und kritisches Prinzip in der theologischen Reflexion zu erweisen. Schließlich belegt die strukturgebende Funktion der Heilsordnung das Interesse an der menschlichen Erfahrung, wie sie sich im methodistischen Medialprinzip ausspricht. Danach ist die göttliche Gnade in ihren stufenweisen Wirkungen Gegenstand der christlichen Erfahrung. Auch der forensische Vorgang der Rechtfertigung wird durch das Zeugnis des Heiligen Geistes der persönlichen Erfahrung zugänglich. Die religiöse Erfahrung entspricht der Gegenwart Gottes, der sich in der vorlaufenden, erneuernden und heiligenden Gnade dem Menschen mitteilt und in der persönlichen Erfahrbarkeit der Gnade religiöse Gewißheit schafft.

3. Kontrovers-theologische und konfessions-polemische Auseinandersetzungen

In der bislang vorherrschenden Wahrnehmung des deutschsprachigen Methodismus als eines v. a. frömmigkeitsgeschichtlichen Phänomens erscheint die Heilsordnung zumeist nicht als die *Grundstruktur*, sondern als der äußere *Begrenzungsrahmen* der methodistischen Theologie. Tatsächlich ist mit dem aufgezeigten Verständnis der Heilsordnung zwar das Wesentliche, bei weitem jedoch nicht alles gesagt, was die Theologie des deutschsprachigen Methodismus im 19. Jh. auszeichnete. Denn sowohl aus dem Formal- als auch aus dem Materialprinzip des Methodismus ergab sich die Forderung und der Anspruch, sich mit „konkurrierenden" oder auch „feindlichen" Denkentwürfen auseinanderzusetzen. Zu den „konkurrierenden" Denkentwürfen zählten in erster Linie theologische Traditionen anderer christlicher Kirchen, wie Lutheraner, Reformierte, Baptisten und Katholiken, wobei letzteren als Nichtprotestanten eine besondere, genauer: eine besonders problematische Stellung zugesprochen wurde. Allerdings akzeptierte der deutschsprachige Methodismus die in diesen Kirchen grundsätzlich gegebene positive Offenbarungsgläubigkeit. Die zu verhandelnden Differenzen ergaben sich gerade aus dieser im Grundsatz übereinstimmenden Glaubenshaltung. Zu den „feindlichen" bzw. „offenbarungsfeindlichen" Denkentwürfen zählten die unterschiedlichen Richtungen des pauschal so bezeichneten Rationalismus, und dabei nicht zuletzt der kirchliche Rationalismus, der, wie man einschätzte, mit seiner Kritik das göttliche Ansehen der Bibel unterminiert. Dazu zählten ferner Materialismus, Darwinismus und Wissenschaftspositivismus. Sie alle wurden als gegen die Autorität der Heiligen Schrift gerichtete Geistesströmungen wahrgenommen.

Vor diesem Hintergrund entwickelte der deutschsprachige Methodismus, darin anderen erwecklichen und positiv-evangelischen Bewegungen im 19. Jh. ähnlich, ein ausgesprochenes Engagement in den Bereichen Apologetik und Polemik. Beide Begriffe hatte Schleiermacher in seiner *Kurzen Darstellung des theologischen Studiums* näher definiert. Eine Übernahme seiner Definitionen bietet sich für die vorliegende Untersuchung jedoch nicht an, so daß beide Begriffe hier in folgender Weise unterschieden werden sollen:

Der *Polemik* sind solche Auseinandersetzungen zuzuordnen, die gerade an der *Zustimmung* zur Bibel als göttlicher Offenbarungsurkunde entstehen und die aus dieser Haltung heraus die unterschiedliche Interpretation einzelner Lehrpunkte zum Gegenstand haben.

Die *Apologetik* umfaßt dagegen solche Auseinandersetzungen, deren Wurzel in der *Ablehnung* der Bibel als historisch glaubwürdiger Offenbarungsurkunde begründet liegen.

Beide Unternehmungen lassen sich aus dem Material- und dem Formalprinzip des deutschsprachigen Methodismus ableiten. Das in der Einleitung benannte Materialprinzip „Heiligung durch den Glauben" stellte ja nicht die Einzelwertigkeit eines bestimmten dogmatischen Topos fest, sondern forderte die Anwendung der Heiligungslehre auf alle Bereiche christlicher Theologie. Einige der sich daraus ergebenden Fragestellungen sollen in diesem Kapitel untersucht werden. Hinter dem ebenfalls schon benannten Formalprinzip des *sola scriptura* stand ein Verständnis der Bibel als der alle Wirklichkeitsbereiche erschließenden Gottesoffenbarung. Daraus ergab sich die Forderung, die biblischen Aussagen in ihrer Beziehung auf die neueren Einsichten der Natur- und Geschichtswissenschaften hin zu prüfen und in der Auseinandersetzung mit diesen Wissenschaften zur Geltung zu bringen. Im folgenden soll zunächst das protestantische Selbstbewußtsein des deutschsprachigen Methodismus sowie dessen Sakramentsverständnis zur Sprache kommen. An die fundamentaltheologisch wichtige Bestimmung des Verhältnisses von Offenbarung und Vernunft sowie die Untersuchung des Bibelverständnisses schließt sich dann die Entfaltung der in Auseinandersetzung mit Materialismus und Darwinismus entwickelten Auffassungen an.

3.1. Methodismus als Protestantismus: Theologische Auseinandersetzungen des deutschsprachigen Methodismus mit dem römischen Katholizismus

3.1.1. Geschichtlicher Kontext

In der Auseinandersetzung der Protestanten mit der römisch-katholischen Kirche verbanden sich im zeitgeschichtlichen Kontext des 19. Jh. oft religiös-theologische mit politisch-ideologischen Argumentationslinien. Dies zeigte sich insbesondere in den Vereinigten Staaten, wo die Römisch-Katholische Kirche infolge starker, insbesondere irischer Einwandererströme bis Mitte des 19. Jh. zur zahlenmäßig stärksten Denomination aufgestiegen war.[1] Das Zusammenwirken sozialer, politischer und religiöser Faktoren zeigte sich in der sogenannten „nativistischen Bewegung", die v. a. zwischen 1830 und 1860 öffentliches Aufsehen und politischen Einfluß gewinnen konnte. Die „Nativisten" sahen die Katholiken aufgrund ihrer Ausrichtung nach „Rom" als Gefahr für die amerikanischen Freiheits- und Unabhängigkeitsideale; auch auf jesuitischen Einfluß zielende Verschwörungstheorien standen hoch im Kurs.[2] Zu öffentlichen Auseinandersetzungen mit dem Katholizismus, auch von seiten des deutsch-amerikanischen Methodismus, führte insbesondere die Kritik der römisch-katholischen Kirche an der Verwendung der King-James-Bible, deren reformatorischer Entstehungskontext sie für Katholiken unakzeptabel machte, in den öffentlichen Schulen.[3] Doch v. a. das Verbot der privaten Bibellektüre für Katholiken ließ bei Protestanten grundsätzliche Zweifel am christlichen Geist des Katholizismus aufkommen. Ihr missionarischer Eifer erstreckte sich daher neben dem als „Unglauben" bezeichneten Rationalismus immer auch auf den mit dem Begriff „Aberglauben" bezeichneten Katholizismus. Die Auseinandersetzung mit römisch-katholischer Theologie und Kirche ist insgesamt im deutsch-amerikanischen stärker als im deutschen Methodismus geführt worden. Nast und seine Mitarbeiter meinten konkrete Hinweise dafür zu haben, daß der *Christliche Apologete* auch von Katholiken gelesen wird.[4] Einen entsprechend breiten Raum nahm

---

1 1850 hatte die römisch-katholische Kirche bereits mehr als 1,75 Mio Mitglieder, eine Zahl, die sich innerhalb der nächsten zehn Jahre noch einmal verdoppelte; vgl. Sydney Ahlstrom, A Religious History of the American People, New Haven/London 1972, 542. Sie war also bereits um die Mitte des 19. Jh. zahlenmäßig stärker als jede der protestantischen Denominationen für sich genommn.

2 So zeigte sich auch Wilhelm Nast davon überzeugt, daß „die Jesuiten, welche, vertrieben aus beinahe allen Ländern der alten Welt, hier ihre Zuflucht suchten, alle ihre List gebrauchen [werden], die freien Institutionen dieses Landes zu unterminiren", „Die Intoleranz des Papstes", ChrAp 13 (1851) 19; vgl. weiter „Das Oekumenische Concil", Evst 20 (1869) 152.

3 Vgl. Ray Allen Billington, The Protestant Crusade 1800–1860. A Study of the Origins of American Nativism, Chicago 1964 (1938), 143–157. In Nasts Christlichem Apologeten erschienen unzählige Artikel zur Thematik. Die besonders zahlreich in den Jahren 1869/70 erschienenen Artikel galten einem in Cincinnati von jüdischen Bürgern angestrengten Gerichtsprozeß, bei dem diese auf die Durchsetzung des von einer anderen Behörde bereits befürworteten Verbots der Bibellektüre in öffentlichen Schulen für Cincinnati klagten (dieser Hinweis findet sich bei Mark A. Noll, Das Christentum in Nordamerika, Leipzig 2000, 108 f.). In dieser Frage gab es also ähnlich gerichtete Bestrebungen des katholischen und des jüdischen Bevölkerungsteils; vgl. „Eine Massenversammlung gegen die Angriffe auf die öffentlichen Schulen", ChrAp 31 (1869) 324; „Warum die Bibel von unseren öffentlichen Schulen verbannt werden soll", ChrAp 31 (1869) 340. 348; „Die Entscheidung über die Bibelfrage", ChrAp 32 (1870) 60; „Die Bibelfrage", ChrAp 32 (1870) 68; „Die Bibelfrage", ChrAp 32 (1870) 116.

4 Vgl. L. S. Jacoby, „Biblische Beweise gegen die Irrlehren der römisch-katholischen

folglich die Auseinandersetzung mit dem Katholizismus ein.[5] Angesichts der spezifischen Quellenlage konzentrieren wir uns daher im folgenden auf den deutsch-amerikanischen Methodismus.

3.1.2. Schrift, Tradition und Lehramt der Kirche

Die scharfe Kritik des deutsch-amerikanischen Methodismus an der Römisch-Katholischen Kirche und ihrer Lehre war nicht einfach nur von den antirömischen Affekten des protestantischen Zeitgeistes im 19. Jh. bestimmt, obwohl sie dies zweifellos auch war. Unverkennbar ist jedoch, daß die Argumentationslinien der Methodisten bei genauerer Betrachtung zu den ureigenen methodistischen Grundanliegen führen: der Anerkennung der alleinigen Autorität der Bibel, der Heiligkeit der Kirche in ihren Gliedern sowie der Freiheit zur persönlichen Erfahrung der Gnade Gottes.

Für die deutsch-amerikanischen Methodisten stellte sich die Auseinandersetzung mit dem Katholizismus zunächst als ein Kampf um die Gültigkeit der biblischen Offenbarung dar. Als Streitpunkt erwies sich nicht die Bibel als solche, da sie von beiden Seiten als das Wort Gottes angesehen wurde.[6] Als unvereinbar mit dem Offenbarungsanspruch der Bibel wurde jedoch die römisch-katholische Zuordnung von Schrift und Tradition bewertet.[7] Für die deutsch-amerikanischen Methodisten konnte Tradition nichts anderes meinen als eine von Menschen gemachte Tradition, die sich gegen das Wort Gottes stellt. Dabei wurde selten im einzelnen geprüft, inwieweit dies geschichtlich wie theologisch betrachtet tatsächlich der Fall gewesen ist. So entscheidet für W. Nast bereits der Hinweis auf Apk 22,18, wo vor Hinzufügungen zum göttlichen Wort gewarnt wird. Die apostolische Tradition der römisch-katholischen Kirche identifiziert Nast zudem mit den von den Pharisäern zur Zeit Jesu aufgestellten „Menschensatzungen", womit Jesus selbst das Urteil über die kirchliche Tradition auf die Lippen gelegt ist. Schließlich verweist er auf das fehlende

---

Kirche", ChrAp 2 (1840) 177. Inwieweit sich die Hoffnung, Katholiken für die Sache des Protestantismus und in letzter Konsequenz für den Methodismus zu gewinnen, Erfolg hatte, läßt sich nicht mehr feststellen. Nur eine – zudem geschätzte – Zahl ist verfügbar. In seiner Ansprache an die Versammlung der Evangelischen Allianz in Berlin 1857 teilt Nast mit, daß mindestens ein Zehntel der durch den deutsch-amerikanischen Methodismus Bekehrten zuvor römische Katholiken waren; „The Berlin Conference of 1857", Methodist Review 40 (1858) 545.

5 Vgl. auch C. Wittke, William Nast, 96–100.

6 Vgl. „Die Hauptirrthümer der Römischen Kirche in katechetischer Form dargestellt und widerlegt", ChrAp 14 (1852) 8.

7 „Sind Christen verpflichtet, neben der Bibel die Tradition der Römischen Kirche zur Richtschnur ihres Glaubens zu machen?", ChrAp 1 (1839) 29.

geschichtliche Zeugnis für die Tradition und gibt zu bedenken, „daß mündliche Ueberlieferung seiner Natur nach ungewiß und veränderlich ist, und nach einem so langen Zeitraum nothwendig entweder vermehrt oder vermindert wird".[8] Nast bestreitet zwar nicht grundsätzlich, daß eine Kirche im Besitz von Traditionen sein könne, die über die Bibel hinausgehen. Jedoch weist er römische Lehren wie das Mariendogma (1854) und das Dogma von der Unfehlbarkeit des Papstes (1870) als der biblischen Offenbarung widersprechend scharf zurück.

Für protestantisches Empfinden stellt die römisch-katholische Zuordnung von Schrift und Tradition die Heilssuffizienz der biblischen Offenbarung in Frage. Daneben steht mit der Behauptung der Notwendigkeit eines kirchlichen Lehramtes für die Auslegung die Klarheit der Schrift auf dem Spiel. In der methodistischen Argumentation gegen das päpstliche Lehramt überwiegen die exegetischen und kirchengeschichtlichen Begründungen. So wird bestritten, daß sich die dem Apostel Petrus im Neuen Testament zugesprochene Autorität auf das römisch-katholische Lehramt übertragen lasse. Vielmehr widerspreche der Suprematsanspruch des Papstes dem biblischen Zeugnis von Christus als dem Haupt der Kirche. Zudem sei nicht der Bischof von Rom, sondern der Heilige Geist der Stellvertreter Christi auf Erden.[9] Daneben wird auf die Unsicherheit verwiesen, auf der die Lehre von der apostolischen Sukzession ruht.[10] Auch der Hinweis auf Päpste und ihre Gegenpäpste, auf widerrufene Konzilsbeschlüsse, theologische Schulstreitigkeiten und Lehrverurteilungen fehlt nicht. Vor 1870 wurde geltend gemacht, „daß bis heute noch Niemand in der römischen Kirche sagen konnte, wo die Unfehlbarkeit eigentlich ihren Sitz habe, ob in dem Papste allein, oder in den allgemeinen Kirchenversammlungen, oder in beiden mit einander, oder in der ganzen Kirche".[11] Als diese Frage dann auf dem 1. Vatikanischen Konzil 1870 entschieden wurde, stellte diese Entscheidung im methodistischen Verständnis jedoch nichts anderes als „Gotteslästerung" dar, wobei mit scharfer

---

8 „Sind Christen verpflichtet, neben der Bibel die Tradition der Römischen Kirche zur Richtschnur ihres Glaubens zu machen?", ChrAp 1 (1839) 30. Als ein anderes Beispiel für den Rekurs auf die Vernunft vgl. „Ueber die Verehrung der Jungfrau Maria", ChrAp 4 (1842) 123. Dort heißt es: „Die Vorstellung, daß das Unendliche, die ewige Gottheit, von einem endlichen Geschöpfe geboren werden oder entstehen könne, widerspricht der hl. Schrift eben so sehr, als der gesunden Vernunft. Und wir sehen hierbei recht deutlich den Unterschied zwischen einer Lehre, die über die Vernunft geht, und einer, welche der Vernunft geradezu widerspricht".

9 Vgl. „Widerlegung des Aufsatzes in dem Wahrheitsfreund ‚die Merkmale der wahren Kirche Christi, oder der Wesleyanismus danach geprüft'", ChrAp 1 (1839) 187.

10 Vgl. „Unfehlbarkeit", ChrAp 32 (1870) 92.

11 „Die Hauptirrthümer der Römischen Kirche …", ChrAp 14 (1852) 12.

Logik erkannt wurde, daß das Dogma von der Unfehlbarkeit des Papstes von einem durchaus fehlbaren Konzil beschlossen wurde.[12] Unfehlbarkeit kommt jedoch allein dem Wort Gottes zu.[13]

Die methodistische Verteidigung der *sufficientia* und *claritas* der Schrift gegenüber dem römisch-katholischen Verständnis von Tradition und Lehramt dient letzten Endes einem soteriologischen Zweck. Denn es geht hier um die Freiheit, sich in der Hinwendung zum Wort Gottes mit Christus zu verbinden und seinen Glauben zu leben. Vor diesem Hintergrund wird die Unterwerfung unter das Lehramt als scharfer Gegensatz zur Unterwerfung unter die rechtmäßige Autorität Christi aufgefaßt. Nach L. S. Jacoby sind die nach Amerika ausgewanderten Katholiken zwar „der körperlichen Gefangenschaft entgangen", doch ist „ihr Geist, Gottes Ebenbild, in einer Knechtschaft, die nicht nur gefährlich für diese Welt ist ..., sondern hauptsächlich für das jenseitige Leben, wo wir – wenn nicht durch aufrichtige Buße im Blute des Lammes gewaschen – eine ewige Verdammnis zu erwarten haben".[14] Bereits das Verbot, von der katholischen Kirche nicht approbierte Bücher zu lesen und die Bibel ohne kirchliche Anleitung zu studieren, mache sie zu „Sklaven des Papstes und der Priester".[15] Damit aber sei der Glaube des Katholiken nichts anderes als „blinde[r], unbedingte[r] Gehorsam"[16] gegenüber einer Macht, die gleichermaßen geistliche wie weltliche Macht für sich in Anspruch nehme.[17] Für die deutsch-amerikanischen Methodisten ist die Römisch-Katholische Kirche eine Institution, die ihre Glieder nicht mit Christus verbindet, sondern von Christus und seinem Erlösungswerk trennt. Dies ist der soteriologische Kern einer scharfen Polemik, die durchaus anerkennen kann, daß sich auch unter den Katholiken Glieder der wahren Kirche Christi befinden.[18]

---

12 „Unfehlbarkeit", ChrAp 32 (1870) 92.

13 Vgl. „Die Hauptirrthümer der Römischen Kirche ...", ChrAp 14 (1852) 12.

14 „Biblische Beweise gegen die Irrlehren der römisch-katholischen Kirche", ChrAp 2 (1840) 178; vgl. weiter „Die Intoleranz des Papstes", ChrAp 13 (1851) 19.

15 Ebd. Auch nach Nast ist der Papst der „Erz- und Todfeind aller menschlichen Freiheit und jeder Papist ist wissentlich oder unwissentlich sein gehorsamer Soldknecht", „Die Intoleranz des Papstes", ChrAp 13 (1851) 19.

16 „Widerlegung des Aufsatzes in dem Wahrheitsfreund, die Merkmale der wahren Kirche Christi, oder der Wesleyanismus danach geprüft", ChrAp 1 (1839) 187.

17 Für W. Nast ist Rom daher das „Babel" der johanneischen Apokalypse; vgl. „Rom hat das Maaß seiner Abgötterei voll gemacht", ChrAp 17 (1855) 15; vgl. weiter „Die Intoleranz des Papstes", ChrAp 13 (1851) 19; „Das heutige Papsttum, seine Tendenz, sein Einfluß unter den Völkern und seine Aussichten", WäSt 22 (1892) 82 f. Verfasser dieses ungezeichneten Artikels war vermutlich der Herausgeber E. Gebhardt.

18 „Nicht die Protestanten, nicht die Römisch-katholischen waren es, welche die Kirche Christi ausmachten, sondern diejenigen von beiden Seiten, welche die Sünde von

Die soteriologische Ausrichtung der antirömischen Argumentation zeigt sich noch einmal konkret bei der Zurückweisung des Dogmas von der unbefleckten Empfängnis Marias. Diese neue Lehre bedeute nichts anderes, als daß „Christus nicht *der einzige* sündlose Mensch gewesen sey, sondern daß die Befreiung der menschlichen Natur von der Erbsünde *vor* der und *ohne* die Vereinigung der Gottheit mit der menschlichen Natur Jesu Christi stattgefunden habe".[19] Damit aber werde dem Erlösungswerk Christi der Boden entzogen. So trifft die römisch-katholische Lehre immer wieder in das Herz der biblischen Heilsbotschaft und verstellt ihren eigenen Gliedern den Weg in die Gemeinschaft mit Gott. Es überrascht angesichts dieser Einschätzung nicht, daß die deutsch-amerikanischen Methodisten der Römisch-Katholischen Kirche die Kennzeichen einer Kirche Jesu Christi absprachen. Für sie war nicht ersichtlich, inwiefern die Kirche Roms ihren Gliedern ein Gnadenmittel der Rechtfertigung und Heiligung sein kann.

3.1.3. Die Kennzeichen der Kirche Christi

Bereits 1839 arbeitete W. Nast in einem Artikel des *Christlichen Apologeten* heraus, daß der Römisch-Katholischen Kirche – im Unterschied zur Methodistenkirche – die Kennzeichen der wahren Kirche Christi fehlten. Dabei hebt er primär auf das Attribut der Heiligkeit der Kirche ab. Für Nast besteht die Kirche Christi „aus gewissen moralischen Elementen [...], die nicht einen irdischen, sondern himmlischen Ursprung haben, und dem Herzen der Menschen durch den heiligen Geist mitgetheilt werden".[20] Voraussetzung für die Zugehörigkeit zur Kirche sind daher Bekehrung und Wiedergeburt. Dabei bezeichnet die Wiedergeburt als Beginn der Heiligung die Reinigung der Seele von der Sünde. Durch das Insistieren auf die Erfahrung der Wiedergeburt wird sichergestellt, daß die Kirche als der Tempel Christi nur aus gereinigten, geheiligten Materialien erbaut wird. Die in der Wiedergeburt durch den Geist Gottes gewirkte Heiligkeit der Glieder zeigt sich Nast zufolge im Verhältnis des Menschen zu Gott als „Frömmigkeit", im Umgang mit dem Nächsten als „Menschenliebe". Beide sind für Nast „un-

---

sich stießen, welche Heuchelei verabscheuten, ... welche leugneten, daß die befleckteste, arglistigste Gemeinschaft, die je auf Erden war, die Braut Christi sei", ebd. Nast kann daher auch von „unsere[n] Mitbrüdern von der Römischen Kirche" sprechen, Editorial, ChrAp 1 (1839) 31.

19 Vgl. „Rom hat das Maaß seiner Abgötterei vollgemacht", ChrAp 17 (1855) 15.

20 „Die Merkmale der wahren Kirche Christi; oder Methodismus und römischer Katholizismus darnach geprüft", ChrAp 1 (1839) 169.

zertrennlich": „wo die eine ist, muß die andere seyn; wo die eine fehlt, ist die andere nicht zu finden".[21]

Es ist dieses Leben in der Heiligung, das die wahre Kirche Christi mit ihren apostolischen Anfängen verbindet. Die Kontinuität mit den ersten Christen erweist sich daher nicht durch die bischöfliche Sukzession, sondern „durch die ununterbrochene Linie eines geistigen Samens, welche immer ausgezeichnet und bemerkbar war durch seine Gesinnungen und Liebesthaten".[22] Nast spricht bewußt nicht von einer „unsichtbaren" Kirche der wahrhaft Glaubenden, sondern betont, daß wahres Christsein immer sichtbar, d. h. an Taten der Liebe „erkennbar" ist. Über diese geistige Linie pflanzte sich die geistliche Beschaffenheit ihrer ersten Zeugen fort. Das erste Glied dieser „Kette", so Nast, war Christus selbst. „Ihm muß daher jedes folgende Glied gleichen".[23] Christus aber habe um der Liebe willen gelitten. Daher sei auch das Leiden ein Kennzeichen der wahren Nachfolger Christi: „Du wirst sie daran erkennen, daß sie gleich ihrem Meister nicht die Verfolger, sondern die Verfolgten, nicht die Kreuziger, sondern die Gekreuzigten sind, nicht die Sauli, sondern die Stephani in jenen Märtyrerszenen, welche in jedem Zeitalter der angemaßten Herrschaft Roms erscheinen".[24] Damit ist deutlich, daß für Nast die Römisch-Katholische Kirche *nicht* die wahre Kirche Christi darstellt. Nast möchte mit diesem Urteil nicht bestreiten, daß es durch die Jahrhunderte hindurch auch in dieser Kirche Christen gab, „die sich weigerten, Werkzeuge kanonisierten Verbrechens zu werden".[25] Doch während Heiligkeit im Katholizismus lediglich die rühmliche Ausnahme bilde, sei Heiligung das erklärte Motto der Methodistenkirche und, so Nast, „seine Bekenner ringen auch danach".[26]

Die Berufung der Römisch-Katholischen Kirche auf eine ununterbrochene bischöfliche Sukzession seit den Anfängen der Kirche trägt für Nast nichts aus. Kontinuität mit den Aposteln erweist sich in der persönlich-geistlichen Beschaffenheit der Glieder einer Kirche, nicht in deren äußeren Formen: „Fehlen einer Kirche die angegebenen Bestandtheile, so liegt sehr wenig daran, wie ihre äußerliche Einrichtung beschaffen seyn mag. Genießt sie nicht die geistige Gegenwart und den Beifall des einzigen Hauptes der Kirche, Jesu Christi, so ist sie Nichts, als ein Verband irdischer Interessen oder eine Schule Sa-

---

21 Ebd.
22 Ebd., 177.
23 Ebd.
24 Ebd.
25 Ebd.
26 Ebd., 192.

tans".[27] Gleichwohl manifestiere sich der Abfall von den Anfängen auch in den äußeren Formen des Katholizismus. Nast verweist zentral auf den römischen Gottesdienst, der zahlreiche der griechischen und römischen Umwelt entliehene heidnische Elemente enthalte und sich deutlich „von der ursprünglichen Einfachheit des Gottesdienstes" unterscheide.[28] Er nennt konkret den vorgeblich kanonischen Charakter der Vulgata, den Gebrauch der lateinischen Sprache im Gottesdienst, die Verweigerung des Laienkelches, die Lehre von der Siebenzahl der Sakramente und die Lehre vom Fegefeuer.[29] Für Nast steht fest, daß die genannten Lehren und Gebräuchte nicht „zum *apostolischen* Christenthum" gehörten: „Sie sind *menschliche* Zusätze zu der reinen und vollkommenen Offenbarung *Gottes* und aus diesen *Zusätzen* besteht das *Papsttum*".[30]

Nast geht es nicht darum zu behaupten, daß sich aus dem Zeugnis des Neuen Testaments nur eine einzige Form der Kirchenordnung und des Gottesdienstes ergeben könne. Vielfalt, soweit sie sich aus dem Wurzelboden des Neuen Testaments entwickelt, hält er durchaus für legitim. Doch steht für ihn fest, daß die römisch-katholischen Lehren und Gebräuche das Herzstück der biblischen Offenbarung, die Lehre von der Erlösung des Menschen durch das Blut Christi, verdunkeln. Er zeigt dies exemplarisch an der Lehre vom Fegefeuer auf. Sie widerstreitet Nast zufolge der biblischen Lehre von der Vergebung der Sünden, die „ein freies und unverdientes Gnadengeschenk" sei.[31] Nast geht es konkret darum, die Allgenügsamkeit der von Christus erwirkten Vergebung aufzuzeigen. Durch Christi Blut werde *alle* Schuld getilgt und der Mensch von *aller* seiner Sünde gereinigt: „Wer im Gegensatz zu diesen Schriftstellen behaupten will, der Christ könne nicht völlig rein von der Sünde werden, ohne selbst seine Sünden im Fegefeuer abzubüßen, der macht Gott den Vater zum Lügner, tritt das Blut Christi, als Etwas das den Sünder nicht rein machen kann, unter seine Füße, und schmäht den heiligen Geist, den Geist der Gnade, dessen Werk es ist, das Herz des Menschen zu reinigen und zu heiligen".[32] Die Ablehnung der Lehre vom Fegefeuer folgt hier schlüssig aus dem methodistischen Verständnis des Heilsweges. Denn in der Rechtfertigung wird unüberbietbar die Schuld-

---

27 Ebd., 169. So auch W. Schwind: „Keine Kirche ist heiliger als ihre Glieder und Niemand hat mehr Religion als seine Andachtsübungen ausweisen", „Praktische Heiligkeit", ChrAp 35 (1873) 161.

28 „Der Abfall vom ursprünglichen Gottesdienste", ChrAp 28 (1866) 12. Als besonders gravierend werden die (Fehl)Entwicklungen im römischen Meßritual beschrieben; vgl. „Ueber die römische Messe", ChrAp 2 (1840) 119.

29 „Die päpstliche Religion – nicht so alt als die protestantische", ChrAp 4 (1842) 204.

30 „Rom hat das Maaß seiner Abgötterei voll gemacht", ChrAp 17 (1855) 15.

31 Editorial, ChrAp 4 (1842) 111.

32 Ebd.

frage, in Wiedergeburt und Heiligung die Machtfrage hinsichtlich der Sünde gelöst. Für Nast widerspricht die Lehre von der Sündenreinigung im Fegefeuer klar der biblischen Lehre von der Sündenreinigung durch das Blut Christi. Der Römisch-Katholischen Kirche fehlt Nast zufolge beides: die Kontinuität mit dem Leben der ersten Christen wie auch die Kontinuität mit der von ihnen im Neuen Testament bezeugten Lehre.

3.1.4. Fazit

Die Auseinandersetzung der deutsch-amerikanischen Methodisten mit dem Katholizismus offenbart eine polemische Schärfe, die sich nicht allein aus theologischen Motiven erklären – schon gar nicht rechtfertigen – läßt. Sie trägt deutlich das Gepräge einer Zeit, in der die Römisch-Katholische Kirche immer sowohl als geistliche als auch als weltliche Bedrohung wahrgenommen wurde. Konzentriert man sich gleichwohl auf die im eigentlichen Sinne theologischen Argumentationslinien, dann zeigt sich deutlich die Verbindung zum methodistischen Formal-, Material- und Medialprinzip.

Die römisch-katholische Zuordnung von Bibel und Tradition wurde als Verletzung des reformatorischen *Formalprinzips* sola scriptura empfunden und daher abgelehnt. Für die deutschsprachigen Methodisten stand hier nicht weniger auf dem Spiel als die Frage, ob die Erlösung des Menschen in der Bibel in zureichender und unüberbietbarer Weise bezeugt ist oder der Ergänzung bzw. Erläuterung bedarf. Gegenüber den Lehren der Römisch-Katholischen Kirche wird die Bibel als alleinige Quelle und Kriterium aller Lehre zur Geltung gebracht, hinsichtlich der Erneuerung des Menschen in der Heiligung wird sie als das von Gott gebrauchte Gnadenmittel bezeugt. Damit ergibt sich bereits der Bezug auf das methodistische *Materialprinzip* der Heiligung durch den Glauben. Der apostolische und heilige Charakter der Kirche wird eindeutig an der geistlich-sittlichen Beschaffenheit ihrer Glieder festgemacht. Die Wiedergeburt ist Bedingung des Eintritts, die Heiligung Bedingung des Verbleibens in der Kirche. Die Heiligkeit der Kirche zeigt sich nicht in äußeren Formen und Gebräuchen, sondern im Leben – und oft auch Leiden – ihrer Glieder, die auf der Grundlage der durch Christus erwirkten Erlösung von der Schuld und Macht der Sünde befreit und zu einem Leben in der Liebe erneuert worden sind. Bei diesen geistlichen Vorgängen handelt es sich – dem methodistischen *Medialprinzip* entsprechend – um eine persönliche Erfahrung, die nicht der sakramentalen oder amtstheologischen Vermittlung bedarf. Dem Mangel an Freiheit zum persönlichen Bibelstudium, dem Gehorsam gegenüber einem – lehramtlich festgestellten – Glauben der römisch-katholischen Christen wird die freie persönliche Gemeinschaft der Glaubenden gegenübergestellt, die sich im Verhältnis zu Gott als Frömmigkeit, im Verhältnis zum Nächsten als Menschenliebe ausweist.

Die Auseinandersetzung mit dem Katholizismus offenbart einen antithetischen Zug im Verhältnis zu den äußeren Formen der Kirche, der sich auch im Verständnis der Gnadenmittel Taufe und Abendmahl gleich noch bestätigen wird. Antithetisch werden beispielsweise Schrift und Tradition gegenübergestellt, wobei die Bibel als göttliche Offenbarung (s. u.), die Tradition als Ausdruck menschlicher Selbstermächtigung aufgefaßt wird. Auch biblische Lehre einerseits und deren menschliche Interpretation andererseits werden scharf gegenübergestellt. Die Auffassung des kirchlichen Amtes legt nahe, daß menschliches Handeln notwendig im Gegensatz zum Wirken des Heiligen Geistes stehe, daß also Amtsträger sich stets zwischen den Menschen und das Heil stellten, anstatt beide miteinander in Verbindung zu bringen. Der Versuch, menschliches Handeln als eingebunden in die Zwecke Gottes zu verstehen, wird zumindest im Hinblick auf die Römisch-Katholische Kirche nicht unternommen. Obwohl die noch zu entfaltende kirchliche Selbstwahrnehmung der deutschsprachigen Methodisten einen größeren Optimismus erkennen läßt, was die Stellung der Kirche in der Mitteilung des Heils angeht, ist nicht zu übersehen, daß die Bedeutung der *traditionellen* äußeren Formen der Kirche wie das vom Stand der Laien unterschiedene Amt sowie die Sakramente hier eine deutliche Zurücknahme erfährt.

3.2. Sakramentologie: Theologische Auseinandersetzungen des deutschsprachigen Methodismus mit Lutheranern und Baptisten

Gegenstand kontrovers-theologischer Auseinandersetzungen des deutschsprachigen Methodismus mit Lutheranern und mit Baptisten waren in erster Linie sakramentologische Fragen. Zwar kritisierten Lutheraner und Baptisten das methodistische Sakramentsverständnis von zwei unterschiedlichen Seiten her, der gemeinsame Gegenstand der Sachdiskussionen legt es jedoch nahe, die Anfragen beider Seiten in eine zusammenhängende Darstellung der Lehre von Taufe und Abendmahl im deutschsprachigen Methodismus zu integrieren.

3.2.1. Geschichtlicher Kontext

Unter dem Druck verordneter Bekenntnisunionen und repressiver Maßnahmen gegenüber separierten Lutheranern kam es seit den dreißiger Jahren des 19. Jh. verstärkt zur Auswanderung bekenntnistreuer *lutherischer* Gruppen in die Vereinigten Staaten. Zu ihnen gehörten auch die ca. 800 Anhänger des sächsischen Pfarrers Stephan. Die unter Stephans Nachfolger Carl Ferdinand Wilhelm Walther (1811–1887) ins Leben gerufene Missouri-Synode entwickelte sich zu einem Zentrum des entschieden konfessionellen Luthertums.[33] Nach Walther sammelt sich die wahre Kirche um die lutherischen Symbole, denen insofern einheitsstiftende Bedeutung – gerade gegenüber dem Erfahrungsindividualismus des Erweckungschristentums – zukommt. Die Tatsache, daß gerade die starke Bekenntnisbindung der Lutheraner zu immer neuen Spaltungen innerhalb des amerikanischen Luthertums führte, forderte jedoch wiederholt den Spott auch der Methodisten heraus.[34] 1844 begann Walther mit der Publikation des *Lutheraners*, in dem er sich in scharfem Ton u. a. mit den Methodisten auseinandersetzte. Zwischen dem in St. Louis erscheinenden *Lutheraner* und Nasts *Christlichem Apologeten* kam es über Jahrzehnte hinweg zu scharfen polemischen Auseinandersetzungen,[35] die im Kern immer wieder um die sich aus seinem erwecklichen Charakter ergebende Prägung des Methodismus kreisten. In diesem Zusammenhang gehören die Diskussionen über das Verständnis von Taufe und Abendmahl.

Im Unterschied zu dem strengen Konfessionalismus Walthers vertrat Samuel Simon Schmucker (1799–1873), von 1826 bis 1864 Professor am Gettisburg Seminary, ein gemäßigtes, der amerikanischen Erweckungsfrömmigkeit gegenüber offenes Luthertum. Schmucker stand den für die amerikanischen Kirchen typischen Erweckungen positiv gegenüber, er verstand die Kirche als einen freiwilligen Zusammenschluß der Gläubigen und akzeptierte die Bibel – also ohne die Bekenntnisschriften – als die einzige Glaubensnorm.[36] In der Sakramentslehre näherte sich Schmucker der calvinistischen Position an. Im Rahmen der Evangelischen Allianz, zu deren Begründern er 1846 gehörte, setzte er sich zudem für ein Zusammenwirken der Christen aus unterschiedlichen Kirchen ein.[37] Ein der amerikanischen Er-

---

33 Vgl. Abdel Ross Wentz, A Basic History of Lutheranism in America, Philadelphia 1955, 209–227.

34 „Laßt uns, die der Herr erleuchtet und von dem Joch menschlicher Satzung freigemacht hat, *als die Starken*, unsere *schwächeren* Brüder, die noch in dem Wahne befangen sind, daß sie ,*ausschließlich die reine Wahrheit besitzen'*, mit noch größerer Geduld und Sanftmuth tragen, als sie meinen, uns Irrgläubige und Sektirer tragen zu müssen, und so das Gesetz Christi erfüllen", [W. Nast], „Die Einheit der Bekenner Christi", ChrAp 35 (1873) 348; vgl. weiter [ders.], „Die Liebe ist des Gesetzes Erfüllung", ChrAp 14 (1852) 130; [ders.], „Zeichen der Zeit", ChrAp 28 (1866) 188.

35 Vgl. Carl Wittke, William Nast, 94.

36 Vgl. A. R. Wentz, A Basic History of Lutheranism in America, 270 ff.

37 Vgl. Hans Hauzenberger, Einheit auf evangelischer Grundlage. Von Werden und Wesen der Evangelischen Allianz, Gießen/Zürich 1986, 62 f.

weckungsfrömmigkeit gegenüber aufgeschlossenes Luthertum vertrat auch Benjamin Kurtz, der von 1833 bis 1861 als Herausgeber des *Lutherischen Beobachters* wirkte.

Die organisatorische und publizistische Zerrissenheit des amerikanischen Luthertums wurde von den deutsch-amerikanischen Methodisten aufmerksam registriert. Es scheint, daß insbesondere Nast keine Gelegenheit ausließ, die Positionen der erwecklichen gegen die der konfessionellen Lutheraner auszuspielen. Die starke Luther-Rezeption gerade in den ersten Jahrgängen des *Christlichen Apologeten* diente in erster Linie dem Zweck, die erwecklichen, und nicht die konfessionellen, Lutheraner als die wahren Erben Luthers zu erweisen. Den Altlutheraner Walther konnte Nast sogar gelegentlich als „Sektierer" bezeichnen, dessen Konfessionalismus gerade eine Abkehr vom ursprünglichen Luthertum darstelle.[38]

Auf der anderen Seite des Atlantik mußten die seit 1849 in Deutschland missionierenden bischöflichen Methodisten zu gleicher Zeit erkennen, daß insbesondere kirchenpolitische Erwägungen die der Erweckungsbewegung nahestehenden Lutheraner davon abhielten, die Zusammenarbeit mit den entstehenden Freikirchen zu suchen. Theologische Anknüpfungspunkte boten sich zudem aus zwei Gründen kaum an. Erstens wurde der Methodismus in Deutschland von seiten landeskirchlicher Theologen primär als Frömmigkeitsbewegung und nicht als theologischer Gesprächspartner wahrgenommen. Im Einzelfall galt es zumeist Fragen der Kirchenjurisdiktion zu klären, wie sie sich aus dem von den Landeskirchen beanspruchten Territorialprinzip ergaben. Landeskirchlicherseits scheint es vor diesem Hintergrund wenig Interesse gegeben zu haben, z. B. sakramentologische Fragestellungen zu thematisieren. Zweitens vollzog sich in Teilen der deutschen Erweckungsbewegung bereits seit der ersten Hälfte des 19. Jh. ein Prozeß der Rekonfessionalisierung. Sowohl in ekklesiologischer als auch in kontrovers-theologischer Hinsicht vergrößerte sich damit der Abstand zwischen den lutherischen Landeskirchen und der Methodistenkirche weiter.

Im Mittelpunkt der Auseinandersetzung mit den *Baptisten* auf beiden Seiten des Atlantik stand erwartungsgemäß die biblische Begründbarkeit der Kindertaufe.[39] Konkret ging es um die Frage, ob die

---

38 Vgl. „Die Lehre der ersten Kirche vom heil. Abendmahl. Ein Beitrag zur Aufdeckung methodistischer Geschichtsfälscherei", ChrAp 9 (1847) 119.

39 In der Diskussion der Gegenwart wird noch einmal zwischen Säuglings- und Kindertaufe unterschieden; vgl. R. Stuhlmann, „Kindertaufe statt Säuglingstaufe", Pastoraltheologie 4 (1991) 184–204. In der vorliegenden Untersuchung wird in Orientierung an den Quellen durchgängig der Begriff „Kindertaufe" verwendet, womit praktisch die Taufe von Säuglingen gemeint war.

Kirche das Recht habe, Kinder „gläubiger" Eltern – und nur um die Kinder solcher Eltern ging es hier – zu taufen, ohne daß diese bereits selbst ein Zeugnis ihres Glaubens ablegen können. Die Geschichte der Ausbreitung der Baptisten in den Vereinigten Staaten gehört in den Zusammenhang der Ausprägung des amerikanischen Denominationalismus zwischen 1787 und 1850. Ihr Aufstieg zur – nach den Methodisten – zweitgrößten protestantischen Denomination bis 1850 geschah also weitgehend parallel zu dem der Methodisten. Abgesehen von kleineren Gruppen arminianischer Baptisten unterschieden sich die Baptisten mehrheitlich nicht von den calvinistischen Kongregationalisten, wenn man einmal von der Tauflehre absieht. Seit 1841 kam es v. a. in New Jersey und Pennsylvania unter der Wirksamkeit von K. A. Fleischmann zur Gründung deutschsprachiger Baptistengemeinden.[40] Fleischmann war auf Anregung Georg Müllers in Bristol 1839 nach Amerika gekommen. 1853 begann er mit der Herausgabe des wöchentlich erscheinenden *Sendboten*. Ein Jahr zuvor bereits war das theologische Seminar in Rochester (New York) gegründet worden, an dem ab 1897 Walter Rauschenbusch, der Begründer des „Social Gospel", lehrte.

Obwohl Methodisten und Baptisten in Deutschland nur in kleiner Zahl vertreten waren, kam es auch zwischen ihnen von Anfang an zu Diskussionen über die Tauffrage. Die Geschichte des Baptismus in Deutschland begann mit Johann Gerhard Oncken (1800–1884).[41] In einer Londoner Methodistengemeinde 1820 bekehrt, kehrte Oncken 1823 als Mitarbeiter der überkonfessionellen *Continental Society* als Missionar nach Deutschland zurück. Über dem Studium der Bibel gelangte er zu der Erkenntnis, daß die Kindertaufe nicht biblisch, sondern vielmehr eine „Irrlehre" sei.[42] Nachdem Oncken am 22. April 1834 von einem baptistischen amerikanischen Theologieprofessor in der Elbe getauft worden war, kam es am nächsten Tag zur Bildung der ersten Baptistengemeinde in Deutschland. 1848 gab es bereits 25 selbständige Baptistengemeinden in Deutschland. Diese schlossen sich 1849 zum „Bund der vereinigten Gemeinden getaufter Christen" zusammen. Allerdings wurde 1876 – „zum Leidwesen Onckens"[43] – die volle Autonomie der Ortsgemeinde beschlossen, wobei dennoch ver-

---

40 Vgl. „Die deutschen evangelischen Kirchen in den Vereinigten Staaten", DAThK 20 (1899) 401 ff. Der Beitrag über die Baptisten ist geschrieben von J. C. Grimmell, dem damaligen Herausgeber des Blattes Der Sendbote.

41 Zur Geschichte vgl. Rudolf Donat, Wie das Werk begann. Entstehung der deutschen Baptistengemeinden, Kassel 1958.

42 Ulrich Materne, „Der Bund Evangelisch-Freikirchlicher Gemeinden in der DDR", in: Hubert Kirchner (Hg.), Freikirchen und konfessionelle Minderheitskirchen. Ein Handbuch, Berlin 1987, 38.

43 Erich Geldbach, Freikirchen. Erbe, Gestalt, Wirkung, Göttingen 1989, 184.

schiedene Aufgaben, wie z. B. die Predigerausbildung, auf überge-
meindlicher Ebene geregelt wurden. 1884, im Todesjahr Onckens, gab
es in Deutschland 32 000 Baptisten in 165 Gemeinden.[44]

3.2.2. Das Sakramentsverständnis

Mit der Lehre von den Sakramenten steht, wie A. Sulzberger erinnerte,
„eine der Unterscheidungslehren der verschiedenen Confessionen" zur
Diskussion.[45] Sulzberger befand sich in völliger Übereinstimmung mit
dem deutschsprachigen Methodismus insgesamt, wenn er die Ansicht
vertrat, daß das Sakramentsverständnis Calvins der Lehre der Bibel
am ehesten entspreche. Implizit war damit eine Ablehnung der Anschauungen Zwinglis auf der einen und Luthers (sowie der römisch-
katholischen Kirche) auf der anderen Seite verbunden. In den von
ihnen verfaßten Lehrbüchern stellten sowohl A. Sulzberger als auch
C. F. Paulus die beiden Sakramente in den Zusammenhang der Gnadenmittel.[46] Auf sie wird im Rahmen der ekklesiologischen Fragestellungen näher einzugehen sein. Gegenstand der kontrovers-theologischen Abhandlungen sind dagegen zumeist konkret die Taufe oder
das Abendmahl. Den diesbezüglichen Einzelüberlegungen sollen an
dieser Stelle nur einige – allerdings grundsätzliche – Ausführungen
zur Definition, Bedeutung, Wirksamkeit und Notwendigkeit der Sakramente als Gnadenmittel vorangestellt werden.

Als Sakramente werden nach Sulzberger „solche heiligen Handlungen bezeichnet, welche von Christo selbst bei der Stiftung des neuen
Bundes als gewisse Zeichen und sichtbare Unterpfänder der von Gott
verheißenen Gnade eingesetzt sind".[47] Als Zeichen des Neuen entsprechen sie ihrer Bedeutung nach den Zeichen des Alten Bundes, doch
mit dem grundlegenden Unterschied, daß Taufe und Abendmahl uni-
versellen Charakter „und bleibende Gültigkeit" besitzen, Beschneidung und Passa dagegen „nur einen partikularen und zeitlichen Charakter hatten".[48]

Die Bedeutung der Sakramente ergibt sich aus ihrem Charakter als
Bundeszeichen. So formuliert Nast:

---

44 Jürgen Tibusek, Ein Glaube, viele Kirchen. Die christlichen Religionsgemeinschaften
   – Wer sie sind und was sie glauben, 2. aktualisierte und erweiterte Aufl. Gießen
   1996, 291.
45 Glaubenslehre, 677.
46 Vgl. A. Sulzberger, Glaubenslehre, 668 ff.; C. F. Paulus, Heilsleben, 154 ff.
47 A. Sulzberger, Glaubenslehre, 676. Diese Definition entspricht der von W. Nast in
   seinen Katechismen gegebenen Erklärung; vgl. Der Größere Katechismus 75 (Frage
   249); vgl. weiter: „Was bedeutet die Taufe?", Sammlung von Traktaten, Bd. 2, 1
   (dieses Traktats), wo auf den Heidelberger Katechismus verwiesen wird.
48 A. Sulzberger, Glaubenslehre, 677.

„Der sakramentliche Charakter der Taufe und des Abendmahls besteht darin,
daß wir auf der einen Seite dadurch auf eine feierliche Weise unsern Glauben
an die in Christo offenbarte geheimnißvolle Liebe Gottes bezeugen, und daß
Gott sich auf der andern Seite durch dieses sichtbare Zeichen wie durch ein
Siegel verbindet, die verheißenen Segnungen seines Bundes nach dem [sic!]
im Bunde angegebenen Bedingungen zu verleihen, während wir uns zu gleicher Zeit, wie durch einen Eid, (woher der Name Sakrament kommt,) verpflichten, diese Bedingungen zu erfüllen."[49]

Die Sakramente sind also von seiten des Menschen zunächst eine
Bekenntnishandlung. Ihr Empfang ist das Bekenntnis einer wenigstens
äußerlichen Zugehörigkeit zum Neuen Bund, d. h. zur Kirche „und
zu den Verpflichtungen, welche ihnen der Gnadenbund auferlegt".
Insofern markieren die Sakramente die „äußere Grenze der Kirche".
Fernerhin bezeichnen die Sakramente die von Gott bedingungsweise,
also auf Buße und Glauben hin, verheißenen Segnungen der Gnade.
Den bedingungsweisen Zusagen Gottes entspricht auf seiten des Menschen die Bereitschaft, diesen Bedingungen zu entsprechen, also Buße
zu üben und im Glauben auf Gottes Gnade zu vertrauen.

Aus dem Gesagten ergibt sich bereits die Wirksamkeit der Sakramente. Denn ein Bundesschluß, so auch Sulzberger, wird erst durch
die zustimmende Gesinnung der beiden bundesschließenden Parteien
wirksam. Auf seiten des Menschen ist für einen wirksamen Empfang
der Sakramente daher der persönliche Glaube unbedingt notwendig.
Das Sakrament wird erst „durch die Wirkung des heiligen Geistes
und des lebendigen Glaubens ... auch wirksames Zeichen zur Erlangung der verheißenen Gnade".[50] Die Wirksamkeit des Sakraments ist
daher „durch das sittliche Verhalten jedes Einzelnen bedingt".[51] Damit
ist zugleich gesagt, daß mit den Sakramenten keine unwiderstehliche
Gnadenwirkung verbunden ist. Sie wirken nicht *ex opera operatum*.
Die Sakramente sind aber auch nicht heilsnotwendig, denn die verdienstliche Ursache der Erlösung ist Christus, die vermittelnde Ursache der Glaube.[52] Ihnen selbst wohnt folglich keinerlei seligmachende
Kraft ein. Andererseits sind die Sakramente keine leeren, sondern
wirksame Zeichen des Bundes, wirksam jedoch nicht aus sich selbst
heraus, sondern aufgrund der sie begleitenden Wirkungen des Heiligen Geistes nach dem Willen Gottes. Mit dem „gläubigen Gebrauch"

---

49 „Haben die Sakramente eine an sich seligmachende Kraft?", ChrAp 13 (1851) 51.
50 A. Sulzberger, Glaubenslehre, 678.
51 C. F. Paulus, Heilsleben, 155; vgl. A. Sulzberger, Glaubenslehre, 670.
52 Nast fragt daher: „Wenn denn die Gnade Gottes in Christo Jesu die einzige wirksame
   Ursache und der in der Liebe thätige Glaube die einzige Bedingung unserer Seligkeit
   ist: wo ist ein Raum gelassen für eine innewohnende, seligmachende Wirksamkeit
   der Sakramente?", „Haben die Sakramente eine an sich seligmachende Kraft?",
   ChrAp 13 (1851) 51.

der Sakramente ist daher ein, wie Sulzberger formuliert, „besonderer Segen verknüpft".[53] Der Charakter dieses „besonderen Segens" wird uns noch näher zu beschäftigen haben. Deutlich ist bereits jetzt, daß – im Unterschied zum Abendmahl – der Segen der Kindertaufe nicht zeitlich mit der Taufhandlung zusammenfallen kann, denn die Kindertaufe wird auf den im Täufling noch nicht vorhandenen Glauben hin ausgeführt.

Ist der Gebrauch der Sakramente nicht heilsnotwendig, worin liegt dann die gleichwohl behauptete Notwendigkeit ihres Gebrauchs? Nach Sulzberger ergibt sich diese Notwendigkeit zunächst aus der göttlichen Einsetzung der Sakramente. So heißt es im Hinblick auf die Taufe bei ihm: „Wie der Herr in seinem Wort überhaupt den Menschen nichts befiehlt, was sie eben so gut entbehren könnten oder von keinem reellen Segen für sie wäre, so hat die Taufe ohne Zweifel auch einen wirklichen Heilszweck".[54] Nach C. F. Paulus gehört es „zu den unerläßlichen Bedingungen des Wachsthums in der Gnade, daß der Mensch alle ihm zu Gebote stehenden Mittel zur Erreichung seiner göttlichen Bestimmung mit unbeugsamer Willensenergie und unermüdlicher Ausdauer gebrauche".[55] Die Sakramente sind daher nach Auffassung der deutschsprachigen Methodisten *nicht heilsnotwendig*, aber auch *nicht ohne Heilszweck*. Wo Glaube und Liebe vorhanden sind, da werden die Christen durch den Empfang des Abendmahls gestärkt, wo nicht, da kann andersherum dieser Mangel durch den regelmäßigen Empfang des Altarsakraments nicht ausgeglichen werden.[56] Sakramentalismus, „Ceremoniendienst", so W. Nast, sind für die Seelen der Menschen und für das Reich Christi von verderblicherer Wirkung „als die verschiedenen Formen des Unglaubens".[57]

Obwohl in erster Linie von dem Bemühen getragen, dem biblischen Befund gerecht zu werden, ist die Entwicklung des Sakramentsverständnisses im deutschsprachigen Methodismus in der Sache stark von den durch die Kontroverstheologie vorgezeichneten Lagerbildungen her bestimmt. Vor diesem Hintergrund erfolgt – unter Aufnahme wesentlicher, wenn auch nicht aller Überlegungen Wesleys – eine klare Entscheidung für das Sakramentsverständnis Calvins. Seine als Vermittlungsposition zwischen Luther und Zwingli aufgefaßte Sakramentslehre ist positiv vom Bundesgedanken her bestimmt und läuft, wie erwähnt, auf die zwei Abgrenzungen hinaus, nach denen die Sakramente zwar nicht heilsnotwendig, aber auch nicht ohne Heils-

---

53 Glaubenslehre, 677.
54 Ebd., 697.
55 C. F. Paulus, Heilsleben, 155.
56 Vgl. Wilhelm Nast, Der Größere Katechismus, 78 (Frage 261).
57 „Haben die Sakramente eine an sich seligmachende Kraft?", ChrAp 13 (1851) 55.

zweck sind. Der Charakter des mit dem gläubigen Empfang der Sakramente verbundenen „besonderen Segens" wird dagegen theologisch nicht ohne weiteres greifbar.

3.2.3. Das Taufverständnis

a) Bedeutung und Charakter der Taufe[58]

Bedeutung und Charakter der Taufe wurden im deutschsprachigen Methodismus des 19. Jh. weitgehend im Sinne der gerade dargelegten Bundestheologie bestimmt. Gegenüber Wesley zeigte sich dabei eine wesentliche Akzentverschiebung. Während Wesley – in einer logisch schwer zu vermittelnden Weise – den Gedanken der Taufwiedergeburt mit der Forderung von Buße und Glauben verbunden hatte,[59] lösten die deutschsprachigen Methodisten im Jahrhundert nach Wesley diese Spannung mit ihrer deutlichen Absage an die Taufwiedergeburtslehre auf.[60]

Nach Sulzberger ist die Taufe „die von Christo eingesetzte Handlung, durch welche wir in die sichtbare Kirche Christi aufgenommen werden, sie ist somit Zeichen und Siegel des neuen Bundes und Unterpfand für die verheißene Gnade".[61] Der Taufe kommt daher eine

---

58 Zur Bedeutung der Taufe vgl. L. S. Jacoby, Handbuch des Methodismus, 276–283; [ders.], „Die Taufe", Evst 5 (1854) 844 f. 851 f.; ders., Kurzer Inbegriff der christlichen Glaubenslehre, 63–66; ders., Geschichte des brittischen Methodismus, 460–466; [ders.], „Was bedeutet die Taufe?" und „Der Nutzen der Taufe", in: Wilhelm Nast, Sammlung von Traktaten, Bd. 2; Wilhelm Nast, Commentar, Bd. 1, 547–549; W. Ahrens, Taufe, 25 f.; Wilhelm Nast, Commentary, 463–465; A. Sulzberger, Glaubenslehre, 682–687; L. Nippert, Leitfaden, 146–153; H. Kienast, „Die Taufe", WäSt 13 (1883) 41–47; H. Burkhardt, „Die christliche Taufe", WäSt 20 (1890) 41–47; C. F. Paulus, Heilsleben, 159 ff.; E. Hug, „Die heilige Taufe", WäSt 22 (1892) 1–5.

59 Das genaue Verhältnis beider Pole zueinander ist in sehr unterschiedlicher Weise aufgefaßt worden; vgl. die Übersicht bei Henry H. Knight, The Presence of God in the Christian Life. John Wesley and the Means of Grace, Lanham/London 1992, 178–191.

60 Nast bestreitet nicht, „daß Wesley allerdings als Prediger in der Kirche von England, was er bis zu seinem Tode blieb, einigemal von der Taufe in denselben Ausdrücken [bezüglich der Wiedergeburt] redet, welche die symbolischen Bücher seiner sowohl als der lutherischen Kirche gebrauchen". Er gibt jedoch zu bedenken: „Daß er aber die Schlüsse, die aus diesen ihm von Kindheit eingepflanzten Ausdrücken gezogen werden können, selbst nicht zog und zugab, beweist jede Seite seiner Schriften, indem kein Mann je bestimmter und kräftiger auf den biblischen Kennzeichen und Früchten der Wiedergeburt bestand, als J. Wesley". Nast erinnert auch daran, daß die Methodistenkirche „von keinem ihrer Prediger oder Glieder [fordert], irgend eine Ansicht Wesley's zu lehren oder zu glauben, welche nicht mit der Bibel bewiesen werden kann", „Anmerkungen des Herausgebers zu obigem Schreiben", ChrAp 9 (1847) 59.

61 Glaubenslehre, 681 f.

dreifache Bedeutung zu. Erstens weist die Taufe als *Zeichen* und *Siegel* des Neuen Bundes auf die in Jesus Christus verbürgte Universalität der Gnade hin, sie ist „eine beständige Darstellung der Versöhnlichkeit Gottes", die in Jesus Christus offenbar geworden ist.[62] Der Neue Bund schließt keinen Menschen vom Angebot der Gnade aus. Aus ihrem Charakter als „Eintrittsakt" in den Neuen Bund bzw. in die *sichtbare Kirche*[63] ergibt sich zweitens die Verpflichtung für den Täufling, „alles zu halten, was Christus geboten hat",[64] zugleich jedoch auch das Recht „zum Genuß der von der Kirche verwalteten Heilsgüter".[65] Als Glied der Bundesgemeinschaft steht der Täufling fortan in einem besonderen Verhältnis zu Gott. Als *Unterpfand der verheißenden Gnade* weist die Taufe drittens auf die Notwendigkeit hin, „daß die Seele durch die Kraft des heiligen Geistes von der Befleckung der Sünde gereinigt werden müsse".[66] Sie verheißt den Segen der Wiedergeburt auf die Bedingung von Buße und Glauben hin und ist damit ein Sinnbild der reinigenden Kraft des Heiligen Geistes bzw. der Wiedergeburt.[67] Die Taufe, verstanden als das der Beschneidung im Alten Bund entsprechende Zeichen des Neuen Bundes,[68] schließt folglich wechselseitige Verpflichtungen der Bundespartner ein. Gott verpflichtet sich zur Erfüllung seiner Bundesverheißungen, wogegen der Täufling verspricht, „die Taufe des Heiligen Geistes, die Reinigung seines Herzens durch Jesu Christi Blut zu suchen, sein Leben seinem Bundesgott zu weihen, der Welt, dem Teufel und der Sünde gänzlich abzusagen".[69]

Die generelle Charakterisierung der Taufe als Bundeszeichen ließ zunächst die Frage unbeantwortet, inwieweit sich zwischen der Taufe unmündiger Kinder einerseits und gläubiger Erwachsener andererseits

---

62 L. S. Jacoby, Handbuch des Methodismus, 279. H. Burkhardt bezeichnet die Taufe in ähnlicher Weise als „ein sicheres Unterpfand Seiner gnadenreichen Wirksamkeit", „Die christliche Taufe", WäSt 20 (1890) 44.

63 Die meisten Autoren verwenden die Begriffe vom „Eintritt in den Bund" und der „Aufnahme in die sichtbare Kirche" synonym. Anders nur H. Kienast, „Die Taufe", WäSt 13 (1883) 43.

64 W. Nast, Der Größere Katechismus, 76 f. (Frage 257).

65 Ebd., 77. Daraus wird jedoch nicht auf die Zulassung getaufter Kinder zum Abendmahl geschlossen, s. u.; vgl. weiter L. S. Jacoby, Handbuch des Methodismus, 282.

66 Ludwig S. Jacoby, Handbuch des Methodismus, 277.

67 „Gleichwie das bei der Taufe in Anwendung gebrachte Wasser das Mittel zur Reinigung des Leibes ist, so wird dadurch angedeutet, daß das Herz durch den Heiligen Geist, auf dessen Namen, Kraft des Blutes Jesu, nach dem väterlichen Wohlgefallen Gottes, gereinigt werden soll", H. Burkhardt, „Die christliche Taufe", WäSt 20 (1890) 43; vgl. weiter E. Hug, „Die heilige Taufe", WäSt 22 (1892) 2.

68 W. Nast, Der Größere Katechismus, 75 (Frage 250); A. Sulzberger, Erklärung der Glaubensartikel, 77.

69 L. Nippert, Leitfaden, 147; vgl. weiter W. Nast, Der Größere Katechismus, 77 (Frage 258).

theologische Unterschiede ergeben. Für das Verständnis der deutschsprachigen Methodisten besteht ein dreifacher Unterschied zwischen Kinder- und Erwachsenentaufe. *Erstens* vollzieht sich in der Taufe von Erwachsenen ein wechselseitiger Bundesschluß, in dem sich sowohl Gott als auch der Täufling zur Erfüllung ihrer respektiven Bundesverpflichtungen bekennen. Dagegen verpflichtet sich in der Kindertaufe zunächst nur Gott, nicht der unmündige Täufling.[70] Dennoch entspricht auch bei der Taufe von Kindern der göttlichen eine menschliche Verpflichtung, nämlich die der Eltern des Täuflings. Jedoch übernehmen sie nicht stellvertretend die Verpflichtung des Täuflings – denn weder Buße noch Glauben können stellvertretend vollzogen werden –, sondern ihre eigenen Bundesverpflichtungen, nämlich die der christlichen Erziehung und Unterweisung des Täuflings. In diese Verpflichtung tritt unterstützend auch die Kirche ein.

Ein *zweiter* Unterschied besteht darin, daß der erwachsene Täufling mit sofortiger Wirkung in alle Gnadenrechte eintritt, wogegen sich der Rechtsanspruch des unmündigen Täuflings erst nach und nach realisiert. Anders gesagt, das getaufte Kind hat einen Rechtsanspruch „auf alle Gnade des Bundes, je nachdem es die Umstände erfordern und der Geist des Kindes fähig sein oder gemacht werden mag, selbige zu erfahren, und je nachdem sie durch Gebet, so bald Vernunft und freier Wille sich entwickelt hat, gesucht werden mag".[71] So verstanden, ergab sich aus der Taufe von Kindern z. B. nicht deren automatische Zulassung zum Abendmahl, die u. a. eine kirchliche Unterweisung voraussetzte.

Drittens sind Buße und Glauben Bedingung der Taufe eines Erwachsenen. Dagegen können weder Buße noch Glauben von einem unmündigen Kind gefordert werden. Allerdings wird zugleich die Auffassung abgelehnt, Gott erkenne den stellvertretenden Glauben der Eltern bzw. der Taufpaten an. Trotz dieser Differenzierung konnte jedoch auch im Hinblick auf die Taufe Erwachsener keine Übereinstimmung mit den Baptisten erzielt werden. Denn nach methodistischer Überzeugung setzt

---

70 W. Ahrens verweist begründend auf die Praxis der Beschneidung im Alten Bund, wo Gott anläßlich der Beschneidung auch bereits mit dem acht Tage alten Säugling einen vollgültigen Bund geschlossen habe; vgl. Taufe, 89 f.

71 L. S. Jacoby, Handbuch des Methodismus, Jacoby lehnt sich damit an Richard Watsons Theological Instituts an, der allerdings etwas anders formulierte: „*Die Taufe führt den Erwachsenen in den Bund der Gnade und der Kirche Christi* und ist von Seiten Gottes ein Siegel und Unterpfand, daß er alle seine Verheißungen an dem Getauften erfüllen wolle, während dieser von seiner Seite alle Pflichten des Glaubensgehorsams auf sich nimmt. *Für das Kind ist die Taufe eine sichtbare Annahme in den Bund der Gnade und der Kirche Christi ... Die Kindertaufe ist zugleich die Verleihung der Anrechte zu allen Segnungen des Gnadenbundes, soweit das Kind derselben theilhaftig werden kann*"; zitiert nach A. Sulzberger, Glaubenslehre, 698.

die Taufe Erwachsener Buße und Glauben, also die Bekehrung, voraus,[72] nach baptistischer Überzeugung die Wiedergeburt. Mit der baptistischen Auffassung war jedoch für methodistisches Verständnis die biblische Verhältnisbestimmung von Taufe und Wiedergeburt verkannt.[73] Indem die Baptisten die Wiedergeburt zur Bedingung der Taufe erklärten, würde die Taufe zu einer rein menschlichen Handlung, in der sich der Täufling lediglich zu seiner zuvor erfahrenen Wiedergeburt bekennt.[74] Damit sei die Taufe ihres sakramentalen Charakters im biblischen Sinne beraubt. Nach Nast ist die Taufe eines Erwachsenen jedoch ein wirkliches „Gnadenmittel" zu dessen Rechtfertigung und Wiedergeburt.[75] Das Neue Testament zeige, „daß in der Regel all diejenigen, welche die Apostel tauften, wirklich Christum anzogen und die Erneuerung des Heiligen Geistes erfuhren", sie also nicht *vor*, sondern *in* der Taufe wiedergeboren wurden.[76]

Mit diesen Gedanken war nach Ansicht der deutschsprachigen Methodisten noch keineswegs der Standpunkt der lutherischen Taufwiedergeburtslehre vertreten. Zum einen beschränkten sowohl W. Nast als auch C. F. Paulus den Gedanken, die Taufe sei „Gnadenmittel" der Wiedergeburt, auf die Taufe von Erwachsenen, die sich zuvor in Buße und Glaube Gott zugewandt haben. Die Verbindung von Kindertaufe und Wiedergeburtsgnade wurde dagegen scharf abgelehnt. Zum anderen ergab sich die reale Wirksamkeit der Taufe eines gläubigen Erwachsenen für Nast, ganz im Sinne Calvins, aus der die Anwendung des Wassers begleitenden Wirksamkeit des Heiligen Geistes; auch bei zeitlicher Koinzidenz sind beide Vorgänge sachlich klar unterschieden. Diese Unterscheidung diente v. a. dazu, den moralischen Charakter der Wiedergeburt, also deren Bindung an Buße und Glaube, festzuhalten.

---

72 Vgl. [W. Nast], „Von der Kindertaufe", ChrAp 3 (1841) 198; „Die Gründe der Wiedertäufer gegen die Kindertaufe", ChrAp 14 (1852) 20; „Beantwortung der Einwendungen gegen die Kindertaufe", ChrAp 15 (1853) 17; W. Nast, Commentar, Bd. 1, 546; H. Kienast, „Die Taufe", WäSt 20 (1890) 43; E. Hug, „Die heilige Taufe", WäSt 22 (1892) 3.

73 Vgl. Commentar, Bd. 1, 546; vgl. weiter W. Ahrens, Taufe, 70 ff.

74 Vgl. A. Sulzberger, Glaubenslehre, 697 f.

75 „Die Taufe ist ein Gnadenmittel und schickt sich darum für Bußfertige, welche alle Hilfe brauchen, die sie nur immer erhalten können". Buße und Glaube sind hier zusammengedacht, wie aus einem wenig später folgenden Satz erhellt: „Buße und Glaube sind für die Erwachsenen unerläßliche Bedingungen der Taufe sowohl, als der Seligkeit", „Von der Kindertaufe", ChrAp 3 (1841) 191. 198.

76 Auch C. F. Paulus ging davon aus, daß „in den ersten Zeiten der christlichen Kirche die Wiedergeburt oft, ja vielleicht gewöhnlich mit der Taufe zusammenfiel, weil die Täuflinge Leute waren, welche die Vorbedingungen der Wiedergeburt erfüllt hatten, d. h. wahre Buße und Glauben an Christum besaßen", Heilsleben, 160 f. Vgl. auch H. Burkhardt, „Die christliche Taufe", WäSt 20 (1890) 42.

b) Segen und Nutzen der Kindertaufe

In der Auseinandersetzung mit dem s. E. unsakramentalen Taufverständnis der Baptisten konnte Nast mit Blick auf die Taufe Erwachsener auch von einer unmittelbaren Wirksamkeit der Taufe, verstanden
als „Gnadenmittel" der Rechtfertigung, sprechen. Bestimmend war
dieser Gedanke jedoch weder für ihn noch für den übrigen deutschsprachigen Methodismus. Dies lag zum einen darin begründet, daß
in der Auseinandersetzung mit der lutherischen Taufwiedergeburtslehre stark auf die Unterscheidung von Wassertaufe und bewußter
Wiedergeburt abgehoben wurde. Zum zweiten stellte nicht die Gläu-
bigen-, sondern die Kindertaufe für die deutschsprachigen Methodisten den kirchlichen Kontext der Taufdiskussion dar. Sie entwickelten
vor diesem Hintergrund die Auffassung, daß allein die Kindertaufe
den vollen theologischen Gehalt der biblischen Tauflehre zur Geltung
bringe.[77] So heißt es bei Nast:

„In so far as infant baptism is the expression of God's forrunning grace –
and the whole Christian religion rests on furrunning grace – and in so far
as baptism represents incipient salvation, the entry into the visible kingdom
of God, and points as a sacrament of promise to the final completion of this
salvation, so far *infant baptism*, and not that of adults, *represents the full idea
of baptism*."[78]

Die Vorstellung von einer Aufnahme in die sichtbare Kirche durch
die Taufe, auch durch die Taufe von Kindern, mußte für eine Freikirche, die das persönliche Bekenntnis des Glaubens als Voraussetzung für eine Mitgliedschaft ansah, ekklesiologische Probleme schaffen, die zwar im Bereich der kirchlichen Praxis, nicht jedoch auf
theoretisch-konzeptioneller Ebene gelöst wurden. Reflektiert wurde
dagegen im deutschsprachigen Methodismus auf das Verhältnis der
Taufe zu den beiden von ihr bezeichneten Gnadenwirkungen, nämlich
– zurückweisend – zur vorlaufenden Gnade und – vorausweisend –
zur Wiedergeburtsgnade.

Als ein Zeichen der „vorlaufenden Gnade Gottes"[79] bezeugt die
Taufe die Universalität, d. h. die für jeden Menschen freie Verfügbar-

---

77 Eine andere Auffassung vertrat lediglich C. F. Paulus, der argumentierte, daß eine
Untersuchung der Taufe von der Erwachsenentaufe auszugehen habe, „denn in ihr
tritt uns das Wesen und die Bedeutung dieses Sakraments am klarsten vor Augen",
Heilsleben, 159.

78 Commentary, 465; vgl. ders., Commentar, Bd. 1, 550. Vgl. weiter J. L. Nuelsen, „Die
Berechtigung der Kindertaufe", ChrAp 58 (1896) 546 f. 562. Nuelsen hebt drei
Punkte hervor: Die Kindertaufe 1) als Ausdruck des unverdienten Zuvorkommens
der Liebe Gottes, 2) als Ausdruck der herrlichen Unabhängigkeit der Liebe Gottes
und 3) als Ausdruck der unwandelbaren Treue der Liebe Gottes.

79 W. Nast, „Von der Kindertaufe", ChrAp 3 (1841) 198. An anderer Stelle nennt Nast

keit der Gnade Gottes. Damit ist zugleich gesagt, daß die vorlaufende Gnade nicht durch die Taufe vermittelt wird, sondern jedem Menschen von Geburt her zukommt, wobei der Begriff der Geburt nicht zeitliche Koordinate, sondern Metapher für die Universalität der Gnade ist. Die vorlaufende Gnade bei der Taufe vorausgesetzt, ergibt sich die Frage, ob mit der Kindertaufe, denn um sie geht es hier, überhaupt ein unmittelbarer Segen verbunden ist. Innerhalb des deutschsprachigen Methodismus lassen sich zwei unterschiedliche Antworten auf diese Frage finden.

Im Anschluß an Richard Watson vertraten L. S. Jacoby, A. Sulzberger und C. F. Paulus die Auffassung, die Kindertaufe teile den *„gegenwärtigen Segen Christi"* mit, der nicht nur „formell, sondern substantiell und wirksam" sei.[80] Freilich gilt auch hier, daß dieser Segen eine die menschliche Handlung begleitende Wirkung des Heiligen Geistes ist und damit nicht in der Taufhandlung selbst liegt. Der unmittelbar mit der Taufe verbundene Segen wird bestimmt „als ein besonderes Wirken der vorlaufenden Gnade Gottes an dem Herzen der getauften Kinder".[81] Eine genauere theologische Bestimmung dieser Gnadenwirkung wird jedoch nicht geliefert, ein Umstand, den noch 1896 der spätere Bischof John L. Nuelsen beklagt.[82] Man konnte offenbar nicht mehr sagen, als daß die Taufe mit einer inneren Gnadenwirkung verbunden sei, „die wir freilich nicht mit Worten genau umschreiben können, die aber nichts desto weniger eine wirksame Gnade ist".[83] Dennoch warf, wie C. F. Paulus selbst einräumte, selbst diese zurückhaltende Deutung eine grundsätzliche Frage auf. So könne eingewendet werden, „Gott werde doch gewiß auch bei nicht getauften Menschen alle ihm zu Gebote stehenden Mittel anwenden, um sie zur Bekehrung zu bewegen ... . Werde dies aber einmal zugestanden, dann bleibe für jene außerordentlichen Manifestationen der vorlaufenden Gnade bei den Getauften offenbar kein Raum mehr übrig".[84] Nach C. F. Paulus ist dieser Schluß zulässig, allerdings gelte

---

die Taufe eine „sakramentale Anerkennung des reellen Antheils, den jedes Kind an der allgemeinen Erlösung durch Christum hat", Commentar, Bd. 1, 381.

80 A. Sulzberger, Glaubenslehre, 699; vgl. L. S. Jacoby, Handbuch des Methodismus, 283.

81 E. Hug, „Die heilige Taufe", WäSt 22 (1892) 4. In ähnlicher Weise spricht C. F. Paulus von *„außerordentliche[n] Manifestationen der vorlaufenden Gnade Gottes"*, Heilsleben, 161. Vgl. auch „Guter Rath für Glieder der bischöfl. Methodistenkirche", in: W. Nast (Hg.), Was ist und will der Methodismus?, 12.

82 Vgl. „Die Berechtigung der Kindertaufe", ChrAp 58 (1896) 546.

83 „Kindertaufe und Taufsegen", Evst 46 (1895) 205; ähnlich H. Burkhardt, „Die christliche Taufe", WäSt 20 (1890) 46.

84 C. F. Paulus, Heilsleben, 163. Diesem Einwand lag der logische Schluß zugrunde, daß, wenn die Kindertaufe eine positive Gnade vermittelt, diese Gnade den Ungetauften fehlen müsse. Damit würde aber gelten, was sonst dem lutherischen „Sakra-

dieser Einwand in gleicher Weise auch für andere Gnadenmittel, wie
z. B. das Gebet um die Bekehrung von Angehörigen. Über dem „Verhältnis des Waltens der vorlaufenden Gnade Gottes und der Bethätigung der menschlichen Freiheit" liege ein immer noch nicht gänzlich
gelüfteter Schleier. In jedem Fall, so schließt Paulus ab, „ist gewiß,
daß die Gnadenmittel, zu deren Gebrauch Gott selbst uns in seinem
Worte auffordert (1Tim. 2,1; Matth. 5,44), nicht bedeutungslose
Ceremonien sind, und daß Gott thun wird, was er verheißen hat,
wenn wir auch das Wie? nicht vollkommen zu begreifen vermögen".[85]
    Im Unterschied zu Sulzberger und Paulus lehnte W. Nast eine
unmittelbar mit der Kindertaufe verbundene Gnadenwirkung ab. In
seinem *Commentar* heißt es: „*An und für sich* ist die Taufhandlung ein
blos *äußerer* Vorgang, eine *innere* Wirkung verbindet sich mit ihr erst
kraft der sie begleitenden, ihr vorangehenden oder nachfolgenden *Umstände*".[86] Der Segen der Taufe eruiert also ganz aus den sie begleitenden Umständen, ist damit ausschließlich mittelbarer Natur. Auch
Nast bestreitet nicht, daß die Taufe „ein äusseres, sichtbares Zeichen
einer innerlichen, geistlichen Gnade" ist.[87] Aber er kann nicht erkennen, daß diese innere Gnadenwirkung unmittelbar mit dem Vorgang
der Wassertaufe in Verbindung zu bringen ist.[88] Worin aber besteht
der auch von Nast bekräftigte mittelbare Segen der Kindertaufe?
    Der mittelbare Segen der Kindertaufe ergibt sich in erster Linie aus
ihrem Charakter als „Eintrittsakt" in die sichtbare Kirche. Nach Sulzberger wird dem Täufling mit seiner Aufnahme in die christliche
Kirche unter dem „erleuchtenden, erneuernden und heiligenden Einfluß der Gnadenmittel" das „vermehrte Wirken des heiligen Geistes"
zuteil.[89] Das Heranführen an die Gnadenmittel aber geschieht durch
die christliche Erziehung im Elternhaus und die katechetische Unterweisung in der Kirche. Damit kommt zunächst den Eltern eine besondere Verantwortung zu. Die von ihnen mit der Taufe übernommene
Verpflichtung ist es, die Kinder aufzuziehen „in der Zucht und Ver-
mahnung des Herrn" (Eph 6,4).[90] Durch Beispiel und Belehrung,

---

mentalismus" zum Vorwurf gemacht wurde: daß das Heil des Täuflings – zumindest
ein Stück weit – in der Hand von Menschen liege.

85 Ebd.
86 Commentar, Bd. 1, 548.
87 „Was bedeutet die Taufe?", in: Sammlung von Traktaten, Bd. 2, 1 (dieses Traktats).
88 Auch für W. Ahrens' Einstellung ist kennzeichnend, daß in seinem Buch zur Taufe
    an keiner Stelle positiv von einer unmittelbar wirkenden Taufgnade die Rede ist.
89 Glaubenslehre, 692.
90 H. Burkhardt nennt als Verpflichtungen der Eltern im einzelnen, daß sie das Kind
    „über Wesen und Zweck der Taufe unterrichten, es zum Gebrauch der Gnadenmitel
    anhalten, mit den Lehren der heiligen Schrift bekannt machen, oder durch fromme
    Lehrer bekannt machen lassen, es vom Bösen ferne halten, ihm vielmehr einen

durch Gebet und Bekenntnis des Glaubens sollen sie die Kinder zur
wachsenden Erfüllung der eigenen Bundesverpflichtungen anhalten.[91]
Dabei soll in ihnen das Bewußtsein gestärkt werden, daß sie durch
die Taufe Gott geweiht sind, der nun ein Anrecht auf ihr Leben hat.[92]
Obwohl der geistlichen Erfahrung nach noch keine Christen, wachsen
sie als Glieder der Bundesgemeinschaft, nicht als „Heiden" oder
„Weltmenschen", auf und stehen damit von frühester Zeit an unter
dem besonderen Einfluß der göttlichen Gnadenwirkungen.[93] Doch
auch für die Eltern ergibt sich ein persönlicher Nutzen der Kindertaufe, insofern sie daran erinnert werden, „daß sie sich selbst mit
Gottes Gnadenbund bekannt machen müssen, um ihn ihre Kinder zu
lehren".[94]

Durch die Verknüpfung von Kindertaufe und Taufversprechen ist
die Idee von der religiösen Individualität und persönlich bestimmten
Freiheit des Täuflings mit dem Gedanken der religiösen Symbiose in
der Familie verbunden. Nach C. F. Paulus ergibt sich das Recht der
Eltern zum stellvertretenden Eintritt in den Bund aus der „innigen
Zusammengehörigkeit des Kindes mit den Eltern, in der solidarischen
Einheit der christlichen Familie".[95] Dieser Gedanke wird häufig mit
einem Verweis auf 1 Kor 7,14 gestützt, wobei die Heiligkeit der Kinder
keine weder durch Geburt noch durch die Taufe erworbene Heiligkeit
meint, sondern „daß sie vermöge ihrer Lebensgemeinschaft mit gläubigen Eltern (oder auch nur einem gläubigen Vater bzw. Mutter)
heilig" sind.[96] Insofern macht die Tatsache, daß Kinder von gläubigen
Eltern geboren werden, diese Kinder „in einem ganz speziellen Sinne
zu Seinem (Gottes) Eigentum".[97] Folglich besteht sogar eine Verpflichtung gläubiger Eltern zur Taufe ihrer Kinder.[98] Im Umkehrschluß

---

heilsamen Abscheu gegen dasselbe einschärfen, sich dahin bestreben, daß das Kind
die Gebote Gottes, seine Kirche und sein Volk lieben lerne, das Gebet als ein
notwendiges Mittel zu einem heiligen Leben fleißig beobachte", „Die christliche
Taufe", WäSt 20 (1890) 45.

91 „Was bedeutet die Taufe?", in: Sammlung von Traktaten, Bd. 2, 8 (dieses Traktats).
92 Vgl. „Kindertaufe und Taufsegen", Evst 46 (1895) 204.
93 „Und wird es wohl von keinem Nutzen seyn für ein Kind, wenn es erwachsen ist
und den Gebrauch seiner Vernunft erlangt, zu wissen, daß es von seiner Geburt an
ein geweihtes und anerkanntes Eigenthum des Allerhöchsten gewesen ist?", „Beantwortung der Einwendungen gegen die Kindertaufe", ChrAp 15 (1853) 17; vgl. weiter
Wilhelm Nast, Commentar, Bd. 1, 550.
94 „Was bedeutet die Taufe?", in: Sammlung von Traktaten, Bd. 2, 8 (dieses Traktats).
95 Heilsleben, 162. Paulus verweist begründend sogleich auf die „Haustaufe" im Neuen
Testament.
96 „Kindertaufe und Taufsegen", Evst 46 (1895) 197.
97 Ebd. Hier wird Andrew Murray zitiert.
98 „Die Kindertaufe ist die Voraussetzung aller christlichen Erziehung", „Das Verhältnis getaufter Kinder zur Kirche", ChrAp 17 (1855) 49.

ergibt sich aus der Verbindung von Kindertaufe und christlicher Erziehung, daß nur die Kinder „gläubiger" Eltern getauft werden dürfen,[99] da sich ansonsten der mittelbare Segen der Kindertaufe nicht
realisiert.[100] Die Kindertaufe setzt also, in den Worten der Kirchenordnung, „ein System fortlaufender religiöser Belehrung voraus".[101]

Die religiöse Belehrung wurde nicht als die alleinige Aufgabe der
Eltern, sondern auch als Auftrag der Kirche an ihren Kindern aufgefaßt.
Nach der ausdrücklichen Formulierung der methodistischen Kirchenordnung (seit 1856) stehen getaufte Kinder in einem sichtbaren Bundes-
verhältnis zu Gott und daher unter der besonderen Fürsorge und Aufsicht der Kirche.[102] Religiöse Belehrung meint hier nicht allein das
Einwirken auf den kindlichen Intellekt durch Vermittlung der christlichen Wahrheiten, sondern v. a. die Fürsorge „für die Bildung seines
Herzens".[103] Die Kinder sind auf die Bedeutung ihrer Taufe hin anzu-
sprechen und durch Unterweisung zu befähigen, die sich aus der Taufe
ergebenden Bundesverpflichtungen zu erfüllen, d. h. vor allem, auf Buße
und Glauben hin die Erfahrung der Wiedergeburt zu erlangen.

Aus dem Verständnis der Taufe als Bundeszeichen ergaben sich für
den deutschsprachigen Methodismus zwei Konsequenzen. Zum einen
konnte allein die konsequente Beibehaltung der Kindertaufe die Teilhabe
der Kinder an den Bundessegnungen sichern, wie sie sich aus der Teilnahme am Gemeindeleben ergeben. Zum anderen mußte sich aus der
Beibehaltung der Kindertaufe die Pflicht einer ebenso konsequenten
kirchlichen Unterweisung ergeben. Beide Aspekte aber sah man in der
amerikanischen Mutterkirche vernachlässigt. Obwohl die Kindertaufe
von offizieller Seite zu keiner Zeit aufgegeben worden war, wurde sie
in den englischsprachigen amerikanischen Methodistengemeinden offen-

---

99 „Hinsichtlich der *persönlichen* Tüchtigkeit oder Würdigkeit zur Taufe kann allerdings
kein Unterschied zwischen unmündigen Kindern stattfinden; aber es ist noch etwas
anderes zur Berechtigung der Kindertaufe nothwendig, nämlich die Verpflichtung,
welche der Kirche und den Eltern durch die Taufe auferlegt wird, das getaufte Kind
unter christliche Pflege und Zucht zu nehmen", Commentar, Bd. 1, 551; vgl. weiter
H. Kienast, „Die Taufe", WäSt 13 (1883) 46.

100 Vgl. [W. Nast], „Das Verhältnis getaufter Kinder zur Kirche", ChrAp 17 (1855)
49; ders., Commentar, Bd. 1, 551; E. Hug, „Die heilige Taufe", WäSt 22 (1892) 4;
H. Kienast, „Die Taufe", WäSt 13 (1883) 46.

101 Zit. in „Kindertaufe und Taufsegen", Evst 46 (1895) 196; vgl. The Doctrines and
Discipline of the Methodist Episcopal Church 1864, 88 f.

102 Vgl. David Sherman, History of the Revisions of the Discipline of the Methodist
Episcopal Church, New York/Cincinnati ³1890, 133. Vgl. weiter W. Ahrens, Taufe,
82: „Eben deshalb sagt der Herr: taufet sie, nehmet sie auf in die Gemeinschaft der
Kirche, dann sind sie verpflichtet, sich unterrichten zu lassen, und ihr seid verpflichtet, sie zu unterrichten; und wenn sie verloren gehen, weil ihr eure Pflicht versäumt
habt, will ich ihr Blut von eurer Hand fordern".

103 [W. Nast], „Das Verhältnis getaufter Kinder zur Kirche", ChrAp 17 (1855) 49.

bar nicht mit besonderer Konsequenz geübt.[104] Ungeachtet der im calvinistischen Sinne verstandenen sakramentalen Bedeutung der Taufe lag
doch das ganze Gewicht auf der freien Entscheidung des Menschen für
Gottes Gnade und folglich mehr auf den Erfahrungslehren Bekehrung
und Wiedergeburt als auf der Taufe. Nicht Ablehnung, sondern Indifferenz gegenüber der Kindertaufe kennzeichnete weite Teile des erwecklich geprägten amerikanischen Methodismus. Die starke Konzentration
auf die Heilserfahrung zeigte sich ferner in der Vernachlässigung der
katechetischen Unterweisung. Obwohl die Generalkonferenz 1852 drei
methodistische Katechismen für den kirchlichen Gebrauch empfohlen
hatte,[105] konnte sich die Praxis des Katechismusunterrichts im englischsprachigen amerikanischen Methodismus nicht durchsetzen. Alleiniges
Lehrbuch blieb die Bibel, im Zentrum der Unterweisung stand die
christliche Heilserfahrung.

Mit seinem Insistieren auf sakramentale Ernsthaftigkeit und katechetische Sorgfalt setzte sich der deutschsprachige Methodismus von
dieser Entwicklung ab, wobei offenbar kontinental-reformatorische
und wesleyanische Einflüsse nachwirkten. Kinder methodistischer Fa-
milien müßten unbedingt getauft werden. Aus dem *Anrecht* eines Kindes christlicher Eltern wird – zumindest verbal – die *Verpflichtung* zur
Taufe der Gemeindekinder.[106] Auf der Generalkonferenz 1880 wurde
über die Delegierten der zwischenzeitlich gebildeten Westlich Deutschen Konferenz (in den USA) der Antrag eingebracht, die Formulierung der Kirchenordnung im Blick auf die Beibehaltung der Kindertaufe zu verschärfen.[107] Der Antrag wurde in den betreffenden

---

104 Für die Bedeutung der Taufe im frühen amerikanischen Methodismus folgert Paul
   Sanders: „For the early period it may be concluded that Baptism must have meant
   less than official definitions and systematic treatises suggest", „The Sacraments in
   Early American Methodism", ChH 26 (1957) 366.
105 Catechism of the Methodist Episcopal Church. No 1. No 2. No 3, Cincinnati 1852.
106 „Was die *Taufe* betrifft, so glauben wir, es ist die Pflicht aller christlichen Eltern,
   das, was Christus für ihre Kinder gethan hat, gläubig und dankbar durch das
   Sakrament der Taufe anzuerkennen", [W. Nast], „Von der Seligkeit ohne Taufe
   sterbender Christenkinder", ChrAp 11 (1849) 111. „Es ist daher auf einmal klar,
   daß es allen Eltern, die sich als Glieder der christlichen Kirche bekennen, heilige
   Pflicht ist, ihre Kinder durch die christliche Taufe in Christi heilige Kirche aufnehmen zu lassen", Wilhelm Ahrens, „Ueber die Kindertaufe", ChrAp 12 (1850) 5. E.
   Gebhardt stützt diese Auffassung zudem mit der Behauptung, daß den biblischen
   Zeugnissen zufolge „die Taufe nicht die Krönung des Glaubenslebens [ist], sondern
   ... zum *Anfang* christlichen Lebens [gehört]", „Beleuchtung der biblischen Lehre
   der verschiedenen Arten von Wiedergeburt", WäSt 10 (1880) 99.
107 Der Antrag, vorgetragen von J.A. Reitz, lautete wörtlich:
   „*Whereas*, Our Discipline says that infant baptism shall be kept up in the Church;
   and,
   Whereas, Preachers as well as members, when they are received into full connection,
   promise to obey the Discipline; and,

Ausschuß überwiesen und – soweit ersichtlich – schließlich zu den Akten gelegt. Die Befürchtung der deutschsprachigen Methodisten, die Praxis der Kindertaufe erfahre in den Gemeinden der Methodistenkirche nicht den ihr theologisch zukommenden Respekt und Gehorsam, zeigt sich auch in einer Äußerung, in der John L. Nuelsen, der spätere Bischof der Methodistenkirche in Europa, eine die Taufe betreffende Entscheidung der Generalkonferenz von 1896 mit den Worten kommentiert, „daß diese Handlung der Generalkonferenz eine noch weitere Verflachung der Kindertaufe zur Folge haben wird, als dies, namentlich im englischen [= englischsprachigen amerikanischen] Methodismus, jetzt schon der Fall ist".[108] Nach Auffassung der deutschsprachigen Methodisten sollte das von der Kirchenordnung genannte „System fortlaufender religiöser Belehrung" ferner einen mehrjährigen Katechismusunterricht umfassen. In der Jährlichen Missionskonferenz Deutschland/Schweiz wurde 1870 offiziell die Einführung eines „regelmäßigen systematischen Religionsunterrichts" beschlossen, der drei Unterrichtsjahre vorsah und auf den von Wilhelm Nast 1868 verfaßten Katechismen beruhte.[109] Der Unterricht endete im dritten Jahr mit einer Prüfung der Kinder vor der Gemeinde.[110] Darüber hinaus versuchten deutsch-amerikanische Delegierte, das Konzept des kirchlichen Katechismusunterrichts auf Generalkon-

---

Whereas, It is known that even in Methodist families children are allowed to grow up unbaptized,
contrary to the spirit and teaching of our Church; and,
Whereas, It is unjustifiable for Methodists to treat the holy sacrament of baptism so lightly; therefore,
Resolved, That the rule of the Discipline in regard to the baptism of infant children be made more stringend and obligatory." Journal of the General Conference of the Methodist Episcopal Church, New York/Cincinnati 1880, 148.

108 „Die Berechtigung der Kindertaufe", ChrAp 58 (1896) 546. Die von Nuelsen kritisierte Entscheidung betraf die Streichung einer Anmerkung zur Kirchenordnung, in der die Wiedertaufe von bereits in ihrer Kindheit getauften Personen bezeichnet wurde als „unvereinbar mit der Natur und Bedeutung der Taufe, wie sie in dem Neuen Testament dargestellt wird", vgl. Die Lehre und Kirchenordnung der Bischöflichen Methodistenkirche 1892, Cincinnati/New York o.J., 45 Anm.

109 Der Unterricht umfaßte nach der ursprünglichen Beschlußfassung im ersten Jahr die Behandlung der Calwer Biblischen Geschichte, im zweiten Jahr des Kleineren Katechismus von Nast und im dritten die Behandlung von Nasts Größerem Katechismus (vgl. Verhandlungen der 15. Sitzung der Jährlichen Missions-Conferenz von Deutschland und der Schweiz, Bremen 1870, 19 f.). Dieser Beschluß wurde 1872 noch einmal modifiziert. Abweichend von der 1870 beschlossenen Vorlage wurde nun für das zweite Jahr die Behandlung des Großen Katechismus von Nast „der Hauptsache nach" vorgesehen, für das dritte Jahr „eine gründliche Wiederholung des großen Katechismus von Nast", Verhandlungen der 17. Sitzung der Jährlichen Missionskonferenz von Deutschland und der Schweiz, Bremen 1872, 22.

110 Vgl. ebd.

ferenzebene für die Gesamtkirche zu verankern.[111] Anliegen der deutschsprachigen Methodisten war es, einer Isolierung der individuellen Heilserfahrung vom kirchlichen Handeln in der Taufe zu wehren sowie den Sachzusammenhang von Kindertaufe und katechetischer Unterweisung stärker ins Bewußtsein der Gesamtkirche zu rücken.

c) Die Rechtmäßigkeit der Kindertaufe[112]

Grundsätzliche theologische Fragen ergaben sich jedoch weniger aus der indifferenten Haltung amerikanischer Methodisten als vielmehr aus der Ablehnung der Kindertaufe durch die Baptisten. Die Berechtigung der Kindertaufe wurde wiederum aus dem Charakter der Taufe als Bundeszeichen abgeleitet. Dabei stellte der Charakter der im Neuen Testament geübten Missionstaufe für Nast kein wirkliches Problem dar:

111 So stellte W. Nast auf der Generalkonferenz 1864 den folgenden Antrag, wobei die Hervorhebung (im Original) die Veränderung gegenüber der bis dahin gültigen Formulierung der Kirchenordnung anzeigt: „Whenever they shall have attained an age sufficient to understand the obligations of religion, and shall give evidence of a desire to flee from the wrath to come, and to be saved from their sins, their names shall be enrolled in the list of probationers proper; and if they shall continue to give evidence of a principle and habit of piety, *and after they have received full instruction on the Catechism by the pastor, and have passed a satisfactory examination on the same before the congregation,* they may be admitted into full membership in our Church, on the recommendation of a leader with whom they have met at least six months in class, by publicly assenting before the Church to the baptismal covenent, and also the usual questions on doctrines and Discipline", Journal of the General Conference of the Methodist Episcopal Church 1864, 85.

112 Vgl. „Von der christlichen Taufe", ChrAp 3 (1841) 191; „Von der Kindertaufe", ChrAp 3 (1841) 195. 198; „Vertheidigung der Baptisten, gegen falsche Behauptungen" mit „Anmerkungen des Herausgebers [W. Nast] zu obigem Schreiben", ChrAp 9 (1847) 59; W. Ahrens, „Ueber die Kindertaufe", ChrAp 12 (1850) 5 f.; „Die Gründe der Wiedertäufer gegen die Kindertaufe", ChrAp 14 (1852) 14. 17; „Ein Brief des Pastors A. Rauschenbusch", ChrAp 15 (1853) 9. 13; „Beantwortung der Einwendungen gegen die Kindertaufe", ChrAp 15 (1853) 17; L. S. Jacoby, Handbuch des Methodismus, 282 f.; „Wer soll getauft werden?", in: Sammlung von Traktaten, Bd. 2; „Ich kann nichts darüber in der Bibel finden", Evst 13 (1862) 3227–3229; L. S. Jacoby, Geschichte des brittischen Methodismus, 465 f.; W. Nast, Commentar, Bd. 1, 547–553; W. Ahrens, Taufe; „Ein Gespräch über den Gnadenstand der Kinder", ChrAp 32 (1870) 169; R. Havinghorst, „Worin unterscheidet sich die Lehre der Meth. Kirche von der anderer evangelischer Kirchen?", ChrAp 37 (1875) 409; G. Baer, „Die Nothtaufe", Evst 34 (1883) 157 f. 166 f.; A. Sulzberger, Glaubenslehre, 692–699; C. F. Paulus, Heilsleben, 159–163; „Zur Tauffrage", Evst 42 (1891) 189 f.; E. Hug, „Die heilige Taufe", WäSt 22 (1892) 1–5; „Kindertaufe und Taufsegen", Evst 46 (1895) 196 f. 204 f.; J. L. Nuelsen, „Die Berechtigung der Kindertaufe", ChrAp 58 (1896) 546 f. 562; K. König, „Worin unterscheiden sich die Lutheraner und worin die Baptisten von den Methodisten in der Tauflehre?", WäSt 30 (1900) 35–42.

„Daß die Apostel keine Erwachsenen tauften, es sey denn daß er zuvor gläubig an den Herrn Jesum geworden war, ist unbestreitbar. Sind wir aber deshalb zu dem Schluß berechtigt, daß, weil Erwachsene nicht ohne Glauben an Christum getauft wurden, die sichtbare Kirche im Neuen Bunde darum nicht ebensowohl Kinder in ihren Schooß aufnahm durch die Taufe, wie die Kirche Gottes im Alten Bunde sie durch die Beschneidung aufgenommen hatte?"[113] Die Analogie von Beschneidung als Zeichen im Alten und Taufe als Zeichen im Neuen Bund gewinnt daher axiomatische Bedeutung für die methodistische Verteidigung der Kindertaufe und wird zumeist fraglos vorausgesetzt.[114]

Nach Nast ergibt sich die Möglichkeit eines Bundesschlusses zwischen einem unmündigen Kind und Gott daraus, daß Gott „dessen berufender und grundlegender Urheber ist, was in sich schließt, daß das, was der Bund von Seiten des Menschen fordert, die vorhergehende Verheißung Gottes zur Grundlage hat".[115] Die menschliche Einwilligung in den Bund und die willige Übernahme seiner Verpflichtungen ist nur aufgrund einer jeder menschlichen Aktivität vorlaufenden Gnade möglich.[116] Die Beschneidung der männlichen Nachkommen Israels am achten Tag versinnbildliche diese vorlaufende Gnade Gottes. Wenn nun der Neue Bund in einem Überbietungsverhältnis zum Alten Bund stehe, dann sei es völlig undenkbar, daß die Kinder zwar Teil der Alten, nicht aber der Neuen Bundesgemeinde seien.[117] Für Nast ist bereits die Tatsache, daß die Kindertaufe im Neuen Testament nicht verboten wird, ein indirekter Beleg für deren Praktizierung in den apostolischen Gemeinden, denn, so Nast, „[d]er Mangel eines ausdrücklichen Verbots hätte die bekehrten Heiden sowohl als die gläubigen Juden irre führen müssen".[118] Denn die Beschneidung der jüdischen Knaben am achten Tage ebenso wie die mit der Proselytentaufe verbundene Beschneidung der Kinder des Proselyten mußten die Erwartung wecken, daß auch im neuen Bund die Kinder nicht von dessen Vorrechten ausgeschlossen sind.[119] Das Feh-

---

113 W. Nast, Commentar, Bd. 1, 546.
114 Vgl. W. Nast, Der Größere Katechismus, 75 (Frage 250) und A. Sulzberger, Glaubenslehre, 687 ff.
115 W. Nast, Commentar, Bd. 1, 549.
116 „Zum Glauben ist daher zuvor eine Zubereitung des Herzens, ein Vermögendmachen nothwendig, welches gänzlich ein Werk Gottes ist", W. Ahrens, „Ueber die Kindertaufe", ChrAp 12 (1850) 5.
117 „[S]o müssen uns die Baptisten, ehe sie uns die Kindertaufe absprechen, zuerst beweisen, daß diese Rechte der Kinder im neuen Bunde von Christo aufgehoben wurden", ChrAp 14 (1850) 17.
118 W. Nast, Commentar, Bd. 1, 549; vgl. weiter W. Ahrens, Taufe, 76 ff.
119 Vgl. A. Sulzberger, Glaubenslehre, 690; „Von der Kindertaufe", ChrAp 3 (1841) 195.

len eines positiven Gebots der Kindertaufe im Neuen Testament fällt für Nast daher nicht weiter ins Gewicht.[120]

Nast verweist für die biblische Berechtigung der Kindertaufe auf zwei konkrete Texte. Zunächst macht er geltend, daß Jesus im Missionsbefehl (Mt 28,18–20) angeordnet habe, alle Völker zu taufen und zu Jüngern zu machen, ohne die Kinder ausdrücklich auszunehmen. Nast nennt ferner den Ausspruch Jesu bei der Segnung der Kinder (Mt 19,14)[121] und führt dazu aus: „Ist den Kindern das selige Ziel, das Wesentliche, welches die sichtbare Kirche bezweckt, zugesagt", dann besitzen sie auch ein Anrecht auf das Bundeszeichen und die Mitgliedschaft in der sichtbaren Kirche.[122] Aufgrund der allgemeinen Rechtfertigung des Lebens, die nach Röm 5,18 durch Christus für alle Menschen erworben ist, stehen sie „in einem Verhältnis der Begnadigung zu Gott und eignen sich vorzugsweise für den Bund, in dem die freie Gnade sich so sehr kund thut".[123] Kinder sind nach Nast Gegenstand der Gnade Gottes, der sie, weil sittlicher Entscheidungen noch nicht fähig, zunächst keinen Widerstand entgegensetzen. Sie haben daher, vorausgesetzt ihre christliche Erziehung ist gewährleistet, ein Anrecht auf die Taufe.

d) Taufe und Wiedergeburt[124]

Die Taufe ist nach dem Verständnis des deutschsprachigen Methodismus jedoch nicht nur ein rückweisendes Zeichen der vorlaufenden

---

120 Gewöhnlich wurde in diesem Zusammenhang argumentiert, daß auch die Teilnahme von Frauen am Abendmahl nicht ausdrücklich von den Aposteln angeordnet sei und dennoch von den Baptisten praktiziert würde; vgl. „Die Gründe der Wiedertäufer gegen die Kindertaufe", ChrAp 14 (1852) 17.

121 „Lasset die Kinder und wehret ihnen nicht, zu mir zu kommen; denn solchen gehört das Himmelreich."

122 So auch A. Sulzberger, Glaubenslehre, 690 f.

123 E. Hug, „Die heilige Taufe", WäSt 22 (1892) 3.

124 Vgl. „Glaubte u. lehrte Luther, daß die Wassertaufe die wahre Wiedergeburt sey?", ChrAp 9 (1847) 75; L. S. Jacoby, Handbuch des Methodismus, 282 f.; J. C. Lyon, „Eine Beleuchtung der Augsburgischen Confession", ChrAp 10 (1848) 9; [W. Nast], „Haben die Sakramente eine an sich seligmachende Kraft?", ChrAp 13 (1851) 51. 55; „Gespräche zwischen einem Altlutheraner und Methodisten", ChrAp 9 (1847) 65. 72; Wilhelm Nast, „Taufe und Wiedergeburt", ChrAp 16 (1854) 177. 181; L. S. Jacoby, Geschichte des brittischen Methodismus, 465 f.; W. Nast, Commentar, Bd. 1, 545–547; „Ein Gespräch über den Gnadenstand der Kinder", ChrAp 32 (1870) 169; R. Havinghorst, „Worin unterscheidet sich die Lehre der Meth. Kirche von der anderer evangelischer Kirchen?", ChrAp 37 (1875) 409; F. Piehler, „Die Taufe und die Wiedergeburt: beider Bedeutung und Verhältnis zueinander", ChrAp 49 (1887) 642; G. Baer, „Die Nothtaufe", Evst 34 (1883) 157 f. 166 f.; A. Sulzberger, Glaubenslehre, 692–699; C. F. Paulus, Heilsleben, 159–163; E. Hug, „Die heilige Taufe", WäSt 22 (1892) 1–5; „Kindertaufe und Taufsegen", Evst 46 (1895) 196 f.

Gnade, sondern auch ein voranweisendes Zeichen für die innere Erneuerung, die der Getaufte in Buße und Glauben zu suchen verpflichtet ist. Mag im Falle einer Erwachsenentaufe das Zeichen mit der Sache zusammenfallen, so steht die Wiedergeburt hinsichtlich der Kindertaufe lediglich im Modus der Verheißung. Daher wurde auch bei der Taufe von Kindern das Besprengen – als sinnbildlicher Hinweis auf den verheißenen Empfang des Heiligen Geistes – bevorzugt praktiziert, auch wenn Eltern prinzipiell das Recht hatten, zwischen Besprengen, Begießen und Untertauchen des Täuflings zu wählen.[125]

Vier Argumente machte Nast in seinem *Commentar* gegenüber der lutherischen Auffassung geltend, die Taufe – gemeint ist die Kindertaufe – sei das „Wirkmittel" der Wiedergeburt. Er verweist zunächst auf den Widerspruch, der s. E. zu Mk 16,16 bestehe. Wenn die Taufe die Kraft habe, eine geistliche Wiedergeburt zu bewirken, so wäre unverständlich, warum Jesus die Verdammnis nur dem androht, der nicht glaubt, nicht aber auch dem, der nicht getauft ist. Sei die Taufe heilsnotwendig, dann sei zweitens unverständlich, warum Paulus dafür danken kann, daß er in Korinth niemanden getauft hat außer Krispus und Gajus. Drittens verweist Nast auf die Berichte der Apostelgeschichte, in denen die Wiedergeburt der Taufe entweder vorangeht oder nachfolgt, ferner auf den Bericht von Simon dem Zauberer (Apg 8), der trotz seiner Taufe offenbar nicht wiedergeboren war. Schließlich und in sehr grundsätzlicher Weise hebt Nast hervor, daß die Lehre von der heilsnotwendigen sündenvergebenden Kraft der Taufe unvereinbar sei mit der Lehre des Evangeliums, daß „allein dem Blute Christi die Kraft der Sündenvergebung innewohnt".

Nach Nast kommt die lutherische Überzeugung von der Wiedergeburt der Kinder in der Taufe der Behauptung einer „Wiedergeburt auf bewußtlosem Wege" gleich, was für Nast einen Selbstwiderspruch darstellt: „Wenn irgend ein Satz in der Dogmatik feststeht, so ist es

---

204 f.; „Taufe und Wiedergeburt", ChrAp 60 (1898) 456; K. König, „Worin unterscheiden sich die Lutheraner und worin die Baptisten von den Methodisten in der Tauflehre?", WäSt 30 (1900) 35–42.

125 Die gründlichsten und umfangreichsten Auseinandersetzungen über die von den Baptisten behauptete Notwendigkeit des Untertauchens finden sich bei W. Nast, Commentar, Bd. 1, 553–558 und W. Ahrens, Taufe, 121–160. Nach Vorgabe der Kirchenordnung war die Taufe nach dem vom Täufling bzw. – bei unmündigen Täuflingen – von dessen Eltern gewünschten Modus vorzunehmen. Ahrens berichtet von einem Vater, der behauptete, „die einzig schriftgemäße Taufe sei, den Kopf der Kinder in einen Eimer mit Wasser zu tauchen". Dies geschah dann bei den kleineren Kindern relativ problemlos, wurde bei den größeren schon schwieriger: „Denen mußte ich stehend den Kopf hinab in den Eimer biegen, wogegen sie sich heftig sträubten. Die älteste Tochter mischte bittere Thränen mit dem Taufwasser. Die Taufe der Kinder war mir immer ein Vergnügen; aber diese Taufe that mir weh", Der Universal-Konflikt zwischen Gut und Böse, Cincinnati 1902, 144.

der, daß bloße Naturwirkungen (denn eine solche ist es, ob man die Wiedergeburt dem Element des Wassers oder dem einem unmündigen, bewußtlosen Kinde vorgesprochenen Worte zuschreibt) niemals Heilswirkungen werden können. Käme das Heil auch nur möglicherweise auf dem Wege eines Naturprozesses zu Stande, so hätte es mit der Selbstverantwortlichkeit des Menschen auf dem Heilsgebiete ein Ende".[126] Die Wiedergeburt eines noch sittlich unmündigen Menschen widerspricht nach Nast dem Wesen der christlichen Religion, in der die Gnade der Wiedergeburt nur bedingungsweise auf Buße und Glauben hin geschenkt wird.

Die methodistische Kritik der lutherischen Taufwiedergeburtslehre, von der die Unterschiedlichkeit der innerhalb der lutherischen Theologie des 19. Jh. vertretenen Auffassungen weithin unberücksichtigt blieb, sollte v. a. zweierlei sicherstellen. Zum einen sollte der moralische Charakter der Wiedergeburt festgehalten werden. Die Anschauung von einer sich quasi unbewußt und ohne die sittliche Betätigung des Menschen in Buße und Glaube vollziehenden Wiedergeburt in der Kindertaufe mußte als unvereinbar mit dem methodistischen Verständnis vom biblischen Begriff der Wiedergeburt erscheinen. Zum zweiten war mit der lutherischen Auffassung nach methodistischer Überzeugung die Entscheidung über Heil und Unheil in die Hände des Menschen gelegt, denn wenn „die Seligkeit von der Taufe abhängig wäre, so läge ja das Heil der Seele nicht mehr in Christo ..., sondern in der Hand einiger Menschen, die nicht einmal in jedem erwünschten Falle zur Stelle wären".[127] Als logische Konsequenz dieser Auffassung ergebe sich die Verdammnis aller ungetauft verstorbenen Kinder.[128]

Damit zeichnen sich im Hinblick auf das Taufverständnis des deutschsprachigen Methodismus drei Grundbestimmungen ab. Nach methodistischer Auffassung ist *erstens* auf eine klare theologische Unterscheidung von Zeichen einerseits und bezeichneter Sache andererseits zu achten. Denn während die Anwendung der Zeichenhandlung in die Hände des Menschen gelegt ist, vollzieht sich die bezeichnete Sache, in diesem Fall die Wiedergeburt, als Werk des Heiligen Geistes. In ihrem zeichenhaften Charakter liegt nach methodistischer Überzeugung gerade die sakramentale Bedeutung der Taufe. Gott handelt nicht unvermittelt, sondern bindet sich an die von ihm eingesetzten

---

126 Nast zitiert hier aus der Christlichen Dogmatik (1858/59) von Daniel Schenkel (1813–1885).

127 G. Baer, „Die Nothtaufe", Evst 34 (1883) 166; vgl. weiter A. Sulzberger, Glaubenslehre, 695.

128 Vgl. G. Baer, „Die Notthaufe", Evst 34 (1883) 157 f. 166 f. Baer nimmt für seine Verwerfung der Lehre von der Verdammnis der ungetauften Kinder Luther selbst in Anspruch, der gesagt habe, „daß Gott mit den ohne Schuld Ungetauften *was Gutes* im Sinn habe" (167).

Gnadenmittel, ohne sich jedoch damit der Verfügbarkeit des Menschen zu unterwerfen. Das Subjekt aller Gnadenwirkungen bleibt der Heilige Geist.

Die Unterscheidung von Wassertaufe und geistlicher Wiedergeburt dient *zweitens* v. a. der Sicherung des moralischen Charakters der Wiedergeburt. Obwohl das alleinige Werk der göttlichen Gnade, ist sie auf seiten des Menschen an sittliche Bedingungen, nämlich an Buße und Glauben, gebunden. Die Taufe kann daher unter keinen Umständen die sittliche Entscheidung des Menschen und die bewußte Erfahrung der Wiedergeburt ersetzen. Jedoch verbürgt die Taufe dem Heranwachsenden, daß er ein Kind Gottes werden *soll* „und es auch gewißlich werden *kann*, wenn er *will*".[129]

Aus dem im sakramentalen Charakter der Taufe angelegten Zuordnungsverhältnis zur Wiedergeburt ergibt sich *drittens* die Notwendigkeit einer konsequenten Verbindung von Kindertaufe und christlicher Unterweisung. Die Kindertaufe ist daher an die Bereitschaft zur christlichen Erziehung im Elternhaus und zur Teilnahme am kirchlichen Leben gebunden. Eltern, Prediger und Gemeindeglieder werden zu Vermittlern der Gnade, indem sie den Täufling im Bewußtsein der sich aus der Taufe ergebenden Verpflichtungen und Vorrechte erziehen. In besonderer Weise betonte der deutschsprachige Methodismus in diesem Zusammenhang die Notwendigkeit eines gründlichen Katechismusunterrichts. Die christliche Heilserfahrung ist ohne Beziehung auf die biblischen Heilstatsachen nicht lebensfähig.

3.2.4. Das Abendmahlsverständnis[130]

a) Bedeutung und Charakter des Abendmahls

Auch die Bedeutung des Abendmahls ergibt sich im deutschsprachigen Methodismus aus dessen Charakter als Bundeszeichen. Als solches

---

129 W. Nast, Commentar, Bd. 1, 550.

130 Vgl. „Eine Betrachtung über das heilige Abendmahl", ChrAp 9 (1847) 82 f.; „Der Zweck des heiligen Abendmahls", ChrAp 9 (1847) 87; „Selbstprüfung vor dem heiligen Abendmahl", ChrAp 9 (1847) 91; „In welchem Geiste sollen wir das heilige Abendmahl genießen?", ChrAp 9 (1847) 95; „Schlußbemerkungen über das heilige Abendmahl", ChrAp 9 (1847) 98 f.; „Die Lehre der ersten Kirche vom heil. Abendmahl. Ein Beitrag zur Aufdeckung methodistischer Geschichts-Verfälschung", ChrAp 9 (1847) 119; „Die Lehre der ersten Kirche vom heil. Abendmahl", ChrAp 9 (1847) 123; L. S. Jacoby, Handbuch des Methodismus, 284–294; ders., Kurzer Inbegriff der christlichen Glaubenslehre, 66 f.; Ein Methodist, „Ist es recht, Solche, die zu keiner Kirche gehören, zum heiligen Abendmahle zuzulassen?", ChrAp 21 (1857) 41; W. Schreck, „Wen sollen wir zum heil. Abendmahl unter uns zulassen?", ChrAp 21 (1857) 102; Auch ein Methodist, „Ist es recht, Solche, die zu keiner Kirche gehören, zum heiligen Abendmahle zuzulassen?", ChrAp 21 (1857) 129; W.

ersetzt es das Passahmahl des Alten Bundes.[131] Das Abendmahl hat eine dreifache Bedeutung.[132]

Es ist *erstens* ein Gedächtnismahl im Sinne der Worte Jesu: „Dies tut zu meinem Gedächtnis". Es erinnert an die in seiner Herablassung und Erniedrigung geoffenbarte Liebe und Barmherzigkeit des Erlösers. Im Empfang von Brot und Wein wird die Aufmerksamkeit des Kommunikanten weg von sich selbst und von der Welt auf das Leiden und Sterben Christi sowie auf die dem Gläubigen dadurch zuteil werdenden Segnungen gelenkt.

Das Abendmahl ist *zweitens* Zeichen und Siegel der Erlösung. Mit den sichtbaren Elementen ist dem Gläubigen ein Unterpfand des durch Christi Leiden und Sterben erworbenen Heils gegeben. Gott und Mensch verbinden sich aufs Neue zur Erfüllung ihrer respektiven Bundesverpflichtungen. Gott teilt dem Menschen durch die Wirkungen seines Heiligen Geistes göttliche Lebenskräfte mit. Der Mensch akzeptiert das persönliche Angewiesensein auf den Versöhnungstod Jesu und verkündigt dessen Tod, „bis daß er kommt". Als Siegel bezeugt das Abendmahl die anhaltende Gültigkeit des Erlösungsbundes. Dem Bußfertigen wird versichert, daß das göttliche Erbarmen ihm persönlich gilt. Dem Gläubigen ist das Mahl Stärkung auf dem Weg der Nachfolge.

Drittens ist das Abendmahl Gemeinschaftsmahl, d. h. ein Mahl der Verbundenheit sowohl zwischen Gott und seiner Gemeinde als auch für die Glieder seiner Gemeinde untereinander. In letzterem Sinne ist das Abendmahl ein Bekenntnis zur Einheit des Leibes Christi, an dem alle Gläubigen teilhaben. Im Abendmahl tritt der Gläubige aber auch in Verbindung mit Christus. Dabei ist der Genuß der Elemente verstanden als „sinnbildlicher Akt von der gläubigen Aneignung des Dargebotenen". Erst durch die Aneignung der im Sakrament dargestellten Erlösung wird diese zum persönlichen Eigentum, wodurch „die innigste Lebensgemeinschaft mit dem für uns gekreuzigten Christo" entsteht.[133]

Nast, Commentar, 483–491; L. S. Jacoby, Geschichte des brittischen Methodismus, 466–476; H. Geerdes, „Das heilige Abendmahl", WäSt 1 (1871) 67–71; L. Nippert, Leitfaden, 153–155; A. Löbenstein, „Das heilige Abendmahl", HaHe 3 (1875) 77–82; G. Guth, „Die Feier des heiligen Abendmahls", HaHe 11 (1883) 173–175; A. Sulzberger, Glaubenslehre, 699–720; A. Nast, Abhandlung über das heilige Abendmahl (Natur und Zweck), o. O. 1873 (MS); C. F. Paulus, Heilsleben, 163–168; C. Iwert, „Die wirkliche Gegenwart des Herrn im heiligen Abendmahl", ChrAp 55 (1893) 162.

131 Vgl. L. S. Jacoby, Handbuch des Methodismus, 284 f.; W. Nast, Der Größere Katechismus, 78 (Frage 262); A. Sulzberger, Glaubenslehre, 699 ff.

132 Vgl. L. S. Jacoby, Handbuch des Methodismus, 288 ff.

133 A. Sulzberger, Glaubenslehre, 702.

b) Segen und Nutzen des Abendmahls

Die von der Teilnahme am Abendmahl ausgehenden Wirkungen werden wiederum in Anlehnung an die calvinistische Tradition erklärt. Nach L. S. Jacoby belegen die Einsetzungsworte Jesu „die innigste Verbindung zwischen den Elementen und demjenigen, was durch sie vorgestellt wird, dem Sühneopfer des Leibes und Blutes Christi, als dem Preise unserer Erlösung; sie sind das Zeichen dessen, was für uns gegeben, was an unserer Stelle in den Tod gegeben wurde, damit wir durch seinen Tod befreit würden".[134] Die Elemente sind daher einerseits keine leeren Symbole, andererseits jedoch werden die sichtbaren Elemente auch „nicht zu dem Gegenstand, den sie bezeichnen, noch sind sie beides zugleich, d. h. Symbol und Sache selbst".[135] Der Segen des Abendmahls liegt nicht in den Elementen selbst, sondern in der Wirksamkeit des Heiligen Geistes, und kann nur im Glauben empfangen werden. Der Zweck des Abendmahls als göttliches Gnadenmittel wird daher nur bei entsprechender Gesinnung auf seiten des Kommunikanten erreicht, d. h. sofern „wahre Buße und lebendiger Glaube" vorhanden sind. Daraus ergibt sich die Forderung des Ausschlusses offenbar Ungläubiger vom Abendmahl.[136]

Nach Überzeugung des deutschsprachigen Methodismus ist die lutherische Interpretation des Abendmahls nicht mit den biblischen Berichten zu vereinbaren.[137] So weist Nast die Lehre von der Konsubstantiation vom Standpunkt der Logik aus als selbstwidersprüchlich zurück.[138] Allerdings hebt er zugleich hervor, daß die lutherische Auffassung nicht an ihrer Vernunftwidrigkeit scheitere – denn Gottes Wirken kann nach Nast menschliche Vernunft übersteigen –, sondern am einfachen Schriftsinn. Das Luthertum gehe in seiner Abendmahlslehre über den Literalsinn der Bibel hinaus und habe „vor einem einfachen Bibelbeweis sich in aller Eile in die trüben Gewässer der Tradition und der Väter" geflüchtet.[139] Auch A. Löbenstein bestreitet, daß die beiden Vorstellungen von Körperlichkeit auf der einen und Ubiquität auf der anderen Seite miteinander vereinbar seien. Luthers

---

134 L. S. Jacoby, Handbuch des Methodismus, 289.
135 A. Sulzberger, Glaubenslehre, 703.
136 Vgl. ebd., 700.
137 Zur Interpretation der Einsetzungsworte Jesu vgl. insbesondere W. Nast, Commentar, Bd. 1, 484 f.
138 Vgl. ebd., 485.
139 „Die Lehre der ersten Kirche vom heil. Abendmahl. Ein Beitrag zur Aufdeckung methodistischer Geschichts-Verfälschung", ChrAp 9 (1847) 119. Nast unternimmt es dann aber doch, Pastor Walther auf dem Feld der Patristik argumentativ zu schlagen, und meint zeigen zu können, daß die Kirchenväter „weder an Transsubstantiation noch Consubstantiation glaubten, sondern den reformierten Lehrbegriff vom hl. Abendmahl hatten" (ebd.).

Auffassung von der leiblichen Gegenwart Christi qualifiziert er als „zu materialistisch".[140] Er verweist ferner auf zwei im engeren Sinne theologische Argumente. Wenn der Genuß der Elemente, so Löbenstein, Vergebung der Sünden wirke, sei damit ein zweiter Weg zur Vergebung neben dem Glauben geschaffen. Dies aber widerspreche dem biblischen Zeugnis. Schließlich greift Löbenstein die Vorstellung der *manducatio indignorum* an: Es „[e]mpfängt nach Luther auch der Gottlose, wenn auch zu seiner Verdammnis, den Leib Christi; wir aber fragen: wie ist das möglich? Wer Christum empfängt, der hat ihn aufgenommen; wer ihn aber aufgenommen hat, wie kann der gottlos sein?"[141]

Dem Gedanken der leiblichen Gegenwart Christi in den Elementen wird die Vorstellung einer *geistlichen* Realpräsenz Christi im Abendmahl entgegengehalten. Im Abendmahl, so der XVIII. methodistische Glaubensartikel, wird der Leib Christi „auf eine himmlische und schriftgemäße Weise gegeben, genommen und genossen, und das Mittel, wodurch der Leib Christi im Abendmahl empfangen und genossen wird, ist der Glaube".[142] In diesem Sinne findet „eine *wirkliche Mittheilung göttlicher Kraft* u. *göttlichen Lebens*" statt,[143] insofern als Christus „sich selbst mit seiner ganzen Lebens- und Heilskraft der gläubigen Seele offenbart und mittheilt, so wie der Weinstock in jeder einzelnen Rebe sich selbst, seinen Saft und seine Kraft, seine Art und Gestalt reproducirt".[144] Diese Selbstmitteilung Christi schließt die „Vergebung der Sünden, Kraft zur Heiligung und so Vermehrung des geistlichen Lebens" in sich.[145] Sie geschieht weder „materiell" noch „magisch", sondern, da nur durch die gläubige Verbindung mit Christus zu empfangen, auf „organische" Weise und insofern „geheimnisvoll".

Wie verhält sich die Segenswirkung des Abendmahls nun zu den durch die anderen Gnadenmittel verliehenen Segnungen? Wilhelm Nast zufolge ist die im Abendmahl erfahrene Selbstmitteilung Christi ihrem Wesen nach nicht verschieden von den geistlichen Selbstmitteilungen, die der Gläubige fortwährend in der persönlichen Lebensgemeinschaft mit seinem Herrn empfängt. Denn Christus beginnt sich mitzuteilen, „sobald wir durch die Wiedergeburt in persönliche Lebenseinheit mit Christo treten".[146] Zwar wird die Lebensgemeinschaft

---

140 A. Löbenstein, „Das heilige Abendmahl", HaHe 3 (1875) 81.
141 Ebd.
142 Zit. nach A. Sulzberger, Erklärung der Glaubensartikel, 88.
143 Albert Nast, Abhandlung über das heilige Abendmahl, 11.
144 W. Nast, Commentar, Bd. 1, 487; vgl. weiter A. Sulzberger, Glaubenslehre, 707 und 709.
145 A. Sulzberger, Glaubenslehre, 708.
146 W. Nast, Commentar, Bd. 1, 487.

mit Christus durch die Verheißung beim Abendmahl „erneuert und vermehrt", [147] doch geschieht dies auch beim Gebrauch der anderen Gnadenmittel. Als ein Gnadenmittel unter vielen ist das Abendmahl also in den Lebenszusammenhang des Glaubenden hineingestellt. In Nasts Worten gesprochen: *„Die Gemeinschaft des Todes Christi und die persönliche Lebensgemeinschaft mit Christo bedingen sich gegenseitig".* [148] Dem Abendmahl wird damit keine sakramentale Sonderstellung zugebilligt, es ist vielmehr ein – wenn auch wichtiger – Bestandteil des christlichen Lebensvollzugs.

Gleichwohl unterscheidet sich das Abendmahl von den anderen Gnadenmitteln, insofern, Nast zufolge, Christus uns im Genuß des Abendmahls „eine neue Mittheilung seines ganzen Heils so bestimmt verheißen hat, *daß wir nicht daran zweifeln dürfen".* [149] Mit seinem Hinweis auf das Essen des Passahlammes im Alten Bund möchte Nast vermutlich den gesteigerten Gewißheitsgrad aufzeigen, der sich – ganz im Sinne des Heidelberger Katechismus – aus dem Genuß der Elemente ergibt: „gleich wie brod und wein das zeitliche leben erhalten, also sey auch sein [Christi] gecreutzigter leib und vergossen blut, die wahre speiß unnd tranck unserer seelen, zum ewigen leben". [150] C. F. Paulus bezeichnet das Abendmahl sogar als „die Perle aller kirchlichen Gnadenmittel", doch liegt der besondere Charakter auch für ihn nicht in der Substanz der Elemente, sondern im Charakter der Handlung begründet. Danach handelt es sich beim Abendmahl seitens der Gläubigen um einen „Weihe- und Opferakt". [151] Der Hingabe des Christen entspricht die göttliche Hingabe: „Der Augenblick, wo unsere Seele sich ganz hingiebt an ihren Gott, ist auch der Augenblick, wo Gott sich uns ganz hingiebt; der Augenblick unseres höchsten Selbstopfers ist der Augenblick der vollkommensten Selbstmittheilung Gottes an die gläubige Seele". [152] Unklar bleibt bei Paulus, wie sich dieses „höchste Selbstopfer" zur „völligen Hingabe" in der Erfahrung der vollkommen Heiligung verhält. Aufs Ganze gesehen scheint auch bei Paulus zu gelten, daß im Abendmahl „nichts dargeboten [wird], was uns nicht auch außerhalb dem heiligen Abendmahl durch das göttliche Wort dargeboten würde". [153]

---

147 A. Sulzberger, Glaubenslehre, 708.
148 W. Nast, Commentar, Bd. 1, 487. Nast bezeichnet diesen Zusammenhang als die „Cardinalwahrheit" in der Abendmahlsfrage (ebd.).
149 Ebd. Nasts Ausführungen werden auch zitiert von H. Geerdes, „Das heilige Abendmahl", WäSt 1 (1871) 70.
150 Zit. nach Die Bekenntnisschriften der reformierten Kirche. In authentischen Texten mit geschichtlicher Einleitung und Register, hrsg. von E. F. Karl Müller, Leipzig 1903, 704 (Frage 79).
151 Heilsleben, 165 f.
152 Ebd., 166.
153 G. Guth, „Die Feier des heiligen Abendmahles", HaHe 11 (1883) 174 f.

Aus dem Gesagten legt sich der Schluß nahe, daß ebenso wie die Taufe auch das Abendmahl nicht heilsnotwendig ist, ihm aber im Lebensvollzug des Glaubenden ein Heilszweck zukommt. Allerdings bleibt der spezifische Heilszweck hier noch unbestimmter als bei der Taufe, wo es um die Aufnahme in die Bundesgemeinschaft geht. Zwar wird am sakramentalen Charakter des Abendmahls festgehalten, insofern als Brot und Wein Zeichen und Unterpfänder der verheißenen Gnade sind, doch wird im Kontext aller von Gott eingesetzten Gnadenmittel nicht deutlich, inwiefern dem zeichenhaften Charakter des Abendmahls eine besondere, und sei es eine besondere geistliche, Dignität gegenüber gerade dem Wort Gottes zukommt. Aus dieser Spannung resultieren die wiederholten Ermahnungen, das in der Praxis nur vierteljährlich gefeierte Abendmahl nicht zu vernachlässigen. So erinnert G. Guth daran, daß die Vernachlässigung des Abendmahls einer Verachtung des darin sich mitteilenden Herrn und dem Verschmähen des darin angebotenen Heils gleichkomme.[154] Die Verpflichtung zur fleißigen Abendmahlsteilnahme wird zumeist mit dem Gehorsam gegenüber einer von Gott gegebenen Anordnung begründet;[155] wie bei der Kindertaufe wird aus dem Vorrecht zum Gebrauch eines Gnadenmittels die sich aus der Anordnung des Herrn ergebende Verpflichtung. Seltener finden sich Ermahnungen, doch zur urchristlichen Praxis der wöchentlichen, zumindest aber wesentlich häufigeren Abendmahlsfeier zurückzukehren.[156]

c) Bedingungen der Abendmahlsteilnahme

Nach der Formulierung von Nasts Katechismus sind zum Tisch des Herrn alle eingeladen, „welche die Taufe empfangen haben, an Christum von Herzen glauben und Glieder einer christlichen Gemeinde sind".[157] Von drei Voraussetzungen für die Teilnahme am Abendmahl in einer Methodistengemeinde ist hier die Rede.

Erste Voraussetzung für den Abendmahlsempfang ist die empfangene *Taufe*. Für Nast ergibt sich die Notwendigkeit dieser Forderung aus der Analogie von Passah und Abendmahl, denn wie im Alten Bund „nur das durch die Beschneidung in den Bund mit Gott aufgenommene, priesterliche Volk Theil nehmen durfte an dem Passah, so geht auch im Neuen Bunde [...] die Aufnahme durch die Taufe dem Genuß

---

154 Vgl. ebd., 175.
155 Vgl. „Guther Rath für Glieder der bischöfl. Methodistenkirche", in: W. Nast (Hg.), Was ist und will der Methodismus?, 12 f. (dieses Traktats).
156 Vgl. A. Löbenstein, „Das heilige Abendmahl", HaHe 3 (1875) 82; G. Guth, „Die Feier des heiligen Abendmahls", HaHe 11 (1883) 175.
157 Der Größere Katechismus, 81 (Frage 273).

des Abendmahls voran".[158] Die Zueignung des die *Zugehörigkeit* zur Bundesgemeinschaft bestätigenden Zeichens ist also die Voraussetzung für den Empfang des die *Erneuerung* der Bundesgemeinschaft bekräftigenden Zeichens.[159]

Zweite Voraussetzung für die Teilnahme am Abendmahl ist der *persönliche Glaube*. Buße und Glaube sind die Kennzeichen einer zum Empfang des Sakraments qualifizierenden Gesinnung. Auch hier ist – wie bei der Taufe – nach dem methodistischen Verständnis der Heilsordnung die Bekehrung und nicht die Wiedergeburt vorausgesetzt. Auch Kirchenglieder auf Probe, sofern sie als Kinder getauft waren, wurden daher zum Abendmahl zugelassen, denn gerade ihnen sollte das Abendmahl zu einem Gnadenmittel der Wiedergeburt werden.[160] Nicht die von Gott geschenkte Heilserfahrung, sondern die auf seiten des Menschen geforderte evangelische Gesinnung, Buße und Glauben, ist zum Empfang des Abendmahls notwendig. Dabei kommt es nicht auf die Stärke des Glaubens an, denn das Abendmahl, so C. F. Paulus, „ist nicht ein *Lohn für den starken Glauben,* sondern vielmehr ein überaus kräftiges *Gnadenmittel für die Schwachen*".[161] In jedem Fall aber zeigen sich Buße und Glauben in einem dem Evangelium entsprechenden sichtbaren Wandel. Daher sind offenkundige Sünder – wie es nach methodistischer Überzeugung schon bei Judas Ischariot

---

158 Commentar, Bd. 1, 486.
159 Der englischsprachige Katechismus der Methodistenkirche nannte als berechtigt zum Abendmahlsempfang „[a]ll Christians, or persons who profess themselves followers of Christ". Taufe und Kirchenzugehörigkeit werden in diesem Zusammenhang nicht genannt; vgl. Catechism No 3, 51. Diese Beobachtung hat gelegentlich zu der Interpretation geführt, Nast hätte in seinem Katechismus, geleitet von seinem kontinental-reformatorischen Erbe, zusätzliche Bedingungen eingeführt. Tatsächlich gab es die vermutete Differenz in der Abendmahlspraxis zwischen deutsch- und englischsprachigem Methodismus nicht. Bischof Osmond Baker stellte bereits 1855 klar, daß nichtgetaufte Probeglieder (im Unterschied zu getauften) nicht am Abendmahl teilnehmen dürften; vgl. Guide Book in the Administration of the Discipline of the Methodist Episcopal Church, New York 1855, 32. Dreißig Jahre später hat sich daran, in der Darstellung von Bischof S. Merrill, nichts geändert: „It is believed to be the rightful order of things in the Church to administer baptism before the candidate is admitted to the Lord's supper". Merrill betont aber sogleich den relativen, nicht absoluten, Wert dieser grundsätzlichen Bestimmung mit den Worten: „and there are few instances, indeed, where this order is not entirely practicable. We may, therefore, accept it as an order which the Church sanctions and prefers, and towards which our administration should look – and yet we do not hesitate to confess that this order is not so positively enjoined in the Scriptures as to render sinful any deviation from it under pressing circumstances"; A Digest of Methodist Law, Cincinnati/New York 1885, 137 f.
160 „We admit probationers to all the means of grace and all the spiritual advantages of membership in the Church", S. Merrill, ebd., 137.
161 Heilsleben, 168.

geschah[162] – vom Abendmahl ausgeschlossen.[163] Aber auch von den Kommunikanten, die nach den Grundsätzen des Evangeliums leben, wird eine gründliche Selbstprüfung in Vorbereitung auf das Abendmahl gefordert. Sie beinhaltet nach C. F. Paulus v. a. die Fragen „1) ob wir mit rechter Erkenntniß unsere Sünde erkennen, 2) ob wir mit entschiedenem Willen von unseren Sünden lassen und, so weit es möglich ist, unsere begangenen Fehler wieder gut machen wollen, 3) ob wir mit festem Glauben an die Kraft der Versöhnung glauben".[164] Nach Nast haben sich alle Teilnehmer zu fragen, „ob sie im Frieden mit allen Menschen sind, alle ihre Sünden wahrhaft bereuen mit dem festen Entschluß, ein neues Leben zu führen, ihr ganzes Vertrauen auf Christum setzen und nach seiner Gnade hungern und dürsten".[165] Notwendig ist also das Erkennen und Bereuen der persönlichen Schuld sowie der Vorsatz der Besserung. Wenn Nast vom Hungern und Dürsten nach der Gnade spricht, dann wird deutlich, daß die vom Kommunikanten geforderte „Würdigkeit" nicht in dessen „fleckenloser Reinheit und Vollkommenheit" besteht, sondern ihrem Wesen nach eine Empfänglichkeit für die göttliche Gnade meint.[166]

Als dritte Voraussetzung wird die *Zugehörigkeit zu einer christlichen Kirche* genannt.[167] Die nach methodistischem Verständnis unabweisbare Notwendigkeit dieser Bedingung ergibt sich aus zwei Überlegungen. Zunächst läßt sich der Ausschluß offenkundiger Sünder vom Abendmahl nur unter der Voraussetzung praktizieren, daß die Kommunikanten einer konkreten Gemeinde gegenüber für Bekenntnis und Wandel verantwortlich sind, d. h. einer kirchlichen Disziplin unterliegen. Für die eigenen Kirchenglieder war die Zulassung zu dem zumeist getrennt vom öffentlichen Gottesdienst gefeierten Abendmahl an ein

---

162 In diesem Sinne versuchten methodistische Theologen exegetisch den Nachweis zu führen, daß Judas die Tischrunde *vor* Einsetzung des Abendmahls verließ; vgl. A. Sulzberger, Glaubenslehre, 710 f.

163 Nach Sulzberger besitzt die Kirche die Pflicht und Autorität, „Solche, deren Leben ein unzweideutiger Beweis von dem absoluten Mangel jener erforderlichen Gesinnung ist, nicht zum Tische des Herrn zuzulassen", ebd., 710.

164 Ebd. Ein ungleich umfangreicherer Fragenkatalog für die Selbstprüfung findet sich in „Selbstprüfung vor dem heiligen Abendmahl", ChrAp 9 (1847) 91.

165 Vgl. W. Nast, Der Größere Katechismus, 80 (Frage 270).

166 C. F. Paulus spricht von „*der schmerzlichen Erkenntnis der Sünde und dem Hunger und Durst nach Vergebung und Reinigung*", Heilsleben, 167. Und G. Guth sagt: „Wer so seine Gebrechen bekennt und beweint, den festen Entschluß faßt sein Leben zu bessern und sich ganz und ohne Vorbehalt dem Herrn zum Opfer darbringt, der ist würdig, zum Tische des Herrn hinzutreten und das Sakrament des Leibes und Blutes Jesu Christi zu seinem Heile zu empfangen", „Die Feier des heiligen Abendmahles", HaHe 11 (1883) 175.

167 Zur grundsätzlichen Notwendigkeit einer Kirchenzugehörigkeit vgl. „Verbindung mit der Kirche", ChrAp 10 (1848) 199.

class ticket und damit an die Zugehörigkeit zu einer Seelsorgegruppe („Klasse") der Gemeinde gekoppelt, obgleich diese Art der Zugangsberechtigung in der zweiten Hälfte des 19. Jh. in Amerika nach und nach außer Gebrauch kam. Gäste aus anderen Kirchen mußten ein glaubwürdiges Zeugnis ihres evangeliumsgemäßen Lebenswandels geben[168] und zudem einer „evangelical", also einer als rechtgläubig angesehenen Kirche angehören.[169] Zum anderen schien nur durch die Forderung nach Zugehörigkeit zu einer christlichen Kirche gesichert, daß der Kommunikant über Bedingungen und Charakter des Abendmahls zutreffend unterrichtet ist.

Die konsequente Handhabung dieser Bedingungen war auch innerhalb des deutschsprachigen Methodismus nicht unumstritten. So kam es häufig vor, daß Menschen im Rahmen erwecklicher Veranstaltungen zum Glauben kamen, ohne sich (zunächst) einer Gemeinde anzuschließen. Von einigen Methodisten wurde daher unterschieden zwischen solchen, „die sich gern einer rechtgläubigen Kirche anschlössen, aber keine Gelegenheit dazu haben", und solchen, „die sich wohl mit einer rechtgläubigen Kirche vereinigen *könnten*, aber nicht *wollen*".[170] Letzteren sollte auf jeden Fall die Zulassung zum Abendmahl verwehrt werden, da ihre Haltung einer Verachtung des Leibes Christi gleichkomme und zudem ein Anzeichen für die mangelnde Bereitschaft sei, der Welt vollständig zu entsagen.[171] Andere Autoren plädierten jedoch auch im Hinblick auf diese Gruppe für mehr Gelassenheit und Geduld.[172]

Im Unterschied zu den meisten baptistischen Gemeinden der Zeit feierten die Methodisten ein „offenes" Abendmahl. Diese Offenheit meinte keine Indifferenz gegenüber lehrmäßigen und v. a. ethischen Verfehlungen der Kommunikanten. Offenbare Sünder waren von der Teilnahme am Abendmahl ausgeschlossen. Die Offenheit bezog sich

---

168 Vgl. Engelhardt Riemenschneider, Mein Lebensgang. Erlebnisse und Erfahrungen während 40jähriger Arbeit im Dienste des Herrn in Amerika, Deutschland und der Schweiz, Bremen 1882, 218. So durften sie keines Verhaltens schuldig sein, das ein Glied der Methodistenkirche vom Abendmahl ausschließen würde.

169 Vgl. S. Merrill, A Digest of Methodist Law, 136 f.

170 Ein Methodist, „Ist es recht, Solche, die zu keiner Kirche gehören, zum heiligen Abendmahle zuzulassen?", ChrAp 21 (1859) 41.

171 Vgl. ebd.

172 Vgl. W. Schreck, „Wen sollen wir zum heil. Abendmahl unter uns zulassen?", ChrAp 21 (1859) 02. Zur offiziellen Haltung der Methodistenkirche vgl. S. Merrill, A Digest of Church Law, 136: „It is pre-eminently a Church service, and therefore we do not invite any who are not in some Church. Those who share in this previlege must be under the watch care of some one of the Christian denominations, so as to be known as professors of faith in Jesus Christ as the redeemer of men, and the only Savior, as well as amendable to some rightful Christian organization for their conduct in life".

vielmehr auf Angehörige anderer christlicher Kirchen. Sie gründete theologisch in der Überzeugung der deutschsprachigen Methodisten, daß das Mahl des Herrn „nicht Einzelgut einer besonderen Confession oder Denomination", sondern das „Gemeingut der allgemein christlichen Kirche" ist.[173]

3.2.5. Fazit

Die mit den Lutheranern und Baptisten geführten kontrovers-theologischen bzw. konfessions-polemischen Auseinandersetzungen bezogen sich – darin der Auseinandersetzung mit dem Katholizismus ähnlich – in erster Linie auf die sichtbare, objektive bzw. ekklesiale Seite des Heilsgeschehens. Hinter den hier dargestellten Problemkreisen aus dem Bereich der Sakramentologie steht letztlich die Frage nach dem Verhältnis von Gottes objektivem Gnadenhandeln, wie es sich im Vollzug bestimmter kirchlicher Rituale (Taufe, Abendmahl) manifestiert, zur subjektiven Heilserfahrung des einzelnen, dem als Person sittliche Freiheit und Verantwortung zukommt. Bei dem Versuch, das Verhältnis dieser beiden Pole zueinander zu bestimmen, erweist sich das methodistische Formal-, Material- und Medialprinzip einerseits als für den Lösungsansatz bestimmend, andererseits jedoch als Teil des Problems. Denn ungeachtet der Zentralstellung, die der biblischen Offenbarung formal zugesprochen wird, führt der Einsatz bei der Verwirklichung der Gnade im Leben des Menschen (Heilsweg) und die Konzentration auf die subjektive Zueignung der Gnade in der Heilserfahrung zu einer deutlich kritischen Sicht auf die objektiven Heilsvollzüge. Der schlichte Hinweis auf die Beibehaltung von (Kinder)taufe und Abendmahl genügt nicht, diese Feststellung zu widerlegen.

Die deutschsprachigen Methodisten zweifelten nicht daran, daß ihre Sakramentsauffassung den biblischen Befund richtig zur Darstellung bringt und darin dem *Formalprinzip* „Allein die Schrift" gerecht wird. Allerdings fällt auf, daß der für alle weitergehenden Überlegungen zu Taufe und Abendmahl maßgebliche Bundesgedanke mehr axiomatisch an das Neue Testament herangetragen als aus dessen Zeugnis eruiert wird. Gegenüber den Lutheranern wurde die Vorstellung, daß die Kindertaufe mit der Wiedergeburt durch den Heiligen Geist zusammenfalle, als unbiblisch zurückgewiesen. Dagegen schien es in der Diskussion mit den Baptisten zu genügen, bereits das im Neuen Testament fehlende Verbot der Kindertaufe als Beleg für deren selbstverständliche Praxis unter den ersten Christen anzuführen. Die man-

---

173 A. Sulzberger, Glaubenslehre, 711.

gelnde hermeneutische Reflexion der deutschsprachigen Methodisten auf das für sich selbst in Anspruch genommene Prinzip des *sola scriptura* erweist sich hier unübersehbar als Schranke für die Plausibilität der eigenen Position.

Dagegen wird das *Materialprinzip* der „Heiligung durch den Glauben" in der Sakramentslehre konsequent zur Geltung gebracht. Die Notwendigkeit der Heiligung wird am erwähnten Bundesgedanken festgemacht. Als Bundeszeichen verdanken sich Taufe und Abendmahl zwar der göttlichen Initiative, doch verpflichtet ihr Gebrauch *beide* Bundespartner, also Gott und den Menschen, zu einem den Bedingungen des Bundes entsprechenden Verhalten. Die mit dem Vollzug der Sakramente verbundene Wirksamkeit des Heiligen Geistes ergibt sich nicht aus dem substantiellen Charakter der Sakramente, sondern aus dem respektiven sittlichen Verhalten der Bundespartner. Gefordert sind auf seiten des Menschen aufrichtige Buße und lebendiger Glaube sowie ein dieser Gesinnung entsprechendes gottgefälliges Leben. Von Gottes Seite her ruht die Wirksamkeit der Sakramente auf der um Christi Willen gewährten souveränen Mitteilung der göttlichen Lebens- und Heilskräfte durch den Geist. Das Mitteilungsorgan der Gnade ist der Glaube. Damit ist nicht nur der Heiligungsgedanke, sondern auch der methodistische Synergismus der Heilslehre insgesamt für die Sakramentologie eingeholt.

Mit Blick auf die Bestimmung des Verhältnisses von Gottes objektivem Gnadenhandeln einerseits und der subjektiven Heilserfahrung des Menschen andererseits ergibt sich aus dem methodistischen *Medialprinzip* bei alledem eine desintegrative Tendenz. Wenn nämlich die göttliche Gnade sich kraft des Heiligen Geistes in der subjektiven Erfahrung des Glaubens realisiert, dann ergibt sich daraus sofort die Frage, was die Sakramente über diese Erfahrung hinaus zu vermitteln haben bzw. in welcher Weise sie zur geistlichen Erfahrung des einzelnen in Beziehung stehen. Die hier für das 19. Jh. entwickelte methodistische Position geht einen Weg, der einerseits theologisch die Interdependenz von Formal-, Material- und Medialprinzip aufzeigt, andererseits die kirchliche Praxis als Ausdruck einer tiefgreifenden Ambivalenz erfahrbar werden läßt. Konkret bedeutet dies, daß die deutschsprachigen Methodisten zu keiner Zeit dem Gedanken Raum geben, die Sakramente seien, nur weil nicht heilsnotwendig, auch grundsätzlich für das Leben der Kirche verzichtbar. Die vehemente Verteidigung der *Kinder*taufe unterstreicht diese Haltung. Der biblische Befund, daß sich Taufe und Abendmahl göttlicher Einsetzung verdanken, wurde als Maßstab kirchlichen Handelns ernstgenommen. Allerdings beförderte dieser sachlich etwas isolierte Rekurs auf die Anordnung Christi auch die Einstellung, der Empfang der Sakramente sei nicht Vorrecht, sondern Verpflichtung eines Christen. Die Beibehaltung der beiden Sakramente vorausgesetzt, bricht die Frage auf, welche geistliche Bedeutung ihnen angesichts der individuellen Glaubenserfahrung zukommt. Allgemein konnte der Hinweis auf die Gnadenmittel im weiteren Sinne dazu dienen, die segensreichen Wirkungen auch der Sakramente zu behaupten. Im einzelnen wurde dies, wie wir sahen, deutlich schwieriger. Der Heilszweck des Abendmahls sollte darin liegen, daß sich aus dem Genuß der Elemente eine tiefere Heilsgewißheit ergibt, der Heilszweck der Taufe liegt in der Initiation des Kindes in die Gemeinschaft der Kirche. Jedoch gelangt die Theologie des deutschsprachigen Methodismus – aus Angst vor einer Annäherung an den insbesondere bei den Lutheranern vermuteten Sakramentalismus – zu keiner eindeutigen Zuordnung der sich sakramental mitteilenden gegenüber den anderen Gnadenwirkungen Gottes. Während A. Sulzberger bezüglich der Kindertaufe von einem „besonderen Wirken der vorlaufenden Gnade Gottes" spricht, das dem Heil des Kindes dient, aber nicht notwendig zum Heil ist, argumentiert W. Nast konsequent, daß die (Kinder)taufe an und für sich ein „äußerer Vorgang" sei. Der sakramentale Charakter von Taufe und Abendmahl ergibt sich für das Verständnis des deutschsprachigen Methodismus im 19. Jh. in erster Linie aus ihrem zeichenhaften Charakter. Sie *bezeichnen* die Gnadenerfahrungen, die allein Gottes Geist zu wirken vermag. Das Erfahrungsleben des Christen selbst aber speist sich aus den Gnadenwirkungen des Heiligen Geistes, nicht aus den Zeichen und Unterpfändern dieser Wirkungen.

Das Unbefriedigende dieser Auffassung zeigt sich verschärfend in der Unterscheidung von Kinder- und Erwachsenentaufe. Die Notwendigkeit, hier theologisch zu unterscheiden, ergab sich aus der Tatsache, daß bei der Taufe von Erwachsenen als sittlich verantwortlichen Personen Buße und Glaube als Voraussetzung gefordert sind, wogegen die Taufe von Kindern von der Vermutung ausgeht, daß sie – gerade weil sittlich unmündig – der Gnade keinen Widerstand entgegensetzen. Das deutliche Auseinandertreten zweier gänzlich unterschiedlicher Tauftheologien zeigt sich bei W. Nast, wenn er die Taufe von Kindern zu einem mit keinerlei unmittelbaren Gnadenwirkungen verbundenen äußeren Initiationsritus, die Taufe gläubiger Erwachsener dagegen als Gnadenmittel für deren Wiedergeburt erklärt. Der gleichzeitige Gebrauch zweier miteinander unverbundener Tauftheologien wird aber überhaupt nicht reflektiert, die offenbare Schwierigkeit, die sich für den Anspruch einer biblischen Begründung des Taufverständnisses ergibt, nicht wahrgenommen. Der Rückzug auf bundestheologische Erwägungen konnte die innere Dissonanz der methodistischen Tauflehre zwar überdecken, aber nicht auflösen.

Das Aufgeben der noch von Wesley – in anglikanisch-calvinistischer Ausprägung – vertretenen Lehre von der Taufwiedergeburt der Kinder erscheint vom methodistischen Medialprinzip her nur konsequent. Das gleichzeitige Beibehalten der Praxis der Kindertaufe mußte jedoch angesichts des für eine Mitgliedschaft in der Methodistenkirche geforderten erfahrungstheologischen Vorbehalts zu weitreichenden ekklesiologischen Problemen führen. Denn mit der Kindertaufe erfolgte zwar erklärtermaßen die Aufnahme in die sichtbare Kirche, *nicht* jedoch die Aufnahme in einen konkreten Zweig der sichtbaren Kirche. Getaufte Kinder besaßen folglich einen ekklesiologisch – und auch im weiteren Sinne dogmatisch – unbestimmten Zwischenstatus, der bis heute nicht in zufriedenstellender Weise bestimmt worden ist. Die sich aus der Beibehaltung der Kindertaufe ergebenden ekklesiologischen Probleme wurden im deutschsprachigen Methodismus des 19. Jh. zwar auf der kirchlich-praktischen Ebene bewältigt, nicht jedoch auf der systematisch-theologischen Ebene gelöst.

4. Fundamental- und praktische Apologetik[1]

4.1. Geschichtlicher Kontext

Sowohl die Vereinigten Staaten als auch Deutschland erlebten im 19. Jh. ein bis dahin beispielloses Interesse breiter Bevölkerungsschichten für apologetische Fragestellungen. Hatte sich Schleiermacher mit seinen *Reden über die Religion* (1799) „an die Gebildeten unter ihren Verächtern" gewandt, so wuchs im 19. Jh., angeregt durch die neu aufbrechenden Fragen der Zeit, der Strom populärerer Bücher, Broschüren und Traktatsammlungen, die ungezählte Auflagen erreichten und weite Verbreitung erfuhren.[2]

Nach dem Eindruck des positiv-konfessionellen sowie des erwecklichen Protestantismus hatte der kirchliche Rationalismus Deutschlands das Verhältnis von Offenbarung und Vernunft in einer Weise bestimmt, die das göttliche Ansehen und die Inspiration der Heiligen Schrift zerstörte. Vor diesem Hintergrund erschien ihnen der kirchliche Rationalismus als Wegbereiter des Materialismus, Darwinismus und Wissenschaftspositivismus im 19. Jh. Es kennzeichnete weite Teile der Erweckungstheologie des 19. Jh., daß sie gegenüber den bezeichneten Geistesrichtungen nicht den Rückzug in die Innerlichkeit antraten. Der in erwecklichen Kreisen vorherrschende Biblizismus führte gerade nicht zu einer Scheidung von geistig-religiöser Wirklichkeit einerseits und geschichtlich-natürlicher Wirklichkeit andererseits. Vielmehr setzte das Verständnis der Bibel als der alle Wirklichkeitsbereiche erschließenden Gottesoffenbarung Kräfte und Kreativität frei, um die notwendig erscheinende Auseinandersetzung vom Standpunkt eines positiven Offenbarungsglaubens aus zu führen. So wurde die Frage nach dem Verhältnis von Offenbarung und Vernunft, von Glauben und Wissen, nicht abgewiesen, sondern bewußt aufgegriffen und reflektiert. Dabei ergaben sich wichtige Überlegungen im Hin-

---

1 Die Unterscheidung von Fundamental- und praktischer Apologetik orientiert sich an Werner Elerts Unterscheidung von „theoretischer" und „praktischer" Apologetik; vgl. Der Kampf um das Christenthum, München 1921, 214–257.

2 Vgl. Otto Zöckler, Geschichte der Beziehungen zwischen Theologie und Naturwissenschaft, Bd. 2, Gütersloh 1879, 473 ff. Zur Bedeutung Zöcklers für die christliche Apologetik vgl. Fredrick Gregory, Nature Lost? Natural Science and the German Theological Traditions of the Nineteenth Century, Cambridge (Ma.)/London 1992, 112–159.

blick auf das Wesen des Menschen, insbesondere seine Herkunft und sittliche Freiheit, ferner hinsichtlich des biblischen Wunderbegriffs.

Das erkenntnistheoretische Fundament der offenbarungsgeleiteten Apologetik bildete eine Philosophie der Tatsachen, derzufolge das erkennende Subjekt und die erkennbare objektive Wirklichkeit in einem prinzipiell ungebrochenen Korrespondenzverhältnis zueinander stehen. In den Vereinigten Staaten gründete sich diese Überzeugung auf die Prinzipien der „Common-Sense"-Philosophie des schottischen Gelehrten Thomas Reid (1710–1796).[3] Die dem „Common-Sense"-Denken zugrundeliegenden Prinzipien sind angeborene Ideen, also selbstevidente Überzeugungen, die der Natur des Menschen konstitutiv sind. Das Bewußtsein vermag auf sie zu reflektieren, nicht jedoch sie zu begründen. Zu diesen Ideen gehört die Annahme einer Beziehung zwischen Ursache und Wirkung sowie das Vertrauen in das Wahrnehmungsvermögen der eigenen Sinne. Obwohl Reid selbst die Gottesidee nicht für angeboren hielt, wurde von anderen „Common-Sense"-Philosophen auch die theistische Grundannahme in der Natur des Menschen verankert. Aufbauend auf diese Prinzipien des „Common-Sense" bediente sich Reid für die Erkenntnis der Welt der induktiven Methode Francis Bacons. Danach galt es aus den durch Beobachtung und Experiment gewonnenen natürlichen Tatsachen die Gesetze der Natur abzuleiten, die ihrerseits die Naturphänomene zu erklären imstande waren. Diesem Vorgehen wohnte nach Reid ein philosophie-kritisches Element inne. Denn mit der Behauptung eines unmittelbaren Erkenntniszugriffs auf die Tatsachen (auf das „Ding an sich") und der impliziten Ausschaltung einer in diesem Erkenntnisprozeß vermittelnden Vorstellungswelt entfiel die Notwendigkeit der Hypothesenbildung. So stand der gesunde Menschenverstand gegen die philosophische Spekulation.

In der ersten Hälfte des 19. Jh. sollte diese Form der amerikanischen Aufklärungsphilosophie die den konfessionellen und erwecklichen Protestantismus Amerikas bestimmende Erkenntnistheorie werden.[4] Nach Sydney Ahlstrom erwies sie sich – in ihrer den protestantischen

---

3 Vgl. Sydney E. Ahlstrom, „The Scottish Philosophy and American Theology", ChH 24 (1955) 257–272; George M. Marsden, Fundamentalism and American Culture. The Shaping of Twentieth-Century Evangelicalism: 1870–1925, New York/Oxford 1980, 14 ff.; Mark A. Noll, „Common-Sense Traditions and American Evangelical Thought", American Quarterly 37 (1985) 216–238; vgl. weiter: Harriet A. Harris, Fundamentalism and Evangelicals, Oxford 1998, 95–130.

4 Für die Evangelische Gemeinschaft und die Vereinigten Brüder in Christo vgl. H. W. Naumann, Theology in the Evangelical United Brethren Church, 168–177. Für den englischsprachigen Zweig der bischöflichen Methodistenkirche vgl. L. Scott, Methodist Theology in the Nineteenth Century, 93 ff. M. Noll, Das Christentum in Nordamerika, erwähnt die Methodisten unter Hinweis auf eine Studie von E. Brook Holifield, The Gentlemen Theologians. American Theology in Southern Culture 1795–1860, Durham 1978.

Bedürfnissen der Zeit angepaßten Gestalt – als apologetische Theologie *per excellence*[5]. Mark Noll hat in diesem Zusammenhang zwischen dem epistemologischen, dem ethischen und dem methodologi-
schen Gebrauch des „Common-Sense" unterschieden.[6]

Der Grundgedanke des *epistemologischen* Common-Sense, der erkennende Zugriff nicht auf die Idee, sondern die Sache selbst, geht
weithin unverändert auf Reid zurück. Wenn freilich das erkennende
Subjekt und das erkannte Objekt in unvermittelter Korrelation zuein-
ander stehen, dann sind auch die Berichte der Bibel Zeugnis „harter
Fakten" und nicht der Vorstellungswelt des menschlichen Verfassers.
Auf diese Weise gewinnen die Tatsachen der Bibel Gleichwertigkeit
gegenüber den von den Naturwissenschaften eruierten Tatsachen.
Schließlich entspricht auch die Klarheit der Heiligen Schrift dem
gesunden Menschenverstand. Der Leser bedarf weder einer fremden
Autorität noch eines hermeneutischen Postulats, um den Text in seiner
Faktizität zu verstehen.

Im amerikanischen Kontext gewinnt, maßgeblich bestimmt von früheren Überlegungen Francis Hutchesons (1694–1746), insbesondere
der *ethische* „Common-Sense" an Bedeutung.[7] Hutcheson ging von der
These aus, daß der Mensch die Prinzipien der moralischen Welt mit
derselben intuitiven Gewißheit wie die der physikalischen Welt erkennen könne. Zu den Prinzipien der Moral gehörte wesentlich die persönliche sittliche Freiheit des Menschen, genauer, das Vermögen, sich
frei für oder gegen eine Handlung zu entscheiden. Dem ethischen
„Common-Sense", wie er sich in Amerika durchsetzen sollte, lag ferner die Überzeugung zugrunde, daß „gut" und „böse" nicht vom
kulturell bedingten Vorverständnis gebildete Werturteile sind, sondern
der moralischen Weltordnung einwohnende unabänderliche Prinzipien. Auf dieser Überzeugung sollte eine gesellschaftliche Moralord-
nung aufbauen können.

---

5 So S. Ahlstrom, „The Scottish Philosophy and American Theology", ChH 24 (1955)
  267. M. Noll faßt die Bedeutung des „Common-Sense" für die Apologetik mit
  folgenden Worten zusammen: „With Scottish common sense to assist them, Protestant leaders expressed new optimism about the ability of all human minds to be
  drawn to the faith by logically compelling arguments. They worked deligently con-
  structing appeals to neutral reason, grounded in universal moral sense and in science,
  in order to prove the existence of God, the need for public morality, and the divine
  character of Scripture", A History of Christianity in the United States and Canada,
  Grand Rapids 1992, 157.
6 Vgl. M. Noll, „Common-Sense Traditions and American Evangelical Thought",
  American Quarterly 37 (1985) 220 ff.
7 Vgl. Allen C. Guelzo, „‚The Science of Duty'. Moral Philosophy and Epistemology
  of Science in Nineteenth-Century America", in: David N. Livingstone/D. G. Hart/
  Mark A. Noll, Evangelicals and Science in Historical Perspective, New York/Oxford
  1999, 267–289.

Der *methodologische* „Common-Sense" sollte grundlegend für das Verständnis der christlichen Theologie im Verhältnis zu den anderen Wissenschaftsbereichen werden. Das Ideal der induktiven Wissenschaftsmethode Bacons wurde auf die Theologie übertragen. Sie erschien nun ebenfalls als „a system of certain truths, grounded on a careful induction from simple facts", bei dem auf alle hypothetischen Annahmen verzichtet werden kann. Damit ist die Theologie wie jede Wissenschaft als ein nicht von menschlichen Denkvoraussetzungen beeinflußtes Denksystem verstanden, das den gesunden Menschenverstand, so er sich nicht willentlich widersetzt, zur Anerkennung unabweisbarer Tatsachen zwingt. Zugleich ist eine Harmonie zwischen der Bibel und (recht verstandener) Wissenschaft postuliert.[8]

Den schottischen „Common-Sense"-Prinzipien entsprechende Gedanken finden sich auch in der philosophischen und theologischen Tradition Deutschlands. Nachdem Supranaturalisten wie Gottlob Christian *Storr* (1746–1805) sich gern auf Kants Unterscheidung von theoretischer und praktischer Vernunft im Sinne eines erkenntniskritischen Axioms bezogen hatten, um die i. E. überzogenen Ansprüche der Aufklärungsphilosophie abweisen zu können, übten Erweckungstheologen des 19. Jh., darin z. T. von Friedrich Schleiermacher beeinflußt, vom erfahrungstheologischen Standpunkt aus Kritik an Kants Erkenntnislehre, die nach ihrer Überzeugung die Unmöglichkeit der unmittelbaren Gotteserfahrung und damit der religiösen Gewißheit implizierte. So gründet nach *Tholuck* die Möglichkeit religiöser Erkenntnis und Gewißheit in der Annahme einer über den Fall hinaus bestehenden Gottesverwandtschaft des Menschen, also einer fortbestehenden *analogia entis* zwischen Geschöpf und Schöpfer. Sie zeige sich im „unmittelbare[n] religiös-sittliche[n] Bewußtseyn" des Menschen.[9] Angesichts seiner unleugbaren Gottesverwandtschaft einerseits und seiner gottwidrigen sittlichen Existenz andererseits gerate der Mensch in einen tiefen sittlichen Zwiespalt, der nur durch die Aufnahme des Versöhners in das sittliche Bewußtsein überwunden werden könne. Auch für den lutherischen Systematiker und Apologeten *Luthardt* ist die Erlösungsfähigkeit des Menschen nur denkbar, wenn das Göttliche auf einen Anknüpfungspunkt in der durch die Sünde entstellten Natur des Menschen trifft. Nach Luthardt besteht dieser Anknüpfungspunkt im Zusammentreten von sittlichem Bewußtsein (Gewissen) und Gottesbewußtsein, wodurch das Sittengesetz als der Wille

---

8 „Science had been allowed to operate on a naturalistic basis free from theological assumptions, except for the assumption that objective investigation of nature would confirm what was revealed in Scripture", G. Marsden, Fundamentalism and American Culture, 20.

9 Die Lehre von der Sünde und vom Versöhner, 163.

Gottes erkannt wird. Das Gottesbewußtsein versteht Luthardt als Tatsache des allgemeinen menschlichen Bewußtseins, in der Gott als eine „Nothwendigkeit seines Denkens" vorgestellt ist. Das Gottesbewußtsein ist das „Selbstzeugniß Gottes im Menschen", dem alle äußeren Bezeugungen nur noch zur Bestätigung dienen können. Der Inhalt des Gottesbewußtseins aber ist nicht allein die Existenz Gottes, sondern auch das unabweisbare Gottesverhältnis des Menschen. Während Gott so als Grund und Ziel des Menschen vorgestellt wird, fordert das sittliche Bewußtsein den Menschen dazu auf, „daß er Gott auch sich thatsächlich Grund und Ziel seines persönlichen Lebens sein lasse".[10]

Mit ähnlichen Überlegungen beginnt auch *Jellinghaus* seine für die Heiligungsbewegung in Deutschland maßgebliche Dogmatik *Das völlige gegenwärtige Heil durch Christum*. Auch hier begegnet die Vorstellung eines jedem Menschen angeborenen Gottesbewußtseins. Sowohl seine „geschaffene Natur" als auch sein „Gewissen" brächten dem Menschen das Dasein Gottes zu Bewußtsein. Kein Volk der Erde sei ohne eine – und sei es noch so undeutliche – Ahnung von Gott. Zum Gottesbewußtsein tritt auch nach Jellinghaus das sittliche Bewußtsein als ein „angeborenes Bewußtsein von dem Unterschiede von gut und böse".[11] Der sittliche Konflikt des Menschen – darin stimmt Jellinghaus Tholuck zu – bricht an dessen unabweisbarem „Schuldbewußtsein" auf. Dabei erfährt der Mensch, „daß er von Natur ein Herz hat, das unter der Herrschaft böser Triebe steht, und daß auch die ganze umgebende Menschenwelt von der Sünde durchdrungen ist".[12] Dieser innere Zwiespalt wird dadurch aufgehoben, daß das Wort Gottes und der Heilige Geist den Menschen in die Entscheidung stellen und diese Entscheidung zugunsten Gottes fällt. Die Gottesfrage ist diesem Verständnis nach mit dem Menschsein selbst mitgesetzt und insofern unabweisbar.

Der erweckliche Protestantismus des 19. Jh. entwickelte vor diesem Hintergrund eine vitale Apologetik, die unterschiedliche äußere Formen annahm. Besondere Bedeutung kam in dieser Hinsicht den kirchlichen Zeitschriften zu, die sich unter anderem oder sogar ausschließlich apologetischen Fragestellungen widmeten. Zur zweiten Gruppe kirchlicher Periodika gehörte der 1865 von Otto Zöckler und Rudolf Grau begründete *Beweis des Glaubens*, der auch von Wilhelm Nast gelesen wurde.[13] Zur schriftlichen trat die mündliche Auseinandterset-

---

10 Die Lehre vom freien Willen, und seinem Verhältniß zur Gnade in ihrer geschichtlichen Entwicklung dargestellt, Leipzig 1863, 447.
11 Das völlige gegenwärtige Heil durch Christum, 2.
12 Ebd.
13 Umgekehrt schien O. Zöckler nur eine ungefähre Kenntnis von Nasts Christlichem Apologeten gehabt zu haben, denn er erwähnt diesen als ein von „Dr. Naß [sic!] in Cincinnati schon um 1840 gegründete[s] Organ zur Verteidigung sowohl der

zung in Vortragsreihen und Streitgesprächen hinzu. Während jährlich stattfindende wissenschaftliche Vorlesungsreihen an Universitäten (*Lectures*), die primär auf ein akademisches Publikum zielten, v. a. in den Vereinigten Staaten üblich waren, gab es populäre Vortragsreihen, die ein breiteres Publikum ansprechen sollten, auf beiden Seiten des Atlantik. Zu den bekanntesten Apologeten in den Vereinigten Staaten gehörte der Kongregationalist Joseph Cook, der seit 1873 in Boston seine berühmten *Monday Lectures* hielt.[14] Er wirkte über die Grenzen seiner eigenen Denomination hinaus und beeinflußte u. a. auch die methodistischen Kirchen.[15] In Deutschland wurde der Leipziger Systematiker E. Luthardt zum – nach Tholuck – wichtigsten evangelischen Apologeten des 19. Jh.[16] Seine öffentlichen Vorträge erlangten durch ihre Drucklegung weite Verbreitung, wie die zahlreichen Auflagen seiner Bücher bezeugen.[17] Luthardts Vorträge boten einen „dem Fassungsvermögen eines weiteren Kreises von Gebildeten angepaßten Überblick über die Hauptwahrheiten der natürlichen oder nicht-geoffenbarten Religionserkenntnis".[18] Auch Wilhelm Nast engagierte

---

allgemein-christlichen wie der besonderen methodistischen Lehren", Geschichte der Beziehungen zwischen Theologie und Naturwissenschaft, Bd. 2, 599.

14 Zu Cook vgl. G. H. Schrötter, „Amerika's größter Streiter gegen den Unglauben", HaHe 6 (1878) 584–586.

15 W. H. Naumann bezeichnet Cook als „the most important single influence upon the theological understanding and activity of Evangelicals [= Evangelical Association] and United Brethren during the late 1870's and the 1880's", Theology in the Evangelical United Brethren Church, 192 (vgl. ebd., 191–216). Die durchweg positive Einstellung gegenüber Cook, wie Naumann sie für die Evangelische Gemeinschaft und die Vereinigten Brüder in Christo nachweist, läßt sich für die deutschsprachigen bischöflichen Methodisten nicht erkennen. Zwar wurde auch von ihnen Cooks zweifellos offenbarungsgläubige Grundhaltung gewürdigt, ihm allerdings auch vorgeworfen, die rationale Beweisführung des christlichen Glaubens zu weit zu treiben – freilich eine Kritik, die sich praktisch gegen jeden apologetisch tätigen Theologen vorbringen ließe. Kritisiert wurde auch, daß Cook nicht genügend mit der deutschen Literatur vertraut sei, um über die neuere deutsche Theologie und Philosophie referieren zu können. Und in der Tat verfügten die bischöflichen Methodisten mit Wilhelm Nast, aber auch Michael J. Cramer, über einige in dieser Hinsicht ungleich besser orientierte Mediatoren; vgl. [H. Liebhart], „Wie Dr. Cook Längstbekanntes bestätigt", HaHe 11 (1883) 226–228; [ders.], „Dr. Joseph Cook und seine Philosophie", HaHe 12 (1884) 617–620.

16 So Horst Georg Pöhlmann, Art. „Apologetik", EKL³, Bd. 1, 214.

17 Vier Bände: 1. Apologetische Vorträge über die Grundwahrheiten des Christenthums im Unterricht zu Leipzig gehalten, Leipzig 1864 (14. Aufl. 1897); 2. Apologetische Vorträge über die Heilswahrheiten des Christenthums im Winter 1867 zu Leipzig gehalten, Leipzig 1867 (7. Aufl. 1901); 3. Vorträge über die Moral des Christenthums im Winter 1872 zu Leipzig gehalten, Leipzig 1872 (7. Aufl. 1898); 4. Die modernen Weltanschauungen und ihre praktischen Konsequenzen. Vorträge im Winter 1880 zu Leipzig gehalten, Leipzig 1880 (3. Aufl. 1891).

18 O. Zöckler, Geschichte der Beziehung zwischen Theologie und Naturwissenschaft, Bd. 2, 626.

sich – wenig erfolgreich, wie er selbst eingestand – in öffentlichen Streitgesprächen mit dem in Cincinnati bekannten Religionskritiker Haussaurek.[19]

Mit ihrer Vortragstätigkeit reagierten die protestantischen Apologeten auf die Verbreitung religionskritischer und naturphilosophischer Gedanken über den Bereich akademischer Zirkel hinaus, eine Entwicklung, die selbst bereits das Resultat populärer Vortragstätigkeit war. So verdankte sich die Popularisierung der Darwinschen Entwicklungslehre im angelsächsischen Raum dem maßgeblichen Wirken Thomas Henry Huxleys (1825–1895), der durch seine Vortragstätigkeit eine Art von „Öffentlichkeitsarbeit [betrieb], wie sie Darwins ganzem Temperament überhaupt nicht entsprach".[20] Dabei erschloß er jedoch dem Darwinismus eine Klientel, die bis dahin keinen Zugang zu evolutionstheoretischen Fragestellungen gefunden hatte. Religionskritische und materialistische Überzeugungen wurden in Deutschland v. a. durch Carl Vogt (1817–1895) und Ludwig Büchner (1824–1899) popularisiert, deren Vortragstätigkeit auch publizistischen Niederschlag fand. Schließlich setzte auch Ernst Haeckel (1834–1919), der Darwins Gedanken eigenständig weiterentwickelt hatte, auf die Wirkung populärer Vorträge, denen er bewußt eine andere Gestalt als seinen wissenschaftlichen Referaten vor Fachkollegen gab.[21]

Vor diesem Hintergrund überrascht es nicht, auf den Studienplänen des deutschsprachigen Methodismus zahlreiche apologetisch ausgerichtete Texte zu finden. Mehrere der für die Prediger-Ausbildung verwendeten Bücher waren von Wilhelm Nast überarbeitet und ediert worden. Der Kanon der zu studierenden Texte war daher maßgeblich von der Auswahl Nasts bestimmt.[22] Zu den Büchern, die sich mit den

---

19 Vgl. „Des Herausgebers Debatte mit Hrn. Hassaurek", ChrAp 15 (1853) 3.

20 Franz M. Wuketis, Eine kurze Kulturgeschichte der Biologie, Mythen – Darwinismus – Gentechnik, Darmstadt 1998, 74.

21 So zitiert F. Wuketis den Haeckel-Kritiker Dennert mit den Worten: „Wenn Haeckel zu Laien spricht, die ihn nicht kontrollieren können, dann ist die Stammesgeschichte eine ‚sichere historische Tatsache' [...], dann ‚wissen wir bestimmt' [...], daß und wie sich der Mensch kontinuierlich entwickelte, dann ‚enthüllt die Anthropogenie die lange Kette der Vertebratenahnen' des Menschen [...], dann besitzen wir ‚die zusammenhängende Ahnenkette von den ältesten Halbaffen bis zum Menschen'". In Fachkreisen aber, betonte Dennert, sei Haeckel „äußerst vorsichtig, weil diese ihm auf die Finger schauen könnten"; zit. nach ebd., 87 ff.

22 Vgl. exemplarisch den Studienkurs von 1864: von Nast übersetzt und herausgegeben: Wesleys Lehrpredigten, Wursts Grammatik, Fletschers Appelation, Hares Rechtfertigung des Sünders; Philosophie des Erlösungsplanes; von Nast herausgegeben: Zellers Seelenlehre, Liscos Das christlich-apostolische Glaubensbekenntnis katechetisch erklärt; von Nast verfaßt: Das Leben und Wirken des Johannes Wesley und seiner Haupt-Mitarbeiter. Bearbeitet nach den besten englischen Quellen, Einleitung in das

Geistesströmungen der Zeit auseinandersetzten, gehörten u. a. die von T. Pearson verfaßte Preisschrift *Der Unglaube*,[23] Theodor Christliebs *Moderne Zweifel am christlichen Glauben*[24] und mehrere Bände der apologetischen Vorträge Ernst Luthardts.[25]

Im folgenden soll ein Überblick über verschiedene Bereiche der Fundamental- sowie der praktischen Apologetik des deutschsprachigen Methodismus geboten werden, wobei es darum geht, die innere Struktur der methodistischen Apologetik im Hinblick auf das eingangs benannte Formal-, Material- und Medialprinzip zu entschlüsseln. Mit der Bestimmung des Verhältnisses von Offenbarung und Vernunft, das hier an Carl Döring, Wilhelm Nast und Michael Cramer expliziert werden soll, ist die Grundfrage nach dem Wirklichkeitsbezug des christlichen Offenbarungsglaubens gestellt. Von ebenso fundamentaler Bedeutung für die Apologetik ist die Frage nach dem Bibelverständnis der deutschsprachigen Methodisten, für das auf Wilhelm Nast, William Warren und Arnold Sulzberger verwiesen werden wird. Von den so entwickelten Voraussetzungen aus sind dann die verschiedenen Felder der praktischen Apologetik, also die Auseinandersetzung mit Materialismus und Darwinismus sowie die Verteidigung des Wunders, zu untersuchen.

Neue Testament; vgl. The Doctrines and Discipline of the Methodist Episcopal Church 1864, 326 ff.

23 Der Unglaube oder: Die verschiedenen Gestaltungen, Ursachen und Beförderungsmittel des Unglaubens. Erste von der evangelischen Allianz gekrönte Preisschrift in deutscher Bearbeitung von H. Rogge, Köln 1878.

24 Dieses Buch wurde von der Missionskonferenz Deutschland/Schweiz zur Lektüre empfohlen. Christliebs Schrift Die Bekämpfung des modernen Unglaubens stand von 1888 bis 1892 auf dem deutschen Studienkurs der Generalkonferenz.

25 Die Apologetischen Vorträge über die Grundwahrheiten des Christenthums standen ab 1871 auf dem Studienplan der Missionskonferenz Deutschland/Schweiz, von 1872 bis 1892 sowie 1904 bis 1912 dann auch auf dem (deutschen) Studienplan der Generalkonferenz. Dort fanden sich ferner die Vorträge über die Moral des Christenthums von 1880 bis 1888, die Modernen Weltanschauungen und ihre praktischen Konsequenzen von 1892 bis 1904 und Luthardts Christliche Ethik von 1880 bis 1888.

4.2. Fundamentalapologetik, Teil 1:
Das Verhältnis von Offenbarung und Vernunft

4.2.1. Carl Döring: Die Möglichkeit göttlicher Offenbarung

Mit der grundsätzlichen Möglichkeit einer speziellen göttlichen Offenbarung setzt sich 1841 Carl Döring auseinander.[26] Dabei folgt er der traditionellen Argumentationslinie, wonach die natürliche Erkenntnis aufgrund der Realität der Sünde begrenzt und deshalb für die Kenntnis des göttlichen Erlösungshandelns auf eine besondere Offenbarung angewiesen sei. Er anerkennt, daß bestimmte Aspekte des Willens Gottes auch ohne spezielle Offenbarung erkennbar seien, wie der allgemeine Wille Gottes nach menschlicher Wohlfahrt und Frieden, ferner die sich daraus ergebenden Pflichten des einzelnen gegenüber seinen Mitmenschen, ohne deren Akzeptanz ein geordnetes gesellschaftliches Miteinander nicht denkbar wäre. Einsichtig würden aus der Natur ferner die Existenz eines göttlichen Urhebers der Schöpfung und einige Eigenschaften des Schöpfers.[27]

Die Grenzen der natürlichen Erkenntnis ergeben sich für Döring aus der Realität des Sündenfalls, durch den (außerhalb des Volkes Israel) das Wissen um den einen Gott verlorengegangen sei. Weil die natürliche Offenbarung vor dem Sündenfall des Menschen erging, weiß sie nichts von der Wirklichkeit der Erlösung. Erst durch die spezielle Wortoffenbarung Gottes kann der Mensch von der Vergebung aufgrund des Sühnetodes Jesu Christi erfahren. Erst vom Versöhnungsgeschehen her erschließt sich das Wesen Gottes und die Einheit seines Wirkens. Und nur wo das Wesen Gottes erkannt ist, kann nach dem Willen Gottes gelebt werden. Ziel der speziellen Offenbarung ist damit der von Gottes Geist zu einem Leben nach Gottes Willen erneuerte Mensch.

Döring setzt sich ferner mit einigen Einzeleinwendungen auseinander, die von deistischer Seite gegenüber der besonderen Gottesoffenbarung vorgebracht wurden. So weist er den Widerspruch innerhalb der deistischen Argumentation auf, wonach einerseits die Existenz eines allmächtigen Gottes postuliert wird, diesem Gott aber andererseits das Vermögen bestritten wird, sich in einer von ihm frei bestimmten Weise zu offenbaren.[28] Auch die Existenz konkurrierender

---

26 Vgl. „Einwürfe gegen göttliche Offenbarung im Allgemeinen", ChrAp 3 (1841) 113.
   117.121.125.129.133.137.141.145.149, „Die Einwürfe des Unglaubens, gegen die
   göttliche Offenbarung und Lehren des Alten Testaments", ChrAp 3 (1841)
   156.164.168.172.
27 Vgl. ebd., 113. 117.
28 Vgl. ebd., 121.

Wahrheitsansprüche in den Offenbarungsreligionen erlaubt es nach Döring nicht, die Möglichkeit spezieller göttlicher Offenbarung überhaupt zu leugnen.[29] Vielmehr sei der Mensch gerade deshalb mit Verstand begabt, um diese konkurrierenden Ansprüche einer Prüfung unterziehen zu können. Döring selbst entwickelt Kriterien einer solchen Prüfung.[30] So behauptet er erstens, daß eine Religion, die wirklich göttlichen Ursprungs sei, die natürliche Offenbarung überbieten müsse, ohne ihr jedoch zu widersprechen. Auch müsse das Endziel der Religion mit der erkannten Absicht Gottes, nämlich der Glückseligkeit des Menschen, übereinstimmen. Grundaxiom ist hier also die vollkommene Harmonie zwischen natürlicher und spezieller Gottesoffenbarung.[31] Zu den weiteren von Döring genannten Kriterien gehört das Kriterium der Widerspruchsfreiheit. Dabei setzt sich Döring mit dem Vorwurf, daß die Bibel zahlreiche Widersprüche gegenüber der gegenwärtigen Erfahrung enthalte, nicht weiter auseinander, sondern fordert seinerseits die „Ungläubigen" dazu auf, „uns nur Eine Stelle, Eine Lehre in derselben aufzuweisen, welche in einem offenen Widerspruch mit einer andern steht".[32] Er gesteht lediglich „scheinbare" Widersprüche zu, die zudem durch den „Fortschritt der Wissenschaften ... täglich mehr und mehr" aufgelöst würden.[33] Schließlich müsse eine Offenbarung Gottes „auf untrüglichen und unbestreitbaren Beweisen ruhen" und sie „auf eine solche Weise überliefert seyn, daß auch die späteste Nachkommenschaft versichert ist, dieselbe in ihrer Aechtheit zu erhalten".[34] Um dies für die Bibel zu zeigen, verweist Döring auf die mit der Abfassung verbundenen Wunder, die Erfüllung der Weissagungen und den Charakter der menschlichen Verfasser.

Döring bedient sich also maßgeblich der Argumente der älteren Apologetik, wobei der weithin zirkuläre Charakter seiner Beweisführung für ihn kein Problem darzustellen scheint. Allerdings bleibt zu berücksichtigen, daß seine Beweisführung nach Dörings eigner Überzeugung eine unbestreitbare Evidenz besitzt, der sich der gesunde Menschenverstand nicht entziehen könne.[35] Für Döring ist klar: „Sind

---

29 Vgl. ebd., 125.

30 Vgl. ebd.

31 „Die Lehren der Bibel und die Lehren der Natur sind in genauester Uebereinstimmung, und allenthalben der Beweis, daß der Gott der Natur und der Gott der Bibel ein und dieselbe Person ist", ebd., 141.

32 Ebd., 129.

33 Ebd.

34 Ebd., 133.

35 „Die Begebenheiten oder Thatsachen, welche in der heiligen Schrift erwähnt sind, haben solche unumstößliche Beweise zu ihrer Grundlage, daß der Ungläubige entweder dieselben gänzlich verläugnen, oder sie als wahr anerkennen muß; und durch das Letztere folgt wiederum die göttliche Eingebung der heiligen Schrift", ebd., 141.

nun die Wunder, die die Bibel erzählt, wirklich geschehen, und die Weissagungen, die sie enthält, wirklich in Erfüllung gegangen, so haben wir den stärksten Beweis unserer Religion".[36] Das Aufzeigen sogenannter biblischer „Beweisgründe" genügt nach Döring, um nicht allein die Möglichkeit einer besonderen göttlichen Offenbarung überhaupt zu beweisen, sondern darüber hinaus den Wahrheitsanspruch der biblischen Offenbarung zu untermauern. Diese auch im 19. Jh. noch sehr populäre Form der Beweisführung wurde im deutschsprachigen Methodismus maßgeblich durch Wilhelm Nast überwunden.

4.2.2. Wilhelm Nast: Die Überwindung des Rationalismus und die Vernunft des Glaubens

Kein anderer Theologe des deutschsprachigen Methodismus im 19. Jh. hat sich so intensiv mit den Fragen des Verhältnisses von Offenbarung und Vernunft beschäftigt wie Wilhelm Nast. Als primäres Podium für die Darlegung seiner Überzeugungen nutzte Nast den von ihm edierten *Christlichen Apologeten*. Obwohl sich diese Titel-Bezeichnung an der anderer methodistischer Blätter orientierte, die fast alle das Wort „Advocate" im Titel führten,[37] verband Nast mit seiner Titelwahl eine ausdrücklich apologetische Zielsetzung. Für ihn zeigt der Name des Blattes „auch zugleich einen Hauptbeweggrund an, der uns zur Herausgabe dieses Blattes bestimmte".[38] Nasts apologetisches Anliegen richtet sich nach eigenem Bekunden gegen die zwei einander berührenden Extreme des „Aberglaubens" und des „Unglaubens", wobei der erstgenannte Begriff den „Papismus", der letztgenannte die unterschiedlichen Strömungen des „Rationalismus" meint.[39]

Deutlich apologetischen Charakters war auch das mit Abstand umfangreichste von Nast verfaßte Buch, sein Kommentar zu den synoptischen Evangelien. Der Kommentar war ursprünglich ein Auftragswerk für die Generalkonferenz, die ihn im Jahr 1852 mit der Abfas-

---

36 Ebd., 149.
37 Vgl. „Der Gruß des Herausgebers", ChrAp 14 (1852) 1. Tatsächlich stand auch hinter dem englischen Titel ursprünglich eine apologetische Zielstellung; vgl. James Penn Pilkington, The Methodist Publishing House. A History, Nashville/New York 1968, Bd. 1, 200 f. Doch ist die streng apologetische Deutung des Zeitungsnamens, bei dem Nast das englische „Advocate" mit „Apologete" übersetzt, außer bei Nast nirgends in der von ihm vertretenen konzeptionellen Schärfe umgesetzt worden. Dies übersah jedoch O. Zöckler, der alle Advocates für Organe christlicher Apologetik hielt; vgl. Geschichte der Beziehungen zwischen Theologie und Naturwissenschaft, Bd. 2, 599.
38 „Der Christliche Apologete", ChrAp 1 (1839) 2.
39 Vgl. ChrAp 1 (1839) 61 sowie „Der Gruß des Herausgebers", ChrAp 14 (1852) 1, wo sich diese Begriffsdeutungen ausdrücklich finden.

sung eines kurzen, praktischen Kommentars über das Neue Testament beauftragt hatte.[40] Die deutsch-amerikanischen Methodisten um Nast lehnten das Vorhaben jedoch in der beschlossenen Form ab und erklärten, ein deutschen Bedürfnissen entsprechender Kommentar solle „so gründlich und vollständig seyn, als er nur immer gemacht werden könne".[41] In diesem Sinne machte sich Nast an die Abfassung seines Synoptikerkommentars,[42] den er schließlich auch in einer überarbeiteten englischsprachigen Version veröffentlichte. Der Kommentar sollte nicht allein kritisch-exegetischen und praktisch-homiletischen Ansprüchen gerecht werden, sondern v. a. geeignet sein „to meet the difficulties of modern scepticism".[43] Als Lehrmittel stand Nasts Kommentar von 1864 bis 1908 auf dem Studienplan der deutschsprachigen Methodistenprediger.

a) Die Kritik des Rationalismus

Der Rationalismus ist Nast zufolge eine facettenreiche geistesgeschichtliche Bewegung, die sich durch „Verspottung", „Läugnung" und „Verdrehung" des Wortes Gottes, durch „Rechtfertigung der Sünde" und die „Erlaubniß des von Gott Verbotenen" auszeichnet.[44] Innerhalb des Rationalismus unterscheidet Nast nach einem naturalistischen, deistischen und pantheistischen Weltverständnis.[45] Rationalismus bedeute „Vernunftlehre" und meine eine Anschauung, „die nichts

---

40 Vgl. Journal of the General Conference, New York 1852, 145.
41 „Eine nähere Erklärung über den Commentar", ChrAp 22 (1860) 62. Vgl. weiter den Brief Nasts an Rev. R. Crooks vom 27. April 1859. Dieser Brief enthält Überlegungen, die sich Nast bei der Planung des Kommentarwerkes ergaben.
42 W. Nasts Bemühen um die Bearbeitung weiterer biblischer Bücher durch andere Autoren schlug fehl. So bat Nast den der Heiligungsbewegung nahestehenden späteren Professor für Systematische Theologie an der Boston University Daniel Steele um die Kommentierung des Johannesevangeliums. Steele lehnte ab, was er später jedoch bedauerte; vgl. Half Hours with Saint John and Other Bible Readings, 1901, Vorwort. Unterstützung bei der Abfassung des Synoptikerkommentars erhielt Nast durch den methodistischen Prediger W. Engel, der Vorarbeiten für den Kommentar übernahm. Nast entschied sich schließlich selbst zur Kommentierung des vierten Evangeliums und bat dafür Ernst Ströter um Mithilfe. Mit Ströter kam es jedoch über der Frage zum Streit, ob der von Jesus auf der Hochzeit zu Kana gewandelte Wein alkoholhaltig gewesen sei. Das Fragment des unvollendet gebliebenen Johannes-Kommentars wurde später aus dem Nast-Nachlaß herausgegeben; vgl. Kritisch-praktischer Commentar über Das Evangelium nach Johannes, Cincinnati/New York 1908.
43 So heißt es im Titel der englischen Ausgabe des Kommentars, Vgl. weiter Commentar, Bd. 1, 3.
44 „Kurze Geschichte des Unglaubens", ChrAp 1 (1839) 61.
45 Vgl. ebd., 69.

annimmt, als was die Vernunft begreifen kann".[46] In diesem Geltungsanspruch der menschlichen Vernunft steckt nach Nast eine zweifache
Selbsttäuschung des Menschen. Zunächst übersehe der „Vernunftgläu-
bige", daß die Tätigkeit des Verstandes nicht selbstursächlich, sondern
der Willenskraft unterworfen ist. Anknüpfend an Tholuck stellt Nast
fest, daß „*der Mensch glaubt, was er wünscht*",[47] da der Wille der
„innere Lebensherd" ist, „aus dem entweder die reine Flamme der
Liebe und des Glaubens zu Gott empor steigt, oder der dicke, stin-
kende Rauch der Fleischlichkeit und des Unglaubens, der den Himmel
verhüllt".[48] Als zentrale Frage ergibt sich von daher für Nast, was
eigentlich die Vernunft von Natur aus *will*. Für ihn ist klar, daß die
Vernunft nur das wollen kann, was ihrer gefallenen Natur entspricht:
„Ein guter Gott im Himmel und ein guter, wenn auch schwacher
Mensch auf Erden und einst die höchste Wonne des ewigen Lebens,
das ist … die Lehre des natürlichen Menschen".[49] In dieser nach
biblischen Maßstäben verkürzten menschlichen Daseinsbestimmung
liegt nun die zweite gefährliche Selbsttäuschung des Menschen. Denn
der Rationalist blende den göttlichen Gerichtshorizont, der über jedem menschlichen Leben stehe, aus und werde dem Gericht – tragisch
genug – gerade deshalb verfallen.[50] Der Vernunftglaube entspricht also
keiner „aufgeklärten", sondern einer von Selbstsucht und Gottesver-
achtung verdunkelten Verstandestätigkeit. Selbstsucht aber ist – so
Nast im Anschluß an Julius Müller – das Wesen der Sünde, insofern
als „der Eigenwille des Menschen gerne etwas Anderes glaubt, als was
der Wille Gottes ihn lehrt und ihm gebietet".[51] Damit ist der Vernunftglaube von Nast bestimmt als die im Bereich des Denkens ma-
nifeste Auflehnung des Menschen gegen den Willen Gottes.

Nasts Kritik gilt ausdrücklich dem „Vernunftglauben" als selbst-
süchtiger, gottfeindlicher Lebenshaltung, nicht aber dem Wert und
Vermögen der Vernunft als solcher. Gerade um den rechten Gebrauch im Unterschied zum Mißbrauch der Vernunft ging es Nast.
Wie also sind Wesen und Grenzen der menschlichen Vernunft zu
bestimmen?

---

46 „Ein Wort der Ermahnung an den Vernunftgläubigen", ChrAp 1 (1839) 53; vgl.
  auch „Dr. William Nast on Rationalism", Methodist Review 42 (1890) 277.
47 „Ein Wort der Ermahnung an den Vernunftgläubigen", ChrAp 1 (1839) 53. Ähnlich
  hatte A. Tholuck gesagt, „daß der Mensch nur sieht, was er will", Die Lehre von
  der Sünde und vom Versöhner, 107.
48 „Ein Wort der Ermahnung an den Vernunftgläubigen", ChrAp 1 (1839) 53; vgl. A.
  Tholuck, Die Lehre von der Sünde und vom Versöhner, 167, wo Tholuck fast
  wortgleich vom „Heerd des innern Lebens" spricht.
49 „Ein Wort der Ermahnung an den Vernunftgläubigen", ChrAp 1 (1839) 53.
50 Vgl. ebd., 54.
51 „Kurze Geschichte des Unglaubens", ChrAp 1 (1839) 61.

b) Wesen und Grenzen der Vernunft

Nach Nast bezeichnet die Vernunft das Wesenhafte des Menschen. Sie ist „keine einzelne Seelenkraft, sie ist nicht Verstand, nicht Gefühl, nicht Wille, sondern sie ist der feine göttliche Hauch, der dies Alles bildet im Menschen". Sie ist, anders ausgedrückt, das „Gottähnliche in unserem Wesen".[52] Als vernunftbegabtes Geschöpf ist der Mensch daher auf Gott bezogen. Der Charakter dieser Beziehung findet in der Wesensbestimmung der Vernunft ihren Niederschlag. Nach Nast ist das Wesen der Vernunft nicht Produktivität, sondern Rezeptivität: „Die Vernunft hat nicht umsonst ihren Namen von Vernehmen, denn sie vernimmt nur, was eine höhere oder eine tiefere Stimme,[53] als sie selbst ist, ihr sagt".[54] Was sich in der Vernunft des Menschen findet, ist daher nicht das Produkt eigenen geistigen Schaffens, sondern ist ihr „eingegeben oder eingepflanzt".[55] Deutlicher noch formuliert Nast, die Vernunft könne „*keinen einzigen Gedanken, keine einzige Wahrheit schaffen*, sondern nur, nachdem der Gedanke in der Welt oder in dem eigenen Bewußtsein vorgefunden worden [ist], von dort entnehmen".[56] Damit ist erstens gesagt, daß die Vernunft nicht Quelle, sondern Mittel der Erkenntnis ist. Sie besitzt dienende, unterstützende Funktion. Als Rezeptionsorgan ist sie zweitens auf Offenbarung angewiesen. Dem Wesen der menschlichen Vernunft entspricht daher ein Gott, der sich der Vernunft offenbart. Von der Offenbarung her gewinnt das Dasein des Menschen, konkret seine Erkenntnistätigkeit, Richtung und Ziel. So erweist sich die Vernunft nach Nast als

„eine Gabe, durch welche er [der Mensch] über die Welt und sich selbst hinaus zu dem, was höher denn er selbst ist, hinaufrankt, durch welche er

---

52 „Vernunft und Glaube", ChrAp 2 (1840) 33.
53 Die hier angedeutete Möglichkeit einer Offenbarung „von unten", also aus dem Reich der Finsternis, findet sich gelegentlich bei Nast, besitzt im vorliegenden Zusammenhang aber nur periphere Bedeutung. Für gewöhnlich zeigt der Begriff der „Offenbarung" bei Nast *göttliches* Wirken an. Aber prinzipiell kommt die Möglichkeit der Offenbarung auch dem Satan zu.
54 „Ein Wort der Ermahnung an den Vernunftgläubigen", ChrAp 1 (1839) 53; vgl. auch „Das Christentum und die Vernunftreligion", ChrAp 17 (1855) 133 sowie Commentar, Bd. 1, 150. Im Commentar bezieht sich Nast für diesen Gedanken ausdrücklich auf Mynsters Betrachtungen über die christlichen Glaubenslehren. Der Gedanke findet sich ferner bei A. Tholuck, vgl. Die Lehre von der Sünde und vom Versöhner, 168.
55 „Und so liegen in der Vernunft, wie auch in der äußeren Natur, die Gesetze, Formen und Wahrheiten, die die Vernunft nicht wähnen darf, erschaffen zu haben durch ihr Denken, sondern sie sind die Mittel, mit deren Hülfe sie denkt, die Anfänge, von denen sie anhebt, oder die großen Ziele, nach denen sie hinstrebt, und die sie sich nicht schafft, sondern die ihr gegeben, eingegeben oder eingepflanzt sind", ebd.
56 „Die Erkenntnis Gottes aus der Vernunft", ChrAp 21 (1859) 93.

allein über sich selbst erhoben und jenseits der Schranke seiner Beschränktheit mit dem Unbeschränkten, mit Gott und dem unermeßlichen All verknüpft ist, und darum ... eine Gnadengabe von Gott, durch welche Gott den Menschen, den von Ihm geliebten, Sein Ebenbild in der Kreatürlichkeit, mit sich vereinigt, damit er, nie von Gott los, sondern immer mit ihm verbunden, aus der Quelle, aus dem Urquell, aus Gott selbst könne schöpfen und selig seyn."[57]

Über den Sündenfall hinaus bleibt der Mensch Gott als dem „Urquell" seines Lebens verbunden. Seine Vernunft ist die dem Wesen der menschlichen Gottebenbildlichkeit entsprechende „Gnadengabe". Das Wesen menschlicher Vernunft ist folglich *Rezeptivität*, d. h. die Empfänglichkeit des Menschen für die göttliche Offenbarung. Es ist ferner *Relationalität*, also das Vermögen des Menschen, in Beziehung zu Gott (und zu anderen Menschen) zu stehen.

Wenn die Anerkennung der göttlichen Offenbarung eine selbstevidente Forderung der Vernunft ist, dann bedarf es nach Nast eines bewußten Willensentschlusses, sich dieser Offenbarung zu verschließen.[58] Daß der Mensch diesen Willensakt tatsächlich vollzieht, ist nach Nast Folge des Sündenfalls. Der gefallene Mensch leugnet die Wirklichkeit Gottes und der göttlichen Offenbarung, weil sie, wie er meint, seiner Vernunft widerspricht. Doch indem er sich zur göttlichen Vernunft in Widerspruch setzt, erweist er nur seine eigene „Unvernunft". So verkehrt sich das ursprüngliche korrespondierende Zuordnungsverhältnis von Offenbarung und Vernunft aufgrund der Sünde des Menschen in Widerspruch.

c) Das Verhältnis von Offenbarung und Vernunft

Um den Begriff der Gottesoffenbarung zu bestimmen, greift Nast auf die traditionelle Unterscheidung von allgemeiner und spezieller Offenbarung zurück.[59] Die allgemeine Gottesoffenbarung erschließt das

---

57 Ebd.

58 „Es ist der menschlichen Seele angeboren, an Gott zu glauben. Menschen mögen sich zum entgegengesetzten Glauben zwingen; sie mögen sich zuletzt, entweder in Folge der Dunkelheit und Schwierigkeit, womit der Gegenstand umgeben ist, oder um ohne Gewissensbisse sündigen zu können, dem Atheismus in die Arme werfen; aber weder der einzelne Mensch noch ein ganzes Volk hat je mit dem Atheismus angefangen", Commentar, Bd. 1, 56. An anderer Stelle formuliert Nast etwas zurückhaltender: „Daß es eine höhere Ordnung, eine höhere Welt außer und über dieser irdischen giebt, ist eine Annahme, die sich allerdings nicht streng beweisen läßt". Doch „läßt sich diese Existenz auch der auf sich selbst gestellten Vernunft wahrscheinlich machen durch die Anwendung des historischen und ethischen Beweises", „In wiefern kann eine Vertheidigung des christlichen Glaubens der menschlichen Vernunft gegenüber ihren Zweck erreichen?", ChrAp 33 (1871) 309.

59 Dagegen lehnt er die Unterscheidung von „natürlicher Religion" und „geoffenbarter Religion" ausdrücklich ab, da Religion notwendigerweise auf Offenbarung beruhe; „Vernunft und Offenbarung", ChrAp 17 (1855) 157.

Wesen Gottes aus seinen Werken. Die Schöpfungswerke Gottes „sind ein Spiegel der göttlichen Majestät, Gottes unsichtbares Wesen wird uns durch sie sichtbar".[60] Der Schlüssel zu den natürlichen Werken ist jedoch das Wort Gottes, also seine spezielle Offenbarung. Der gefallene Mensch bedarf dieser speziellen Offenbarung, insofern sie nicht nur vom Schöpfer, sondern auch vom Erlöser spricht. Nur das Wort Gottes enthüllt nach Nast die Abgründigkeit des menschlichen Herzens und löst das Rätsel, warum der Mensch um das Gute weiß und doch dem Bösen folgt. Inhalt der speziellen Offenbarung ist daher „die Lehre von der Sünde und von der Versöhnung".[61]

Für Nast gibt es keinen Zweifel daran, daß auch der gefallene Mensch sowohl die allgemeine wie auch die besondere, also die Wort-offenbarung Gottes empfangen kann. Mit der Vernunft besitzt der Mensch „das Organ, womit wir die Offenbarung empfangen: wer also Vernunft hat, für den ist das Reich Gottes zugänglich".[62] Nicht Gott, sondern der Mensch verschließt sich dem Reich Gottes, wenn er die Annahme der göttlichen Offenbarung unter Hinweis auf seine Vernunft ablehnt. Denn da die Vernunft ihrem Wesen nach die „Gott vernehmende Natur in uns" ist,[63] kann ein Widerspruch zwischen Offenbarung und Vernunft nach Nast überhaupt nicht entstehen.[64] Der Mensch ist zu dem Zweck geschaffen, die göttliche Offenbarung in sich aufzunehmen. Wo dies geschieht, verändert die göttliche Wahrheit den ganzen Menschen. Sie „erleuchtet seinen Verstand, reinigt und stärkt seinen Willen, und Beides, Verstand und Willen, einigt sich zu einer guten, ganzen Lebenskraft".[65]

Der vom Rationalismus behauptete Widerspruch zwischen Offenbarung und Vernunft ist daher Nast zufolge ein nur scheinbarer Widerspruch, der freilich seine subjektive Begründung auf seiten des

---

60 Ebd.
61 „Die Erkenntnis Gottes aus Seiner Offenbarung in der h. Schrift", ChrAp 21 (1859) 108. Man beachte die deutliche Bezugnahme auf Tholucks gleichnamiges Buch.
62 „Vernunft und Offenbarung", ChrAp 17 (1855) 157. Nast illustriert seine Überlegung mit dem Hinweis auf das Verhältnis von Licht und Auge: „Das Licht ist das von Gott Gegebene; der Gebrauch des Auges ist des Menschen Thätigkeit. Die Vernunft ist das innere Auge, das die durch das Sonnenlicht der göttlichen Offenbarung beleuchteten Gegenstände erkennt" (ebd.).
63 „Vernunft und Glaube", ChrAp 2 (1840) 33.
64 Dies gilt nach Nast in gleicher Weise für das Verhältnis von allgemeiner und spezieller Offenbarung: „Zwischen der niedrigeren und höheren Offenbarung kann wohl ein scheinbarer Widerspruch eintreten, sowie etwa die Frucht die Verneinung der Blüthe ist, aber kein wirklicher; sondern richtig erfaßt und ganz durchschaut, mit vollkommen reinem Auge, so wie Gott die Dinge sieht, muß Alles, was da lebt, für den Fürsten des Lebens zeugen", „Die Grenzen der Wissenschaft", ChrAp 30 (1868) 276.
65 „Vernunft und Glaube", ChrAp 2 (1840) 34.

Menschen hat. Denn was sich der Offenbarung entgegenstellt, ist nicht die nach Gottes ursprünglicher Bestimmung operierende Vernunft, sondern die sich überhebende, die sich ihrer Grenzen nicht bewußte und folglich irrende Vernunft.[66] Der scheinbare Antagonismus zwischen Offenbarung und Vernunft ist Konsequenz nicht des *Gebrauchs*, sondern des *Miß*brauchs der menschlichen Vernunft. Aus dem Miß*brauch* aber entsteht ein Miß*verhältnis*, das den ganzen Menschen in Widerspruch zu Gott setzt. Nicht das Christentum, sondern der „Vernunftglaube" des Rationalisten ist nach Nast „Unvernunft". Mehr noch, das Christentum will selbst „die *höchste Vernunft* seyn, es ist ganz auf die Vernunft berechnet; denn es soll als die Offenbarung der göttlichen Vernunft von der menschlichen Vernunft vernommen werden".[67] Nicht die vermeintliche Vernunftfeindlichkeit des Christentums, sondern die Offenbarungsfeindlichkeit des Rationalismus ist für Nast das Problem des sündigen Menschen.

Die innere Widersprüchlichkeit der rationalistischen Weltanschauung möchte Nast mit einer weiteren Beobachtung belegen. Wenn nämlich, so Nast, ein Widerspruch zwischen Offenbarung und Vernunft behauptet werde, wessen Vernunft sei denn dabei gemeint? Die Platos oder Aristoteles'? Die Humes, Spinozas, Descartes, Newtons, Kants, Hegels, Schellings oder Feuerbachs? Es ist also nicht *die* Vernunft, die in Widerspruch zur Offenbarung tritt, sondern je und je *meine* Vernunft.[68] Bereits die Uneinigkeit unter den Ansichten der „Vernünftigen" zeigt für Nast, daß die menschliche Vernunft nicht mehr ihre ursprüngliche Reinheit und Klarheit besitzt, sondern von der Sünde getrübt ist.[69] Die reine Menschenvernunft findet Nast „nur in Dem, der ohne Sünde und folglich auch ohne Irrthum war, der auch hier auf Erden nicht im Glauben, sondern im Schauen wandelte, der allein aus dem Urquell der ewigen Weisheit geschöpft hat".[70] Der Maßstab der menschlichen Vernunft ist hier also christologisch bestimmt. In Christus begegnet dem Menschen die Weisheit Gottes. Die Frage nach

---

66 Vgl. „Das Antichristentum gegen Vernunft, Natur, Moral und Freiheit", 3 ff. (dieses Traktats), in: Sammlung von Traktaten, Band 2 und Commentar, Bd. 1, 149, wo Nast sich auf Twesten bezieht.

67 „Das Christenthum und die Vernunftreligion", ChrAp 17 (1855) 133.

68 Vgl. ebd.

69 „Wäre die menschliche Vernunft rein und durch die Sünde unberührt, wären ihre Kräfte ungeschwächt und ungetrübt, dann könnten wir ihr das Recht zustehen, zu fordern, daß alle Wahrheiten der göttlichen Offenbarung mit ihr übereinstimmen müßten; so lange wir aber an dem Bekenntnis festhalten, daß auch die geistigen Kräfte des Menschen, wie er ist ohne die erleuchtende Weisheit der Offenbarung Jesu Christi, getrübt sind durch die Sünde, können wir ein solches Recht nicht anerkennen"; „In wiefern kann eine Vertheidigung des christlichen Glaubens der menschlichen Vernunft gegenüber ihren Zweck erreichen?", ChrAp 33 (1871) 309.

70 „Das Christenthum und die Vernunftreligion", ChrAp 17 (1855) 133.

dem Verhältnis von Offenbarung und Vernunft besitzt daher im letzten eine soteriologische Qualität.

d) Die Überwindung des Rationalismus: Apologetik und Wiedergeburt

Das Vernehmen der göttlichen Offenbarung ist für Nast nicht identisch mit dem lebendigen Herzensglauben, der *fiducia*. Denn in der Konzeption Nasts stellt die Offenbarung dem Menschen Tatsachen vor, deren Annahme aufgrund ihrer Selbstevidenz für den Menschen zwingend ist. Das Ausüben des Heilsglaubens kann aber nicht erzwungen werden, da der Glaube ansonsten keine Tat des sittlich freien Menschen wäre. Zwischen *Vernehmen* der Offenbarung und *Annehmen* des Heils besteht daher ein Unterschied. Dieser Unterschied entspricht dem Wesen der Wortoffenbarung „als etwas, der natürlichen Vernunft Faßliches, wenn auch für sie Unergründliches und Unbeweisbares".[71] Mit anderen Worten, der natürliche Mensch kann die Offenbarung Gottes vernehmen, ohne sie dabei – im Glauben – auch persönlich anzunehmen. Das Eintreten in die persönliche Beziehung zu Christus, die dem Menschen durch das Wort eröffnet wird, ist daher keine Frage der Einsicht oder Überzeugung, sondern des selbstbestimmten Wollens. Das Wollen wiederum entspricht dem „Trachten des Herzens", also der Grundorientierung des Menschen.[72] Vor diesem Hintergrund bleibt die Frage, was überhaupt „vernünftige" Argumente gegenüber einem Rationalisten bewirken können und welche auch erkenntnistheoretische Bedeutung Bekehrung und Wiedergeburt zukommt.

Nach Nast läßt sich das Verhältnis von rationaler Argumentation, also der Apologetik, und dem Wirken des Heiligen Geistes in Bekehrung und Wiedergeburt mit einem biblischen Motiv veranschaulichen. Danach läßt sich die christliche Apologetik als „das Werk Johannes des Täufers auf dem Wege wissenschaftlicher Forschung" bezeichnen.[73] Ihr kommt damit eine für das Annehmen des göttlichen Heils „vor-läufige" und „grund-legende" Bedeutung zu. Dem Apologeten geht es darum, „Hindernisse zu beseitigen, welche nach den verschiedenen Richtungen hin den Zugang zur christlichen Wahrheit versperren; Vorurtheile zu entfernen, durch welche sich Viele abhalten lassen,

---

71 Ebd.

72 Nast verwendet an diesem Punkt wechselnde Termini. Das Herz meint jedenfalls „eine tiefer liegende Kraft der Seele" und steht letztlich wohl für die Grundorientierung des Menschen, seine Gesinnung; vgl. „Vernunft und Glaube", ChrAp 2 (1840) 33.

73 „In wiefern kann eine Vertheidigung des christlichen Glaubens der menschlichen Vernunft gegenüber ihren Zweck erreichen?", ChrAp 33 (1871) 297.

sich der christlichen Wahrheit vertrauensvoll hinzugeben; Behauptungen zu entkräften, welche, wären sie wahr, eine Zustimmung zu dem
Worte Gottes unmöglich machten; Gedankenbilder zu zerstören, welche sich für göttliche Wahrheit ausgeben, es aber nicht sind".[74] Ihre
Aufgabe ist es damit, „dem Herrn und seinem Geiste die Wege zu
bahnen in der Menschen Herzen".[75] Dabei zielt die Apologetik auf
den „Rest von Wahrheits-, Schönheits- und Rechtsgefühl, welcher
auch in dem Gott durch die Sünde entfremdeten natürlichen Men-
schenherzen, wenn auch noch so verborgen, doch vorhanden ist".[76]
Voraussetzung christlicher Apologetik ist also ein „Anknüpfungspunkt" für die Gnade im Menschen, ihr Weg die eingehende Beschäftigung mit den Argumenten des Gegners und deren Widerlegung. Ziel
aber bleibt die Erneuerung des Herzens durch die Wiedergeburt.

Welcher Mittel und Wege bedient sich die Apologetik im einzelnen?
Für Nast besitzt das Christentum eine geschichtliche, eine ethische
und eine dogmatische Seite. Dementsprechend hat die christliche Apologetik auf dem Gebiet geschichtlicher Forschung ebenso zu überzeu-
gen wie auf ethischem und auf dogmatischem Feld.[77] In *geschichtlicher*
Hinsicht setzt die Apologetik auf den Nachweis der historischen Faktizität der biblischen Berichte.[78] So wird der „negativen" eine „positive" historische Kritik entgegengesetzt. Auf *ethischem* Gebiet gilt es
zu zeigen, daß das Christentum „die Bestimmung und Fähigkeit hat,
die reinsten und edelsten Früchte sittlichen Lebens zu erzeugen", und
dem Menschen nicht seine Freiheit raubt, sondern wahre Freiheit
schenkt.[79] Auf *dogmatischem* Gebiet stellt sich die Aufgabe, die Ansprüche der göttlichen Offenbarung einerseits und der – unerleuchte-
ten – menschlichen Vernunft andererseits zu vermitteln. Dabei ist nach
Nast eine feine Balance zu wahren. Denn zunächst ist es die Aufgabe
der Apologetik, die dogmatischen Bestimmungen des christlichen
Glaubens zu beweisen, und zwar „in Uebereinstimmung mit der Con-
stitution oder mit den Denkgesetzen des menschlichen Geistes, oder,

---

74 Ebd.
75 Ebd.
76 Ebd.; vgl. Commentar, Bd. 1, 149.
77 Vgl. „In wiefern kann eine Vertheidigung des christlichen Glaubens der menschlichen
   Vernunft gegenüber ihren Zweck erreichen?", ChrAp 33 (1871) 297.
78 Auch hier begegnet die genannte Differenzierung zwischen historischem und Heils-
   glauben: „Gelingt es der positiven Kritik, den historischen Nachweis zu liefern, daß
   die Auferstehung Jesu Christi ein unbestreitbares Faktum ist, erzwingt sie damit durch
   unwiderlegliche Gründe die Zustimmung des denkenden Lesers, der vielleicht vorher
   allerlei Zweifel hegte, so hat sie damit freilich noch Niemand zum Glauben geführt,
   aber sie hat ein Vorurtheil beseitigt und den Zweifelnden überführt von der Nothwendigkeit des Glaubens an Wunder, an Uebernatürliches", ebd.
79 Ebd.

wenn sie dies nicht kann, muß sie ihre Behauptungen so modificiren, daß sich eine solche Uebereinstimmung gestaltet".[80] Gemeint ist hier offenbar, daß die dem christlichen Glauben zugrunde liegenden Tatsachen dem „Ungläubigen" auf eine solche Weise dargeboten werden müssen, daß sie formal seiner natürlichen, besser kreatürlichen, Rezeptivität entsprechen. Nicht gemeint ist dagegen, daß der positive Offenbarungsgehalt den Forderungen einer von Gott losgelösten Vernunft zu unterwerfen ist.[81]

So wichtig es nach Nasts Überzeugung ist, dem Evangelium apologetisch den Weg zu bahnen, so unmöglich ist es zugleich, den Menschen rational zu motivieren, das Evangelium im Glauben anzunehmen. Dazu bedarf es des göttlichen Einwirkens auf den Menschen durch den Heiligen Geist, der die Bekehrung ermöglicht und die Wiedergeburt schenkt:

„Das Christenthum läßt sich Niemandem andemonstriren; es will geglaubt und erfahren sein; nur durch die Wiedergeburt kommen wir in das Reich Gottes und also auch nur durch diese zur Erkenntniß der christlichen Wahrheit; Buße ist der einzige Weg, der von den Wegen der natürlichen Vernunft abführt und die Pforte der geistlichen Erkenntniß öffnet."[82]

---

80 „Offenbarung und Vernunft", ChrAp 33 (1871) 92. Etwas anders in „Glauben und Wissen", ChrAp 42 (1880) 340.

81 Wenn die Vernunft daher das Gesetz geltend macht, daß ein Mensch altert und stirbt, um nicht wieder ins Leben zurückzukehren, folglich auch die Auferstehung Jesu eine Unmöglichkeit sei, „so kann sich der Glaube in keiner Weise diesem Urtheil unterwerfen, er hält trotz des Protestes der Vernunft fest an der Auferstehung Jesu Christi", „In wiefern kann eine Vertheidigung des christlichen Glaubens der menschlichen Vernunft gegenüber ihren Zweck erreichen?", ChrAp 33 (1871) 297. Die beiden hier vorgetragenen Aussagen können freilich auch als Widerspruch gelesen werden. Allerdings sollte bei der Interpretation beachtet werden, daß es Nast im Kontext jeweils um verschiedene Sachverhalte geht. Im ersten Fall möchte er die geschichtlichen Veränderungen bei der Erklärung bestimmter theologischer „Thatsachen", wie der göttlichen Trinität und des Kreuzestodes Jesu, von der feststehenden Tatsache selbst unterscheiden, im zweiten Fall grenzt er die Ansprüche von göttlicher Offenbarung und menschlicher Vernunft gegeneinander ab. Ein weiterer Hinweis auf Nasts Verständnis dieses Punktes findet sich im Commentar, Bd. 1, 149: „Es giebt viele Dinge, an deren Realität und Wahrheit wir keinen Augenblick zweifeln ungeachtet wir wenig oder nichts davon begreifen und überall kommen wir zuletzt auf ein Unbegreifliches, eine letzte Thatsache, ein irgend wie Gegebenes; und wir sind weit davon entfernt, dieses zu verwerfen, weil wir es nicht weiter begreifen können. Sollten wir dieses nun in der Religion thun, so müßte zum Wenigsten nachgewiesen werden können, daß und warum wir eben in ihr und in ihr allein nichts annehmen dürfen, was wir nicht begreifen, – eine Aufgabe, die Niemand lösen kann. Nur so viel muß zugegeben werden, daß wir verstehen, d. h. uns aneignen können, was wir annehmen sollen".

82 „In wiefern kann eine Vertheidigung des christlichen Glaubens der menschlichen Vernunft gegenüber ihren Zweck erreichen?", ChrAp 33 (1871) 297.

Die radikale Gottentfremdung des Menschen, seine grundlegende Verkehrtheit gegenüber Gott, verlangt nach einer radikalen Umkehr. Die Möglichkeit dieser Umkehr aber liegt nicht in der Kraft von Argumenten, sondern in der Wirksamkeit der göttlichen Gnade begründet. Nicht menschliches Über*zeugen*, sondern geistliches Über*winden* ist notwendig. Der Wiedergeburt als Werk des Heiligen Geistes kommt in diesem Sinne eine „therapeutische" Wirkung zu. Durch die Wiedergeburt kehrt sich die Grundrichtung des Menschen um und verändert sich seine Gesinnung von Grund auf. Seine Seele wird vom „Licht des Geistes Gottes neu belebt, erhellt, gestärkt".[83] Der wiedergeborene Mensch liest das Buch der Natur als Offenbarung Gottes und dringt immer tiefer in die Weisheit des Schöpfers ein.[84] Er erkennt das Wirken Gottes in der Geschichte der Menschheit.[85] Der Verstand weiß nun „ganz anders als vorher zu urtheilen und zu verstehen".[86] Er wird zur „edle[n] Gabe, die der Mensch gebrauchen muß, um dieses Schwert [das Wort Gottes] zu führen".[87] Letzte Gewißheit seines Lebens aus Gott findet er jedoch nicht in den von der Vernunft getragenen Beweisen, sondern allein im inneren Erfahrungsbeweis, dem *testimonium spiritus sancti internum*. So findet der Mensch durch die Wiedergeburt seiner Vernunftnatur nach zu seiner ursprünglichen Bestimmung zurück.

e) Das Verhältnis von Offenbarung und Vernunft im übrigen deutschsprachigen Methodismus

Im übrigen deutschsprachigen Methodismus folgte man weitgehend den von Nast vorgezeichneten Linien. So wird *erstens* an der Bedeutung der menschlichen Vernunft für eine allgemeine und vorläufige Gotteserkenntnis festgehalten. Die Existenz Gottes wird als eine selbstevidente Forderung der Vernunft bezeichnet, die sich aus dem Wesen der sichtbaren Schöpfung ergebe.[88] Sulzberger bezeichnet die Vernunft in diesem Zusammenhang als „eine Vorrede zur göttlichen Offenbarung".[89] Sie könne zwar nicht Gottes „herablassende Liebe", wohl aber seine Schöpferkraft, erkennen.[90] Vernunft und Offenbarung

---

83 „Vernunft und Glaube", ChrAp 2 (1840) 33.
84 Vgl. „Die Erkenntniß Gottes aus der Natur", ChrAp 21 (1859) 97.
85 Vgl. „Die Erkenntniß Gottes aus der Geschichte der Menschheit", ChrAp 21 (1859) 101.
86 „Vernunft und Glaube", ChrAp 2 (1840) 33.
87 „Der Christliche Apologete", ChrAp 1 (1839) 3.
88 Vgl. F. Rinder, „Die Grenzen unseres Wissens", HaHe 4 (1876) 69; J. G. Schaal, „Das Verhältnis der neueren Wissenschaft zur Bibel", HaHe 1 (1873) 632.
89 Glaubenslehre, 44. Sulzberger führt dieses Zitat auf Blaise Pascal zurück.
90 Vgl. F. H. Wippermann, „Das Verhältnis der menschlichen Vernunft zur göttlichen Offenbarung", DAThK 16 (1895) 322 f.

verhalten sich nach Sulzberger zueinander wie die Empfänglichkeit des Auges zum Licht der Sonne.[91]

Deutlich markiert werden *zweitens* die Grenzen der menschlichen Vernunft, wie sie sich aus dem gefallenen Zustand des Menschen ergeben. Die natürliche Vernunft wird als „verdorben und krankhaft"[92] bezeichnet. Die Gottentfernung des Menschen äußere sich in kognitiver Hinsicht als „Unwissenheit", in sittlicher Hinsicht als „Verdorbenheit des Herzens".[93] Der Konflikt zwischen Offenbarung und Vernunft entstehe dadurch, daß die Vernunft sich ihrer Verderbnis und damit auch ihrer Begrenztheit nicht bewußt ist.[94] Aus eigener Kraft, d. h. auf dem Weg natürlicher Erkenntnis, gelange die gefallene Vernunft nur „zu einer dämmernden Erkenntnis des absoluten Geistes".[95]

Ebenfalls in Übereinstimmung mit Nast wird *drittens* die Wiedergeburt als das Heilmittel der menschlichen Vernunft verstanden, obgleich eine letzte – kreatürliche – Begrenztheit der Vernunft auch im Wiedergeborenen bestehen bleibe.[96] Da „der Unglaube eben nicht den irrenden Verstand, sondern das trotzige Herz zu seiner letzten Quelle hat",[97] bedürfe es der radikalen Umkehr des ganzen Menschen. Auch hier wird die Annahme der Wahrheit als *Erkenntnisakt* von der persönlichen Aneignung dieser Wahrheit als *Glaubensakt* unterschieden.[98]

Mit der Wiedergeburt wird *viertens* die Wortoffenbarung Gottes zum Fluchtpunkt „vernünftiger" Erkenntnis. Die Betätigung der Vernunft ist jetzt „vernünftiger Gottesdienst" (Röm 12,1), denn die Ver-

---

91 Dieselbe Illustration findet sich auch bei F. H. Wippermann, „Das Verhältnis der menschlichen Vernunft zur göttlichen Offenbarung", DAThK 16 (1895) 324.

92 Evst 29 (1878) 364; vgl. weiter J. G. Leist, „Der Gebrauch und Mißbrauch der Vernunft in Sachen der Religion", ChrAp 40 (1878) 159.

93 [Peter] S[chmucker], „Die Lehre von der Auferstehung nicht vernunftwidrig", ChrAp 17 (1855) 159.

94 Vgl. Editor [H. Liebhart], „Gefangennahme aller Vernunft unter den Gehorsam Christi. 2 Cor. 10,5", HaHe 19 (1891) 394–396, bes. 395.

95 F. Rinder, „Die Grenzen unseres Wissens", HaHe 4 (1876) 71.

96 Denn auch dem Wiedergeborenen, so Sulzberger, begegneten in der Offenbarung Wahrheiten, die die menschliche Vernunft übersteigen. Doch betrachte er diese nicht als widervernünftig. Zwar sei seine Vernunft durch das Wirken des Heiligen Geistes geweitet, doch hat auch die erleuchtete Vernunft ihre Grenzen, was sie den Begriff des Mysteriums, des Religionsgeheimnisses, bilden läßt. Diese Mysterien, zu denen die Trinitätslehre und die Lehre von den zwei Naturen Christi gehörten, seien auch für den Wiedergeborenen nicht „vollkommen zu durchschauen", der Geist Gottes erschließe sie aber soweit, wie es zum Heil nötig ist. Bestimmte Geheimnisse der Offenbarung sind nach Sulzberger damit zwar nicht unzugänglich, aber doch unausforschlich; vgl. Glaubenslehre, 12 f.

97 „Das Christenthum und die modernen Weltanschauungen des Naturalismus und Materialismus", ChrAp 33 (1871) 236.

98 Vgl. F. H. Wippermann, „Das Verhältnis der menschlichen Vernunft zur göttlichen Offenbarung", DAThK 16 (1895) 323.

nunft kann sich nun „zur freien Anbetung und Verehrung des Ewigen durch Glauben erheben".[99] In Übereinstimmung gebracht mit der göttlichen Weisheit, gibt sie die „Regeln systematischer Bibelauslegung" vor.[100] Sie kann die Lehren der biblischen Offenbarung „untersuchen, feststellen und ordnen".[101] Der Vernunft kommt damit sowohl in der Anbahnung als auch in der Explikation des Heils eine wichtige Funktion zu, nicht jedoch im Vorgang der persönlichen Aneignung des Heils, die eine Tat des Willens, genauer, ein Glaubensakt, ist.

f) Das Verhältnis von Glaube und Wissen(schaft)

Aus den vorangehenden Überlegungen ergibt sich, daß nach Überzeugung der deutschsprachigen Methodisten der christliche Glaube zwar nicht auf den Erkenntnissen menschlicher Wissenschaft gründet, aber in einem objektiv-realen Wechselverhältnis zu diesen Erkenntnissen steht.[102] Dabei gilt wie schon für das Verhältnis von Offenbarung und Vernunft, daß christlicher Glaube und menschliche Wissenschaft nicht in Widerspruch zueinander treten können. Wie nun ließ sich diese Überzeugung angesichts der zunehmenden Verfeinerung naturwissenschaftlicher Methoden und der wachsenden Exaktheit naturwissenschaftlicher Forschungsresultate zum Ende des 19. Jh. hin argumentativ vertreten?

Ausgangspunkt der Überlegungen bleibt auch unter den sich in wissenschaftlicher Hinsicht rasant verändernden Bedingungen der zweiten Hälfte des 19. Jh. die These von der prinzipiellen methodischen Analogie religiöser und naturwissenschaftlicher Fragestellungen. So erklärt Nast:

„Gewisse große Thatsachen liegen der christlichen Religion zu Grunde. Sie müssen aufgefaßt werden wie jede andere Thatsache der Geschichte, der

---

99 J. G. Leist, „Der Gebrauch und Mißbrauch der Vernunft in Sachen der Religion", ChrAp 40 (1878) 194.

100 Editor [H. Liebhart], „Gefangennahme aller Vernunft unter den Gehorsam Christi. 2 Cor. 10,5", HaHe 19 (1891) 394.

101 Als Beleg verweist J. G. Leist auf die Katechismen und Glaubenslehren, die eine solche Anordnung der biblischen Lehren darstellten, „Der Gebrauch und Mißbrauch der Vernunft in Sachen der Religion", ChrAp 40 (1878) 194.

102 Echte Wissenschaft „ist zwar durchaus nicht das Fundament, die Stütze derselben [des Christentums], aber auch nicht ein bloßer Schmuck des Gebäudes, sondern gehört mit in den Weltplan Gottes, der sich ihrer zur Erreichung seiner Zwecke bedient und zwar bedienen will durch Menschen", „Wissenschaft und Christenthum", ChrAp 29 (1867) 164. Vgl. weiter F. H. Wippermann, „Das Verhältnis der menschlichen Vernunft zur göttlichen Offenbarung", DAThK 16 (1895) 321–324, bes. 321 f.; Die Uebereinstimmung der Heilslehren mit der Vernunft, o. O. 1871 (MS).

Literatur oder des menschlichen Bewußtseins. Von diesen Thatsachen als einer Grundlage ausgehend, macht der Mensch eine Menge von Schlußfolgerungen und Anwendungen, und auf diese Weise entsteht eine systematische Theologie."[103]

Ausgangspunkt jeder mit wissenschaftlichem Anspruch antretenden Betätigung sind daher die dem gesunden Menschenverstand zugänglichen Tatsachen, Tatsachen also, die sich zu jeder Zeit und von jedermann unter experimentellen Bedingungen bestätigen lassen.[104] Unter diesen Voraussetzungen könnte man erwarten, daß sich für die deutschsprachigen Methodisten ein offenes, diskursives Verhältnis zu den Naturwissenschaften ergab. Tatsächlich aber kam es zu grundsätzlicher methodischer Kritik an der Vorgehensweise der Naturwissenschaften.

So gründen nach F. Rinder die neueren naturwissenschaftlichen Erkenntnisse auf bloßen und zumeist unbegründeten Annahmen, und damit gerade nicht auf Tatsachen. Konkret nennt er die „Atom-Hypothese" als Grundlage für das „ganze Gebäude unserer Naturwissenschaft". Dabei sei die „Atom-Hypothese" selbst noch ein ungelöstes Rätsel.[105] Die Naturwissenschaften arbeiteten mit „fabelhafte[n] Vermuthungen" und „leichtfertige[n] Hypothesen",[106] die sie zu einem System zu verbinden suchten. Ähnlich scharf urteilt E. Gebhardt, wenn er hinsichtlich des Darwinismus sagt, daß dieser „nicht auf wirklich vorhandenen bekannten sogenannten Naturgesetzen, nicht auf unumstößlichen Thatsachen, sondern auf reinen Vermuthungen, auf willkürlichen Annahmen von Zeit und Umständen, ja auf den wunderlichsten Combinationen" beruhe.[107] Gleichlautende Vorwürfe waren freilich auch von der anderen Seite her zu hören.[108] Wo also lag das Problem mit den Schlußfolgerungen und Annahmen? J. Krehbiel verweist auf folgenden Unterschied von Tatsachen und Schlüssen:

---

103 „Offenbarung und Vernunft", ChrAp 33 (1871) 92. Folglich ist auch „die geschriebene Offenbarung ... eine Wissenschaft", „Der Kampf zwischen Wissenschaft und Offenbarung", ChrAp 34 (1872) 265 (im Original ist der ganze Satz hervorgehoben); vgl. weiter „Beweise für das Christenthum", ChrAp 15 (1853) 165.

104 Vgl. F. Rinder, „Wie harmonirt die neuere Wissenschaft mit der heil. Schrift?", HaHe 6 (1878) 507.

105 F. Rinder, „Die Grenzen unseres Wissens", HaHe 4 (1876) 69.

106 Ebd., 70; vgl. J. G. Schaal, „Das Verhältnis der neueren Wissenschaft zur Bibel", HaHe 1 (1873) 636.

107 „Der Darwinismus", WäSt 9 (1879) 85.

108 So wird Ludwig Büchner mit der Aussage zitiert: „Der Materialismus kämpft mit Thatsachen, die Jeder sehen und begreifen kann, seine Gegner aber mit Vermuthungen und Hypothesen", zit. nach C. F. Paulus, „Das Christenthum und die modernen Weltanschauungen des Naturalismus und Materialismus", ChrAp 33 (1871) 244.

„Thatsachen sind ewige Gotteswahrheiten, ob in Stein gegraben, in die Sterne geschrieben, oder in der Bibel niedergelegt, Schlüsse sind menschlich, die sich dann auch färben, je nach der Brille, durch welche man sie ansieht, die im besten Fall in den engen Rahmen des Verstandes eingefaßt ist."[109]

Nach Krehbiel eignet den Tatsachen göttliche Dignität. Für die menschliche Erkenntnistätigkeit bleiben sie jedoch ohne Wert, sofern sie nicht durch Schlüsse systematisch miteinander verbunden werden. Die Schlüsse selbst aber sind menschlich, d. h. der Möglichkeit des Fehlurteils unterworfen. Der vorläufige Charakter menschlichen Schließens ist hier nicht allein eine Konsequenz der kreatürlichen Begrenztheit des Menschen, sondern v. a. Konsequenz aus dessen erkenntnisleitendem Interesse. Dieses Interesse aber ist Ausdruck der den ganzen Menschen bestimmenden Grundrichtung seines Lebens, anders gesagt, seiner Herzensstellung.[110]

Aus der jeweiligen subjektiven Bestimmtheit des Forschers ergibt sich nach Meinung der deutschsprachigen Methodisten der Charakter der von ihm betriebenen Wissenschaft, schärfer formuliert, das Urteil über dessen (Un)wissenschaftlichkeit. So zeichne sich „echte" Wissenschaft durch ihr theonomes Bestimmtsein aus.[111] „Echte" Wissenschaft möchte in der materiellen ebenso wie in der geistigen Welt die Absichten Gottes erkennen und zur Darstellung bringen. Sie sucht die Erkenntnis des „Wesens" der Dinge, „das Wesen der Dinge aber liegt über und hinter ihrer bloßen *Erscheinung* in ihrer Beziehung zu dem letzten, höchsten, ewigen Grund alles Seins, das heißt, zu *Gott*".[112] Folglich „ist jede *echte* Wissenschaft göttlicher Natur".[113]

Der Wert menschlicher Schlüsse, Annahmen und Hypothesen entscheidet sich damit am doxologischen Verständnis wissenschaftlichen Forschens. Der Blick auf Gott hält dieser Überzeugung zufolge den Blick gerade frei von unbegründeten Voraussetzungen, von einer der

109 J. Krehbiel, „Der Materialismus und wie demselben durch die Predigt entgegen zu wirken", ChrAp 37 (1875) 60.

110 Daher gilt, daß sich bei der „exakten Forschung ... die Resultate des Forschens keineswegs immer blos nach den exakten Ergebnissen seiner [des Forschers] Beobachtungen [richten], sondern nach seiner ganzen Weltanschauung und Geistesrichtung, und diese ist wesentlich bedingt durch die Stellung seines Herzens und Gewissens", „Glauben und Wissen", ChrAp 42 (1880) 340. Dieser editorielle Artikel W. Nasts basiert weitgehend auf einer Abhandlung, die zuvor in Otto Zöcklers apologetischem Blatt Der Beweis des Glaubens erschienen war.

111 „Ohne Gott ist die Wissenschaft ein Gebäude ohne Grund", F. Rinder, „Wie harmonirt die neuere Wissenschaft mit der heil. Schrift?", HaHe 6 (1878) 506; vgl. weiter „Wissenschaft und Christenthum", ChrAp 29 (1867) 148.164.

112 „Glauben und Wissen", ChrAp 42 (1880) 340; vgl. weiter C. F. Morf, „Stimmen die Ergebnisse der neueren Naturwissenschaft mit der heiligen Schrift?", HaHe 2 (1874) 644.

113 „Der Kampf zwischen Wissenschaft und Offenbarung", ChrAp 34 (1872) 265.

Wirklichkeit nicht entsprechenden „Brille", wie Krehbiel es nennt. Einer sich von Gott emanzipierenden Wissenschaft dagegen ist der ungetrübte Blick auf die Wirklichkeit verstellt, sie ist „Pseudowissenschaft", indem sie Widersprüche schafft, die in Wirklichkeit nicht bestehen.[114] Für die deutschsprachigen Methodisten ist es daher nicht verwunderlich, daß die Geschichte der Wissenschaft „zum großen Theil die Geschichte der Berichtigung ihrer einst als Wahrheit ausgegebenen Irrthümer" ist.[115] So ergibt sich aus der theonomen Bestimmtheit „echter" Wissenschaft, daß Glaube und Wissen keinesfalls in Widerspruch zueinander treten können. Der Kampf zwischen Religion und Wissenschaft ist vielmehr die Folge entweder eines falschen Verständnisses von Wissenschaft oder aber „einer falschen Auffassung der heiligen Schrift".[116]

4.2.3. Michael Cramer: Gottesoffenbarung durch Gottesbewußtsein

Am Ende des 19. Jh. entwickelte Michael Cramer eine religionsphilosophische Konzeption, die sich bereits im Ansatz von den bis hierhin vorgestellten Überlegungen unterschied. Angesichts der Tatsache, daß Cramer eine Fülle theologischer, philosophischer und religionspsychologischer Werke in deutscher und englischer Sprache verarbeitete,[117] fällt um so deutlicher auf, daß er gänzlich andere Autoren rezipierte als z. B. Nast. Entsprechend deutlich sind die sich zwischen den Konzeptionen beider ergebenden Differenzen.

a) Das Gottesbewußtsein im Menschen als „religiöse Anlage"

Ausgangspunkt der Überlegungen Cramers sind die Struktur und die Entwicklungsbedingungen des menschlichen Bewußtseins.[118] Im Be-

---

114 In diesem Zusammenhang kann auch polemisch vom „großen Glauben des Unglaubens" gesprochen werden; vgl. F. L. Nagler, „Der große ‚Glaube' des Unglaubens", HaHe 22 (1894) 419; vgl. weiter J. G. Schaal, „Das Verhältniß der neueren Wissenschaft zur Bibel", HaHe 1 (1873) 636.

115 F. Rinder, „Wie harmonirt die neuere Wissenschaft mit der heil. Schrift?", HaHe 6 (1878) 509.

116 „Der Kampf zwischen Wissenschaft und Offenbarung", ChrAp 34 (1872) 265.

117 U. a. greift er auf Gedanken Kants, Schleiermachers, Hegels und Schellings zurück. Obwohl Cramer Kenntnis dieser Autoren, insbesondere Kants, zeigt, zitiert er vorwiegend aus neueren Werken. Zu seinen bevorzugten Autoren gehörten Samuel Harris, The Philosophical Basis of Theism (1883); ders., Self-Revelation of God (1887), C. M. Mead: Supernatural Revelation. An Essay Concerning the Basis of Christian Faith (1889); Paul Gloatz, Spekulative Theologie in Verbindung mit der Religionsgeschichte, 2 Bde. (1883 f.); Bruch, Christenthum und Glauben.

118 Vgl. „Ueber den Ursprung und die Macht religiöser Ideen", DAThK 10 (1889) 100 ff.

wußtsein des Menschen finden sich angeborene Ideen als selbstevidente Tatsachen des Bewußtseins. Diese Tatsachen sind laut Cramer *„die Principien aller Wahrheit,* oder vielmehr sind sie selbst die *ersten und die fundamentalen Wahrheiten".*[119] Zu diesen Wahrheiten gehört als Urgrund des Bewußtseins die Gottesidee bzw. das „unmittelbare Gottesbewußtsein", das sich zwar als eine „subjekt-psychologische, ethnologische und geschichtliche Thatsache"[120] jeder Reflexion vorausliegend als ein angeborenes Bewußtsein des Menschen vorfindet, zugleich jedoch der weiteren Entwicklung durch fortschreitende Reflexion bedarf.

Die Gottesidee hat ihre Quelle also „im Menschen", genauer, im menschlichen Bewußtsein. Sie ist weder menschliche Erfindung noch ein unter äußerem Einfluß gebildeter Gedanke des Menschen. Cramer sieht diese Überzeugung in der Universalität eines – und sei es noch so primitiven – Gottesbewußtseins bestätigt. Als weiteren Beleg führt er die s. E. *„unzerstörbare Natur* des religiösen Glaubens" an. Schließlich erweist sich die Wahrheit der Gottesidee für Cramer an ihrer Wirkmächtigkeit: „Alle Bewegungen der Menschheit, alle wahren Fortschritte sind durch die (christliche) Religion vorbereitet, herbeigeführt, entschieden worden".[121]

Eine Bestimmung des Wesens der Religion muß daher vom menschlichen Bewußtsein als Träger der religiösen Ideen ausgehen. In diesem Sinne definiert Cramer die Religion als das „ganze innere, durch das Gottesbewußtsein und durch den Glauben bestimmte Leben".[122] Mit dem Begriff des Lebens ist für Cramer wiederum die Notwendigkeit des Entwicklungsgedankens mitgesetzt. Denn die dem Menschen angeborene Gottesidee besitzt anfänglich erst Potentialität, sie ist „anfangs dunkel, unbestimmt, aber einer unendlichen Entwickelung fähig".[123] Diese Entwicklung möchte Cramer, im erklärten Unterschied zu Hegel, so verstehen, daß es wirklich der *Mensch* ist, der ein Bewußtsein seines Schöpfers hat, und nicht Gott, der sich im Menschen seiner selbst bewußt wird.[124] Von daher kann Cramer auch von der

---

119 Ebd., 108.
120 Ebd., 101 (im Original sind diese Aussagen hervorgehoben).
121 Ebd., 106.
122 Ebd., 110 (im Original ist der ganze Satz hervorgehoben). Cramer möchte damit das Wesen nicht einer bestimmten positiven, sondern der „idealen" Religion geben, ausgehend von der „Centralidee" Gottes, aus der sich alle weiteren Wahrheiten ableiten lassen. Seinem Wesen nach entspricht die „ideale" Religion jedoch dem Christentum, allerdings in seiner präkonfessionellen, allein am Evangelium orientierten Zuständlichkeit.
123 Ebd., 108.
124 Vgl. „Ueber die stufenweise Entwickelung der Offenbarung Gottes", DAThK 11 (1890) 194, Anm.

„religiösen Anlage" des Menschen sprechen.[125] Die Religion ist eine Seite der „Natur des Menschen".

b) Das Gottesbewußtsein im Menschen als Gottesoffenbarung

Wird das Gottesbewußtsein auf seiten des Menschen als „religiöse Anlage" bestimmt, so von seiten Gottes her als Offenbarung. In der näheren Bestimmung des Offenbarungsbegriffs geht Cramer von einer dreifachen göttlichen Offenbarung aus.[126] Danach gibt es „göttliche Offenbarung in unserem Bewußtsein, göttliche Offenbarung in der Natur und göttliche Offenbarung in der Geschichte".[127] Während erstgenannte eine *innere* Offenbarung darstellt, handelt es sich bei den Gottesoffenbarungen in Natur und Geschichte um *äußere* Offenbarungen. Als „Manifestation" des einen Gottes sind sie jedoch wesentlich eins, so daß, „vollkommen im Einklang mit einander stehend, ... sie sich gegenseitig voraus[setzen] und ... thatsächlich *nur eine einzige Offenbarung* [bilden]".[128]

Die Entwicklung des Gottesbewußtseins im Menschen ergibt sich aus der Wechselwirkung dieser drei aufeinander angelegten Offenbarungsformen. So weist die Natur als ein Realität gewordener Gedanke Gottes auf ihren Schöpfer hin, allerdings in einer „geheimnisvollen" Sprache, die der Mensch mit dem Schlüssel seiner inneren Offenbarung nicht gänzlich entziffern kann.[129] Anders gesagt: „Nur weil der Mensch zuerst Gott *in sich* findet, findet er ihn auch *außer sich* in dem Reiche der materiellen Schöpfung".[130] So stehen die „Manifestationen" Gottes in Bewußtsein, Natur und Geschichte in einem wechselseitigen Verhältnis zueinander: Während die Offenbarung Gottes

---

125 Vgl. ebd., 195; vgl. weiter „Ueber den Ursprung und die Macht religiöser Ideen", DAThK 10 (1889) 107.

126 Das Verhältnis dieser Dreizahl zur Personoffenbarung Jesu Christi ist bei Cramer nicht ganz eindeutig. Einerseits kann er letztere als die dritte neben die Offenbarung durch den Menschen und die Natur stellen, andererseits kann er sie von der Offenbarung Gottes in Bewußtsein, Natur und Geschichte als eine besondere Offenbarung abheben; vgl. „Ueber die stufenweise Entwickelung der Offenbarung Gottes", DAThK 11 (1890) 193 und 198 f.

127 Ebd., 198 (im Original hervorgehoben).

128 Ebd.

129 „Die Gottesoffenbarung in der Natur ist, sozusagen, in Hieroglyphenschrift abgefaßt; das Wort der Deutung findet der Mensch in sich selbst, und zwar in einer ursprünglichen Offenbarung Gottes in seinem Geist", „Die Erkenntnis Gottes in der Natur begründet in der Gottesoffenbarung in unserem Inneren", DAThK 16 (1895) 164.

130 Noch anders gesagt: „das Wort Gottes *in ihm* deutet das Wort Gottes *außer ihm*", ebd.; vgl. weiter „Ueber die stufenweise Entwickelung der Offenbarung Gottes", DAThK 11 (1890) 194 f.

im Bewußtsein des Menschen, wenn auch in unentwickelter Form, den Offenbarungen in der Natur und in der Geschichte vorausgeht, bedingen letztere die fortschreitende Entwicklung des zunächst nur keimhaft angelegten Gottesbewußtseins. Das Wechselverhältnis der inneren und äußeren Offenbarungsweisen Gottes ist daher Grundbedingung der religiösen Entwicklung des Menschen.

Der allmählichen sittlich-religiösen Entwicklung des Menschen entspricht nach Cramer das stufenweise, und zwar ausschließlich stufenweise Offenbarungshandeln Gottes. Der Empfang göttlicher Offenbarung ist durch zwei Faktoren konditioniert.[131] Der eine Faktor ist „die Natur des Menschen selbst, mit ihren Kräften, ihren Bedürfnissen, ihren Gesetzen; der andere die durch die unendliche Weisheit Gottes geleitete Reihenfolge der historischen Begebenheiten".[132] Beide Faktoren befinden sich, so scheint Cramer es zu verstehen, in einer providentiell prästabilisierten Harmonie, die eine allmählich fortschreitende Entwicklung des Gottesbewußtseins ermöglicht.

Die Grundform göttlicher Offenbarung beschreibt Cramer als ein beständiges Ausströmen göttlichen Lebens von seiten Gottes und ein stetiges Empfangen dieses Lebens auf seiten des Menschen. Von dieser Grundform unterschieden wird die Berufung einzelner Menschen zu Empfängern einer besonderen, ihre geschichtlichen Bedingungen transzendierenden Offenbarung, z. B. um der sittlich-religiösen Entwicklung einen neuen Impuls oder die rechte Richtung zu geben.[133] Voraussetzung für das Empfangen einer solchen besonderen Offenbarung ist laut Cramer eine erhöhte innere Bereitschaft des Menschen, sich Gott zu „weihen": „Wer sich ganz Gott weiht und dadurch in eine innige Gemeinschaft mit Ihm tritt, der schöpft aus dieser absoluten Quelle alles Lebens und alles Seins ein kräftigeres, reicheres Geistesleben".[134] Der Empfänger einer besonderen Offenbarung wird über das intellektuelle Vermögen seiner Zeit erhoben, sein inneres Leben zu einer „außerordentlichen Intensität" gesteigert. Die Offenbarung ist nicht das Produkt menschlicher Reflexionstätigkeit, sondern eine aus der Tiefe des menschlichen Bewußtseins aufsteigende Wahrnehmung. Sie entsteht an dem Punkt, „wo der Geist des menschlichen mit dem *absoluten* Geiste – mit Gott – verbunden ist".[135]

Zwei Dinge sind Cramer für das Verständnis der Offenbarung wichtig. Zunächst meint der Empfang einer Offenbarung nicht die

---

131 Ebd., 195.
132 „Ueber die stufenweise Entwickelung der Offenbarung Gottes", DAThK 11 (1890) 198.
133 Vgl. ebd., 290 ff.
134 Ebd., 290.
135 Ebd., 292.

passive Aufnahme propositionaler Wahrheiten auf seiten des Menschen. Vielmehr besteht Offenbarung

„theilweise in einer Steigerung des geistlichen Lebens des Menschen, theilweise in einer Intensität [= Intensivierung] der intellektuellen Kräfte desselben, und theilweise in der durch den Geist Gottes im Geiste des Menschen angeregten göttlichen Wahrheiten, ohne jedoch die Gesetze, an welche der Geist in seiner Wirksamkeit gebunden ist, irgendwie zu stören."[136]

Die göttliche Offenbarung im Bewußtsein des Menschen verlangt daher nicht Passivität, sondern Rezeptivität, also die Bereitschaft zum Empfang und zur reflexiven Entfaltung der Offenbarung. Gottes Wahrheiten sollen nicht in „blindem Glauben" angenommen, sondern geprüft und durchdacht werden.[137]

Zum anderen geschieht das göttliche Offenbarungshandeln immer im Verhältnis zum religiösen Entwicklungsstand des Individuums. Es macht daher laut Cramer keinen Sinn, von übernatürlicher im Unterschied zu natürlicher Offenbarung zu sprechen. Auch dort, wo an ein ausgewähltes Individuum „höhere", weil die gegebene individuelle und geschichtliche Entwicklung übersteigende, Offenbarung Gottes ergeht, ergibt sich der permanenten Wirksamkeit Gottes gegenüber kein wesentlicher, sondern nur ein gradueller Unterschied.[138] Denn Gottes Wirken respektiert grundsätzlich die geistigen Grundgesetze, nach denen das menschliche Bewußtsein operiert.

c) Die Entwicklung des Gottesbewußtseins im Menschen

Die Entwicklung des Gottesbewußtseins vollzieht sich nach Cramer auf zwei miteinander verwobenen Ebenen, nämlich der des Individuums und der des Menschheitsgeschlechts. Wenden wir uns zunächst der individuellen Ebene zu.[139] Nach Cramer ist der Mensch am Beginn seines Lebens noch ganz von der materiellen Natur beherrscht. Seine Wahrnehmung unterliegt noch vollständig der Notwendigkeit. Sein „Ich"-Bewußtsein ist unentwickelt. Allmählich erwachen Gedächtnis und Einbildungskraft des Menschen. Gewonnene Einsichten können nun bewahrt und gestaltet werden. Der Mensch beginnt, sich schrittweise der Gottesidee bewußt zu werden, und entwickelt ein Bewußtsein seiner Freiheit. Die vollendete Freiheit erlangt der Mensch jedoch

---

136 Ebd., 294. In dieser Definition zeigt sich deutlich eine Vermischung der Begriffe „Inspiration" und „Offenbarung", wie er denn eine Unterscheidung beider Begriffe auch ausdrücklich ablehnt; vgl. ebd., 198 f., Anm.
137 Vgl. ebd., 293.
138 Vgl. ebd., 12 (1891) 2.
139 Zum folgenden vgl. „Der Mensch als intellectuelles und religiöses Wesen", DAThK 14 (1893) 7–14.

erst, wenn der Intellekt selbständig Ideen hervorzubringen vermag, die nicht der Außenwelt entnommen sein können, „sondern die aus dem eigenen Grund ihres Wesens entspringen und ihrer Natur einwohnend sind".[140] Die freie Reflexion auf das Gottesbewußtsein ist damit der Ausweis sittlich-religiöser Reife.

Eine dieser „theoretischen" Richtung analoge Entwicklung des Menschen vollzieht sich auf „praktischem", d. h. auf sittlichem Gebiet. Das Kind ist dieser Seite nach zunächst ganz von Trieben bestimmt, doch entwickelt es zunehmend ein Empfinden für die Tugend. So vermag es Verzicht zu üben für das Erlangen eines noch größeren Gutes. Noch aber ist der sich entwickelnde Wille stark von den Triebmotiven bestimmt. Der Mensch empfindet zunehmend das Unzulängliche seines Zustandes, ein Empfinden, das durch die Stimme des Gewissens verstärkt wird. Zur wirklichen Freiheit gelangt der Mensch, wenn er sich des in ihm wohnenden Sittengesetzes bewußt wird und diesem als dem „Gesetz der Pflicht gegenüber Gott und den Mitmenschen" folgt.[141] So erweist sich das Sittengesetz als Korrelat des dem Menschen angeborenen Gottesbewußtseins.

Diese sittlich-religiöse Entwicklung des Gottesbewußtseins beschreibt Cramer als den Prozeß einer „Vervollkommnung" des Menschen. Dieser sei von Natur aus bestrebt, sein „geistiges Leben zu einer vollständigen Entwickelung zu bringen und sich auf die höchste Stufe der Aehnlichkeit mit Gott, welche sie zu erreichen fähig ist, zu erheben".[142] Zielpunkt dieses Vervollkommnungsprozesses ist die übereinstimmende Realisierung der göttlichen und menschlichen Glückseligkeit. Mit Blick auf Mt 5,48 spricht Cramer in diesem Zusammenhang von der göttlichen Berufung des Menschen, „vollkommen zu werden, wie unser Vater im Himmel vollkommen ist".[143] Dabei ist das Ziel menschlicher Vollkommenheit auch von Cramer als Wiederherstellung der Gottebenbildlichkeit im Menschen verstanden.[144] Dieses Ziel entspricht seiner Bestimmung, „ein vollkommener, Christus-ähnlicher Mensch, der in Gott lebt und Gott in ihm", zu werden.[145]

---

140 Ebd., 9.
141 Ebd., 11.
142 „Ueber die stufenweise Entwickelung der Offenbarung Gottes", DAThK 11 (1890) 291.
143 Ebd., 198.
144 Vgl. ebd. 12 (1891) 131.
145 „Der Mensch als intellectuelles und religiöses Wesen", DAThK 14 (1893) 13 (im Original hervorgehoben).

d) Die Entwicklung des Gottesbewußtseins in der Menschheitsgeschichte

Nach Cramer finden „die verschiedenen Stadien der Entwickelung, welche der Mensch allmählig durchläuft, sich in der Geschichte des menschlichen Geschlechts" wieder. Der einzelne Mensch ist damit „der Typus der ganzen Menschheit".[146] Der höchstmöglichen Entfaltung der Gottesidee im „vollkommenen" Christen entspricht die reife Ausprägung der Gottesidee im Christentum als einer geschichtlichen Größe und Macht. Cramer geht davon aus, daß sich das religiöse Bewußtsein, wie es sich im Christentum manifestiert, von primitiven Anfängen her entwickelt hat, am Beginn der Menschheitsgeschichte also ein dunkles, nicht ein ursprünglich hohes und klares Gottesbewußtsein steht. Nach Cramer ist das Gottesbewußtsein auf allen Stufen der religiösen Menschheitsentwicklung Wirkung des Christus als Licht der Welt.[147] Der Fortschritt des menschlichen Geistes und der Geschichte führt schließlich zum Christentum: „Wie Christus das *verwirklichte Ideal* der perfecten Menschheit war und ist, *so ist das von Ihm gestiftete Christenthum* – recht verstanden – *die ideal-vollkommene Welt-Religion*, welche *allein* den einzelnen Menschen wie das ganze Menschengeschlecht wahrhaft befriedigen, glücklich und selig machen kann".[148] Das Christentum ist damit die Vollendung aller vorhergehenden Offenbarungen:

„Die Erscheinung Jesu Christi in menschlicher Natur war der Kulminationspunkt – ja, die höchste Offenbarung Gottes *an die Menschheit, mit ihr fing die neue Aera der Neuschaffung des menschlichen Geschlechts an, und ihre Wirkung wird fortdauern, bis die Ebenbildlichkeit Gottes im Menschen wieder hergestellt und er zur ewigen Gemeinschaft mit Gott erhoben sein wird.*"[149]

So wird das Christentum durch die Inkarnation des Gottessohnes zum Mittelpunkt der auf die Vervollkommnung des Menschen zielenden Menschheitsgeschichte.[150] Die zentrale geschichtliche Stellung des

---

146 Ebd.
147 „Wenn Jesus Christus das Licht der Welt – also der *ganzen* Welt – ist, so ist es ja nicht anders möglich, als daß dasselbe in der *ganzen* Welt mit mehr oder weniger Stärke scheinen *muß*, selbst da, wohin das Licht des Evangeliums bis jetzt noch nicht eingedrungen ist. Nach diesem Lichte werden die Völker gerichtet werden, welche nicht im Besitze des Evangeliums gewesen sind", „Die Heiligen Schriften der alten Parsen und Indier", DAThK 12 (1891) 241.
148 „Das Wesen des Christenthums und dessen Begründung in der Totalität des Menschengeistes", DAThK 9 (1888) 139.
149 „Ueber die stufenweise Entwickelung der Offenbarung Gottes", DAThK 12 (1891) 131.
150 „Es ist der Mittelpunkt, auf welchen die ganze Geschichte der früheren Zeiten sich bezieht und von dem die ganze Geschichte der nachfolgenden Jahrhunderte ausgeht", „Das Wesen des Christenthums und dessen Begründung in der Totalität des Menschengeistes", DAThK 9 (1888) 138.

Christentums erweist sich für Cramer in der diesem innewohnenden
Kraft, die Gottebenbildlichkeit des Menschen wiederherzustellen, sowie in dessen Vermögen, Gesellschaften auf eine dauerhaft höhere
Stufe der Entwicklung zu bringen.[151] Gegenüber dem (exklusiven)
Offenbarungsanspruch anderer Religionen kann sich das Christentum
zwar auch über den Wunder- und Wahrsagungsbeweis ausweisen,
doch setzt Cramer größeres Vertrauen in den Erfahrungsbeweis, der
sich dem Bewußtsein allein im Glauben erschließt.[152]

e) Gottesbewußtsein und christlicher Glaube

In der religionsphilosophischen Konzeption Cramers erscheint das
Christentum als der Kulminationspunkt der sittlich-religiösen Entwicklung der Menschheit. Das Wesen des Christentums besteht nach Cramer in der persönlichen Lebensgemeinschaft mit Christus, die sich
durch die Erkenntnis der Person Jesu Christi konstituiert: „Die *völlige*
Hingabe des *ganzen* Menschen an Christum, die *vertrauensvolle* und
innige Aufnahme Jesu Christi ins innerste Menschenleben – ‚Christus
in uns, die Hoffnung der Herrlichkeit‘ – *diese innige Wechselbeziehung
und Durchdringung beider Persönlichkeiten* ist das Wesen des Christenthums".[153] Die sittlich-religiöse Vervollkommnung des Menschen ist
durch diese Durchdringung der eigenen Person mit den göttlichen
Lebenskräften bedingt.[154] Die Realisierung der göttlichen Lebenskräfte
geschieht nach Cramer durch die πιστις, die er als „Elementar-Erkennt-
niß" des Christentums bezeichnet. Der Glaube vertieft sich jedoch
weiter zur γνωσις, d. h. einer „tieferen Erkenntniß" des Christentums.
So ist das Christentum ein „die Herzen reinigendes und den Verstand
erleuchtendes *Licht des Lebens*".[155] Im Unterschied zur Philosophie,
die vom Wissen ausgeht, schreitet die Religion vom Glauben zum

---

151 Cramer meint die unterschiedliche Wirkmächtigkeit religiöser Ideen selbst noch im
   Hinblick auf Katholizismus und Protestantismus differenzieren zu können. So vergleicht er die „Unwissenheit" und das „Elend" Spaniens mit dem „Wohlstand" und
   der „Aufklärung" Schwedens. Er verweist dafür auf E. von Lavalege, Protestantismus
   und Katholizismus in ihren Beziehungen zur Wohlfahrt der Völker.
152 Vgl. „Ueber die stufenweise Entwickelung der Offenbarung Gottes", DAThK 12
   (1891) 2; „Ueber die vier Beweise zur Begründung des Daseins Gottes", ebd. 11
   (1890) 105 ff. Hier verwendet Cramer wechselweise die Begriffe „moralischer" und
   „Erfahrungsbeweis".
153 „Das Wesen des Christenthums und dessen Begründung in der Totalität des Menschengeistes", DAThK 9 (1888) 138.
154 Die ewigen Wahrheiten des Evangeliums sind nach Cramer gerade dazu bestimmt,
   „dem menschlichen Geiste einen mächtigen Antrieb zu geben und auf Erden eine
   neue Aera des Fortschrittes und der Vervollkommnung vorzubereiten", ebd., 140.
155 Ebd., 141.

Wissen fort.[156] Entsprechend ruht die christliche Gewißheit nicht auf äußeren Beweisen, sondern auf dem inneren bzw. Erfahrungsbeweis.

Der Glaube ist damit bestimmt als die der sittlich-religiösen Entwicklung des Menschen entsprechende Reflexion des Menschen auf das angeborene Gottesbewußtsein.[157] Zwar ist die Gottesidee eine universale Tatsache der inneren Erfahrung, doch geschieht die Wahrnehmung bzw. Aneignung dieser inneren Erfahrung durch den Glauben.[158] Cramer verwendet den Glaubensbegriff zumeist nicht in einem spezifisch christlichen Sinne, sondern scheint davon auszugehen, daß jeder Entwicklungsstufe des sittlich-religiösen Bewußtseins ein bestimmter Grad des Glaubens entspricht. Diese inklusive Verwendung des Begriffs, durch die der Glaube letztlich zu einer universal-anthropologischen Größe wird, stieß offenbar auf heftige Kritik.[159] Cramer versuchte daher im Nachtrag eines seiner zuletzt veröffentlichten Artikel, sein Bekenntnis zur partikular-christlichen Bedeutung des Glaubens deutlich zu machen.[160] In Anlehnung an Hebr 11,1 definiert er den Glauben als eine „feste, lebendige Ueberzeugung von Wahrheiten, welche sich auf Gegenstände beziehen, die wir mit den Sinnen schlechterdings nicht erreichen können, sondern die einzig durch den Geist Gottes dem vernünftigen Menschengeiste geoffenbart werden".[161] Dieser Glaube sei nicht allein die Grundbedingung der geistigen Entwicklung des Menschen, sondern auch das Kriterium der Seligkeit. Ausdrücklich stimmt er der biblischen Aussage zu, daß der Glaube „nicht Jedermanns Ding" sei (2Thess 3,2).[162] Diese nachträglichen Überlegungen werden von Cramer jedoch nicht mehr mit dem Ansatz seiner religionsphilosophischen Konzeption verbunden. In ihr dominiert ein festen Gesetzmäßigkeiten unterliegender Entwicklungsfortschritt, hinter dem die Krisis der christlichen Bekehrung und die daraus erwachsende Partikularität des Glaubensbegriffs deutlich zurücktreten.

---

156 „Ueber die vier Beweise zur Begründung des Daseins Gottes", DAThK 11 (1890) 105.
157 Vgl. ebd., 97–107.
158 Vgl. „Ueber den Ursprung und die Macht religiöser Ideen", DAThK 10 (1889) 109.
159 Darauf deutet auch die abwehrende Formulierung hin: „Es sei daher fern von uns, den hohen Werth und die Nothwendigkeit eines festen, begeisterten Glaubens zu verkennen", „Die Erkenntnis Gottes in der Natur begründet in der Gottesoffenbarung in unserem Inneren", DAThK 16 (1895) 165.
160 Vgl. „Die Erkenntnis Gottes in der Natur begründet in der Gottesoffenbarung in unserem Inneren", ChrAp 57 (1895) 33 f. mit der erweiterten Fassung „Die Erkenntnis Gottes in der Natur begründet in der Gottesoffenbarung in unserem Inneren", DAThK 16 (1895) 161–167.
161 „Die Erkenntnis Gottes in der Natur begründet in der Gottesoffenbarung in unserem Inneren", DAThK 16 (1895) 165.
162 Ebd.

f) Nast und Cramer im Vergleich

Obwohl Cramers religionsphilosophisch bestimmte Überlegungen von bemerkenswerter gedanklicher Kraft und geistiger Kreativität zeugen, sind sie im deutschsprachigen Methodismus zunächst nicht rezipiert worden. Dies dürfte weniger an dem hohen Reflexionsniveau der Ausführungen Cramers gelegen haben, sondern vielmehr der Tatsache geschuldet sein, daß Cramers Konzeption gegenüber den maßgeblich von Nast bestimmten Überzeugungen einen grundsätzlichen Neuansatz darstellte, zu dessen Nachvollzug im deutschsprachigen Methodismus auch am Ende des 19. Jh. noch keine Bereitschaft vorhanden war. Zwar zeigen sich zwischen Nast und Cramer auch Übereinstimmungen, die Unterschiede überwiegen jedoch deutlich.

Sowohl für Nast als auch für Cramer ist die These vom angeborenen Gottesbewußtsein des Menschen von zentraler Bedeutung. Beide gehen davon aus, daß der Mensch aufgrund des ihm eigenen Gottesbewußtseins eine vorläufige Gottesahnung besitzt, an die das Evangelium anknüpfen kann. Übereinstimmend beschreiben sie das Wesen des Christentums als persönliche Gemeinschaft des Menschen mit Christus, als die Durchdringung des Menschen mit göttlichen Lebenskräften. Beide sehen das Endziel der christlichen Religion in der Vollkommenheit des Menschen nach Mt 5,48, verstanden als Wiederherstellung der Gottebenbildlichkeit des Menschen.

Deutliche Unterschiede zeigen sich zunächst im Hinblick auf das religionsgeschichtliche Schema. Für Nast steht am Beginn der Menschheitsgeschichte ein klares Gottesbewußtsein, wie es der zunächst ungetrübten Gemeinschaft von Schöpfer und Geschöpf entsprach. Diese ursprüngliche Gemeinschaft erlitt mit dem Sündenfall einen radikalen Einschnitt. Im Gegensatz dazu geht Cramer von einer allmählichen geschichtlichen Höherentwicklung des Gottesbewußtseins aus. Von einem Einschnitt wie dem Sündenfall ist bei ihm nichts zu lesen; die harmatiologisch-soteriologischen Postulate seiner Konzeption bleiben weithin unausgesprochen. Allerdings setzt die Vorstellung von der Wiederherstellung der Gottebenbildlichkeit des Menschen implizit voraus, daß diese zuvor verloren ging.

Unterschiede zeigen sich weiterhin im Offenbarungsschema. Nast folgt der traditionellen Unterscheidung von allgemeiner und spezieller Gottesoffenbarung, also der Offenbarung Gottes in Natur und Geschichte einerseits sowie im Wort der Bibel andererseits. Die Vernunft, der das Gottesbewußtsein zugeordnet ist, ist das Rezeptionsorgan aller Gottesoffenbarung; sie ist Erkenntnis*mittel*, nicht Erkenntnis*quelle*. Deutlich unterscheidet Nast zudem das Vernehmen der göttlichen Offenbarung mittels der Vernunft vom Annehmen der Offenbarung im Glauben. Anders Cramer. Für ihn ist das Gottesbewußtsein im Menschen „Quelle" göttlicher Offenbarung, es ist sogar die allen anderen Offenbarungsweisen vorausgehende Offenbarung. Cramer spricht zudem nicht von der Wortoffenbarung, sondern von der Person Jesu Christi als der „höchsten" Offenbarung Gottes. Deutlich ist das geschichtliche Offenbarungsverständnis Cramers. Unklar bleibt, wie sich Christusoffenbarung und die Offenbarung im Bewußtsein des Menschen zueinander verhalten.

Von beiden wird der Entwicklungsgedanke in unterschiedlicher Weise zur Geltung gebracht. Für Nast gibt es einen Weg der Anbahnung des Heils und einen Weg der Nachfolge im Glauben. Zwischen beiden steht die Krisis von Bekehrung und Wiedergeburt. In der Bekehrung nimmt der Mensch das ihm angebotene Heil im Glauben an, in der Wiedergeburt erfährt er die Erneuerung seines ganzen Wesens, einschließlich seines Erkenntnisvermögens. Als vom Geist Gottes erneuerter Mensch dringt er zur klaren Erkenntnis der Gottesoffenbarung durch. Cramers Konzeption zufolge vollzieht sich die sittlich-religiöse Entwicklung des Menschen dagegen in stetiger aufsteigender Kontinuität. Der Glaube ist hier nicht verstanden als die zur Erneuerung befähigende Tat des bußfertigen Menschen, sondern als die sich auf jeder Stufe der sittlich-religiösen Entwicklung vollziehende Reflexion des Menschen auf die Gottesidee in seinem Bewußtsein. Während Nast und Cramer die Notwendigkeit der religiösen Entwicklung bejahen, scheint Cramers Entwicklungskonzept den Gedanken der Umkehr und Krisis auszublenden. Bei Nast dagegen entspricht die Radikalität der geistlichen Wiedergeburtserfahrung notwendig der totalen Sündenverderbnis des gefallenen Menschen.

Schließlich zeigt sich in der Konzeption Cramers ein ausgeprägter Geschichtsoptimismus. Dem Ziel der christlichen Vollkommenheit des einzelnen Menschen entspricht auf kollektiver Ebene das Ziel einer Vervollkommnung des Menschengeschlechts, wobei dem Christentum offenbar eine zentrale geschichtliche Bedeutung für die Ausführung dieser göttlichen Bestimmung zukommt. Cramers Haltung entsprach historisch betrachtet einer in den Vereinigten Staaten um die Jahrhundertwende weitverbreiteten, oft jedoch schon säkularisierten postmillenniaristischen Zukunftshoffnung. Ähnlich optimistische Überzeugungen vertrat Nast bis in die 1860er Jahre, um sie dann jedoch aufzugeben. Der Absicht Gottes, den Menschen zur christlichen Vollkommenheit zu führen, entsprach nach Nasts reifer Überzeugung nicht der Plan eines innergeschichtlich realisierbaren Sieges des Christentums.

Obwohl Cramer eine am Ende des 19. Jh. in vielerlei Hinsicht moderne Anschauung entwickelte, scheint sein Einfluß auf den deutschsprachigen, selbst auf den deutsch-amerikanischen, Methodismus gering geblieben zu sein. Der apologetische Ansatz Nasts wirkte dagegen bis in das 20. Jh. hinein im deutschsprachigen Kirchenzweig fort.

4.2.4. Fazit[163]

Die Bestimmung des Verhältnisses von Offenbarung und Vernunft im deutschsprachigen Methodismus läßt sich auf dessen Formal-, Material- und Medialprinzip zurückführen. Das *Formalprinzip* „Allein die Schrift" nimmt seinen Ausgang in der These, daß die spezielle Wortoffenbarung die allgemeine Offenbarung Gottes in der Natur interpretiere, nicht umgekehrt. Die Wortoffenbarung wird als Schlüssel zur Erkenntnis aller Wirklichkeitsbereiche verstanden und besitzt damit nicht nur im engeren Sinne soteriologische, sondern auch erkenntnistheoretische Bedeutung. Nach Überzeugung der deutschsprachigen Methodisten ist die Bibel die Urkunde göttlicher Tatsachen und damit weder Zeugnis nur menschlicher Erfahrungen noch das vergängliche Resultat gedanklicher Reflexion. Mit der Bibel besitzt das Christentum daher ein festes Fundament göttlich verbürgter Tatsachen.

Die Bestimmung des Verhältnisses von Offenbarung und Vernunft erweist mit Blick auf das methodistische *Materialprinzip* der „Heiligung durch den Glauben" die enge Verknüpfung von soteriologischer und epistemologischer Fragestellung. So bezeichnet die in der Wiedergeburt beginnende Heiligung soteriologisch die Reinigung von der Sünde und das Erfülltwerden mit der Liebe Gottes. In erkenntnistheoretischer Hinsicht bedeutet sie die Reinigung des Erkenntnisvermögens und den Durchbruch zur Weisheit Gottes. Dabei entspricht dem Synergismus der Heilslehre ein Synergismus der Erkenntnislehre. Es war als das Wesen der Bekehrung, also von Buße und Glauben, bezeichnet worden, daß der Mensch annimmt, was ihm die göttliche Gnade darbietet. Göttliches und menschliches Handeln entsprechen einander, wobei sich die Widerspruchsfreiheit dieses Zuordnungsverhältnisses aus dem unterschiedlichen, aber korrespondierenden Charakter beider Handlungsweisen ergibt. In ähnlicher Weise läßt sich nach Wilhelm Nast auch das Verhältnis von Offenbarung und Vernunft bestimmen. Die Vernunft bezeichnet er als die „Gott vernehmende Natur in uns". Mit anderen Worten, die Vernunft vernimmt, was sich ihr in der göttlichen Offenbarung darbietet. Wiederum ergibt sich die Widerspruchsfreiheit dieses Zuordnungsverhältnisses aus den ihrem Wesen nach unterschiedlichen, aber doch korrespondierenden Wirkungsweisen von Offenbarung und Vernunft.

Eine weitere Analogie zwischen Soteriologie und Epistemologie zeigt sich im Hinblick auf die Konsequenzen, wie sie sich aus der Vorstellung von einer noch bestehenden, wenn auch getrübten Gottebenbildlichkeit des gefallenen Menschen ergeben. So war die Ermöglichung des Glaubens als Ausdruck eines dem Menschen bewahrten

---

163 Aufgrund der gerade benannten Ausnahmestellung soll Cramer hier unberücksichtigt bleiben.

imago-Restes oder, anders, als eine Wirkung der vorlaufenden Gnade bezeichnet worden. Ausweis dieser noch bestehenden Gottebenbildlichkeit des gefallenen Menschen im Bereich der Erkenntnis ist das dem Menschen einwohnende Gottesbewußtsein, ferner sein sittliches Bewußtsein. Das angeborene Gottesbewußtsein ist ein „Anknüpfungspunkt" für die Erkenntnis der Gnade. Wo der Mensch sich dem vorlaufenden Wirken der Gnade nicht verschließt, wird er die göttliche Offenbarung vernehmen. Doch ist das *Ver*nehmen der Offenbarung nicht identisch mit deren *An*nehmen. Denn letzteres fordert den Glauben, ersteres nicht.

Schließlich erweist sich die Wiedergeburt sowohl im Bereich der Soteriologie als auch der Epistemologie als das Therapeutikum der Sündenverderbnis des Menschen. Nach methodistischer Überzeugung ist die Wiedergeburt ein alleiniges Werk Gottes, durch das der Mensch von seinem Lebenszentrum her erneuert und bis zur christlichen Vollkommenheit geführt wird. Das Lebenszentrum kann dabei durchaus mit unterschiedlichen Begriffen benannt werden, in sittlicher Hinsicht kann vom Herzen, in epistemologischer Hinsicht von der Vernunft gesprochen werden. Beide Begriffe meinen jedoch letztlich nicht ein bestimmtes Seelenvermögen des Menschen, sondern stehen für dessen personale und relationale Grundstruktur. So bewirkt die Wiedergeburt in erkenntnistheoretischer Perspektive auch eine Erneuerung der Vernunft; sie reinigt das Erkenntnisvermögen und richtet es auf Gott aus. Wenn die Wiedergeburt daher soteriologisch gesehen die Voraussetzung ist für die Aufnahme des gefallenen Menschen in die Gottesgemeinschaft und die Mitteilung der göttlichen Lebenskräfte an ihn, dann ist sie epistemologisch die Voraussetzung dafür, daß die begrenzte Vernunft des Menschen Anteil gewinnt an der „höchsten Vernunft", also an der Weisheit Gottes.

Recht und Grenzen der christlichen Apologetik ergeben sich schließlich aus dem *Medialprinzip*, also der im Glauben empfangenen Heilserfahrung. Alle äußeren, der verstandesmäßigen Reflexion entnommenen Beweise für die Wahrheit des Christentums besitzen entweder vorläufigen Wert, insofern sie dazu helfen, den Weg des Glaubens von Hindernissen zu befreien, oder nachträglichen Wert, insofern sie die christliche Heilserfahrung bestätigen. Der zentrale Beweis für die Wahrheit des Christentums aber ist nach methodistischer Überzeugung die innere Erfahrung des Heiligen Geistes. Das *testimonium spiritus sancti internum* ist der Grund christlicher Gewißheit und die Lebensquelle des Glaubens. Die innere Erfahrung der Gemeinschaft mit Gott entsteht in der Begegnung mit dem geoffenbarten Wort Gottes. Allein von diesem inneren Erfahrungsbeweis her bekommen alle geschichtlichen, ethischen und dogmatischen Beweisführungen für das Christentum ihren tragenden Wert.

4.3. Fundamentalapologetik, Teil 2: Bibelverständnis[164]

4.3.1. Wilhelm Nast: Die geschichtliche Glaubwürdigkeit und göttliche Autorität des Neuen Testaments

a) Die geschichtliche Begründung der Zuverlässigkeit des Neuen Testaments

Nach Nasts Überzeugung besitzt die christliche Kirche in den neutestamentlichen Schriften ein sicheres Fundament ihres Glaubens. Dabei erweist sich für ihn die Existenz und die gottmenschliche Natur Jesu als das zentrale Faktum des biblischen Wahrheitszeugnisses. Als 1865 der erste Band seines Synoptikerkommentars erschien, stellte Nast seiner Kommentierung eine 150seitige engbedruckte Einleitung voran, in der er sich mit den wichtigsten gegen die Glaubwürdigkeit und Inspiration des Neuen Testaments vorgebrachten Argumenten auseinandersetzte. Nast vertrat die Auffassung, daß die „ungläubige" Kritik auf ihrem eigenen Feld, also dem der geschichtlichen Forschung, widerlegt werden müsse.[165] Weder der Verweis auf die traditionelle Lehre der Kirche noch das bloße Anführen einzelner Belegstellen, z. B. für die Inspiration der biblischen Schriften, genüge.[166] Vielmehr müsse die christliche Apologetik in eine grundsätzliche Auseinandersetzung mit der „ungläubigen" Kritik eintreten. Dabei ist zunächst vom Offenbarungsanspruch der Heiligen Schrift abzusehen und *remoto Christo*, also rein aus der Perspektive des gesunden Menschenverstandes, zu argumentieren. Was das Ziel einer solchen Auseinandersetzung angeht, muß Nast zufolge unterschieden werden „zwischen dem Glauben an die Heilige Schrift, der auf den *Beweisgründen des Verstandes* für den göttlichen Ursprung des Evangeliums (...) beruht, und zwischen dem seligmachenden Glauben an Gottes Wort, der nicht auf

---

164 Vgl. auch Karl Zehrer, Dogmatische Arbeiten in einer deutschen Freikirche, o. O. o. J. (MS), 8–15; Karl Steckel, Die Bibel im deutschsprachigen Methodismus. Mit Thesen zum heutigen Schriftverständnis aus evangelisch-methodistischer Sicht, Stuttgart 1987, 17–37; Stefan Holthaus, Fundamentalismus in Deutschland. Der Kampf um die Bibel im Protestantismus des 19. und 20. Jahrhunderts, Bonn 1993, 263–273.

165 Vgl. Commentar, Bd. 1, 4. So auch Loyd D. Easton: „What is particularly noteworthy about Nast's criticism is that he met Strauss on his own ground. He did not dismiss the myth-theory with bad names but logically analyzed it and marshalled specific evidence against it", „German Philosophy in Nineteenth Century Cincinnati", The Bulletin of the Cincinnati Historical Society 20 (1963) 23.

166 „[I]t is time that we habituate ourselves, more generally, to learn theology in the order in which it has pleased God to teach it in his written Word, and to examine each doctrine in the light of the context in which it stands in the Inspired Volume. But this is not done when we base our belief primarily and chiefly upon the Church Creed, and turn to the Scriptures only in quest of proof texts", Commentary, 5.

Menschenweisheit besteht, sondern auf Gottes Kraft (1 Kor. 2,5)".[167]
Die geschichtliche Beweisführung kann immer nur einen „histori-
schen" Glauben wecken, der gleichwohl ein wichtiger Schritt auf dem
Weg zum Heil sein kann.

Nasts historischer Begründungsgang für die Zuverlässigkeit des Neu-
en Testaments setzt bei der Entscheidung der Alten Kirche über den
Umfang des neutestamentlichen Kanons ein. Das göttliche Ansehen der
Schriften des Neuen Testaments ruht Nast zufolge auf der „unläugba-
re[n] Thatsache, daß wir die Schrift als das Wort Gottes empfangen
haben durch die Vermittlung der von den Aposteln Christi gegründeten
Kirche".[168] Dabei sind die altkirchlichen Kanonisierungsentscheide nicht
als Ausdruck kirchlicher Machtausübung, sondern als Ausdruck des
dienenden Charakters der Kirche aufzufassen. Sie waren ein Akt des
Gehorsams gegenüber Gott. Nast beschreibt den dienenden Auftrag der
Kirche anhand von vier Leitbegriffen. Danach diente die Alte Kirche als
Zeuge für die Echtheit und Glaubwürdigkeit der Schriften, als *Wächter*
über ihre Unverfälschtheit, als *Herold,* „der die Welt in Kenntniß von
den inspirierten Schriften setzte, indem sie in dem öffentlichen Gottesdienst dieselben vorlesen und erklären und durch eine Menge von Ab-
schriften in allen Teilen der Welt verbreiten ließ", und als *Richter,* indem
sie die inspirierten von den nichtinspirierten Schriften schied. Für Nast
impliziert der Begriff des Richters an dieser Stelle keine Überordnung
der Kirche über die Schrift, denn „die Kirche leiht der Schrift kein
Ansehen, sondern zeugt nur von der Göttlichkeit, die in derselben
liegt".[169] Der Vorgang der Kanonisierung meint daher seinem Wesen
nach das Ausscheiden der nichtinspirierten Schriften, wobei Nast an
dieser Stelle nun doch zu der Annahme Zuflucht nimmt, die Kirche habe
bei der Kanonisierung des Neuen Testaments unter der Leitung des
Heiligen Geistes gestanden.[170]

Nachdem der Umfang des Neuen Testaments bestimmt ist, muß
nach dem äußeren und inneren Zeugnis für die Echtheit, d. h. für den
apostolischen Ursprung, der Schriften gefragt werden.[171] Nast ver-

---

167 Commentar, Bd. 1, 18.
168 Ebd., 17.
169 Ebd. (Nast zitiert an dieser Stelle Twesten).
170 An diesem Punkt führt Nast unvermittelt die Wunder in seine Argumentation ein,
   die auch Hinweis auf den Inspirationscharakter einer Schrift gewesen seien, vgl. ebd.
171 Das äußere geschichtliche Zeugnis umfaßt die Bezeugung der Bücher des Neuen
   Testaments, die „große Sorgfalt", mit der der Kanon des Neuen Testaments gebildet
   wurde, und das Zeugnis der Feinde des Christentums. Die inneren Gründe für die
   Echtheit des Neuen Testaments liegen nach Nast in der Übereinstimmung zwischen
   Sprache und Stil einerseits und örtlichen und anderen Verhältnissen der vorgeblichen
   Verfasser andererseits, ferner in der Übereinstimmung der „Schreibart" und dem
   Charakter der Verfasser. Als weitere Argumente werden genannt die Unversehrtheit

weist auf das äußere Zeugnis sowohl der Kirche also auch ihrer Feinde, auf die Sorgfalt, die sich in der Aufstellung des Kanons zeigt,
und nennt als innere Gründe für die Echtheit der Evangelien Sprache
und Stil, die der damaligen Zeit entsprächen, sowie die textkritische
Unversehrtheit der Schriften. Die von David Friedrich Strauß in seiner
Mythenhypothese vorgebrachten Einwände gegen die Glaubwürdigkeit der Evangelienüberlieferung weist er mit einer Vielzahl an Argumenten zurück.[172] Es geht Nast in erster Linie darum, die geschichtliche Unwahrscheinlichkeit und logische Widersprüchlichkeit der Mythenhypothese aufzuzeigen.[173] So bezeichnet er es als höchst
unwahrscheinlich, daß es innerhalb weniger Jahrzehnte nach dem Auftreten Jesu zur Mythenbildung habe kommen können, da Mythen –
wie Strauß selbst meint – nicht „absichtliche Erdichtungen", sondern
unwillkürlich erdichtete Volkssagen sind. Zudem könne Strauß kein
einziges außerbiblisch-geschichtliches Zeugnis dafür anführen, daß
„ein Volk, *ohne Beziehung auf ein wirkliches Subjekt* eine Reihe Mythen ausgebildet und dann verborgen gehalten hätte, bis eine Person,
welcher dieselben anpaßten, auftrat".[174] Auch bleibt für Nast die Annahme zweifelhaft, daß Jesus den messianischen Mythenkreis habe
auf sich ziehen können, ohne auch nur im entferntesten messianische
Eigenschaften zu erkennen gegeben zu haben. Da der Mythos Volks-

der überlieferten Schriften und die Unmöglichkeit der Mythenhypothese; vgl. ebd.,
19–36.

172 Nasts bleibendes Interesse für Strauß dürfte biographische Gründe haben. Beide
hatten gemeinsam das Seminar in Blaubeuren besucht und waren dann ebenfalls
gemeinsam zum Theologiestudium ans Tübinger Stift gewechselt. Die Jahrgänge des
Christlichen Apologeten sind Beleg für Nasts anhaltendes persönliches Interesse an
Strauß. Die 1839 im Christlichen Apologeten erschienene Besprechung von Das
Leben Jesu dürfte sogar zu den ersten in den Vereinigten Staaten veröffentlichten
Rezensionen des Buches gehört haben. Für Nast stand nach der Lektüre bereits
dieses Buches fest, daß Strauß den christlichen Glauben aufgegeben hat. Als Nast
im Jahr 1857 auf der Berliner Konferenz der Evangelischen Allianz sprach, war
auch Strauß unter den Zuhörern, was auf ein nach wie vor vorhandenes Interesse
am Werdegang des Jugendfreundes hindeutet. Zu einer persönlichen Begegnung kam
es gleichwohl weder damals noch in den Jahren danach. 1886 führte der Princeton-
Professor Andrew West ein Interview mit Nast, bei dem die Person Strauß' im
Mittelpunkt stand; vgl. Report of an Interview of Prof. Andrew F. West of Princeton,
N. J., with Dr. William Nast, in Reference to his Personal Recollections of David
Fr. Strauss, held in Cincinnati o. December 30, 1886 (Revised by Dr. Nast). Ver-
öffentlicht im Princeton Review 4 (1887) 343–348. Das Interview ist auszugsweise
auf Deutsch wiedergegeben als „Dr. Wilhelm Nasts persönliche Erinnerungen an
Dr. David F. Strauß" im ChrAp 61 (1899) 369.

173 Vgl. Commentar, Bd. 1, 32–36; vgl. weiter W. Nast, Das biblische Christenthum
und seine Gegensätze, Cincinnati 1883, 18–26. Die letztgenannte Abhandlung ist
die Bearbeitung eines von dem kanadischen Pastor Wilhelm Kloeti verfaßten Aufsatzes mit dem Titel „Religion und Moral" (vgl. Vorwort, 4).

174 Ebd., 33.

dichtung ist, müßte das von den Evangelien gezeichnete Messiasbild auch die Messiasvorstellungen des jüdischen Volkes widerspiegeln. Dies sei jedoch nicht der Fall. Vielmehr habe Jesus den Messias-Erwartungen und den Hoffnungen des Volkes (auf nationale Befreiung etc.) gerade nicht entsprochen. Außerdem hätte die Bildung von Mythen eines wunderwirkenden Messias noch zu Lebzeiten der Apostel sofort von zwei Seiten Widerspruch hervorgerufen, „nämlich von unmittelbaren Augenzeugen aus Freundschaft für, andererseits von Juden aus Feindschaft gegen die Sache".[175] Von entscheidender Qualität ist nach Nast jedoch die Evidenz der geschichtlichen Wirkungen des von den Evangelien gezeichneten Jesus. Denn die Ausbreitung des Christentums ist für ihn plausibel nur erklärbar, sofern man diese auf die Heilstatsachen des Lebens Jesu zurückführe, sie bliebe jedoch ein unlösbares Rätsel, wenn die evangelische Geschichte als Mythe zu gelten habe, was nach Nast nur den absurden Schluß zuließe, daß „das Christenthum sich selbst geschaffen hätte".[176]

Nach den äußeren und inneren Gründen für die Glaubwürdigkeit der Evangelienüberlieferung fragt Nast noch einmal konkret nach der historischen Glaubwürdigkeit der Verfasser. Er formuliert zwei Leitfragen für die weitere Untersuchung: 1. „Wußte der Schreiber genug, um einen wahren Bericht abzufassen?" und 2. „Haben wir Grund, ihn für so ehrlich zu halten, daß wir keinen andern als einen wahren Bericht von ihm erwarten dürfen?" Zur Beantwortung dieser Fragen untersucht Nast den persönlichen und schriftstellerischen Charakter der Evangelisten und setzt sich mit vorgeblichen Widersprüchen zwischen den Evangelien auseinander. Er möchte Widersprüche zwischen den Berichten der Evangelisten *a priori* weder ausschließen noch behaupten. Der Kritiker sollte weder wünschen, auf Widersprüche zu stoßen, noch sollte er sich weigern, sie anzuerkennen, „wo sie unzweifelhaft feststehen".[177] Als Resultat seiner Untersuchung ergibt sich, daß die Verfasser der Evangelien aufgrund ihrer Nähe zu den Ereignissen in der Lage sowie aufgrund ihres persönlichen Charakters willens waren, die Geschehnisse um Jesus zuverlässig zu überliefern. Damit ergibt sich für Nast insgesamt die Überzeugung von der geschichtlichen Glaubwürdigkeit der Evangelienberichte.

Erst wenn feststeht, daß die Evangelien ein glaubwürdiges Bild von Jesus zeigen, ist es Nast zufolge möglich, die Person Jesu näher in

---

175 Ebd., 34. Nast zitiert hier Tholuck.
176 Ebd., 35.
177 Nast zeigt sich davon überzeugt, daß eine „positive" Kritik nichts zu befürchten habe, denn „[d]as Christenthum hat nie etwas gewonnen und kann nie etwas gewinnen durch einen Versuch, gewisse Schwierigkeiten oder Einwürfe zu verbergen oder irgend einer deutlichen Thatsache aus dem Wege zu gehen", ebd., 42.

den Blick zu nehmen. Er möchte zeigen, daß die Darstellung des Lebens Jesu in den Evangelien selbst bei „rationalistischer" Lesart den „unübertroffenen" Rang Jesu erkennen läßt. Auch die in den Evangelien bezeugte Lehre Jesu ist nach Nast plausibler auf Jesus selbst als auf die Evangelisten zurückzuführen. In diesem Zusammenhang untersucht er den moralischen Charakter Jesu. Nast möchte dabei – im Unterschied zur traditionellen „dogmatischen" Vorgehensweise – die Göttlichkeit Jesu aus dessen Vollkommenheit bzw. Sündlosigkeit ableiten, nicht umgekehrt. Die von der Person Jesu ausgegangenen geschichtlichen Wirkungen führt er auf den „unbefleckten" Charakter Jesu zurück und stellt fest: „Das Daseyn der christlichen Kirche also sammt dem Guten, was in ihr und an ihr ist, zeugt für die heilige Güte ihres Stifters".[178] Die moralische Vollkommenheit Jesu läßt sich Nast zufolge mit verschiedenen theoretischen Annahmen erklären, doch sei sie mit dem von Jesus selbst verkündigten Anspruch seiner Gottessohnschaft plausibler als mit jeder anderen Theorie begründet. An diesem Punkt verweist er auch auf die durch Christus geschehenen Wunder, die geschichtliche Erfüllung der von ihm geäußerten Weissagungen und das einzigartige Wunder der Menschwerdung Gottes selbst.[179] Wunder und Weissagungen stützen bei Nast also nicht die Göttlichkeit der Schrift, sondern die Göttlichkeit der Person Jesu.[180]

Mit diesem umfangreichen Beweisgang, der mit der Feststellung der Grenzen des Kanons begann, ist für Nast die Gottessohnschaft Jesu, mithin die Inkarnation des Gottessohnes, als „das geschichtliche Centrum aller göttlicher Offenbarung" im Ergebnis einer streng historisch-kritischen Prüfung erwiesen. Es ergibt sich, „daß der Gegenstand der von den Evangelisten erzählten Geschichte, die historische Lebenserscheinung Jesu Christi ... aus dem natürlichen Zusammenhang endlicher Ursachen und Wirkungen *nicht* erklärbar ist, sondern

---

178 Und weiter heißt es: „Nehmen wir diesen Quellpunkt der vollkommenen Heiligkeit und reinen Urbildlichkeit des Lebens Jesu hinweg, so sind uns die sittlichen Wirkungen des Christenthums völlig unerklärlich; es wäre ein außerordentlicher Erfolg da ohne Ursache; ein wirklich neues Leben aus einem bloßen Schein des Lebens entsprungen", ebd., 73. Vgl. weiter „Ist die Bibel Gottes Wort?", ChrAp 42 (1880) 41.

179 In diesem Zusammenhang entwickelt Nast seine Kenosis-Lehre; vgl. Commentar, Bd. 1, 92–109; „The Divine-human Person of Christ", Methodist Review 42 (1860) 441–458; What is implied in the Incarnation of the Logos? (MS); Kritisch-praktischer Kommentar über Das Evangelium nach Johannes, 168–172.

180 Nast nennt zwei Gründe, warum sich die Inspiration der Schrift nicht durch Wunder und Weissagungen beweisen lasse. Erstens sei das zurückliegende Geschehen heute nicht mehr unmittelbar zu überprüfen, so daß ein blinder Autoritätsglaube die Folge wäre. Zweitens würden der Wunder- und Weissagungsbeweis zwar belegen, daß die Bibel Gottes Wort *enthält*, nicht jedoch, daß sie als Ganzes Gottes Wort *ist*; vgl. Commentar, Bd. 1, 16.

uns nöthigt, in Christo eine Selbstoffenbarung Gottes anzuerkennen".[181] Mit der Person Jesu ruht das Christentum Nast zufolge auf einem festen historischen Fundament. Umgekehrt ermöglicht erst die Inkarnation Gottes überhaupt die geschichtliche Beweisführung hinsichtlich der Glaubwürdigkeit des Neuen Testaments.[182] Dessen Schriften sind, als eine weitere Konsequenz der Inkarnation, mithilfe derselben historischen Methode zu untersuchen wie profangeschichtliche Quellen.[183]

Auf drei Aspekte der Beweisführung Nasts muß abschließend noch einmal verwiesen werden. Bemerkenswert ist *erstens* die grundsätzliche Bedeutung, die Nast – im Zusammenhang der Kanonisierung – der Kirche zubilligt. Allerdings steht seine Argumentation auch hier nicht im Widerspruch zu seiner sonstigen Überzeugung vom Primat der Schrift über die Kirche. Nast argumentiert, daß die Kirche zwar in zeitlicher, nicht aber in sachlicher Hinsicht über der Schrift stehe. Denn die Schrift gründe ihrerseits nicht in der Kirche, sondern im „Wort Gottes, gesprochen von Christo, der selbst der Logos oder das ewige Wort ist".[184] Die Entstehung der Schriften des Neuen Testaments ist daher die Konsequenz aus dem Auftrag Gottes an die Kirche, das in Christus geoffenbarte Wort Gottes zu *bewahren*. So bleibt es beim sachlichen Primat der Heiligen Schrift über die Kirche.

Nast begründet *zweitens* seine These, daß der Nachweis der geschichtlichen Glaubwürdigkeit des Neuen Testaments nicht bei der inneren Erfahrung, sondern bei den jedermann zugänglichen geschichtlichen Zeugnissen einzusetzen habe. Mache man den Erfahrungsbeweis nicht zum Ziel-, sondern zum Ausgangspunkt des Beweisganges, dann sei der Willkür Tür und Tor geöffnet. Exemplarisch verweist er auf Luthers – nach seiner Einschätzung ungerechtfertigtes – Urteil über den Jakobusbrief und die Johannesapokalypse.[185] Mit dem Einsetzen bei der Erfahrung gerate man ferner in einen Zirkel, denn wir können „*erst nachdem* wir den Beweis erhalten haben, daß wir das Wort Gottes besitzen, und dann aus diesem Worte überzeugt worden sind, daß wir den Geist Gottes haben, uns auf das *innere Zeugnis* verlassen, das der heil. Geist dem Worte Gottes giebt".[186] Aus

---

181 Ebd., 109.
182 So schreibt W. Nast: „The position that we occupy, in an age in which doubt and disbelief so greatly prevail, is such that in the vindication of Christianity we must go far beneath the surface, and lay the foundation in what appears self-evident and is in need of no external proof. This deepest foundation we find only in *the person of the Founder of Christianity*", Commentary, 9.
183 Vgl. Commentar, Bd. 1, 37.
184 Vgl. ebd., 17.
185 Vgl. ebd., 15.
186 Ebd.

diesem Zuordnungsverhältnis ergibt sich für Nast die unbedingte Notwendigkeit der geschichtlichen Beweisführung. Die innere Erfahrung des Heiligen Geistes bleibt gleichwohl der Zielpunkt aller Apologetik. Allerdings ist *drittens* deutlich, daß auch Nast dem hermeneutischen Zirkel nicht entrinnen kann. So setzt er zwar bei der geschichtlichen Tatsache der Kanonbildung des Neuen Testaments ein, arbeitet aber zugleich mit dem Postulat, daß die Alte Kirche in ihren Kanonentscheidungen vom Heiligen Geist geleitet worden sei.[187] Nast hat diesen Zirkelschluß – anders als Twesten, auf den sich Nast in diesem Zusammenhang stützt – offenbar nicht wahrgenommen, zumindest reflektiert er nicht explizit auf ihn.

b) Die theologische Begründung der Autorität der Heiligen Schrift – ihre Inspiration

Der geschichtlichen Beweisführung folgt eine theologische. Nast zufolge bedarf eine Urkunde göttlicher Offenbarung nicht allein der Bestätigung ihrer geschichtlichen Zuverlässigkeit von seiten des Menschen, sondern auch der „göttliche[n] Sanktion und Autorität".[188] Letztere erhält sie durch die Tatsache, unter Inspiration bzw. Eingebung Gottes geschrieben worden „und deshalb unfehlbar" zu sein. Die Inspiration der biblischen Schriften kann Nast zufolge nicht mit einem schlichten Verweis auf die klassischen Belegstellen 2Tim 3,16 und 2Petr 1,20 begründet werden, da dies ein Zirkelschluß wäre.[189] Vielmehr müsse der von ihm aufgezeigte Weg der historischen Beweisführung gegangen werden. Erst wenn die Göttlichkeit Jesu erwiesen sei, könne das Zeugnis Jesu über die Inspiration des Alten und des Neuen Testaments angenommen werden[190] und von diesem her auch der Verweis auf die genannten Briefstellen erfolgen.

Nast zufolge ist es von grundsätzlicher Bedeutung, zwischen Offenbarung und Inspiration zu unterscheiden.[191] In der englischen Bearbeitung seines *Commentars* heißt es dazu:

---

187 Ebd., 17. An anderer Stelle argumentiert W. Nast – etwas zurückhaltender – mit der göttlichen Vorsehung, die eben die Aufnahme bestimmter Schriften in den Kanon verhindert habe; „Inspiration und Offenbarung", ChrAp 53 (1891) 376.

188 Commentar, Bd. 1, 109 (im Original hervorgehoben).

189 „Die Inspiration der Schrift auf das Zeugnis der Schrift zu gründen, wäre allerdings ein Zirkelschluß, wenn man sie schon für inspirirt halten müßte, um ihr Zeugnis von Christo glaubhaft zu finden", ebd., 111.

190 Allerdings führt Nast keine Belegstelle an, in der sich Jesus zur Inspiration des *Neuen* Testaments äußert. Eine solcher Text ist wohl auch nicht zu finden.

191 Auf die Bedeutung dieser von Nast vertretenen, im Methodismus des 19. Jh. insgesamt jedoch vernachlässigten Unterscheidung verweist William J. Abraham, „Inspiration in the Classical Wesleyan Tradition", in: Kenneth Kinghorn (Hg.), A Cele-

„*Revelation is a purely Divine act* – it is God revealing himself to man, either by supernatural, external facts, such as the miracles recorded in Scripture, or by supernatural, internal communications … In the reception of such a supernatural, internal communication, the human mind is perfectly passive, not thinking its own thoughts, or speaking its own words, but only the thoughts and words of the Spirit of God. *Not so in inspiration.* That demands *human as well as Divine agency.* The spirit of God in inspiration acts not simply *on* man but *through* man, using the faculties of man according to their natural law."[192]

Die übernatürliche Gottesoffenbarung – und allein um diese Form der Offenbarung geht es hier – meint also entweder „eine stetig in sich zusammenhängende Reihe von wunderbaren Geschichtsthatsachen und Geschichtsveranstaltungen"[193] oder eine übernatürliche Manifestation Gottes im Bewußtsein des Menschen. Der übernatürliche bzw. Wundercharakter des Offenbarungshandelns Gottes stellt sicher, daß die Offenbarung die Aufmerksamkeit des Menschen findet und so in den Wahrnehmungsbereich der menschlichen Sinne eintritt. Dabei ist der Mensch Nast zufolge zunächst noch „passiv". Im Unterschied zur Offenbarung vollzieht sich die Inspiration unter rezeptiver Mitwirkung des Menschen. Nach Nast bezieht sich der Begriff der Inspiration „auf die Fähigkeit eines menschlichen Individuums, eine geschehene göttliche Offenbarung dem Willen Gottes gemäß wieder auszusprechen, sey es mündlich oder schriftlich".[194] Funktional tritt die Inspiration zwischen die reine ungetrübte Gottesoffenbarung und die von der Sünde getrübte Wahrnehmung des Menschen. Aufgrund der gefallenen Natur des Menschen „mußte zu der *äußern* geschichtlichen Manifestation Gottes eine *innerliche* Erleuchtung kommen".[195] Mit anderen Worten: Offenbarung ist eine äußere – nach obiger Definition aber auch: innere – Manifestation Gottes, Inspiration die zur mündlichen oder schriftlichen Reproduktion dieser Manifestation befähigende Erleuchtung durch den Heiligen Geist. Beide entsprechen einander, wobei die Inspiration logisch die Offenbarung voraussetzt.

Das vorgezeichnete Schema wendet Nast auf die Entstehung des Neuen Testaments an. Dabei ordnet er den Begriff der Offenbarung der Person Jesu zu, den Begriff der Inspiration den Aposteln als Verfassern des Neuen Testaments. So bezeichnet er Jesus als „göttliche

---

bration of Ministry, Wilmore 1982, 40–42.
192 Zit. nach W. Abraham, ebd., 41. Vgl. Commentar, Bd. 1, 110 sowie W. Nast, „Inspiration und Offenbarung", ChrAp 53 (1891) 376.
193 Commentar, Bd. 1, 110.
194 Ebd.
195 Ebd.

Manifestation" und spricht von der Inspiration der Apostel, die mit dem Ziel geschehen sei, diese Manifestation Gottes „richtig auffassen und erklären" zu können.[196] Aus der Zusammenschau beider Aspekte ergibt sich der Charakter des Neuen Testaments als „inspirirte Darstellung göttlicher Offenbarung".[197] Für Nast ist die Verbindung von Inspiration und Apostelamt von grundlegender Bedeutung, insofern als der „Anspruch der Inspiration unserer Evangelien ... auf ihrer Echtheit, d. h. auf ihrer *Apostolicität*" beruht.[198] Begründend verweist Nast auf den s. E. im Neuen Testament bestehenden Zusammenhang zwischen *Geist*zuteilung und *Aufgaben*zuteilung. Auftrag gerade der Apostel sei es gewesen, als Mittler des vom Haupt her die ganze Kirche durchdringenden Geistes zu wirken.[199] Ihre qualifizierte Geistbegabung im Sinne der Inspiration habe sie zur Abfassung heiliger Schriften ermächtigt und befähigt. Allerdings ist Nast durchaus bereit anzuerkennen, daß sich selbst bei großzügiger Fassung des Apostelbegriffs nicht für alle Schriften des Neuen Testaments eine apostolische Verfasserschaft behaupten lasse. Er merkt zu diesem Punkt an, daß sich die Inspiration eines (unbekannten) Verfassers auch durch den Inhalt sowie durch die Tatsache der kirchlichen Anerkennung bestätigen lasse.[200] Damit ist noch einmal die grundlegende Bedeutung des Prozesses der Kanonbildung verdeutlicht.

Nach der Tatsache sind Wesen und Umfang der Inspiration festzustellen. Die Verbalinspirationslehre lehnt Nast ab, da sie sich weder aus dem Zeugnis der Schrift selbst ergebe noch mit den zwischen den synoptischen Evangelien bestehenden Differenzen zu vereinbaren sei.[201] Gleichwohl kann Nast von einer funktionalen „Unfehlbarkeit" der Bibel sprechen. Da deren Verfasser infolge ihrer Inspiration vor Irrtum bewahrt wurden, kann die Bibel als „unfehlbare Richtschnur der Wahrheit und Pflicht" angesehen werden.[202] Zur Verdeutlichung bedient sich Nast eines christologischen Vergleichs:

196 Ebd.
197 „Inspiration und Offenbarung", ChrAp 53 (1891) 376.
198 Commentar, Bd. 1, 122. Nast zitiert hier Alford.
199 „Der heilige Geist ist zu denken als das die christliche Kirche bildende, beseelende, regierende Princip; in dieser Eigenschaft sollte er Christi Stelle vertreten. Eben daher mußte sich vorzugsweise seine Kraft in *Denen* äußern, die nach Gottes Willen durch Christo ausersehen waren, die leitenden Organe zu seyn, durch welche das vom Haupt ausströmende Leben dem ganzen Körper zugeführt wird, d. h. ‚in den Aposteln *Jesu Christi durch den Willen Gottes*,' wie Paulus sich zu bezeichnen pflegt", ebd., 113.
200 Vgl. ebd., 114; vgl. weiter „Inspiration und Offenbarung", ChrAp 53 (1891) 376. Hier warnt Nast zugleich vor voreiligen Konzessionen in der Verfasserfrage an die „höhere Kritik".
201 Vgl. Commentar, Bd. 1, 119.
202 Ebd., 114.

„[U]nd wie in der Person Christi die Vereinigung der göttlichen Natur mit der menschlichen auf die Weise gewirkt hat, daß die gefallene Natur rein geworden ist und Jesus ein Menschensohn ohne Sünde gewesen, auf dieselbe Weise, sagen wir, hat die Vereinigung des göttlichen Geistes mit dem menschlichen in der Schrift den menschlichen Faktor von seinen Irrthümern gereinigt, so daß das Wort ohne Lüge, ohne Irrthum gewesen ist."[203]

In ähnlichem Sinne wie bei Christus gilt Nast zufolge auch für die Schrift, daß sie „ganz von Menschen und ganz von Gott ist".[204] Allerdings ist der menschliche Charakter der Schrift soweit bei Nast noch nicht deutlich geworden. Nast betont nun, daß der Vorgang der Inspiration die Selbsttätigkeit des Schreibers nicht aufgehoben, sondern sie unter „die Leitung und Einwirkung des den rechten Verstand gebenden heiligen Geistes gestellt" habe.[205] Nasts Verständnis von Inspiration als einem menschliche Mitwirkung verlangenden Vorgang schließt die Annahme aus, bei den Verfassern habe es sich nur um „unselbständige, blos passive Instrumente, ... willenlose Röhren" gehandelt. Die menschliche Seite der Schrift zeigt sich für Nast in den schriftstellerischen Besonderheiten der einzelnen biblischen Bücher, einschließlich grammatischer Fehler und „wissenschaftlicher Unrichtigkeiten", die Ausdruck „menschlicher Unvollkommenheit" sind.[206]

Damit stellt sich die Frage, wie Nast einerseits von der Unfehlbarkeit der Schrift und anderseits von in ihr enthaltenen Fehlern und Unrichtigkeiten sprechen kann. Nast hält beide Überzeugungen für vereinbar und bedient sich zur Begründung dieser These der Lehre von den „Graden der Inspiration" innerhalb der Bibel.[207] Danach gilt, daß zwar die ganze Heilige Schrift inspiriert ist, aber nicht alle ihre Teile in gleichem Maße. Nast hält also – anders als Tholuck[208] – einerseits an der Inspiriertheit des gesamten Neuen Testaments fest, billigt andererseits jedoch dem Christusgeschehen als dem Zentralereignis der Gottesoffenbarung einen höheren Grad an Inspiriertheit zu. In geringerem Maße gilt dagegen die Inspiration den „chronologischen, topographischen und andern Kleinigkeiten". Diesen Graden der Inspiration entspricht ein abgestuftes Zeugnis des Heiligen Geistes beim Studium der inspirierten Schriften, insofern als sich die durch den Heiligen Geist gewirkte göttliche Überzeugung

---

203 Ebd.
204 Ebd.
205 Ebd.
206 Ebd., 115.
207 Vgl. ebd.
208 Bei A. Tholuck bezieht sich die Inspiration nicht mehr auf die ganze Schrift, sondern geht nur soweit „als die Offenbarung [geht], diese sich aber nur auf Das bezieht, was zur Erlösung und zum Heil des Menschen gehört", Die Bibel, 4.

„nur auf die göttlich geoffenbarten Heilswahrheiten" und nicht auf die Nebendinge, „die in keiner Beziehung zu irgend einer Heilswahrheit stehen", bezieht.[209]

Die Schwierigkeit der von Nast entwickelten Inspirationslehre ergibt sich aus der Tatsache, daß von einer wirklichen Beziehungslosigkeit der verschiedenen Nebendinge zum Zentrum des Offenbarungsgeschehens nicht gesprochen werden kann.[210] Konsequenterweise warnt Nast dann auch bis ins hohe Alter vor zu schnellen Zugeständnissen an Kritiker, selbst wo es nur um Nebensächlichkeiten geht. Noch 1891 gibt sich Nast überzeugt, daß „wiewohl die Bibel nicht den speciellen Zweck hat, die Menschen über die Wissenschaft zu belehren, es noch nicht erwiesen ist, daß irgendwelche Aeußerungen der heiligen Schrift im Widerspruch mit den wirklich festgestellten Ergebnissen der modernen Wissenschaft stehen".[211] Denn da die Nebenumstände in enger Beziehung zum Zentrum der göttlichen Offenbarung in Christus stehen, stellt der Nachweis von Unrichtigkeiten in Nebensachen für sich genommen zwar den göttlichen Charakter der Bibel nicht in Frage, bahnt aber psychologisch den Weg für den schließlichen Angriff auch auf die zentralen Lehren von Sünde und Erlösung.[212] Vor diesem Hintergrund möchte Nast zwar nicht von

---

209 Commentar, Bd. 1, 124.

210 In der Praxis ließ sich W. Nasts moderate dann auch nicht von der konsequenten Variante der Idee von Graden der Inspiration unterscheiden. Spätestens wenn es um die Interpretation naturwissenschaftlicher Aussagen der Bibel ging, stellte sich die Frage, ob diese Aussagen ebenfalls, wenn auch in einem geringeren Grade, inspiriert sind – was bedeutete dies dann für die konkrete Auslegung? – oder ob sie *nicht* inspiriert sind. Es scheint, daß in dieser Frage alle denkbaren Positionen vertreten wurden, auch ein inspirationstheoretischer „Agnostizismus"; vgl. J. W. Huber, „Das göttliche und menschliche Element in der heiligen Schrift", ChrAp 57 (1895) 419. Huber kann von Stellen in der Bibel sprechen, „welche einer besonderen übernatürlichen Einwirkung nicht zugeschrieben werden können". Vgl. weiter W. Schwind, „Inspiration der heiligen Schrift und die höhere Kritik", ChrAp 58 (1896) 436, der Einzelfragen unentschieden lassen möchte: „Was die Inspiration der heiligen Schrift in ihren einzelnen Theilen in sich schließt und was nicht – das gehört zu den Dingen, die sich nicht streng definiren lassen". Ähnlich J. H. Horst, „Gottes Wort in der Bibel, oder die Bibel Gottes Wort", DAThK 2 (1898) 323–330.

211 „Inspiration und Offenbarung", ChrAp 53 (1891) 376. Der eigentliche axiomatische Charakter dieses Satzes ergibt sich aus dem Begriff der „wirklich festgestellten" Ergebnisse. Denn wie bereits erwähnt, betrachtet es Nast als schlechthin unmöglich, daß sich in Gottes Schöpfung Tatsachen von Bibel und Natur tatsächlich widersprechen. Im Widerspruch zur Bibel stehende Ergebnisse der Forschung sind für ihn Spekulationen und Hypothesen, keine Tatsachen.

212 Im ChrAp 55 (1893) 136, der letzten expliziten Äußerung Nasts zu Fragen der Bibel und Bibelkritik, warnt Nast noch einmal vor den Wirkungen der „höheren Kritik" auf die Masse der „Namenschristen". Sie würden den Glauben an die göttliche Autorität der Bibel unter dem Eindruck der die historische Zuverlässigkeit der biblischen Überlieferung in Frage stellenden Kritik bald verlieren. Die gläubigen

einer „unbedingten" Unfehlbarkeit der Bibel sprechen, und auch den Begriff der Irrtumslosigkeit vermeidet er weitgehend. Er spricht der Bibel vielmehr eine bedingte bzw. funktionale Unfehlbarkeit zu, insofern sie den Menschen unfehlbar zur Person Christi und damit zum Heil führt. Faktisch jedoch versteht er die Bibel als die Urkunde der alle Wirklichkeitsbereiche erschließenden Gottesoffenbarung. Folglich kommt auch den nicht unfehlbar bezeugten Nebenumständen der Christusoffenbarung Bedeutung zu.

c) Zusammenfassung

Mit seiner Unterscheidung von Offenbarung einerseits und Inspiration andererseits beschreitet Nast innerhalb des Methodismus im 19. Jh. insgesamt einen neuen Weg. Seine Unterscheidung führt ihn zunächst zu einem geschichtlichen Offenbarungsverständnis, insofern als für ihn die Person Jesu „göttliche Selbstmanifestation", also Offenbarung Gottes, ist. Der Gottesoffenbarung in Christus entspricht die Inspiration der Verfasser des Neuen Testaments, die Nast ihrer Mehrzahl nach für Apostel hält. Dabei versteht er Inspiration als die zur klaren Erfassung und Reproduktion der empfangenen Offenbarung befähigende Erleuchtung des Menschen durch den Heiligen Geist. Als Mitteilungsgeschehen fordert die Inspiration das Mitwirken des Menschen.

Gegenüber der „ungläubigen" Kritik will Nast die geschichtliche Zuverlässigkeit und Glaubwürdigkeit des Neuen Testaments aufweisen und so die Bibelkritik auf ihrem eigenen Feld, nämlich dem der geschichtlichen Forschung, widerlegen. In materialer Hinsicht stützt er sich dabei weithin auf die Ergebnisse der zeitgenössischen „positiven" Kritik. Den Begriff der Inspiration bezieht Nast zunächst eindeutig auf Personen; er geht dann jedoch von der Inspiration der Schriften des Neuen Testaments als Ausweis ihrer göttlichen Autorität aus.[213] Damit ist deutlich, daß es Nast um mehr als eine Personalinspiration ging. Als Fazit ergibt sich ihm, daß die Bibel „ganz von Menschen und ganz von Gott" ist. Das Verhältnis beider Perspektiven bestimmt Nast mit einem christologischen Vergleich, der ihn nahe an ein Verständnis von der Irrtumslosigkeit der Schrift und implizit zu einer deutlich stärkeren Gewichtung der göttlichen gegenüber der menschlichen Seite der Schrift führt. Zwar mildert er das Verständnis von Irrtumslosigkeit – bei gleichzeitigem Festhalten an der Inspiration der

---

Theologen, die sich an der Bibelkritik beteiligten, ohne dabei die Grundwahrheiten des Glaubens anzutasten, stellt Nast unter das Urteil von 1 Kor 3,14 f.

213 Der betreffende Abschnitt trägt die Überschrift: „Die Inspiration oder göttliche Autorität der neutestamentlichen Schriften", Commentar, Bd. 1, 109.

ganzen Heiligen Schrift – durch die These von „Graden der Inspiration" innerhalb der Bibel ab, wobei er zwischen dem „unfehlbaren" Offenbarungsgeschehen selbst und deren möglicherweise irrtumsbehafteten Nebenumständen unterscheidet. Allerdings zeigt er mit Blick auf die göttliche Autorität des Neuen Testaments nirgends einen praktikablen Weg auf, wie zwischen diesen Größen sauber zu scheiden wäre. Nast selbst hat sich dann in der Praxis auch der konsequenten Durchführung einer solchen Unterscheidung verwehrt. Das Neue Testament ist für ihn wesensmäßig die inspirierte „Urkunde" der göttlichen Offenbarung. Funktional nimmt das Neue Testament jedoch die Qualität der Gottesoffenbarung selbst an, insofern es „unfehlbar" den Weg zum von Christus erworbenen Heil weist.

4.3.2. William Warren: Die Schrift als einzig normgebende Quelle theologischer Erkenntnis[214]

a) Die „ursprüngliche Form der Offenbarungswahrheit" – ihre Inspiration[215]

In seiner 1865, also am Ende seiner Lehrtätigkeit am methodistischen Seminar in Bremen, veröffentlichten Einleitung in die *Systematische Theologie* entfaltete Warren unter dem Stichwort „Heuristischer Standpunkt" sein Schriftverständnis. Obwohl Warrens Überlegungen deutlich anders strukturiert sind als die Nasts, begegnen verschiedene Gedanken Nasts hier wieder.

Warren geht von der These aus, daß die Bibel ungeachtet anderer Offenbarungen Gottes (in Schöpfung, in Geschichte und der menschlichen Seele) die „einzige *authentische* und *normierende* (maßgebende) Erkenntnißquelle sowohl für das Verhalten Gottes gegen uns, als auch für das von uns geforderte Verhalten gegen Gott" ist.[216] Diese These muß nach Warren unter Rekurs auf die „ursprüngliche" wie auf die „gegenwärtige" Form der Offenbarungswahrheit begründet werden. Seine Argumentation unterteilt sich in zwei Beweisgänge. Warren geht zunächst von der Inspiration der als „Offenbarungsvermittler" bezeichneten Verfasser der biblischen Schriften aus und begründet sein Verständnis des biblischen Kanons als der „ursprünglichen Form der Gottesoffenbarung". Im zweiten Beweisgang geht Warren davon aus, daß uns die Offenbarungswahrheit ihrer „gegenwärtigen Form" nach in Schrift und Tradition vorliegt, und begründet, warum die Schrift

---

214 Zu Leben und Werk William Warrens insgesamt vgl. Howard Eugene Hunter, William Fairfield Warren. Methodist Theologian, unveröffentl. Diss. Boston 1957.
215 Die gewählten Überschriften orientieren sich an der Ausdrucksweise Warrens.
216 Systematische Theologie, 30.

gleichwohl als die einzige normative Quelle theologischer Erkenntnis betrachtet werden muß.

Nach Warren hat sich Gott von der Erschaffung des Menschen an durch seine Heilstaten fortlaufend in der Geschichte offenbart. Kulminationspunkt aller Wort- und Tatoffenbarung ist die christliche Heilsökonomie, die ihren Ausgangspunkt in der Inkarnation des Gottessohnes und der Ausgießung des Heiligen Geistes hat. Die ursprüngliche Form, in der diese Offenbarung der Menschheit dargeboten wurde, ist Warren zufolge das Wort der „inspirirten Offenbarungsvermittler", also der Verfasser der später kanonisierten Schriften. Dabei bestimmt Warren den Begriff der Inspiration zunächst übereinstimmend mit Nast als „diejenige Einwirkung des Geistes Gottes auf den Geist eines Menschen, durch welche letzterer zu ungetrübter Anschauung und angemessener Reproduktion der Offenbarungswahrheit befähigt wird".[217] Warren unterscheidet drei Stufen der Inspiration. Er spricht zum ersten von derjenigen Einwirkung, die den Menschen zum Empfang einer ihrem Wesen nach übernatürlichen Offenbarung befähigt, zum zweiten von der Erleuchtung und Leitung des Heiligen Geistes, die den Menschen zur „absolut irrthumsfrei[en]" mündlichen oder schriftlichen Wiedergabe der empfangenen Offenbarung befähigt, und zum dritten von der Erfüllung mit dem Heiligen Geist, wie sie den Aposteln an Pfingsten zuteil wurde.[218]

Die Inspiration der Offenbarungsvermittler entspricht nach Warren der dritten und höchsten Inspirationsstufe. Sie schließt die niederen Stufen der Inspiration ein und ist zudem nicht vorübergehender Art, sondern wird in den Offenbarungsvermittlern „zu einem bleibenden Charisma".[219] Nach Warren werden auf der höchsten Inspirationsstufe die Gedanken des Gottesgeistes zu Gedanken des Menschengeistes. Der Offenbarungsvermittler ist so vollständig von göttlicher Erleuchtung durchdrungen, daß laut Warren nur noch eine begriffliche, keine sachliche Unterscheidung zwischen Offenbarung und Inspiration möglich ist.[220] An diesem Punkt weicht Warren also von Nast ab.

---

217 Ebd., 36.
218 Vgl. ebd.
219 Ebd., 37.
220 Warren zitiert an dieser Stelle aus Friedrich Adolf Philippis Kirchlicher Glaubenslehre. Allerdings hält Warren die hier von ihm behauptete These einer sachlichen Verschmelzung von Offenbarung und Inspiration schon in der Systematischen Theologie nicht durch. So deutet er in Anlehnung an Storr die in 1Kor 12,10 genannte Gabe der διακρασις πνευματων als die Gabe, beurteilen zu können, „ob die Propheten in ihrem Vortrage (vgl. 1Cor. 14,29) genau bei dem Inhalt der ihnen gegebenen Offenbarung geblieben seien, oder ob sie etwas Eigenes und Trübendes beimischten"; Systematische Theologie, 42, Anm. 1. Dieser Satz kann eigentlich nur so

Warren geht davon aus, daß es sich bei den Offenbarungsvermittlern, also den Verfassern der biblischen Schriften, um die Apostel
handelt. Wie schon Nast sieht auch Warren einen engen Zusammenhang zwischen *Geist*zuteilung und *Aufgaben*zuteilung im Neuen Testament. Aufgrund ihrer Inspiration im Sinne der Erfüllung mit dem
Heiligen Geist waren sie in Rede und Schrift[221] dazu befähigt, die
empfangene Offenbarung wahrheitsgemäß wiederzugeben. Auch Warrens Inspirationsbegriff setzt also bei der Person des biblischen Verfassers an. Er kann zugespitzt sogar sagen: „Gott inspirirt Menschen,
nicht Buchstaben".[222]

Die mit der Inspiration verbundene erhöhte göttliche Wirksamkeit
führt nach Warren nicht zu einer verminderten Selbsttätigkeit des
Menschen. Die Erfahrung lehre vielmehr, „daß die subjektive Freiheit
und mitwirkende Selbstbethätigung um so größer ist, je stärker der
Geist Gottes auf die Seele einwirkt".[223] Die göttliche Inspiration unterdrückt nicht die natürlichen Fähigkeiten des Offenbarungsvermitt-
lers, sondern „hebt und bereichert ... sie vielmehr, dadurch, daß er
[Gott] die Seele von aller verfinsternden und störenden Einwirkung
der Sünde befreit und sie zur ungetrübten Anschauung der Wahrheit
befähigt".[224] Auch für Warren ist der Offenbarungsvermittler nicht
lediglich ein passiver *amanuensis* Gottes, sondern selbsttätiges Subjekt,
womit die prinzipielle Möglichkeit des Irrtums, des Vergessens, des
Sündigens, ja selbst des Abfallens vom Glauben besteht. Der Glaube
an die Inspiration der Offenbarungsvermittler ruht für Warren auf
den entsprechenden Verheißungen des Erlösers sowie dem Selbstzeugnis der Apostel. Er ist „ein unabweisliches Postulat des christlichen
Glaubens überhaupt"[225] und wird von Warren als geschichtlich nicht
ableitbare Voraussetzung aufgefaßt.

Ungeachtet dieser Bestimmung wird die menschliche Seite der
Schrift in ihrer Bedeutung für das Schriftverständnis insgesamt von

verstanden werden, daß die Gabe der Unterscheidung, wie Paulus sie nennt, das
Vermögen einschließt, zwischen dem sachlichen Gehalt der empfangenen Offenba-
rung und der auf diese Bezug nehmenden menschlichen Mitteilung, also zwischen
Offenbarung und Inspiration, zu unterscheiden.

221 Warren lehnt also eine besondere Inspiration der biblischen Schreiber als *Schreiber*
ab. Vielmehr gilt: „Eine jede Predigt, die sie gehalten haben, war eben so theopneu-
stisch als ihre Schriften", ebd., 49.

222 Ebd. Man könnte diese Auffassung als „Personalinspiration" bezeichnen. Allerdings
verbinden sich mit dem Begriff der „Personalinspiration", wie sie z. B. von Schleiermacher vertreten wurde, andere Überlegungen. Denn bei Schleiermacher bedeutet
die Annahme einer Personalinspiration das Aufgeben der Schriftinspiration, bei Warren dagegen ist erstere die Voraussetzung für letztere.

223 Ebd. (im Original hervorgehoben).

224 Ebd., 37.

225 Ebd., 46.; vgl. 38.

Warren nicht stärker reflektiert. Für ihn scheidet von vornherein der Gedanke aus, von dem „bloßen Wort weniger fehlbarer Menschen könnte der Herr ... Seligkeit und Verdammnis einer ganzen Welt" abhängig gemacht haben.[226] Wegen der über Heil und Unheil des Menschen entscheidenden Bedeutung des Schriftwortes habe Gott die Offenbarungsvermittler durch Inspiration dazu befähigt, „die Offenbarungswahrheit vollständig und ohne Trübung den Menschen zu übermitteln".[227] Die Zuverlässigkeit der Schrift entspricht damit ihrer Bedeutung als „einziger authentischer und normierender" Quelle theologischer Erkenntnis.

b) Der ursprüngliche Umfang der Offenbarungswahrheit – der Kanon

Konsequenter, als es um der besseren Verständlichkeit willen hier möglich war, hatte Warren bis hierher allgemein vom „authentischen Wort der ursprünglichen Offenbarungsvermittler" gesprochen. Erst ganz am Ende seiner Ausführungen zum „Heuristischen Standpunkt" – und hier aus Gründen der Darstellung vorgezogen – stellte er die Frage, wie sich dieser Begriff zu dem der Heiligen Schrift verhält. Nach Warren geht es konkret um zwei Fragen: a) „Ist die *ganze* Schrift von den gottberufenen Offenbarungsvermittlern *verfaßt worden*, und zwar in ihrer Eigenschaft als Offenbarungsvermittler?" und b) „Enthält sie *alle* Schriften, welche auf einen solchen Ursprung gegründeten Anspruch machen können?"[228] Die zweite Frage wird unter Hinweis auf bekannte protestantische Argumente für die Nichtanerkennung der katholischen Apokryphen als kanonische Schriften beantwortet. Von größerem Interesse ist die Beantwortung der ersten Frage.

Warren unterscheidet zunächst zwischen Altem und Neuem Testament. Die Kanonizität der neutestamentlichen Schriften begründet er mit der historischen Gewähr für ihre Abfassung durch Apostel bzw. Apostelschüler. Die von ihnen überlieferten Schriften trügen dem Ansehen und Inhalt nach den Stempel göttlicher Eingebung. Warren ist zuversichtlich, daß der historische Nachweis für die behauptete Verfasserschaft in jedem einzelnen Fall geführt werden kann.[229] Kritische Zweifel daran seien das Werk „antichristlicher und scheinchristlicher

---

226 Ebd., 43.
227 Ebd., 38.
228 Ebd., 63.
229 Dabei vertritt Warren, wie bereits Nast, die Auffassung, daß die geschichtliche Untersuchung der biblischen Schriften „nach denselben Grundsätzen" durchzuführen ist, „die man bei ähnlichen Untersuchungen in der Literaturgeschichte und in der allgemeinen Kritik in Anwendung bringt" ebd., 53.

Kritiker".[230] Das Ansehen des Alten Testaments wird, ebenfalls auf der Grundlage äußerer geschichtlicher Bezeugung, mit der von den Juden überlieferten Bezeugung der Göttlichkeit ihrer Schriften sowie mit der Bestätigung von deren göttlichem Charakter im Neuen Testament begründet.[231]

Nach Warren hängt das göttliche Ansehen einer kanonischen Schrift also v. a. davon ab, ob diese wirklich von einem anerkannten Offenbarungsvermittler verfaßt wurde „oder wenigstens von Offenbarungsvermittlern reichlich verbürgt ist".[232] Zu diesem äußeren muß jedoch ein inneres Kriterium hinzutreten, nämlich die Übereinstimmung einer Schrift mit der *analogia fidei*: „*weil wir nun in diesen Schriften das authentische Wort dieser von Gott berufenen und inspirirten Offenbarungsvermittler über das gegenseitige Verhalten Gottes und des Menschen erkennen*, darum eben messen wir ihnen in allen Sachen des Glaubens und der Pflicht unbedingte Autorität bei".[233] Gemeint ist nach Warren diejenige Auffassung „des Heilsverhältnisses, nach welcher das Heil oder Nicht-Heil eines jeden Menschen lediglich von seinem freien Verhalten gegenüber den erleuchtenden, erneuernden und heiligenden Einwirkungen des heiligen Geistes abhängt".[234] Dieser zweistufige Beweisgang kann Warren zufolge keinesfalls durch den inneren Erfahrungsbeweis ersetzt werden.[235] Das Zeugnis des Geistes kann niemals am Anfang, es sollte gleichwohl am Ende einer Untersuchung über die Göttlichkeit der kanonischen Schriften stehen. An diesem Punkt sieht Warren eine Tendenz zum Erfahrungssubjektivismus in den reformatorischen Traditionen. Er hebt positiv den Standpunkt der römisch-katholischen Kirche hervor, demzufolge die „normirende Autorität der kanonischen Schriften auf ihren von der Urkirche bezeugten apostolischen, respektive prophetischen Ursprung"

---

230 Ebd., 64.
231 Als Fazit formuliert Warren: „Es ergiebt sich aus dieser Darstellung des Grundes, worauf unser Glaube an die Kanonicität der biblischen Schriften beruht, daß (bei gleich werthvollem Inhalt) die kanonische Dignität eines jeden Bestandtheils des biblischen Kanons in direktem Verhältnis zu dem Grad der Evidenz steht, mit welcher seine Abfassung auf einen anerkannten Offenbarungsvermittler zurückgeführt werden kann", ebd., 66 f.
232 Vgl. ebd., 67. Mit der letztgenannten Einschränkung, die sich nur an dieser Stelle findet, scheint Warren seine Theorie entlasten zu wollen. Er ahnt offenbar bereits, daß die kritische Wissenschaft seiner Theorie von der Abfassung durch die ursprünglichen Offenbarungsvermittler eines Tages den Boden entziehen würde.
233 Ebd., 65.
234 Ebd., 86 f.
235 Daher lehnt W. Warren die falsche Verortung des *testimonium spiritus sancti internum* in der calvinistischen und lutherischen Theologie ab. Mache man die Zuordnung einer Einzelschrift zum Kanon vom Zeugnis des Heiligen Geistes abhängig, gibt man damit „die ganze Schrift der unbeschränktesten, subjektiven Willkür Preis", ebd., 70.

gründet.[236] Als Resultat ergibt sich für Warren, daß die Bibel, genauer: die ganze Bibel und allein die Bibel, das „authentische Wort der ursprünglichen Offenbarungsvermittler" ist. Der biblische Kanon ist also deckungsgleich mit der von den Offenbarungsvermittlern unter Inspiration reproduzierten Gottesoffenbarung.

c) Die „gegenwärtige Form der Offenbarungswahrheit" –
Das Verhältnis von Schrift und Tradition

Allerdings stellt Warren fest, daß die an die Offenbarungsvermittler ergangene Gottesoffenbarung heute in zweifacher Form vorliegt: zum einen „in dem in der heiligen Schrift aufbewahrten, authentischen Wort der ursprünglichen Offenbarungsvermittler" und zum anderen im Bekenntnis der Kirche(n). Die Substanz der Offenbarungswahrheit läßt sich s. E. grundsätzlich aus beiden Formen erheben. Dabei ist das kirchliche Bekenntnis jedoch von deutlich geringerem Wert, da die verschiedenen existierenden Kirchen abweichende, z. T. einander widersprechende Bekenntnisse vertreten. Da die Richtigkeit dieser Bekenntnisse allein durch den Nachweis ihrer Übereinstimmung mit der Heiligen Schrift begründet werden kann, ist auch angesichts der zwei vorhandenen Formen der Offenbarungswahrheit die Bibel „für die allein zuverlässige und normirende Form zu halten, in welcher die ursprüngliche Offenbarungswahrheit auf uns gekommen ist".[237]
Diese Überzeugung möchte Warren schließlich noch in zweierlei Richtung untermauern. Er untersucht zunächst das Zuordnungsverhältnis von Schrift und Tradition im Hinblick auf die römisch-katholische Position. Nach Warren gilt es in erster Linie die folgende Frage zu beantworten: „Ist das lebendige Wort der Kirche, oder das geschriebene Wort der ursprünglichen Offenbarungsvermittler die höchste entscheidende Norm des christlichen Glaubens?"[238] Zur Beantwortung dieser Frage unterscheidet Warren zwischen der Tradition im eigentlichen Sinne als „der Ueberlieferung der ursprünglichen Lehre Christi und der Apostel" und der Tradition „im Sinne der philosophischen, römischen Theologen, als der geschichtlichen Lebensentwickelung der Kirche".[239] Er bejaht Wert und Zuverlässigkeit der

---

236 Ebd., 68. „Lächerlich" sei allerdings der Versuch der Katholiken, die Geltung der kanonischen Schriften vom Machtanspruch der päpstlichen Hierarchie abhängig zu machen. Doch sei die in Luthers bekanntem Diktum („das ist der rechte Prüfstein, alle Bücher zu tadeln, wenn man sieht, ob sie Christum treiben oder nicht") zum Tragen kommende Position „nicht weniger subjektiv und unsicher", ebd., 69.
237 Ebd., 51.
238 Ebd., 59.
239 Ebd., 60.

Tradition im ersten Sinn, und zwar deshalb, weil sie der beständigen Prüfung und Reinigung durch das (anfänglich auch mündliche, mit dem Abschluß der Kanonbildung ausschließlich) geschriebene Wort der Apostel unterworfen worden sei.[240] Daraus folgt, daß zwischen der reinen Überlieferung und der Schrift kein Gegensatz bestehen kann. Warren zufolge ist jedoch in der „geschichtlichen Lebensentwicklung der Kirche" die Tradition nicht rein bewahrt worden. Nach biblischem Zeugnis sei schon zu Lebzeiten der Apostel, mehr noch aber nach deren Tod, die Überlieferung verfälscht und damit unsicher geworden. Besonders die Erhebung des Christentums zur Staatsreligion habe zum massiven Eindringen heidnischer Irrtümer geführt. Für Warren folgt aus alle dem, daß „das geschriebene Wort der ursprünglichen Offenbarungsvermittler die unersetzliche Norm" immer gewesen sei und daher auch bleiben müsse.[241]

Dies gilt Warren zufolge auch gegenüber anderen, untergeordneten Quellen der theologischen Erkenntnis. Er nennt a) die allgemeine Offenbarung Gottes, b) das „sittlich-religiöse Bewußtsein des Menschen" und c) die „Lebens- und Lehrentwicklung des Reiches Gottes".[242] Sie alle bestätigten die in Gottes Wort enthaltenen Aussagen, ihre prinzipielle Übereinstimmung ist hier also vorausgesetzt.[243] Dabei versteht Warren das „sittlich-religiöse Bewußtsein" des Menschen als eine besondere Form oder Sphäre der allgemeinen Gottesoffenbarung. Als sittlich-religiöses Wesen vermag der Mensch, die in Gottes Wort gegebenen Verheißungen und Forderungen auf sittlichem Gebiet zu verstehen und – folglich – zu verantworten. Die „Lebens- und Lehrentwicklung des Reiches Gottes" definiert Warren als die geschichtlich sich fortpflanzende und stets gegenwärtige Bezeugung des göttlichen Wirkens in seiner Kirche. Dabei verweist er auf den wiederholten geschichtlichen „Verfall" sowie die konfessionelle Zersplitterung der Kirche. So gilt letztlich auch mit Blick auf die anderen Quellen theologischer Erkenntnis, daß „Gottes Wort überall maßgebend für die Auffassung und Auslegung seiner Werke bleiben muß".[244]

---

240 „Daß eine Kirche eine organische Tradition haben kann, leugnen wir nicht, allein eine solche kann nur bei einer kirchlichen Gemeinschaft vorkommen, deren Lehrbegriff ursprünglich rein aus dem Worte Gottes geschöpft wurde und stets nach demselben geprüft und bewährt wird, deren Lehrer Männer Gottes, und deren Glieder wahrhaft Wiedergeborene sind", ebd., 62.

241 Ebd.

242 Ebd., 71.

243 „Beide Offenbarungen, die allgemeine und die biblische, müssen, als göttliche Offenbarungen, obwohl sie sich keineswegs gegenseitig decken, doch soweit ihr Inhalt identisch ist, mit einander absolut übereinstimmen", ebd., 84.

244 Ebd., 72. Warrens in der Systematischen Theologie dargelegten hermeneutischen Überlegungen wurden u. a. rezipiert von Friedrich Bernhard Cramer, Die göttliche Eingebung der heiligen Schrift, o. O. o. J. (MS).

d) Bibelkritik und die Autorität der Schrift

Nachdem Warren 1866 von Bremen aus in die Vereinigten Staaten zurückkehrte, um Präsident der Boston University zu werden, veröffentlichte er – nun in englischer Sprache – weitere Abhandlungen zum Schriftverständnis.[245] Hier kann lediglich auf einen späten, 1899 veröffentlichten Aufsatz eingegangen werden. Darin setzte sich Warren mit dem Verhältnis von Bibelautorität und kritischer Forschung auseinander.[246] Konkret beschäftigte er sich mit der Frage, ob die Resultate der kritischen Forschung den Studenten der Methodistenkirche vorenthalten oder aber ob sie mit denselben konfrontiert und zur Auseinandersetzung mit ihnen befähigt werden sollten. Warren entscheidet sich klar für die zweite Variante.

Nach Warren habe die Methodistenkirche von der Bibelkritik sogar weniger zu befürchten als jede andere Denomination. Er erläutert seine Einschätzung mit Blick auf die biblische „Verfasserfrage" und verweist zunächst darauf, daß die allgemeine Tendenz in den Einleitungswissenschaften zum Aufgeben traditioneller Positionen zugunsten neuerer kritischer Einsichten gehe. Demgegenüber bekräftigt Warren, daß ehrliche historische Arbeit an den Quellen ihrer Echtheit nichts anhaben könne. Allerdings bindet er den Begriff der „Echtheit" jetzt nicht mehr an die Abfassung durch einen Offenbarungsvermittler, also durch einen, möglicherweise sogar namentlich bezeichneten, Apostel oder Propheten. Die Verknüpfung von Schriftautorität und Verfasserfrage bezeichnet Warren jetzt als eine Lehre der puritanischen Theologen: „A genuine book or document … is one written by the person whose name it bears, whether it be truthful or not".[247] Dies freilich war im Prinzip die Position, die Warren in seiner *Systematischen Theologie* selbst vertreten hatte,[248] sieht man von der Zuspitzung des zweiten Satzteils ab. Nun jedoch kritisiert Warren die zitierte Auffassung, die jedes überlieferungsgeschichtliche Wachstum eines Buches ausschließt, als Ausdruck individualistischer Befangenheit. Er betont, daß die gemeinschaftliche Abfassung oder sukzessive Entstehungsgeschichte eines Buches dessen Ansehen nicht mindere, und zwar selbst dann nicht, wenn die Schrift ausdrücklich einen einzelnen

245 Vgl. v. a. Lecture VII „Scripture Inspiration", The Ingham Lectures. A Course of Lectures on the Evidences of Natural and Revealed Religion, Cleveland/Cincinnati/New York 1872, 215–245.

246 Vgl. W. Warren, „Current Biblical Discussions – the Proper Attitude of Theological Faculties with Respect to Them", MR 81 (1899) 368–381.

247 Ebd., 375.

248 „Die göttliche Autorität unserer kanonischen Schriften hängt daher lediglich davon ab, ob sie von den ursprünglichen Offenbarungsvermittlern herrühren oder nicht", Systematische Theologie, 70.

Verfasser bezeugt. Warren ist sogar bereit zuzugestehen, daß „holy writings may be ascribed to holy men who never wrote a line of them, and yet without the slightest thought of fraud, pious or impious".[249] Damit ist das Echtheits-Kriterium vollends von der Verfasserfrage gelöst.[250] Nach Warren ist die Autorität einer Schrift dadurch nicht im geringsten beeinträchtigt. Zur Begründung seiner Position verweist er auf einige wichtige Schriften der Methodistenkirche. So erinnert er daran, daß die 25 Glaubensartikel der Methodistenkirche nach allgemeinem Sprachgebrauch auf John Wesley zurückgehen, obgleich Wesley „keine einzige Zeile" von ihnen selbst geschrieben, sondern sie den 39 Glaubensartikeln der Anglikanischen Kirche entnommen habe. Spätere durch die Kirche vorgenommene Ergänzungen habe es auch in Formulierungen anderer Grundlagendokumente gegeben, ohne daß dadurch das Ansehen der betreffenden Schriften gelitten habe.[251] Warren schlußfolgert, daß ein Methodist mit seiner alle vier Jahre überarbeiteten Kirchenordnung und seinem immer wieder überarbeiteten Gesangbuch am besten verstehen könne, wie die Psalmen Davids und die Bücher Mose in einem langewährenden Bearbeitungsprozeß ihre endgültige Gestalt und Umfang gefunden haben.

Während es auf den ersten Blick scheint, als habe Warren sich grundsätzlich den neueren Einsichten der Bibelkritik geöffnet, finden sich im vorliegenden Zusammenhang doch Äußerungen, die auf eine eher apologetische Zwecksetzung der dargelegten Überlegungen schließen lassen. Warren hatte sich bereits in der Einleitung seines Aufsatzes zu dem ihm eigenen „konservativen" Standpunkt bekannt.[252] Auch muß daran erinnert werden, daß Warren schon in seiner *Systematischen Theologie* die Auffassung vertreten hatte, die Bibel müsse nach denselben Grundsätzen erforscht werden, „die man bei ähnlichen Untersuchungen in der Literaturgeschichte und in der allgemeinen

---

249 „Current Biblical Discussions – the Proper Attitude of Theological Faculties with Respect to Them", MR 81 (1899) 378.
250 So sagt Warren, daß er immer noch von der mosaischen Verfasserschaft des Pentateuch überzeugt sei, ergänzt aber sogleich, „that if ever he [Warren] shall be compelled to believe that the law of Moses, undergoing like redactions, grew slowly through centuries to its present form, it will still have for him all the significance it ever had, both as respects its content and as respects its place in the providential government of the world and in the drama of divine revelation", ebd.
251 Vgl. ebd., 379.
252 „[T]he writer ... francly states that his own personal sympathies are, and always have been, with the conservatives in these discussions, and that he has as little confidence in the greater part of the minute critical dissections presented in the Polychrome Bible now appearing under learned auspices in this country as he has in the Baconion authorship of Hamlet or in the learned argument just now urged by an able English student of Homer in support of the theory that the ‚Odyssey' was written by a woman", ebd., 369. Der ironische Unterton ist nicht zu überhören.

Kritik in Anwendung bringt".[253] Insofern ist sein Vergleich der Entstehungsgeschichte biblischer Bücher mit der wichtiger methodistischer Texte nur konsequent. Ferner darf nicht übersehen werden, daß es Warren hier um die konkrete Frage geht, ob die Resultate der kritischen Bibelwissenschaft den methodistischen Studenten vorenthalten oder sie mit diesen konfrontiert werden sollten. Warren war durchaus davon überzeugt, daß allein die zweite Variante praktikabel und gerechtfertigt, ja sogar notwendig, sei. Dabei möchte er v. a. zeigen, daß selbst der konservative Forscher von der Bibelkritik nichts zu befürchten hat. Um dies deutlich zu machen, formuliert Warren am Schluß seines Aufsatzes drei vor dem Hintergrund jahrzehntelanger Forschung gewonnene Grundüberzeugungen:

a) In nichts anderem ist ein Volk konservativer eingestellt als in Fragen der religiösen Überlieferung. An der traditionellen Auffassung über Verfasser und Datum der Abfassung ist daher festzuhalten bis zum klaren Erweis eines Irrtums („until the clear evidence of error can be produced").

b) Keine neuere Theorie der Abfassung biblischer Schriften ist so unumstritten, daß sie dazu berechtigt, auf dieser hypothetischen Grundlage die Geschichte eines Volkes so neuzuschreiben, daß sie in offenem Widerspruch zu dessen uralten Traditionen steht.

c) Was immer die kritische Erforschung des Alten Testaments ergeben mag, das rechte Verständnis des gesamten Überlieferungsprozesses und seine Bedeutung für die christliche Kirche wird sich nicht in erster Linie aus den konjekturalen Hypothesen einsam arbeitender Philologen ergeben, sondern vielmehr aus der wachsenden Einsicht der Kirche in die eigenen Lebensprozesse, die ihr supranaturales und geistliches Leben begleiten.[254]

Diese Überzeugungen belegen Warrens im Prinzip unveränderte konservative und kirchliche Grundhaltung. Zwar kann er gegenüber der kritischen Einleitungswissenschaft auf die Uneinigkeit der Forscher und den stark hypothetischen Charakter vieler Theorien verweisen, doch gewinnt seine Überzeugung insgesamt einen eher defensiven Charakter. So ist er bereit, die göttliche Autorität der biblischen Schriften nicht mehr notwendigerweise mit der Verfasserfrage zu verknüpfen, seine neu entwickelten Überlegungen erwecken jedoch den Eindruck, als würde hier lediglich aus der Not eine Tugend gemacht. Zu einem grundsätzlichen konzeptionellen Neueinsatz kommt es jedenfalls nicht. Erkennbar ist gleichwohl, daß Warren seine konserva-

---

253 Systematische Theologie, 53.
254 „Current Biblical Discussions – the Proper Attitude of Theological Faculties with Respect to Them", Methodist Review 81 (1899) 380.

tive Grundhaltung grundsätzlich als vereinbar mit der Rezeption der neueren kritischen Fragestellungen betrachtete.

e) Zusammenfassung

In seiner Schriftlehre geht Warren von der Inspiration der als „ursprüngliche Offenbarungsvermittler" bezeichneten Verfasser der biblischen Bücher aus. Obwohl er Gründe sowohl für die Möglichkeit als auch für die Notwendigkeit göttlicher Inspiration nennt, hält er die Tatsache der Inspiration für ein letztlich rational nicht ableitbares Postulat des christlichen Glaubens. Dabei bezieht sich – wie schon bei Nast – der Inspirationsbegriff zunächst auf die *Person* der biblischen Verfasser, womit der Nachweis der Authentizität der biblischen Verfasserangaben besondere Bedeutung erhält. Nach Warren schließt die Tatsache der göttlichen Erleuchtung die andauernde, ja sogar erhöhte Selbsttätigkeit der biblischen Schreiber nicht aus. Obwohl er die Möglichkeit kognitiver Fehlfunktionen bei der Abfassung der Schriften zugesteht, ist das Resultat des Inspirationsvorgangs das in den kanonischen Schriften des Alten und Neuen Testaments in „ungetrübter Reinheit" reproduzierte Gotteswort. Für Warren sind die biblischen Schriften zunächst „Gottes eigenes Zeugniß über seine Offenbarungsthaten",[255] Offenbarungstat und Offenbarungszeugnis sind hier also unterschieden. Jedoch arbeitet Warren dann heraus, daß im Gegenüber zu anderen Quellen theologischer Erkenntnis die Bibel die „einzige autentische und normirende Erkenntnißquelle" ist, womit die Unterscheidung von Offenbarungstat und Offenbarungszeugnis zumindest funktional obsolet wird.

4.3.3. Arnold Sulzberger: Die Bibel als geschichtliches Zeugnis von der Gottesoffenbarung und als die Gottesoffenbarung selbst

Arnold Sulzberger legte seine Überlegungen zum Schriftverständnis im Rahmen seiner *Christlichen Glaubenslehre* dar,[256] die als Lehr-

---

255 Systematische Theologie, 30.
256 Christliche Glaubenslehre, Bremen o. J. (2. Aufl. 1886; 3. Aufl. 1898). Über das Datum des Erscheinens der 1. Auflage dieses Buches herrscht allgemeine Verwirrung. Karl Steckel nennt als Erscheinungsjahr 1878; vgl. „Die Theologie der Evangelisch-methodistischen Kirche", in: Geschichte der Evangelisch-methodistischen Kirche, 321. Thomas Langford nimmt mit dem Jahr 1886 die zweite für die erste Auflage; vgl. Practical Divinity, 241. Tatsächlich erschien die erste Auflage der Glaubenslehre, die zunächst in Einzellieferungen veröffentlicht wurde, 1872 und 1876. Dies ergibt sich aus den Verhandlungen der 16. Sitzung der Jährlichen Missions-Conferenz von Deutschland und der Schweiz, Bremen 1871, 26 bzw. den Verhandlungen der 22. Sitzung der Jährlichen Missions-Conferenz von Deutschland und der Schweiz, Bre-

buch für die deutschsprachigen Methodistenprediger auf beiden Seiten des Atlantik großen Einfluß erlangte.[257] Zuvor bereits hatte Sulzberger sich im Zusammenhang mit der Erklärung der Glaubensartikel der Methodistenkirche zur Schriftlehre geäußert.[258] Im folgenden soll die Argumentation der *Christlichen Glaubenslehre* nachgezeichnet werden.

a) Die Heilige Schrift als geschichtliches Zeugnis von der Offenbarung Gottes

Sulzberger setzt ein mit der im Anschluß an Warren formulierten These, daß die Heilige Schrift die „einzig normierende Erkenntnisquelle der christlichen Glaubenslehre" sei.[259] Er begründet diese Ansicht unter Hinweis auf die Grundsätze der Reformatoren, das Zeugnis der Geschichte und die Selbstaussagen der Heiligen Schrift. Der Charakter der Bibel als Erkenntnisquelle ergibt sich für Sulzberger aus ihrem Wesen als göttlicher Offenbarung. Der Offenbarungsbegriff wird zunächst allgemein bestimmt als „*Enthüllung und Kundmachung des Verborgenen* durch That und Wort der Belehrung".[260] Die Notwendigkeit spezieller göttlicher Offenbarung ergibt sich für Sulzberger

men 1877, 61 f. Die richtige Angabe hat daher Karl Heinz Voigt, Warum kamen die Methodisten nach Deutschland?, 70.

257 Sulzbergers Christliche Glaubenslehre war seit 1876 Bestandteil des Studienkurses der deutschsprachigen Reiseprediger, wurde – vorbehaltlich der Zustimmung der Generalkonferenz – in Deutschland jedoch bereits mit Erscheinen der ersten Teillieferung 1872 als Lehrmittel eingesetzt. Auf dem Studienplan stand sie in Amerika bis 1912, als Sulzbergers Glaubenslehre durch F. W. Schneiders System der Christlichen Lehre abgelöst wurde, in Europa noch Jahrzehnte darüber hinaus. Weitere Bücher Sulzbergers auf dem Studienplan waren die Erklärung der Glaubensartikel und Hauptlehren der Methodistenkirche von 1880 bis 1892 sowie Die Heilige Geschichte von 1892 bis 1904.

258 Maßgeblich dafür waren die Artikel V und VI. In seiner Erklärung hebt Sulzberger die Bedeutung der Heiligen Schrift als „die ausreichende und einzig berechtigte Richtschnur christlicher Glaubenserkenntnis zur Seligkeit" hervor. Er verweist auf die Unterordnung der „öffentlichen Bekenntnißschriften der christlichen Kirche" unter die Bibel und lehnt sowohl die Einführung von theologischen und liturgischen Neuerungen in der römisch-katholischen Kirche als auch die „Emanzipation der Vernunft von dem im Worte Gottes gefangenen Glauben" als Folgen der „Verkennung der ausschließlichen Autorität der Heiligen Schrift" ab. Sulzberger macht ferner geltend, daß der Heilige Geist als der „rechte Exeget" nichts lehren kann, „was mit dem Worte Gottes im Widerspruch stände oder mit seinem Inhalte nicht übereinstimmte". Der Zusammenhang von Altem und Neuem Testament wird mit deren heilsgeschichtlichem Zusammenhang begründet; vgl. Erklärung der Glaubensartikel, 36–43.

259 Glaubenslehre, 34.

260 Ebd., 36. In ähnlicher Weise hatte Warren Offenbarung definiert als „Enthüllung des Verborgenen oder Kundgebung des Unbekannten", Systematische Theologie, 9.

aus der infolge des Sündenfalls unzureichenden sittlichen sowie Heilserkenntnis des Menschen.[261]

Konsequenter als Nast und Warren interpretiert Sulzberger das
Offenbarungshandeln Gottes in heilsgeschichtlicher Perspektive. So
unterscheidet er zwischen Schöpfungs-, Gesetzes- und Erlösungsoffenbarung:

„Die zwischen der Schöpfungs- und Erlösungsoffenbarung zwischen einge-
kommene vorbereitende Offenbarung wies einestheils zurück auf die Schöp-
fungsoffenbarung und mußte so als *Gesetzesoffenbarung* an den Verlust der
Gottesgemeinschaft erinnern. Da aber der Mensch der Grundforderung des
göttlichen Gesetzes nicht vollkommen Gehorsam zu leisten vermag, so wies
sie anderstheils als *Verheißungsoffenbarung* vorwärts auf die *Erlösungsoffenbarung*, die zukünftige gnadenreiche Wiederherstellung der Gottesgemeinschaft
von seiten des Herrn selber."[262]

Das Offenbarungshandeln Gottes in Schöpfung, Altem und schließlich
Neuem Bund orientiert sich damit in jeder Periode der Geschichte an
den heilsgeschichtlich variierenden Bedürfnissen der Menschen. So
teilte sich Gott zur Zeit der vorbereitenden Offenbarung v. a. durch
Visionen, Träume, Engelerscheinungen, Propheten oder auch durch
unmittelbare Anrede mit. Die vollkommene Gottesoffenbarung aber
vollzog sich in der Menschwerdung des Gottessohnes. In ihm ist die
durch Wort und Tat über so lange Zeit vorbereitete Einigung Gottes
mit dem Menschen „auf ewig und allein vollendend thatsächlich verwirklicht".[263] Das Proprium der Christusoffenbarung sieht Sulzberger
in Gal 4,4–7 zusammengefaßt. Ziel der in Christus realisierten Gottesoffenbarung ist die „Versühnung und Erlösung des gefallenen Menschengeschlechts".[264] Mitte und Ziel des göttlichen Offenbarungshandelns ist damit die Person Jesu Christi.

Die Offenbarungsgeschichte ist Sulzberger zufolge in den „biblischen Urkunden" aufbewahrt. Deren Authentizität und geschichtliche Zuverlässigkeit belegt Sulzberger unter Hinweis auf den Entste-
hungsprozeß des Kanons. Kriterium für die Kanonizität einer Schrift
ist nach Sulzberger deren Echtheit und Integrität. Integrität meint
hier die Unverdorbenheit und Reinheit der textlichen Überlieferung.[265] Echtheit („Authentie") meint die Abfassung durch den im
Text oder in der Überschrift genannten Verfasser. Allerdings räumt

---

261 Mit dem Mangel allgemeiner sittlicher Erkenntnis meint Sulzberger das Fehlen eines
　　anerkannten Gesetzes, „nach dem die Moralität einer Handlung bestimmt wird",
　　Glaubenslehre, 39 (im Original hervorgehoben).
262 Ebd., 45.
263 Ebd., 47.
264 Ebd.
265 Vgl. ebd., 53.

Sulzberger ein, daß die – bei manchen Schriften schon frühzeitig angezweifelte – apostolische Abfassung kein *absolutes* Kriterium für die Kanonizität einer Schrift sein könne.[266] Vielmehr könne die Kanonizität eines Buches auch bei zweifelhafter „Authenticität" aufrechterhalten werden, sofern es nichts enthält, was der – von Sulzberger leider nicht näher entfalteten – *analogia fidei* widerspricht.[267] Gleichwohl bleibt der geschichtliche Nachweis der Echtheit der biblischen Bücher für Sulzberger von grundsätzlicher Bedeutung. Für die nähere Prüfung verweist er auf innere Kriterien wie Wahrheit, Heiligkeit, Zweckmäßigkeit und Ursprünglichkeit der Lehre sowie auf äußere Kriterien wie das Selbstzeugnis der „Offenbarungsvermittler" – Sulzberger greift den von Warren verwendeten Begriff auf – und die Beglaubigung ihres Zeugnisses durch Wunder[268] und Weissagungen. Eigenständige Bedeutung räumt er ferner den „Wirkungen des von den Offenbarungsvermittlern verkündigten Wortes" ein. Diese Wirkung zeige sich objektiv in den vom Christentum vollbrachten geschichtlich-gesellschaftlichen Umwälzungen, subjektiv in dem nach „Gesinnung und Handlung dem Vorbilde Jesu" ähnlichen Menschen.[269] Für Sulzberger ist deutlich, daß der biblische Kanon „nach Inhalt und Wirkung dem entspricht, was man von einer göttlichen Offenbarung erwarten kann und muß".[270] Zur festen Gewißheit jedoch wird die Überzeugung vom göttlichen Ursprung und Ansehen der Bibel erst durch den Erfahrungsbeweis, der durch das Vertrauen auf das Wort Gottes entstehe. „Da dieser Beweis seinen Sitz im innersten Centrum des Geisteslebens, im Herzen hat, so ist er auch der mächtigste und wichtigste, das Endziel, zu dem alle übrigen hinführen sollen".[271] Die Anerkennung des göttlichen Ursprungs der biblischen Schriften ist daher Grundvoraussetzung ihres Verste-

---

266 Gleichwohl gilt: „Nennt sich z. B. der Verfasser des Buches selbst als solcher im Text seiner Schrift, so darf sie ohne Zweifel keinem anderen Schriftsteller zugeschrieben werden", ebd., 55.

267 Sulzberger formuliert: ... wenn „sich in dem Buche nichts findet, was mit dem normativen Character der Theokratie oder dem Evangelium in Widerspruch steht". Dann folgt das bekannte – von Nast noch ausdrücklich zurückgewiesene – Lutherzitat: „was Christus nicht lehrt, ist nicht apostolisch, wenn's gleich Paulus und Petrus lehrte; wiederum was Christus lehrt, ist apostolisch, wenn's gleich Judas, Ananias, Pilatus und Herodes thut", ebd., 55 f.

268 Sulzberger ist sich jedoch der eingeschränkten Beweiskraft insbesondere der Wunder bewußt. Denn es müsse „schon eine gewisse Empfänglichkeit für die göttliche Wahrheit vorhanden sein, ehe das Wunder seinen Zwecke erreichen konnte", ebd., 73. Das Wunder hat daher nur eingeschränkte Beweiskraft.

269 Ebd., 88.

270 Ebd., 90.

271 Ebd.

hens,[272] sie hat als ihr Ziel jedoch das *testimonium spiritus sancti internum,* das durch keinerlei Vernunftgründe ersetzt oder überboten werden kann.

b) Die Heilige Schrift als Gottesoffenbarung – ihre Inspiration

Nach Sulzberger schließt der Begriff der Inspiration ein, daß die Schreiber als geisterfüllte Diener und Werkzeuge Gottes schrieben, sie durch den Geist Antrieb zum und Anleitung beim Schreiben erhielten, der Geist die Eingebung der Worte selbst jedoch nur an solchen Stellen wirkte, die für sich explizit göttliches Diktat in Anspruch nehmen.[273] Für die Annahme biblischer Inspiration ist nach Sulzberger das Selbstzeugnis der Schrift maßgeblich. Jedoch sind die Tatsache einerseits und das genaue Wesen der Inspiration andererseits zu unterscheiden. Für Sulzberger lassen sich die vorhandenen Inspirationstheorien auf zwei Grundvorstellungen zurückführen, nämlich auf die Verbalinspiration sowie auf die, wie er es nennt, „dynamische Inspiration". Obwohl Sulzberger sich – anders als Nast und Warren – einer expliziten Bewertung enthält, wird deutlich, daß seine Sympathie der letztgenannten Theorie gehört. Sie zeichne sich dadurch aus, daß sie „das Göttliche und das Menschliche in der Schrift zu einem gottmenschlichen Worte verbunden sieht, und die heiligen Schreiber zwar als inspirirte Werkzeuge des Herrn, aber nicht als willenlose Instrumente zur Abfassung der heiligen Schrift anerkennt".[274] Als Vertreter dieser Inspirationstheorie nennt er Merle d'Aubigne', August Twesten und Wilhelm Nast. Sulzberger verweist ferner auf die von Befürwortern der „dynamischen Inspiration" in unterschiedlichem Maße vertretene Vorstellung von Graden der Inspiration sowie auf die Unterscheidung zwischen dem „wesentlichen Kern der evangelischen Geschichte" und den mit ihr in Verbindung stehenden „äußeren Zufälligkeiten",[275] ohne jedoch näher auf die damit verbundenen Problemstellungen einzugehen. Er zeigt sich zuversichtlich, daß z. B. die historischen und chronologischen Widersprüche zwischen den Evangelien „nicht einen einzigen Zug des Christusbildes [verdunkeln], welches sie mit Farben malten, die der heilige Geist ihnen gab".[276]

---

272 „Wie die Welt ohne das Licht des göttlichen Wortes ein undurchdringliches Chaos ist, so ist die Bibel ohne Anerkennung ihres göttlichen Ursprungs ein unverständliches, verschlossenes Buch", ebd., 91.
273 Vgl. ebd., 91 f.
274 Ebd., 99.
275 Vgl. ebd., 100 f. 103.
276 Ebd., 103.

Auch die Notwendigkeit der Annahme göttlicher Inspiration für die biblischen Schriften steht für Sulzberger außer Frage, und zwar erstens aufgrund der Wichtigkeit des Inhalts der Heiligen Schrift, zweitens aufgrund der menschlichen Schwachheit der Verfasser, die „zur ungetrübten Ueberlieferung der göttlichen Offenbarung" des übernatürlichen Beistandes bedurften, und drittens aufgrund der „wunderbare[n] Einheit" der über Jahrhunderte hinweg an unterschiedlichen Orten von verschiedenen Verfassern niedergelegten Schriften.[277] Aus der Tatsache der Inspiration folgt nach Sulzberger, daß Altes und Neues Testament das Wort Gottes *sind*.[278] Damit ist am Ende von Sulzbergers Ausführungen zum Schriftverständnis mehr gesagt, als daß die biblischen Schriften „*Urkunden*" der göttlichen Offenbarung sind, obwohl auch dieser Begriff zum Schluß noch einmal begegnet. Beide Bestimmungen werden jedoch nicht weiter miteinander vermittelt.[279]

c) Zusammenfassung

Ausgehend von einem heilsgeschichtlich bestimmten Offenbarungsbegriff versteht Sulzberger die biblischen Schriften als „Urkunden" des Offenbarungshandelns Gottes, das in der Person des menschgewordenen Erlösers seinen Höhepunkt erreicht. Die biblischen „Urkunden" sind göttlichen Ursprungs und zudem die „einzig normierende Erkenntnisquelle der christlichen Glaubenslehre". Schwerpunkt auch der Ausführungen Sulzbergers ist der Nachweis der Authentizität und geschichtlichen Zuverlässigkeit der biblischen Schriften. Dabei folgt er weitgehend den von Nast und Warren vorgezeichneten Bahnen, wenn er auf den Vorgang der Kanonbildung und die Inspiration der biblischen Verfasser rekurriert. Auch Sulzberger legt Wert auf die Feststellung, daß in der, wie er es nennt, „dynamischen" Inspiration die Selbsttätigkeit der Schreiber nicht aufgehoben ist. Doch obwohl er die biblischen Schriften als „Urkunden" der göttlichen Offenbarung und als „gottmenschliches Wort" auffaßt, gerät die menschliche Seite der Schrift nicht wirklich in den Blick. So ist Sulzbergers Sicht auf die historische Zuverlässigkeit der biblischen Schriften unangefochten positiv. Insofern besitzt es eine gewisse innere Konsequenz, wenn er schließlich von den Schriften des Alten und Neuen Testaments als „Wort Gottes" spricht.

---

277 Vgl. ebd., 102 ff.
278 Vgl. ebd., 104.
279 Vgl. auch A. Sulzberger, „Die göttliche Offenbarung, oder: die heilige Schrift", WäSt 11 (1881) 88–93.

4.3.4. John Huber und John Horst: Die Bibel, die Urkunde der Gottesoffenbarung oder die Gottesoffenbarung selbst?

Für Nast, Warren und Sulzberger trifft gleichermaßen zu, daß sie einerseits ausgehend vom Offenbarungsbegriff die Bibel als Urkunde der Gottesoffenbarung, andererseits ausgehend vom Inspirationsbegriff die Bibel als die Offenbarung Gottes selbst bezeichnen. Beide Bestimmungen werden jedoch nicht wirklich miteinander verknüpft. Eine Reflexion auf diese Tatsache findet sich erst am Ende des 19. Jh., und zwar bei John Huber und John Horst.

Huber bestimmt die Bibel zunächst als „die geschriebene Urkunde der speziellen übernatürlichen Offenbarung" Gottes und kommt dann zu folgender Überlegung:

„Die Offenbarung und die Urkunde entspringen derselben Nothwendigkeit, sind auf dieselbe übernatürliche Quelle zurückzuführen, sind Theile desselbigen göttlichen Plans, sind erfüllt mit derselben göttlichen Eigenschaft und Leben und sind beabsichtigt und geschaffen, dasselbe geistliche Resultat zu erzielen."[280]

Für Huber rechtfertigt es diese logische – er selbst sagt: „lebendige" – Beziehung zwischen beiden, die Urkunde selbst als eine „göttliche Offenbarung" zu bezeichnen. Dies heißt für ihn zugleich, daß sie Gottes Wort „ist". Als solches ist sie das „Produkt göttlicher Eingebung", ein im Hinblick auf die von ihr beantworteten Heilsfragen „fehlerloses Buch": „Irrthümer und Abweichungen betreffen nicht das Wesentliche, sondern nur das Zufällige".[281] Obwohl es in den kurzgehaltenen Ausführungen Hubers zu weitergehenden Klärungen nicht kommt, ist hier zumindest im Ansatz der Versuch unternommen, die schließliche Ineinssetzung von Offenbarungsgeschehen und Offenbarungsurkunde zu begründen.

Im Unterschied zu Huber geht Horst nicht vom Offenbarungsbegriff, sondern vom Begriff des „Wortes Gottes" aus.[282] Zur Beantwortung der Frage, ob die Bibel das Wort Gottes *sei* oder lediglich *enthalte*, muß s. E. zwischen einem engeren und einem weiteren Sinn des Begriffs „Wort Gottes" unterschieden werden: „Im engeren bezeichnet ‚Wort Gottes' die eigentliche Gottesoffenbarung und im weiteren die inspirierte Urkunde dieser Offenbarung".[283] Daraus folgt, daß wir nach Horst einerseits davon sprechen können, Gottes

---

280 „Das göttliche und menschliche Element in der heiligen Schrift", ChrAp 57 (1895) 401.
281 Ebd., 402.
282 Vgl. „Gottes Wort in der Bibel, oder die Bibel Gottes Wort", DAThK 2 (1898) 323–330.
283 Ebd., 323.

Wort *in* der Bibel zu haben, weil Bibel und Gottesoffenbarung nicht deckungsgleich sind, und andererseits davon, daß die Bibel Gottes Wort *ist*, „weil sie göttlich das Mittel ist, diesen Willen und Heilsrathschluß den Menschen kundzuthun". Wenn Offenbarung – wie Horst im Anschluß an Warren festhält – „Enthüllung des Unbekannten" sei, dann könne die Bibel nicht identisch sein mit der Offenbarung, denn vieles, was die biblischen Schreiber berichteten, sei ihnen auf natürlichem Wege bekannt geworden und hätte daher nicht der Enthüllung durch eine übernatürliche Offenbarung bedurft. Für Horst hat diese Ansicht Konsequenzen mit Blick auf die relative Wertigkeit der einzelnen biblischen Bücher, so daß es „völlig zulässig [ist], von mehr oder minder wertvollen Büchern der Bibel zu reden, je nachdem sich die Gottesoffenbarungen in ihnen in einem höheren oder geringerem Maße vorfinden".[284] Die Bibel gleiche in dieser Hinsicht einem Organismus, der ebenfalls mehr und minder wertvolle Organe besitzt. Aus der relativen Wertigkeit folgt für Horst jedoch nicht die Verzichtbarkeit einzelner kanonischer Schriften. Denn „jedes Organ, auch das geringste, ist notwendig zur Vollständigkeit des leiblichen Organismus". Von daher bilde unverzichtbar der *gesamte* Kanon die Urkunde von der Gottesoffenbarung. Aus der Inspiration folgt für Horst ein „wundervolles Ineinander des Göttlichen und Menschlichen", so daß die Bibel unauflösbar ganz Gottes- und ganz Menschenwort sei. Dabei möchte Horst bewußt auf eine nähere Erklärung der Inspiration verzichten. Ihm ist allein an der Tatsache der Inspiration gelegen. Ultimativer Beweis dieser Tatsache ist nach Horst die „Erfahrung des Christen".

Auch von Horst werden im vorliegenden Aufsatz nicht alle Fragen geklärt. Aber mit seiner Unterscheidung zwischen einem engeren und einem weiteren Sinn des Wort-Gottes-Begriffs leistet er einen im Kontext der Diskussion wichtigen Beitrag zur Klärung des Schriftverständnisses. Zwei Überlegungen sind hier wichtig. Zum einen kann nach Horst von einer ontischen Identität zwischen Offenbarung bzw. Wort Gottes auf der einen und Offenbarungsurkunde auf der anderen Seite nicht gesprochen werden. Zum anderen jedoch kann die Bibel, funktional betrachtet, durchaus als das Wort Gottes bezeichnet werden, insofern als sie uns als das einzige normative Mitteilungsmedium der Absichten Gottes begegnet. Zwar behauptet Horst damit nichts, was Nast, Warren und Sulzberger bestritten hätten, ausgesprochen hatten sie solche Überlegungen in vergleichbarer Klarheit jedoch nicht.

---

284 Ebd., 324.

4.3.5. Bibelautorität und Bibelkritik

Es war insbesondere das Anliegen Nasts gewesen, den Nachweis dafür zu führen, daß das göttliche Ansehen der Bibel deren historisch-kritische Erforschung keinesfalls ausschließt, sondern diese vielmehr fordert. Diese Forderung ergab sich zum einen aus dem Eingehen der göttlichen Offenbarung, zumal der Christusoffenbarung, in die Geschichte, zum anderen aus den durch die „negative" Kritik aufgeworfenen Fragen und Problemen. Wie andere erweckliche bzw. „positive" Theologen konnte auch Nast den Begriff der „Kritik" unbefangen verwenden. So stellte der reformierte Schweizer Erweckungstheologe Frederic Godet (1812–1900) seinem Kommentar zum Johannes-Evangelium eine „Historisch-kritische Einleitung" voran.[285] Nast selbst verwendete für die Arbeitsweise von Theologen wie Godet, Olshausen, Lange, Meyer und van Oosterzee den Begriff der „gläubigen Kritik".

Das Problem ergab sich also offenbar weder aus dem Begriff noch aus der Methode der Kritik, genauer: der „höheren" im Unterschied zur Textkritik, sondern aus der in dem jeweils vorangesetzten Attribut explizierten Haltung des Forschers. Die Grundfrage lautete: Ist das erklärte Ziel die Verteidigung oder die Destruktion des göttlichen Ansehens der Schrift auf dem Feld der geschichtlichen Forschung? Obwohl im deutschsprachigen Methodismus selbst nicht auf die erkenntnistheoretischen bzw. wissenschaftsmethodischen Implikationen dieser Fragestellung reflektiert wurde, ist deutlich, daß hier nach dem erkenntnisleitenden Interesse des Forschers gefragt wird. Das eigene erkenntnisleitende Interesse konnte dabei nicht verborgen bleiben. Die „positive" Kritik hatte ausdrücklich zur Verteidigung und Sicherung des göttlichen Ansehens der Schrift beizutragen. Das Kennzeichen der „negativen" Kritik ist danach ihr gerade in dieser Hinsicht destruktiver Charakter. Man kann diese letztlich vom Ergebnis ihrer Anwendung her denkende Bewertung der historisch-kritischen Methode nur dann richtig einordnen, wenn man sich noch einmal den erweckungstheologisch modifizierten Ansatz der „Common-Sense"-Philosophie vergegenwärtigt. Danach hat es die Bibel mit göttlichen Tatsachen, v. a. mit der zentralen Tatsache der gottmenschlichen Erscheinung Jesu, zu tun. Die historische Forschung *kann* nicht zu Ergebnissen kommen, die im Widerspruch zu diesen evidenten und daher unbestreitbaren Tatsachen stehen. Vielmehr muß das menschliche Forschen und Erkennen unter den Vorbehalt des Irrtums und der Vorläufigkeit gestellt werden. Es bleibt dabei, daß auch in der historisch-kritischen Forschung göttliche Tatsachen und menschliche Schlüsse miteinander in

---

285 Vgl. Commentar zu dem Evangelium des Johannes, Dritte völlig umgearbeitete Aufl. Hannover 1890.

Übereinstimmung zu bringen sind, womit bereits implizit gesagt ist, wer sich hier im Konfliktfall wem zu fügen hat.

Von diesem übereinstimmenden Ansatz ausgehend, entwickelten sich im deutschsprachigen Methodismus des 19. Jh. gleichwohl zwei sich an der Bewertung der „höheren" Kritik scheidende Richtungen, wobei auch hier von divergierenden Grundtendenzen und nicht von festgefügten Lagern auszugehen ist. Auf der einen Seite wurde der Begriff der „höheren" Kritik – dem eigenen methodischen *Ansatz* folgend – in positivem Sinne gefüllt. Die „negative" Kritik wird geradezu als ein Mißbrauch der historisch-kritischen Methode aufgefaßt. Auf der anderen Seite dagegen wurde – die *Resultate* kritischer Forscher in den Blick nehmend – die „höhere" als eine ihrem Wesen nach „negative" Kritik verworfen. Mißbrauch und Methode verschmolzen hier also. Beide Positionen sollen kurz entfaltet werden.

a) Die „höhere" als „positive" Kritik

Nach Franz Nagler erweisen sich die von der „höheren" Kritik aufgeworfenen als „für jeden Freund der Wahrheit höchst interessante Fragen".[286] Auch Wilhelm Schwind hält die Berücksichtigung kritischer Fragestellungen nicht allein für legitim, sondern für notwendig zu einem adäquaten Verstehen der Bibel als „Urkunde der geschichtlichen Entwickelung des Reiches Gottes und als die Offenbarung des Heils".[287] Die „höhere" Kritik vermöge weder dem Ansehen der Bibel als göttlicher Offenbarung noch den Heilswahrheiten des Christentums substantiellen Schaden zuzufügen.[288] Nagler verweist zudem darauf, daß die „höhere" Kritik strenggenommen keine Erfindung der Neuzeit, sondern bereits in der Gestalt des biblischen Kanons angelegt sei. So bezeichnet er die Entscheidung über Zugehörigkeit bzw. Nichtzugehörigkeit einer bestimmten Schrift zum biblischen Kanon als eine „von dem heiligen Geiste geleitete ‚höhere Kritik'".[289] Damit ist dem Begriff der „höheren" Kritik im Kontext der Zeit freilich eine ganz neue Füllung gegeben. Nagler gesteht dies zu; allerdings geht es ihm um einen anderen Punkt. Er möchte das Anliegen der modernen Kritik mit der kritischen Veranlagung des Menschen rechtfertigen. Der

286 F. L. Nagler, „Was ist an der höheren Kritik?" HaHe 22 (1894) 39.
287 „Inspiration der heiligen Schrift und die höhere Kritik", ChrAp 58 (1896) 436.
288 „Wenn das Christenthum sich vor dem forschenden Menschengeiste zu fürchten hat, dann steht dasselbe auf schwachen Füßen", Julius Mulfinger, „Hat die moderne Kritik die Grundwahrheiten der heiligen Schrift erschüttert?", ChrAp 50 (1888) 210.
289 F. L. Nagler, „Was ist an der höheren Kritik?", HaHe 22 (1894) 38 f. So auch W. Schwind, „Inspiration der heiligen Schrift und die höhere Kritik", ChrAp 58 (1896) 436.

Mensch müsse einfach immer weiter fragen. Im Hinblick auf die Ergebnisse der „höheren" Kritik herrscht bei den Vertretern dieser Richtung auch am Ende des 19. Jh. noch ein ungebrochenes Vertrauen in die Überzeugungskraft des positiv-geschichtlichen Forschungsstandpunkts. So hat die „höhere" Kritik nach J. Huber die „unstreitige Glaubwürdigkeit und wunderbare Genauigkeit der Urkunde als eines Ganzen" dargetan.[290] Die Kritik, so heißt es an anderer Stelle, sei eine „Prüfung" der Bibel, aber eine Prüfung, aus der die Bibel „siegreich" hervorgegangen sei. Folglich habe der Glaube „auch die höhere Kritik innerhalb ihrer rechtmäßigen Grenzen weder zu fürchten noch gänzlich zurückzuweisen".[291] Die recht verstandene kritische Forschung hebe den Glauben an den Offenbarungscharakter und die göttliche Inspiration der Schrift nicht auf.[292]

Zum Wesen der „höheren" Kritik gehört folglich v. a. die Einsicht in ihre „rechtmäßigen" Grenzen. So müsse auch beim kritischen Herausarbeiten der jeweiligen Besonderheiten eines Autors die Einheit der Bibel im Blick bleiben.[293] Weiter heißt es, daß die kritische Erforschung der Heiligen Schrift zwar ihrem auch menschlichen Charakter entspreche, doch dürfe ihre göttliche Seite dabei nicht ausgeblendet werden. Gerade der Materialgehalt der biblischen Grundwahrheiten dürfe von der Kritik nicht angetastet werden.[294] Die im positiven Sinne verstandene „höhere" Kritik zeichnet sich also immer schon durch die Anerkennung der sich aus dem gottmenschlichen Charakter der biblischen Schriften ergebenden Grenzen aus.[295] Vor diesem Hintergrund wird allerdings fraglich, wie sich das Postulat von dem ihrem Wesen nach einzigartigen gott-menschlichen Charakter der Bibel – man denke auch an den verschiedentlich angeführten Vergleich mit der christologischen Zweinaturenlehre – mit dem v. a. von Nast und Warren vertretenen Anspruch vermitteln läßt, die Bibel methodisch wie jedes andere Produkt der Literaturgeschichte zu behandeln.

---

290 Vgl. J. W. Huber, „Das göttliche und menschliche Element in der heiligen Schrift", ChrAp 57 (1895) 402.

291 „Die Inspiration der Bibel", ChrAp 54 (1892) 792; vgl. weiter S. Merrill, „Ueber die sogenannte ‚höhere Kritik'", ChrAp 53 (1891) 722; „Die Inspiration der Bibel", ChrAp 54 (1892) 792.

292 Vgl. J. W. Huber, „Das göttliche und menschliche Element in der heiligen Schrift", ChrAp 57 (1895) 401 f.

293 Vgl. O. Wilke, „Die Verschiedenheit und Einheit der Heiligen Schrift", DAThK 15 (1894) 161–167.

294 Vgl. J. Mulfinger, „Hat die moderne Kritik die Grundwahrheiten der heiligen Schrift erschüttert?", ChrAp 50 (1888) 210.

295 Dies zeigt sich deutlich in den Zitaten in „Beachtenswerte Stimmen über die ‚höhere Kritik'", ChrAp 55 (1893) 216.

Für den deutschsprachigen Methodismus schien diese Frage von
weniger Interesse zu sein als der Nachweis, daß die Resultate der
„negativen" Kritik in jeder Hinsicht unhaltbar seien. Bereits die erwähnte positive Einstellung zur „höheren" Kritik legte die Vermutung
nahe, daß die als „negativ" bzw. „ungläubig" aufgefaßte Kritik von
vornherein aus dem Begriff der historischen Kritik ausgeblendet wurde. Die „negative" Kritik erscheint hier lediglich im Modus ihrer
Verneinung. Sie widerspreche den gesicherten Resultaten der „positiven" Forschung.[296] Sie sei ferner in sich völlig uneinig. So formuliert
W. Schwind: „Angesichts der vor uns stehenden Thatsache, daß die
Kritiker auf jeden Schritt und Tritt einander widersprechen, vermeidet
der gläubige Bibelleser den Triebsand ihrer unbewiesenen Hypothesen
und gründet sich um so fester auf den Ankergrund des Zeugnisses
Gottes in seinem Worte".[297] So scheint dem Siegeszug der „positiven"
über die „negative" Kritik nichts im Wege zu stehen.[298] Die Forschungsresultate der neueren Kritik werden daher, wenn überhaupt,
nur in sehr moderater Form rezipiert.[299]

---

296 So sagt A. Funck: „Das reiche apologetische Material, wie es Hengstenberg und
   seine Schule, vor allem die nüchternen Hävenick und Keil aufgehäuft haben, ist
   noch nicht widerlegt", „Die moderne Bibelkritik", ChrAp 58 (1896) 626.
297 „Inspiration der heiligen Schrift und die höhere Kritik", ChrAp 58 (1896) 436. W.
   Schwind zitiert eine Statistik des methodistischen Editors Mendenhall, der für das
   Alte Testament 539 und für das Neue 208 Einzeltheorien gezählt und bemerkt hatte:
   „Seit 40 Jahren sind mehr als 2000 haltlose Theorien aufgestellt worden, jedes Jahr
   sterben nahezu 100"; vgl. weiter J. Mulfinger, „Hat die moderne Kritik die Grundwahrheiten der heiligen Schrift erschüttert?", ChrAp 50 (1888) 210.
298 So schreibt J. Mulfinger, ebd., 226: „In unserer Zeit sind mehr wahrhaft Gelehrte
   auf der Seite des Christenthums, als je zuvor in der Geschichte der Kirche, und
   noch nie hat dieselbe eine festere Grundlage gehabt als jetzt".
299 Ein Beispiel für die moderate Aufnahme kritischer Forschungsresultate bietet F. L.
   Nagler. Er anerkennt die Überlieferung zweier verschiedener Schöpfungsberichte in
   Gen 1 und 2. Für ihn ist damit jedoch die mosaische Verfasserschaft der Genesis
   nicht widerlegt, da es sich hier nicht um postmosaische Zusätze, sondern um die
   Aufnahme alter prämosaischer Traditionen durch Mose handle. Konkret führt er
   den „ersten" Schöpfungsbericht Gen 1,1–2,3 auf eine Offenbarung Gottes an Adam
   zurück; vgl. „Der Schöpfungsbericht der Bibel", ChrAp 53 (1891) 162. Später ging
   Nagler allerdings weiter und erkannte an, daß Mose zwar das „Hauptsächlichste"
   des Pentateuch geschrieben habe, dieser in späterer Zeit um kleinere und größere
   Zusätze ergänzt worden sei; vgl. „Was ist an der höheren Kritik?" HaHe 22 (1894)
   39 f. In ähnlicher Weise wie zunächst Nagler nahm F. Kopp die Tatsache, daß
   außerchristliche religiöse Quellen mit bestimmten Lehren des Alten Testaments übereinstimmen, als Indiz dafür, daß letzteres den Traditionen anderer Religionen als
   Vorlage diente; vgl. „Ein Wort für die Bibel", HaHe 8 (1880) 594–597. Im Hinblick
   auf die Sintflut schreibt C. Girtanner vom Vorzug des hebräischen Volkes gegenüber
   den Heidenvölkern, „diese Erinnerung in ihrer Reinheit zu besitzen", „Ueber die
   Sündflut oder eigentlich Sintflut", WäSt 3 (1873) 86; vgl. weiter A. C. Berg, „Hat
   die moderne Kritik dieses Jahrhunderts dem Christenthum geschadet?", ChrAp 51
   (1889) 514.

b) Die „höhere" als negative Kritik

Der gedankliche Ausgangspunkt der zweiten hier zu nennenden Grundrichtung war nicht der eigene methodentheoretische Ansatz, sondern das Eingeständnis einer *de facto* destruktiven Wirkung der „höheren" Kritik, zumindest was die eigene Überzeugung vom göttlichen Ansehen der Bibel betrifft. Die „höhere" Kritik ist hier nicht länger der Mißbrauch einer ursprünglich gutgemeinten historischen Methode; die Methode selbst wird in Frage gestellt.[300] Obwohl sich hinsichtlich der historisch-kritischen Einzelpositionen noch am Ende des 19. Jh. nur marginale Differenzen zur erstgenannten Gruppe zeigen, lassen sich gleichwohl zwei grundsätzliche Differenzen erkennen. *Erstens* wurde – im Unterschied zu Nast und Warren – die Ansicht verworfen, die Bibel könne methodisch wie jedes profane literarische Werk erforscht werden. Es sei gerade das Grundübel der Bibelkritik, daß sie die Bibel „als ein menschliches Buch gleich wie alle andern Bücher der Welt" betrachte.[301] Im Gegenteil jedoch, so Ernst Ströter, sei „die Bibel ein Buch durchaus einzig seiner Art"[302] und verlange von daher eine einzigartige Zugangsweise, die sich für ihn aus der Erfahrung der Wiedergeburt ergibt.[303]

Ein *zweites* Kennzeichen dieser Grundrichtung ist die scharfe Abgrenzung auch von den „gemäßigten" Kritikern. Sie werden zwar nicht einfach den „radikalen" Kritikern zugerechnet, doch wird ihr vermittelnder Standpunkt als auf Dauer unhaltbar angesehen. So ist es für A. Funk nur eine Frage der Zeit, bis auch die „mild Positiven" radikalen Positionen folgten.[304] Eine noch schärfere Verurteilung erfuhren die „gemäßigten" Kritiker aufgrund der folgenden dreigruppigen Unterteilung der Bibelforscher. Unterschieden werden sollten danach a) solche Kritiker, die alles Übernatürliche in der Bibel verwerfen, b) solche, die es teilweise anerkennen, und c) solche, die das Übernatürliche grundsätzlich gelten lassen. In der Bewertung heißt es dazu nun: „In der ersten Klasse sind unsere offenbaren Feinde, in der dritten unsere offenbaren Freunde und im Centrum (in der zweiten Klasse) unsere scheinbaren Freunde, aber heimlichen Feinde".[305] Damit ist die

---

300 „Es muß uns klar sein, daß die moderne Kritik nicht aus einem neu erwachten Wahrheitssinn und erst entdeckter kritisch-historischer Methode, die die Alten nicht kannten, entstanden ist, sondern aus dem Abfall von Gott und seinem Wort, wie er sich seit Mitte des vorigen Jahrhunderts über alle protestantischen Völker ausgebreitet hat", A. Funk, „Die moderne Bibelkritik", ChrAp 58 (1896) 626.
301 Ebd.
302 „Etliche Grundsätze für die Schriftauslegung", ChrAp 54 (1892) 82.
303 Vgl. ebd., 98.
304 „Die moderne Bibelkritik", ChrAp 58 (1896) 626.
305 G. B. A., „Welche Stellung sollte die Kanzel der höheren Kritik gegenüber einneh-

Richtung der „gemäßigten" Kritiker sogar als die für den Offenbarungsglauben gefährlichste qualifiziert: „Die zweite Klasse untergräbt unter dem Deckmantel der wirklich Gläubigen den Glauben der Christen, was den offenen Feinden nicht möglich wäre".[306] Den „gemäßigten" Kritikern wird damit nicht mehr so sehr ihre vermutete Inkonsequenz vorgeworfen, sondern unterstellt, unter dem Deckmantel des Offenbarungsglaubens diesen eigentlich zerstören zu wollen. Zwar hielt man sich mit namentlichen Schuldzuweisungen auffallend zurück, der Gedanke als solcher jedoch findet seinen scharfen Ausdruck. Der Abgrenzung von der „gemäßigten" Kritik entspricht die Zurückweisung jeglicher Konzessionen in kritisch-exegetischen Einzelfragen.[307]

Schließlich werden die Wirkungen der Bibelkritik in den dunkelsten Farben ausgemalt. Nicht die zunehmende Klärung aufgeworfener Fragen, sondern die heillose Verwirrung und Widersprüchlichkeit der Meinungen sei das bisherige Ergebnis der kritischen Bibelforschung.[308] Die Anwendung der Kritik führe früher oder später zum Unglauben.[309] Unglaube aber sei nie ein rein intellektuelles Phänomen, sondern meine das Absterben des geistlichen *Lebens* und habe damit eine viel umfassendere Wirkung. Daher sei die „höhere" Kritik auch eine Gefahr für das Leben der Kirche. Die „höhere" Kritik als eine Form des modernen Unglaubens, die „wie ein Krebs um sich frißt", ist, so

men?", DAThK 18 (1897) 308. Diese Klassifizierung stammte vermutlich von Olin A. Curtis, Professor für Systematische Theologie an der Boston University. Curtis war allerdings im Hinblick auf die zweite Gruppe zu einer etwas anderen Bewertung gekommen: „Gegen die zweite Gruppe sollten wir uns unbeweglich, geduldig und wachsam verhalten. Nach meiner Ansicht richten sie viel Schaden an. Aber soweit sie aufrichtig sind, sollte man ihnen mit ernsten Beweisgründen und nicht mit Schimpfwörtern begegnen", zit. nach „Beachtenswerte Stimmen über die ‚höhere Kritik'", ChrAp 55 (1893) 216.

306 G. B. A., „Welche Stellung sollte die Kanzel der höheren Kritik gegenüber einnehmen?", DAThK 18 (1897) 308.
307 So versucht J. Schlagenhauf Punkt für Punkt die Argumente zu widerlegen, mit denen F. L. Nagler – wie oben erwähnt – die Annahme begründet hatte, Mose habe bei der Abfassung des Pentateuch ihm vorliegende ältere Überlieferungen verarbeitet. Mose sei keinesfalls ein „Abschreiber" gewesen, sondern habe eine unmittelbare göttliche Offenbarung empfangen. Auch die Annahme späterer Zusätze zum Pentateuch, ausgenommen den Bericht über Moses Tod, schließt Schlagenhauf aus; vgl. „Die sogenannte höhere Kritik", HaHe 22 (1894) 149–151. Der Artikel stellt eine unmittelbare Antwort auf die oben erwähnte Abhandlung Naglers dar.
308 Vgl. J. Meßmer, „Die modernen Darstellungen des Lebens Jesu, ihr gegenseitiger Widerspruch und ihr gemeinsamer Irrthum", WäSt 1 (1870) 53–59. A. Funk führt zu diesem Punkt aus: „Gewöhnlich überleben viele Hypothesen, die augenblicklich in der theologischen Luft schweben, meist nicht ihre Erfinder und verzehren sich untereinander wie die modernen philosophischen Systeme", „Die moderne Bibelkritik", ChrAp 58 (1895) 626.
309 Vgl. J. Schlagenhauf, „Die sogenannte höhere Kritik", HaHe 22 (1894) 151.

Hermann Grentzenberg, der „Feind im eigenen Lager".[310] Der einzige
Zweck der Beschäftigung mit der „höheren" Kritik durch die Prediger
könne es daher sein, „den Kampf mit diesem stolz einherschreitenden
Goliath aufzunehmen".[311] Als Rüstzeug für diese zu führende Auseinandersetzung nennt J. Schlagenhauf neben den Kommentaren Nasts
die Werke von Gerlach, Olshausen, Lange, Keil, Meyer, Stier, Clarke
und Benson. Die Namen dieser Aufzählung decken sich im übrigen
weitgehend mit den auch von den Befürwortern einer „positiven" Kritik favorisierten Autoren.

c) Zusammenfassung

Beide mit Blick auf die „höhere" Kritik innerhalb des deutschsprachigen Methodismus auszumachenden Grundrichtungen bleiben dem
Ansatz eines positiv-geschichtlichen Offenbarungsglaubens verpflichtet. Zwar weist die erstgenannte Richtung eine in der Tendenz offenere
Haltung gegenüber den Ergebnissen der kritischen Bibelforschung auf,
gleichwohl herrscht selbst in den kritisch-exegetischen Einzelfragen
eine große „konservative" Übereinstimmung zwischen beiden genannten Richtungen. Die tatsächlichen Unterschiede ergeben sich v. a. im
Blick auf das jeweils bestimmende Leitmotiv. So scheint sich die positive Würdigung einer – wohlgemerkt „rechtverstandenen" – Bibelkritik, wie sie sich auch bei Nast und Warren findet, von einem in
erster Linie *apologetischen* Anliegen getragen. Die positive Bestimmung
der Kritik ist hier Teil der bewußt auf dem Feld der historischen
Bibelforschung geführten Auseinandersetzung. Diese Auseinandersetzung ist zudem von einem großen Optimismus im Hinblick auf den
schließlichen Sieg des positiv-geschichtlichen Offenbarungsansatzes
über alle Resultate der „ungläubigen" bzw. „negativen" Kritik getragen. Im Unterschied dazu ist das Leitmotiv der zweiten Grundrichtung
weniger apologetisch als vielmehr *pastoral* bestimmt. Nicht die Außen-,
sondern die kirchliche Binnenperspektive dominiert. Für die Auseinandersetzung mit der insgesamt als destruktiv empfundenen Bibelkritik
wird kein innergeschichtlicher Sieg postuliert. Vielmehr wird zur

---

310 Grentzenberg zeigt sich erschreckt über die „Oberflächlichkeit und Verkehrtheit,
　　die Leichtfertigkeit und Ehrfurchtslosigkeit, mit der Gottes Wort behandelt" wird;
　　„Der Feind im eigenen Lager", WzH 7 (1891) 139.
311 J. Schlagenhauf, „Die sogenannte höhere Kritik", HaHe 22 (1894) 151; vgl. weiter
　　G. B. A., „Welche Stellung soll die Kanzel der höheren Kritik gegenüber einneh-
　　men?", DAThK 18 (1897) 307–309. Als einziges von der „höheren" Kritik hervor-
　　gebrachtes positives Resultat sieht A. C. Berg die Tatsache an, daß infolge der
　　Angriffe auf das Christentum „viele ausgezeichnete Vertheidiger für dasselbe in die
　　Schranken traten", „Hat die moderne Kritik dieses Jahrhunderts dem Christenthum
　　geschadet?", ChrAp 51 (1889) 514.

Kenntnis genommen, daß die „höhere" Kritik zunehmenden Einfluß auch in der Kirche gewinnt, wo sie Unruhe und Unglauben schafft. Eine besondere Gefahr für die Gemeinde wird in dem äußerlich moderat erscheinenden Wirken der „gemäßigten" Kritiker gesehen. Eine eingehende Beschäftigung mit den Ergebnissen der Bibelkritik in den Gemeinden wird aus pastoralen Gründen abgelehnt; sie ist der besondere Auftrag dazu befähigter Apologeten.

4.3.6. Fazit

Das Schriftverständnis des deutschsprachigen Methodismus im 19. Jh. wird zumeist aus einer von den geistigen Auseinandersetzungen der Zeit diktierten apologetischen Perspektive heraus formuliert. Dies zeigt sich in besonderem Maße an der Auseinandersetzung Wilhelm Nasts mit der „radikalen" Kritik des David Friedrich Strauß. Unter dem Eindruck apologetisch motivierter Diskussionen kommt es zur verstärkten Akzentuierung einiger in der Schriftkonzeption bereits zuvor angelegter Elemente.

Zu den Grundkonstanten der Schriftlehre des deutschsprachigen Methodismus im 19. Jh. gehört das Verständnis der Bibel als der einzigen für Leben und Lehre normativen theologischen Erkenntnisquelle. Hier ist das methodistische *Formalprinzip* „Allein die Schrift" explizit formuliert. Nicht bestritten ist damit, daß es weitere Quellen theologischer Erkenntnis, anders gesagt: daß es neben der Wortoffenbarung Gottes andere Formen göttlicher Offenbarung gibt. Im Unterschied zu den biblischen Schriften stehen sie jedoch unter der Signatur der Sünde, ihnen kommt daher keine normative, sondern lediglich vorbereitende und ergänzende Funktion zu.

Die aufgrund ihrer göttlichen Autorisierung einzigartige Bedeutung der Bibel soll im apologetischen Kontext mit *rationalen* Argumenten aufgewiesen werden. Erkenntnistheoretisch liegt diesem Vorgehen die Prämisse zugrunde, daß in der Bibel göttliche Tatsachen offenbart werden, die der unvoreingenommenen Vernunft evident sind. Von diesem Ansatz her ergibt sich zum einen die Notwendigkeit, sich mit den Resultaten der „negativen" Kritik rational auseinanderzusetzen, und zum anderen der Optimismus, diese Auseinandersetzung siegreich bestehen zu können.

Ruht der Nachweis des göttlichen Ursprungs der biblischen Schriften in geschichtlicher Perspektive auf deren Echtheit und historischer Zuverlässigkeit, so in theologischer Perspektive auf deren göttlicher *Inspiration*. Die Inspiration ist die den Menschen zur „ungetrübten" Mitteilung dieser Offenbarung befähigende Erleuchtung durch den Heiligen Geist. Sie bezieht sich zunächst auf die Person der biblischen Verfasser und ist ihrem Wesen nach ein *synergistischer* Vorgang, bei dem das menschliche Mitwirken aufgrund der göttlichen Einwirkung nicht unterdrückt, sondern sogar gesteigert wird. Die epistemologische Wirkung der Inspiration entspricht damit der soteriologischen Qualität des Glaubens. In beiden Vorgängen erscheint der Mensch als rezeptiv, innere Erleuchtung bzw. innere Erneuerung empfangend, wobei beide Vorgänge der göttlichen *Ein*wirkung zu konkreten Formen der *Aus*wirkung im Leben des Menschen befähigen und anleiten: die Erleuchtung zur Reproduktion der Offenbarung in Rede und Schrift, die Erneuerung zur Betätigung der Gnade in Heiligung und Dienst.

Das Resultat der Inspiration ist die Heilige Schrift, die in rational unauflöslicher Weise sowohl durch und durch göttlich als auch durch und durch menschlich ist. Allerdings kommt der menschliche Aspekt dieser Doppelbestimmung in der Schriftlehre des deutschsprachigen Methodismus des 19. Jh. nicht wirklich zum Tragen. Denn aus der Personalinspiration der Verfasser wird im Mitteilungsgeschehen eine Realinspiration der biblischen Schriften. Dies bedeutet konkret, daß die Bibel in allen ihren Teilen als inspiriert, in Fragen der Lehre und des sittlichen Lebens als unfehlbar und selbst in den naturwissenschaftlichen und geschichtlichen Aussagen als zwar nicht irrtumslos, aber immerhin erkenntnisrelevant verstanden wird. Eine Übereinstimmung in den weitergehenden Bestimmungen der Inspirationslehre wird nicht gefordert,[312] die Verbalinspiration wird jedoch zumeist als im Widerspruch zur synergistischen Natur des Inspirationsbegriffs stehend abgelehnt.

Insbesondere bei Nast und Warren erweist sich auch das methodistische *Materialprinzip* der „Heiligung durch den Glauben" als impliziter Leitfaden für das Schriftverständnis. Bei Nast ist es insbesondere der wiederholte und in seiner argumentativen Bedeutung zentrale Rekurs auf den sittlichen Charakter bzw. die sittliche Reinheit bestimmter Personen. Die Authentizität und Glaubwürdigkeit der neutestamentlichen Schriften wird bei Nast durch die hier als „kollektive" Person verstandene Alte Kirche, durch die Verfasser der Evangelien und – in vollkommenem Maße – durch die Person des Gottessohnes Jesus Christus verbürgt. Folglich ist es in seiner Argumentation von grundlegender Bedeutung, durch ein Netz von Hinweisen und Indizien die sittliche Reinheit der im Prozeß der Überlieferung beteiligten Personen aufzuzeigen. Hingabe an Gott und konsequente Christusnachfolge sind daher nicht allein die

---

312 Vgl. aber F. B. Cramer: „Soweit mir bekannt, wird in unserer Kirche die Realinspiration allgemein gelehrt & das scheint mir durchaus das Richtige zu sein. Nicht die Ausdrücke, die sie gebrauchen, sondern die Sachen, die sie mittheilen sollen, wurden den hl. Schreibern vom Geiste Gottes gegeben", Die göttliche Eingebung der heiligen Schrift, 23 (MS). Allerdings ist auch diese Bestimmung für sich genommen noch so allgemein, daß sie unterschiedliche Variationen zuließ.

geschichtlichen Wirkungen des Evangeliums, sondern auch die sittlichen Voraussetzungen dafür, von Gott in besonderer Weise bei der Überlieferung seiner Offenbarung gebraucht zu werden. In konkreterer Weise setzt sich W. Warren mit dem Einwand auseinander, die menschliche Sündhaftigkeit lasse eine ungetrübte Reproduktion der göttlichen Offenbarung nicht zu. Er verweist auf die Erreichbarkeit des Standes der völligen Liebe in diesem Leben und erklärt: „*Kann* Gott einen Menschen schon in diesem Leben völlig reinigen und heiligen, so kann er ihn auch befähigen seine geoffenbarte Wahrheit, ungetrübt durch inwohnende Sünde, aufzunehmen".[313] Die Lehre von der gänzlichen Heiligung gewinnt damit zentrale Bedeutung auch für das Schriftverständnis. Angewendet auf die Verfasser der biblischen Schriften, ermöglicht sie, die Realität der Sünde mit der Auffassung von der Unfehlbarkeit der Bibel zu vermitteln. Fraglich wird damit jedoch, wo der sachliche Ansatzpunkt für die – zumindest in der Theorie unbestrittene – menschliche Seite der Schrift liegt.

Schließlich findet auch das methodistische *Medialprinzip* im Schriftverständnis seinen Ausdruck, wenn als Zielpunkt aller geschichtlichen Beweisgänge das innere Zeugnis des Geistes benannt wird. Die göttliche Autorität der Bibel erschließt sich mit letzter Gewißheit allein durch die innere Erfahrung des Heiligen Geistes, niemals aufgrund historischer Beweisführung. So entspricht der Wirksamkeit des Heiligen Geistes bei der Abfassung der biblischen Schriften dessen Wirksamkeit beim Lesen der Schriften. Im *testimonium spiritus sancti internum* verbindet sich das Wort Gottes mit dem Leben des Menschen zur Gewißheit begründenden Erfahrung. Dabei wirkt der Geist nicht nur Vertrauen in die Glaubwürdigkeit der Schrift, sondern zugleich Bereitschaft zur Annahme von deren Botschaft – einem Vorgang, der sich als Leben in der Christus-Nachfolge manifestiert.

4.4. Praktische Apologetik:
Wunder – Materialismus – Darwinismus

4.4.1. Wesen und Möglichkeit von Wundern

Mit der Diskussion um Wesen und Möglichkeit von Wundern ist nur vordergründig nach der Faktizität oder Nichtfaktizität einzelner Geschehnisse in (biblischer) Vergangenheit oder der Gegenwart gefragt. Bei genauerer Betrachtung wirft die „Wunderfrage", wie sie im Kontext der christlichen Apologetik oft genannt wurde, viel grundsätzli-

---

313 Systematische Theologie, 40.

chere Fragen auf. Im Kern geht es um nicht weniger als das Gottesbild
auf der einen und das Menschenbild auf der anderen Seite, implizit
freilich auch immer um den Charakter der Bibel, die von zahlreichen
Wundern berichtet. Die Frage nach dem personal verstandenen Gott
bezieht sich hier in erster Linie auf dessen Verhältnis zu der von ihm
ins Dasein gerufenen Schöpfung und den sie bestimmenden Naturgesetzen. Die Frage nach dem Menschen als einem sittlich freien Wesen
reflektiert v. a. auf dessen Verhältnis zu dem in sittlicher Hinsicht
unfreien Naturleben. Innerhalb des deutschsprachigen Methodismus
wurden Wesen und Möglichkeit von Wundern in umfassenderen Darstellungen von Wilhelm Nast und Michael Cramer diskutiert. Die
unterschiedlichen Konzeptionen beider sollen hier skizziert werden,
wobei wiederum zu beachten ist, daß der deutschsprachige Methodismus im 19. Jh. weithin von der Konzeption Nasts bestimmt war,
Cramer eine wirkungsgeschichtlich eher periphere Bedeutung zukommt.

a) Die Konzeption Wilhelm Nasts

In seinem *Tractatus theologico-politicus* hatte Spinoza ausgeführt, daß
Wunder nur möglich seien, wenn Gottes Wille und die Gesetze der
Natur wesensdifferent sind. Behauptet man jedoch, wie Spinoza es
tut, die Identität beider, ergibt sich folgerichtig die Unmöglichkeit
von Wundern im so verstandenen Sinne. David Hume hatte betont,
daß die geschichtliche Bezeugung vorgeblich geschehener Wunder zu
schwach sei, um als wahr anerkennen zu können, was unserer heutigen
Erfahrung widerspricht. Mit beiden Argumenten setzte sich Nast in
seiner Apologie des Wunders auseinander.[314]

Nast beginnt mit einer Bestimmung des Naturbegriffs. Danach
meint Natur „die ganze sinnlich wahrnehmbare Erscheinungswelt mit
ihren natürlichen Gründen und Folgen *oder die große Kette materieller
Ursachen und Wirkungen*".[315] Die in diesem Sinne verstandene Natur
kann Nast zufolge nicht als selbstursächliche Entität aufgefaßt werden. Sie ist vielmehr lediglich „ein sehr kleiner und untergeordneter
Theil der göttlichen Weltregierung",[316] genauer gesagt, die sichtbare
Wirkung einer unsichtbaren, ihrem Wesen nach übernatürlichen Ursache. Aus der Überzeugung einer die sichtbare Welt umgreifenden

---

314 Vgl. Commentar, Bd. 1, 42–46; „Die vorgebliche Unglaublichkeit und Unmöglichkeit
der Wunder Christi", ChrAp 22 (1860) 14 f. (Auszug aus dem Commentar); „Das
Wunder – der Hauptangriff des Unglaubens auf die Bibel", ChrAp 27 (1865) 38;
„Ueber die Bedeutung des Wunders im Christenthum", ChrAp 27 (1865) 85.89.
315 Commentar, Bd. 1, 44.
316 Ebd., 46.

unsichtbaren Wirklichkeit ergibt sich nach Nast das Wesen und die Möglichkeit von Wundern. Er nennt zwei Kennzeichen eines Wunders. Das Wunder sei zum einen, obwohl seinem Wesen nach übernatürlich und unsichtbar, etwas „Sinnlich-wahrnehmbares". Es sei zum anderen ein Geschehen, das „alle menschliche Kraft übersteiget".[317]

Nast geht davon aus, daß Gott sich als Schöpfer seine Freiheit gegenüber der Schöpfung bewahrt hat. Das Wunder ist Ausdruck von Freiheit, nicht von Willkür. Im Wunder greift Gott in den natürlichen Kausalnexus ein, allerdings auf solche Weise, daß dieser Kausalnexus durch den Eingriff „von oben" nicht zerstört wird. Das Wesen dieses Eingriffs ergibt sich für Nast vom Verständnis des Naturgesetzes her. Nast definiert es als „die feststehende Einrichtung bei den existirenden Dingen, daß sie *nämlich in der und der Lage nur die und die, und keine anderen, Wirkungen* hervorbringen".[318] Aufgrund der geltenden Naturgesetze ruft eine bestimmte Ursache unter gleichbleibenden Bedingungen eine immer gleiche Wirkung hervor. Unter veränderten Bedingungen jedoch kommt es auch zu veränderten Wirkungen.[319] Eine veränderte Bedingung wäre z. B. das Wirksamwerden einer höheren Kraft. Als Beispiel dient Nast der in die Luft geworfene Ball, dessen Fall durch den Zugriff der menschlichen Hand gestoppt wird. Nichts an dieser Konstellation, so Nast, ist unnatürlich. Der Ball folgt der ihm naturgesetzlich bestimmten Bahn – bis eine stärkere Kraft eine höhere Gesetzmäßigkeit wirksam werden läßt. Denkt man sich die erwähnte Hand unsichtbar, dann kann sie, so Nast, für das Einwirken der höheren, weil unendlich schöpferischen Kraft Gottes stehen. Wunder sind daher nicht *Ausbruch* aus dem Kausalnexus der Erscheinungswelt, sondern *Ausdruck* eines über diesem waltenden höheren gesetzmäßigen Zusammenhangs.

Die Freiheit Gottes steht damit nach Nast in einem harmonischen Zuordnungsverhältnis zur sichtbaren Naturordnung. Gottes unmittelbares Eingreifen in den Kausalnexus zerstört dessen Gesetzmäßigkeiten nicht, sondern hebt sie auf eine höhere Ebene. Ein analoges Zuordnungsverhältnis besteht Nast zufolge zwischen dem mit sittlicher Freiheit begabten Menschen und der in sittlicher Hinsicht unfreien Natur. Der Mensch steht zwar als sittliches Wesen über dem Naturgesetz, doch unterliegt er einem anderen Gesetz, nämlich dem höheren Gesetz der sittlichen Freiheit. Kraft dieser Freiheit ist es ihm möglich, auf die Natur

---

317 Ebd., 45.
318 Ebd., 45.
319 Nast zitiert ein Beispiel aus Köppens *Bibelwerk*: „Eine hölzerne Kugel z. B. muß in der Luft niedersinken, auf dem Wasser schwimmen, im Feuer verbrennen, auf einer Fläche in Bewegung gesetzt viel weiter und schneller fortlaufen, als ein viereckiger Körper von demselben Umfang", ebd.

einzuwirken, ohne dabei deren Gesetze zu zerstören. Mehr noch: die ganze Schöpfung ist von Gott auf die Ausübung dieser Freiheit durch den Menschen hin angelegt, sie ist für den persönlichen Geist geschaffen, „dessen Entwicklung sich an ihr vollzieht, dessen Geschichte durch tausend Wurzeln mit ihr zusammenhängt".[320]

Allerdings kommt nach Nast nicht jedes Wunder durch ein übernatürliches Einwirken Gottes auf natürliche Abläufe zustande. Dies trifft nur für das „Wunder im eigentlichen Sinne" zu. Von den „Wundern im eigentlichen Sinne" unterscheidet Nast die „vermittelst der gesetzmäßigen Thätigkeit der Naturkräfte" bewirkten Wunder. Das Einwirken Gottes ist hier durch sekundäre Wirkursachen vermittelt. Wunder dieser zweiten Gruppe sind nach Nast z. B. „die Weltregierungs- und Vorsehungswunder von der Sündfluth, von dem Durchgang der Kinder Israel durch's rothe Meer an, alle die Ereignisse, welche die Wendepunkte in heiliger und profaner Geschichte bildeten".[321] Das Geheimnis dieser Wunder beruht auf der „zu bestimmten Zwecken berechneten Kombination und Anwendung der Naturkräfte". Auch hier besteht eine Analogie zum Verhalten des Menschen. Denn auch er verfügt, freilich in viel geringerem Maße als Gott, über die Fähigkeit zur Kombination und gezielten Anwendung natürlicher Vorgänge und bedient sich ihrer im alltäglichen Leben. Von einem Wunder kann dabei für Nast nur in einem uneigentlichen Sinne gesprochen werden. Das „Wunder im eigentlichen Sinne" beruht dagegen auf der Einführung einer höheren, jenseits des natürlichen Vermögens liegenden Kraftwirkung. Eine höhere Kraft muß notwendigerweise eine höhere, nach menschlichem Ermessen „wunderbare" Wirkung hervorbringen. Dabei entspricht auch das „Wunder im eigentlichen Sinne" einer – wenn auch höheren – Gesetzmäßigkeit.[322]

Mit zwei konkreten Einwänden setzt sich Nast noch auseinander. Zunächst untersucht er den Einwand, Wunder seien zwar möglich, aber nicht notwendig für die Durchsetzung göttlicher Absichten. Die Notwendigkeit von Wundern ergibt sich für Nast als eine Folge des Sündenfalls. Nicht Gott, sondern der Mensch habe das Gesetz der sittlichen Freiheit gebrochen, als er sich von Gott abwendete. Durch seinen Abfall von Gott „verletzte" und „zerbrach" er „die ursprüngliche Ordnung der Natur". Das Wunder hat daher einen zweifachen Zweck. Es dient zunächst der Wiederherstellung der durch den Menschen verletzten Naturordnung. In letzter Konsequenz aber ist das Wunder *ein* „Glied eines größeren Ganzen von Erscheinungen, welche

---

320 „Ueber die Bedeutung des Wunders im Christenthum", ChrAp 27 (1865) 85.
321 „Das Wunder – der Hauptangriff des Unglaubens auf die Bibel", ChrAp 27 (1865) 38.
322 Vgl. Commentar, Bd. 1, 46.

die Wiederherstellung der Gemeinschaft zwischen Gott und der von ihm entfremdeten Menschheit, die Mittheilung eines göttlichen Lebens, welches aus keinen in dem Naturzusammenhange gegebenen Ursachen abgeleitet werden konnte, bezwecken".[323] So ergibt sich in soteriologischer Perspektive eine Verbindung von Wunder und Wiedergeburt. Zwar bezeichnet Nast die Wiedergeburt aus definitorischen Gründen nicht als Wunder,[324] beide jedoch, Wunder und Wiedergeburt, entsprechen der göttlichen Absicht, den Menschen in die ursprüngliche Gottesgemeinschaft zurückzubringen.

Schließlich setzt sich Nast mit dem Einwand Humes auseinander, daß Wunder der Erfahrung widersprächen. Hume, so gibt Nast zu bedenken, verwechsele die Grenzen menschlicher Erfahrung mit den Grenzen der Wirklichkeit. Das Wirken übernatürlicher Kräfte überschreite zwar unsere Erfahrung, es widerspreche ihr damit jedoch nicht. Nast wirft Hume vor, mit seiner Behauptung die Logik auf den Kopf zu stellen. Denn wo immer Zeugen eines Wunders ansichtig würden, da widerspreche dieses Erlebnis der Erfahrung *dieser* Zeugen nicht mehr. Der Rückgriff auf die allgemeine Erfahrung scheitere daher an der Faktizität der Einzelerfahrung des Wunders.

Das Wunder ist damit nach Nast in der Freiheit Gottes gegenüber seiner Schöpfung begründet. Diese Freiheit unterscheidet sich dadurch von der Willkür, daß sie geistigen Gesetzen gehorcht, die jedoch – als Gesetze höherer Ordnung – natürliche Gesetzmäßigkeiten aufzuheben vermögen. Nast zeigt dies am Verhältnis des sittlich freien Menschen gegenüber der in sittlicher Hinsicht unfreien Natur. Nasts Wunderverständnis ist zudem heilsgeschichtlich begründet und gewinnt von daher eine soteriologische Qualität. Das Wunder, notwendig geworden durch den Sündenfall des ersten Menschen, zielt letztlich auf die Wiederherstellung der Gemeinschaft zwischen Gott und Mensch.

b) Die Konzeption Michael Cramers

Zu einer anderen Ansicht gelangt Michael Cramer.[325] Er stimmt zunächst noch mit Nast darin überein, daß vom Gedanken der göttlichen

---

323 Ebd. Nast zitiert hier Neander.
324 Für Nast ist der Begriff des Wunders an die äußere Wahrnehmung gebunden. Als ein inneres Geschehen sei die Wiedergeburt dieser Wahrnehmung jedoch entzogen (wenn freilich auch ihre Auswirkungen im Leben des Wiedergeborenen sichtbar werden). Die Wiedergeburt ist daher zwar ein von Gott gewirktes übernatürliches Geschehen, jedoch kein äußerlich sichtbares Wunder; vgl. ebd., 45; vgl. weiter „Das Wunder – der Hauptangriff des Unglaubens auf die Bibel", ChrAp 27 (1865) 38.
325 Vgl. „Ueber die stufenweise Entwickelung der Offenbarung Gottes", DAThK 12 (1891) 4–10.119–124; „Einige Gedanken über Wunder", DAThK 13 (1892) 211–215.

Allmacht her ein unmittelbares Eingreifen Gottes in den natürlichen Kausalnexus nicht *a priori* ausgeschlossen werden kann. Nach Cramer bleibt für den Christen das biblische Diktum maßgeblich, daß bei Gott kein Ding unmöglich ist.[326] Sofort stellt Cramer jedoch die Frage: „Kann Gott Wunder thun wollen?" Er verneint diese Frage aus naturphilosophischen Gründen. So sei die Natur „ein einziger unermeßlicher Organismus, dessen Theile sammt und sonders in der genauesten Verbindung mit einander stehen; sie bildet eine vollkommene Einheit".[327] In diesem Organismus wirkten die Naturgesetze als Regulativa, „welche alle Erscheinungen, alle Veränderungen, allen Wechsel in dem Gebiete der sichtbaren Welt regieren und die allgemeine Ordnung darin erhalten; sie sind die Ursache, daß die Welt ein Bild ist, worin sich die Herrlichkeit ihres unendlichen Schöpfers abspiegelt".[328] Cramer ist überzeugt, daß jeder übernatürliche Eingriff Gottes die vollkommene Einheit und Harmonie der sichtbaren Schöpfung zerstören würde. Daher halte sich Gott im Verkehr mit seiner Schöpfung an die von ihm selbst geschaffenen Naturgesetze.

Für Cramer ist der biblische Wunderbegriff damit jedoch nicht aufgegeben. Gott wirke durchaus Wunder, z. B. um „die Aufmerksamkeit der Menschen auf das Organ seiner Offenbarung zu lenken, dessen Ansprüchen Geltung zu verschaffen".[329] Dabei jedoch durchbreche Gott niemals auch nur ein einziges Naturgesetz. Die Wirkungsweise eines Wunders besteht laut Cramer vielmehr darin, daß Gott „den natürlichen Lauf der Dinge so lenken [kann], daß Ereignisse entstehen, welche keine menschliche Vernunft erklären kann".[330] Was Nast lediglich für ein Wunder im weiteren Sinne hält, ist bei Cramer also das eigentliche Wunder. Nach Cramer erreicht Gott seine Absichten bereits durch ein für den Menschen als Wunder erscheinendes Zusammenspiel sekundärer Ursachen. Und ist es dann, so fragt Cramer, „nicht einerlei, ob dasselbe aus einem Zusammenwirken natürlicher Kräfte, oder aus der Aufhebung der physischen Weltgesetze entspringe?"[331] Letzteres ist für Cramer gleichwohl ausgeschlossen. So gilt, daß auch jedes so verstandene Wunder bestimmten Gesetzen

326 Vgl. „Einige Gedanken über Wunder", DAThK 13 (1892) 212 f.

327 „Ueber die stufenweise Entwickelung der Offenbarung Gottes", DAThK 12 (1891) 7.

328 Ebd. Dieser Satz überrascht insofern, als M. J. Cramer kurz zuvor die Vorläufigkeit wissenschaftlicher Naturforschung noch damit begründet hatte, daß die Natur ein Buch sei, „das Gott selbst in einer geheimnißvollen Sprache geschrieben hat, und worin wir nur mit größter Mühe einige Worte zu entziffern vermögen", ebd., 5.

329 Ebd., 9 (im Original ist der ganze Satz hervorgehoben).

330 „Einige Gedanken über Wunder", DAThK 13 (1892) 214.

331 „Ueber die stufenweise Entwickelung der Offenbarung Gottes", DAThK 12 (1891) 9.

folgt, gleichwohl dem Menschen in dieser Kombination (noch) unbekannten Gesetzen.[332]

Wie schon Cramers apologetische Konzeption scheinen auch seine Ausführungen zum Wunderverständnis auf scharfe Kritik gestoßen zu sein. In Reaktion auf diese Kritik relativiert Cramer seine Aussagen. So räumt er ein, daß die Aufhebung eines Naturgesetzes nur dann eine „grenzenlose Verwirrung, eine gänzliche Auflösung der Natur" zur Folge hätte, wenn dieses Gesetz im globalen Maßstab aufgehoben würde. Dies aber impliziere auch der herkömmliche Wunderbegriff nicht. Vielmehr gehe es lediglich darum, daß „hie oder da in irgend einem einzelnen Falle eine Naturkraft oder ein Naturgesetz in ihrer Wirksamkeit aufgehoben werden. Und dies ist vollkommen denkbar".[333] Das Wunder definiert Cramer jetzt als ein Ereignis, „welches für die Menschen eines gewissen Zeitalters unerklärlich ist, welches, wenn man will, über den natürlichen Bereich des menschlichen Geistes überhaupt hinausgeht".[334] Diese Definition war zumindest mehrdeutig genug, um den Einwürfen der Kritiker begegnen zu können, ohne die eigene Konzeption auf den Kopf zu stellen.

Abgesehen von dieser konzeptionell unvermittelten Einräumung, läßt Cramer im Unterschied zu Nast den Wunderbegriff nur in einem weiteren Sinne als das von Gottes Absicht gelenkte Zusammenwirken sekundärer und damit natürlicher Ursachen gelten. Ein unmittelbarer übernatürlicher Eingriff Gottes ist vom Gedanken der göttlichen Allmacht her zwar denkbar, aber aufgrund der vollkommenen Ordnung der Schöpfung ausgeschlossen, v. a. aber unnötig, da Gott seine Zwecke auch durch den Gebrauch natürlicher Wirkungen verwirklichen kann. Im Unterschied zu Nast ist bei Cramer weder von einer Verzeichnung der Schöpfung infolge des Sündenfalls noch von der soteriologischen Zwecksetzung des Wunders die Rede. Problematisch erscheint an Cramers Konzeption jedoch v. a., daß Gott faktisch in die Lage des „Lückenbüßers" gerät, denn das Wunder ist hier verstanden als Überbietung einer stetig sich erweiternden Erfahrung des Menschen. Der Spielraum für die im Cramerschen Sinne verstandenen Wunder Gottes wird folglich immer geringer.

332 Vgl. ebd., 4 ff.
333 Ebd., 119.
334 Ebd., 120.

4.4.2. Kosmogenese

a) Neuere Theorien in Kosmologie und Geologie

Bereits in der ersten Hälfte des 19. Jh. sahen sich die methodistischen Apologeten kosmologischen und geologischen Theorien gegenüberge-stellt, die weit über die im Rahmen einer „biblischen" Chronologie zur Verfügung stehenden ca. sechstausend Jahre seit der Erschaffung der Welt hinausgingen. Zu erwähnen ist in diesem Zusammenhang zunächst die von Immanuel Kant um die Mitte des 18. Jh. entwickelte[335] und später von dem Franzosen Laplace präzisierte Nebularhypothese. Ob-wohl schon länger bekannt, fand sie erst seit den 1840er Jahren die breite Aufmerksamkeit theologischer Kreise und avancierte schnell zu dem auch unter Erweckungstheologen favorisierten kosmologischen Erklärungsmodell.[336] Kant und Laplace waren aufgrund ihrer Beobach-tungen und Überlegungen zu der Auffassung gelangt, daß unser Son-nensystem sich aus einem Gasgebilde großen Umfanges entwickelt ha-be, in dem durch die Konzentration von Materiepartikeln ein Rota-tionszentrum entstanden sei, um das herum sich allmählich die gesamte Gasmaterie zu drehen begonnen habe. Die Abkühlung der Materie habe dann zur Zusammenziehung und zu einer Verkleinerung des Volumens sowie rascher werdender Rotation geführt, wobei die Gaswolke von einer kugelförmigen zunehmend in eine längsförmige Gestalt überge-gangen sei. Durch die Herauslösung ringförmiger Teile der Gaswolke und deren Verdichtung hätten sich dann schließlich die Planeten gebil-det. Schon Kant veranschlagte für diese Prozesse mehrere Millionen Jahre. Ungeachtet dieser vor dem Hintergrund der „mosaischen" Chro-nologie enorm erscheinenden Zeitdimensionen wurde die Kant-Lapla-cesche Nebularhypothese im deutschsprachigen Methodismus ohne größere Diskussionen akzeptiert.[337]

Eine ähnliche Entwicklung zeigte sich auf dem Gebiet der geolo-gischen Forschung. In seinen 1826 erschienenen *Discours sur les Re-volutions de la surface du Globe* hatte Alexandre Cuvier (1770–1847) die Erdentwicklung als eine Abfolge von plötzlichen und global auf-tretenden Katastrophen beschrieben. Obwohl auch Cuvier in anderen Zeiträumen als denen des Schöpfungsberichts in Gen 1 dachte, ließ

---

335 Vgl. Jürgen Hamel, Geschichte der Astronomie. Von den Anfängen bis zur Gegen-wart, Basel/Boston/Berlin 1998, 231–236.

336 Vgl. Ronald L. Numbers, Creation by Natural Law. Laplace's Nebular Hypothesis in American Thought, Seattle/London 1977, 120 f.

337 Vgl. J. G. Schaal, „Das Verhältniß der neueren Wissenschaft zur Bibel", HaHe 1 (1873) 633; C. F. Morf, „Stimmen die Ergebnisse der neueren Naturwissenschaft mit den Lehren der heiligen Schrift?", HaHe 2 (1874) 642; G. J., „Ueber die Ent-stehung der Welt", WäSt 2 (1882) 57 f.; F. L. Nagler, „Bibel und Astronomie", HaHe 17 (1889) 427; ders., „Bibel und Astronomie", DAThK 15 (1894) 83 f.

sich seine Auffassung nach Überzeugung zahlreicher christlicher Apologeten gut mit der Annahme einer globalen Sintflut vereinbaren. Für anfängliche Unruhe in erwecklichen Kreisen sorgte ein Jahrzehnt später Charles Lyell (1797–1875) mit der Veröffentlichung seines mehrbändigen Werkes *The Principles of Geology*.[338] Darin vertrat Lyell die Auffassung, daß die auffindbaren geologischen Formationen aus dem stetigen Wirken konstanter Naturkräfte und -gesetze verstanden werden müßten. Die Vorstellung sukzessiver globaler Katastrophen wurde von Lyell also zugunsten der Annahme einer graduellen Entwicklung der Erdgestalt verworfen. Auch Lyells Theorie einer allmählichen Erdentwicklung verlangte weitaus mehr als die im Rahmen einer „biblischen" Chronologie zur Verfügung stehenden ca. sechstausend Jahre. Gleichwohl wurde auch diese Streckung der geologischen Zeitachse im deutschsprachigen Methodismus ohne größere Diskussionen akzeptiert. Unter erwecklichen Theologen insgesamt galt schon 1850 die in wörtlichem Sinne verstandene Chronologie von Gen 1 als antiquiert,[339] wenn auch kosmologische und geologische Konzepte, die bewußt im Rahmen der „biblischen" Zeitrechnung bleiben wollten, fortlebten. Wie nun vollzogen sich die benannten Adaptionsprozesse im einzelnen? Und welche Überlegungen wurden entwickelt, um die Aufnahme neuerer wissenschaftlicher Theorien mit der Überzeugung vom göttlichen Ursprung und Ansehen der Bibel zu vermitteln?

b) Die Antwort darauf: Restitutions- und Konkordanzhypothese

Im erwecklichen Protestantismus des 19. Jh. insgesamt wie auch konkret im deutschsprachigen Methodismus wurden im wesentlichen zwei – zudem einander nicht ausschließende – Erklärungsmodelle vertreten. Bei der ersten handelt es sich um die „Restitutionshypothese", die voraussetzt, daß es sich bei der ab Gen 1,2 beschriebenen Schöpfung um die Wiederherstellung einer in Gen 1,1 als „verwüstet" beschriebenen ersten Schöpfung handelt.[340] Diese häufig mit Gedanken der christlichen Theosophie[341] verbundene Theorie implizierte die Annah-

338 Vgl. Charles Lyell, „Summary of the Principles of Geology", in: Günter Altner (Hg.), Der Darwinismus. Die Geschichte einer Theorie, Darmstadt 1981, 64–66; vgl. weiter John Dillenberger, Protestant Thought and Natural Science. A Historical Interpretation, Westport 1960, 212–216.

339 Vgl. James Turner, Without God, Without Creed. The Origins of Unbelief in America, Baltimore/London 1986, 145.

340 Zur Geschichte der Restitutionshypothese im 19. Jh. vgl. O. Zöckler, Geschichte der Beziehungen zwischen Theologie und Naturwissenschaft, Bd. 2, 510–537.

341 Zur Bedeutung der von den Ideen Jakob Böhmes inspirierten christlichen Theosophie für die protestantische Apologetik vgl. Christoph Raedel, Jean Frédéric Bettex als christlicher Apologet. Sein Leben – seine Botschaft, Metzingen 2004.

me eines Abfalls des Engelfürsten Luzifer von Gott, der bei seiner
Verstoßung aus der Lichtwelt Gottes auch das ihm gehörige Fürstentum in Finsternis und Verwüstung mit hinabgerissen habe. Da die
Bibel keine Anhaltspunkte für die Datierung von Luzifers Fall gibt,
wird zwischen Gen 1,1 und 1,2 die aus kosmologisch-geologischer
Sicht notwendige Zeitspanne eingefügt. Die Restitutionshypothese ist
im 19. Jh. maßgeblich durch den Dorpater Gelehrten Johann Heinrich
Kurtz (1809–1890) popularisiert worden. Durch die verschiedenen
Auflagen seines *Lehrbuchs der Heiligen Geschichte*, das von 1856 bis
1924 auf dem Studienplan der deutschsprachigen Methodistenprediger
stand, fand sie auch im deutschsprachigen Methodismus Eingang.[342]
Größeren Zuspruch innerhalb des deutschsprachigen Methodismus
im 19. Jh. fand allerdings die Konkordanzhypothese.[343] Dieser Theorie
lag der Versuch zugrunde, biblische und naturwissenschaftliche Aussagen durch eine periodische Deutung der sechs Schöpfungstage zu
harmonisieren. Die Konkordanzhypothese setzt die Annahme voraus,
daß Gen 1 den Vorgang der Schöpfung nicht in wissenschaftlicher
Terminologie und Absicht schildert.[344] Die periodische Deutung der
Schöpfungstage wurde meistens mit dem Hinweis auf Ps 90,4 begründet;[345] Franz Nagler führte noch weitere Belegstellen an.[346] Zudem
wurde geltend gemacht, daß die Bibel zumindest für die ersten drei
Schöpfungstage, also vor dem „In-Erscheinung-Treten" von Sonne
und Mond, kein Zeitmaß angebe.

Stärker als die Restitutionshypothese verband die Konkordanzhypothese die Interpretation biblischer Schöpfungsaussagen mit naturwissenschaftlichen Theorien. Allein aus dieser engen Verknüpfung ergaben sich verschiedene Fragen. So war grundsätzlich zu erklären,

---

342 Eine nähere Darstellung der von Kurtz vertretenen Restitutionshypothese findet sich
    in seinem Buch Bibel und Astronomie, 1. Aufl. 1842, 5. Aufl. 1865, das ebenfalls auf
    dem Studienplan der Generalkonferenz für die deutsch-amerikanischen Prediger
    stand.
343 Zur Geschichte der Konkordanz-Methode im 19. Jh. vgl. O. Zöckler, Geschichte
    der Beziehungen zwischen Theologie und Naturwissenschaft, Bd. 2, 538–553.
344 Die Konkordanz-Methode wurde im deutschsprachigen Methodismus vertreten von:
    J. G. Schaal, vgl. „Das Verhältnis der neueren Wissenschaft zur Bibel", HaHe 1
    (1873) 631–636; C. F. Morf, vgl. „Stimmen die Ergebnisse der neueren Naturwissenschaft mit den Lehren der heiligen Schrift?", HaHe 2 (1874) 642–644; F. Rinder,
    vgl. „Wie harmonirt die neuere Wissenschaft mit der heil. Schrift?", HaHe 6 (1878)
    505–510; F. L. Nagler, vgl. „Bibel und Astronomie", DAThK 15 (1894) 81–91; vgl.
    weiter „Waren die sechs Schöpfungstage Tage nach unserer Zeitrechnung, oder
    haben wir längere Zeitperioden darunter zu verstehen?", o. O. o. J. (MS).
345 „Denn tausend Jahre sind vor dir wie der Tag, der gestern vergangen ist".
346 Nagler verweist auf Jes 61,2; Jer 50,27; Hos 1,11; Mal 4,5. Er sieht auch richtig,
    daß die periodische Deutung der Schöpfungstage bereits vor Aufkommen der neueren sich aus der Geologie ergebenden Chronologien vertreten wurde; „Bibel und
    Astronomie", DAThK15 (1894) 85.

wie sich die Erschaffung von Licht und Finsternis am ersten zur Erschaffung von Sonne und Mond am vierten Schöpfungstag verhält. Zur Lösung dieses Problems wurde das *Erschaffen* vom deutlichen *Erscheinen* der Sonne (durch einen bis dahin über der Erde liegenden Nebelschleier hindurch) unterschieden. Dabei war vorausgesetzt, daß der Verfasser des biblischen Berichts Aussagen über andere kosmische Körper vom irdischen Standpunkt aus und nur im Hinblick auf deren Beziehung zur Erde gemacht habe.[347] Wiederholt jedoch verlangte das Praktizieren der Konkordanzmethode den methodistischen Apologeten Zugeständnisse in der Sache ab. So fanden sich die Fossilien niederer Tierarten bereits in Erdschichten, deren Alter der konkordanten Zuordnung zum biblischen Schöpfungsbericht zufolge hinter den fünften Schöpfungstag zurückreichte. Um dieser Beobachtung gerecht werden zu können, wurde das Perioden-Schema vorsichtig aufgeweicht und geltend gemacht, daß Mose „die verschiedenen Tagewerke nur um des besseren Verständnisses halber als voneinander abgeschlossen und vollendet" dargestellt habe.[348] Die gewählte Vorgehensweise führte damit immer wieder in die Defensive. Dessen ungeachtet wurde von methodistischer Seite her v. a. auf die Vorläufigkeit und innere Widersprüchlichkeit der neueren wissenschaftlichen Theorien verwiesen.[349] Restitutions- und Konkordanzhypothese ließen sich zudem relativ problemlos kombinieren. Eine Kombination beider Erklärungsmodelle vertrat u. a. Wilhelm Nast.[350]

Neben Restitutions- und Konkordanzhypothese konnte sich – wenn auch in deutlich geringerem Maße – das wörtliche Verständnis des biblischen Schöpfungsberichts halten. Diese Sicht der Dinge machte Wilhelm Ahrens in einer 1868 mit seinem aufgrund naturwissenschaftlicher Forschungen als „Paläontologen von Ohio" bekannten Predi-

---

347 Ebd., 86; vgl. weiter J. G. Schaal, „Das Verhältnis der neueren Wissenschaft zur Bibel", HaHe 1 (1873) 633; C. F. Morf, „Stimmen die Ergebnisse der neueren Naturwissenschaft mit den Lehren der heiligen Schrift?", HaHe 2 (1874) 642.

348 J. G. Schaal, „Das Verhältnis der neueren Wissenschaft zur Bibel", HaHe 1 (1873) 633; vgl. C. F. Morf, „Stimmen die Ergebnisse der neueren Naturwissenschaft mit den Lehren der heiligen Schrift?", HaHe 2 (1874) 642–644.

349 „Noch ist das letzte Wort auf diesem großen Forschungsgebiet nicht gesprochen, so viel geht aber mit Bestimmtheit aus dem bisher Gewonnenen hervor, daß das letzte Wort eine Bestätigung der biblischen Geschichte sein wird", A. Sulzberger, „Ueber die Bedeutung der assyrischen Ausgrabungen für die biblische Geschichte", HaHe 11 (1883) 358; vgl. weiter C. F. Morf, „Stimmen die Ergebnisse der neueren Naturwissenschaft mit den Lehren der heiligen Schrift?", HaHe 2 (1874) 644; F. Rinder, „Wie harmonirt die neuere Wissenschaft mit der heil. Schrift?", HaHe 6 (1878) 50; W. Fotsch, „Die verfänglichen Lehren der Darwin'schen Tendenz-Theorie und der Häckel'schen Urzeugung", DAThK 11 (1890) 233.

350 Vgl. „Der biblische Schöpfungsbericht und die heutige Naturwissenschaft", ChrAp 27 (1865) 26.

gerkollegen Hermann Herzer geführten Debatte geltend.[351] Ahrens vertrat die Auffassung, der „Hauptzweck" von Gen 1 sei es, „den Menschen zu lehren *wie* Gott die Welt geschaffen hat; denn *daß* er sie geschaffen hat, kann auch der Heide wissen ohne die Bibel".[352] Der biblische Schöpfungsbericht lasse sich mit den Erkenntnissen der neueren Geologie gerade nicht vereinbaren. So spreche Gen 1 von *einer* Schöpfung, die Wissenschaft – gemeint ist hier die katastrophische Theorie Cuviers – dagegen von zahlreichen sukzessiven Schöpfungen. Ahrens' Haupteinwand gegen die periodische Deutung der Schöpfungstage lautete, daß die Menschheit in diesem Fall logisch gedacht seit Abschluß der Schöpfung in einem ewigen Sabbat lebte, was eine absurde Vorstellung sei.

Obwohl es scheint, daß Ahrens hier die Position einer Minderheit innerhalb des deutschsprachigen Kirchenzweiges artikulierte,[353] bemühte sich Wilhelm Nast in seinem ebenfalls im Jahr 1868 veröffentlichten *Größeren Katechismus* um eine Vermittlung dieser gegensätzlichen Auffassungen. In seinen Erklärungen zur Schöpfungslehre kommt er auch auf die Dauer des Schöpfungswerkes zu sprechen. Dabei weist er einerseits die Annahme eines Erdalters von Jahrmillionen als grundlos zurück, gesteht andererseits aber zu, daß der Schöpfungsbericht nicht dazu zwinge, „unter den Schöpfungstagen gerade vierundzwanzigstündige Tage zu verstehen".[354] Auch Nast verweist begründend auf Ps 90,4. „Abend und Morgen" bedeuteten dann, „daß bei jedem neuen Schöpfungsakt eine gewisse das Verschwinden des Alten begleitende Dunkelheit der Klarheit der neuen vollkommeneren Weltgestalt vorangehe".[355] Deutlich ist, daß Nast auf der einen Seite keine voreiligen Konzessionen an die Wissenschaft machen möchte, auf der anderen Seite aber durchaus bereit ist, nach den Konsequenzen neuerer wissenschaftlicher Erkenntnisse für die Auslegung biblischer Texte zu fragen. Zudem möchte er klarstellen, daß in der Schöpfungsfrage von „gläubigen Schriftauslegern" unterschiedliche Positionen vertreten werden können.

---

351 Vgl. C. Golder/John H. Horst/J. G. Schaal (Hg.), Geschichte der Zentral Deutschen Konferenz, 228; vgl. weiter J. G. Schaal, „Das Verhältnis der neueren Wissenschaft zur Bibel", HaHe 1 (1873) 633.

352 „Geologie und die Bibel", ChrAp 29 (1868) 217. Ahrens' Betrachtungen über die biblische Geschichte, Cincinnati 1850, in denen er sich auch zur biblischen Schöpfungslehre äußert, konnten nicht eingesehen werden.

353 In seinem Spätwerk deutete Ahrens das Werk Gottes an den in Gen 1 beschriebenen Tagen als die „Vollendung unserer Erde mit ihren Kreaturen". Dieser Vollendung läge eine dem Menschen unbekannte Zeit von tausenden oder hunderttausenden Jahren der Schöpfung voraus. Auch Ahrens entschied sich später also – ohne den Begriff zu verwenden – für die Restitutionshypothese; vgl. Der Universal-Konflikt zwischen Gut und Böse, 12 f.

354 Der Größere Katechismus, 21 (Frage 56).

355 Ebd.

c) Kritik des methodischen Atheismus

Auch die nachgezeichnete Rezeption der neueren naturwissenschaftlichen Theorien mußte früher oder später zur Auseinandersetzung mit den atheistischen Prämissen einer wachsenden Zahl von Naturforschern führen. So war der Ausspruch Laplace' bekannt, er benötige in seinem System die „Hypothese Gott" nicht mehr.[356] Und von Charles Lyell wußte man, daß seine Überlegungen nichts anderes als den Versuch darstellten, „to free the science from Moses". Wo die deutschsprachigen Methodisten die wissenschaftlichen Theorien ihrer Zeit akzeptierten, mußten diese daher von ihrem atheistischen und folglich mechanistischen Überbau gelöst werden. Dem reduktionistischen Ansatz einer atheistischen Wissenschaft gegenüber wurden die Prinzipien der Kausalität und Teleologie zur Geltung gebracht. So gebe die Nebularhypothese zwar Aufschluß über das Wie der Weltentstehung, nicht jedoch über die *prima causa* dieses Vorgangs.[357] Eine scharfe Kritik der mechanistischen Weltdeutung veröffentlichte Carl Friedrich Paulus.[358] Er verwies auf die den physikalisch-chemischen Gesetzen inhärierende Zwecksetzung. Sie zeige sich z. B. in der Anomalie des Wassers, durch die erst das Schwimmen des Eises möglich werde. Auch die Tatsache, daß die einander entgegengesetzten Kräfte der Anziehung und Abstoßung sich gegenseitig nicht aufheben, sondern vielmehr „die Materie hervorbringen", wird von ihm auf den die Welt beherrschenden „allgemeinen Zweckgedanken" zurückgeführt. Paulus vertritt die Auffassung, „daß in dem organischen Keime eine geheimnisvolle Kraft liege, welche von den mechanisch wirkenden Kräften durchaus verschieden ist und von einem bestimmten Zweckbegriff beherrscht wird".[359] Er greift hier also auf Vorstellungen des Vitalismus zurück.[360] Die Natur möchte Paulus verstehen „als die zeitlich-räumliche Darstellung göttlicher Kraftgedanken". Die Abläufe des Naturgeschehens erlaubten daher eine komplementäre Deutung: religiös bzw. philosophisch als „Darstellung göttlicher Kraftgedanken", naturwissenschaftlich als „Naturgesetze".

---

356 Vgl. G. P. J[unker], „Ueber die Entstehung der Welt", WäSt 12 (1882) 57.
357 So fragt Nagler: „woher die Urmasse, woher die Wärme? woher die erste Bewegung? woher das erste Leben? woher die erste Empfindung? u.s.w.", „Der große ‚Glaube' des Unglaubens", HaHe 22 (1894) 420; vgl. weiter G. J. „Ueber die Entstehung der Erde", WäSt 13 (1882) 55–59.
358 „Die Prinzipien der christlichen Kosmologie", HaHe 8 (1880) 425–428.
359 Ebd., 426.
360 Er bezieht sich ausdrücklich auf Theodor Fechner, Über die physikalische und philosophische Atomlehre, Leipzig 1855.

*d) Gründe für die methodistische Rezeption dieser wissenschaftlichen
Theorien*

Unverändert ausgehend von der These einer prinzipiellen Übereinstimmung biblischer und naturwissenschaftlicher Aussagen, entschied man sich also für eine Neuinterpretation der „mosaischen" Chronologie im Lichte der Restitutions- und/oder Konkordanzhypothese. Die Neubestimmung des Erdalters im Sinne der vorherrschenden geologisch-paläontologischen Erkenntnisse schien mit keiner als wesentlich betrachteten Lehrüberzeugung zu kollidieren. Allerdings zeigt das Beispiel von Wilhelm Ahrens, daß auch die ältere Überzeugung einer ca. 6000 Jahre alten Erde weiterlebte. Für die methodistische Rezeption der neueren kosmologischen und geologischen Theorien – unter Beibehaltung des theistischen Postulats – und den damit verbundenen Abschied von einem wörtlichen Verständnis des Berichts in Gen 1 lassen sich zwei Gründe erkennen.[361]

Das *erste* Grundmotiv der methodistischen Rezeption ergibt sich aus der These von der prinzipiellen Übereinstimmung biblischer und naturwissenschaftlicher Theorien.[362] Aus dieser These leiten sich zwei hermeneutische Grenzbestimmungen für die Auslegung von biblischen Texten mit naturwissenschaftlichem Bezug ab. Danach ist die Bibel einerseits nicht als ein „Lehrbuch der Naturwissenschaften" aufzufassen. Sie enthält jedoch andererseits auch keine im Widerspruch zu gesicherten wissenschaftlichen Einsichten stehenden Aussagen.[363] Diese beiden Grenzbestimmungen ermöglichten eine gewisse Flexibilität im Umgang mit den neueren wissenschaftlichen Erkenntnissen, sie verpflichteten im Hinblick auf das Verhältnis von biblischen und naturwissenschaftlichen Aussagen jedoch axiomatisch auf ein Korrelationsmodell.

Die methodistische Rezeption der genannten Theorien ergab sich *zweitens* aus der Überzeugung, daß diese Theorien die Stellung des

---

361 Dabei handelte es sich um eine zeitgleich auch in anderen erwecklichen Kirchen und Gemeinschaften zu beobachtende Entwicklung; vgl. Rodney L. Stiling, „Scriptual Geology In America", in: D. Livingstone/D. Hart/M. Noll (Hg.), Evangelicals and Science in Historical Perspective, 177–192; W. Elert, Der Kampf um das Christentum, 229–231.

362 „[A]us den Vorgängen der Geschichte schließen wir mit Recht, *daß alle Wahrheiten, welche die Schrift geoffenbart hat, auch von der Wissenschaft als Wahrheiten erfunden werden müssen. Die Offenbarungen der Religion und der Natur sind im letzten Grunde eine Wahrheit",* F. Rinder, „Wie harmonirt die neuere Wissenschaft mit der heil. Schrift?", HaHe 6 (1878) 509; vgl. weiter C. Girtanner, „Ueber die Sündflut oder eigentlich Sintflut", WäSt 3 (1872) 17.

363 J. H. Roberts umreißt diese Auffassung mit den Worten: „These thinkers conceded that God had not intended the Bible to be a scientific treatise, but they insisted that its discussion of the natural world contained no errors", Darwinism and the Divine in America. Protestant Intellectuals and Organic Evolution, 1859–1900, Madison/London 1988, 215.

Menschen in schöpfungstheologischer und soteriologischer Hinsicht nicht tangieren. Aus der Annahme eines *Erd*alters von mehreren Millionen Jahren folgt danach nicht zwingend ein über die traditionelle Chronologie von ca. 6000 Jahren hinausgehendes *Menschen*alter. Von der Voraussetzung her, daß das Alter der Menschheit auch ihr Wesen bestimmt, erreichte die Bereitschaft der deutschsprachigen Methodisten zur Rezeption wissenschaftlicher Theorien also dort ihre Grenze, wo das aus der Bibel geschöpfte Gottes- und Menschenbild in kritischer Weise tangiert ist. Die deutlich ablehnendere Haltung gegenüber dem Darwinismus (s. u.) markiert diese scharfe Grenzziehung.

4.4.3. Psychogenese – die Auseinandersetzung mit dem Materialismus

Bereits in der maßgeblich von Wilhelm Nast geführten Auseinandersetzung mit dem Materialismus zeigt sich die zentrale Bedeutung anthropologischer Fragen für die methodistische Apologetik. Nast setzte sich konkret mit der materialistischen Interpretation des Geistbegriffs aus der Perspektive einer biblischen Anthropologie auseinander. Geschichtlicher Hintergrund dieser Diskussionen im weiteren Sinne ist der in Deutschland um die Mitte des 19. Jh. aufbrechende „Materialismusstreit", der sich v. a. mit den Namen Carl Vogt, Jakob Moleschott und Ludwig Büchner verbindet.[364] Im Zuge der Auswanderung vieler „achtundvierziger" Revolutionäre aus Deutschland nach 1848 verbreiteten sich „vulgärmaterialistische" Überzeugungen auch unter den Deutschen in den Vereinigten Staaten. Der Einfluß des Freidenkers Friedrich Hassaurek (1831–1885) unter den Deutschen in Cincinnati bildet den im engeren Sinne geschichtlichen Hintergrund für Nasts Streitschriften gegen den Materialismus.[365] Aber auch andere Methodistenprediger griffen in diese Diskussion ein.[366]

---

364 Vgl. Owen Chadwick, The Secularization of the European Mind in the Nineteenth Century, Cambridge 1995, 165–175; zu Carl Vogt vgl. Annette Wittkau-Horgby, Materialismus. Entstehung und Wirkung in den Wissenschaften des 19. Jahrhunderts, Göttingen 1998, 77–114.

365 Vgl. „Des Herausgebers Debatte mit Herrn Hassaurek", ChrAp 15 (1853) 3; „Die schriftliche Debatte mit Herrn Hassaurek", ChrAp 15 (1853) 15; „Hassaureks Entschuldigungen", ChrAp 15 (1853) 19; „Was ist ein Geist?", ChrAp 15 (1853) 23. 27. 31. Dieser Beitrag findet sich auch in der Sammlung von Traktaten, Band 2. Zur Auseinandersetzung mit dem Materialismus vgl. weiter „Kurze Widerlegung des Modernen Materialismus", ChrAp 20 (1858) 65. 69. 73 f.; [W. Nast], „Die Vernunftlosigkeit der Nichtsglaubenden", ChrAp 31 (1869) 388; C. F. Paulus, „Das Christenthum und die modernen Weltanschauungen des Naturalismus und Materialismus", ChrAp 33 (1871) 236. 244. 252; „Der Materialismus", WäSt 9 (1878) 2–6; W. Fotsch, „Charakter und Stand der substantiellen Philosophie", DAThK 7 (1886) 49–55.

366 Vgl. W. Ahrens, „Das Antichristenthum gegen Vernunft, Natur, Moral und Freiheit",

Gegenüber dem Freidenker Hassaurek bemühte sich Nast um eine scharf logische Fassung seiner Argumente. Die Atheisten, so Nast, gingen von der essentiellen Identität von Materie und Geist aus. Folglich könne der Geist keine anderen Eigenschaften als die Materie besitzen. Existiert der Geist, muß er sichtbar und damit den Sinnen nachweisbar sein. Wenn aber, so argumentiert Nast, Wesenseigenschaften der Materie – wie Sichtbarkeit – vom Geist gefordert werden könnten, dann dürfe mit dem gleichen Recht der Nachweis geistiger Wesenseigenschaften an der Materie gefordert werden, z. B. das Vermögen, jederzeit und unter allen Bedingungen zu denken und zu wollen. Die essentielle Differenz von Materie und Geist[367] zeigt sich Nast zufolge besonders am Wesen des Menschen. Während die Materie sich durch Vielfalt und Vielgestaltigkeit auszeichne, sei der Geist des Menschen eine unteilbare Einheit. Nast gelangt zu folgenden anthropologischen Bestimmungen:

„Der Geist des Menschen ... ist eine *untheilbare Einheit,* eine nicht zusammengesetzte, unkörperliche, der Vielheit des leiblichen Organismus entgegenstehende Einheit, eine immaterielle mit dem Leibe vereinigte Wesenheit, ein unmittelbares, dem Menschen ursprünglich von Gott eingehauchtes Lebensprincip. Der Geist des Menschen ist mit Gottes Geist dadurch verwandt, daß er Vernunft hat, d. h. daß er die göttlichen Ideen von Wahrheit und Güte in sich aufnehmen kann und bestimmt ist, in und mit Gott zu leben, wie er auf der andern Seite, als das Beseelende und Belebende des Leibes, mit der Natur in Gemeinschaft steht. Der Mensch ist also ein Doppelwesen – durch seinen Geist mit Gott, durch seinen Leib mit der Natur in Verbindung stehend, aber von beiden geschieden, als *persönliches, selbstbewußtes Ich,* dessen wahres Leben jedoch nur ein geistiges, in Gott, dem höchsten Geiste, ruhendes seyn kann."[368]

Sind nun die geistigen Funktionen des Menschen, wie Denken, Fühlen und Wollen, tatsächlich lediglich eine Funktion der Materie, also des Körpers, wie die Materialisten behaupten? Nast schließt dies mit der Begründung aus, daß sich Denken und Wollen nicht als Wesensei-

---

ChrAp 15 (1853) 8. 73. 77. Auf seiten der Evangelischen Gemeinschaft veröffentlichte Prediger Jakob Guelich eine Vertheidigung des Daseins Gottes und der Göttlichkeit des Christenthums gegen die gotteslästerlichen Reden des Herrn F. Hassaurek, Bremen 1856 (wahrscheinlich zuvor schon in den Vereinigten Staaten erschienen). Den Hinweis auf dieses Buch verdanke ich Karl Heinz Voigt, Brief vom 02.02.2000.

367 Nast verweist auf die Mehrdeutigkeit des Geistbegriffs und unterscheidet vier Bedeutungen: 1) im niedersten Sinne des Wortes Gas, Wind oder Hauch, 2) die geistige Beschaffenheit des Menschen, seine Seele, 3) das die Seele des Menschen von der Seele des Tieres unterscheidende Lebensprinzip, also „die das Göttliche erkennende Vernunft des Menschen", und 4) den Geist Gottes als Schöpfer der Welt und aller Lebensgeister; vgl. „Was ist ein Geist?", ChrAp 15 (1853) 23.

368 Ebd.

genschaften der Materie nachweisen ließen. Träten diese aber zur Materie hinzu, sei es nicht die Materie, die denkt, sondern das zu ihr hinzugetretene Prinzip. Denn wie die Materie durch die Hinwegnahme ihrer Wesenseigenschaften aufhöre, Materie zu sein, so könne, was zu ihr hinzutritt, durch diesen Vorgang nicht Materie werden, sondern bleibe etwas essentiell von der Materie zu Unterscheidendes: „Da das Denken keine wesentliche Eigenschaft der Materie ist, so kann es auch nicht etwas Materielles seyn, sonst wäre die Materie, die nicht denkt, weniger als Materie, oder die Materie, die denkt, mehr als die Materie. Oder wenn ein Theil der Materie des Denkens fähig ist und andere Theile nicht, so ist die Materie mit sich selbst im Widerspruch. Sie denkt und denkt nicht zu gleicher Zeit".[369] Nast gibt ferner zu bedenken, daß sich die geistigen Funktionen des Menschen nicht auf die chemischen Elemente, wie sie sich z. B. im Gehirn finden, reduzieren ließen. Denn wäre dies der Fall, warum könnten die Materialisten dann nicht einfach dasjenige Mischungsverhältnis ermitteln, das nötig wäre, um ein geistiges Genie hervorzubringen? Nast nennt weitere Argumente für die essentielle Unterscheidung von Materie und Geist: So könne die materialistische Deutung des Geistes nicht das Phänomen des menschlichen Selbstbewußtseins, zumal unter den sich verändernden Bedingungen menschlichen Daseins, erklären. Er verweist ferner auf Bedürfnisse, die zwar den Körper, nicht aber den Geist des Menschen befriedigten. Als Indiz für die Herrschaft der Seele über den Leib nennt Nast die Märtyrer. Er stellt fest, daß in ihrem Leiden der Niedergang von Leib und Seele gerade nicht miteinander koinzidiert, sie vielmehr unter den physischen Qualen der Folter eine unter diesen Umständen nicht zu erwartende Freude ausgestrahlt hätten. Aber auch aus anderen Kulturen sei bekannt, daß häufig die weisesten und edelsten Geister in einem kranken und gebrochenen Körper wohnten.

So sehr Nast die Wesensidentität von Geist und Materie bestreitet, so wenig stellt er die Wechselwirkung beider in Abrede. Er illustriert diese Wechselwirkung am Beispiel des durch die Flöte erzeugten Tones. Zwar sei die Erzeugung des Tones an den Klangkörper der Flöte gebunden, das Erklingen der Flöte sei aber nicht aus sich selbst heraus zu verstehen, sondern setze die Existenz eines Flötenspielers voraus. Nast zufolge ist auch einsichtig, daß der Mensch, diesseits seines irdischen Lebens, für eine höhere Existenz bestimmt ist. Schon während des irdischen Daseins des Menschen gäbe es Hinweise darauf, daß der Geist mit dem Tod zu einer von der Materie ungehemmten Existenzweise aufsteigt. Dafür verweist er auf die Äußerungen der Seele des Menschen z. B. im magnetischen Schlaf.

369 Ebd.

Schließlich möchte Nast die besondere Stellung des Menschen gegenüber dem Tierreich verteidigen. Für ihn ergibt sich die grundlegende Differenz zwischen Mensch und Tier aus der Instinktsteuerung des Tieres auf der einen und der Vernunftbegabung des Menschen auf der anderen Seite. Beide Bestimmungen unterschieden sich dadurch, daß allein die Vernunft der Entwicklung fähig sei. Zwar verbinde die Fähigkeit der sinnlichen Wahrnehmung Mensch und Tier, doch nur beim Menschen verbinde sich die gegenwärtige Wahrnehmung zu einem höheren Selbstbewußtsein, in dem die Vergangenheit erinnert und die Zukunft – in Furcht oder Hoffnung – antizipiert werden kann. Die grundsätzliche Differenz von Mensch und Tier liegt für Nast jedoch in dem Vermögen des Menschen, Gott als den höchsten Geist erkennen und ihn aus freier Entscheidung verehren, sich im Willensakt über seine Triebe und Begierden erheben sowie kraft seines Gewissens Gutes von Bösem unterscheiden zu können. Damit ist der Zielpunkt der Argumentation Nasts erreicht. Allein der Mensch sei ein mit sittlicher Freiheit und Verantwortung vor Gott ausgestattetes Wesen.[370]

Die Grundfrage der antimaterialistischen Apologetik lautet daher: Was ist der Mensch? Nast zufolge ist er im weitesten Sinne ein Geschöpf Gottes, im engeren Sinne Ebenbild Gottes und damit die Krone der Schöpfung. Ausweis seiner – wenn auch verdorbenen – Gottebenbildlichkeit ist seine Geist- bzw. Vernunftbegabung und daraus folgend seine sittliche Freiheit. Aus dieser Perspektive heraus gewinnt auch die Auseinandersetzung mit dem Materialismus ihre soteriologische Qualität. Denn sittliche Freiheit und Verantwortlichkeit sind ihrerseits Ausweis der Erlösungsfähigkeit des Menschen. Der Schlüssel zur Erlösung der ganzen Schöpfung liegt beim Menschen, der sich – kraft der vorlaufenden Gnade – in freier Entscheidung Gott zuwenden kann.

4.4.4. Anthropogenese und Ontogenese – die Auseinandersetzung mit dem Darwinismus

In noch stärkerem Maße als in der Auseinandersetzung mit dem Materialismus kommt die Grundfrage „Was ist der Mensch?" in der Auseinandersetzung mit dem Darwinismus zum Tragen. Die Brisanz der Darwinschen Entwicklungslehre für eine biblische Anthropologie ergab sich aus dem Postulat, daß die biologische *Herkunft* des Menschen auch dessen *Wesen* bestimme: „[A] biological description of man had become a statement concerning the nature of man. Hence,

---

370 Vgl. ebd., 31.

both biologists and theologians fought over man as if man's *descent*
determined his *nature*".[371] Hier liegt der entscheidende Grund für die
einerseits weitgehend unspektakuläre Übernahme der ein hohes Erd-
bzw. Kosmosalter implizierenden geologischen Theorien und die andererseits vehemente Bekämpfung des ein hohes Menschheitsalter implizierenden Darwinismus. Es ging bei dieser Grenzziehung um Herkunft und Wesen des Menschen als der Krone der Schöpfung. Für
die methodistische Apologetik stand mit der Evolutionslehre offenbar
alles auf dem Spiel: die Ebenbildlichkeit des Menschen, seine Erlösungsfähigkeit, seine sittliche Freiheit. So gewinnt die Auseinandersetzung mit dem Darwinismus grundsätzliche Bedeutung.

a) Vorgeschichte und Rezeption des Darwinismus

Bereits vor der Veröffentlichung von Darwins *The Origin of Species*
war der Gedanke einer Transmutation der Arten von anderen Forschern vorgebracht worden.[372] Zu ihnen gehörte Jean Baptiste de
Lamarck (1744–1829) mit seinem das 19. Jh. hindurch einflußreichen
Buch *Über die Entstehung der Arten*. Allerdings war Lamarcks Behauptung eines Artenübergangs von George Cuvier mit wissenschaftlichen
Argumenten kritisiert worden. Größeres Aufsehen im erwecklichen
Protestantismus v. a. der englischsprachigen Welt erregte das anonym
erschienene Buch *Vestiges of the Natural History of Creation* des schottischen Geologen Robert Chambers. Obwohl auch er die Entstehung
des Lebens auf physikalische Vorgänge in anorganischen Verbindungen zurückführte und die Entstehung der Arten ganz aus den bekannten Naturgesetzen heraus erklären wollte, hielt er – im Sinne des von
ihm vertretenen Deismus – an der anfänglichen Einwirkung eines
Schöpfers fest. Im Unterschied zu Darwin nahm er bei der Entstehung
neuer Arten kleinere spontane Sprünge an. Vor allem war er jedoch
bemüht, seine Theorie vorzutragen „with as little disturbance as possible to existing beliefs".[373] Gleichwohl stieß Chambers' Buch unter
den erwecklichen Protestanten Großbritanniens und der Vereinigten
Staaten auf heftigen Widerspruch.[374]
Vor diesem Hintergrund mußte Darwins Buch *The Origin of Species*
(1859) zunächst als ein weiterer der zahlreicher werdenden Versuche
erscheinen, das um eine Harmonie mit den Aussagen der Bibel be-

---

371 J. Dillenberger, Protestant Thought and Natural Science, 221.
372 Vgl. Bentley Glass/Owsei Temkin/William S. Strauss (Hg.), Forerunners of Darwin,
 1745–1859, Baltimore 1968.
373 J. Roberts, Darwinism and the Divine in America, 15.
374 Vgl. Edward J. Pfeifer, „United States", in: Thomas F. Glick (Hg.), The Comparative
 Reception of Darwinism, Austin/London 1974, 169–173.

mühte „doxologische" Schöpfungsverständnis der christlichen Tradition durch naturalistische bzw. mechanistische Erklärungsweisen zu destruieren.[375] Von seiten der christlichen Apologetik wurde daher zunächst versucht, den Darwinschen Überlegungen ihre wissenschaftliche Glaubwürdigkeit abzusprechen. Das zwiespältige Echo, das Darwins Auffassungen in Wissenschaftlerkreisen auslösten, schien diese Vorgehensweise zu stützen. Zu einer stärker inhaltlichen Auseinandersetzung mit dem Darwinismus kam es im deutschsprachigen (wie übrigens auch im englischsprachigen) Methodismus jedoch erst nach dem Erscheinen von Darwins Buch *The Descent of Man* (1871).[376] Spätestens seit dieser Zeit war deutlich, daß die von Darwin in sachlichem Ton vorgelegten und empirisch begründeten Resultate seiner Forschungen sich nicht ohne weiteres ignorieren ließen. Die Zustimmung, die insbesondere Darwins Deszendenztheorie durch die von der paläontologischen Forschung erbrachten Erkenntnisse über Alter und Abstammung des Menschen erhielt, mußte die christliche Apologetik herausfordern.[377]

Dabei lassen sich Differenzen erkennen zwischen der Auseinandersetzung mit dem Darwinismus in wissenschaftlichen Kreisen einerseits[378] und in kirchlichen Kreisen andererseits.[379] In diesem Zusammenhang ist daran zu erinnern, daß sich der Darwinismus[380] faktisch

---

375 Vgl. J. Roberts, Darwinism and the Divine in America, 33.

376 Vgl. R. Bystrom, The Earliest Methodist Response to Evolution 1870–1880, 10 ff.

377 Vgl. Martin J. S. Rudwick, „The Shape and Meaning of Earth History", in: David C. Lindberg/Ronald L. Numbers (Hg.), God and Nature. Historical Essays on the Encounter between Christianity and Science, Berkley 1986, 316.

378 Vgl. Eve-Marie Engels (Hg.), Die Rezeption von Evolutionstheorien im 19. Jahrhundert; Thomas Junker, Darwinismus und Botanik. Rezeption, Kritik und theoretische Alternativen im Deutschland des 19. Jahrhunderts, Stuttgart 1989; Thomas F. Glick (Hg.), The Comparative Reception of Darwinism; David Hull, Darwin and His Critics. The Reception of Darwins Theory of Evolution by the Scientific Community, Cambridge/MA. 1973; Emil Radl, Geschichte der biologischen Theorien, II. Teil: Geschichte der Entwicklungstheorien in der Biologie des XIX. Jahrhunderts, Leipzig 1909, 158 ff.

379 Vgl. R. Bystrom, The Earliest Methodist Response to Evolution 1870–1880 (Bystrom untersucht den englischsprachigen amerikanischen Methodismus); Jon H. Roberts, Darwinism and the Divine in America: Protestant Intellectuals and Organic Evolution, 1859–1900; David N. Livingstone, Darwin's Forgotten Defenders: the Encounter between Evangelical Theology and Evolutionary Thought, Grand Rapids/Edinburgh 1987; S. Holthaus, Fundamentalismus in Deutschland, 326–372; Frederick Gregory, „The Impact of Darwinian Evolution on Protestant Theology in the Nineteenth Century", in: D. Lindberg/R. Numbers (Hg.), God and Nature, 369–390.

380 Die Bezeichnung von Darwins Auffassungen als „Darwinismus" findet sich bereits 1861 in einem Brief Rudolf Wagners an Jakob Froschhammer vom 3. April 1861; vgl. den Hinweis bei Thomas Junker, „Zur Rezeption der Darwinschen Theorien bei deutschen Botanikern (1859–1880)", in: E.-M. Engels (Hg.), Die Rezeption von Evolutionstheorien im 19. Jahrhundert, 152 Anm. 4.

aus drei Theoriebestandteilen zusammensetzte, nämlich der „Abstammungs- oder Deszendenztheorie", der „Entwicklungs- oder Evolutionstheorie" und der „Selektionstheorie".[381] Das neuartige und aus wissenschaftlicher Sicht kritische Moment von Darwins Forschungen lag in der Selektionstheorie, mit der Darwin das ziellose Wirken der ausschließlich natürlichen Kräfte behauptete und den „Kampf ums Dasein" zur Grundbedingung evolutionären Fortschritts erklärte. Die wissenschaftliche Diskussion konzentrierte sich vornehmlich auf den Mechanismus des Artenwandels – wobei Darwins Selektionsmechanismus gegen ernsthafte Konkurrenzmodelle zu bestehen hatte[382] –, während die beiden erstgenannten Theoriebestandteile auf weitgehende Zustimmung stießen. Dagegen dominierte in der Auseinandersetzung der christlichen, mithin der methodistischen Apologetik deutlich die Kritik der Darwinschen Abstammungs- und Entwicklungstheorie. Hier empfand man einen deutlichen Widerspruch zum eigenen Verständnis des biblischen Zeugnisses von der Erschaffung und dem Wesen des Menschen.

b) Die Entstehung des Lebens

Obwohl Darwin selbst auf der letzten Seite seines Buches *The Origin of Species* einen anfänglichen übernatürlichen Eingriff bei der Entstehung des Lebens in der Urzelle nicht grundsätzlich ausgeschlossen hatte und dieser theistische Ansatz von Forschern wie John Tyndall und Alfred Russel Wallace aufgegriffen wurde, mußte diese singuläre Erwähnung eines übernatürlichen Eingriffs letztlich den Eindruck einer systemimmanenten Inkonsequenz erwecken. In der „monistischen" Konzeption Ernst Haeckels war dann auch jeder Gedanke an einen übernatürlichen Eingriff ausgeschlossen. Was blieb, war die These von der Entstehung des Lebens aus anorganischer Materie.

Diese These löste im deutschsprachigen Methodismus aus zweierlei Gründen Widerspruch aus. Zum einen war offensichtlich, daß die Vorstellung einer Selbstentstehung des Lebens in letzter Konsequenz die Annahme eines göttlichen Schöpferhandelns überflüssig machen würde. Zum anderen schloß Darwins Interpretation der „Urzellen"-Theorie die nach Überzeugung der deutschsprachigen Methodisten

---

381 So die Unterscheidung von Rudolf Schmid aus dem Jahr 1876; vgl. E.-M. Engels, „Biologische Ideen von Evolution im 19. Jahrhundert und ihre Leitfunktion. Eine Einführung", in: dies. (Hg.), Die Rezeption von Evolutionstheorien im 19. Jahrhundert, 36.

382 vgl. Thomas Junker, „Zur Rezeption der Darwinschen Theorien bei deutschen Botanikern (1859–1880)", in: E.-M. Engels (Hg.), Die Rezeption von Evolutionstheorien im 19. Jahrhundert, 155.

biologische Abstammung aller Menschen von einem Menschenpaar, nämlich von Adam und Eva, aus.

In zahlreichen Äußerungen von deutschsprachigen Methodisten wurde die Darwinsche Entwicklungstheorie aus grundsätzlichen Erwägungen heraus abgelehnt. So ist Darwins Theorie der Entstehung des Lebens aus einer „Urzelle" für Franz Nagler nichts anderes als der Glaube an „das Wunder der Selbstentstehung des Lebens". Hinter dem methodischen Atheismus der Wissenschaft verberge sich nichts anderes als der „große Glaube des Unglaubens". Die materialistische Theorie von der Entstehung des Lebens sei „absurd" und verdiene den Spott der Menschheit.[383] Für Nagler ist der Darwinismus eine logische Folge der Ablehnung des Gottesglaubens.[384] Auch Paul Junker

---

383 Folgendes Spottgedicht findet sich bei F. L. Nagler, „Der große ‚Glaube' des Unglaubens", HaHe 22 (1894) 421:

> Im Uranfang da ging es so ganz natürlich zu;
> Denn Kraft ist eine Sache, die kennet keine Ruh.
> Die stieß und schob und drehte und bracht' es bald so weit,
> Daß diese Erdenkugel für's Leben endlich ward bereit.

> Wie dieses dann entstanden, lang war es uns versteckt;
> Doch hat's nach kühnem Forschen die Wissenschaft entdeckt.
> Zwar schlummerte schon lange es in des Nebels Schooß;
> Doch war zu jenen Zeiten die Hitze ihm noch viel zu groß.

> Doch als sich diese Wärme je mehr und mehr verlor,
> Da trat es als Urzelle im weichen Schlamm hervor;
> Aus dieser Zelle wurde ein Samenkorn gar klein;
> Doch sollte das der Anfang der Pflanzen auf der Erde sein.

> Fruchtbarer noch als heute war darzumal die Erd',
> Die Wärme trieb gewaltig tief aus dem innern Herd.
> Die Aussaat, die aus diesem Ursamenkorn entstand,
> Vermehrte sich gar schnelle, und überdeckte weit das Land.

> Da fiel einst unerwartet ein Körnlein in das Meer,
> Es sank und sank hinunter, das kam von ohngefähr.
> Der Meeresschlamm war damals gar tief und warm und weich,
> Und auch an Lebenskräften und ander Wunderdingen reich.

> Die drängten in das Körnlein behende sich und leis;
> Und jagten dann einander herum im engen Kreis.
> Das mußt' es doch empfinden, das liegt ja auf der Hand.
> So ist es wie die erste Empfindung auf der Welt entstand.

Ähnliche Spottgedichte finden sich auch in Publikationen der Evangelischen Gemeinschaft: vgl. „Vogt's Theorie", Der Christliche Botschafter, 25. November 1868, und in den englischsprachigen Zeitungen der Methodist Episcopal Church; vgl. R. Bystrom, The Earliest Methodist Response to Evolution, 15–19. Vgl. weiter E. Radl, Geschichte der biologischen Theorien, 166 f.

384 In einem früheren Artikel hatte Nagler noch eingeräumt, daß der Darwinismus

hält die Theorie der Urzeugung für ein „Hirngespinst", verweist mit
Blick auf mögliche sachliche Einwände aber auch auf den in Einzelfragen kritischen ersten Übersetzer von Darwins *Origin of Species,*
H. G. Bronn. Bronn hatte in seinem Nachwort zu Darwins Buch
konzediert, daß „wir keine Naturkraft kennen, welche Pflanzen und
Tiere aus anorganischen Stoffen hervorbrächte", und gefolgert, daß
„die Entstehung der ersten Lebewesen ein ungelöstes Rätsel ist."[385]
Ernst Gebhardt macht geltend, daß Darwin offenbar bewußt darauf
verzichtet habe, den genauen Vorgang der Entstehung der „Urzelle"
zu beschreiben, wie seine ganze Theorie der Entstehung des Lebens
auch nicht auf „unumstößlichen Thatsachen", sondern allein auf „reinen Vermuthungen" und „willkürlichen Annahmen" beruhe.[386] Selbst
die Annahme von jahrmillionenlangen Zeiträumen könne die Entstehung höherer Lebewesen aus anorganischen Verbindungen nicht erklären.[387]

Eine andere Überlegung bringt Friedrich Rinder ein, wenn er nach
den möglichen sich aus dem Fortschritt der Evolutionstheorien ergebenden Konsequenzen fragt. Rinder unterscheidet zwischen Darwini-
sten mit einer theistischen Grundannahme, wie z. B. Tyndall, demzufolge „alles Leben nur von einem früheren Leben entsteht", und Dar-
winisten mit atheistischem Forschungsansatz, wonach Leben durch
spontane Selbstzeugung entsteht. Rinder ist ungebrochen optimistisch,
daß sich ein Widerspruch zwischen Bibel und naturwissenschaftlicher
Forschung nicht ergeben werde, egal welcher Ansatz sich schließlich
durchsetze: „Sollte es sich bewähren, daß Leben auch ohne ein vor-
heriges entstehe, so wäre das wohl zu harmoniren mit der Bibellehre,
daß Gott Alles aus ‚Nichts' gemacht hat. ... Bewährt es sich dagegen,
wie bisher, daß Leben nur vom Leben erzeugt wird, so harmonirt das
völlig mit der Schriftlehre, wonach Gott der Vater alles Lebens ist".[388]

„nicht nothwendigerweise atheistisch ist, denn es glauben auch manche Theisten an
   ihn", F. L. Nagler, „Der große Kampf zwischen Glauben und Unglauben in Deutschland", HaHe 8 (1880) 654.

385 P. G. Junker, „Ueber die Entstehung des Menschen", WäSt 14 (1883) 5.

386 Vgl. E. G[ebhardt], „Der Darwinismus", WäSt 9 (1879) 85.

387 Allerdings bestreitet Gebhardt nicht, daß Darwins Werke auch „viel Anregendes
   und wirklich Belehrendes enthalten". Gleichwohl hält er den Darwinismus letztlich
   nicht für das Ergebnis „aufrichtiger Forschung nach Wahrheit". Die Gefährlichkeit
   des Darwinismus ergibt sich, so Gebhardt, in erster Linie aus dessen Instrumenta-
   lisierung für niedere Zwecke, wie zur Rechtfertigung eines unsittlichen Lebenswandels. Zudem macht er den Unterschied aus, „daß die ungläubigen Gelehrten mit der
   Gottlosigkeit nur Spiel trieben, die ungläubigen Laien aber, welche die Recepte jener
   Herren Doktoren unter die Hand bekamen, ... sich nicht mehr mit bloßen Theorien
   [begnügten], sie wenden die Recepte practisch an", ebd., 86.

388 F. Rinder, „Wie harmonirt die neuere Wissenschaft mit der heil. Schrift?", HaHe 6
   (1878) 507. Daß Gott bei einer *creatio ex nihilo* notwendig mitgedacht werden müsse,

In jedem Fall bleibt Rinder zufolge die Annahme einer diesen Prozessen zugrundeliegenden und sie bewußt steuernden „geistigen Kraft" unverzichtbar. Der Versuch, die christliche Schöpfungslehre mit den Resultaten der naturwissenschaftlichen Forschung zu harmonisieren, wird hier also selbst mit Blick auf die Theorie von der Selbstentstehung des Lebens nicht aufgegeben. Zudem ist in allen hier ausgewiesenen Äußerungen implizit die Auffassung zurückgewiesen, die biblischen Aussagen zur Entstehung des Lebens könnten sich – richtig verstanden – jemals als falsch erweisen.

c) Die Entstehung und Abstammung des Menschen

Darwins Abstammungstheorie destruierte nach Überzeugung der deutschsprachigen Methodisten das Postulat der Gottebenbildlichkeit des Menschen. Sie war daher zurückzuweisen. Auch hier galt, daß der Darwinismus auf seinem eigenen Feld, nämlich dem der Wissenschaft, widerlegt werden müsse, was insofern auch wieder kurios war, als man dem Darwinismus stets den Charakter der Wissenschaftlichkeit absprach. In jedem Fall bedurfte es zur Bestätigung der eigenen Überzeugung einiger Gewährsmänner aus dem Bereich der Naturwissenschaften, die nicht notwendigerweise in christlichem Sinne orthodox, dafür aber begründet antidarwinistisch eingestellt sein mußten. Drei Namen sind in diesem Zusammenhang zu nennen.

Als erstes sei auf den aus der Schweiz stammenden Geologen und Zoologen *Louis Agazzis* (1806–1873) verwiesen, der, bereits in Europa zu wissenschaftlichem Ansehen gelangt, 1846 nach Amerika kam.[389] Als ein Schüler George Cuviers ging er von sukzessiven, jeweils durch katastrophische Ereignisse voneinander getrennten Schöpfungen aus, wobei er eine sich im Verlauf dieser sukzessiven Entstehungsvorgänge abzeichnende Höherentwicklung nicht leugnete. Allerdings war er davon überzeugt, daß die Verbindungen unter den Gattungen und Arten nicht materieller, sondern lediglich ideeller Natur seien. Er bestritt also, ausgehend von der These der Konstanz einmal entstandener Arten, die Möglichkeit artübergreifender Transmutationen. Dafür berief er sich v. a. auf seine geologischen Erkundungen, die, wie er überzeugt war, die entwicklungsgeschichtliche Theorie Darwins nicht

---

begründet Rinder damit, daß anders die Kraft, die diese Schöpfung *bewirkt* habe, unerklärt bliebe.

389 Vgl. E. Radl, Geschichte der biologischen Ideen, 194–196; Edward Pfeifer, „United States", in: T. Glick (Hg.), The Comparative Reception of Darwinism, 176–181; A. Hunter Dupree, „Christianity and the Scientific Community in the Age of Darwin", in: D. Lindberg/R. Numbers (Hg.), God and Nature, 356–358; vgl. weiter Edward Lurie, Louis Agassiz. A Life in Science, Chicago 1960.

stützten, sondern vielmehr falsifizierten. Die Rezeption von Agazzis'
Theorien in religiösen Kreisen wurde durch dessen religiöse Terminologie gefördert. Denn obwohl Agazzis, abgesehen vom Begriff der
Schöpfung, weitgehend auf religiöse Begründungsmotive verzichtete,
kam er doch mit seinem Festhalten am Begriff der Schöpfung religiösen Empfindungen entgegen. Allerdings vertrat Agazzis den nach Auffassung vieler Apologeten problematischen Grundsatz, daß die Einheit
der *Arten*, begründet in ihrer Erschaffung durch Gott, keine Einheit
in der *Abstammung* verlange. Er konnte daher die Zugehörigkeit aller
Menschen zu *einer* Art vertreten und zugleich ihre gemeinsame Abstammung von einem Menschenpaar bestreiten. Er tat dies unter Hinweis auf die Unterschiedlichkeit der verschiedenen Menschenrassen,
die er als unvereinbar mit der Annahme ihrer gemeinsamen Abstammung ansah. Dieser Punkt der Theorie Agazzis' wurde dann seitens
der methodistischen Apologetik auch nicht rezipiert.[390]
    Zu den wissenschaftlichen Gewährsmännern christlicher, mithin
methodistischer, Apologetik gehörte zweitens *Albert Wigand* (1821–
1886),[391] der sich offen zu seiner christlichen Prägung bekannte. In
den 1870er Jahren verfaßte er eine groß angelegte Widerlegung des
Darwinismus,[392] in der er Darwins Auffassungen sowohl einer grundsätzlichen als auch einer Kritik in Einzelfragen unterzog. Nach Emil
Radl enthielt das Buch „fast alles, was man gegen DARWIN einwen-
den kann".[393] Zwar wurde das Buch in Wissenschaftlerkreisen weithin
ignoriert, gleichwohl wurde es von den methodistischen Apologeten,
die sich gegen den Darwinismus wendeten, gern zitiert. Wigand bezeichnete den Darwinismus als eine wissenschaftlich unhaltbare „Ver-
irrung" und Verhöhnung Gottes. In methodischer Hinsicht forderte
er die Besinnung der Wissenschaft auf „Tatsachen". Das Abstecken
allgemeiner Grundsätze sei im Unterschied dazu Aufgabe der Philosophie. Da der Darwinismus beanspruche, allgemeine Beziehungen
und Prinzipien aufzuzeigen, handele es sich bei ihm nicht um eine
wissenschaftliche Theorie, sondern um naturphilosophische Spekulation. Wigand unterzog insbesondere Darwins Selektions- sowie dessen
Entwicklungstheorie einer gründlichen Kritik. Dagegen räumte er dem

390 Allerdings verweist J. Roberts darauf, daß seine aus traditionell-christlicher Sicht
    „heterodoxe" Haltung in der Frage der Monogenesis des Menschen der Widerlegung
    von Darwins Transmutationshypothese sogar noch zusätzliche Kraft verlieh. Denn
    unter diesen Umständen war Agazzis über jeden Verdacht erhaben, lediglich Erfül-
    lungsgehilfe bei der wissenschaftlichen Begründung kirchlicher Lehrsätze zu sein;
    vgl. Darwinism and the Divine in America, 37.
391 Zum Folgenden vgl. T. Junker, Darwinismus und Botanik, 190–228.
392 Der Darwinismus und die Naturforschung Newtons und Cuviers, 3 Bde., Braun-
    schweig 1874–75.
393 E. Radl, Geschichte der biologischen Theorien, 201.

Deszendenzgedanken ein begrenztes Recht ein. Letztere Überlegung bestimmte auch seinen einzigen positiven Beitrag zur Diskussion, nämlich seine Theorie von der „Genealogie der Urzelle".[394] Doch blieb diese besondere Theorie in der christlichen Apologetik weithin unbeachtet, bot sie doch schon wegen ihres spekulativen Charakters keinen erkennbaren Anhalt für eine wissenschaftliche Stützung des biblischen Schöpfungsberichts. So war es in erster Linie Wigands Kritik am Darwinismus, die apologetisch wertvoll schien.

Als dritte wissenschaftliche Autorität für die methodistische Apologetik ist der Anthropologe und Mediziner *Rudolf Virchow* (1821–1902) zu nennen.[395] Abgesehen von der hohen wissenschaftlichen Reputation, die er allgemein genoß, wurde er in den 1870er Jahren für die methodistische Apologetik interessant, als es zum Zerwürfnis zwischen Virchow und seinem ehemaligen Schüler und Freund Haeckel kam.[396] Zum offenen Schlagabtausch zwischen beiden entwickelten sich die zunächst von Haeckel und dann von Virchow gehaltenen Vorträge auf der Versammlung Deutscher Naturforscher und Ärzte im September 1877 in München. Dabei wurde deutlich, daß Haeckel die von ihm weiterentwickelte Abstammungslehre als Kernbestandteil einer biologistischen Weltanschauung[397] verstehen wollte, die auch in den Schulen gelehrt werden sollte. In seiner Replik unter dem Titel *Über die Freiheit der Wissenschaft und ihre Stellung im modernen Staat* zog Virchow eine scharfe Grenze zwischen Wissenschaft und Spekulation, um dann – „mit beißender Ironie" (Radl) – Haeckels Theorien von der Plastidulseele, von den beseelten Zellen und der „Affen"-Abstammung des Menschen als unbewiesene Spekulationen zurückzuweisen. Virchows Kritik wurde im deutschsprachigen Methodismus mit eifrigem Interesse aufgegriffen.[398] Haeckels eigentliches Verdienst, gegen das sich Virchow hier implizit wendet, nämlich die Bestimmung der Biologie nicht als einer exakten, sondern einer historisch-philosophischen Wissenschaft, blieb sowohl von Virchow als auch bei den sich auf ihn berufenden Apologeten unbeachtet.[399]

394 Vgl. T. Junker, Darwinismus und Botanik, 216 f.
395 Zu Virchows erkenntnistheoretischer Kritik am Materialismus vgl. A. Wittkau-Horgby, Materialismus, 115–125.
396 Vgl. E. Radl, Geschichte der biologischen Theorien, 171–182; Erika Krauße, Ernst Haeckel, 2. erg. Aufl. Leipzig 1987, 92–95.
397 Vgl. dazu Jürgen Sandmann, „Ernst Haeckels Entwicklungslehre als Teil seiner biologistischen Weltanschauung", in: E.-M. Engels (Hg.), Die Rezeption von Evolutionstheorien im 19. Jahrhundert, 326–346.
398 Vgl. F. L. Nagler, „Der Kampf zwischen Glauben und Unglauben in Deutschland", HaHe 8 (1880) 654; „So spricht die Wissenschaft", Evst 38 (1887) 276–277; „Professor Dr. Virchow über den Darwinismus", Evst 40 (1889) 290.
399 Vgl. E. Radl, Geschichte der biologischen Theorien, 175; Franz M. Wuketis, Eine kurze Kulturgeschichte der Biologie, 89.

Vor diesem Hintergrund überrascht es nicht, daß sich die deutschsprachigen Methodisten um eine Widerlegung des Darwinismus mit
den Mitteln wissenschaftlicher bzw. logischer Beweisführung bemühten. Die gründlichste Kritik des Darwinismus innerhalb des deutschsprachigen Methodismus verfaßte Paul Junker.[400] Seine Argumente
trägt er aus unterschiedlichen Bereichen der Naturwissenschaft zusammen. An Darwins *Evolutionstheorie* kritisiert Junker, daß dieser
aus der ideellen Einheit der Arten eine genealogische Verwandtschaft
gemacht habe. Der von Darwin entwickelte genealogische Stammbaum
könne aber nicht aus dem in der Natur zu beobachtenden Fortschritt
erklärt werden. Denn dieser Fortschritt geschehe „im Großen und
Ganzen", schließe aber nicht aus, daß bei einer höherentwickelten
Art einzelne Glieder häufig „unvollkommener" seien als bei einer niederen Art. Junker kommt zu dem Schluß, daß jedes Tier „in seiner
Art vollkommen" ist. Seines Erachtens läßt Darwins Entwicklungstheorie weiterhin unerklärt, wie „gegenwärtig gleichzeitig die nieder-
sten Formen neben den höchst organisirten existiren können".[401]
Auch Darwins *Selektionstheorie* überzeugt Junker nicht. Für die The-
se vom „Kampf ums Dasein" als Bedingung der Ausbildung neuer
Arten fehle jeder empirische Beweis. Zudem bleibe bei Darwin der
Vorgang des Artenübergangs überhaupt unplausibel. Junker nennt exemplarisch den hypothetischen Übergang eines pflanzenfressenden
Huftieres zum Fleischfressen aufgrund eines Mangels an pflanzlicher
Nahrung. Zum Überleben notwendig wäre Junker zufolge die sofortige
Veränderung nicht nur des Tiergebisses, sondern auch der Verdau-
ungsorgane, der Fortbewegungsorgane etc. Eine sukzessive und all-
mähliche Veränderung des tierischen Organismus und seiner Anatomie
dagegen erhöhe in dieser Übergangsphase nicht die Überlebenschance,
sondern verringere sie noch. Für Junker steht fest, daß sich der von
Darwin postulierte „Kampf ums Dasein" nicht auf dem Wege einer
allmählichen Anpassung vollzogen haben könne.
Schließlich wendet sich Junker der in Deutschland insbesondere von
Haeckel propagierten *Abstammungslehre* zu. Die von diesem behauptete Abstammung des Menschen vom Affen sieht Junker im Widerspruch zu den anatomischen Unterschieden, wie sie selbst zwischen
den „höchstentwickelten" Affenarten und dem Menschen bestehen. Er
bestreitet Haeckels Behauptung, daß im südlichen und östlichen Afri-
ka wilde Stämme gefunden worden seien, die als Übergangsglieder
von Menschenaffe und Affenmensch gelten könnten. Überhaupt wird

---

400 Vgl. „Ueber die Entstehung des Menschen", WäSt 14 (1883) 1–15. Daneben ist W.
Fotsch zu nennen, „Die verfänglichen Lehren der Darwin'schen Tendenz-Theorie
und der Häckel'schen Urzeugung", DAThK 11 (1890) 224–233.
401 G. P. Junker, „Ueber die Entstehung des Menschen", WäSt 14 (1883) 6.

das Fehlen der Zwischenglieder als Haupteinwand gegen die Darwinsche Abstammungslehre vorgebracht.[402] Auch geisteskranke Menschen sind nach Junker kein „Rückschlag in die ursprüngliche Art", wie Haeckel behauptet hatte, sondern vielmehr gerade Indiz für den „Adel" der Menschheit, denn der „Mensch kann verlieren, was er besitzt; das Tier kann den Verstand nicht verlieren, den es nie besessen hat".[403] Insgesamt betrachtet Junker Haeckels embryologische Begründung der Abstammung des Menschen aus dem Tierreich als durch Wigand und andere Forscher widerlegt.[404]

Für Junker steht fest, daß die darwinistische Betrachtungsweise dem geistig-sittlichen Wesen des Menschen nicht gerecht wird. Weder könne der Darwinismus das Selbstbewußtsein noch das schöpferische Vermögen des Menschen erklären: „Wäre nicht im Geist des Menschen von Anfang an der Trieb und die Fähigkeit, nach den Ursachen der Dinge zu fragen, bewußte Zwecke zu setzen und Mittel zu deren Erreichung zu wählen, vorhanden gewesen, so würde es der Mensch nie zur einfachsten Entwicklung gebracht haben".[405] Junker macht die kreatürliche Sonderstellung des Menschen schließlich an der Religion fest. Noch nie habe es ein religionsloses Volk gegeben.[406] Vielmehr zeige sich gerade in den alten Zeugnissen der Religionen die übereinstimmende Erinnerung an die ursprüngliche Offenbarung des unsichtbaren Gottes. Für Junker ist der Darwinismus damit auch auf dem Feld der Religionsgeschichte widerlegt.

Die Ablehnung bestimmter Theorieelemente des Darwinismus durch anerkannte Wissenschaftler wie Rudolf Virchow, dann aber auch durch die im Kepler-Bund sich sammelnden Kritiker, ließ die methodistischen Apologeten zu dem – etwas voreiligen – Schluß kommen, daß der Darwinismus als ernstzunehmendes wissenschaftliches Konzept überwunden sei.[407] So bezog ein Autor 1890 den

---

402 Vgl. F. Rinder, „Wie harmonirt die neuere Wissenschaft mit der heil. Schrift?", HaHe 6 (1878) 507; F. L. Nagler, „Der große ‚Glaube' des Unglaubens", HaHe 22 (1894) 422; W. Fotsch, „Die verfänglichen Lehren der Darwin'schen Tendenz-Theorie und der Häckel'schen Urzeugung", DAThK 11 (1890) 230.

403 G. P. Junker, „Ueber die Entstehung des Menschen", WäSt 14 (1883) 7.

404 Junker übersieht nicht, daß Haeckels Auffassung der Anthropogenese diesen zu einer faktischen Geringschätzung „niederer" Menschenrassen führte. Diese Haltung, so Junker, sei im Christentum – als Folge der Überzeugung der Gottebenbildlichkeit jedes Menschen – überwunden; vgl. ebd., 14 f.

405 Ebd., 10.

406 Junker weiter: „Und selbst wenn es gelänge, ein solches Volk aufzufinden, so wäre das sowenig ein Beweis, daß das Menschengeschlecht mit Atheismus begonnen habe, als der Atheismus in unsern christlichen Landen eine Stütze für diese Behauptung ist. Viel näher läge es, jenen wie diesen einem Abfall vom Glauben in Folge materialistischer Gesinnung zuzuschreiben", ebd., 12.

407 „We would add, that of late such men as Professors Wigand, Ebrard, and others,

Ausspruch Arthanasius' „Nubicula est, transibit" auf den Darwinismus.[408] Zwar dürfte der sich in solchen Äußerungen aussprechende Triumphalismus auch als Stilelement apologetischer Rhetorik verstanden werden, aber es ist nicht zu übersehen, daß sich die methodistische Apologetik dieser Zeit für derartige Beurteilungen auf Wissenschaftler berufen konnte, die nicht im Verdacht kirchlicher Befangenheit standen.[409] So vollzog sich die scharfe wissenschaftliche Kritik an Darwins Selektionstheorie um die Jahrhundertwende vor dem geschichtlichen Hintergrund der um diese Zeit einsetzenden Lamarck-Renaissance.[410]

4.4.5. Fazit

Die Kennzeichen der Auseinandersetzung des deutschsprachigen Methodismus mit Materialismus und Darwinismus stimmen weitgehend mit denen anderer heiligungsorientierter Kirchen und Gemeinschaften überein. Ronald Numbers hat die hinter der Apologetik dieser Gruppen stehenden Überzeugungen folgendermaßen charakterisiert:

> „They believed that the bible taught spiritual, not scientific, truths; yet they rejoiced whenever the findings of modern science seemed to corroborate scriptual events. By and large, they had little trouble accepting the development of the solar system from a nebula, the progression of geological ages, or even a geographically limited flood. However, when it came to human evolution, they drew the line."[411]

Drei weiterführende Anmerkungen sind, ausgehend von diesen Beobachtungen, zu machen. *Erstens* ist festzuhalten, daß die deutschsprachigen Methodisten eine prinzipielle Entflechtung biblischer und naturwissenschaftlicher Aussagen ablehnten.[412] Beide Erkenntnisbereiche stehen viel-

---

have given Darwinism such terrible blows, and have proved its untenableness scientifically so clearly, that it can be considered as overcome by German scientific research", Franz Ludwig Nagler, „Phases of the Conflict between faith and infidelity in Germany", MQR 63 (1881) 138. Die deutsche Textfassung lautete etwas anders; vgl. „Der Kampf zwischen Glauben und Unglauben in Deutschland", HaHe 8 (1880) 654; vgl. weiter W. Fotsch, „Die verfänglichen Lehren der Darwin'schen Tendenz-Theorie und der Häckel'schen Urzeugung", DAThK 11 (1890) 225.

408 „Professor Dr. Virchow über den Darwinismus", Evst 40 (1889) 290.

409 So auch das Fazit von E. Radl im Jahr 1909; vgl. Geschichte der biologischen Theorien, 565.

410 Vgl. Peter J. Bowler, The Eclipse of Darwinism: Anti-Darwinian Evolution Theories in the Decades around 1900, Baltimore 1983.

411 Darwinism Comes to America, 115 f.

412 Die einzige nachweisliche Ausnahme stellt ein undatiertes und nicht namentlich gekennzeichnetes Manuskript mit dem Titel Ueber das Verhältniß der heil. Schrift zu den Naturwissenschaften dar. Der Verfasser möchte sauber zwischen religiöser und naturwissenschaftlicher Wahrheit unterscheiden. Alleiniger Zweck der göttlichen

mehr in einem postulierten widerspruchsfreien Verhältnis zueinander, und zwar deshalb, weil es beide Erkenntnisbereiche mit göttlichen Tatsachen, genauer noch, mit den Tatsachen des *einen* Gottes, zu tun haben. Die Vorstellung einer doppelten Wahrheit ist damit ausgeschlossen.

Das Insistieren auf empirische, auf Tatsachenbeweise legt *zweitens* nahe, daß der historische Charakter gerade der biologischen Entwicklungstheorien nicht erkannt wurde. Beweise z. B. für die Darwinsche Abstammungstheorie sollten wissenschaftsmethodisch nicht hinter den Beweisen für ein gegenwärtig gültiges Naturgesetz zurückstehen. Nur sehr vereinzelt wird anerkannt, daß sich auch die eigene Theorie einer gemeinsamen Abstammung aller Menschen von einem Menschenpaar nicht im strengen Sinne beweisen läßt.[413] In der Auseinandersetzung mit dem Darwinismus konnte es letztlich nicht weiterführen, wenn man an Tatsachen überprüfbare Beweise für das *natürliche* Auftreten neuer Arten forderte, ohne selbst den Beweis für das *übernatürliche* Auftreten neuer Arten führen zu können.[414] Allerdings ist zu berücksichtigen, daß sich ein Verständnis für den geschichtlichen Charakter der Entwicklungstheorien auch unter Wissenschaftlern nur schrittweise durchsetzte. Im Überschwang des wissenschaftlichen Positivismus wurde auch von ihnen die behauptete Tatsachenevidenz häufig überbewertet.

Es ist *drittens* nicht zu übersehen, daß die Diskussionen um den Darwinismus auf seiten der Gegner wie der Befürworter nicht als Streit um eine wissenschaftliche Theorie, sondern als weltanschauliche Auseinandersetzung geführt wurden. Auf darwinistischer Seite wurde dies – mehr noch als bei Darwin selbst – an Huxley und Haeckel deutlich. Aber auch auf seiten der methodistischen Apologetik wurden Darwins Theorien als weltanschauliche Herausforderungen aufgefaßt. Dieser ideologische Kontext des Darwinismus-Streits erklärt, warum auch von den deutschsprachigen Methodisten das gesamte Arsenal weltanschaulicher „Waffen", von der inhaltlich-sachlichen Kritik bis

Wortoffenbarung sei es, religiöse Wahrheiten zu lehren, in der Form vor-wissenschaftlicher Einkleidung. Die Ermittlung und Entwicklung naturwissenschaftlicher Wahrheiten sei Aufgabe der Forscher. Sein Fazit: „Die heilige Schrift steht zu den Naturwissenschaften in gar keinem Verhältniß, sondern es ist die Aufgabe der Theologie, die heil. Schrift völlig unabhängig von den Naturwissenschaften zu machen. Völlige, friedliche Scheidung beider Gebiete, das ists, was wir zu fordern haben" (9). Allerdings bleibt auch hier das gemeinsame Ziel von Religion und Naturwissenschaft die „immer höhere Erkenntniß der *einen* Wahrheit", nicht also einer doppelten Wahrheit (ebd., 10).

413 Vgl. C. F. Morf, „Stimmen die Ergebnisse der neueren Naturwissenschaft mit den Lehren der heiligen Schrift?", HaHe 2 (1874) 644.

414 So lautete z. B. ein Argument Herbert Spencers; vgl. Peter J. Bowler, „Herbert Spencers Idee der Evolution und ihre Rezeption", in: E.-M. Engels (Hg.), Die Rezeption von Evolutionstheorien im 19. Jahrhundert, 313.

hin zu beißendem Spott, verwendet wurde.[415] Aber auch hier nahmen sich beide Seiten nicht viel.[416]

Hinter der Auseinandersetzung mit Materialismus und Darwinismus stehen die drei theologischen Grundprinzipien des Methodismus. So wird deutlich, daß die für das Verhältnis von allgemeiner Offenbarung Gottes auf der einen und der Wortoffenbarung Gottes auf der anderen Seite axiomatisch bestimmte Widerspruchsfreiheit konsequent bei der Seite der biblischen Wortoffenbarung einsetzt. Zwar wird die Notwendigkeit der mit Argumenten der Logik zu führenden Auseinandersetzung auf dem Feld der Naturwissenschaften zugestanden, das Motiv einer Apologie des biblischen Offenbarungsgehalts bleibt jedoch das hinter allen Argumenten stehende Leitprinzip. Es bestätigt sich hier das methodistische *Formalprinzip* des „sola scriptura", wonach die Bibel zwar nicht die einzige, aber einzige *normative* Quelle für das Erkennen ist. Dabei entspricht die Abstufung von naturgeschichtlichen gegenüber religiösen Aussagen der Bibel der Differenzierung zwischen verschiedenen Graden der Inspiration. Deutlich ist, daß naturgeschichtliche Aussagen qua inspirationem ein organisches Ganzes mit den religiösen Aussagen der Schrift bilden. Sie können daher – zumal im Angesicht eines atheistischen Positivismus – nicht einfach aufgegeben werden; doch ist anzuerkennen, daß sie zum Heilszweck der biblischen Offenbarung in loser Verknüpfung stehen.

Die positive Rezeption kosmologischer und geologischer Theorien auf der einen Seite und die strikte Ablehnung der materialistischen Anthropologie und der Darwinschen Evolutionstheorien auf der anderen Seite liegt im methodistischen *Material-* sowie im *Medial*prinzip begründet. Nach Überzeugung der deutschsprachigen Methodisten ist

---

415 So wird von Reiseprediger Vissering folgendes berichtet: „Auf einer Bahnstation wollte der Vorsteher ihn dadurch necken, daß derselbe zu ihm sagte, er hätte kürzlich ein Buch gelesen, worin es deutlich bewiesen sei, daß die Menschen vom Affen abstammten. Da gab Vissering ihm zur Antwort, er habe schon öfters gedacht, woher er, der Bahnvorsteher, doch wohl stamme, weil er so besondere Gesichtszüge habe. Nun sei es ihm ja klar nach dem genannten Buche", Ahlerd Gerhard Bruns. Lebenserinnerungen eines Predigers aus der Frühzeit des Methodismus in Deutschland und der Schweiz, hrsg. von Richard T. Bruns, Oldenburg 1994, 42.

416 Insbesondere Ernst Haeckel bediente sich in seinen Vorträgen und Büchern immer wieder beißender Satire, die selbst von Freunden als wenig hilfreich empfunden wurde. So heißt es bei Haeckel: „Interessant und lehrreich ist dabei nur der Umstand, dass besonders diejenigen Menschen über die Entdeckung der natürlichen Entwickelung des Menschengeschlechts aus echten Affen am meisten empört sind und in den heftigsten Zorn gerathen, welche offenbar hinsichtlich ihrer intellectuellen Ausbildung und cerebralen Differenzirung sich bisher noch am wenigsten von unseren gemeinsamen tertiären Stammeltern entfernt haben", Generelle Morphologie der Organismen, Bd. 2: Allgemeine Entwickelungsgeschichte der Organismen, Berlin 1866, 429 f., zit. nach Erika Krauße, Ernst Haeckel, 75.

die Herleitung des Menschen aus dem Tierreich unvereinbar mit dem theologischen Postulat der Gottebenbildlichkeit des Menschen. Der Darwinismus wird als Angriff auf die sittliche Freiheit und Verantwortlichkeit des Menschen aufgefaßt. Diese aber sind Voraussetzung für Bekehrung, Wiedergeburt und Heiligung mit dem Ziel der christlichen Vollkommenheit. Ist mit dem Darwinismus die ursprüngliche Gottebenbildlichkeit des Menschen bestritten, dann fällt für die deutschsprachigen Methodisten auch die Lehre von der christlichen Vollkommenheit, die nichts anderes meint als die Wiederherstellung der durch den Sündenfall Adams verlorenen Gottebenbildlichkeit. Die materialistische Anthropologie, in der das eigenständige Wesen des menschlichen Geistes geleugnet wird, erweist sich schließlich als unvereinbar mit der Überzeugung, daß sich Gottes- und Menschengeist in der Glaubenserfahrung miteinander verbinden. Ohne den von der Materie unterschiedenen Geist gibt es kein Zeugnis des Heiligen Geistes mit dem Geist des Menschen. Die Verbindung von Gottes- und Menschengeist aber ist zugleich Ausweis der übernatürlichen Herkunft des Menschen, seiner Erlösungsbedürftigkeit wie auch seiner Erlösungsfähigkeit.

5. Kirchliches Bewußtsein und theologische Identität des deutschsprachigen Methodismus

In den vorangehenden Kapiteln sind die Schwerpunkte der Theologie des deutschsprachigen Methodismus dargestellt worden. Den Ausgangspunkt dafür bildete die Soteriologie als Grundstruktur der Theologie des Kirchenzweiges. Im folgenden Kapitel soll der soteriologisch-erfahrungstheologische Ansatz des deutschsprachigen Methodismus zu dessen ekklesiologischen Überzeugungen in Beziehung gesetzt werden. Im weiteren Sinne geht es hier um das kirchlich-theologische Selbstverständnis des deutschsprachigen Kirchenzweiges. Als Kontext entsprechender Reflexionen muß die kirchliche Ordnung der amerikanischen Mutterkirche, also der Methodist Episcopal Church, berücksichtigt werden. Denn der deutschsprachige Methodismus sowohl in den Vereinigten Staaten als auch in Deutschland und der Schweiz unterstand wie alle Kirchenzweige, ob in eigenständigen Distrikten und Konferenzen organisiert oder nicht, der Autorität der Generalkonferenz als des höchsten beschlußfassenden Gremiums der MEC sowie der Aufsicht der von der Generalkonferenz gewählten Bischöfe. Die deutschsprachige Kirchenordnung war folglich eine wortgetreue Übersetzung der englischsprachigen Originalfassung. Von daher bedarf es zunächst einer Charakterisierung der Methodistenkirche als ganzes, bevor das kirchlich-theologische Selbstverständnis des deutschsprachigen Methodismus zur Sprache kommen kann. Letzterer bewahrte das 19. Jh. hindurch in starkem Maße das Verständnis vom Methodismus als apostolisch-reformatorischer Erneuerungsbewegung. Dieses Verständnis bildet den gedanklichen Schlüssel zu allen anderen das Selbstverständnis des deutschsprachigen Methodismus prägenden Bestimmungen. Sie werden unter den Leitbegriffen Freiwilligkeitskirche, Gemeinschaftskirche, Bekenntniskirche und Allianzkirche zur Sprache kommen.

5.1. Geschichtlicher Kontext

a) Die Entstehung des amerikanischen Denominationalismus

Entstehung, Ausbreitung und Wachstum der Methodistenkirche in Amerika gehören zeitlich und sachlich in den Zusammenhang der Entwicklung des amerikanischen Denominationalismus. Gemeint ist die für die Vereinigten Staaten unter den Bedingungen der Trennung von Kirche und Staat typische Existenz gleichberechtigt nebeneinander existierender „Denominationen".[1] Diese waren von der Überzeugung getragen, daß die eigene Kirche bzw. Gruppe nicht identisch ist mit der wahren Kirche Christi, daß jede einzelne christliche „Benennung" vielmehr immer nur als ein Teil des umfassenderen Leibes Christi verstanden werden kann.[2]

Unter den spezifischen Bedingungen der amerikanischen Geschichte am Ende des 18. und in der ersten Hälfte des 19. Jh. zeigte der Denominationalismus die folgenden sechs Kennzeichen.[3] *Erstens* waren die amerikanischen Denominationen mehr oder weniger stark primitivistisch ausgerichtet.[4] In einem ungeschichtlichen Zeitsprung, der die Kirchengeschichte lediglich am Rande als Verfallsgeschichte wahrnahm, wurde der Anschluß an die frühe Kirche, wie sie vom Neuen Testament bezeugt wird, gesucht. Die Annahme der absoluten Autorität der Bibel führte unter den Bedingungen des Vorhandenseins konkurrierender christlicher Gruppen zu der Notwendigkeit, Einzellehren und Praktiken der eigenen Gruppe zu rechtfertigen „as more

---

1 Sidney E. Mead, „Denominationalism. The Shape of Protestantism in America", ChH 23 (1854) 291–320. Allerdings hat Timothy Smith zu Recht darauf hingewiesen, daß die frühesten amerikanischen Ansiedlungen sich – von wenigen Ausnahmen abgesehen – nicht durch religiöse Freiheit, sondern die staatliche Kontrolle der Religionsausübung auszeichneten. Die Trennung von Kirche und Staat und die Gewährung von Religions- und Gewissensfreiheit sind also das Ergebnis einer längeren, regional unterschiedlich verlaufenen geschichtlichen Entwicklung; vgl. „Congregation, State, and Denomination. The Forming of the American Religious Structure", in: Russell E. Richey (Hg.), Denominationalism, Nashville 1997, 47–67.

2 Vgl. Winthop Hudson, „Denomination as a Basis for Ecumenicity. A Seventeenth Century Conception", ChH 24 (1955) 32.

3 Die folgenden Kennzeichen sind entwickelt in Anlehnung an Sidney E. Mead, „Denominationalism. The Shape of Protestantism in America", ChH 23 (1954) 291–320.

4 Um allzu starke Wiederholungen zu vermeiden, wird dieser Nachweis lediglich konkret für den deutschsprachigen Methodismus geführt, was sich aus der Intention dieser Untersuchung ergibt, jedoch nicht für den englischsprachigen Methodismus. An dieser Stelle sei nur auf den Primitivismus Francis Asburys verwiesen, der z. B. 1813 die Überzeugung äußerte, auf der ersten Generalkonferenz der MEC in Baltimore 1784 sei eine apostolische Kirchenform konstituiert worden; vgl. J. Manning Potts (Hg.), The Journal and Letters of Francis Asbury, Bd. 3, Nashville 1958, 475 f. 479.

closely conforming to those of the early Church as pictured in the New Testament than the views and politics of its rivals".[5] Die Denominationen zeichneten sich, *zweitens*, durch das Freiwilligkeitsprinzip aus. Die freiwillige Zustimmung sowie die Bereitschaft zum aktiven Einsatz für das gemeinsame Ziel wurden so zu Grundpfeilern der Gruppe. Außerdem gewannen die persönliche Überzeugungskraft des einzelnen und seine Fähigkeit zur schlichten, plausiblen Darstellung der eigenen religiösen Einstellung an Bedeutung. Aus dem Freiwilligkeitsprinzip folgte, *drittens*, ein starkes missionarisches Bewußtsein. Diesem Bewußtsein lag die Einsicht zugrunde, daß angesichts des Freiwilligkeitscharakters der Religion das Reich Gottes nur auf dem Wege missionarischer Verkündigung ausgebreitet werden kann. Der amerikanische Denominationalismus war, *viertens*, von Erweckung („revivalism") bestimmt. Tendenziell führte diese Prägung zu einem pragmatischen Herangehen an ekklesiologische Fragen, zur Popularisierung theologischer Fragen sowie zur Betonung der religiösen Krisis gegenüber der allmählichen Glaubensentwicklung. *Fünftens* zeichnete die amerikanischen Denominationen (zumindest bis ca. 1860) eine Vorliebe für die *ratio* bei gleichzeitiger Ablehnung des Rationalismus aus. In der Folge kam es gegenüber rationalistischen Bestrebungen zum Bündnis mit den älteren orthodoxen Kräften.[6] Ein *sechstes* Kennzeichen des Denominationalismus war die Konkurrenz zwischen den verschiedenen Gruppen. Dabei wurde durchaus zwischen „evangelical" und „unevangelical churches" unterschieden, denn mit den erstgenannten sahen sich die Methodisten auf dem Boden des gemeinsamen biblischen Fundaments vereint. „Evangelikale" Kirchen konnten daher ungeachtet aller Konkurrenz zusammenarbeiten, z. B. im Bereich der Sozialarbeit oder der Bekämpfung des Katholizismus. In der Tendenz führte die freie Konkurrenz religiöser Gruppen zu einer Überakzentuierung der oft vorhandenen theologischen Differenzen gegenüber den zugleich bestehenden fundamentalen theologischen Übereinstimmungen.

Mit dem Denominationalismus findet der Gedanke der freiwilligen Verbindung, wie er in Staat und Gesellschaft vorkommt, Anwendung

---

5 S. Mead, „Denominationalism. The Shape of Protestantism in America", ChH 23 (1954) 295.

6 Die Unterscheidung von ratio und Rationalismus, bzw. zwischen Vernunft und Vernunftglaube, findet sich nicht bei Mead (vgl. ebd., 311). Mead scheint eher von einer Abwendung der Denominationen von der Vernunft („reason") überhaupt auszugehen. Dies ist allerdings keine historisch zutreffende Annahme, denn der rationalistische Gegner sollte gerade mittels der Vernunft überwunden werden. Außerdem war die Tendenz zur theologischen Reduktion nie gleichbedeutend mit dem *Verzicht* auf weitergehende theologische Explikation, wie insbesondere im Bereich der Kontroverstheologie und Konfessionspolemik deutlich wurde.

auf den Bereich der Religion. Insofern kann der Denominationalismus
verstanden werden „as a form of the church adjusted to the realities
of American Society".[7] Deutlich anders stellten sich die Verhältnisse
in Deutschland dar. Hier bildeten die in jedem Territorium vorhandenen evangelischen Landeskirchen ein lückenloses Netz kirchlicher
Versorgung, wobei sie ein „historisches Recht" auf jeden in „ihrem"
Territorium geborenen Einwohner erhoben. Das freikirchlich-deno-
minationelle Selbstverständnis der ab 1849 in Deutschland wirkenden
Methodisten mußte notwendig mit diesem Territorialanspruch kollidieren. Gleichwohl übernahmen die deutschen Methodisten im Grundsatz das denominationelle Selbstverständnis ihrer amerikanischen
Glaubensgeschwister.

b) Die kirchliche Ordnung der Methodist Episcopal Church

Im folgenden soll die kirchliche Ordnung der MEC, wie sie sich im
Laufe des 19. Jh. ausprägte, skizziert werden, soweit dies für das
Verstehen und Einordnen des im deutschsprachigen Kirchenzweig ar-
tikulierten Selbstverständnisses notwendig ist.

Als die MEC 1784 infolge des amerikanischen Unabhängigkeits-
krieges entstand, nahm sie zwar die Gestalt einer eigenständig verfaßten Kirche an, legte damit aber nicht sofort ihr Selbstverständnis
als Gemeinschaft ab.[8] Die Bildung der *Kirche* ging der Ausprägung
eines kirchlichen *Bewußtseins* insbesondere unter den Gemeindeglie-
dern zeitlich voraus.[9] Der sich auch in der Kirchenordnung nieder-
schlagende Doppelcharakter der MEC als Kirche und Gemeinschaft
entwickelte sich erst im Verlauf des 19. Jh. mehr in Richtung Kirche.

Zunächst sei auf drei Grundpfeiler der methodistischen Kirchenstruktur verwiesen, die die MEC als Missions- und Gemeinschaftskirche charakterisieren. Der Kirchenordnung zufolge war der regel-
mäßige Besuch der *„Klasse"* Voraussetzung für die Aufnahme und
Bedingung für den Verbleib in der Kirche. Die Klassen bildeten die
auf Gemeinschaft, Seelsorge, Prüfung und Förderung der religiösen

---

7 R. Richey, „The Social Sources of Methodism", in: ders. (Hg.), Denominationalism,
   163–179 (das Zitat 167).
8 „But although it had all the prerequisites of a church, it looked like a church, and
   acted like a church, its soul was still Wesleyan in that it still thought of itself as a
   society", Richard Heitzenrater, Wesley and the People Called Methodists, Nashville
   1995, 292. Vgl. weiter Fredrick Maser, „The Movement that Launched the Church",
   Lectures on Several Occasions, Number 1, Dallas 1997, 5–23.
9 Zur Entstehung der Bischöflichen Methodistenkirche in Deutschland vgl. meinen
   Aufsatz „‚Gemeindegründung als Mittel zur persönlichen Seelenrettung' – oder: Mit
   welcher Absicht kamen die bischöflichen Methodisten nach Deutschland?", in: EmK
   Geschichte 23 (Oktober 2002) 5–22.

Erfahrung sowie Ausübung kirchlicher Disziplin ausgerichtete kleinste Struktureinheit der methodistischen Kirche. Die Aufnahme in die volle Gliedschaft der Kirche erfolgte stufenweise. Der frühen Kirchenordnung von 1784 zufolge erhielten Interessenten nach drei- bis viermaligem Besuch der Klasse[10] sogenannte „notes", womit sie als Probeglieder der Kirche galten. Nach mehrmonatigem Besuch der Klasse konnte die Aufnahme in die volle Verbindung mit der Kirche erfolgen.[11] Das Mitglied erhielt ein *class ticket*, das zur Teilnahme an der Klasse, am Liebesmahl und am Abendmahl berechtigte. Seit Mitte des 19. Jh. ging im englischsprachigen Methodismus der Besuch der Klasse stetig zurück. Die strengen Bestimmungen der Kirchenordnung wurden immer seltener konsequent angewendet. Zu beachten ist jedoch, daß diese Entwicklung im deutsch-amerikanischen Methodismus erst mit einiger zeitlicher Verzögerung einsetzte, im deutschen Methodismus zeigt sie sich erst zu Beginn des 20. Jh.

Einen zweiten Grundpfeiler bildete das *Reisepredigersystem*. Der Erfolg wie auch der Niedergang der Klassen standen in enger Beziehung zu diesem System. So begann der Werdegang eines Reisepredigers zumeist mit der Ernennung zum Klaßführer, dann zum Ermahner. Manchmal folgte dann die Berufung zum Prediger auf Probe und schließlich zum Reiseprediger in voller Verbindung mit der Kirche. Die Reiseprediger waren in Jährlichen Konferenzen organisiert und wurden vom Bischof anfänglich jährlich, später nach maximal drei Jahren versetzt. Die harten Anforderungen an den Dienst eines Reisepredigers ließen insbesondere in den Anfangsjahren oft eine Familiengründung nicht zu. Reiseprediger bereisten einen oft geographisch großen Bezirk, der mehrere Gemeinden umfaßte. Während der Prediger die Gemeinden nur in mehrwöchigen Abständen besuchen konnte, sorgten Laien für Verkündigung und Seelsorge, insbesondere für das Abhalten der Klassen. Mit dem Reisepredigersystem war also der Grund für ein starkes Laienengagement gelegt.[12] Auch in dieser Hinsicht zeichneten sich ab Mitte des 19. Jh. Veränderungen im englisch-

---

10 So die Regelung seit 1784. Nach 1836 genügte der „zwei- bis dreimale" Besuch; vgl. Robert Emory, History of the Discipline of the Methodist Episcopal Church, New York o. J., 212.

11 Die Probezeit betrug anfänglich zwei Monate. 1789 wurde sie auf sechs Monate verlängert. Allerdings war von einer „Zulassung zur Probegliedschaft" und einer „Aufnahme in die Kirche" ausdrücklich erst seit der Kirchenordnung von 1836 die Rede. Dort wurde auch die Taufe als explizite Bedingung für die Aufnahme in die Kirche genannt; vgl. ebd.

12 „The primary object of distributing the members of the Church into classes is to secure the sub-pastoral oversight made necessary by our itinerant economy", The Doctrines and Discipline of the Methodist Episcopal Church, Cincinnati/New York 1872, § 76.

sprachigen Kirchenzweig ab. Reiseprediger entschieden sich für die mit einer Familiengründung verbundene Seßhaftigkeit und wurden Lokalprediger, womit sie jedoch aus der Predigerkonferenz ausschieden. Insbesondere die Gemeinden der wachsenden Städte wünschten einen Prediger allein für ihre Gemeinde. Im selben Maß trat das Laienengagement zurück. Den deutschsprachigen Methodismus des 19. Jh. bestimmten auch diese Entwicklungen erst später und weniger stark, wenn sich entsprechende Anzeichen gerade im deutsch-amerikanischen Methodismus auch durchaus schon beobachten lassen.

Als dritter Grundpfeiler ist das konnexionale System des Methodismus zu nennen, also die Bildung von *Konferenzen*.[13] Die Reiseprediger waren für die vom Bischof festgesetzte Zeit einer Vierteljährlichen Konferenz zugeordnet, die eine oder mehrere Ortsgemeinden umfaßte und unter Vorsitz des Distriktsvorstehers vierteljährlich zusammentrat.[14] Mehrere Vierteljährliche bildeten eine Jährliche Konferenz, die u. a. über die Aufnahme, Ordination und Pensionierung der Prediger entschied. Das höchste kirchliche Entscheidungsgremium stellte die Generalkonferenz dar. Sie wählte die Bischöfe, mit denen gemeinsam sie die Kirche leitete. In den ersten Jahrzehnten des Bestehens der MEC nahmen alle Reiseprediger an der alle vier Jahre tagenden Generalkonferenz teil. Ab 1812 tagte sie als Delegiertenkonferenz. Das Konferenzsystem erwies sich in der Zeit des raschen zahlenmäßigen Wachstums der MEC in der ersten Hälfte des 19. Jh. als geeignetes Mittel, neue Gebiete für das Evangelium zu erschließen und Menschen für die Kirche zu gewinnen. Jedoch bildeten die Konferenzen zumindest ihrer ursprünglichen Idee nach nicht allein ein kirchliches Leitungsgremium, sondern auch ein Forum der geistlichen Prägung und des theologischen Austauschs. Ein demokratischer Anspruch wurde nicht erhoben. So waren noch im 19. Jh. weder die Lokalprediger noch Laien überhaupt zu den Jährlichen und zur Generalkonferenz zugelassen. Diese Konferenzen waren die Versammlung der damals ausschließlich männlichen Reiseprediger.

Die MEC war ferner als eine Kirche verfaßt, die gleichermaßen die persönliche Erfahrung wie das öffentliche Bekenntnis des Glaubens forderte. Dies zeigt sich exemplarisch in den Bestimmungen hinsichtlich der *Aufnahme in die Kirchengliedschaft*.[15] Die Aufnahme in die Probegliedschaft der Kirche setzte den Besuch der Klasse und einen dem

---

13 Vgl. Russell Richey, The Methodist Conference in America. A History, Nashville 1996.

14 Vgl. auch H. Burkhardt, Die Bedeutung der Vierteljahrs-Konferenz, Bremen 1898.

15 Vgl. Frederick A. Norwood, Church Membership in the Methodist Tradition, Nashville u. a. 1958, 50 ff.

Evangelium entsprechenden Lebenswandel voraus.[16] Beides galt aus Ausweis für das Verlangen, „dem zukünftigen Zorn zu entrinnen und von allen seinen Sünden erlöst zu werden". So hatte es Wesley in den „Allgemeinen Regeln" von 1743 formuliert. Die Bestimmungen der Allgemeinen Regeln galten – bezogen auf die Aufnahme als Probeglied – im 19. Jh. weiterhin. Die Probezeit stellte eine Zeit der gegenseitigen Prüfung von Probeglied und Kirche dar. Das Probeglied hatte sich mit Lehre und Ordnung der Methodistenkirche vertraut zu machen und diese gewissenhaft zu prüfen,[17] die Kirche ihrerseits prüfte den Lebenswandel des Probeglieds.[18] Probeglieder hatten Zugang zu allen kirchlichen Gnadenmitteln, besaßen jedoch bestimmte den Kirchengliedern vorbehaltene Rechte noch nicht. So könnte man die Probezeit als eine Form des „Katechumenats" auffassen.

Die Aufnahme in die volle Gliedschaft der Kirche vollzog sich durch das Bekenntnis des Glaubens vor der Gemeinde (bei Ungetauften verbunden mit der Taufe).[19] Dabei hatte sich der Bewerber für die Kirchengliedschaft durch das Beantworten einer Reihe von Fragen zum Inhalt des christlichen Glaubens gemäß den 25 Glaubensartikeln der Methodistenkirche, zur Ordnung des christlichen Lebens gemäß den Allgemeinen Regeln sowie zur kirchlichen Ordnung der MEC im Sinne der *Doctrines and Discipline* insgesamt zu bekennen.[20] Im Zuge

---

16 Jedoch ist verschiedentlich belegt, daß sich im Rahmen evangelistischer Veranstaltungen die Aufnahme in die Probegliedschaft durch Namensnennung und Handschlag mit dem Prediger vollzog; vgl. C. F. Wunderlich, Glaubenskampf, oder Freud' und Leid eines Missionars in Deutschland, Cincinnati u. a. 1882, 16; Julius A. Mulfinger, Georg Leonhard Mulfinger. Ein Lebensbild, Cincinnati/New York 1889, 26. Dem in der Praxis vereinfachten Schema entsprach jedoch eine relativ hohe Fluktuation an Probegliedern; vgl. J. Kirby/R. Richey/K. Rowe (Hg.), The Methodists, Westport/London 1996, 223.

17 „Er sollte vor Allem in der heiligen Schrift andächtig forschen und nach ihr die Lehren und Verfassungen der verschiedenen christlichen Benennungen prüfen, ihren praktischen Einfluß und das von ihnen bewirkte Gute betrachten und aus allem diesem seine Schlüsse ziehen", „Ueber das Abfallen vom Glauben", ChrAp 4 (1842) 23.

18 Nach Bischof Osmon Baker unternahmen es bereits die ersten Christen „[to] inquire into the lifes and carriages to descern their [the probationers'] seriousness in the profession of Christianity during their being catechumens", Guide-Book, 29.

19 Eine entsprechende ausdrückliche Bestimmung enthielt die Kirchenordnung seit 1840: „And shall on examination by the minister in charge, before the church, give satisfactory assurances both of the correctness of their faith, and their willingness to observe and keep the rules of the church", Robert Emory, History of the Discipline of the Methodist Episcopal Church, 212. Die Praxis selbst war freilich älter; vgl. F. Norwood, Church Membership in the Methodist Tradition, 35.

20 Bischof Osmon Baker nennt folgende bei der Aufnahme in volle Verbindung übliche Fragen: „Have you read our Articles of Religion, and do you cordially subscribe to them? Especially do you believe in the divinity of our Lord Jesus Christ, – that he has made an atonement for all mankind, and that men are justified by faith alone

einer liturgischen Revision im Jahr 1864 verabschiedete die Generalkonferenz einen einheitlichen und verbindlichen Fragenkatalog.[21] Die
Fragen bezogen sich sowohl auf die persönliche als auch auf die
inhaltliche Seite des Glaubens, berücksichtigten also die *fides qua*
ebenso wie die *fides quae creditur.*[22]

Die Voraussetzungen für die Aufnahme in die zunächst probeweise
und dann volle Gliedschaft der Kirche waren damit primär soteriologisch bestimmt. Alleinige Voraussetzung für die Aufnahme in das
Probeverhältnis war das Verlangen, „dem zukünftigen Zorn zu entrinnen und von allen seinen Sünden erlöst zu werden", anders gesagt,
die Erweckung. Die Bedingungen für die Aufnahme in die volle Verbindung der Kirche lagen deutlich höher. Verlangt wurde an diesem
Punkt erstens das Zeugnis eines geheiligten Lebenswandels, zweitens
das öffentliche Bekenntnis des persönlichen Glaubens und drittens die
Annahme der – gemäß den Lehren der Bibel – in den 25 Glaubensartikeln niedergelegten Heilswahrheiten. In soteriologischer Hinsicht
setzt die Aufnahme in die volle Gliedschaft strenggenommen die Bekehrung, nicht aber die Erfahrung der Wiedergeburt, voraus. Die
theologische Unterscheidung von Bekehrung und Wiedergeburt – erstere eine durch die vorlaufende Gnade ermöglichte Tat des Menschen, letztere das alleinige, und daher dem Menschen unverfügbare
Werk Gottes – darf jedoch nicht darüber hinwegtäuschen, daß die
Bekehrung, wenn sie denn in der Praxis überhaupt scharf von der

---

in him? and that it is the privilege and duty of all Christians to be made holy in
this life, and adorn the doctrine of God our Saviour in all things? Do you solemnly
purpose to consecrate yourself to the service of Almighty God, and obediently to
keep his holy will and commandments, and walk in the same all the days of your
life? Have you read the rules and Discipline of our Church, and will you endeavor
to observe and keep them? Do you cherish kind and fraternal feelings toward the
members of this Church, and do you feel that it would be a special blessing to you
to be associated with them in Christian fellowship and sacred covenant? Will you
receive kindly the councels, warnings, and reproofs of your brethren, and watch
mutually over them for their Christian improvement? Will you contribute of your
earthly substance, according to your ability, to the support of the gospel and the
various institutions of the Church?", Guide-Book, 27 f.

21 Vgl. den „Report Relating to a Revision of the Rituals of the Church", Journals of
the General Conference of the Methodist Episcopal Church. Volume III. 1848–1856,
291 f. sowie Nolan B. Harmon, The Rites and Ritual of Episcopal Methodism With
Particular Reference to the Rituals of the Methodist Episcopal Church and the
Methodist Episcopal Church, South, Respectively, Nashville u. a. 1926, 53 ff., 45.
Die bereits seit 1856 angedachten Änderungen waren Ausdruck eines wachsenden
liturgischen Bewußtseins in der MEC.

22 Die erste und zweite Frage lauteten: „Have you saving faith in the Lord Jesus
Christ?", „Do you believe in the doctrines of Holy Scripture, as set forth in the
Articles of religion of the Methodist Episcopal Church?", D. Sherman, History of
the Revisions of the Discipline of the Methodist Episcopal Church, 367.

Wiedergeburt unterschieden wurde, als ein ihrem Wesen nach transitives Geschehen verstanden wurde. Die Wiedergeburt des sich in Buße und Glauben zu Gott hinwendenden Menschen war zwar eine dem Menschen unverfügbare, aber von Gottes Wort verheißene Erfahrung. In jedem Fall war die MEC, was sie ihren von Wesley überarbeiteten Glaubensartikeln nach sein sollte: eine „congregation of *faithful* men, in which the pure word of God is preached, and the sacraments duly administered according to Christ's ordinance".[23]

Es bleibt in diesem Zusammenhang auf den in letzter Konsequenz ungeklärten ekklesiologischen Status des Probeglieds hinzuweisen. Denn mit einem von der Kirchenordnung her sich ergebenden Recht konnte sowohl behauptet werden, daß das Probeglied Glied der Kirche sei, als auch, daß das Probeglied gerade noch nicht Kirchenglied sei. Man wird sich hier weniger von einer allgemeinen Festlegung als von konkreten Bestimmungen leiten lassen müssen. So diente die Zuordnung der Probeglieder zur Kirche in erster Linie dazu, deutlich zu machen, daß die Heilssuchenden nicht länger dem „Fürsten dieser Welt", sondern dem „Herrn der Kirche" gehörten. Sie suchten ja gerade die Erfahrung seiner Gegenwart. Ähnlich den in die Kirche getauften Kindern standen die Probeglieder unter der Fürsorge der Kirche und dem Einfluß der von ihr verwalteten Gnadenmittel. Indem sie ihren Lebenswandel ordneten und die Gnadenmittel gebrauchten, bewiesen sie ihre Zugehörigkeit zur Kirche, deren Mitglied im Vollsinn sie gleichwohl noch nicht waren. Um diesen Status näher zu bestimmen, ist gelegentlich von der Kirche als einem Hospital[24] oder einer Schule[25] gesprochen worden. Kurz: Die Subsumierung der Probeglieder unter die Mitglieder der Kirche diente in erster Linie dazu, Gottes Anspruch auf diesen nach dem Heil suchenden Menschen auszudrücken. Die Unterscheidung von Probegliedern und Gliedern in voller Verbindung diente dagegen, nach innen hin, als ekklesiologisches Korrelat zur soteriologischen Unterscheidung von Erweckten auf der einen und Bekehrten bzw. Wiedergeborenen auf der anderen Seite. Nur letztere hatten die Verheißung des Evangeliums ergriffen, die Rechtfertigung durch Glauben erlangt und begonnen, in der Heiligung zu wachsen. Nach außen hin stellte die Unterscheidung von Probegliedern und Mitgliedern der Kirche eine Art Selbstschutz dar,

---

23 Art. XIII („Die Kirche"); zit. nach Catechism of the Methodist Episcopal Church, No 3, 40 f. (Hervorhebung von mir).

24 Bereits Coke und Asbury sprachen in dieser Weise von der MEC; vgl. E. Bucke, History of American Methodism, Bd. 1, 308 f.; vgl. weiter W. Ahrens, Taufe, 71.

25 „The Church is a *school*, designed to make men wise unto salvation, into which not only the wise and learned are admitted, but whose portals are freely open to those who feel the plague of their ignorance, and earnestly desire to gain true wisdom", M. Henkle, Primary Platform of Methodism. Exposition of the General Rules, 33.

insofern bei ethischen Verfehlungen von als Methodisten bekannten Probegliedern auf deren Nichtzugehörigkeit zur Kirche verwiesen werden konnte.

Schließlich ist auf den *konfessionellen* Charakter der MEC hinzuweisen. Albert Outler beschrieb den frühen amerikanischen Methodismus als „a distinctive mingling of primitivism and churchliness ... Methodism has been a sect that became a church without ceasing to be a sect, professing a biblical base".[26] Die von Outler bezeichnete Ambivalenz läßt sich bereits in Wesleys Vorgaben für die amerikanische Kirche erkennen. Denn Wesley hatte einerseits eigens für sie die anglikanischen Glaubensartikel überarbeitet, ihnen andererseits aber den Satz mit auf den Weg gegeben: „They are now at full liberty simply to follow the *Scriptures* and the *Primitive Church".*[27] Im Sinne eines apostolischen Primitivismus kam damit der Bibel die absolute Autorität für Leben und Lehre in der MEC zu. Zugleich jedoch standen – freilich in von der Bibel abgeleiteter Autorität – kirchlich approbierte Bekenntnisschriften („doctrinal standards") in Geltung.

Das gesamte 19. Jh. hindurch ist immer wieder versucht worden, diese Bestimmungen miteinander zu vermitteln. Dabei zeigt sich in der zweiten Hälfte des 19. Jh. im englischsprachigen Methodismus die allgemeine Tendenz zu einer stärkeren Betonung der Lehrstandards. Diese Entwicklung war einerseits Ausdruck des wachsenden kirchlichen Bewußtseins der bischöflichen Methodisten, stellte andererseits – verstärkt seit den 1870er Jahren – eine Reaktion auf die im englischsprachigen Kirchenzweig beginnende Kritik und Aushöhlung der dogmatischen und ethischen Normen der Kirche dar. Im folgenden müssen einige Hinweise genügen.

Zunächst zum *Status der 25 Glaubensartikel.* 1808 beschloß die Generalkonferenz insgesamt sechs Einschränkungsklauseln („Restrictive Rules"), deren erste der Generalkonferenz zukünftig untersagte, „[to] revoke, alter, or change our articles of religion".[28] Bis dahin hatte es gelegentlich leichte Veränderungen im Wortlaut gegeben, die jedoch den Inhalt nicht berührten.[29] Die Generalkonferenz von 1832 legte zudem fest, daß die nach einem bestimmten Modus mögliche Veränderung der erwähnten Einschränkungsklauseln keine Anwendung auf die erste, die Unveränderbarkeit der Glaubensartikel betreffende Re-

---

26 „„Biblical Primitivism' in Early American Methodism", in: Thomas C. Oden/Leicester R. Longden (Hg.), The Wesleyan Theological Heritage, Grand Rapids 1991,153.

27 The Letters of the Rev. John Wesley, hrsg. von John Telford, Bd. 7, London 1931, 239 (Hervorhebung von mir).

28 Journals of the General Conference of the Methodist Episcopal Church, Vol. I. 1796–1836, 89.

29 Vgl. R. Emory, History of the Discipline of the Methodist Episcopal Church, 109 f.

strictive Rule finden dürfe. Damit waren die Glaubensartikel in doppelter Weise vor Veränderung geschützt.[30] Im Vorgehen der Generalkonferenz drückt sich die fundamentale Bedeutung der Glaubensartikel aus. Worin aber bestand deren kirchliche *Funktion*?

In ihrer ursprünglichen, erstmals in der Kirchenordnung von 1788 fixierten Bedeutung kam den Glaubensartikeln disziplinarische Bedeutung im Hinblick auf Lehre und Verkündigung der methodistischen Prediger zu. Sie bildeten die Norm für Lehre und Verkündigung in der Kirche.[31] Entsprechend hieß es im Vorwort zur ersten Einzelausgabe der Articles of Religion: „These are the doctrines taught among the people called Methodists. Nor is there any doctrine whatever, generally received among that people, contrary to the articles now before you".[32] Folglich stellten die Glaubensartikel einen theologischen Minimalkonsens dar, der formal die Orthodoxie der jungen Kirche sichern sollte.[33] Dabei war nicht nur an die Rechtgläubigkeit der Prediger, sondern auch der Kirchenglieder gedacht.[34]

Vermutlich zu Beginn des 19. Jh. setzte sich ferner die Praxis durch, bei Aufnahme in die volle Gliedschaft der Kirche die Zustimmung zu den 25 Glaubensartikeln zu verlangen. Diese Forderung widersprach einer - innerkirchlich allerdings umstrittenen - Interpretation zufolge nicht der in den Allgemeinen Regeln niedergelegten „einzigen Bedingung" (s. o.), die, wie erwähnt, jetzt auf die Probegliedschaft bezogen wurde.[35] Jedenfalls konnte Bischof Baker in seinem 1855 erschienenen Handbuch zur Kirchenordnung die Praxis einer Zustimmung zu den

---

30 Vgl. Thomas Oden, Doctrinal Standards in the Wesleyan Tradition, Grand Rapids 1988, 59-61.

31 „What shall be done with those Ministers or Preachers, who hold and preach doctrines which are contrary to our Articles of Religion?", The Doctrines and Discipline of the Methodist Episcopal Church (1792).

32 Zit. nach The Book of Discipline (1992), 52.

33 Vgl. Richard P. Heitzenrater, „At Full Liberty. Doctrinal Standards in Early American Methodism", in: ders., Mirror and Memory. Reflections on Early Methodism, Nashville 1989, 195; T. Oden, Doctrinal Standards in the Wesleyan Tradition, 100.

34 Aus der bis 1888 der Kirchenordnung voranstehenden „Address to Readers" der Bischöfe Asbury und Coke ging hervor, daß die Kirchenordnung, die nun auch die 25 Glaubensartikel enthielt, sich an Prediger und Laien gleichermaßen richtete. In der Vorrede wurde betont, daß es für jedes Kirchenglied notwendig sei, über *keine* der von der Methodistenkirche vertretenen Lehren in Unkenntnis zu bleiben. Empfohlen wurde neben der - selbstverständlichen - Anschaffung der Bibel auch der Besitz eines eigenen Exemplars der Glaubensartikel und der „Canons" der Kirche [Kirchenordnung?]; vgl. The Doctrines and Discipline of the Methodist Episcopal Church (1798), IV.

35 Eine abweichende Position vertrat z. B. Abel Stevens, demzufolge „die Allgemeinen Regeln allein, ohne Bezug auf die Artikel, die alleinige Bedingung für die Aufnahme in die Kirche vorschreiben"; vgl. Das hundertjährige Jubiläum des Amerikanischen Methodismus, 97 ff.

25 Glaubensartikeln bei Aufnahme in die volle Kirchengliedschaft bereits voraussetzen.[36] 1864 wurde diese Konvention mit der Verabschiedung eines Rituals zur Gliederaufnahme in der Kirchenordnung fixiert.[37] 1924 wurde die entsprechende Bestimmung von der Generalkonferenz wieder aufgehoben.

Auch die *Allgemeinen Regeln* von 1743 blieben weiterhin in Geltung. Sie wurden seit 1789 in der Kirchenordnung abgedruckt. 1808 schützte die Generalkonferenz die Allgemeinen Regeln mit der vierten Restrictive Rule vor möglichen Veränderungen.[38] Die beiden ersten Bischöfe der MEC, Asbury und Coke, bezeichneten die Allgemeinen Regeln als „one of the completest systems of christian ethics or morals, for its size, which ever was published by an uninspired writer".[39] Als ethisches Leitmuster stellten die Allgemeinen Regeln das Verbindungsglied der Glaubenslehre zum Glaubensleben dar. Sie sollten einmal jährlich vor der gesamten Gemeinde und vierteljährlich in den Klassen gelesen werden. Dabei sollten die Mitglieder durch deren sachkundige Erklärung in den Stand versetzt werden, die sich aus der Verbindlichkeit der Allgemeinen Regeln ergebenden Pflichten verstehen zu können.[40]

Verstärkt nach 1870 wurde innerhalb der MEC diskutiert, ob nicht auch Wesleys *Lehrpredigten* und seine *Anmerkungen zum Neuen Testament* zu den Lehrstandards der Kirche gehörten. Man fürchtete den Verlust des wesleyanischen Profils, denn die Glaubensartikel faßten lediglich die von allen reformatorischen Kirchen geteilten Lehren zusammen.[41] Die Frage, ob nicht auch die genannten Schriften Wesleys von Anfang an schon zu den Lehrstandards des amerikanischen Methodismus gehört hätten, wurde innerhalb der MEC gegensätzlich beantwortet.[42] Auf Generalkonferenzebene setzten sich 1880 schließ-

---

36 Guide-Book, 27.

37 Wörtlich lautete die zu stellende Frage: „Do you believe in the doctrines of Holy Scripture, as set forth in the Articles of Religion of the Methodist Episcopal Church?", zit. nach D. Sherman, History of the Revisions of the Discipline of the Methodist Episcopal Church, 367.

38 Die „constitutional authority" der Allgemeinen Regeln wird aus einer Erklärung der Bischöfe vor der Generalkonferenz 1840 deutlich; vgl. The Journal of the General Conference of the Methodist Episcopal Church (1840), 154; vgl. weiter Robert E. Cushman, John Wesley's Experimental Divinity. Studies in Methodist Doctrinal Standards, Nashville 1989, 25.

39 The Doctrines and Discipline of the Methodist Episcopal Church (1798), 135.

40 Vgl. F. Norwood, Church Membership in the Methodist Tradition, 26.

41 Dahinter stand die Sorge, „a Methodist preacher may deny the doctrines of the direct and indirect testimony of the Holy Spirit to the believer's adoption into the family of God, and also the doctrine of entire sanctification, and yet not be guilty of heresy", Richard Wheatley, „Methodist Doctrinal Standards", MQR 65 (1883) 26–51 (das Zitat 33).

42 Vgl. Christoph Raedel, „Die Bischöfliche Methodistenkirche im 19. Jahrhundert als

lich die Befürworter eines – – i. E. implizit schon immer vorhanden gewesenen – konstitutionellen Status der *Lehrpredigten* und *Anmerkungen* Wesleys durch.[43] Zugleich blieb die konstitutionelle Autorität der 25 Glaubensartikel und der Allgemeinen Regeln – zumindest formal – unangefochten.

Leben und Lehre der Methodistenkirche waren also expliziten Normen verpflichtet.[44] Dabei lag der methodistische „Genius" Robert Cushman zufolge in der spezifischen Verknüpfung von „doctrines and discipline", also der Lehrgestalt und der Lebensordnung der Kirche: „discipline serves doctrine for its incarnation in personal experience; and conversely, doctrine supplies the rationale of discipline".[45] Anders gesagt: wo die Lehrstandards der Kirche im Kontext der methodistischen Gemeinschaft angenommen, wo sie im Vollzug eines dem Evangelium entsprechenden Lebenswandels und dem Gebrauch der kirchlichen Gnadenmittel „beherzigt" werden, dort realisiert sich der Glaube in der persönlichen Heilserfahrung des einzelnen, die ihrerseits in formalen Bekenntnistexten ihren transsubjektiven Ausdruck findet.

Der Charakter der MEC als Freiwilligkeitskirche stellte zudem sicher, daß sich aus der Bekenntnisbindung der Kirche kein Gewissenszwang ergab. Denn der Beitritt zur MEC geschah ohne Zwang und in Kenntnis ihrer Lehren und Gebräuche.[46] Umgekehrt jedoch erwuchs gerade aus der Verbindlichkeit einer spezifisch denominationellen Lehre und Ordnung die für den Fortbestand der Gemeinschaft notwendige Gruppenidentität. So leisteten die konstitutionell geschützten Bekenntnistexte ihren spezifischen Beitrag zur Ausprägung einer spezifisch methodistischen kirchlich-theologischen Identität.[47]

Die Ausprägung des speziell den deutschsprachigen Methodismus im 19. Jh. kennzeichnenden kirchlich-theologischen Selbstverständnisses vollzog sich im Kontext dieser gesamtkirchlichen Vorgaben und Tendenzen. Dem deutschsprachigen Kirchenzweig wenden wir uns jetzt wieder zu.

,Bekenntniskirche mit erfahrungstheologischer Grundstruktur'", Freikirchenforschung 10 (2000) 198 ff.

43 Bereits 1855 hatte sich Bischof Baker für diese Position eingesetzt. Baker hatte darauf hingewiesen, daß „many of the characteristic doctrines of our Church are not even referred to directly in those articles", und daher vorgeschlagen, Wesleys Sermons und Notes sowie Richard Watsons Theological Institutes zu den „established standards of doctrine" hinzuzuzählen; vgl. Guide-Book, 152.

44 „Die Glaubensartikel und die Allgemeinen Regeln sind Beide Theile des organischen oder constitutionellen Gesetzes des Amerikanischen Methodismus", W. Nast, Das hundertjährige Jubiläum des amerikanischen Methodismus, 97; vgl. The Centenary of American Methodism, 137 ff.

45 John Wesleys's Experimental Divinity, 155.

46 Vgl. F. Norwood, The Story of American Methodism, 126 f.

47 Vgl. R. Cushman, John Wesley's Experimental Divinity, 185 ff.

5.2. Der Methodismus als
apostolisch-reformatorische Erneuerungsbewegung

Stärker als der englischsprachige Zweig der MEC bewahrten die deutschsprachigen Methodisten das 19. Jh. hindurch den primitivistischen Grundzug der methodistischen Anfänge in ihrer ekklesiologischen Konzeption. Dabei meint Primitivismus das Anliegen, das Leben der Gemeinschaft bzw. Kirche nach Maßgabe des biblischen Zeugnisses von der Urgemeinde zu gestalten. Richard T. Hughes hat drei Formen des christlichen Primitivismus unterschieden: den „ekklesiologischen", den „ethischen" und den „experimentellen".[48] Nach Hughes orientiert sich der „ekklesiologische" Primitivismus primär an Form und Struktur der apostolischen Kirche, der „ethische" Primitivismus am Lebenswandel der ersten Christen und der „experimentelle" Primitivismus an den in den apostolischen Gemeinden ausgeübten Geistesgaben. Der deutschsprachige Methodismus des 19. Jh. zeigte die Kennzeichen sowohl des „ethischen" als auch des „ekklesiologischen" Primitivismus, wobei letzterer aufgrund des staatskirchlich geprägten Umfelds für den deutschen Methodismus besondere Bedeutung gewann. Obwohl die deutschsprachigen Methodisten die Geschichte des Christentums als eine mit der Erhebung zur Staatsreligion beginnende Verfallsgeschichte betrachteten, werteten sie die Reformation des 16. Jh. als Einschnitt in diese Verfallsgeschichte. Das Selbstverständnis des deutschsprachigen Methodismus ist folglich von zwei Motiven bestimmt: zum einen von dem einer Erneuerung des apostolischen Christentums und zum anderen von dem einer Fortsetzung der Reformation. Für Wilhelm Nast gehören beide Motive zusammen, wenn er sagt:

„Wir behaupten, daß die große religiöse Bewegung, welche Methodismus genannt wird, *sich erprobt hat als ein Werk Gottes, als eine Wiederbelebung der Lehre, der inneren Erfahrung und der Missionsthätigkeit des apostolischen Christenthums*, als eine wahre Kirchenverbesserung oder Reformation."[49]

Urgemeinde und Reformationszeit sind folglich die zwei geschichtlichen Referenzpunkte, von denen her das kirchliche Selbstverständnis seine spezifische Gestalt findet. Wenn Nast in sachlicher Hinsicht neben der Wiederbelebung der apostolischen Lehre und Erfahrung auch von der Wiederbelebung der apostolischen Missionstätigkeit spricht, dann nennt er mit letzterem einen Aspekt, der sich gleicher-

---

48 Vgl. Richard T. Hughes, „Christian Primitivism as Perfectionism. From Anabaptists to Pentecostals", in: Stanley Burgess (Hg.), Reaching Beyond. Chapters in the History of Perfectionism, Peabody 1986, 213–255; vgl. weiter Melvin E. Dieter, „Primitivism in the American Holiness tradition", WTJ 30 (Spring 1995) 78–91.
49 Der Hundertjährige Bestand des Amerikanischen Methodismus, 13.

maßen als Ermöglichungsgrund und Lebensäußerung des urchristlichen Glaubenslebens erweist. Denn zum einen setzt die Weckung des Glaubens das missionarische Zeugnis voraus, zum anderen setzt der Glaube das missionarische Zeugnis frei. Daß die Kirche ihrem Wesen nach Mission ist, gilt dem deutschsprachigen Methodismus des 19. Jh. als Grundaxiom, das sich in allen kirchlichen Lebensbereichen auswirkt. Die missionarische Dimension ist daher in allen nachfolgenden Einzelbestimmungen stets mitzudenken.

5.2.1. Der Methodismus als Erneuerung des apostolischen Christentums

Für die deutschsprachigen Methodisten bestand die providentielle Bestimmung des Methodismus nicht in erster Linie in der Erneuerung der kirchlichen Lehre, sondern des kirchlichen Lebens.[50] Nicht die Be*lehrung*, sondern die Be*lebung* der Christenheit sei das Ziel, wobei freilich beide Aspekte, wie auch obiges Zitat Nasts zeigt, nicht scharf voneinander getrennt wurden. William Schwarz konnte daher den Methodismus bezeichnen als das „neubelebte apostolische Christenthum, das Jahrhundert lang unter einer solchen Masse von Aeußerlichkeiten und abergläubigen Ceremonien ... begraben lag, daß der glimmende Docht desselben dem Erlöschen nahe war".[51] Kein anderer Ausspruch wird mit Blick auf das Wesen des Methodismus häufiger zitiert als der des schottischen Freikirchlers Thomas Chalmers (1780-1847), Methodismus sei „Christentum im Ernst", und damit eigentlich nichts anderes als „die alte Religion der Bibel".[52] Von daher ließ sich zugespitzt sagen, daß der Methodismus zurückreicht „bis zu den Tagen der Apostel. Das erste Pfingstfest der christlichen Kirche war auch die Geburtsstunde des Methodismus".[53] Biblisches Christentum und Methodismus sind damit in letzter Konsequenz als Synonyme

---

50 Vgl. C. H. Priebe, „In welchen Lehrpunkten unterscheidet sich die Methodistenkirche von anderen Kirchen?", ChrAp 52 (1890) 402; L. S. Jacoby, Handbuch des Methodismus, Bremen 1853, 199; [ders.], „Der Zweck des Methodismus", Evst 12 (1861) 3061; Eine kurze Vertheidigung der Methodistenkirche gegen verschiedene ungerechte Beschuldigungen, 10-14; Fr. Kopp, „Der alte Methodismus; und sind wir Deutsche in Gefahr, wesentlich von demselben abzuweichen?", ChrAp 33 (1871) 235; R. Havighorst, „Worin unterscheidet sich die Lehre der Meth. Kirche von der anderer evangelischer Kirchen", ChrAp 37 (1875) 409; E. C. Ernst, „Luther und Wesley, oder Der Methodismus als Theil der Gesamtreformation", HaHe 11 (1883) 64-67; C. Schell, „Der Methodismus in Deutschland", ChrAp 56 (1894) 50.
51 Vortrag über den Methodismus, 14; vgl. F. Kopp, „Der alte Methodismus; und sind wir Deutsche in Gefahr, wesentlich von demselben abzuweichen?", ChrAp 33 (1871) 235; „Besitzt die Methodistenkirche alle Eigenschaften der wahren Kirche Christi?", in: W. Nast (Hg.), Was ist und will der Methodismus?, 2 ff. (dieses Traktats).
52 Zitiert bei W. Schwarz, Vortrag über den Methodismus, 7.
53 „Eine heilige allgemeine christliche Kirche", Evst 40 (1889) 32.

verstanden. William Warren entwickelte die so behauptete sachliche Kongruenz in soteriologischer Hinsicht, wenn er sagte: Der „eigentliche, einzige Zweck des Methodismus ist gerade der des Christenthums überhaupt, nämlich Sünder heilig zu machen".[54] Folglich ist ein Methodist nichts anderes als ein nach biblischem Maßstab lebender Christ.[55] In diesem Sinne hatte bereits Wesley in seiner Schrift *The Character of a Methodist* die methodistische Identität festgestellt. Er hatte die – idealtypischen – Kennzeichen eines geheiligten Lebens herausgearbeitet und dann mit Blick auf die Bibel festgestellt, daß die genannten Kennzeichen eines Methodisten „doch nur die allgemeinen Grundwahrheiten des Christentums" sind.[56] Hier geht es also um den Aufweis einer ethischen Kontinuität zur apostolischen Kirche.

Der Aufweis einer *geschichtlichen* Kontinuität mit der apostolischen Kirche war vom primitivistischen Ansatz dieser These her dagegen gerade nicht notwendig. Denn die wahre Kirche war durch Sünde und Abfall hindurch von Gott bewahrt worden und über die Jahrhunderte zumeist äußerlich verborgen. Mit dem Methodismus jedoch kommt es der skizzierten Anschauung nach zur Erneuerung des apostolischen Christentums in Struktur, Lehre und Leben. Dabei verschmelzen die Motive des „ethischen" und „ekklesiologischen" Primitivismus miteinander. Erneuerung der apostolischen Kirche ist der Methodismus durch die Pflege christlicher Gemeinschaft und das von den Gliedern geführte dem Evangelium entsprechende Leben. Bevor diese Bestimmungen näher entfaltet werden, zunächst ein Blick auf das zweite Motiv, das der Fortsetzung der Reformation.

---

54 William F. Warren, Der Methodismus, kein Rath oder Werk aus den Menschen, 4.
55 Vgl. auch das folgende Gedicht August Buchers:
    Was ist ein Methodist?
       Ich meine einen echten,
       Schweigt still mir von den schlechten.
    Das ist ein solcher Christ,
       Der seines Herrn Gebote
       Befolgt nach der Methode:
       „An jedem Ort,
       Mit jedem Wort,
       Zu jeder Zeit,
       Mit Freudigkeit
       Will ich erfüllen
       Des Herren Willen."
    Ei, dann ist ja ein jeder Christ
    Ein Methodist –
       Ja wohl, bis auf den Namen,
       Und das ist nur – der Rahmen!
  „Was ist ein Methodist?", Evst 37 (1886) 53.
56 Die Kennzeichen eines Methodisten, bearbeitet und mit einem Vorwort versehen von Manfred Marquardt, Stuttgart 1981, 13.

5.2.2. Der Methodismus als Fortsetzung der Reformation

Wie schon im älteren Pietismus[57] ergab sich für die deutschsprachigen Methodisten des 19. Jh. eine ambivalente Bewertung der Reformation.[58] Der positive Ertrag der Reformation lag nach J. C. Lyon in der Konzentration der Reformatoren auf die Bibel. So sei deren Autorität als alleinige Urteilsinstanz in Glaubens- und Sittenfragen wieder zur Geltung gebracht worden. Lyon verwies weiter auf die Neuentdeckung der biblischen Lehre von der Rechtfertigung durch das Blut Jesu Christi und schließlich auf die Übersetzung der Bibel in die Volkssprache sowie die daraus folgende Befreiung des christlichen Gewissens aus der „Sklaverei der herrschsüchtigen Priesterschaft".[59] G. Hempel hob es als ein Verdienst Luthers hervor, „dem geistlichen Gesang die ihm gebührende Stelle" eingeräumt zu haben.[60] Für die deutschsprachigen Methodisten stellte sich die Reformation des 16. Jh. insgesamt als eine Reinigung der Kirche von den sichtbarsten *äußeren* Mängeln dar.[61] Damit ist bereits angedeutet, wo die von der Reformation des 16. Jh. nicht behobenen Mängel gesehen wurden.

So wurde eingeschätzt, daß die Reformation zwar die biblische Lehre wieder zur Geltung gebracht, aber keine durchgreifende Erneuerung des geistlichen Lebens in der Kirche erreicht habe. Der vornehmliche Grund dafür wurde in der Inkonsequenz v. a. Luthers gesehen, keinen radikalen Bruch mit bestimmten römischen Gebräuchen vollzogen[62] und die Kirche nicht aus der Vorherrschaft des Staates befreit zu haben. Als ein weiteres Problem wird die rasche scholastische Verkrustung der reformatorischen Lehre genannt, die auch in den Kirchen der Reformation schon bald zu einem Mangel an wahrer Herzensfrömmigkeit geführt habe.[63]

---

57 Vgl. Martin Brecht, „Die Berufung von Pietismus und Erweckungsbewegung auf die Reformation", Freikirchenforschung 6 (1996) 1–9.

58 Die Beurteilung der Reformation dürfte neben älteren Traditionen unmittelbar v. a. von der Reformationsgeschichte des Schweizer Kirchengeschichtlers Jean Henri Merle D'Aubigne beeinflußt gewesen sein. Sie stand von 1856 bis 1872 auf dem Studienkurs der Generalkonferenz, länger noch auf dem Studienkurs der Missionskonferenz Deutschland/Schweiz. Außerdem druckte Nast wiederholt Textauszüge im Christlichen Apologeten nach.

59 „Was wir der Reformation des 16ten Jahrhunderts zu verdanken haben?", ChrAp 12 (1850) 8.

60 G. Hempel, „Was hat Luther für Deutschland gethan?", Evst 34 (1883) 357 f.

61 E. C. Ernst, „Luther und Wesley, oder Der Methodismus als Theil der Gesamtreformation", HaHe 11 (1883) 64 f.

62 W. Nast verweist konkret auf die von Luther vertretene Lehre von der Taufwiedergeburt; vgl. Der Hundertjährige Bestand des Amerikanischen Methodismus, 14.

63 Vgl. „Der Erfolg des Methodismus", ChrAp 23 (1861) 54; Dr. Tesst, „Wie verhält sich der Methodismus zum einfachen, apostolischen Christenthum?", ChrAp 23 (1861) 42. 46 f. 50.

Eine Fortführung der Reformation bzw. eine zweite Reformation sei daher unbedingt notwendig. Der Methodismus wird als das von Gott bestimmte Werkzeug dieser zweiten Reformation bezeichnet.[64] Dabei werden immer wieder Luther und Wesley auch als Personen miteinander verglichen. Nach E. C. F. Ernst war Luther der „eisenfeste kampfesmuthige Glaubenskriegsmann, welcher das in feindliche Hände gerathene Erbglaubensland zurückeroberte",[65] Wesley dagegen der „ebenfalls großgeistige, aber sanftmüthige, demüthige, friedfertige Glaubensadministrator, welcher in feinfühliger Johanniseigenschaft die dem Volke wohl übergebene, aber unerklärte alte Glaubenstradition unter die Beleuchtung göttlicher Deutung brachte, und so das Volk recht eigentlich Besitz ergreifen ließ von dem eroberten Land".[66] Wesley habe die Kirche über deren äußere Reinigung von den Mißständen der römischen Tradition hinaus zur inneren Reinigung von der Verweltlichung geführt. Der inneren Reinigung der Kirche entspricht danach die vorzugsweise Predigt der auf die innere Erfahrung zielenden biblischen Heilslehren, also Buße, Glaube, Wiedergeburt, Heiligung. Die zweite Reformation, so heißt es, gehe nicht vom Kopf, sondern vom Herzen aus. Nach Auffassung der deutschsprachigen Methodisten lag der Fehler der Reformatoren des 16. Jh. in ihrem Insistieren auf eine engverstandene Rechtgläubigkeit, also in der Bindung an ein detailliertes Bekenntnis. Damit habe auch die Rechtfertigungslehre immer in der Gefahr gestanden, vom Herz in den Kopf verlagert zu werden. Die „(alt)lutherischen Sekten" der Gegenwart seien Beispiele eines solchen Kopfglaubens.

---

64 Vgl. „Martin Luther und John Wesley. Eine kirchengeschichtliche Parallele von einem früheren, mit dem Methodismus erst vor Kurzem bekannt gewordenen evangelisch-lutherischen Theologen", ChrAp 40 (1878) 353. 361. 369; J. C. Lyon, „Was wir der Reformation des 16ten Jahrhunderts zu verdanken haben?" [variierende Überschriften], ChrAp 12 (1850) 8. 9. 13. 17. 21. 25. 29. 33. 37; F. Kopp, „Der alte Methodismus; und sind wir Deutsche in Gefahr, wesentlich von demselben abzuweichen?", ChrAp 33 (1871) 251; E. C. Ernst, „Luther und Wesley, oder Der Methodismus als Theil der Gesamtreformation", HaHe 11 (1883) 64–67; J. J. Beck, „Der Methodismus und die Reformation des 16. Jahrhunderts", ChrAp 50 (1888) 756 f. 770 f.; R. Plüddemann, „Die Weitherzigkeit des Methodismus", ChrAp 57 (1897) 786 f.

65 W. Nast charakterisiert Luther mit folgenden Worten: „Luther war ein Mann Gottes und vom Herrn berufen, ein großes Werk auszuführen. Er hatte eine große Festigkeit des Charakters, ohne welche das ihm aufgetragene Werk nicht hätte ausgeführt werden können, aber er war nicht unfehlbar und seine Festigkeit artete oft in Hartnäckigkeit und Eigensinn aus, und leider ist dieser Charakterzug nur zu Vielen von denen, welche sich nach seinem Namen nennen, tief eingeprägt", „Die Liebe ist des Gesetzes Erfüllung", ChrAp 14 (1852) 130.

66 „Luther und Wesley, oder Der Methodismus als Theil der Gesamtreformation", HaHe 11 (1883) 66. Nach R. Plüddemann war Wesleys Aufgabe „in der Hauptsache ein Aufbauen, Luthers hingegen ein Niederreißen", „Die Weitherzigkeit des Methodismus", ChrAp 59 (1897) 786.

Für die deutschsprachigen Methodisten war damit jedoch nicht gesagt, daß die Reformation des 16. Jh. versagt habe. Vielmehr habe sie das unter den konkreten geschichtlichen Bedingungen Mögliche weitgehend erreicht. Sie habe sich erwiesen als „genau das von Gottes Weisheit als jener Zeit erträglich erdachte Theil, das mit dem darauf folgenden ein Ganzes zu bilden hatte".[67] Damit ist allerdings auch gesagt, daß die Reformation des 16. Jh. nur ein Teil des von Gott geplanten größeren Erneuerungswerkes gewesen sei, eines Erneuerungswerkes, das den Methodismus einschließt. In diesem Zusammenhang wird dann auch betont, daß schon Luther selbst eine Fortführung seines Werkes für notwendig gehalten habe.[68]

Mit diesen Überzeugungen brachten sich die deutschsprachigen Methodisten in den Vereinigten Staaten und in Deutschland in Widerspruch zu zwei respektiven Ausprägungen des Luthertums. In den Vereinigten Staaten entwickelten sich Auseinandersetzungen v. a. mit den eingewanderten streng konfessionell-lutherischen Gruppen. Aus methodistischer Perspektive stellte ihre als übertrieben und einseitig empfundene Bekenntnisfixierung eine Verzerrung des apostolischen Gemeindelebens dar. Im Zentrum kirchlichen Lebens sollte vielmehr die christliche Heilserfahrung und – als deren Konsequenz – ein dem Evangelium entsprechender Lebenswandel stehen. Die – bis ca. 1870 noch eher zurückhaltende – Kritik der Methodisten in Deutschland galt dagegen den von Staats wegen privilegierten evangelischen Staats- oder, wie sie auch genannt wurden, Landeskirchen. Für die deutschsprachigen Methodisten stellte die nicht vollzogene Trennung von Kirche und Staat das grundsätzliche Defizit der Reformation dar. Demgegenüber wurde geltend gemacht, daß die Freiheit von staatlicher Bindung Voraussetzung für die Entfaltung des für die apostolische Kirche kennzeichnenden geistlichen Lebens sei.

Die Motive der Erneuerung des apostolischen Christentums und der Fortsetzung der Reformation stehen damit sachlich in engem Zusammenhang. Gemeinsam bilden sie den Schlüssel zu den nachfolgenden näheren ekklesiologischen Bestimmungen. Dabei ist auf die erfahrungstheologische, die ethische, die konfessionelle und die ökumenische Dimension im Selbstverständnis des deutschsprachigen Methodismus einzugehen.

---

67 E. C. Ernst, „Luther und Wesley, oder Der Methodismus als Theil der Gesamtreformation", HaHe 11 (1883) 65.
68 J. C. Lyon, „Worin hat die Reformation des 16ten Jahrhunderts die Kirche nicht verbessert?", ChrAp 12 (1850) 9.

5.3. Frei(willigkeits)kirche – die erfahrungstheologische Grundstruktur der Bischöflichen Methodistenkirche

Der Begriff „Freikirche" bzw. „Freiwilligkeitskirche" kann geschichtlich nur als Gegenbegriff zum Verständnis älterer etablierter bzw. staatlich privilegierter Kirchenformen verstanden werden. Seine Verwendung hat daher implizit apologetischen Charakter, wobei die deutschsprachigen Methodisten des 19. Jh. Wert darauf legten, den Begriff über seine kritischen Implikate hinaus mit positivem ekklesiologischen Gehalt zu füllen.

Der Begriff „Freikirche" verweist für die deutschsprachigen Methodisten auf ein zweifaches. Er meint erstens die Freiheit von staatlicher Bindung, womit die wesentliche Unterscheidung von der „Staatskirche" gegeben ist, und zweitens die sich aus dieser Freiheit ergebende Freiwilligkeit der Mitgliedschaft. Denn diese konstituiert sich nicht durch das Faktum der Geburt in einem bestimmten Territorium bzw. durch den sakramentalen Vollzug der Kindertaufe, sondern durch die geistlich gewachsene Bereitschaft, sich der Methodistenkirche anzuschließen. Historisch betrachtet arbeiteten die deutschsprachigen Methodisten in den Vereinigten Staaten einerseits und in Deutschland sowie der Schweiz andererseits unter gänzlich verschiedenen religionspolitischen Bedingungen. Im Vergleich weist ihre Kritik des Staatskirchensystems und die Verteidigung einer freikirchlich-denominationellen Kirchenverfassung jedoch keine sachlichen Unterschiede auf. Es scheint lediglich, daß sich mit der teilweisen Durchsetzung der Religionsfreiheit nach 1870 der Ton der Staatskirchenkritik auf seiten der Methodisten in Deutschland verschärfte.[69] Dabei zeigt sich eine offenkundig apologetisch motivierte Generalisierung in der Beschreibung landeskirchlicher Zustände, durch die der äußere Kontrast zum Charakter der Methodistenkirche verschärft wird.

---

69 So stand für J.J. Meßmer fest, daß die „Landeskirchen ... keine *Gemeinschaft der Gläubigen* [sind]; sie mögen zwar im Reiche Gottes auch ihren Zweck und ihre Aufgabe gehabt haben, *aber eine eigentliche Kirche Christi nach des Herrn und der Apostel Lehre sind sie nicht*"; Die Methodisten in Deutschland und der Schweiz, 56. Und J. Zipperer bezeichnet die Landeskirche als ein „Nationalinstitut", das lediglich „Elemente einer Kirche" an sich habe; „Wie unterscheidet sich die Bischöfliche Methodistenkirche von der evangelischen Landeskirche Deutschlands in Bezug auf Lehre, Predigtweise und Kirchenzucht?", WäSt 8 (1878) 15. Vgl. weiter Ernst Gebhardt, Ein Wort zur Aufklärung auf die Flugschrift der Zwickauer luth. Pastoren von einem Methodisten, 7.

5.3.1. Die Freiheit der Kirche vom Staat

In seiner grundsätzlichen Kritik des Staatskirchensystems nennt Carl Friedrich Paulus vier Gründe für seine ablehnende Haltung.[70] *Erstens* verweist er auf die fehlende Legitimation der staatskirchlichen Idee durch das Neue Testament und das Zeugnis der alten Kirche. Die Kirche des Neuen Testaments sei eine von staatlicher Bindung freie Kirche gewesen.[71] *Zweitens* macht er die sich aus der Staatsbindung ergebenden Säkularisierungseffekte für die Kirche geltend. Da die Aufnahme in die Staatskirche durch Taufe, Religionsunterricht und Konfirmation zustandekomme, sei die große Mehrheit der Glieder der Staatskirche ohne persönliche Heilserfahrung.[72] Dies hat grundlegende Konsequenzen für das Verständnis vom Wesen der Kirche. Ihrer Grundstruktur nach, so auch Wilhelm Nast, sei die Staatskirche Betreuungskirche für ihre als gläubig betrachteten Glieder, während die Methodistenkirche ihrer Grundstruktur nach eine Missionskirche sei.[73] Der Gegensatz beider Kirchenformen zeige sich an dem von den Staatskirchen behaupteten, ihr von den Freikirchen aber grundsätzlich bestrittenen historischen oder „ABSOLUTE[N] RECHT *auf alle noch nominell ihr Angehörenden*".[74] Es könne nicht darum gehen, „für gewisse Herden festgesetzte Hirten zu schaffen", sondern darum, alle Menschen mit dem Evangelium bekannt zu machen.[75] Die Kritik man-

---

70 Vgl. C. F. Paulus, Heilsleben, 352 ff.

71 Vgl. weiter Christian Schwarz, „Die Vorzüge der Freikirche der Staatskirche gegenüber", Evst 32 (1881) 222.

72 Vgl. weiter J. C. Lyon, „Worin hat die Reformation des 16. Jahrhunderts die Kirche nicht verbessert?", ChrAp 12 (1850) 13.

73 [W. Nast], „Warum sitzt ein noch so großer Theil des Menschengeschlechts in der Finsterniß des Heidenthums und Papstthums?", ChrAp 4 (1842) 107; [ders.], „Die Methodistenkirche – die Kirche der Zukunft", ChrAp 19 (1857) 77. Nast konnte gelegentlich einräumen, daß auch die staatskirchlich verfaßten Kirchen in der Geschichte Positives bewirkt hätten. Die Methodistenkirche wolle mit ihren eigenen Aktivitäten ihre Schwesterkirchen zu größerer Wirksamkeit aufstacheln. Nast kann hier sogar anerkennen, daß „die große Verschiedenheit kirchlicher Verfassungen der Wille Gottes ist". Später hebt er jedoch hervor, daß eine Kirche ihres Missionscharakters nicht grundsätzlich entbehren dürfe; vgl. „Der Missionscharakter der Kirche Christi", ChrAp 12 (1850) 139.

74 W. Nast, „Zur methodistischen Frage in Deutschland", ChrAp 44 (1882) 244 (Hervorhebungen wie im Original); vgl. weiter H. Lüring, „Kirche und Sekte, im Licht der heiligen Schrift betrachtet", WäSt 13 (1883) 36. Die „Namenschristen" wurden offenbar in der Praxis oft als besonders missionsresistent erlebt. So heißt es bei J. C. Lyon: „Es kostet in der That mehr Mühe, solchen Menschen ihre falsche Religion wegzupredigen, als einem rohen Heiden das wahre Christenthum begreiflich zu machen", „Worin hat die Reformation des 16. Jahrhunderts die Kirche nicht verbessert?", ChrAp 12 (1850) 13.

75 „Der Missionscharakter der Kirche Christi", ChrAp 12 (1850) 139. Nast weist auch auf den für die Mission förderlichen Charakter der Konkurrenz unter den christli-

gelnder Heilserfahrung gilt nach Paulus *drittens* in besonderem Maße der evangelischen Pfarrerschaft.[76] Anders als beim methodistischen Procedere der Predigerzulassung sei die Prüfung der Heilserfahrung kein Gegenstand des staatskirchlichen Examens. Resultat sei, daß „viele weltlich gesinnte oder gar ungläubige Männer in das geistliche Amt eintreten".[77] Daher ist es nach Paulus unbedingt notwendig, daß der Pfarrer der Gemeinde, und nicht dem Staat gegenüber verantwortlich ist. *Schließlich* fehlt der Staatskirche aus seiner Sicht die „Möglichkeit einer freien Entwicklung nach innen und außen".[78] Aufgrund ihrer staatlichen Einbindung könne sie nicht bedingungslos der Leitung des Heiligen Geistes folgen.

Nach Überzeugung des deutschsprachigen Methodismus ist die „Mißheirath" (C. F. Paulus) von Kirche und Staat die Wurzel nahezu aller kirchlichen Mißstände. Dabei wird die Einstellung der in den Vereinigten Staaten wirkenden deutsch-lutherischen Kirchen, alle ihr nominell angehörenden Glieder als „Gläubige" anzusehen, als Relikt staatskirchlichen Denkens gewertet. Zwar existierten diese Kirchen unter den amerikanischen Bedingungen der Religionsfreiheit faktisch als staatsfreie Kirchen, nach methodistischer Einschätzung setzten die Lutheraner jedoch vom Standpunkt der Taufwiedergeburtslehre her voraus, daß jeder Getaufte auch „gläubig" sei. Die Folge sei ein Mangel an Kirchenzucht,[79] die ihrerseits ein Kennzeichen sowohl der apostolischen als auch jeder Freikirche sei. Die bereits dargestellte Kritik der lutherischen Taufwiedergeburtslehre im deutschsprachigen Methodismus beruhte daher nicht allein auf sakramentologischen, sondern auch auf ekklesiologischen Erwägungen.

Schließlich ist auf zwei Implikationen dieser Staatskirchenkritik zu verweisen. Die Grundsätzlichkeit der hier dargestellten Kritik schloß *erstens* die Einsicht nicht aus, daß auch in den Staats- und Konfes-

---

chen Denominationen hin. So habe sich das „englische Sprichwort ‚Competition is the life of business' ... auch auf christlichem Boden als wahr erwiesen", „Der amerikanische Methodismus und seine Wirksamkeit", ChrAp 19 (1857) 210; vgl. weiter [ders.], „Die Methodistenkirche – die Kirche der Zukunft", ChrAp 19 (1857) 73.

76 Vgl. weiter „Die Ursachen des Erfolgs des Methodismus", ChrAp 23 (1861) 82 f. 98 f. .

77 C. F. Paulus, Heilsleben, 353; vgl. J. C. Lyon, „Worin hat die Reformation des 16. Jahrhunderts die Kirche nicht verbessert?", ChrAp 12 (1850) 29.

78 C. F. Paulus, ebd.

79 Vgl. A. Sulzberger, Glaubenslehre, 730 f.; J. Zipperer, „Wie unterscheidet sich die Bischöfliche Methodistenkirche von der evangelischen Landeskirche Deutschlands in Bezug auf Lehre, Predigtweise und Kirchenzucht?", WäSt 8 (1878) 14 f.; C. Weiß, Zur Abwehr, 5 ff.; C. Schwarz, „Die Vorzüge der Freikirche der Staatskirche gegenüber", Evst 32 (1881) 223.

sionskirchen geistliches Leben zu finden sei.[80] Vielmehr suchte man v. a. im Rahmen der Evangelischen Allianz, aber auch bei anderen transdenominationellen Unternehmungen, die Verbindung zu den „gläubigen Kräften" in den anderen Kirchen. *Zweitens* ist nicht zu übersehen, daß konkret der deutsch-amerikanische Methodismus zwar jede konstitutionelle Verbindung von Kirche und Staat ablehnte, eine „geistige" Verbindung beider dagegen sogar ausdrücklich befürwortete. Die Kirche sollte so einerseits vor staatlicher Bevormundung geschützt werden, andererseits aber die Möglichkeit erhalten, in alle Schichten des Volkes hineinzuwirken.[81] Die Vorstellung einer „geistigen" Verbindung von Kirche und Staat konnte sogar auf den Gedanken einer eschatologischen Verschmelzung von Kirche und Gesellschaft hinauslaufen. Hinter solchen Überlegungen stand die Überzeugung von einer besonderen heilsgeschichtlichen Erwählung der amerikanischen Nation sowie die postmillenniaristische Vision von einem innergeschichtlichen Sieg des Evangeliums. Allerdings lief die Idee vom „protestantisch-christlichen" Charakter der amerikanischen Nation letztlich wieder auf die Ausgrenzung oder gar Unterdrückung bestimmter religiöser Gruppen hinaus. So wurde auch im deutschamerikanischen Methodismus die theologische Auseinandersetzung insbesondere mit Katholiken und Mormonen wiederholt mit politischen Forderungen verbunden, während man gleichzeitig volle religiöse Freiheit für die Methodisten in Deutschland forderte.[82]

In der Kritik des Staatskirchensystems bietet der exegetische Rückgriff auf das neutestamentliche Gemeindeverständnis also lediglich die Vorlage für eine kritische Bestandsaufnahme des empirischen Zustandes der Landeskirchen vom erfahrungstheologischen Standpunkt aus. Die Bindung an staatliche Institutionen wird als Einschränkung für das freie Wirken des göttlichen Geistes verstanden – zumindest sofern diese Bindung vom Staat ausgeht. Die Freiheit der Kirche meint in erster Linie die Freiheit zur missionarischen Tätigkeit unter all jenen Menschen, deren Leben nicht von den sichtbaren Konsequenzen einer Glaubenserfahrung bestimmt ist, denen deshalb zu einer solchen Erfahrung verholfen werden soll.

---

80 Vgl. C. Döring, „Prüfet alles", ChrAp 4 (1842) 181.
81 Vgl. G. E. Hiller, „Die Aufgabe der Kirche im Staat", ChrAp 41 (1879) 89. 114. 121.
82 Allerdings hielt W. Nast grundsätzlich daran fest, daß Sekten „im bösen Sinne des Wortes" zwar „verabscheut und vermieden, jedoch nicht gehaßt und verfolgt werden" sollten; „Ein ernsthaftes Wort über den Sekten-Geist und Sekten-Wesen", ChrAp 12 (1850) 129; vgl. [L. S. Jacoby], „Toleranz", Evst 1 (1850) 49 f.

5.3.2. Die Freiwilligkeit der Mitgliedschaft

Ein zweiter Aspekt des Begriffs „Freikirche" ist die Freiwilligkeit der Mitgliedschaft, wie sie sich einerseits aus der Trennung vom Staat und andererseits aus der Unterscheidung von Kindertaufe und Aufnahme in die volle Gliedschaft der Kirche ergab. Hinsichtlich der Aufnahme in die Kirche folgte der deutschsprachige Kirchenzweig den verbindlichen Vorgaben der Generalkonferenz.[83] Einige Hinweise auf die Reflexion dieses Aufnahmeprozesses können daher an dieser Stelle genügen.

Nach Sulzberger folgt die Methodistenkirche dem Vorbild der apostolischen Kirche, wenn sie „die persönliche Glaubensüberzeugung und freie Glaubenswahl als Grundbedingung für ihre Mitgliedschaft" aufstellt.[84] Der Entschluß zur Aufnahme setzt für ihn voraus, „daß ein Jeder die kirchliche Lehrnorm, sowie das gepredigte Wort nach dem Worte Gottes prüfe und sich dann *der* Kirche anschließe, welche nach seiner Glaubensüberzeugung die reine Lehre und die Ordnung hat, die er für sein Heil für die zuträglichste hält".[85] Vor dem Hintergrund der Wahlfreiheit stellt die bei Aufnahme in die volle Gliedschaft der Kirche verlangte Zustimmung zu den kirchlichen Glaubenslehren keine Beeinträchtigung der Gewissensfreiheit dar. Schon mit Blick auf die Probeglieder der Methodistenkirche gilt daher:

„Wir besitzen in allen Grenzen unseres Zions nicht *ein* gesetzlich gezwungenes Glied. ... Nach gestellter Einladung kamen Alle von selbst zum Altar heran und gaben ihre Namen und bezeugten zugleich ihre willige Unterwerfung unter die vorgelegten Regeln der Kirche."[86]

Obwohl die Methodistenkirche mit der verlangten Zustimmung zu den Glaubensartikeln dafür sorgt, daß ihre kirchliche „Lehre rein erhalten bleibe",[87] unterscheidet sie sich von den Konfessionskirchen gerade dadurch, daß die Zustimmung zu den Lehren der Kir-

---

83 So gilt in der Methodistenkirche Meßmer zufolge, daß alle, die „von ihrem Sündenschlafe aufgeweckt werden und anfangen, den Herrn ernstlich zu suchen, und darum auch weiteren geistlichen Rath verlangen, ... auf ihren ausdrücklichen freien Wunsch auf Probe in die Gemeinschaft aufgenommen [werden]. ... findet sich nach halbjährlicher Probezeit die gegenseitige Zufriedenheit und Uebereinstimmung, dann werden sie, nachdem sie ihre Uebereinstimmung mit unseren Glaubensartikeln und ihre Willigkeit, sich den Einrichtungen der Gemeinschaft zu unterwerfen, ausdrücklich vor derselben bezeugt haben, in die volle Verbindung derselben aufgenommen", J. J. Meßmer, Die Methodisten in Deutschland und der Schweiz, 31.

84 „Die Aufgabe des Methodismus in unserer Zeit", WäSt 4 (1874) 70.

85 Glaubenslehre, 730; vgl. weiter [W. Nast], „Ueber das Abfallen vom Glauben", ChrAp 4 (1842) 23.

86 E. Diem, „Welche religiösen Freiheiten besitzen wir und warum ist es wünschenswerth, daß unsere Glieder dieselben benützen?", WäSt 3 (1873) 78.

87 „Die Aufgabe des Methodismus in unserer Zeit", WäSt 4 (1874) 70.

che allein noch nicht als zureichende Voraussetzung für die Aufnahme betrachtet wird. Gefordert ist darüber hinaus ein dem Evangelium entsprechender Lebenswandel, der seinerseits als Ausweis der
fortschreitenden Heilserfahrung gewertet wird.[88] Die Methodisten
begnügten sich, so Nast, „nicht mit einer bloßen Rechtgläubigkeit
des Verstandes, sondern bauen die Gemeinschaft der Glaubigen
[sic!] auf ein aus *Herzenserfahrung* entsprungenes Bekenntnis des
Glaubens und behaupten, daß wir darin das *erste* und *Hauptmerkmal*
der wahren Kirche Christi besitzen".[89] Das ultimative Kriterium für
die Aufnahme in die und den Verbleib in der Kirche ist folglich
soteriologisch-erfahrungstheologischer Natur.[90]

Der Freiwilligkeitscharakter der Methodistenkirche erscheint vordergründig v. a. als Ausweis einer voluntaristischen Grundhaltung,
die die persönliche Entscheidung des Menschen betont. Allerdings
macht die Forderung nach einer bewußten Glaubenserfahrung deutlich, daß diese Entscheidung als Konsequenz des von Gott gewirkten
Heilshandelns zu verstehen ist. Das Postulat der Freiwilligkeit bezieht sich weniger auf die Frage, ob der persönlichen Glaubenserfahrung der Anschluß an eine Kirche folgen müsse, sondern vielmehr
auf die Frage, *welcher* Kirche man sich anschließen solle. Die Freiwilligkeit der Mitgliedschaft ist also in erster Linie Korrelat der sich
unter den Bedingungen des Denominationalismus ergebenden kirchlichen Pluralität. Hier war die Gewissensentscheidung des einzelnen
gefragt, der nicht durch staatlichen bzw. staatskirchlichen Zwang
vorgegriffen werden sollte.

---

88 W. Schwarz, Vortrag über den Methodismus, 10.
89 [W. Nast], „Besitzt die Methodistenkirche alle Eigenschaften der wahren Kirche
   Christi?", in: W. Nast (Hg.), Was ist und will der Methodismus?, 5 (dieses Traktats).
90 „Der persönliche Glaube an Christum, als unsern Versöhner und Seligmacher, und
   die christliche Taufe bilden für jeden Erwachsenen die allgemeinen Grundbedingun-
   gen zur Aufnahme in die Kirche; doch steht den einzelnen Kirchen das Recht zu,
   noch andere Bedingungen zur Aufnahme in dieselbe und zum Verbleiben in ihr
   hinzuzufügen ... So stellt die Methodistenkirche an diejenigen, welche in ihre Gemeinschaft aufgenommen zu werden wünschen, nur die eine Bedingung: ein Verlangen zu haben ...", A. Sulzberger, Erklärung der Glaubensartikel, 111 f. Die Formulierung Sulzbergers läßt freilich an Klarheit zu wünschen übrig. Denn die „einzige" Bedingung der Allgemeinen Regeln kann logisch keine „andere" neben weiteren
   Bedingungen sein. Die Unklarheit entsteht, weil Sulzberger nicht deutlich zwischen
   Probegliedschaft und voller Gliedschaft unterscheidet.

5.4. Gemeinschaftskirche – die ethische Grundstruktur der Bischöflichen Methodistenkirche

5.4.1. Die Liebe als positives Strukturelement christlicher Gemeinschaft

Aus den bereits entfalteten soteriologischen Grundüberzeugungen des deutschsprachigen Methodismus ergibt sich die These, daß eine wirklich vom Geist Gottes geschenkte Glaubenserfahrung nicht ohne erkennbare Konsequenzen im Leben eines Menschen bleiben kann. Wie schon in der Auseinandersetzung mit dem Katholizismus erkennbar geworden, kann die wahre Kirche Christi nicht verborgen bleiben. Die Wirkung der Gnade Gottes ist vielmehr ein sichtbar an Christus orientiertes Leben der Nachfolge und Heiligung. Diese Lebensführung kennzeichnet nach methodistischer Überzeugung auch das Leben der christlichen Gemeinde. Wenn in diesem Zusammenhang Artikel XIII der 25 methodistischen Glaubensartikel zitiert wurde, in der die sichtbare Kirche bezeichnet ist als eine „Gemeinschaft von Gläubigen, in welcher das reine Wort Gottes gepredigt wird, und die Sakramente nach Christi Anordnung gehörig verwaltet werden",[91] dann lag die Betonung hier ganz auf dem Begriff der Gemeinschaft. So verwies A. Sulzberger in seiner Auslegung dieses Artikels auf die Vorrangstellung der „Gemeinschaft" und betonte, daß „nicht die äußeren Formen, sondern vor Allem der heilige Geist es ist, welcher die Kirche zur Kirche macht".[92] In ähnlicher Weise erklärte Wilhelm Nast das „geistliche Leben" zu einem unverzichtbaren Kennzeichen einer wahren Kirche Christi.[93] Dabei unterschied er als Elemente dieses geistlichen Lebens die *Frucht* des Geistes, die vom Gläubigen Besitz ergreifende *Kraft* des Geistes, die *Gaben* des Geistes und als ein besonderes Kennzeichen geistlichen Lebens die *Liebe*, die „zum Wesen der Kirche gehört und am meisten ihr Gedeihen befördert".[94]

Die Ekklesiologie des deutschsprachigen Methodismus ist damit zentral vom Gedanken der unter der Einwirkung des Heiligen Geistes stehenden „Gemeinschaft der Gläubigen" her bestimmt. Man kann daher von der „Gemeinschaft der Gläubigen" als einer dritten *nota ekklesiae* neben Wortverkündigung und Sakramentsverwaltung sprechen, wobei dem Gemeinschaftsaspekt vorrangige Bedeutung zukommt. Sichtbarer Ausdruck gelebter christlicher Gemeinschaft ist Wilhelm Nast zufolge die Liebe, genauer noch: die „Bruderliebe".

---

91 Ebd., 65.
92 Ebd., 66.
93 Vgl. „Besitzt die Methodistenkirche alle Eigenschaften der wahren Kirche Christi?", in: W. Nast (Hg.), Was ist und will der Methodismus?, 11–21 (dieses Traktats).
94 Ebd., 16 (dieses Traktats).

Nach Nasts Beurteilung entspricht die ethische Grundstruktur der Methodistenkirche diesem Grundprinzip der Liebe. So bestehe das methodistische Gemeinschaftsleben „in einem beständigen Austausch christlicher Erfahrungen und Gefühle, gegenseitiger Belehrung und Ermahnung; Mitgefühl in Prüfungen, Leiden und Versuchungen; gegenseitiges Gebet für des Andern Wohlfahrt; gegenseitiges Bekenntniß unserer Fehler; kurz – Hülfe und Beistand im Zeitlichen sowohl als Geistlichen".[95] Die Gemeinde, v. a. die Klasse, ist hier als das kleinste ethische Bewährungsfeld verstanden. Dabei ist ein wechselseitiges Beziehungsverhältnis zwischen geistlicher Erfahrung und gelebter Liebe vorausgesetzt. So erwächst die Liebe zum anderen aus der persönlichen Heilserfahrung. Ein sichtbar von der Liebe bestimmtes Leben wiederum fördert und stärkt die innere geistliche Erfahrung.

Für die deutschsprachigen Methodisten zeigt sich am Vorhandensein eines von der Liebe bestimmten Gemeinschaftslebens die Übereinstimmung des Methodismus mit dem Leben der apostolischen Kirche.[96]. Zugleich ist mit dem Grundprinzip der Liebe die Verbindung von der Ekklesiologie zur Soteriologie gegeben. Denn die Liebe beschreibt im Kontext der Soteriologie das Wesen der Heiligung. Umgekehrt ergibt sich aus dem Begriff der Heiligung für die Ekklesiologie die Vorstellung von der Reinheit der Kirche. Von dieser Vorstellung her ergibt sich auch für die deutschsprachigen Methodisten die Forderung nach praktizierter Kirchenzucht.

5.4.2. Die Kirchenzucht als negatives Strukturelement christlicher Gemeinschaft

Für die deutschsprachigen Methodisten verhalten sich geschwisterliche Liebe und Kirchenzucht zueinander wie die positive und negative Seite des Gemeinschaftsbegriffs. Beide beschreiben danach wesentliche Aspekte des schon die apostolischen Gemeinden kennzeichnenden Lebens und dessen ethische Grundstruktur.[97]

---

95 Ebd., 3 f. (dieses Traktats).
96 Vgl. Dr. Tesst, „Wie verhält sich der Methodismus zum einfachen, apostolischen Christenthum?", ChrAp 23 (1861) 38. 42. 46 f. 50; A. Sulzberger, „Die Aufgabe des Methodismus in unserer Zeit", WäSt 4 (1874) 65–72; L. Peter, Antwort auf den „Nothschrei der Hochspeyerer Conferenz gegen den Methodismus", 5 (Peter zitiert aus Burkhardts Vollständiger Geschichte der Methodisten in England, Nürnberg 1791); A. Sulzberger, Der Methodismus und die christliche Kirche des ersten Jahrhunderts, Zürich o. J. [1901]
97 „Die Methodistenkirche verlangt aber von ihren Gliedern, was auch die Welt von wahren Christen erwartet, daß sie ihren Glauben durch einen frommen Wandel bezeugen; sie hält den apostolischen Grundsatz: ‚wer da unordentlich wandelt, thut

Dem Verständnis von der ethischen Grundstruktur der Kirche korreliert die Auffassung von der Heiligkeit der Kirche. Wie Nast in seiner Auseinandersetzung mit der römisch-katholischen Kirche deutlich gemacht hatte, erweist sich die Heiligkeit der christlichen Kirche an der Heiligkeit der ihr angehörenden Christen. Die Kennzeichen christlicher Heiligkeit hatte er als „Frömmigkeit" und „Menschenliebe" bezeichnet. Damit war nichts anderes gemeint als die Erfüllung des biblischen Doppelgebots der Liebe.[98] Allerdings ist für Nast mit dem Gebot der Liebe zwar das höchste, aber keinesfalls alles gesagt. Für ihn zeigt sich die Erfüllung des biblischen Liebesgebots in der Beachtung des „moralischen Gesetzes" der Bibel. Exemplarisch verweist Nast auf die Heiligung des Sonntags, den Besuch des öffentlichen Gottesdienstes und den Gebrauch der von Gott verordneten Gnadenmittel.[99] Die Nichtbeachtung des göttlichen Gesetzes zieht ihrerseits die Anwendung der Kirchenzucht nach sich.

Die Kirchenzucht definiert Nast als Teil der alle Bereiche des kirchlichen Lebens umgreifenden Bemühungen, die „Reinheit der Kirche durch den christlichen Charakter der einzelnen Glieder zu erhalten".[100] Die Reinheit der Kirche werde in erster Linie dadurch gesichert, daß die Glieder der Kirche zum Wachsen in der Heiligung ermahnt und befähigt würden. Als die diesem Zweck dienenden Mittel nennt William Schwarz „das Wort der evangelischen Predigt, Ermahnung, Gebet, Anhalten zu Benutzung der Gnadenmittel".[101] Auch hier ist die Klassenstruktur der Methodistenkirche von grundlegender Bedeutung. Durch Prüfung und Rechenschaft, durch Ermutigung und Ermahnung wird in ihr das Leben in der Heiligung gefördert.[102] Angesichts der zentralen ethischen Bedeutung der Klassen im Kontext

---

von euch hinaus'", A. Sulzberger, „Die Aufgabe des Methodismus in unserer Zeit", WäSt 4 (1874) 71.

98 Vgl. [W. Nast], „Die Merkmale der wahren Kirche Christi; oder Methodismus und römischer Katholizismus darnach geprüft", ChrAp 1 (1839) 169 f.

99 F. Kopp verweist in diesem Zusammenhang auf Gottesfurcht, Sittenstrenge, Selbst- und Weltverleugnung, Kirchenzucht, Gebrauch der Gnadenmittel, Bruderliebe, Sparsamkeit und Sonntagsheiligung; „Der alte Methodismus; und sind wir Deutsche in Gefahr, wesentlich von demselben abzuweichen?", ChrAp 33 (1871) 235. 242. 250 f.

100 Vgl. [W. Nast], „Besitzt die Methodistenkirche alle Eigenschaften der wahren Kirche Christi?", in: W. Nast (Hg.), Was ist und will der Methodismus?, 23 (dieses Traktats).

101 W. Schwarz, Vortrag über den Methodismus, 29; vgl. W. Warren, Der Methodismus, kein Rath oder Werk aus den Menschen, 13.

102 Nach W. Warren wiederholt sich in der methodistischen Seelsorge „das liebliche Bild der apostolischen Gemeinde"; Der Methodismus, kein Rath oder Werk aus den Menschen, 12–16; vgl. weiter A. Sulzberger, Der Methodismus und die christliche Kirche des ersten Jahrhunderts, 47 f.

des methodistischen Gemeindelebens kann man auch von der „Klassenzucht" als der ersten Stufe der Kirchenzucht sprechen.

Die Notwendigkeit der Kirchenzucht ist ein logisches Resultat des den deutschsprachigen Methodismus bestimmenden individuell-ethischen Verständnisses von der Heiligkeit der Kirche.[103] Die Kirche, so Nast in seinem *Größeren Katechismus*, ist heilig, „weil Gott Heiligkeit fordert von den Seinen".[104] Nast nennt drei Zielsetzungen der Kirchenzucht. Danach besteht der Zweck der Kirchenzucht erstens darin, „eine geistliche Gemeinde auf einen – aus innerer Erfahrung geschöpften und praktisch bewiesenen – Glauben an das Evangelium zu bauen und zu erhalten".[105] Als zweite Zielsetzung nennt er die Sicherstellung der „Predigt des reinen Evangeliums" und eines „dazu tüchtigen Predigerstand[es]". Die Reinheit der Lehre und die Reinheit des Lebens stehen für Nast in einem unauflöslichen wechselseitigen Zusammenhang, wenn er formuliert: „Die heiligen Lehren des Evangeliums können nicht unbefleckt durch unreine Hände gehen".[106] Als dritten Zweck der Kirchenzucht nennt Nast, „die Grenzen der Kirche Christi auszudehnen". Hinter dieser sprachlich etwas unklaren Formulierung steht die Überzeugung, daß der vorbildliche Lebenswandel der Kirchenglieder, der das verbale Christusbekenntnis einschließt, sich als Zeugnis der Liebe Gottes und damit als Einladung zur Christus-Nachfolge erweist. Auf diese Weise gewinnt die Kirche Christi Raum unter den Menschen. Von den Staatskirchen unterscheidet sich die methodistische Handhabung der Kirchenzucht Nast zufolge durch den Verzicht auf die Anwendung staatlicher Zwangsmaßnahmen.[107]

---

103 Vgl. J. C. Lyon, „Eine Beleuchtung der Augsburgischen Confession", ChrAp 10 (1848) 37; W. Ahrens, „Die Methodistenkirche", ChrAp 14 (1852) 85. 89 f. 93 f. 97. 101; F. Kopp, „Der alte Methodismus; und sind wir Deutsche in Gefahr, wesentlich von demselben abzuweichen?", ChrAp 33 (1871) 242; J. Zipperer, „Wie unterscheidet sich die Bischöfliche Methodistenkirche von der evangelischen Landeskirche Deutschlands in Bezug auf Lehre, Predigtweise und Kirchenzucht?", WäSt 8 (1878) 15; C. Schwarz, „Die Vorzüge der Freikirche der Staatskirche gegenüber", Evst 32 (1881) 221–223; H. Grentzenberg, „Die Ursachen oberflächlicher Bekehrungen", WzH 17 (1896) 235–237; C. H. Priebe, „Was sind die Landmarken der Väter, zu denen wir als Kirche zurückkehren sollten?", ChrAp 59 (1897) 242. A. Sulzberger gibt ferner zu bedenken: „Wie kein Haus, kein Verein, kein Staat auf die Dauer bestehen kann, wo keine Disciplin herrscht, so auch die Kirche nicht, welcher solche evangelische Zucht und Ordnung fehlt", Glaubenslehre, 730.
104 Der Größere Katechismus, 70.
105 „Besitzt die Methodistenkirche alle Eigenschaften der wahren Kirche Christi?", in: W. Nast (Hg.), Was ist und will der Methodismus?, 23 (dieses Traktats).
106 Ebd., 24 (dieses Traktats).
107 Vgl. C. Schwarz, „Die Vorzüge der Freikirche der Staatskirche gegenüber", Evst 32 (1881) 223; A. Sulzberger, Glaubenslehre, 731.

Die „apostolische Kirchenzucht"[108] habe keine anderen als geistliche Mittel. Dabei steht für Nast das seelsorgerliche Anliegen der Kirchenzucht im Vordergrund.[109]

Der positiven, auf die Stärkung und Heiligung der Glieder gerichteten Intention der Kirchenzucht steht nach Nast der Ausschluß vorsätzlicher und unbußfertiger Sünder nicht entgegen. Die Heiligkeit der Kirche wird nicht allein durch Förderung der Heiligung, sondern – wenn notwendig – auch durch die Absonderung vom Unheiligen gewahrt. Dem Neuen Testament entnimmt Nast, daß aus der Gemeinschaft der Kirche diejenigen ausgeschlossen werden sollen, „welche Fundamentalirrthümer festhalten oder ein unheiliges Leben führen, aber freilich mit der Möglichkeit der Rückkehr in ihren Schoß bei Widerruf, bei wahrer Buße und Besserung".[110] In seinem Synoptiker-Kommentar bestreitet er, daß sich mit dem Gleichnis vom Unkraut unter dem Weizen (Mt 13,24–30) der Verzicht auf Kirchenzucht begründen läßt.[111] Wenn Jesus seinen Jüngern das Ausreißen des Unkrauts vor dem von Gott bestimmten Zeitpunkt verboten habe, dann sei damit die *physische* Vernichtung der Übeltäter gemeint, nicht aber ihr *Ausschluß* aus der Gemeinde. Der Verzicht auf eine konsequente Anwendung der Kirchenzucht insbesondere in den Landeskirchen Deutschlands, fernerhin aber in allen Kirchen, die sich mit bloßer Rechtgläubigkeit begnügten, widerspricht nach Nast dem vom Neuen Testament gezeichneten Bild der apostolischen Kirche und den Anweisungen Jesu.

---

108 So [W. Nast], „Besitzt die Methodistenkirche alle Kennzeichen der wahren Kirche Christi?", in: W. Nast (Hg.), Was ist und will der Methodismus?, 21 (dieses Traktats).

109 „Während unsere Kirchenzucht mit der größten Zärtlichkeit und unermüdlichsten Aufmerksamkeit Diejenigen behandelt, welche schwach im Glauben sind, und alle möglichen Mittel gebraucht, sie zu stärken, zu ermuntern und weiter zu bringen, läßt sie kalte Gleichgültigkeit nicht ungerügt und bestraft offenbare Heuchelei und Immoralität, nach vorangegangener Warnung, mit Ausschließung des Gliedes von der Gemeinschaft", „Besitzt die Methodistenkirche alle Eigenschaften der wahren Kirche Christi?", in: W. Nast (Hg.), Was ist und will der Methodismus?, 23 (dieses Traktats).

110 W. Nast, Commentar, Bd. 1, 311.

111 So auch C. Döring, „,Prüfet alles'. Die Lehren der Methodistenkirche", ChrAp 4 (1842) 181; J. C. Lyon, „Eine Beleuchtung der Augsburgischen Confession. Der achte Artikel (Von den Heuchlern und Maulchristen)", ChrAp 10 (1848) 49; A. Sulzberger, Glaubenslehre, 734 f.; C. Weiß, Zur Abwehr, 5 f.; J. J. Meßmer, Die Methodisten in Deutschland und der Schweiz, 32 ff.

5.4.3. Die Reinheit der Kirche

Die deutschsprachigen Methodisten des 19. Jh. waren davon überzeugt, daß zwischen wiedergeborenen Christen auf der einen und Nichtchristen auf der anderen Seite eine empirisch aufweisbare Differenz in Gesinnung und Lebenswandel besteht. Kirche und Welt verstanden sie als zwei grundsätzlich zu unterscheidende, mehr noch: als zwei einander ausschließende Größen. Mit dieser These widersprachen sie der in *Confessio Augustana* Artikel VIII ausgesprochenen Auffassung, daß es in der sichtbaren Kirche neben den wahrhaft Gläubigen immer auch „viele falsche Christen, Heuchler und auch offenkundige Sünder" gebe. Von diesem polemischen Kontext abgesehen, gründete ihre Überzeugung von der Reinheit der Kirche im eigenen Verständnis der Heiligungslehre des Neuen Testaments und den in Entsprechung dazu entwickelten ekklesiologischen Bestimmungen.

Für die nähere Bestimmung des Begriffs von der Reinheit der Kirche, wie sie sich im Verständnis der deutschsprachigen Methodisten darstellte, muß daher auf die Heiligungslehre zurückgegriffen werden. Dabei ist insbesondere der fortschreitende Charakter der mit der Wiedergeburt beginnenden Heiligung von Bedeutung. So darf nach Wilhelm Ahrens die Vorstellung von der Heiligkeit der Methodistenkirche nicht so verstanden werden, „daß die Glieder der Meth. Kirche können oder sollen zu einer und derselben Zeit gleich heilig, flecken- und tadellos, und gleich weit in der Religion und Gottseligkeit seyn, denn nach Gottes Ordnung giebt es in seiner Kirche Heilige, die noch immer Jünglinge und Kinder in Christo sind."[112] Auch Nast erinnert mit Blick auf die der Kirche anhaftenden „Mängel und Gebrechen" daran, daß viele Glieder (noch) nicht die vollkommene Heiligung erlangt hätten.[113] Spricht man von der Reinheit der Kirche, ist folglich in Betracht zu ziehen, daß die Glieder der Kirche unterschiedliche Stufen des Heilsweges bzw. unterschiedliche Grade der christlichen Reife erreicht haben.

Die Reinheit der sichtbaren Kirche ist bereits damit als eine relative, dem unterschiedlichen Wachstum ihrer Glieder entsprechende Reinheit bestimmt. Daß in innergeschichtlicher Perspektive aus dieser relativen keine absolute bzw. vollkommene Reinheit der Kirche wird, ergibt sich nun gerade aus dem Missionscharakter der Kirche. Denn während der einzelne Christ infolge seines Lebens in der Heiligung tatsächlich zum „vollendeten Mann, zum vollen Maß der Fülle Christi" (Eph 4,13)

---

112 W. Ahrens, „Die Methodistenkirche", ChrAp 14 (1852) 97. Ahrens verweist außerdem darauf, daß man Probeglieder nicht mit den Mitgliedern in voller Verbindung gleichsetzen könne; vgl. weiter G. Simons, Lebens-Compaß für Alt und Jung, 92.
113 „Der amerikanische Methodismus und seine Wirksamkeit", ChrAp 19 (1857) 210.

heranwachsen kann, nimmt die missionierende Kirche stetig neue „Kinder in Christus" in sich auf, die mit Rechtfertigung und Wiedergeburt zwar von der Schuld und der Macht, nicht jedoch vom Wesen bzw. der Befleckung der Sünde befreit sind. Als „Braut Christi" ist die Kirche daher nie eine Gemeinde der vollkommen Geheiligten.[114]

Ein weiterer Hinderungsgrund im Hinblick auf das Ziel einer vollkommen reinen Gemeinde ist das verborgene Wesen der Heuchelei. Gegenstand der Kirchenzucht können immer nur „offenbare" Sünden sein, wogegen sich die hinter der Heuchelei verbergende Gesinnung dem Zugriff der kirchlichen Disziplin entzieht. Keine Gemeinde, und sei ihre Kirchenzucht noch so streng, ist daher gegen das Eindringen geheuchelter Christlichkeit gefeit. Für Wilhelm Nast ist in diesem Zusammenhang nicht allein an Menschen zu denken, die sich, ohne je die Kraft Gottes erfahren zu haben, aus unterschiedlichen Motiven in die Methodistenkirche aufnehmen lassen, sondern auch an solche Christen, deren anfängliches inneres Erfahrungsleben erloschen ist und die nur noch ein kraftloses äußeres Christentum praktizieren.[115] Denn was daraus folge, sei „Unaufrichtigkeit", die gerade ihrer Verborgenheit wegen in geistlicher Hinsicht gefährlich sei.[116]

Von diesen Voraussetzungen her gestehen die deutschsprachigen Methodisten durchaus zu, „daß auch die reinste Lehre und die beste Kirchenzucht keine ungemischt reine, heilige Gliedschaft zu schaffen im Stande ist".[117] Jedoch lehnen sie es ab, daraus den Schluß zu ziehen, eine Unterscheidung von Kirche und Welt sei prinzipiell nicht möglich.[118] Die Unmöglichkeit, das Ideal einer vollkommen reinen Gemeinde auf Erden verwirklichen zu können, enthebt Carl Weiß zufolge keines-

---

114 In seinem Katechismus verweist Nast zudem auf die noch ausstehende Vollendung der Kirche: „Sind die Eigenschaften der Kirche auf Erden bereits verwirklicht? – Nein; die Kirche hat ihre Bestimmung und dereinstige Vollendung noch nicht erreicht", W. Nast, Der Größere Katechismus, 70 (Frage 227).

115 „Guter Rath für Glieder der bischöfl. Methodistenkirche", in: W. Nast (Hg.), Was ist und will der Methodismus?, 6 (dieses Traktats).

116 „Manche mögen eine geraume Zeit, nachdem sie in ihrem Herzen vom Herrn abgewichen sind, vor der Gemeine noch den Schein der Gottseligkeit tragen. Da sie die Sprache Canaans gut verstehen, so mögen sie dieselbe noch lange gebrauchen, ohne Etwas von den Früchten des guten Landes zu schmecken. Selbstliebe, und ein an sich nicht unrechtes Verlangen, die gute Meinung unserer Nebenmenschen zu haben, mag uns veranlassen, kalte, allgemeine und unbestimmte Bekenntnisse abzulegen, welche Andern eine gute Weile verdecken mögen, was unser eigenes Gewissen und Gott nur zu gut wissen. Dieß ist die gefährlichste Art des Rückfalls, weil sie am wenigsten beachtet wird", ebd.

117 „Der amerikanische Methodismus und seine Wirksamkeit", ChrAp 19 (1857) 210; vgl. weiter C. Döring, „Prüfet alles", ChrAp 4 (1842) 181; C. Weiß, Zur Abwehr, 3.

118 Dagegen hebt er ausdrücklich die Notwendigkeit kirchlicher Selbstkritik hervor; vgl. „Welt und Kirche", ChrAp 28 (1866) 140.

falls der Verpflichtung, diesem Ideal „so nahe wie möglich zu kommen".[119] Freikirche und Landeskirche vergleichend bemerkt Weiß, es sei ein Unterschied, „ob unter zwölf Jüngern *ein* Judas, ob unter etlichen Hunderten *ein* Demas oder Alexander sich befindet, oder ob unter hundert Kirchengliedern kaum ein Gläubiger zu finden ist".[120]

Damit kommt der Kirche nach Auffassung der deutschsprachigen Methodisten zwar keine absolute, aber immerhin eine am Begriff der persönlichen Heiligung orientierte relative Reinheit bzw. Heiligkeit zu. Dieses Verständnis entspricht i. E. auch dem vom Neuen Testament gezeichneten Bild der apostolischen Kirche. So habe Paulus die Korinther als die in „Jesus Christus Geheiligten" (1Kor 1,2) bezeichnet und zugleich zahlreiche vorhandene Mißstände in der korinthischen Gemeinde kritisiert. Heiligkeit meine daher vom Neuen Testament her einerseits keine absolute Makellosigkeit, andererseits aber eine unzweifelhaft von der nichtchristlichen Welt unterscheidbare Reinheit im Lebenswandel.

5.4.4. Das Verhältnis von sichtbarer und unsichtbarer Kirche

Vom erfahrungstheologisch-ethischen Ansatz der Ekklesiologie her konnte die Unterscheidung von sichtbarer und unsichtbarer Kirche für den deutschsprachigen Methodismus zunächst keine Bedeutung gewinnen.[121] Die Ordnung der Methodistenkirche wurde als Garant dafür genommen, daß die Glieder der sichtbaren, in diesem Fall der Methodistenkirche, auch Glieder der unsichtbaren Kirche sind. Gerade im Begriff der „unsichtbaren" Kirche der Wiedergeborenen sah man zudem den Keim einer antinomistischen Tendenz angelegt. Allerdings erhält die genannte Unterscheidung dann doch eine zumindest funktionale Bedeutung in zweierlei Hinsicht.

Die Unterscheidung von sichtbarer und unsichtbarer Kirche fand *erstens* mit Blick auf andere, v. a. auf die nicht als Freiwilligkeitskirchen verfaßten Kirchen Anwendung. An ihnen wurde einerseits kritisiert, daß viele ihrer Glieder getaufte Ungläubige seien, andererseits aber zugestanden, daß es auch in diesen Kirchen wahrhaft wiedergeborene Christen gebe. Mit Blick auf andere Kirchen diente die Unterschei-

---

119 C. Weiß, Zur Abwehr, 3.
120 Ebd., 7; vgl. weiter A. Lüring, „Kirche und Sekte, im Lichte der heiligen Schrift betrachtet", WäSt 13 (1883) 34; L. Nippert, Ein freies Wort, 10: „Daß Einzelne auch bei uns schon tief gefallen sind, leugnen wir keineswegs, aber als eine unbegründete Beschuldigung weisen wir ab, daß man solche Fälle geflissentlich zu verheimlichen sucht".
121 Zu dieser insgesamt selten explizierten Unterscheidung vgl. W. Nast, Der Größere Katechismus, 71 ff.; C. F. Paulus, Heilsleben, 347.

dung von sichtbarer und unsichtbarer Kirche daher in erster Linie der Begründung eines geschwisterlichen Verhältnisses zu den Gläubigen anderer Kirchen im Rahmen der Evangelischen Allianz und anderer transdenominationeller Bewegungen.

Die Unterscheidung von sichtbarer und unsichtbarer Kirche diente *zweitens* der Differenzierung zwischen den in die Kirche hineingetauften Kindern und den aufgrund ihrer bewußten Bekehrung wiedergeborenen erwachsenen Gliedern der Kirche. Die von einem methodistischen Prediger getauften Kinder waren Glieder der sichtbaren Kirche, ohne jedoch im Vollsinn Glieder der Methodistenkirche zu sein. Dieser ekklesiologisch schwer greifbare Status der getauften Kinder war, zumal im Lichte sich wiederholt ändernder Generalkonferenzentscheidungen, immer wieder Gegenstand der Reflexion auch im deutschsprachigen Methodismus des 19. Jh.[122] Übereinstimmend wurde im deutschsprachigen Kirchenzweig jedoch – mit Blick auf die Kindertaufe – die Überzeugung vertreten, daß der Aufnahme in die sichtbare Kirche durch die Taufe die Aufnahme in die unsichtbare Kirche durch die Wiedergeburt folgen müsse. Dabei verschoben sich, was die äußere Erfahrung v. a. im deutsch-amerikanischen Methodismus angeht, am Ende des 19. Jh. die Akzente zunehmend weg von der augenblicklichen hin zur allmählichen Bekehrung und Wiedergeburt. Schließlich wurden, wiederum v. a. im deutsch-amerikanischen Methodismus, Klagen über den Mangel an Heilserfahrung auch bei Gliedern der Kirche laut.[123] Über diese Klagen wuchs die Befürchtung, daß auch im Fall der Methodistenkirche sichtbare und unsichtbare Kirche nicht (mehr) ohne weiteres identisch seien. Diese Einsicht war allerdings nicht die Konsequenz eines neuen ekklesiologischen Ansatzes, sondern das Resultat einer Reflexion auf das sich verändernde Erscheinungsbild der Kirche.[124]

---

122 Für die einschlägigen Beschlüsse der Generalkonferenz und die Reflexion innerhalb des deutschsprachigen Methodismus darauf vgl. meinen Aufsatz „Kinder und Kirche. Die ekklesiologische Bestimmung des kirchlichen Status getaufter Kinder in der Bischöflichen Methodistenkirche des 19. Jahrhunderts", ThfPr 28.1–2 (2002) 60–78.

123 Vgl. F. Kopp, „Der alte Methodismus; und sind wir Deutsche in der Gefahr, wesentlich von demselben abzuweichen?", ChrAp 33 (1871) 235; G. Guth, „Die Hoffnungen und Gefahren des deutschen Methodismus", HaHe 7 (1879) 465–468, in überarbeiteter Form als „Our German Methodism. Its Hopes and Dangers", MQR 63 (1881) 463–474; J. Leppert, „Ist ein Unterschied im deutschen Methodismus wahrnehmbar zwischen seinem Anfang und gegenwärtigen Stand?", ChrAp 49 (1887) 323; C. H. Priebe, „Welches sind die Landmarken der Väter, zu denen wir als Kirche zurückkehren sollten?", ChrAp 59 (1897) 242; Vom Beobachter, „Sonst und Jetzt im deutschen Methodismus", ChrAp 59 (1897) 657 f.

124 Vgl. die kritischen Artikel v. a. im Wegweiser zur Heiligung: „Ist der Methodismus noch was er war?", WzH 12 (1896) 113; „Die Ursachen oberflächlicher Bekehrungen", WzH 12 (1896) 235–237; „Licht- und Schattenseiten unseres kirchlichen Lebens", ChrAp 59 (1897) 721 f.; „Die Hauptursache des Rück- und Abfalles", WzH 13 (1897) 259 f.

Für die Ekklesiologie des deutschsprachigen Methodismus gewinnt der Begriff der „Gemeinschaft" eine zentrale Bedeutung. Er gewinnt nicht nur den faktischen Rang einer dritten *nota ekklesiae* neben Wortverkündigung und Sakramentsverwaltung, sondern erhält sachlich sogar Vorrang vor diesen beiden. Die Notwendigkeit des Vorhandenseins der beiden klassischen *notae* ist damit nicht geleugnet, ihre konstitutive Bedeutung kommt allerdings v. a. im Hinblick auf das Glaubensleben des einzelnen, weniger auf das Leben der Kirche insgesamt in Betracht. Dem entspricht die Rede von den Gnadenmitteln, durch die der Glaube des Christen gestärkt wird. Der Gemeinschaftsbegriff wird positiv als Liebe, negativ als Kirchenzucht entfaltet. Daraus ergibt sich der unabweisbar empirische und ethische Charakter der Kirche. Sie kann nicht verborgen sein, sondern manifestiert sich im Hinblick auf Gott als Frömmigkeit, im Hinblick auf den Mitmenschen als Barmherzigkeit. Zudem sind mit dieser Deutung Soteriologie und Ekklesiologie eng aufeinander bezogen. Kritisch bleibt anzumerken, daß das Wesen der Kirche sich in der subjektiven Beschaffenheit ihrer Glieder zu erschöpfen scheint. Jedenfalls gelingt es weder mit dem Aufweis des erfahrungstheologischen noch mit dem des ethischen Charakters der Kirche, deren objektiven Wesensgehalt einzuholen. Eine stärker objektivierende Bestimmung des Wesens der Kirche ist von deren Verständnis als Bekenntniskirche zu erwarten. Doch sollten sich gerade in diesem Bereich die stärksten Ambivalenzen zeigen.

5.5. Bekenntniskirche – die konfessionelle Grundstruktur der Bischöflichen Methodistenkirche

Als Zweig der Methodist Episcopal Church hatte der deutschsprachige Methodismus an der verfaßten konfessionellen Grundstruktur der englischsprachigen Mutterkirche teil. Auch die deutschsprachigen Methodisten akzeptierten die von der Generalkonferenz approbierten und zudem durch die Restrictive Rules geschützten 25 Glaubensartikel sowie die Allgemeinen Regeln als Lehrnormen der Kirche. In den seit den 1870er Jahren geführten Diskussionen um das normative Ansehen von Wesleys *Lehrpredigten* und *Anmerkungen zum Neuen Testament* scheint unter den deutschsprachigen Methodisten zudem mehrheitlich für deren konstitutionellen Status als Lehrnormen der Methodistenkirche plädiert worden zu sein.[125] Zwei

---

125 Vgl. L. Nippert, „Was verstehen wir unter den sogenannten ‚Standards' (lehrnormgebenden Büchern) unserer Kirche?", ChrAp 53 (1891) 338. Auch Nast vertrat die Auffassung, Wesleys Heiligungslehre stelle den „confessionellen Standpunkt" der Methodistenkirche dar. Allerdings äußerte sich Nast einmal auch in anderem Sinne.

Fragen ergeben sich mit Blick auf das konfessionelle Element des kirchlich-theologischen Selbstverständnisses der deutschsprachigen Methodisten. Erstens ist zu klären, wie sich ihr konfessionelles Bewußtsein zum Anspruch apostolischer Ursprünglichkeit und Einfachheit verhielt. Und zweitens ist – vor dem Hintergrund des Verständnisses als Freiwilligkeitskirche – nach der Verbindlichkeit der methodistischen Lehrnormen zu fragen.

5.5.1. Die Übereinstimmung des Methodismus mit der Lehre der Apostel

Nach Überzeugung der deutschsprachigen Methodisten sind die Bewahrung des apostolischen Glaubenslebens und die Treue zur apostolischen Glaubenslehre nicht voneinander zu trennen. Das geheiligte Leben kann auf Dauer nicht ohne die reine Lehre bestehen. Aus dieser Einsicht ergab sich das Bemühen, die Kontinuität des Methodismus mit der Kirche des Neuen Testaments auch in doktrinaler Hinsicht nachzuweisen. Der entsprechende Nachweis mußte freilich nicht für alle von der Methodistenkirche vertretenen Lehren in gleicher Weise geführt werden. So konnte hinsichtlich der Fundamentallehren des Christentums eine weitgehende konfessionelle Einheit mit den Reformationskirchen vorausgesetzt werden.[126] Als Beleg dieser These wurde oft summarisch auf die 25 methodistischen Glaubensartikel verwiesen. Werden die in Übereinstimmung mit den Kirchen der Reformation vertretenen Lehren einzeln genannt, so erscheinen zumeist die folgenden Lehrpunkte:[127]

Dabei sagt er, daß die von Wesley für die amerikanischen Methodisten verfaßten 25 Glaubensartikel dazu bestimmt seien, „der Welt zu bezeugen, daß die Methodisten an den Grundlehren der protestantischen Kirche festhalten; aber die Erhaltung jener köstlichen Lebenswahrheiten, welche unzertrennlich von innerer Erfahrung sind, vertraute Wesley dem inneren geistlichen Leben seiner Gemeinschaft an", Der Hundertjährige Bestand des Amerikanischen Methodismus, 21. Hier klingt es, als zähle Nast – zudem erfahrungstheologisch begründet – die Wesley-Schriften nicht zu den konstitutionellen Lehrnormen der MEC; er behauptete gleichwohl ihre Funktion als „Maßstab zur Prüfung und Beurteilung" der Lehre im britischen Methodismus des 18. Jh.; vgl. Das Leben und Wirken des Johannes Wesley, 165.

126 Die „Fundamentallehren des Methodismus stehen in strenger Harmonie mit dem Glauben der evangelischen Kirche zu allen Zeiten und in allen Ländern. Die Lehre des Methodismus ist dieselbe, wie sie in den herrlichen Tagen der Reformation von Luther, Melanchton und den Reformatoren Englands gepredigt wurde, ja dieselbe, wie sie der evangelische Bund [= Evangelische Allianz] in den Ihnen allen bekannten 9 Artikeln aufstellte", W. Schwarz, Vortrag über den Methodismus, 8.

127 Vgl. „Vereinigtes Glaubensbekenntnis der verschiedenen Zweige der evangelisch-protestantischen Kirche", ChrAp 1 (1839) 65 f.; „Besitzt die Methodistenkirche alle Eigenschaften der wahren Kirche Christi?", in: W. Nast (Hg.), Was ist und will der Methodismus?, 2 f. (dieses Traktats); „Unterhaltungen über und während einer La-

- die Alleingenügsamkeit der Heiligen Schrift in allen zur Seligkeit notwendigen Lehren
- die Trinität, und damit die Gottheit des Heiligen Geistes
- die angeborene Verderbtheit des natürlichen Menschen
- die Inkarnation des Gottessohnes und seine gottmenschliche Natur
- der Kreuzestod Christi als Sühneopfer und die Erlösung durch den Glauben an die Kraft dieses Sühneopfers
- [seltener] die Auferstehung, Himmelfahrt und Parusie Christi
- Unsterblichkeit der Seele, ewige Belohnung bzw. Bestrafung
- zwei Sakramente: Taufe und Abendmahl.

Die in den Aufzählungen genannten Punkte theologischer Übereinstimmung beziehen sich – den formaltheologischen Grundsatz der Heilssuffizienz der Heiligen Schrift vorausgesetzt – in erster Linie auf die objektive Seite der biblischen Lehre. Dagegen ist die subjektive Seite des Heilsgeschehens, wie sie z. B. in der Heilsordnung ihren Ausdruck findet, nur in der Erwähnung des Glaubens angedeutet. Der Grund für diese Gewichtung ergibt sich aus der soteriologischen Spezifik des methodistischen Verständnisses der Heilsordnung. Denn nicht in den biblischen Fundamentallehren, wohl aber in den biblischen „Erfahrungslehren", v. a. in der Lehre von der Heiligung, zeigten sich deutliche Differenzen gegenüber den reformatorischen Kirchen. Die deutschsprachigen Methodisten verkannten die bestehenden theologischen Differenzen nicht. Für sie konnte es letztlich jedoch nicht um die Übereinstimmung mit den reformatorischen Bekenntnissen gehen, sondern um die Treue zur Lehre des Neuen Testaments. Sie zeigten sich überzeugt davon, daß das methodistische Glaubensbekenntnis hinsichtlich der christlichen Grundlehren sowohl mit dem des apostolischen Christentums im ersten Jh. als auch mit dem der wahrhaft wiedergeborenen und rechtgläubigen Christen aller Jh. übereinstimmt.[128] Von daher stellten sie fest: „Wir haben kein neues Glau-

---

gerversammlung", in: W. Nast (Hg.), Was ist und will der Methodismus?, 12 f. (dieses Traktats); C. Döring, „Prüfet alles", ChrAp 4 (1842) 180; „Br. Ahrens Abhandlung über die Glaubenslehren der Bisch. Methodistenkirche", ChrAp 14 (1852) 49; L. S. Jacoby, Handbuch des Methodismus, 199–202; Eine kurze Vertheidigung der Methodistenkirche gegen verschiedene ungerechte Beschuldigungen, 1–5; H. Lich, „Der alte Methodismus", ChrAp 33 (1871) 161; R. Havighorst, „Worin unterscheidet sich die Lehre der Meth. Kirche von der anderer evangelischen Kirchen?", ChrAp 37 (1875) 409; J. J. Beck, „Der Methodismus und die Reformation des 16. Jahrhunderts", ChrAp 50 (1888) 756.
128 Dr. Tesst, „Wie verhält sich der Methodismus zum einfachen, apostolischen Christenthum?", ChrAp 23 (1861) 38. 42. 46 f. 50; „Der Erfolg des Methodismus", ChrAp 23 (1861) 54. 66 f. 82 f.

bensbekenntniß, sondern das *alte Apostolische*".[129] Der primitivistische
Ansatz des kirchlich-theologischen Selbstverständnisses wird hier
noch einmal deutlich. Allerdings waren mit diesem Anspruch wesentliche Fragen des Selbstverständnisses, wie sie sich aus dem konkreten
Gegenüber zu anderen christlichen Kirchen ergaben, noch keinesfalls
gelöst. Auf zwei Aspekte ist hier zu verweisen.

Zunächst zielten die biblischen Erfahrungslehren nach methodistischem Verständnis nicht auf den kontrovers-theologischen Disput,
sondern auf die – wie der Name es schon andeutet – persönliche
Erfahrung des Christen. Die Wahrheit des methodistischen Verständnisses der biblischen Heiligungslehre sollte sich in der *praxis
pietatis* erweisen. Nicht als methodistische Sonderlehre, sondern als
die Grundgestalt der Christus-Nachfolge jedes Wiedergeborenen
sollte die Heiligung verstanden werden. Dieser praktischen Orientierung entsprach das Selbstverständnis des deutschsprachigen Methodismus, von der göttlichen Providenz nicht zur *Belehrung*, sondern
zur *Belebung* des Christentums ausersehen zu sein. Allerdings ist
offensichtlich, daß sich gerade die altreformatorischen Kirchen, deren Erneuerung in erster Linie intendiert war, weithin doch auf i. E.
theologisch fragwürdige Weise *belehrt* fühlten. Der kontrovers-theo-
logische Gehalt der methodistischen Heiligungslehre konnte daher
nicht ausgeblendet werden, auch wenn es nach methodistischem Verständnis in erster Linie um die Erneuerung des geistlichen Lebens
ging.

So zeichnete sich denn im Verhältnis zu den anderen christlichen
Kirchen die Heiligungslehre als die den Methodismus kennzeichnende
„Sonderlehre" ab. Ungeachtet aller eigenen Bekenntnisse zur Treue
gegenüber der Lehre des Neuen Testaments unterschied sich der Methodismus von den anderen Kirchen konfessionskundlich durch die
zentrale theologische Stellung und die spezifische dogmatische Struktur der Heiligungslehre. Dies wollten auch die deutschsprachigen Methodisten in keiner Weise bestreiten. So ließ Wilhelm Nast vom ersten
Jahrgang des *Christlichen Apologeten* an keinen Zweifel daran, daß
die besondere Mission des Methodismus in der Verkündigung der
Heiligung als Lehre und Erfahrung besteht.[130] Seiner geschichtlichen
Bestimmung werde der Methodismus daher nur gerecht, sofern er
„das lange unter den Scheffel gestellte Licht schriftmäßiger Heiligung
auf den Leuchter" stelle.[131] Dabei setzt auch er voraus, daß „die Fahne
des Kreuzes und die Fahne des Methodismus ... dieselben Inschriften

---

129 F. Kopp, „Der alte Methodismus; und sind wir Deutsche in Gefahr, wesentlich von
      demselben abzuweichen?", ChrAp 33 (1871) 251.
130 Vgl. „Der Christliche Apologete", ChrAp 1 (1839) 3.
131 „Der Gruß des Herausgebers", ChrAp 14 (1852) 1.

[tragen]: ‚Entfliehe dem Zorne Gottes'".[132] Für Nast erweist sich der
Methodismus gerade in seiner konfessionskundlichen Besonderheit als
das biblische Christentum. Nast geht noch einen Schritt weiter, wenn
er die Heiligungslehre zum Verbindlichkeit beanspruchenden „confessionellen Standpunkt" des Methodismus erklärt. Seiner Überzeugung
nach ist die Heiligungslehre „keine offene Frage mehr in unserer
Kirche, und deshalb fühlt sich der Editor nicht berechtigt und noch
viel weniger verpflichtet, Artikel aufzunehmen, welche diesen Standpunkt irgendwie verdunkeln, wenn nicht geradezu bestreiten",[133] womit implizit gesagt ist, daß die Heiligungslehre auch von einigen
Predigern des deutschsprachigen Methodismus bestritten wurde.[134]
Für Nast hatte die Heiligungslehre in den Schriften Wesleys ihre
normative Gestalt gefunden,[135] ultimatives Kriterium der theologischen Urteilsbildung mußte freilich immer die Bibel sein.[136]

---

132 Ebd.
133 „Was lehrt der Katechismus der bisch. Meth. Kirche über die Heiligung?", ChrAp
36 (1874) 308.
134 Ausmaß und Wesen der Kritik an der Heiligungslehre aus den Reihen des deutschsprachigen Methodismus sind unbekannt, da es den Kritikern das gesamte 19.Jh.
hindurch nicht gelang, ein kirchliches Forum für ihre kritischen Ansichten zu finden.
Das Vorhandensein kritischer Stimmen überhaupt ist jedoch sekundär belegt. So
heißt es bei Nast: „Und doch hören wir, daß unter Manchen unserer Brüder noch
ein großes Vorurtheil gegen diese Lehre [von der gänzlichen Heiligung] existirt,
welches sie mehr oder weniger abhält, recht zu prüfen, was ihnen Licht über diesen
Gegenstand geben könnte, ja, daß sie oft dagegen streiten, ohne aufmerksam gelesen
zu haben, was unsere Kirche über diesen Gegenstand nach der Schrift lehrt", [W.
Nast], „Verschiedene Ansichten über gänzliche Heiligung", ChrAp 12 (1850) 51.
Und H. Grentzenberg stellt bezüglich der Heiligungsbewegung der 1870er Jahre
fest: „Mit der zunehmenden Stärke und Ausbreitung der Bewegung wurde auch die
Opposition gegen die Lehre und Erfahrung der Heiligung durch den Glauben of-
fenbar. Besonders trat dieselbe an die Oberfläche bei den Sitzungen der jährlichen
Conferenzen. Auf jeder unserer deutschen Conferenzen jener Periode, wurde, in
einem oder dem andern Jahr, eine Geisterschlacht geschlagen für oder wider die
Schriftgemäßheit der Lehre, durch Wesley und die Methodistenkirche gelehrt", „Die
Heiligungsbewegung in der deutschen Methodistenkirche", WzH 9 (1893) 139 f.
Grentzenberg verweist dann auf die besondere Bedeutung von Nasts Christlichem
Apologeten für den „Sieg" der Heiligungslehre. Leider wird hier nicht deutlich, ob
sich der Widerstand gegen die Palmersche Heiligungsauffassung richtete (die Grentzenberg hier offenbar mit der Lehre Wesleys identifiziert) oder aber gegen die
traditionelle, auf Wesley selbst zurückgehende Lehre von der „schriftgemäßen Heiligung".
135 Theologische Orientierung und geistlichen Gewinn für die deutschsprachigen Methodisten erhoffte sich Nast dann auch von der verstärkten Lektüre der Wesley-
Schriften; vgl. „Zur Verständigung", ChrAp 34 (1872) 212.
136 Letzteres macht Nast v. a. in der Auseinandersetzung mit abweichenden Interpretationen der Heiligungslehre geltend, wenn er feststellt, daß „wir verpflichtet und
berechtigt sind, auch Alles, was Wesley geschrieben hat, nach Gottes Wort zu prüfen.
Dies ist der Grundsatz des Methodismus. Während die Methodisten keinen Grund

5.5.2. Zwischen apostolisch-reformatorischer Erneuerungsbewegung und dogmatisch eigenständigem „Lehrtropus"

Im Selbstverständnis des deutschsprachigen Methodismus stehen so zwei Bestimmungen theoretisch weithin unvermittelt nebeneinander: auf der einen Seite findet sich der primitivistische Anspruch des Methodismus, das Christentum lediglich im Geist der apostolischen Kirche erneuern zu wollen, auf der anderen Seite die sich aus der zentralen Bedeutung und dogmatischen Gestalt der Heiligungslehre ergebende besondere konfessionelle Prägung der Methodistenkirche. Beide Bestimmungen sind zwar in der kirchlichen Praxis, nicht jedoch in der theoretischen Reflexion miteinander vermittelt worden. Der Grund dafür dürfte in der fehlenden Unterscheidung der beiden Bestimmungen zugrundeliegenden respektiven Sichtweisen zu suchen sein. So ergab sich die Beschreibung des Methodismus als apostolisch-reformatorische Erneuerungsbewegung aus biblisch-theologischer Perspektive, die Beschreibung als eigenständiger Lehrtypus aus konfessionskundlicher Perspektive. Beide Perspektiven sind geschichtlich und theologisch durchaus miteinander zu vereinbaren und stehen in keinem notwendigen Widerspruch zueinander. Da diese Perspektiven jedoch im deutschsprachigen Methodismus nicht voneinander unterschieden wurden, kam es hinsichtlich der näheren Bestimmung des konfessionellen Status der Methodistenkirche zu unterschiedlichen Ansichten. Diese Ansichten sollen im folgenden drei Gruppen zugeordnet werden, wobei zu beachten ist, daß sich die einzelnen Positionen nicht immer scharf voneinander abgrenzen lassen, sich die je benachbarten Positionen nicht einmal unbedingt gegenseitig ausschließen. Alle drei Positionen wurden sowohl im deutsch-amerikanischen als auch im deutschen Methodismus vertreten.

a) Der Methodismus setzt eigene Lehrakzente

Innerhalb des deutschsprachigen Methodismus wurde auf der einen Seite die Auffassung vertreten, der Methodismus zeichne sich nicht durch besondere Lehren aus, er betone aber einige Lehren beson-

haben, zu befürchten, daß Wesley's Lehre in irgend einem wesentlichen Punkte mit der heiligen Schrift im Widerspruch stehe, so haben sie demungeachtet sich nie, und werden sich nie von jedem Worte, das Wesley geschrieben hat – wie die Altlutheraner von Luther's Worten – gebunden halten, als wäre es Gottes Wort", „Br. Grentzenberg's zweite Erwiderung", ChrAp 29 (1868) 100. Zu beachten ist, daß Nast den Kritikern und Bestreitern der Heiligungslehre im Christlichen Apologeten kein Forum zu bieten bereit war, daß er unterschiedliche Interpretationen der Heiligungslehre Wesleys jedoch respektierte und auch veröffentlichte.

ders.[137] Ausgehend von der grundlegenden Übereinstimmung der Methodistenkirche mit den Lehren der anderen Reformationskirchen,[138] wurde die geschichtliche Berufung des Methodismus in der Verkündigung der biblischen Erfahrungslehren gesehen.[139] Der Wert der persönlichen Heilserfahrung wurde insbesondere gegenüber der Gefahr einer scholastischen Verkrustung der Lehre und der Tendenz zu einem einseitigen Insistieren auf Rechtgläubigkeit hervorgehoben.[140]

Somit stellt hier die Betonung der biblischen Erfahrungslehren den besonderen Lehrakzent des Methodismus dar. Dieser habe die Lehre mit der persönlichen Erfahrung verbunden.[141] Dagegen wird die Existenz eines eigenständigen methodistischen Lehrsystems verneint. Schon Wesley habe nicht beabsichtigt, einen eigenständigen konfessionellen Lehrtypus zu begründen.[142] Seine umwälzende Einsicht habe vielmehr darin bestanden, daß „die Religion Jesu Christi eine Sache des Herzens und Lebens ist".[143] Zugleich wird an der von der Methodistenkirche geforderten Verbindlichkeit der Lehre für Prediger und Kirchenglieder kein Zweifel gelassen. Gerade weil in der Lehre der Methodistenkirche die apostolische Lehre unverfälscht bewahrt geblieben sei, sei das Bekenntnis zur „methodistischen" Lehre notwendig.[144]

Zu den maßgeblichen Vertretern dieser Position gehörten Ludwig Jacoby und Arnold Sulzberger. Wie gingen beide, zumal als Verfasser

---

137 „Wir stimmen zwar in den Hauptlehren mit den besten Männern der evangelischen Kirche überein, aber es ist ein Unterschied in der Art und Weise, in welcher dieselben gelehrt und in den Vordergrund gestellt werden. Das ist's, was jeder Gemeinschaft ihr besonderes Gepräge verleiht, den *Ton*, welchen sie angeben", „Das ökumenische Concil der Methodisten der ganzen Welt", WäSt 12 (1881) 15; vgl. weiter [W. Nast], „Die Methodistenkirche – die Kirche der Zukunft", ChrAp 19 (1857) 97; „Heiligung", Evst 18 (1867) 93.

138 Vgl. A. Sulzberger, Glaubenslehre, 143; H. G. Lich, „Die vom Methodismus hauptsächlich betonten Lehren der heiligen Schrift", WzH 1 (1885) 271–273.

139 Vgl. C. Behne, „Die deutschen Methodisten in den Verein. St.", ChrAp 4 (1842) 143; C. Döring, „Prüfet alles", ChrAp 4 (1842) 180; A. Sulzberger, Glaubenslehre, 144 f.; J. J. Meßmer, Die Methodisten in Deutschland und der Schweiz, 27 ff.; C. Schell, „Der Methodismus in Deutschland", ChrAp 56 (1894) 51.

140 Vgl. W. Nast, „Der amerikanische Methodismus und seine Wirksamkeit", ChrAp 19 (1857) 210; J. J. Meßmer, Die Methodisten in Deutschland und der Schweiz, 28; F. Schmidt, „Die dem deutschen Methodismus drohenden Gefahren und wie denselben zu entgegnen ist", WäSt 15 (1884) 12.

141 Vgl. W. Nast, Der Hundertjährige Bestand des Amerikanischen Methodismus, 20 ff.

142 Vgl. A. Sulzberger, Die Lehre der Methodistenkirche, 4; W. Schwarz, Vortrag über den Methodismus, 23; J. J. Meßmer, Die Methodisten in Deutschland und der Schweiz, 27.

143 W. Schwarz, Vortrag über den Methodismus, 23.

144 Vgl. A. Sulzberger, „Die Aufgabe des Methodismus in unserer Zeit", WäSt 4 (1874) 70.

grundlegender theologischer Schriften, mit den in kontrovers-theologischer und konfessionskundlicher Hinsicht offenkundigen Unterscheidungslehren des Methodismus um? Im *Handbuch des Methodismus*
eröffnete Jacoby seine Darstellung zur Lehre mit der Feststellung, daß
der Methodismus sich von Anfang an nicht durch Lehren, sondern
durch Frömmigkeit und Eifer „von den bestehenden evangelischen
Parteien" unterschieden habe.[145] Daher habe er auch kein neues Glaubensbekenntnis aufgestellt. Im folgenden unterteilt Jacoby seine Darstellung dann aber doch nach solchen Lehren, in denen die Methodisten mit allen evangelischen Konfessionen übereinstimmen, und solchen, in denen sie sich von diesen unterscheiden, wobei er hier u. a.
die Lehre von der christlichen Vollkommenheit nennt.[146] Die seine
Darstellung durchziehende Spannung nimmt er offensichtlich nicht
wahr.

Eine ähnliche Ambivalenz zeigt sich in Sulzbergers *Christlicher
Glaubenslehre*. Sulzberger fragt einleitend nach dem „dogmatischen,
methodistischen Standpunkt" und stellt fest, daß sich der Methodismus bei genauer und vorurteilsfreier Prüfung als „in der Hauptsache
durchaus evangelisch" erweise.[147] Die methodistische Lehre, so seine
Formulierung an anderer Stelle, sei ihrem Wesen nach „apostolisch-
katholisch",[148] also in Übereinstimmung mit der Lehre der Apostel.
Dann aber zählt er die Heiligung zunächst zu den vom Methodismus
„besonders betonten" Lehren,[149] bezeichnet sie schließlich sogar – in
Anlehnung an William Warren (s. u.) – als „das *formale Prinzip des
Methodismus*".[150] Im Zusammenhang seiner mit 36 Seiten vergleichsweise umfangreichen Darstellung und Verteidigung der methodistischen Heiligungslehre versucht Sulzberger dann wiederum, die Übereinstimmung der methodistischen Heiligungslehre nicht nur mit der
Lehre der Bibel, sondern auch mit den Lehrauffassungen der Kirchenväter sowie der lutherischen und reformierten Bekenntnisschriften aufzuzeigen.[151] Sulzbergers Darlegungen zur Heiligung sind insofern von
einem sehr irenischen Grundzug getragen. Deutlicher wird Sulzberger
dagegen bei der Zurückweisung der Prädestinationslehre Calvins. Er

---

145 Handbuch des Methodismus, 199.
146 Vgl. ebd., 239. Als weiterer Unterschied wird die Ablehnung der calvinistischen
    Prädestinationslehre genannt.
147 Glaubenslehre, 143.
148 „Die Aufgabe des Methodismus in unserer Zeit", WäSt 4 (1874) 69.
149 Vgl. Glaubenslehre, 144 f.
150 Vgl. ebd., 145.
151 Vgl. ebd., 651 ff. Eine stärker differenzierende Bewertung der anderen theologischen
    Traditionen in ihrem Verhältnis zur methodistischen Heiligungslehre findet sich in
    Sulzbergers Aufsatz „Die Heiligungslehre nach methodistischem Lehrbegriff im Ver-
    hältniß zu den Bekenntnissen der christlichen Kirche", WäSt 3 (1873) 73–78.

erinnert zunächst daran, daß Wesley in die von ihm verfaßten 25 Glaubensartikel keine „anticalvinistische[n] Lehrsätze" aufgenommen habe, und verweist die Prädestinatationslehre schließlich „in das Gebiet der Spekulation", beurteilt sie letztlich aber scharf als „mit einer lebendigen Gottesanschauung" nicht vereinbar und als dem Neuen Testament „auf das Bestimmteste und Klarste" widersprechend.[152] Während also sowohl Jacoby als auch Sulzberger dem Methodismus lediglich besondere Lehrakzente zuschreiben, verlangt die konkrete Behandlung des dogmatischen Stoffes dann doch wiederholt den Nachweis von Lehrdifferenzen. Bei keinem von beiden wird diese offenkundige Spannung reflektiert. Allerdings scheinen beide von der Überzeugung getragen, daß sich die aufgezeigten Lehrdifferenzen nicht aus einer dogmatischen Neuerung des Methodismus, sondern aus dem Abweichen der anderen Kirchen von der reinen apostolischen Lehre ergeben hätten.

Andere Vertreter dieser ersten Position versuchten deutlicher noch als Sulzberger, das methodistische Heiligungsverständnis als eine bereits von den Reformatoren, insbesondere von Luther, vertretene Lehre auszugeben. Dafür mußten sie sich freilich abenteuerlicher Exegesen bedienen, die kaum überzeugt haben dürften.[153] Dagegen erschien es überzeugender und vom Anspruch der Treue zur neutestamentlichen Lehre auch konsequent, die methodistische Heiligungslehre biblisch zu begründen und damit den Opponenten zu nötigen, die Schriftgemäßheit seiner gegenteiligen Auffassung aus der Bibel zu belegen.[154] Schließlich blieb noch der – eher unbefriedigende – Weg, die Frage nach dem Charakter der Heiligungs- als einer Unterscheidungslehre im Verhältnis zu den altreformatorischen Kirchen offenzulassen.[155]

Mit der Rede von den die Methodistenkirche kennzeichnenden Lehrakzenten und der Verneinung eines eigenständigen methodistischen Lehrtropus war die Betonung deutlich auf den primitivistischen

---

152 Ebd., 751.
153 So begründet J. C. Lyon seine Überzeugung unter Hinweis auf Artikel III der *Confessio Augustana*, in der es heißt, daß Christus alle an ihn Glaubenden auch „heilige" und „reinige". Lyon sieht hier bereits eine in diesem Leben mögliche Reinigung von der Sünde im Sinne Wesleys gelehrt; vgl. „Eine Beleuchtung der Augsburgischen Confession", ChrAp 10 (1848) 9; vgl. weiter H. G. Lich, „Der alte Methodismus", ChrAp 33 (1871) 161. An anderer Stelle wird für die methodistische Heiligungslehre Bezug genommen auf Luthers Auslegung des zweiten Glaubensartikels, wo es heißt: „Der mich verlorenen und verdammten Menschen erlöset hat; erworben, gewonnen von *allen* Sünden", vgl. „Warum bist du vom Glauben abgefallen?", in: W. Nast (Hg.), Was ist und will der Methodismus?, 7 (dieses Traktats; Hervorhebung im Traktattext, nicht bei Luther).
154 Vgl. Eine kurze Verteidigung der Methodistenkirche, 9 f.
155 Vgl. J. J. Beck, „Der Methodismus und die Reformation des 16. Jahrhunderts", ChrAp 50 (1888) 756.

Charakter des Methodismus gelegt. Hier ging es in erster Linie um den Aufweis der Kontinuität des Methodismus mit der apostolischen Kirche des ersten Jh. Die Lehrdifferenzen gegenüber den altreformatorischen Kirchen wurden, wenn überhaupt erwähnt, nicht weiter betont. So ergab sich die Vorstellung, daß der Methodismus nicht zur Belehrung, sondern zur Belebung des Christentums berufen sei.

b) Der Methodismus besitzt ihm eigentümliche Lehren

Mit der Auffassung, der Methodismus besitze ihm eigentümliche Lehren, ist strenggenommen lediglich die Konsequenz aus der auch für die Vertreter der erstgenannten Position unabweisbaren Beobachtung gezogen, daß der Methodismus sich im Verhältnis zu den anderen christlichen Kirchen durch bestimmte Lehren unterscheide. Doch wird diese Einsicht hier zum positiven Bestandteil der eigenen Auffassung. Danach unterscheidet sich der Methodismus nicht lediglich durch theologische Akzentsetzungen, sondern durch seine positive Lehre von anderen Kirchen, freilich nicht von der Lehre der ersten Christen. Wodurch unterscheidet sich diese zweite von der dritten Position, der Methodismus besitze nicht nur ihm eigentümliche Lehren, sondern sei ein ausgebildeter eigenständiger Lehrtypus? Zwei Unterschiede lassen sich erkennen.

Erstens entwickelte sich das Bewußtsein für die dem Methodismus eigentümlichen Lehren in der konkreten theologischen Auseinandersetzung mit den in anderen Kirchen vertretenen, vom Methodismus aber abgelehnten Lehren.[156] Dazu zählten u. a. die calvinistische Prädestinationslehre, die lutherische Sakramentslehre einschließlich des Verständnisses der Beichte[157] sowie das baptistische Taufverständnis. Im Kontext konfessioneller Polemik wurde auch wiederholt auf die Verwurzelung der methodistischen Lehrüberzeugungen im Arminia-

---

156 Vgl. „Br. Ahrens Abhandlung über die Glaubenslehren der bisch. Methodistenkirche", ChrAp 14 (1852) 49; W. Nast, „Der amerikanische Methodismus und seine Wirksamkeit", ChrAp 19 (1857) 209 f.; R. Havighorst, „Worin unterscheidet sich die Lehre der Meth. Kirche von den anderer evangelischen Kirchen?", ChrAp 37 (1875) 409; J. Zipperer, „Wie unterscheidet sich die Bischöfliche Methodistenkirche von der evangelischen Landeskirche Deutschlands in Bezug auf Lehre, Predigtweise und Kirchenzucht?", WäSt 8 (1878) 10–15; C. H. Priebe, „In welchen Lehrpunkten unterscheidet sich die Methodistenkirche von anderen Kirchen?", ChrAp 52 (1890) 402. 418 f.

157 „Wir bekennen unsern herzlichen Abscheu vor dem, was die strengen Lutheraner die ‚biblische Lehre von der heil. Absolution' nennen. Denn könnten wir diese Lehre glauben, so müßten wir römisch-katholisch werden", [W. Nast], „Ein ernstliches Wort an alle redlichen Christen über den Methodismus", ChrAp 20 (1858) 34.

nismus verwiesen.[158] Allerdings ergab sich aus diesen konkreten Auseinandersetzungen nicht notwendigerweise ein Bewußtsein für die systematische Gestalt der methodistischen Lehrauffassung. Dies zeigte
sich – und damit ist der *zweite* Unterschied benannt – v. a. an der
ambivalenten Bewertung der Heiligungslehre im Zusammenhang der
methodistischen Dogmatik. So konnte die Heiligungslehre einerseits
als eine Nebenlehre verstanden werden, womit sichergestellt schien,
daß sich die Methodistenkirche in den Fundamentallehren nicht von
den reformatorischen Kirchen unterscheidet. Dabei konnte festgestellt
werden, daß eine Nebenlehre – im Unterschied zu den Fundamentallehren des Christentums – zwar keine gesamtchristliche Verbindlichkeit beanspruchen könne, da sie sonst den Leib Christi zerteilen würde, sie aber durchaus in einem Teil des Leibes Christi, also einer
bestimmten Denomination, als verbindlich gelten könne.[159] Ausgehend
vom Bewußtsein der besonderen historischen Mission des Methodismus konnte die Heiligungslehre andererseits als das theologische Proprium methodistischer Theologie, als deren „Central-Idee" angesehen
werden.[160] Von zentraler Bedeutung sei die Heiligung aber auch schon
für die biblische Lehre. Damit ergibt sich in logischer Konsequenz
das Bild, daß die sowohl die biblische als auch die methodistische
Lehre kennzeichnende „Central-Idee" im Lehrzusammenhang der Kirchen eine die Einheit des Leibes Christi nicht beeinträchtigende Nebenlehre sein soll. Die theologische Problematik dieser unabweisbaren
Konsequenz wurde jedoch nicht reflektiert.

Die Auffassung, der Methodismus besitze ihm eigentümliche Lehren,
ist primär vom Faktum konkreter kontrovers-theologischer Auseinandersetzungen her bestimmt. Der Anspruch, die Lehre des Neuen Testaments in reiner Gestalt bewahrt zu haben, wird nicht aufgegeben, sondern den abweichenden Lehrauffassungen der anderen Kirchen gegen-

---

158 Vgl. J. Haerle, „Der Arminianismus", WäSt 12 (1882) 53–55; J. A. Marquardt, „Der
   Arminianismus vom methodistischen Standpunkte", ChrAp 51 (1889) 786 f.; J. H.
   Horst, „Der Arminianismus nach methodistischer Auffassung", ChrAp 58 (1896)
   481 f. 498 f. Nach C. H. Schmidt waren bereits die deutschen Pietisten (Arndt,
   Francke, Spener) „ihrem Grundsatze nach Arminianer", „Der Methodismus unter
   den Deutschen", ChrAp 21 (1859) 125.
159 Vgl. [H. Liebhart], „Die Nothwendigkeit kirchlicher Bekenntnisse", HaHe 17 (1889)
   395; L. Nippert, Offener Brief an den Herrn Dekan Nast in Neuhausen, 10.
160 „Die Lehre von der Heiligung ist die Central-Idee des Christenthums, wie dies auch
   deutlich aus der ganzen heiligen Schrift hervorleuchtet", E. Uhl, „Was ist die Heiligung und wie unterscheidet sich dieselbe von der Rechtfertigung?", WzH 1 (1885)
   226; vgl. weiter J. Zipperer, „Wie unterscheidet sich die Bischöfliche Methodistenkirche von der evangelischen Landeskirche Deutschlands in Bezug auf Lehre, Predigtweise und Kirchenzucht?", WäSt 8 (1878) 11 f.; R. Havighorst, „Worin unterscheidet sich die Lehre der Meth. Kirche von den anderer evangelischen Kirchen?",
   ChrAp 37 (1875) 409.

über durchgehalten. Allerdings werden die biblisch-theologische sowie die konfessionskundliche Perspektive auch hier nicht unterschieden. Zudem wird die zentrale Bedeutung der Heiligungslehre für Lehre und Selbstverständnis des Methodismus noch nicht im Zusammenhang eines durchgebildeten methodistischen Lehrtypus entfaltet. Vielmehr wird die Lehre von der Heiligung vorrangig in ihrer einzeldogmatischen Wertigkeit begriffen.

c) Der Methodismus als eigenständiger Lehrtypus

Zur Beschreibung des Methodismus als ein eigenständiger Lehrtypus kam es allein bei William Warren. Warren, ein gebürtiger US-Amerikaner, lehrte von 1860 bis 1866 Systematische Theologie am methodistischen Predigerseminar in Bremen und verfaßte während dieser Zeit seine 1865 erschienene *Systematische Theologie einheitlich behandelt*.[161] Dabei handelte es sich um die Prolegomena zu einem auf mehrere Bände angelegten, dann jedoch nicht mehr ausgeführten System der Dogmatik und Ethik.[162] Im Rahmen der Prolegomena entwickelte Warren seine Auffassung vom Methodismus als eigenständigem und höchstem „Lehrtropus" als die das ganze (geplante) Werk strukturierende Leitvorstellung.[163]

Warren entwickelt den seiner Theologie zugrundeliegenden „konfessionellen Standpunkt" von der Vorstellung einer sukzessiven Höherentwicklung der christlichen Lehrtropen her. Er geht von der Existenz von vier christlichen Lehrtropen aus: Katholizismus, Calvinismus, Luthertum und Methodismus. Alle vier Lehrtropen beruhen nach Warren auf „verschiedenen Auffassungen des in Christo gestifteten Heilsverhältnisses Gottes und des Menschen, und entsprechen verschiedenen Entwickelungsstufen des religiösen Bewußtseins".[164] Dabei ist an eine mit dem Katholizismus beginnende und mit dem Methodismus sich vollendende Höherentwicklung gedacht. Warren betont den ideellen Charakter seiner Darstellung und verweist darauf, daß

---

161 Eine ausführliche Würdigung erhielt Warrens Buch durch John M'Clintock, vgl. „Warrens Introduction to Systematic Theology", MR 48 (1866) 100–125.

162 1866 folgte Warren einem Ruf an die Boston University und wendete sich dort anderen Forschungsbereichen zu. Es entbehrt nicht einer gewissen Ironie, wenn John M'Clintock in seiner Besprechung von Warrens Werk schreibt: „We trust his work will not remain, like Twesten's, a noble fragment only", „Warrens Introduction to Systematic Theology", ebd., 124. Sein Vertrauen wurde leider enttäuscht.

163 Warrens *Systematische Theologie* wurde nicht nur am Predigerseminar in Bremen und später dann in Frankfurt/Main als Lehrbuch verwendet, sie stand ferner von 1872 bis 1876 und von 1880 bis 1892 auch auf dem von der Generalkonferenz verabschiedeten Studienkurs für die deutschsprachigen Reiseprediger.

164 Systematische Theologie, 86.

die wirklichen Bekenner in der Praxis „einander viel näher [stehen] als die abstrakten Bekenntnisse".[165] Die ideelle Gestalt eines jeden Lehrtropus wird von Warren anhand von dessen materialem und formalem Prinzip entwickelt. Beide Begriffe werden jedoch von ihm in terminologisch eigenständiger Weise verwendet.

Die unterste Stufe des religiösen Bewußtseins zeigt sich nach Warren im *Katholizismus*. Als das materiale Prinzip des Katholizismus bestimmt er die Vermittlung des Heils durch die römische Kirche und die Bedingung eines „verdienstliche[n], synergistische[n]" Verhaltens des „Subjekts" der Gnade gegenüber. In formaler Hinsicht definiert Warren den katholischen Glauben als „wesentlich heidnische[ ] Urbestimmtheit des religiösen Bewußtseins" – ein Ergebnis des Einflusses heidnischer „Anschauungen, Gefühle und Sitten".[166] Seiner religiösen Bewußtseinshaltung nach ist der Katholizismus damit als prä-christlich bestimmt. Da er sich in materialer Hinsicht jedoch als christlich ausweist, bezeichnet Warren ihn – im Anschluß an Zwingli – als eine „heidnische Entartung des wahren Christenthums".[167]

Die Überbietung des heidnischen Bewußtseins ist Warren zufolge im *Calvinismus* gegeben. Als dessen materiales Prinzip bestimmt er „die absolute Abhängigkeit des Menschen hinsichtlich seines Heils von Gott".[168] Nicht nur die Heils*stiftung*, sondern auch die Heils*aneignung* werde hier als das alleinige Werk der Gnade Gottes begriffen. Formal betrachtet stellt der Calvinismus für Warren „eine alttestamentliche Bestimmung des religiösen Bewußtseins" dar. Für diese Beurteilung verweist er auf vier zwischen der jüdischen und der calvinistischen Lehrauffassung bestehende Gemeinsamkeiten: den Partikularismus der Heilsidee, deren Verwirklichung in der Form des Bundes, die gesetzliche Prägung, die im Calvinismus leicht einen „unevangelischen" Zug annehmen könne, und die Beziehung auf das Heil mehr im Modus der Hoffnung als des gegenwärtigen Besitzes. Die Affinität des Calvinismus zum Alten Testament zeige sich ferner in Calvins theokratischem Denken und in der Vorliebe für die alttestamentlichen Schriften. Nach Warren entstellt insbesondere die Prädestinationslehre das christliche Gottesbild. Calvins Erwählungslehre sei unvereinbar mit „Gottes Gerechtigkeit, Barmherzigkeit und Wahrheit" und der Verantwortung des Menschen für sein Verhalten Gott gegenüber. Für Warren entspricht das religiöse Bewußtsein des Calvinisten dem eines „Knechtes", nicht dem eines Kindes Gottes. Positiv hebt er am Calvinismus die „heroische Art" des Glaubens hervor, wie sie sich bei

---

165 Ebd., 89.
166 Vgl. ebd., 93 f.
167 Ebd., 96.
168 Ebd., 100 (im Original ist der ganze Satz hervorgehoben).

Zwingli, Calvin und Knox gezeigt habe, ferner die entschiedene Überwindung der „heidnischartigen Irrthümer Roms", die ausschließliche
Orientierung am Wort Gottes und die Handhabung der Gemeinde-
zucht, aufgrund derer es dem Calvinismus gelungen sei, „ein reineres
und vollkommenes Bild der Gemeinschaft der Heiligen darzustellen,
als man bei den Lutheranern findet".[169]

Das Bewußtsein des „Knechts" ist nach Warrens Auffassung im *Lutheranismus*[170] – so die Bezeichnung bei Warren – überwunden. Als
dessen materiales Prinzip bezeichnet er die Abhängigkeit des Heils des
Menschen von dessen „persönliche[m], eigenkräftige[m] Verhalten gegenüber den Gnadenmitteln (Wort und Sakrament)".[171] Warren merkt
an, daß die Lehre von der völligen Verderbtheit der menschlichen Natur
und der Unfähigkeit des gefallenen Menschen, sich Gott zuzuwenden,
nach lutherischer Überzeugung nicht zwingend zur Vorstellung einer
doppelten Prädestination führt. Da sich der Getaufte nach lutherischem
Verständnis nicht mehr in einem natürlichen Stand vor Gott befinde und
zudem auch der Ungetaufte in der Lage sei, sich der Wirkung der
Gnadenmittel – z. B. im öffentlichen Gottesdienst – auszusetzen, liegt
nach Warren die Entscheidung über Heil und Unheil hier letztlich doch
in der Hand des Menschen – eine für Warren positive Einsicht, die er
in der lutherischen Dogmatik jedoch nicht konsequent durchgeführt
sieht. Formal kennzeichnet Warren das Luthertum als „eine Auffassung
der Heilswahrheit vom Stande der Rechtfertigung" aus.[172] Hier finde
sich ein tiefes Sündenbewußtsein, das Empfinden des gänzlichen Unver-
mögens des Menschen, das Verständnis der Rechtfertigung als Sündenvergebung und Befreiung von Sündenschuld und die dem Kind Gottes

---

169 Warrens schließliche Beurteilung des Calvinismus fällt deutlich positiver aus, als es
   seine theologische Kritik erwarten lassen konnte: „Kurz, ihre einfältige Ehrfurcht
   vor Gott und göttlichen Dingen, ihr unbesiegbarer Glaubensmuth, ihre segensreiche
   und unermüdliche Thätigkeit in allen christlichen Unternehmungen, ihre erhabene
   Gewissenhaftigkeit und Reinheit des Lebens machen alle wahren Calvinisten zum
   Gegenstand unserer Bewunderung, und verschaffen ihnen unsere herzlichste Hoch-
   achtung", ebd., 111 f. In einer Anmerkung verweist Warren zudem auf die Milderung
   der dogmatischen Härten des Calvinismus infolge des erwecklichen Einflusses auf
   weite Teile des (amerikanischen) Calvinismus im 19. Jh.
170 Nach Warren muß der Lutheranismus als kirchlicher Lehrtropus nicht aus den
   Schriften Luthers, sondern aus den Bekenntnisschriften der Lutherischen Kirche
   entwickelt werden; vgl. ebd., 119, Anm. 1.
171 Ebd., 119. Mit dieser Sakrament *und* Wort einschließenden Fassung möchte Warren
   eine s. E. in der lutherischen Anthropologie bestehende Inkonsequenz berücksichtigen. Denn bei konsequenter Anwendung der lutherischen Tauflehre dürfte der Getaufte nicht mit dem „natürlichen" Menschen gleichgesetzt werden, was in der
   lutherischen Dogmatik jedoch häufig implizit der Fall sei. Folglich gibt es für Warren
   eine konsequente und eine inkonsequente Fassung des lutherischen Materialprinzips;
   vgl. ebd., 128 f.
172 Ebd., 124.

eigene Glaubensgewißheit. Gleichwohl bewertet Warren das lutherische Materialprinzip als „schriftwidrig" und seinem Wesen nach „katholisch".[173] Die sittliche Freiheit und Verantwortung des Menschen sei zwar grundsätzlich anerkannt, sie werde aber erst durch die Taufe und damit durch „etwas Aeußerliches und Zufälliges, durch eine kirchliche Verrichtung" konstituiert.[174] Dagegen zeigten sowohl die Heilige Schrift (z. B. Apg 10) als auch die Erfahrungen auf dem Missionsfeld, daß ungetaufte Personen „eben so gründlich und lebendig zu Gott bekehrt [werden], als je eine getaufte es wurde". Folge der Taufwiedergeburtslehre sei zudem eine falsche Heilssicherheit. Trotz positiver Ansätze innerhalb der lutherischen Theologie – er verweist u. a. auf Ernst Luthardt – meint Warren, „die lutherische Auffassung des Heilsverhältnisses Gottes und des Menschen entschieden" verwerfen zu müssen. Aber auch das formale Prinzip des Luthertums genügt Warren zufolge „den Forderungen einer lebendigen Auffassung des Christenthums keineswegs". Denn die Rechtfertigung sei nicht die „Centralidee des Christenthums", sondern lediglich „die Thür zu der Schatzkammer des Heils".[175] Das Heil selbst liegt nach Warren in der Heiligung, verstanden als die Reinigung von aller Befleckung des Fleisches und des Geistes (2Kor 7,1).

Die biblische Heilsauffassung sieht Warren erst im *Methodismus* voll verwirklicht, der als eigenständiger Lehrtropus der höchsten Stufe der christlichen Bewußtseinsentwicklung entspreche. Zwar besitzt der Methodismus laut Warren kein „Bekenntnis im eigentlichen Sinne",[176] doch bildeten seine Glaubensansichten einen „vollständigen christlichen Lehrtropus, welcher eben so originell, selbstständig und zusammenhängend ist, als irgend einer der schon beschriebenen".[177] Dem Materialprinzip des Methodismus zufolge „hängt das Heil oder Nicht-Heil eines jeden Menschen lediglich von seinem eigenen freien Ver-

---

173 Vgl. ebd., 131.
174 Ebd., 126 (im Original hervorgehoben).
175 Ebd.
176 „Er verlangt als Bedingung zur Aufnahme in kirchliche Gemeinschaft keine Beistimmung zu irgend welchen specifisch-methodistischen Glaubenssätzen. Selbst von den Predigern und theologischen Lehrern wird kein Gelöbnis der Bekenntnistreue erfordert", ebd., 141. Für diese Behauptung berief sich Warren auf Abel Stevens. Dem Wortlaut nach traf Warrens Behauptung zu, denn die seit 1864 bei Aufnahme in die volle Gliedschaft der Methodistenkirche verlangte Zustimmung zu den 25 Glaubensartikeln implizierte strenggenommen keine Zustimmung zu den – in den Glaubensartikeln nicht niedergelegten – spezifisch methodistischen Lehren. Auch ein Eid auf irgendein Bekenntnis wurde von den Predigern nicht verlangt, wohl aber galt, wie der von Warren zitierte Stevens es formulierte, daß „[c]onformity to the doctrines of the Church is required by its statute law as a functional qualification for the ministry", The Centennary of American History. A Sketch of Its History, Theology, Practical System and Success, 137.
177 Systematische Theologie, 141.

halten gegenüber den erleuchtenden, erneuernden und heiligenden Einwirkungen des heiligen Geistes ab".[178] Nach Warren lehrt der Methodismus, daß der Mensch einerseits seiner gefallenen Natur nach verdorben, sündhaft und dem ewigen Fluch Gottes verfallen ist, andererseits Gott ihn von Geburt an von der Erbschuld freispricht und zum Gegenstand seiner Gnade macht. Der von Adam ererbten Verdammnis stehe so die von Christus ererbte Gerechtigkeit zur Seite, ohne daß beide einander relativierten. Nach Warren vermeidet die methodistische Auffassung die unbiblischen Extreme des Pelagianismus und Semipelagianismus auf der einen und des Partikularismus auf der anderen Seite. Der Mensch befinde sich in einer durch die Gnade Gottes ermöglichten Verantwortung für sein Verhalten Gott gegenüber. Als formales Prinzip des Methodismus bezeichnet Warren „die christliche Vollkommenheit oder die völlige Liebe". Das sich daraus ergebende Verhältnis gegenüber den anderen Lehrtropen beschreibt Warren folgendermaßen: „Calvin's Ideal-Christ ist blos ein Knecht Gottes, Luther's ein Kind Gottes, Wesley's ‚ein vollkommener Mann, der da sei in der Maße des vollkommenen Alters Christi'" (Eph 4,13).[179] Nach Warren ist die christliche Vollkommenheit die „zentrale Idee des Christentums" und – mit Wesleys Worten gesprochen – „the grand depositum, which God has given to the people called Methodists". Warren ist überzeugt, daß die Heilsanschauung des Methodismus „dem Endzweck der christlichen Heilsoffenbarung besser als irgend eine andere" entspricht.[180] Dazu gehört für ihn auch, daß die Heiligung nicht allein die zentrale *Lehre* der Methodistenkirche, sondern zugleich auch die *Erfahrung* ihrer Glieder sei.

Der erschöpfende und „symmetrische" Charakter der Heilsauffassung des Methodismus erklärt sich für Warren aus der Tatsache, daß der Methodismus, anders als Calvinismus und Luthertum, keine „Reaktion" gewesen sei („höchstens nur eine Reaktion gegen die Sünde"). Wesley habe sich daher in ruhiger und unpolemischer Weise auf die Hauptwahrheiten des christlichen Glaubens konzentrieren und diese nach allen Seiten hin entfalten können. Die methodistische Heilsauffassung ist nach Warren „das reife Endergebnis des tausendjährigen geistigen Eindringens und Vertiefens der Kirche Christi in die Wahrheiten der göttlichen Offenbarung. Und sobald diese Auffassung des Heilsverhältnisses Gottes und des Menschen überall Eingang und Annahme finden wird, ... werden wir den baldigen Anbruch jenes von so vielen und ernsten Geistern unserer Zeit vorausgesagten und sehnlichst herbeigewünschten Tages erwarten dürfen, wo eine neue und

---

178 Ebd., 140.
179 Ebd., 149.
180 Ebd., 152 (im Original ist der ganze Satz hervorgehoben).

reiche Ausgießung des heiligen Geistes den unerträglichen Mißver-
hältnissen der alten Kirchen und Lehrtropen ein Ende machen, und
das Reich Gottes in Kraft und großer Herrlichkeit offenbaren
wird".[181] Vor dem Hintergrund seines lehrtropischen Entwicklungs-
schemas kommt dem Methodismus damit bei Warren eine uneinhol-
bare eschatologische Bedeutung zu. Warren zeigt dies unter Rückgriff
auf die trinitarische Dispensationenlehre des Joachim von Fiore, wobei
der Katholizismus offenbar lediglich eine Vorstufe dieses dispensari-
schen Schemas darstellt. Danach verkörpert der Calvinismus die Dis-
pensation des Vaters, das Luthertum die des Sohnes und der Methodismus die des Heiligen Geistes.[182] Ungeachtet ihrer geschichtlichen
Parallelexistenz stellt der Methodismus damit eine Überbietung aller
anderen Lehrtropen dar.

Für Warren vollzieht sich im Entwicklungsfortschritt der Lehrtropen eine Neujustierung der Lehre hinsichtlich der Zentralidee der
biblischen Heilsauffassung. Sie erreicht mit der Bestimmung der
christlichen Vollkommenheit als der „Central-Idee des Christenthums"
im Methodismus ihren Abschluß. Damit ist zugleich gesagt, daß die
von Warren skizzierte Höherentwicklung in der Abfolge der Lehrtropen nicht eine fortschreitende Emanzipation von den apostolischen
Anfängen der Kirche beschreibt, sondern vielmehr die fortschreitende
Annäherung an jene apostolische Urgestalt des Heilsbegriffs, die mit
der eschatologischen Vollendung des Gottesreiches ihre volle Verwirklichung erfährt.

Warrens Bestimmung des Methodismus als Überbietung aller anderen Lehrtropen ist im deutschsprachigen Methodismus nicht erkennbar aufgegriffen worden. So weit wollte man dann offenbar doch
nicht gehen. Dagegen wurde seine Auffassung vom Methodismus als
einem eigenständigen durchgebildeten Lehrsystem mit der Heiligungs-
bzw. Vollkommenheitslehre als „Centralidee" verschiedentlich rezipiert,[183] auch wenn sie dabei nicht immer in die eigene Überzeugung

---

181 Ebd., 167 f.
182 Vgl. ebd., 166. Warren vermerkt, daß er dieses dispensationalistische Schema dem
   unitarischen Theologen Martineau verdankt; vgl. dessen One Gospel in Many Dia-
   lects. Dagegen hält er Zinzendorfs Tropenlehre für gescheitert.
183 Vgl. G. Bruns, „Ein Vergleich zwischen Luther und Wesley in Lehre, Leben und
   Wirken", Evst 25 (1874) 161 f.; R. Havighorst, „Worin unterscheidet sich die Lehre
   der Meth. Kirche von der anderer evangelischer Kirchen?", ChrAp 37 (1875) 409;
   J. Zipperer, „Wie unterscheidet sich die Bischöfliche Methodistenkirche von der
   evangelischen Landeskirche Deutschlands in Bezug auf Lehre, Predigtweise und
   Kirchenzucht?", WäSt 8 (1878) 10; L. Nippert, „Was verstehen wir unter den
   sogenannten ‚Standards' (lehrnormgebenden Büchern) unserer Kirche?", ChrAp 53
   (1891) 355; J. H. Horst, „Der Arminianismus nach methodistischer Auffassung",
   ChrAp 58 (1896) 499; A. Stevens, Das hundertjährige Jubiläum des amerikanischen
   Methodismus, 99 ff.

integriert wurde.[184] Auf jeden Fall hatte das kirchlich-theologische Selbstverständnis des deutschsprachigen Methodismus mit Warrens Darstellung eine dogmatisch reflektierte Gestalt gewonnen.

d) Zusammenfassung

Im deutschsprachigen Methodismus des 19. Jh. werden die biblisch-theologische Perspektive einerseits und die konfessionskundliche Perspektive andererseits nicht unterschieden. Für das Selbstverständnis ergibt sich daraus eine Spannung zwischen dem Anspruch, apostolisch-reformatorische Erneuerungsbewegung zu sein, und der Wirklichkeit eines faktisch von der Heiligungslehre her bestimmten eigenständigen Lehrtypus. Diese Spannung wird weithin nicht reflektiert und daher konzeptionell auch nicht aufgelöst. Dennoch lassen sich, was die konkreten Akzentsetzungen angeht, drei Gruppen ausmachen. Dabei wird auf der einen Seite des Spektrums die Betonung ganz auf das Selbstverständnis als apostolisch-reformatorische Erneuerungsbewegung gelegt, die nicht zur Belehrung, sondern zur Belebung der Christenheit berufen sei. Auf der anderen Seite wird der Methodismus deutlich stärker als „durchgebildetes Lehrsystem" und als eigenständiger – bei Warren zudem als der höchste – „Lehrtropus" wahrgenommen.

Übereinstimmung zeigt sich jedoch an drei zentralen Punkten. *Erstens* wird die providentielle Bestimmung des Methodismus in der Verbreitung schriftgemäßer Heiligung gesehen, wobei – je nach Standpunkt – entweder die Lehrgestalt oder die persönliche Erfahrung der Heiligung betont werden. Dabei meint Heiligung das Befreitwerden von der Befleckung der Sünde und das Erfülltwerden mit der Liebe Gottes mit dem Ziel und der Verheißung einer christlichen Vollkommenheit in diesem Leben. Dieses übereinstimmende Bewußtsein von der providentiellen Bestimmung des Methodismus scheint auch durch die in Einzelfragen der Heiligungslehre vorhandenen Differenzen nicht getrübt worden zu sein.[185]

Aus der behaupteten zentralen Bedeutung der Heiligungslehre für das methodistische Selbstverständnis ergibt sich *zweitens* die den deutschsprachigen Methodismus einigende Überzeugung, daß die Lehre, wie immer man sie auch konfessionell gewichten mag, kein

---

184 Vgl. A. Sulzberger, Glaubenslehre, 145. Auch W. Nast druckte Warrens zentrale These im *Christlichen Apologeten* nach, vgl. die Artikel „Systematische Theologie", „Das calvinistische und lutherische Lehrsystem", „Der Lehrtropus des Methodismus", „Beurtheilung des Methodismus", ChrAp 27 (1865) 182. 186 f. 191. 194 f.

185 So stellt H. Grentzenberg fest, daß „eine vollkommene, philosophische Beschreibung" des Heiligungswerkes nicht Bestandteil des kirchlichen Lehrkonsenses sei; „Methodismus und christliche Erfahrung", WzH 12 (1896) 165.

Selbstzweck ist, sondern auf die persönliche Erfahrung und deren lebendige Verwirklichung zielt. In Nasts Worten:

„Das ganze christliche Wesen läßt sich zurückführen auf Erfahrung und Wandel. Es ist ein großer, höchst gefährlicher Irrthum, irgendwo und wie Lehre, Erfahrung und Leben trennen zu wollen. Erfahrung ist die ganz natürliche und nothwendige Frucht der Lehre und Leben und Wandel sind ebenso natürliche und nothwendige Früchte der Erfahrung. Erfahrung und Wandel, Lehre und Leben verhalten sich zu einander wie Wirkung und Ursache."[186]

Die Erfahrung der Heiligung und ein dieser Erfahrung entsprechendes Leben sind damit als ein notwendiges Implikat der Heiligungslehre bestimmt. Die Heiligungslehre erweist sich somit faktisch als die Schnittstelle von primitivistischem Anspruch auf der einen und konfessionellem Standpunkt auf der anderen Seite. Eine von der Heiligung als ihrer „Central-Idee" her bestimmte Kirche kann folglich gar nicht anders als im Modus einer auf Lebenserneuerung dringenden Bewegung in Erscheinung treten. Die Wahrheit ihres konfessionellen, eigentlich aber „apostolischen", Lehrstandpunkts erweist sich in der Heilserfahrung und folglich im Leben der von ihr erfaßten Menschen.

Aus der übereinstimmenden Sicht vom providentiellen Zweck des Methodismus, nämlich der Ausbreitung schriftgemäßer Heiligung, folgt für die deutschsprachigen Methodisten *drittens* die Einsicht, daß sich die Zukunft der Methodistenkirche an der Bewahrung von Erfahrung und Lehre der Heiligung entscheidet. So ist für G. Guth das „unverbrüchliche" Festhalten an der Heiligungslehre Wesleys Voraussetzung für einen auch zukünftig erfolgreichen Dienst der „Seelenrettung".[187] W. Nast zufolge wird die Methodistenkirche, sollte sie ihrer geschichtlichen Mission untreu werden, aufhören, „zu den lebendigen Kirchen zu zählen. Alles, was der Methodisten Kirche eigenthümlich ist und ihr Lebenskraft gibt, gruppirt sich um diese Centrallehre".[188] Und A. Rodemeyer erinnert an die Notwendigkeit, daß die Lehre von der christlichen Vollkommenheit „nicht nur in unserer Theologie, sondern je mehr und mehr in unsern Herzen" leben muß.[189] Die Lehrgestalt der Methodistenkirche steht damit in einem lebendigen Wirkungszusammenhang mit der religiösen Erfahrung ihrer Glieder. Am Ende des 19. Jh. nahmen insbesondere die deutsch-amerikanischen Methodisten einen beginnenden Verlust an erfahrener und gelebter Heiligung wahr, während die Heiligungs*lehre* weiterhin in kirchlicher

---

186 „Heiligung", ChrAp 41 (1879) 260. Im Lichte des zuvor Gesagten müßte es am Ende des Satzes logisch heißen „... wie Ursache und Wirkung".
187 „Schriftgemäße Heiligung", ChrAp 50 (1888) 272.
188 „Heiligung", ChrAp 41 (1879) 260.
189 Biblische Heiligung, 273 f.

Geltung stand. Die theologischen Konsequenzen dieser allmählich aufbrechenden Kluft sollten sich im deutschsprachigen Kirchenzweig jedoch erst im 20. Jh. zeigen.

5.5.3. Die Verbindlichkeit kirchlicher Lehre

Es bleibt zu klären, in welcher Weise die deutschsprachigen Methodisten ihre Kirche als eine an Bekenntnisse gebundene Kirche verstanden. Dazu ist zunächst noch einmal nach dem Geltungsanspruch der
25 Glaubensartikel zu fragen, dann aber auch nach der Verbindlichkeit der in den Glaubensartikeln gerade nicht dargelegten spezifisch
methodistischen Lehren.

Nach Überzeugung der deutschsprachigen Methodisten hat die Methodistenkirche durch die Festschreibung der 25 Glaubensartikel in
der First Restrictive Rule für die bleibende Reinheit der kirchlichen
Lehre gesorgt.[190] Als Bekenntnisschrift legten die Glaubensartikel
Zeugnis für die Rechtgläubigkeit der Methodistenkirche, anders gesagt, für deren Treue zur apostolischen Lehre, ab. Als *norma normata*
besitzen die Glaubensartikel jedoch nur eine von der Bibel abgeleitete
Autorität. Sie kommen nach A. Sulzberger daher nur soweit in Betracht, „als sie ein Ausdruck dieses aus der Schrift geschöpften Ge-
meinglaubens sind".[191] Als von der Bibel abgeleitete Bekenntnisse erfüllten sie die Funktion einer Lehrnorm, der gegenüber der Prediger
verantwortlich ist.[192] Damit werde zudem das Eindringen von Irrlehren bzw. des „Zeitgeistes" überhaupt erschwert.[193]

Nun enthielten die 25 Glaubensartikel, wie wir bereits feststellten,
zwar die von den reformatorischen Kirchen im allgemeinen geteilten,
nicht jedoch die spezifisch methodistischen Lehren.[194] William Warren
hatte daher in einem gewissen Sinne Recht, wenn er feststellte, daß die
Methodistenkirche „als Bedingung zur Aufnahme in kirchliche Gemeinschaft keine Beistimmung zu irgend welchen specifisch-methodistischen

---

190 Vgl. A. Sulzberger, „Die Aufgabe des Methodismus in unserer Zeit", WäSt 4 (1874)
    69 f.; ders., Die Lehre der Methodistenkirche, 18; F. Schmidt, „Die dem Metho-
    dismus drohenden Gefahren und wie denselben zu entgehen ist", WäSt 12 (1884)
    12.
191 A. Sulzberger, Glaubenslehre, 105.
192 Vgl. ebd., 729.
193 Vgl. [H. Liebhart], „Die Nothwendigkeit kirchlicher Bekenntnisse und unsere Stel-
    lung andern Denominationen gegenüber", HaHe 17 (1889) 394. 395.
194 „Die bischöfliche Methodistenkirche hat – so sonderbar dies auch scheinen mag –
    keinen förmlichen Artikel über die Lehre von der Heiligung in ihrem ‚Glaubensbe-
    kenntniß.' Es ist aber unbestreitbar, daß diese Lehre in der Kirchenordnung, in dem
    Studien-Cursus für das Predigtamt, in dem Gesangbuch und in den von der Me-
    thodistenkirche allgemein anerkannten theologischen Schriften aufs Klarste und
    Deutlichste gelehrt wird", A. Rodemeyer, Biblische Heiligung, 19.

Glaubenssätzen" und auch von den Predigern „kein Gelöbnis der Be-
kenntnißtreue"[195] verlange. Beides traf dem Wortlaut nach zwar zu, ließ
aber unausgesprochen, in welcher anderen Weise die Methodistenkirche
die Verbindlichkeit ihrer Lehre einfordert. Warren selbst gab mit Blick
darauf den Hinweis auf die bei Aufnahme in die volle Verbindung der
Prediger gestellten Fragen. Denn bei dieser Gelegenheit hatte der Prediger nicht allein seinen Glauben an Christus zu bekennen, sondern auch
auf folgende Fragen zu antworten: „Jagst du der Vollkommenheit nach?
Erwartest du, in diesem Leben vollkommen in der Liebe gemacht zu
werden? Seufzest du darnach?"[196] Mit Blick auf die Glieder der Kirche
erinnert Warren daran, daß diese den Allgemeinen Regeln nach unzwei-
deutige Beweise für ihr Verlangen zu bringen hätten, nicht nur dem
zukünftigen Zorn entrinnen, sondern auch von *allen* Sünden erlöst werden zu wollen. Damit ist nach Warren nichts anderes als die gänzliche
Heiligung gemeint. Die Heiligungslehre sei ferner zentraler Gegenstand
methodistischer Verkündigung und Katechese.

Nach Sulzberger ergibt sich die Forderung nach Zustimmung zur
methodistischen Lehre implizit aus der konkreten Gestalt des in den
Predigtdienst der Methodistenkirche führenden Weges. Danach bedarf
jeder Predigtamtskandidat einer Empfehlung durch die Vierteljahrskon-
ferenz, die ihn auch über seine Stellung zur methodistischen Lehre prüft.
Sulzberger verweist ferner auf die gerade erwähnten bei der Ordination
und der Aufnahme in die Jährliche Konferenz zu beantwortenden Fragen
sowie auf die Verantwortlichkeit der am Predigerseminar lehrenden
Dozenten gegenüber ihrer Jährlichen Konferenz.[197]

Zwei Hinweise sollen diese Überlegungen zur Verbindlichkeit gerade der spezifisch methodistischen Lehren ergänzen. *Erstens* ist hier
exemplarisch der „Studienplan für die Candidaten der Jährlichen Conferenz der Bischöfl. Methodistenkirche" in Deutschland und der
Schweiz zu nennen.[198] Der Studienplan wies für das vierte Jahr die
am Ende der Ausbildung zu beantwortenden Examensfragen aus.[199]
Dabei fällt an den hier interessierenden dogmatischen Fragen deren

195 Systematische Theologie, 141 Anm. 1.
196 Zit. nach ebd., 150.
197 Vgl. Die Lehre der Methodistenkirche, 18 f.
198 Die Jährliche (Missions)konferenz Deutschland/Schweiz war von der Generalkon-
    ferenz autorisiert worden, einen den Bedingungen auf dem Missionsfeld angepaßten
    Studienplan zu beschließen, der von dem für die deutsch-amerikanischen Reisepre-
    diger geltenden Studienplan abweichen konnte. Zum folgenden vgl. Verhandlungen
    der 17. Sitzung der Jährlichen Missionskonferenz von Deutschland und der Schweiz
    der Bischöfl. Methodistenkirche, Bremen 1872, 34–38.
199 Gestellt wurden zunächst Fragen „Ueber persönliches religiöses Leben und persön-
    liche Angewohnheiten", danach zu biblisch-theologischen, dogmatischen und kir-
    chengeschichtlichen Kenntnissen sowie zu „Kirchenverfassung und Kirchenregiment"
    der Methodistenkirche.

sprachlich geschlossene Form auf: „2. Was für einen Schriftbeweis giebt es von einer Dreieinigkeit in der Gottheit? ... 6. Gieb einen Schriftbeweis von der Persönlichkeit, Gottheit und Wirksamkeit des Heiligen Geistes. ... 12. Zeige bündig die Lehre von der christlichen Vollkommenheit, wie sie von Wesley gelehrt wurde, und vertheidige sie mit Schriftbeweisen. ... 14. Zeige die Lehre von der Möglichkeit aus der Gnade zu fallen und beweise die Uebereinstimmung derselben mit der heiligen Schrift. ... 16. Zeige, warum die Kindertaufe in der Kirche beibehalten werden sollte".[200] Der Form nach handelte es sich bei diesem Examen um eine Rechtgläubigkeitsprüfung des Kandidaten vom methodistischen Lehrstandpunkt aus. Ein Bestehen des Examens ohne grundsätzliche Übereinstimmung mit den spezifisch methodistischen Lehren ist weder denkbar noch beabsichtigt.

Die sich nach dem Studienplan vollziehende Ausbildung der methodistischen Prediger bereitete, *zweitens*, auf die Beantwortung der vor Aufnahme in die Jährliche Konferenz zu beantwortenden Fragen vor. Insbesondere die Fragen nach der persönlichen Erwartung und dem Verlangen nach christlicher Vollkommenheit schlossen eine Aufnahme in den Predigerdienst der Methodistenkirche bei gleichzeitiger Ablehnung dieser methodistischen „Central-Idee" faktisch aus.[201] Nast zufolge muß jeder Kandidat „erstens rechtfertigenden Glauben besitzen; zweitens, wenn er die christliche Vollkommenheit oder völlige Liebe noch nicht besitzt, wenigstens erwarten, in diesem Leben in der Liebe vollkommen gemacht zu werden und darnach seufzen".[202] Die Konferenzunterlagen der Jährlichen Missionskonferenz Deutschland/Schweiz weisen aus, daß die jeweils anwesenden Bischöfe von den zu beantwortenden Fragen zumeist die die Heiligung betreffenden Fragen noch einmal näher erläuterten.[203] So erinnerten sie daran, daß

---

200 Verhandlungen der 17. Sitzung der Jährlichen Missionskonferenz von Deutschland und der Schweiz der Bischöfl. Methodistenkirche, Bremen 1872, 36.

201 Bereits 1854 heißt es im Christlichen Apologeten mit Blick auf die der methodistischen Heiligungslehre gegenüber ablehnenden deutsch-amerikanischen Methodistenprediger: „Ich weiß aber nicht, wie solche Brüder, als sie in volle Verbindung in die Conferenz aufgenommen wurden, vor einem ehrwürdigen Bischof und Auditorium und dem Angesichte eines heiligen und allwissenden Gottes auf die Fragen: ‚Jagst du der Vollkommenheit nach? Erwartest du in diesem Leben vollkommen in der Liebe gemacht zu werden?' Ja! Antworten konnten (...) Ja, ich weiß in der That nicht, wie solche Prediger Ruhe in ihrem Gewissen haben können, indem die Kirche die entgegengesetzte Stellung von ihnen erwartet nach ihrem eigenen Bekenntniß", Ein Bekenner der Heiligung, „Ueber die Aufnahme der Lehre von der Heiligung unter den deutschen Methodisten", ChrAp 16 (1854) 129; vgl. weiter „Bischof Merrill über die völlige Liebe", HaHe 6 (1878) 354.

202 „Wiedergeburt und gänzliche Heiligung sind nicht ein und dasselbe", ChrAp 10 (1848) 175.

203 Für die deutsch-amerikanischen Konferenzen vgl. z.B. den Hinweis auf Bischof

die Methodistenkirche von ihren Predigern verlange, „daß sie völlig mit ihren Lehren übereinstimmen, nicht nur hinsichtlich unserer Glaubensartikel, welche wir mehr oder weniger mit allen evangelischen Kirchen gemein haben, sondern auch hinsichtlich der besonderen Lehren, welche den Methodismus kennzeichnen".[204] Wer diese Lehre nicht teilt, sollte sich besser einer anderen Kirche anschließen.[205] Kein Prediger sollte später sagen können, die Heiligungslehre wäre ihm nicht erklärt worden.[206]

Für die deutschsprachigen Methodisten gab es also keinen Zweifel daran, daß die Methodistenkirche v. a. von ihren Predigern die Zustimmung sowohl zu den von allen reformatorischen Kirchen geteilten Fundamentallehren als auch zu den spezifisch methodistischen Lehren verlangt. Dennoch unterschied sich die Methodistenkirche ihrer Ansicht nach strukturell von den altreformatorischen Konfessionskirchen, und zwar erstens durch die in ihr gegebene organische Verbindung von Bekenntnis und Erfahrung[207] und zweitens durch ihre jeden Gewissenszwang ausschließende denominationelle Grundhaltung. Nach Überzeugung der deutschsprachigen Methodisten ist der Zweck kirchlicher Wirksamkeit erst dann erreicht, wenn „das Wort in unserer Hand mit dem Bekenntnis der Kirche und unser Erfahrungsbewußt-

---

Pecks Ausführungen auf der Sitzung der Central Deutschen Conferenz: „Diese [zwei] Fragen beziehen sich auf die Wesleyanische Lehre von der völligen Liebe oder gänzlichen Heiligung und sie beweisen hinlänglich, daß diese Lehre *keine unentschiedene Frage* in der Methodistenkirche ist, wie Einige meinen", „Br. Kopp's Verantwortung", ChrAp 37 (1875) 124.

204 So Bischof John M. Walden; vgl. Verhandlungen der Jährlichen Konferenz der Bischöflichen Methodistenkirche in Deutschland (1891), 16.

205 „Diese Lehre [von der christlichen Vollkommenheit] ist biblisch, ist die einzige Lehre, welche euch einen festen Halt giebt und in eurem Amte treu macht; es giebt so viele Dinge, die wir nicht ertragen können, wenn wir diese Lehre nicht festhalten. Während ihr jede andere evangelische Kirche achten und lieben sollet, so solltet ihr doch eine besondere Liebe zur Methodistenkirche haben. Wenn ihr einmal eine andere Kirche vorziehen werdet, so ist es besser, ihr geht von uns fort". So Bischof Isaac W. Joyce auf der 6. Sitzung der Jährlichen Konferenz der BMK in Deutschland, vgl. Verhandlungen der Jährlichen Konferenz der Bischöflichen Methodistenkirche in Deutschland (1892), Bremen o.J., 11 f.

206 Vgl. auch die Ansprache von Bischof John M. Walden auf der 5. Sitzung der Jährlichen Konferenz der BMK in Deutschland, Verhandlungen der Jährlichen Konferenz der Bischöflichen Methodistenkirche in Deutschland (1891), Bremen/Zürich o.J., 16; von Bischof John H. Vincent auf der 7. Sitzung der Jährlichen Konferenz der BMK in Deutschland, Verhandlungen der 7. Sitzung der Prediger der Bischöflichen Methodistenkirche in Deutschland (1893), 13 und von Bischof John P. Newman auf der 1. Sitzung der Jährlichen Konferenz Süddeutschland, Verhandlungen der 1. Sitzung der Jährlichen Konferenz der Prediger der Bischöflichen Methodistenkirche von Süddeutschland (1894), Bremen o.J., 11 f.

207 Vgl. [W. Nast], „Das Verhältniß der Glaubenslehren zu innerer Erfahrung und praktischem Christenthum", ChrAp 14 (1852) 27.

sein im Innern" zusammenstimmen.[208] Das Bekenntnis zur rechten
Lehre bedarf damit der Einwirkung des Heiligen Geistes und seiner
erkennbaren Auswirkung im Leben des Christen. Nur auf diese Weise
entfaltet die biblische Lehre ihre lebensverändernde Kraft. Die organische Verbindung von Bekenntnis und Erfahrung, von Lehre und
Leben, ist nach Nast in der Methodistenkirche unter Vermeidung aller
denkbaren Extreme verwirklicht:

> „Der Methodismus scheint uns die goldene Mittelstraße zwischen versteinern-
> der Objektivität und zügelloser Subjektivität bewahrt zu haben. Diese beiden
> Elemente sind wichtige Faktoren im religiösen Leben des Individuums und
> ganzer Benennungen, aber sie müssen in gehöriger Proportion miteinander
> verbunden und zu einem ganzen verschmolzen werden. Einseitiges Vorherr-
> schen des ersten bringt todtes, kaltes Formenchristenthum, das des zweiten
> Fanatismus, Schwärmerei, Unglauben u. s. w. hervor. Der Methodismus ver-
> einigte beide auf die glücklichste Weise."[209]

Ausgehend von einer denominationellen Grundhaltung, wurde ferner
zwischen Bekenntnisbindung auf der einen und „strengem Confessionalismus" auf der anderen Seite unterschieden. Für Heinrich Liebhart
zeigt sich der in der Bekenntnisfrage bestehende Unterschied zwischen
Lutheranern und Methodisten darin, daß letztere „unterscheiden zwischen christlichem Glauben und kirchlichem Bekenntniß, und nennen
es nicht Abfall vom Glauben, wenn Jemand von einer Confession zu
uns übertritt, oder umgekehrt, wenn einer unserer Mitglieder sich mit
einer auf neutestamentlichem Boden stehenden Kirche verbindet".[210]
Die Ablehnung des methodistischen Bekenntnisses wird damit nicht
als Ausschluß aus der Kirche Jesu Christi, sondern lediglich als Trennung von einer am Leib Christi teilhabenden Denomination verstanden.[211]

Während die in der Methodistenkirche herrschende Bekenntnisbindung damit als logisches Implikat ihres Charakters als Freiwilligkeitskirche verstanden wird, ergibt sich ein weiterer Unterschied zum Konfessionalismus aus der größeren „Weitherzigkeit" in einzelnen, zudem
oft spekulativen Lehrfragen. Dabei meint Weitherzigkeit nicht

---

208 L. Nippert, „Was verstehen wir unter den sogenannten ‚Standards' (lehrnormgeben-
    den Büchern) unserer Kirche?", ChrAp 53 (1891) 355.
209 [W. Nast], „Die Methodistenkirche – die Kirche der Zukunft", ChrAp 19 (1857)
    61.
210 „Die Nothwendigkeit kirchlicher Bekenntnisse und unsere Stellung andern Denomi-
    nationen gegenüber", HaHe 17 (1889) 395. Und pointiert formuliert R. Plüddemann:
    „Aber niemals verweigerten die Methodisten die Hand der Bruderliebe dem, dessen
    Lehrsystem sie zertrümmerten", „Die Weitherzigkeit des Methodismus", ChrAp 59
    (1897) 786.
211 Vgl. „Warum bist du vom Glauben abgefallen?", in: W. Nast (Hg.), Was ist und
    will der Methodismus?

„Gleichgültigkeit" in Bezug auf die Lehre,[212] aber doch die Überwindung eines engen Konfessionalismus, bei dem alles „bis auf's Kleinste vorgeschrieben" ist und „eine Abweichung von den gesetzlichen Vorschriften ... oft strenger geahndet [wird], als ein moralisches Vergehen".[213] Für die deutschsprachigen Methodisten ist Bekenntnisbindung nur mit einer bedingten, genauer, einer „apostolischen" Lehrfreiheit vereinbar.[214] Danach kann in einer an die Gültigkeit von Bekenntnissen gebundenen Kirche „Alles gelehrt werden, nur nichts was der Schrift widerspricht".[215] Die in der Bekenntnisbindung zum Ausdruck kommende Treue zur apostolischen Lehrnorm schließt nach Sulzberger eine absolute Lehrfreiheit aus: „Eine Lehrfreiheit, welche die Lehre der subjectiven Willkühr völlig preisgiebt, ist keine apostolische, da die ersten Christengemeinden bei der Lehre der Apostel *blieben*; sie besteht daher darin, daß man nach der Lehrnorm der Kirche seiner Wahl aus freier Glaubensüberzeugung der Gemeinde den ganzen Heilsrath Gottes verkündiget nach dem Vorbild der Apostel".[216] Eine Lehrfreiheit, die sich in Widerspruch zu der in der Methodistenkirche nach eigenem Anspruch bewahrten apostolischen Lehrnorm setzt, ist daher nicht innerhalb dieser Kirche denkbar: „Wir verlangen nicht, daß jeder Mensch unsere Lehre annehmen solle, aber *wer mit uns arbeiten will*, muß sie annehmen. Wer nicht mit uns übereinstimmt, für den giebt es sonst genug Raum in der Welt. Niemand wird gezwungen, sich uns anzuschließen".[217] Es entspricht damit dem Freiwilligkeitscharakter der Methodistenkirche, neben der Freiheit des Anschlusses an die Kirche auch die Freiheit zur Trennung von der Kirche gelten zu lassen. Gerade wer die Methodistenkirche in Richtung einer anderen als „rechtgläubig" anerkannten Kirche verläßt und die Heilserfahrung bewahrt, gilt den Methodisten weiterhin als gläubiger Mitchrist. Damit ist bereits auf die ökumenische Grundstruktur der BMK verwiesen.

---

212 Vgl. R. Plüddemann, „Die Weitherzigkeit des Methodismus", ChrAp 59 (1897) 786.

213 C. Schwarz, „Die Vorzüge der Freikirche der Staatskirche gegenüber", Evst 32 (1881) 222.

214 J. Zipperer spricht sogar davon, daß die Methodistenkirche zwar einerseits den „strengen Confessionalismus" meide, aber andererseits auch „keine Lehrfreiheit" habe; „Wie unterscheidet sich die Bischöfliche Methodistenkirche von der evangelischen Landeskirche Deutschlands in Bezug auf Lehre, Predigtweise und Kirchenzucht?", WäSt 8 (1878) 10.

215 C. Schwarz, „Die Vorzüge der Freikirche der Staatskirche gegenüber", Evst 32 (1881) 222.

216 Glaubenslehre, 729 f.

217 Bischof John M. Walden auf der 5. Sitzung der Jährlichen Konferenz der BMK in Deutschland; Verhandlungen der Jährlichen Konferenz der Bischöflichen Methodistenkirche in Deutschland, 16 f.

Zunächst bleibt jedoch mit Blick auf die konfessionelle Grundstruktur der Methodistenkirche festzustellen, daß das objektive Wesen der
Kirche auch von dieser Seite her nicht wirklich eingeholt wird. Vielmehr dominiert die Perspektive und folglich die Problemstellung des
Denominationalismus. Zwar kommt über die 25 Glaubensartikel die
Lehre der christlichen, genauer, der protestantischen Kirche in den
Blick, faktisch dominiert jedoch der Rekurs auf die Bekenntnisfixierung der spezifisch methodistischen Lehren. Da es sich bei ihnen
jedoch erkanntermaßen um die biblischen Erfahrungslehren handelt,
bei denen die Wirkungen der Gnade im Leben des Menschen thematisiert werden, gewinnt auch der Bekenntnischarakter der Kirche eine
primär subjektive Tendenz. Die Abgrenzung von den als konfessionell
verhärtet beurteilten altreformatorischen Kirchen führt zu einer weiteren Akzentuierung der Verbindung von Erfahrung und Bekenntnis.
Der apostolische Charakter der Kirche wird somit wiederum primär
in erfahrungstheologisch-ethischen Kategorien bestimmt. Die Kontinuität mit der apostolischen Lehre meint in erster Linie Kontinuität
in den praktischen Erfahrungslehren, weniger in den spekulativen
Auffassungen des Dogmas, das als wenig beachtete Voraussetzung
kirchlicher Existenz aufgefaßt wird. Bekenntnis meint in letzter Konsequenz das Bekenntnis eines geheiligten Lebens.

5.6. Allianzkirche – die ökumenische Grundstruktur der Bischöflichen Methodistenkirche

5.6.1. Vielfalt und Einheit der Kirche Christi

Das denominationelle Selbstverständnis der deutschsprachigen Methodisten stand dem eigenen Empfinden nach in Widerspruch zu den
respektiven Ansprüchen der römisch-katholischen Kirche sowie einiger (alt)lutherischer Kirchen, die eine Kirche Christi in ihrer Ganzheit
darzustellen. Dieser oft als „sektiererisch" bezeichneten Gesinnung
wurde die Auffassung entgegengehalten, die eine Kirche Christi bestehe in den einzelnen Denominationen, von denen eine die Methodistenkirche sei.[218] Damit kann das denominationelle Selbstverständnis

---

218 „Der Methodismus weiß von keiner allein seligmachenden Kirche, er kennt nur einen
seligmachenden Heiland", [W. Nast], „Der Amerikanische Methodismus und seine
Wirksamkeit", ChrAp 19 (1857) 210. An anderer Stelle unterscheidet Nast folgendermaßen zwischen „denominationellem Sinn" und „Sektiererei": „während letztere
alles andere verwirft, verachtet und der Ketzerei beschuldigt, läßt ersterer allen
anderen Gerechtigkeit widerfahren, liebt alle, gibt aber der eigenen Denomination
den Vorzug und die Vorliebe, welches dem Geist des Evangeliums nicht zuwider

des deutschsprachigen Methodismus als Grundelement der ökumenischen Gesinnung verstanden werden.[219]

Das Faktum der denominationellen Vielfalt der einen Kirche Christi ist im deutschsprachigen Methodismus aus zwei Blickwinkeln heraus betrachtet worden, zum einen von der Tatsache der empirischen Vielfalt der Kirche, zum anderen vom neutestamentlichen Befund hinsichtlich der Einheit der Kirche aus. Aus beiden Betrachtungsweisen ergaben sich Bewertungen, die allem Anschein nach gegensätzlicher Natur waren, jedoch nicht als widersprüchlich aufgefaßt wurden.

Die von der empirischen denominationellen Vielfalt der Kirche ausgehende Betrachtungsweise verband sich zumeist mit einer positiven Beurteilung dieses Zustandes. Die denominationelle Vielfalt wird als bereichernd und für die Ausbreitung des Reiches Gottes förderlich interpretiert. Dabei ist nicht allein an den sich aus dem faktischen Konkurrenzverhältnis von Freiwilligkeitskirchen ergebenden Missionseifer gedacht. Gemeint ist v. a. der in geschichtlicher und theologischer Hinsicht bestehende komplementäre Charakter der Denominationen. So besitzt für J. C. Lyon jede Kirche ihre geschichtliche Platzanweisung in der Ausbreitung des Reiches Gottes.[220] Nach C. F. Paulus ergibt sich der komplementäre Charakter der Denominationen aus der Tatsache, daß jede von ihnen „eine besondere Seite des Evangeliums vorzüglich betont ..., so daß auch hier die evangelische Heilswahrheit nur durch die verschiedenen Kirchenparteien nach allen Seiten hin zur Darstellung

---

ist"; „Wie kann der denominationelle Sinn unter uns geweckt werden, ohne die christliche Toleranz zu beeinträchtigen?", ChrAp 28 (1866) 185.

219 Nach H. Liebhart läßt sich die Stellung der Methodistenkirche zu den anderen Denominationen mit folgenden sechs Punkten zusammenfassen:
1. Jeder Denomination wird das Recht zuerkannt, ihr „Glaubensbewußtsein" aus den Schriften des Neuen Testaments heraus zu begründen, ein Recht, das umgekehrt auch die Methodistenkirche für sich in Anspruch nimmt.
2. „Wir unterscheiden zwischen christlichem Glauben und kirchlichem Bekenntniß, und nennen es nicht Abfall vom Glauben, wenn Jemand von einer andern Confession zu uns übertritt, oder umgekehrt".
3. Alle Denominationen, die ebenfalls auf dem Boden des Evangeliums stehen, werden als Verbündete betrachtet.
4. Mit „sogenannten christlichen Confessionen, die in Unglaube oder Aberglaube die evangelische Wahrheit verläugnen", ist keine Pflege kirchlicher Gemeinschaft möglich.
5. Konfessioneller Hochmut ist zu bedauern.
6. Das Verhältnis zu jeder Denomination sollte ein friedliches sein. Jedoch ist offensives Vorgehen dort vonnöten, wo „Irrthum, Unglaube, Aberglaube und die anmaßende, vermeintliche Rechtgläubigkeit" bei ihnen Raum gewinnen.
Vgl. „Die Nothwendigkeit kirchlicher Bekenntnisse und unsere Stellung andern Denominationen gegenüber", HaHe 17 (1889) 393–396.
220 Vgl. „Ein evangelischer Zuruf an meine deutschen protestantischen Mitbrüder", ChrAp 12 (1850) 53.

kommt".[221] Und A. Lüring vergleicht das Prinzip des Denominationalismus mit dem Verhältnis der Spektralfarben zueinander: „Das Licht
theilt sich in sieben Regenbogenfarben und man kann keine dieser
Farben auslöschen .... In jeder dieser Farben ist das Licht der Sonne
vorhanden; aber das vollkommene Licht bildet sich erst in der Verbindung aller dieser Farben".[222] Die Vielfalt der Denominationen hat damit
eine bereits in Christus gegebene Einheit zur Voraussetzung, die eine
Kirche für sich genommen nicht darzustellen vermag.

Die Vielfalt der Denominationen wird hier nicht als Widerspruch
zur Einheit der Kirche Jesu Christi gesehen.[223] Ihre Einheit erweise
sich in der Übereinstimmung der (protestantischen) Denominationen
hinsichtlich der biblischen Fundamentallehren. Die bestehenden Differenzen bezögen sich lediglich auf Nebenlehren, deren Annahme oder
Verwerfung nicht über Gewinn oder Verlust der Seligkeit entscheiden.[224] Das Vorhandensein theologischer Differenzen überhaupt wird
mit der unter geschichtlichen Bedingungen begrenzten Erkenntnisfä-
higkeit des Menschen begründet. Keiner Denomination könne es für
sich allein gelingen, die Wahrheit der biblischen Offenbarung in vollkommener Breite und Tiefe auszuschöpfen.[225] Vom Standpunkt des
Denominationalismus aus wird damit noch einmal bestätigt, daß die
christliche Vollkommenheit eine Vollkommenheit in der Liebe, nicht
aber in der Erkenntnis meint.

Zwei Argumente werden schließlich für eine positive Bewertung der
denominationellen Vielfalt geltend gemacht. Erstens wird festgestellt,
daß die wahre Einheit der Kirche Christi nicht in der äußeren organischen Verbindung der Denominationen liege, folglich die Aufteilung
in verschiedene Konfessionen auch keine Aufhebung der tatsächlich

---

221 Heilsleben, 348, vgl. „Der Amerikanische Methodismus und seine Wirksamkeit",
    ChrAp 19 (1857) 210 und „Martin Luther und Johannes Wesley", ChrAp 40 (1878)
    353.
222 „Kirche und Sekte, im Lichte der heiligen Schrift betrachtet", WäSt 13 (1883) 34.
223 „Verschiedenheit im Einzelnen ist das Gesetz der Natur, und stimmt mit der Einig-
    keit im Ganzen ganz wohl überein", [W. Nast], „Christliche Einigkeit", ChrAp 13
    (1851) 155; vgl. weiter J. F. Hurst, „Christliche Einigkeit, ein nothwendiges Erfor-
    derniß und mächtiges Mittel für die Verbreitung und Vertheidigung der christlichen
    Kirche", Evst 30 (1879) 354.
224 Vgl. [W. Nast], „Vereinigtes Glaubensbekenntnis der verschiedenen Zweige der
    evangelisch-protestantischen Kirche", ChrAp 1 (1839) 65; [ders.], „Ueber die Ein-
    heit der Christen", ChrAp 4 (1842) 31.
225 Vgl. E. Gebhardt, „Welche Stellung sollen wir zur Evangelischen Allianzsache neh-
    men?", WäSt 14 (1884) 100; C. Schell, „Die Gemeinschaft der Allianzfreunde an
    der Arbeit des Reiches Gottes", WäSt 25 (1896) 46; „Die Einigkeit der wahren
    Jünger Christi", ChrAp 17 (1855) 173. 177; A. Lüring, „Kirche und Sekte, im Lichte
    der heiligen Schrift betrachtet", WäSt 13 (1883) 34 f.

inneren christlichen Einheit darstelle.[226] Und zweitens wird auf das
Neue Testament verwiesen, aus dem hervorgehe, daß es bereits in der
frühen Kirche Meinungsverschiedenheiten gegeben habe, die die in
Christus gegebene Einheit der Kirche nicht aufgehoben hätten.[227]

Allerdings mußten die deutschsprachigen Methodisten erkennen,
daß es bei gründlicher Prüfung des neutestamentlichen Befundes nicht
bei einer uneingeschränkt positiven Sicht auf die Vielfalt christlicher
Denominationen bleiben konnte. Joh 17,21 f. - auch hier *locus classicus*
ökumenischer Überlegungen - schien eine wie auch immer erfahrbare
Einheit der Kirche Jesu Christi zu implizieren. Für C. F. Paulus ergibt
sich vor dem Hintergrund des biblischen Zeugnisses, daß die Vielfalt
der christlichen Denominationen zwar einerseits eine für das Reich
Gottes gewinnbringende historische Gegebenheit darstellt, sie jedoch
andererseits von Gott gerade „um der Herzenshärtigkeit der Menschen willen gestattet und in den Plan seiner Reichsentwicklung aufgenommen" worden sei.[228] Auch in der Verheißung einer eschatologischen Einigung aller Christen als der „einen Herde" unter dem
„einen Hirten" sah er einen Hinweis auf die Suboptionalität des gegenwärtigen Zustandes der „Gespaltenheit der Kirche".[229] Größerer
Anlaß zur Besorgnis als das äußere Getrenntsein der Kirchen müsse
jedoch die innere Entfremdung der Christen untereinander sein.[230]
Durch Voreingenommenheit und Streitsucht unter Christen werde
dem Teufel die Chance geboten, den Bau des Reiches Gottes zu
behindern.[231] In theologischer Hinsicht wurde eine Ursache inner-
christlicher Streitereien in der Erhebung von Neben- zu Hauptlehren
gesehen.[232] Wo die Seligkeit an der Zustimmung zu bestimmten Nebenlehren festgemacht werde, sei es unmöglich, andere Christen, „die
hierin von ihnen irgendwie abweichen, als ganze und vollberechtigte
Glieder am Leibe des Herrn anzuerkennen".[233] Der Gedanke der

---

226 A. Lüring, „Kirche und Sekte, im Lichte der heiligen Schrift betrachtet", WäSt 13
(1883) 38 f.
227 Vgl. [W. Nast], „Wie weit erstreckt sich die vom Worte Gottes geforderte Einigkeit
der christlichen Kirche?", ChrAp 1 (1839) 98 f.
228 C. F. Paulus, Heilsleben, 348 f.; vgl. [W. Nast], „Ueber die Einheit der Christen",
ChrAp 4 (1842) 31. 34. 38; [ders.], „Ist Christus also zertrennt?", ChrAp 48
(11. März 1886) 4.
229 C. F. Paulus, ebd., 349.
230 Vgl. A. Rodemeyer, Die verschiedenen Religionsparteien im Judenthum und in der
Christenheit, Bremen 1877, VI sowie A. J. Bucher, „Biblische Allianzgesinnung",
Evst 48 (1897) 2.
231 F. Kopp, „Unsere Zeit, und die Aufgabe der christlichen Kirche in derselben",
ChrAp 31 (1869) 401.
232 [W. Nast], „Ist Christus also zertrennt?", ChrAp 48 (11. März 1886) 4.
233 E. Gebhardt, „Welche Stellung sollen wir zur Evangelischen Allianzsache nehmen?",
WäSt 14 (1884) 98.

äußeren Einheit tritt damit auch hier letztlich wieder hinter den einer inneren Einheit, einer Einheit in der christlichen Gesinnung, zurück. So kommt das Zeugnis des Neuen Testaments als kritisches Prinzip nur ansatzweise zur Geltung.

Gleichwohl sind der Gedanke der Vielfalt und der Gedanke der Einheit gleich in mehrfacher Weise aufeinander bezogen. *Zunächst* geht aller Vielfalt der sichtbaren Kirche auf Erden die Einheit des Leibes Christi voran. Nur als Teile des einen Leibes bilden Denominationen nicht Fragmente einer nur gedachten Einheit, sondern sind mit der einem lebendigen Organismus eigenen Verbundenheit aufeinander bezogen.[234] Kirchliche Vielfalt ist *zweitens* auf die Offenbarung einer eschatologischen Einheit bezogen, die bereits jetzt nach proleptischer Realisierung strebt. Aber nicht nur in Vergangenheit und Zukunft, sondern schließlich auch in der Perspektive der Gegenwart sind Einheit und Vielfalt aufeinander bezogen – unter dem Leitbegriff des Reiches Gottes. Die geschichtliche Zuordnung von Einheit und Vielfalt der Kirche Christi ist bestimmt von der gegenwärtigen Aufgabe und Funktion der Denominationen, das Reich Gottes in der Welt auszubreiten und seiner Vollendung den Weg zu bahnen. Gerade im Hinblick auf diesen ihren Auftrag ist die Kirche *ekklesia militans*, weshalb es nicht verwundert, daß in diesem Zusammenhang häufig militärische Metaphern Verwendung finden. Danach gleichen die Denominationen den verschiedenen Regimentern der *einen* Armee, die dem Feldherrn Christus gehorchen und gemeinsam für Gottes Sache kämpfen.[235]

5.6.2. Das Wesen christlicher Einheit

Für die deutschsprachigen Methodisten im 19. Jh. brauchte sich eine sichtbare Einheit der Kirchen nicht in deren organischer Vereinigung zu zeigen. Die Vorstellung eines äußeren Zusammenschlusses der Kirchen wurde – als Ausdruck einer römisch-katholischen Einheitsidee

---

234 „Die *Berliner* Versammlung zeigte recht deutlich gegenüber der erzwungenen scheinbaren Einheit der römischen Kirche in der äußeren Form, wie die evangelische Kirche, trotz ihrer scheinbaren äußeren Trennung die innere Geistes- und Glaubenseinheit festhaltend, *einen* Leib ausmacht, dessen verschiedene einzelne Glieder verschiedene Thätigkeiten ausüben, während dasselbe Blut durch alle Adern rollt, derselbe Geist alle Glieder beseelt und ein und dasselbe Haupt alle Bewegungen lenkt", [W. Nast], „Die Bedeutung der Berliner September-Versammlung für Deutschland", ChrAp 19 (1857) 202.

235 Vgl. [W. Nast], „Ueber die Einheit der Christen", ChrAp 4 (1842) 31; F. Kopp, „Die allgemeine Bewegung der christlichen Kirche als ein besonderes Zeichen der Zeit", HaHe 3 (1875) 353–356 (bes. 355); [L. S. Jacoby], „Toleranz", Evst 1 (1850) 49 f.

– sogar ausdrücklich abgelehnt. So urteilte Wilhelm Nast, daß die römisch-katholische Auffassung von kirchlicher Einheit „keinen Grund weder im Neuen Testamente, noch in der Kirchengeschichte" habe, sondern „eine blose Erfindung herrschsüchtiger Menschen in späteren Jahrhunderten" sei.[236] Nast zufolge besteht die von Christus gewollte Einheit „nicht in Uebereinstimmung der Meinungen, in Gleichförmigkeit der gottesdienstlichen Uebungen oder in äußerem Verband zu einer großen Universal-Kirche, sondern in Einheit des Geistes, welche stattfinden kann bei dem Festhalten des denominationellen Sinnes".[237] Dem Prinzip der äußeren Einheit wird das Konzept einer Einheit im Geist und in der Liebe gegenübergestellt.[238] Damit war das Bemühen um eine Vereinigung insbesondere historisch und theologisch miteinander verwandter Kirchen keinesfalls aufgegeben.[239] So gab es seit den 1860er Jahren mehrfach Versuche zu einer Vereinigung von deutschsprachigem Kirchenzweig der BMK und Evangelischer Gemeinschaft.[240] Erreicht wurde diese Vereinigung jedoch im 19. Jh. nicht mehr. 1875 erklärten die Teilnehmer der 20. Sitzung der Missionskonferenz Deutschland/Schweiz, den Tag zu ersehnen, an dem „die verschiedenen Körperschaften der großen Methodistenfamilie zur gänzlichen Vereinigung sich die Hand reichen".[241] Die Trennungen gerade innerhalb der eigenen Denominationsfamilie wurden durchaus als schmerzlich wahrgenommen.

Die äußere Einheit der Kirchen galt gleichwohl nicht als das höchste Ziel. Die Kennzeichen der wahren, nämlich geistigen Einheit der Christen sind nach Nast die Übereinstimmung in den biblischen Grundwahrheiten, in der christlichen Erfahrung, in der Herzensge-

---

236 „Wie weit erstreckt sich die vom Worte Gottes geforderte Einigkeit der christlichen Kirche?", ChrAp 1 (1839) 98; vgl. weiter A. Bucher, „Biblische Allianzgesinnung", Evst 48 (1897) 1.

237 „Wie kann der denominationelle Sinn unter uns geweckt werden, ohne die christliche Toleranz zu beeinträchtigen?", ChrAp 28 (1866) 185.

238 „Die Eintracht der Glieder entspringt aus Uebereinstimmung in den Grundlehren und der Herrschaft christlicher Liebe", „Die Merkmale der wahren Kirche Christi; oder Methodismus und römischer Katholizismus darnach geprüft", ChrAp 1 (1839) 170.

239 Vgl. [W. Nast], „Zeichen der Zeit", ChrAp 28 (1866) 188.

240 Vgl. [W. Nast], „Die Vereinigungsfrage", ChrAp 29 (1867) 92; [ders.], „Ueber den Erfolg unseres Besuchs bei der Gen. Conferenz der Ev. Gemeinschaft", ChrAp 29 (1867) 364; F. Kopp, „Ueber den Nutzen einer Vereinigung der Ev. Gemeinschaft mit der Bisch. Meth. Kirche", ChrAp 27 (1865) 121; R. Jäckel [Bischof der Ev. Gemeinschaft], „Die gegenseitige Verwandtschaft zwischen der Evangelischen Gemeinschaft und der Methodisten-Kirche", ChrAp 47 (14. Dezember 1885) 1; ders., „Die charakteristischen Eigenthümlichkeiten der Methodisten-Kirche und der Evangelischen Gemeinschaft in Lehre und Praxis", ChrAp 47 (21. Dezember 1885) 1.

241 Verhandlungen der 20. Sitzung der Jährlichen Missions-Conferenz von Deutschland und der Schweiz der Bischöfl. Methodistenkirche, Bremen 1875, 41

sinnung, im Ziel, das Reich Gottes zu bauen, und schließlich das gemeinsame Gebet.[242] Konstitutiv für die Einheit der Christen ist damit erstens die ihrem Wesen nach übereinstimmende Heilserfahrung oder, in Nasts Worten, „der *gemeinsame Genuß dessen*, was der Gläubige in Christo *hat*".[243] Diese übereinstimmende Heilserfahrung bewährt sich, zweitens, in der tätigen Liebe, die Trennendes überwindet und eine sichtbare Einheit im Wirken für das Reich Gottes schafft. Gerade durch das gemeinsame Wirken, so Nast, habe sich „die Schärfe und Bitterkeit dogmatischer Streitigkeiten gemildert".[244] Die Überwindung dogmatischer Streitigkeiten impliziert für Nast, drittens, jedoch keine Gleichgültigkeit in Lehrfragen.

Mit Blick auf die Lehrfragen möchte Nast drei Dinge deutlich machen. Für ihn ist erstens die persönliche Glaubenserfahrung wichtiger als „die Uebereinstimmung in der *begrifflichen Auffassung und Formulierung* dessen, was Christen glauben".[245] Die Grenze aller theologisch-begrifflichen Übereinstimmung ist durch das Paulus-Wort bestimmt, daß der Buchstabe tötet, der Geist aber lebendig macht (2Kor 3,6).[246] Nast hält zweitens fest, daß Gemeinschaft im Geist und in der Liebe ohne gesunde Lehre nicht möglich ist.[247] Dabei ist die Sorge um die reine Lehre nicht gleichbedeutend mit dem Festhalten an einer „starren Orthodoxie". Die Gemeinschaft der Christen schließt drittens das Bemühen um Verständigung in strittigen theologischen Fragen ein. So hielt Nast eine Übereinstimmung von Calvinisten und Arminianern in der Frage der „Bewahrung der Gläubigen" für möglich,[248] wogegen er von seiner Ablehnung der Prädestinationslehre – „sie empört die

---

242 „Ueber die Einheit der Christen", ChrAp 4 (1842) 38.
243 „Die Einheit der Bekenner Christi", ChrAp 35 (1873) 348.
244 „Die Einigkeit der wahren Jünger Christi", ChrAp 17 (1855) 173; vgl. weiter ders., „Die Bedeutung der Berliner September-Versammlung für Deutschland", ChrAp 19 (1857) 202; C. Schell, „Der Methodismus in Deutschland", ChrAp 56 (1894) 50.
245 „Die Einheit der Bekenner Christi", ChrAp 35 (1873) 348.
246 „Wohl ist es nothwendig, die seligmachenden Grundlehren des Evangeliums auf eine solche Weise zu formulieren, daß das christliche Glaubensbekenntniß gehörig geschützt ist gegen die seelenverderbliche Irrlehre; aber handelte es sich bloß um die Formulierung des christlichen Glaubensbekenntnisses, so gäbe es kaum *einen* Glaubenssatz, der nicht irgendeine Veranlassung würde zu verschiedenen Auffassungen. Auf dem Wege des zersetzenden Verstandes kann es unmöglich zu einer Glaubenseinheit kommen, wenn man darunter eine gemeinsame übereinstimmende Formulierung alles dessen, was Christen von Herzen glauben, versteht", ebd.
247 „Wie man in eine wahre Gemeinschaft mit allen Kindern Gottes gelange?", ChrAp 13 (1851) 108.
248 „Sogar diejenigen, welche behaupten, sie bleiben treu bis ans Ende, glauben, daß Christen so weit fallen können, daß ihnen nur ein Funken Christenthum übrig bleibt. Alle Verschiedenheit besteht also darin, daß die Methodisten mit einigen Anderen glauben, daß auch dieser kleine Funken noch mit ausgehen könne", „Christliche Einigkeit", ChrAp 13 (1851) 155.

geistliche Vernunft" – nicht abzurücken bereit war.[249] Als möglich erachtete er auch eine Verständigung zwischen dem Methodismus und den anderen Bekenntnissen in der Heiligungslehre.[250] Eine Einigung über strittige theologische Fragen erwartete Nast in erster Linie von der fortgesetzten und vertieften Auslegung der Bibel her. So zeigen sich bei Nast bereits um die Mitte des 19. Jh. Ansätze für theologische Dialogbemühungen.

Die hier v. a. an Nast exemplifizierten ökumenischen Grundprinzipien sahen die deutschsprachigen Methodisten in der 1846 in London gegründeten *Evangelischen Allianz* (ursprünglich *Evangelischer Bund* genannt) verwirklicht.[251] Sie intendierte keinen Zusammenschluß von Kirchen, sondern verstand sich als „freie Zusammenkunft gläubiger Christen".[252] Ihr Grundprinzip war die tätige Liebe.[253] Als Bewährungsfeld christlicher Einheit betrachtete sie den praktischen Einsatz für die Ausbreitung des Reiches Gottes. Insofern als die Liebe das positive Wesen der Heiligung ausmacht, gibt es Ernst Gebhardt zufolge nur wenige Kirchen, „die sich so von selbst für die Allianz eignen wie die Methodisten, wozu wir natürlich die Wesleyaner und die Evangelische Gemeinschaft rechnen".[254] Der Heiligung als Zentralidee der methodistischen Soteriologie entspricht die Liebe als Grundprinzip der ökumenischen Gesinnung.

Die Voraussetzung christlicher Einheit liegt folglich nicht in der Zugehörigkeit zu irgendeiner Kirche, auch nicht in der äußeren Zustimmung zu einem bestimmten Bekenntnis, sondern in der Teilhabe an der Gemeinschaft der an Christus Glaubenden aufgrund einer persönlichen Heilserfahrung. Die Gemeinschaft der Glaubenden, ihrem Wesen nach unsichtbar, manifestiert sich in der tätigen Liebe,

---

249 Vgl. „Die Methodistenkirche – die Kirche der Zukunft", ChrAp 19 (1857) 97.

250 „Der amerikanische Methodismus und seine Wirksamkeit", ChrAp 19 (1857) 209; ders., „The Berlin Conference of 1857", Methodist Review 40 (1858) 544; „Die Methodistenkirche – die Kirche der Zukunft", ChrAp 19 (1857) 97.

251 Vgl. W. Nast, „The Berlin Conference of 1857", Methodist Review 40 (1858) 432 f.

252 [W. Nast], „Zwei wichtige kirchliche Versammlungen in Europa", ChrAp 29 (1867) 348.

253 „Aus der Liebe fließt der wahre biblische Allianzsinn", A. J. Bucher, „Biblische Allianzgesinnung", Evst 48 (1897) 10; vgl. weiter L. Peter, „Die evangelische Allianz und die Stellung des Methodismus zu ihren Bestrebungen", Evst 25 (1874) 186; „Die evangelische Allianz", Evst 30 (1879) 284.

254 „Welche Stellung sollen wir zur Evangelischen Allianzsache nehmen?", WäSt 14 (1884) 101. W. Nast kann sogar sagen: „wir halten dafür, daß sowohl die Lehre, als auch die Disziplin der Kirche mehr und mehr allgemeine Anerkennung finden werde ... und daß, wie gesagt, ihre Theorie und Praxis auch von andern christlichen Benennungen mehr und mehr anerkannt und nachgeahmt werden *und auf diese Weise der Weg zu einer endlichen Einheit angebahnt werden werde*", „Die Methodistenkirche – die Kirche der Zukunft", ChrAp 19 (1857) 73 (Hervorhebung von mir).

die als Ausdruck einer übereinstimmenden Christusgesinnung verstanden wird. Vor diesem Hintergrund wird auch als das Ziel christlicher Allianz keine äußerliche, institutionelle Einheit der Kirchen, sondern eine Einheit der Wiedergeborenen im Geist und in der Liebe erstrebt. Diese Einheit ist, wie insbesondere Nast betonte, immer auch eine Einheit in der Wahrheit.

Diese Zurückstellung des Zieles einer größeren sichtbaren Einheit der Kirche zugunsten einer die Denominationen übergreifenden Gemeinschaft der Glaubenden steht in der Linie der bereits mehrfach benannten Tendenz zur Akzentuierung der subjektiven Seite der Kirche. Die aus dem Glauben erwachsende Liebe bestimmt subjektiv nicht nur das Wesen der Methodistenkirche, sondern auch das Wesen der kirchlichen Einheit. Daß diese Einheit der Kirche objektiv in Christus gegeben ist, wird auch hier nicht ausgeblendet, rückt jedoch wiederum in den Bereich der nur selten thematisierten theologischen Voraussetzungen. Die objektive Einheit der Kirche wird somit nur subjektiv, im gemeinsamen Handeln der Christen, das Ausdruck ihrer übereinstimmenden Christusgesinnung ist, greifbar.

5.7. Fazit

Das kirchlich-theologische Selbstverständnis des deutschsprachigen Methodismus zeigt eine klare Tendenz zur Ausrichtung an ethisch-empirischen und damit subjektiven Kategorien. Dieser Tendenz gegenüber erweist sich das *Formalprinzip* „Allein die Schrift" nicht als kritisches Korrektiv, sondern wird in einem diese Tendenz bestärkende Sinne gebraucht. Dabei scheint der Anspruch, eine – nicht *die* eine – apostolisch-reformatorische Erneuerungsbewegung zu sein, apologetisch gegen die kirchliche Tradition (der anderen Kirchen) gerichtet zu sein. Gegenüber den Verfallserscheinungen der späteren Jahrhunderte wird das Neue Testament als das authentische und normative Zeugnis vom geisterfüllten Leben der apostolischen Kirche aufgefaßt. Bei dem Versuch, die eigene Kirche als Erneuerung des apostolischen Christentums darzustellen, verschmelzen Motive des ethischen und des ekklesiologischen Primitivismus miteinander, wobei die Betonung auf ersterem liegt. Die Akzentuierung des ekklesiologischen Primitivismus verdankt sich, mehr geschichtlich als theologisch bedingt, der Existenz des Staatskirchensystems in Europa bzw. der Erinnerung daran. Vor diesem Hintergrund wird der staatsfreie und folglich missionsorientierte Charakter der apostolischen Kirche hervorgehoben. Andere Fragen der kirchlichen Ordnung bleiben dagegen weithin ausgeblendet oder werden als in ihrer Bedeutung sekundär bezeichnet.

So wird weder der Kontrast zwischen der nichtbischöflichen Verfas-
sung der ersten Christengemeinden und der bischöflichen Ordnung
der Methodistenkirche noch die Differenz zwischen der weitgehend
kongregationalistischen Struktur der apostolischen Kirche und der
konnexionalen Struktur des Methodismus überhaupt thematisiert.[255]
Damit bestätigt sich, daß das Neue Testament den deutschsprachigen
Methodisten nicht Norm kirchlicher Ordnung, sondern Norm des
Lebens in der Christus-Nachfolge ist.

Der Anspruch, eine Erneuerung des apostolischen Christentums zu
verkörpern, stützt sich auf einen weithin ungeschichtlichen Rückgriff
auf das Zeugnis des Neuen Testaments. Kirchengeschichtlich frühere
Erneuerungs- oder Reformbewegungen werden kaum zur Kenntnis
genommen. Lediglich die Reformation des 16. Jh. wird als ein wenn
auch in seiner Wirkung ambivalenter Einschnitt der Kirchengeschichte
aufgefaßt. Dabei ähnelt die Bestimmung des Verhältnisses von Reformation und Methodismus auffallend dem methodistischen Verständnis
vom Verhältnis zwischen dem objektiven Heilswerk Christi und dem
subjektiven Heilsweg des Menschen. Ebenso wie das Heilswerk Christi unter die theologischen Voraussetzungen der Soteriologie gerät, so
gerät die Reformation unter die geschichtlichen Voraussetzungen methodistischen Selbstverständnisses. Beide Vorgänge erscheinen im Modus der Ermöglichung des *Eigentlichen*. Während die durch Christus
erworbene Vergebung und Erneuerung sich im Leben des Menschen
zu realisieren hat, so hat auch die von der Reformation eingeleitete
Richtungsänderung erst im Methodismus erfahrbare Gestalt gewonnen. Zur Verdeutlichung dieses Kontrasts werden – gegen die geschichtliche Wirklichkeit – die geistlichen gegenüber den institutiona-
lisierten Folgewirkungen der Reformation heruntergespielt. Erst so
kommt die Mission des Methodismus zur Belebung der Christenheit
voll zu ihrer Geltung.

Das methodistische *Medialprinzip* zeigt sich, bezogen auf das
Selbstverständnis der deutschsprachigen Methodisten, in der konstitutiven Bedeutung, die der Heilserfahrung des Menschen zugewiesen
wird. Diese ist Kriterium einer Zugehörigkeit zur und eines Verbleibens in der Methodistenkirche. Dieser essentiell subjektiven Bestimmung gegenüber treten die äußeren Vollzüge der Kirche deutlich zurück: Weder die (Kinder)taufe noch die kirchliche Unterweisung noch
ein Bekenntnis der Rechtgläubigkeit werden für sich genommen als
zureichende Voraussetzungen für die Aufnahme in die Methodisten-

---

255 Andererseits lud die frühe kirchliche Bezeugung der im Neuen Testament nicht
    explizit erwähnten Kindertaufe zur Heranziehung der altkirchlichen Tradition ein,
    die dann – inkonsequenterweise – gegenüber den Baptisten auch gelegentlich geltend
    gemacht wurde.

kirche akzeptiert. Entscheidend ist vielmehr die fortschreitende Erfahrung des erleuchtenden, erneuernden und heiligenden Wirkens der göttlichen Gnade. Das Wachstum in der Gnade und die Bewahrung einer lebendigen religiösen Erfahrung sind jedoch nur möglich im Lebenszusammenhang der von Gott eingesetzten Gnadenmittel. Damit ist und bleibt die christliche Heilserfahrung auf die objektiven ekklesialen Vollzüge angewiesen, die jedoch immer nur im Hinblick auf ihre subjektiven Wirkungen bestimmt werden. Damit ist die Kirche subjektiv konstituiert durch die übereinstimmende Heilserfahrung.

Indem das methodistische *Materialprinzip* „Heiligung durch den Glauben" als vom Glauben her bestimmte Liebe aufgefaßt wird, werden die erfahrungstheologische, ethische, konfessionelle und ökumenische Grundstruktur der Methodistenkirche von der soteriologischen Grundstruktur methodistischer Theologie her zur Deckung gebracht. Zugleich fließen die dogmatische und ethische Seite der theologischen Identität zusammen. Die vollkommene Liebe, verstanden als Terminus einer ganz vom liebenden Wesen Gottes durchdrungenen Existenz, bezeichnet zum einen als „Central-Idee" den konfessionellen Standpunkt des Methodismus, sie bezeichnet zum anderen das sich aus der lebendigen Beziehung zu Gott speisende Lebensprinzip der Christusnachfolge, die ihrem Wesen nach in der Erfüllung des Doppelgebots der Liebe aus der Kraft des Heiligen Geistes besteht. So verstanden besteht die providentielle Bestimmung des Methodismus in der Gestaltung eines Lebens in der Liebe nach dem Vorbild Christi. Die ekklesiologische Bedeutung des methodistischen Materialprinzips zeigt sich in der näheren Bestimmung des Begriffs der christlichen Gemeinschaft, die ihrer positiven Seite nach als Liebe zu Gott und dem Nächsten bestimmt wird. Der Weltbezug dieses Gemeinschaftsbegriffs ergibt sich aus dem werbenden, d. h. Zeugnischarakter der christlichen Liebe. In ökumenischer Perspektive ist es wiederum die Liebe, nicht die Übereinstimmung in äußeren Vollzügen, die die in Christus bereits geschenkte Einheit der Kirche verwirklicht.

Damit stärkt auch die Bestimmung der Heiligung als „Central-Idee" des Methodismus die subjektive Akzentuierung des kirchlich-theologischen Selbstverständnisses des deutschsprachigen Methodismus. Die im Zuge der Ausprägung eigenkirchlicher Strukturen aufbrechenden Spannungen zwischen dem Anspruch, apostolisch-reformatorische Erneuerungsbewegung zu sein, und der Wirklichkeit, als eine konfessionelle Kirche verfaßt zu sein, werden im 19. Jh. nicht theoretisch-konzeptionell aufgelöst und bleiben so Indikator unreflektierter ekklesiologischer Ambivalenzen.

6. Der deutschsprachige Methodismus im 19. Jahrhundert – ein theologiegeschichtliches Resümee

Bereits die Theologie John Wesleys stellte eine Synthese unterschiedlicher theologischer Traditionen dar. So verbanden sich mit seiner Prägung durch den hochkirchlich-arminianischen Anglikanismus Einflüsse aus dem englischen Puritanismus und dem deutschen Pietismus. Während sich der deutschsprachige Methodismus des 19. Jh. nun seinerseits an den „Vätern" Wesley und Fletcher, aber auch an frühen methodistischen Theologen wie Watson und Clarke zu orientieren suchte, nahm er zugleich theologische Einflüsse seiner eigenen Zeit auf. Damit kam es zur Entstehung einer neuen Synthese, deren Elemente im folgenden noch einmal zu benennen sind. Ziel ist es, die Theologie des deutschsprachigen Methodismus in den theologiegeschichtlichen und konfessionskundlichen Rahmen seiner Zeit einordnen zu können. Dazu ist es grundlegend, zunächst nach den Entwicklungen gegenüber der Theologie John Wesleys zu fragen.

6.1. Entwicklungen gegenüber der Theologie John Wesleys

a) Programmatische Kontinuität

Der deutschsprachige Methodismus folgt bis ans Ende des 19. Jh. weithin den in der Theologie John Wesleys vorgezeichneten Grundlinien. So ist die theologische Programmatik unverändert vom *Primat der Soteriologie* her bestimmt. Wie schon bei Wesley bildet der Heilsweg bzw. die Heilsordnung als die subjektive Seite der Soteriologie das „Herzstück" der methodistischen Theologie. Die Heilsordnung stellt weiterhin die das theologische Programm bestimmende Grundstruktur dar. Aus dem Primat der Soteriologie ergeben sich bei Wesley drei Grundorientierungen, die auch die Theologie des deutschsprachigen Methodismus im 19. Jh. bestimmen. So bedingt die Konzentration auf die Heilsordnung als Grundstruktur der Theologie erstens eine *erfahrungstheologische* Grundorientierung. Die biblischen Lehren von Buße, Glaube, Rechtfertigung, Wiedergeburt, Heilsgewißheit und Heiligung beschreiben die Wirkungen der göttlichen Gnade in der

persönlichen religiösen Erfahrung. Mit dem Insistieren auf die Heilserfahrung ist der theologischen Spekulation ein – nicht immer wirksames (s. u.) – kritisches Prinzip entgegengesetzt. Theologie ist nicht
die „leblose" Wissenschaft von der abstrakten Rechtgläubigkeit, sie
hat es vielmehr mit dem Leben zu tun. Sie ist eine Theologie der
„gelebten Gnade".[1] Damit ist zweitens auf die unverändert *praktische*
bzw. *ethische* Grundorientierung methodistischer Theologie verwiesen.
Die innere Erfahrung des Menschen setzt ein Leben in der Christus-
Nachfolge frei. Gerade im Tun des Guten, Meiden des Bösen und
dem Gebrauch aller von Gott eingesetzten Gnadenmittel erweist sich
das aufrichtige Verlangen nach Rettung und Erlösung.[2] Wirkung der
erneuernden Gnade Gottes ist die sichtbare Umgestaltung des Menschen in Gesinnung und Lebenswandel, verstanden als Wiederherstellung des Gottebenbildes im Menschen. Dies impliziert drittens eine
missionarische Grundorientierung. Den universalen Wirkungen der vorlaufenden Gnade entspricht die im Evangelium ausgesprochene Einladung an alle Menschen in die Gemeinschaft der Glaubenden.

Übereinstimmung zwischen Wesley und dem deutschsprachigen
Methodismus des 19. Jh. zeigt sich ferner hinsichtlich des Interesses
an einer Verhältnisbestimmung von Glaube und Vernunft und, in der
Konsequenz, in der Bestimmung des Zuordnungsverhältnisses von *So-
teriologie und Apologetik*. Das besondere Interesse an der Soteriologie
Wesleys hat häufig zu einer Ausblendung von dessen apologetischer
Betätigung[3] und folglich zu dem Urteil geführt, Wesley habe die
Vernunft weniger stark geschätzt als der Methodismus des 19. Jh.
Obwohl Wesley einerseits und z. B. Nast andererseits den Begriff
Vernunft mit Rückgriff auf unterschiedliche philosophische Traditio-
nen interpretierten, ergaben sich gleichwohl wichtige grundsätzliche
Übereinstimmungen.[4] Beide verstanden die Vernunft nicht als Quelle,
sondern als Werkzeug, d. h. als Rezeptions- bzw. Vermittlungsorgan,
von Erkenntnis. Beide bestritten, daß es zwischen Offenbarungsglaube

1 Vgl. Walter Klaiber/Manfred Marquardt, Gelebte Gnade. Grundriß einer Theologie
  der Evangelisch-methodistischen Kirche, Stuttgart 1993.
2 Vgl. die „Allgemeinen Regeln" der methodistischen Gemeinschaften, WJW, Bd. 9,
  69–73.
3 Vgl. aber Helmut Renders, John Wesley als Apologet. Systematisch-theologische
  Hintergründe und Praxis wesleyanischer Apologetik und ihre missionarische Bedeutung, Stuttgart 1990; John W. Haas, „Eighteenth Century Evangelical Responses to
  Science. John Wesley's Enduring Legacy", Science and Christian Belief 6 (1994) 83–
  100.
4 Zum Vernunftbegriff Wesleys vgl. Rebekkah L. Miles, „The Instrumental Role of
  Reason", in: W. Stephen Gunter u. a. (Hg.), Wesley and the Quadrilateral. Renewing
  the Conversation, Nashville 1997, 77–106; Rex Dale Matthews, „Religion and Reason Joined". A Study in the Theology of John Wesley, unveröffentl. Diss, Harvard
  University 1986.

und Vernunft einen prinzipiellen Gegensatz gibt. Wesley und Nast bemühten sich, mit einem zweifellos „aufgeklärten" Interesse, Recht und Grenzen der Vernunfttätigkeit des Menschen festzustellen. Sie gingen – wiederum mit unterschiedlichen erkenntnistheoretischen Voraussetzungen arbeitend – übereinstimmend davon aus, daß auch der nicht wiedergeborene Mensch einige Grundbegriffe der Religion und Moral kennt und sich folglich vor der Anrede Gottes zu „ver-antworten" hat. Beide sahen zum einen im Sündenfall den ursächlichen Grund für die Verblendung der Vernunft, zum anderen in der Wiedergeburt das Heilmittel auch für das Erkenntnisvermögen des Menschen. Sowohl bei Wesley als auch im deutschsprachigen Methodismus schloß die soteriologische Grundorientierung ein lebendiges apologetisches Interesse nicht aus. Ungeachtet der abweichenden materialen Bestimmungen in bestimmten erkenntnistheoretischen Fragen zeigt sich damit ein in den Grundzügen übereinstimmendes Zuordnungsverhältnis von Soteriologie und Apologetik.

Vor diesem Hintergrund einer weithin ungebrochenen Kontinuität in der programmatischen Orientierung zeichnen sich nun aber doch einige Akzentverschiebungen hinsichtlich der materialen Ausgestaltung dieses Programms ab. Diese Akzentverschiebungen sind Ausdruck bestimmter grundsätzlicher Tendenzen, auf die im folgenden unter den Stichworten Ethisierung, Individualisierung, Psychologisierung und Systematisierung verwiesen werden soll.

b) Die ethisierende Tendenz

Die weite Teile der erwecklichen Theologie des 19. Jh. kennzeichnende ethisierende Tendenz zeigt sich v. a. in der Anthropologie und der Sündenlehre des deutschsprachigen Methodismus. Wesleys *Anthropologie* kreiste um drei gedankliche Pole: erstens um die streng reformatorische Auffassung von der völligen Sündenverderbtheit des „natürlichen" Menschen, zweitens um den Gedanken von der universalen Wirksamkeit der vorlaufenden Gnade, die dem „natürlichen" Menschen ein Maß an sittlicher Freiheit und religiösem Bewußtsein mitteilt und damit eine Empfänglichkeit des Menschen für die Gnade konstituiert, und drittens um die Vorstellung von der Gottebenbildlichkeit des Menschen. Nach Wesley ist durch den Fall das moralische Ebenbild im Menschen, also seine ursprüngliche Gerechtigkeit und Heiligkeit, zerstört, das natürliche Ebenbild, und damit auch sein Vermögen zu wollen, jedoch nur getrübt worden.[5] Wesley kann das Vermögen des Menschen, etwas zu wollen, daher auch als Ausdruck eines *imago*-Restes auffassen. Die

---

5 Vgl. Kenneth J. Collins, The Scripture Way of Salvation, Nashville 1997, 30.

zwischen diesen drei anthropologischen Bestimmungen bestehenden Spannungen werden bei Wesley nicht gänzlich aufgelöst, auch wenn erkennbar ist, daß Wesley auf diese Bestimmungen von je verschiedenen Perspektiven aus Zugriff nimmt.[6] In der Theologie des deutschsprachigen Methodismus verlagert sich das theologische Sachgewicht ganz auf den Gedanken der in „formaler" Hinsicht auch nach dem Fall fortbestehenden Gottebenbildlichkeit des Menschen. Die Überzeugung von der Wirksamkeit der vorlaufenden Gnade tritt erkennbar hinter dem Postulat der sittlichen Freiheit und Verantwortung des Menschen zurück, wird allerdings nicht grundsätzlich geleugnet. Die Anthropologie gerät damit unter die primäre Bestimmung durch die sittlichen Postulate der Freiheit und Verantwortlichkeit des Menschen. Damit gewinnt auch die Rede vom „natürlichen" Menschen eine veränderte inhaltliche Bedeutung. Noch bei Wesley meinte sie den sündigen Menschen unter Absehung von den Wirkungen der vorlaufenden Gnade. Da für ihn jedoch empirisch betrachtet kein Mensch gänzlich ohne vorlaufende Gnade ist, meint der Begriff „natürlicher" Mensch ein theoretisches Konstrukt, das empirisch eher eine „Fiktion" darstellt.[7] In der Theologie des deutschsprachigen Methodismus wird dieses theoretische Konstrukt des „natürlichen" Menschen nun von der Empirie her modifiziert. Gemeint ist jetzt der Mensch, der als sittlich verantwortliches Wesen vor Gott steht, weil die Wirkung der Erbsünde durch den von Christus erwirkten Erbsegen „neutralisiert" ist. Der „natürliche" Mensch im Sinne Wesleys ist nun nicht mehr nur eine empirische, sondern auch eine theoretische Fiktion, der Mensch ist axiomatisch ein ethisches Subjekt.

Eine deutliche ethisierende Tendenz zeigt sich auch in der *Sündenlehre* des deutschsprachigen Methodismus. Der Begriff der Sünde, verbunden mit dem der Sündenschuld, wird – anders als bei Wesley – scharf mit dem Vorhandensein sittlicher Freiheit und Verantwortlichkeit beim handelnden Subjekt verbunden. Wesley hatte im Zusammenhang seiner Lehre von der christlichen Vollkommenheit unterschieden zwischen Sünde im eigentlichen und Sünde im uneigentlichen Sinne, wobei erstere die bewußte Übertretung eines bekannten Gesetzes Gottes, letztere das Zurückbleiben hinter der vollkommenen Gerechtigkeit Gottes meinte.[8] Mehr als diese Unterscheidung war Wes-

---

6 Vgl. Manfred Marquardt, Praxis und Prinzipien der Sozialethik John Wesleys, 2. durchgesehene Aufl. Göttingen 1986, 107–113.

7 Vgl. Jürgen Weißbach, Der neue Mensch im theologischen Denken John Wesleys, Stuttgart 1970, 73.

8 Der Zweck dieser Unterscheidung war es zu zeigen, daß die Vollkommenheit des Christen keine „sündlose" Vollkommenheit ist. Vgl. Harald Lindström, Wesley und die Heiligung, Stuttgart ²1982, 100–103.

leys Sündenverständnis jedoch von der Vorstellung der Erbsünde als einer den ganzen Menschen durchdringenden Krankheit bestimmt, wobei er den Gedanken der Erbsünde mit dem der Schuld verband. Dabei handelt es sich Wesley zufolge jedoch lediglich um eine aufgrund der Verbindung aller Menschen mit Adam zugerechnete, nicht jedoch um unmittelbare persönliche Schuld. Der Unterschied liegt in den Sündenfolgen: Die um Adams willen zugerechnete Schuld bewirkt den zeitlichen und geistlichen, nicht jedoch den ewigen Tod, der eine persönliche Schuld voraussetzt.[9] Diese Differenzierung wird im deutschsprachigen Methodismus, ausgehend vom Postulat der sittlichen Freiheit und Verantwortlichkeit des Menschen, terminologisch eingeebnet. Der Begriff der Sünde wird jetzt oft in strenger Weise auf die aus ihr folgende Schuld bezogen und damit auf die vorsätzlich und bewußt begangene Tatsünde reduziert, was sich besonders in der weitgehenden Vermeidung des Begriffs „Erbsünde" und der Rede vom „Erbübel" einerseits sowie der Bezeichnung „Mängel und Gebrechen" für die Vergehen des gänzlich geheiligten Christen andererseits zeigt. Die eigentlich mit der Erbsünde einhergehende zugerechnete Schuld wird apriorisch mit den „objektiven" Wirkungen des Versöhnungswerkes Christi verrechnet. Die Neutralisierung der „Erbsünde" durch den von Christus erwirkten „Erbsegen", wie sie in der Anthropologie begegnet, ist damit auch hamartiologisch begründet.

c) Die individualisierende Tendenz

Insofern als mit dem Postulat von der sittlichen Freiheit und Verantwortung des Menschen zunächst immer auf das einzelne Subjekt rekurriert wird, geht mit der ethisierenden eine individualisierende Tendenz einher. Im Vergleich der Theologie Wesleys mit der des deutschsprachigen Methodismus im 19. Jh. zeigt sich diese Tendenz zentral in der *Heiligungslehre.* Dabei ist zunächst daran zu erinnern, daß innerhalb des deutschsprachigen Methodismus unterschiedliche Akzente gesetzt wurden, was die Betonung entweder der schrittweisen oder der augenblicklichen Heiligung anbelangte. Für beide Akzentuierungen konnte man sich auf Aussagen Wesleys berufen. Doch stimmten die Anhänger beider Richtungen darin mit Wesley überein, daß sie die Heiligung als das Befreitwerden von der Sünde und das Erfülltwerden mit der Liebe Gottes definierten. Vor dem Hintergrund dieser Übereinstimmung vollzieht sich im deutschsprachigen Methodismus jedoch eine konzeptionelle Neuordnung der Heiligungslehre, die als Ausdruck von individualisierenden Tendenzen aufgefaßt wer-

---

9 Vgl. ebd., 25–28.

den kann. Bei Wesley war die Heiligungslehre sachlich sowohl mit der Ekklesiologie, man denke an die „Klassen" und Gemeinschaften, als auch mit der Lehre von den Gnadenmitteln verwoben. Heiligung bezeichnet damit einen unaufhebbar sozialen Vorgang. Die Interdependenz dieser Bereiche ist auch in der Theologie des deutschsprachigen Methodismus nicht geleugnet, die konzeptionelle Verwobenheit beginnt sich jedoch aufzulösen. Dies geschieht von der Heiligungslehre aus durch die Konzentration auf die individuelle Dimension der Heiligung, konkreter: auf die persönliche Erfahrung und deren öffentliches Bekenntnis. Die weitgreifenden Diskussionen um den entweder schrittweisen oder augenblicklichen Charakter der Heiligung, um das logische und/oder zeitliche Verhältnis von Sündenreinigung und Erfüllung mit der göttlichen Liebe sowie um den Unterschied von Reinheit und Reife weisen diese Tendenz zur einseitigen Subjektorientierung deutlich aus. Von solchen Fragestellungen her mußte die Heiligungslehre einen primär individualistischen Akzent bekommen. Doch ist die soziale Dimension der Heiligung damit lediglich aus dem soteriologischen Zusammenhang der Heiligungs*lehre* ausgeblendet. Sie wird jetzt – konzeptionell neu verortet – im Zusammenhang der Sozialethik und dabei häufig unter dem Begriff der Moralreformen behandelt.[10] Die soziale Dimension der Heiligung ist zudem unverändert in der Ekklesiologie präsent, denkt man an die Bestimmung der Liebe als positive Seite des ekklesiologisch zentralen Begriffs der Gemeinschaft. Die Individualisierung des Heiligungsverständnisses vollzieht sich im deutschsprachigen Methodismus des 19. Jh. daher zunächst auf der konzeptionellen Ebene. Faktisch findet die soziale Heiligung weiterhin ihren Ausdruck in der Gemeinschaftsorientierung und dem sozialethischen Engagement. Der Weg in die sozialpolitische Abstinenz und die rein individualistische Auffassung des Heiligungsgedankens ist hier jedoch bereits vorgezeichnet.

10 Die soziale Dimension der Heiligung ist in dieser Untersuchung nicht berücksichtigt worden, da sie vom deutschsprachigen Methodismus in systematisch-theologischer Hinsicht wenig reflektiert worden ist; zur Praxis vgl. P. F. Douglass, The Story of German Methodism, 176–183; Theophil Mann, „Werktätige Liebe", in: Otto Melle (Hg.), Das Walten Gottes im deutschen Methodismus, Bremen o. J., 240–264; C. Golder, Die Geschichte der weiblichen Diakonie, Cincinnati/Chicago/Kansas City 1901, 115 ff.; Irene Kraft-Buchmüller, Die Frauen in der Anfangszeit der bischöflichen Methodistenkirche in Deutschland, 34 ff.; Michel Weyer, „Die methodistische Auffassung von Sonntag und Sonntagsheiligung im Rahmen der christlichen, insbesondere der evangelischen Tradition", ThfPr 16 (1990) 36–60.

d) Die psychologisierende Tendenz

Die Konzentration auf das Individuum bedingte in letzter Konsequenz auch eine gegenüber der Theologie Wesleys psychologisierende Tendenz. Diese Tendenz zeigte sich wiederum v. a. in der *Sünden-* und der *Heiligungslehre.* So warf die Parallelisierung von Erbsünde und Erbsegen Fragen nach dem geistlichen Zustand der Kinder auf. Zwar wurden wesentliche Fragen wie die, auf welche genaue Weise in Unmündigkeit sterbende Kinder die Seligkeit erlangen können, unter Hinweis auf den „geheimnisvollen" Charakter des göttlichen Heilshandelns offengelassen. Gleichwohl ist eine wachsende Neigung zur Diskussion solcher Fragen nicht zu übersehen. Einer sich mehr und mehr ins Spekulative steigernden psychologisierenden Feinbestimmung wurde v. a. die Heiligungslehre unterworfen. Diese spekulative Bewegung erreichte in den 1870er und 1880er Jahren ihren Höhepunkt. Dabei versuchte man u. a. die Wirkungen der christlichen Vollkommenheit im Verhältnis zu konstitutiven menschlichen Daseinskriterien, wie z. B. der Versuchlichkeit, in quasi psychologischer Manier zu durchdringen. Dem wachsenden psychologischen Durchdringungsgrad der Lehre von der christlichen Vollkommenheit entsprach eine zunehmende Zahl an bis dato unbekannten begrifflichen Differenzierungen. In der Theologie des deutschsprachigen Methodismus wird damit eine Richtung konsequent weiterverfolgt, die zwar ihrem Ansatz nach bereits bei Wesley eingeschlagen ist,[11] jedoch erst jetzt programmatisch bestimmende Konturen gewinnt.

e) Die systematisierende Tendenz

Wesleys Theologie war von zahlreichen Ambivalenzen durchzogen, um deren Ausgleich er sich nach außen hin wenig bemühte. Obwohl in der Theologie des deutschsprachigen Methodismus zahlreiche dieser Ambivalenzen bewahrt blieben, ist eine um die Auflösung der bei Wesley vorhandenen Spannungen und um stärkere theologische Eindeutigkeit bemühte Tendenz zur Systematisierung offenkundig. Dies zeigt sich besonders deutlich vor dem Hintergrund der bei Wesley ambivalenten Bestimmung von *Taufe und Wiedergeburt.* Wesley hatte zwar wiederholt davor gewarnt, sich angesichts eines von der Sünde bestimmten Lebens auf den „zerbrochenen Rohrstock" der als Kind erfahrenen Taufwiedergeburt zu stützen,[12] die Vorstellung von der Taufwiedergeburt selbst

---

11 Vgl. Kenneth J. Collins, „John Wesley's Topography of the Heart. Dispositions, Tempers, and Affections", MethH 36 (1998) 162–175.
12 Vgl. John Wesley, Die 53 Lehrpredigten, Stuttgart 1986–1992, 342.

jedoch nicht aufgegeben.[13] Im deutschsprachigen Methodismus des 19. Jh. wurde die Taufwiedergeburtslehre dagegen entschieden zugunsten der Notwendigkeit einer auf Buße und Glauben hin bewußt erfahrenen Wiedergeburt verworfen.[14] Die Schärfe dieser Verwerfung dürfte insbesondere durch das Gegenüber zu konfessionellen Ausprägungen lutherischer Theologie bedingt gewesen sein.

Aus der Erinnerung an die bzw. dem Gegenüber zur Staatskirche kam es im deutschsprachigen Methodismus ferner zu einer Modifikation des *Primitivismus* Wesleys.[15] Wesley vertrat ausschließlich einen ethischen, nicht jedoch einen ekklesiologischen Primitivismus. Das Zeugnis der frühen Kirche der ersten vier Jh. war für ihn normativ in Fragen der Lebensordnung, nicht jedoch der Kirchenstruktur. Er hatte daher auch keine prinzipiellen Probleme mit der Anglikanischen als einer Staatskirche. Sein Verhältnis zur Kirche von England war vielmehr von einer Pragmatik bestimmt, der soteriologische Kriterien zugrunde lagen.[16] Im Kontext der von einem denominationellen Selbstverständnis bestimmten amerikanischen Mutterkirche entwickelten sich im deutschsprachigen Methodismus jedoch neben dem ethischen auch Ansätze eines ekklesiologischen Primitivismus, aus dem heraus es zu einer klaren Ablehnung des Staatskirchensystems und zur Entwicklung eines freikirchlichen Selbstverständnisses kam. Der Wesleys Gemeinschaftsmodell bestimmende Freiwilligkeitsgedanke wurde jetzt auf die Kirche bzw. Denomination als solche übertragen.

f) Fazit

Mit Blick auf das theologische Verhältnis des deutschsprachigen Methodismus zu John Wesley zeigt sich eine Dialektik von Kontinuität und Diskontinuität. Dabei läßt sich die stärkste Kontinuität auf der Ebene der programmatischen Grundorientierung erkennen. In verschiedenen Bereichen der materialen Dogmatik zeigen sich dagegen Akzentverschiebungen, die sich Tendenzen der Ethisierung, Individualisierung, Psychologisierung und Systematisierung zuordnen lassen. Der Begriff der Diskontinuität gegenüber der Theologie Wesleys

---

13 Vgl. Albert Outler (Hg.), John Wesley, New York 1964, 317–332.
14 Einschränkend muß daran erinnert werden, daß nach Nast die Taufe eines gläubigen Erwachsenen durchaus zum Gnadenmittel von dessen Wiedergeburt werden könne. In der Auseinandersetzung mit der Taufwiedergeburtslehre ist die Erwachsenentaufe jedoch in der Regel überhaupt nicht im Blick.
15 Vgl. Luke L. Keefer, John Wesley. Disciple of Early Christianity, 2 Bde., unveröffentl. Dissertation, Temple University 1981.
16 Vgl. dazu Christoph Raedel, „Die Bischöfliche Methodistenkirche im 19. Jahrhundert als ,Bekenntniskirche mit erfahrungstheologischer Grundstruktur'", Freikirchenforschung 10 (2000) 171–180.

ist jedoch deshalb mit Vorsicht zu gebrauchen, weil sich in den angegebenen Tendenzen zumeist die schärfere Akzentuierung eines theologischen Aspekts zeigt, der sich unbestreitbar bereits bei Wesley
selbst findet. In der Summe aller Beobachtungen läßt sich jedoch für
den deutschsprachigen Methodismus des 19. Jh. die Tendenz feststellen, stärker einem in der Synthese von Erweckung und Aufklärung
wurzelnden Denken zu folgen, woraus sich eine beginnende Distanzierung von einigen Grundkoordinaten reformatorischer Theologie
ergeben mußte. Diese These führt uns zur abschließenden theologiegeschichtlichen und konfessionskundlichen Einordnung des deutschsprachigen Methodismus.

6.2. Die Theologie des deutschsprachigen Methodismus im Kontext von Reformation, „aufgeklärter" Erweckung und Heiligungsbewegung

Der deutschsprachigen Methodismus im 19. Jh. bezieht sich in seiner
theologischen Ausrichtung einerseits auf die ihm vorliegende methodistische und darüber hinaus reformatorische Tradition, er nimmt
andererseits zeitgenössische Einflüsse auf und profiliert die so entstehende theologische Synthese im Gegenüber zu als kritisch beurteilten
Zeitströmungen. Das sich dabei abzeichnende theologische Programm
ist in dieser Untersuchung auf drei Grundprinzipien methodistischer
Theologie zurückgeführt worden. Diese gilt es noch einmal kritisch
zu reflektieren und für die theologiegeschichtliche und konfessionskundliche Einordnung fruchtbar zu machen.

a) Das Formalprinzip

Mit dem Formalprinzip des „sola scriptura" stellt sich der deutschsprachige Methodismus in Kontinuität mit der *reformatorischen* Tradition. Dabei wird erkennbar, wie der formale reformatorische Impuls
sich unter den Bedingungen der zunehmenden neuzeitlichen Subjekt-
Orientierung zu bewähren hat. Auf drei Punkte sei an dieser Stelle
verwiesen.

Das der reformatorischen Tradition entnommene Formalprinzip ist
erstens gegen den *Rationalismus* gerichtet. Im Gegenüber zum theologischen Rationalismus und wissenschaftlichen Positivismus verschiebt sich der Akzent von der Frage „Was lehrt die Bibel bezüglich
des Heils?" zu der Frage „Was ist die Bibel ihrem Wesen nach?". Die
epistemologische Fragestellung erfährt damit eine deutliche Aufwertung gegenüber der soteriologischen bzw. christologischen. Die Bibel

wird ihrem Wesen nach als die alle Wirklichkeitsbereiche erschließende Gottesoffenbarung aufgefaßt. Ihre göttliche Autorität wird geschichtlich durch den Aufweis ihrer historischen Zuverlässigkeit, theologisch durch die Inspirationslehre gestützt. Insgesamt führt die Auseinandersetzung mit der offenbarungskritischen Vernunft*gläubigkeit* des Rationalismus zu einer verstärkten Vernunft*orientierung* des deutschsprachigen Methodismus. Sie zeigt sich nicht nur im engeren Bereich der Apologetik, sondern darüber hinaus in allen Bereichen des theologischen Arbeitens. Das reformatorische Anliegen, der Bibel eine theologische Zentralstellung in Theologie und Kirche zu sichern, soll auf diese Weise unter den Bedingungen der Neuzeit fortgeschrieben werden. Unverkennbar ist jedoch, daß das reformatorische Formalprinzip die Einheit der sich auf die Reformation berufenden Kirchen nicht zu bewahren bzw. herzustellen vermochte. Diese Beobachtung wirft eine Reihe von hermeneutischen Grundfragen auf, die erkennbar im deutschsprachigen Methodismus des 19. Jh. noch nicht reflektiert wurden.

Das den deutschsprachigen Methodismus kennzeichnende Formalprinzip ist zweitens gegen den *Katholizismus* gerichtet. Die kritische Auseinandersetzung mit der Römisch-Katholischen Kirche war geeignet, nun doch ein gewisses Maß an gemeinsamer reformatorischer Gesinnung herzustellen. Es ist nicht zu übersehen, daß die Verquickung theologischer und politischer Argumente sowohl dem geistlich-weltlichen Machtanspruch der Römischen Kirche zu dieser Zeit als auch der methodistischen Vorstellung von der geistlichen Gestaltungskraft der (protestantischen) Kirche(n) im gesamtgesellschaftlichen Raum entsprach. Dennoch haben sich eine Reihe von im engeren Sinne kontrovers-theologischen Fragen freilegen lassen, die vom methodistischen Standpunkt aus zu diskutieren waren. Dabei offenbart der Standpunkt der deutschsprachigen Methodisten im Hinblick auf das Verhältnis von Schrift und Tradition ein deutliches Dilemma. Der scharfen Abweisung einer normativen Wertigkeit der Tradition korreliert im methodistischen Bewußtsein nämlich nicht allein die postulierte alleinige Normativität der Bibel, sondern zudem eine – wenn auch ihrem Wesen nach abgeleitete – Normativität der methodistischen Tradition, auf die kaum reflektiert wird. Die Prägung der deutschsprachigen Methodisten durch die theologische Tradition ihrer eigenen Kirche ist stets vorausgesetzt worden, ohne von hier aus zu einer prinzipiellen Neubestimmung des Traditionsbegriffs zu gelangen. So bewährt sich das Formalprinzip – auf nicht ganz unproblematische Weise – auch auf dem Feld der konfessionellen Polemik.

Das Formalprinzip richtet sich in reformatorischer Tradition drittens gegen einen überzogenen *Subjektivismus*. Obwohl eine gegenüber Wesley fortgeschrittene Subjekt-Orientierung des deutschsprachigen

Methodismus im 19. Jh. nicht zu bestreiten ist, darf doch nicht übersehen werden, daß die Bibel im Kontext der christlichen Glaubenserfahrung als kritisches Prinzip wirkte. Denn die Erfahrung ist kein der Offenbarung gegenüber eigenständiges Kriterium oder gar Quelle theologischer Erkenntnis, sondern das Medium, durch das sich die göttliche Offenbarung in ihrer für das ethische Subjekt unabweisbaren persönlichen Bedeutung erschließt. Unverkennbar ist gleichwohl die dem Erfahrungsbegriff keimhaft einwohnende Ambivalenz. So wird einerseits Wesleys Grundverständnis von der religiösen Erfahrung als der durch den Heiligen Geist vermittelten und dem Menschen im Glauben zugänglichen Gegenwart Gottes beibehalten. Gott selbst ist das Subjekt der religiösen Erfahrung, Gnade meint die erfahrene Gegenwart Gottes. Andererseits wird der Mensch mehr und mehr als Träger der religiösen Erfahrung aufgefaßt, wie sich in der psychologisierenden Analyse der Erfahrung gänzlicher Heiligung, aber auch in der nicht immer konsequenten Unterscheidung von Erfahrung und Gefühl zeigt. Wesleys objektivierender Ansatz wirkt in der Auffassung nach, daß die christliche Heilserfahrung nicht in Widerspruch zum Zeugnis der Schrift treten kann, die subjektivierende Tendenz in der Bedeutung, die die individuelle Interpretation der Erfahrung sowie das persönliche Erfahrungsbekenntnis erhalten.

Vor dem Hintergrund neuerer Diskussionen bleibt zu fragen, inwiefern sich Schrift, Tradition, Vernunft und Erfahrung in der Sicht des deutschsprachigen Methodismus im 19. Jh. zu einem „Quadrilateral" formen, also zu vier Kriterien der theologischen Urteilsbildung.[17] Ohne bereits Gesagtes wiederholen zu müssen, ist auf zwei Grundbestimmungen zu verweisen. Zum einen bleibt festzuhalten, daß für die deutschsprachigen Methodisten des 19. Jh. allein der Bibel, ungeachtet ihres gott-*menschlichen* Charakters, eine von der Sünde ungetrübte göttliche Dignität eignet, wogegen Tradition, Vernunft und Erfahrung unter der Signatur der Sünde stehen. Letztere macht sie nicht unbrauchbar für die Bildung theologischer Urteile, setzt sie aber in ein Abhängigkeits- und Unterordnungsverhältnis zur Bibel, das zugleich vom Postulat der Widerspruchsfreiheit bestimmt ist. Zum

17 Vgl. Albert C. Outler, „The Wesleyan Quadrilateral in Wesley", WTJ 20 (Spring 1985) 7–18; Ted A. Campbell, „The Wesleyan Quadrilateral: The Story of a Modern Methodist Myth", in: T. Langford (Hg.), Doctrine and Theology in the United Methodist Church, Nashville 1991, 154–161; William J. Abraham, Waking from Doctrinal Amnesia. The Healing of Doctrine in the United Methodist Church, Nashville 1995, 61 f.; Scott J. Jones, John Wesley's Conception and Use of Scripture, Nashville 1995; W. Stephen Gunter u. a. (Hg.), Wesley and the Quadrilateral. Renewing the Conversation, Nashville 1997; William J. Abraham, „Keeping up with Jones on John Wesley's Conception and Use of Scripture", WTJ 33 (Spring 1998) 5–13.

anderen besitzen Tradition, Vernunft und Erfahrung in der Theologie des deutschsprachigen Methodismus so unterschiedliche epistemologische Wesensbestimmungen und Funktionszuweisungen, daß ihre aus heutiger Sicht erfolgte konzeptionelle Einbindung in ein Quadrilateral von Quellen bzw. Kriterien theologischer Urteilsbildung in erkenntnistheoretische Aporien führen muß. So ergibt sich Wilhelm Nast zufolge die Bedeutung der Vernunft gerade aus ihrem rezeptiven Charakter im Verhältnis zur Offenbarung. Sie ist nicht Quelle, sondern Mittel der Erkenntnis. Die methodistische Tradition wiederum erweist sich in erster Linie als Interpretationsrahmen v. a. für die soteriologischen Offenbarungswahrheiten. Und in der Erfahrung schließlich werden diese Wahrheiten persönlich angeeignet und für das eigene Leben zur Geltung gebracht. So leitet die Erfahrung von der Erkenntnis zur Tat. Damit korrelieren Tradition, Vernunft und Erfahrung in ihrer spezifischen Funktionalität mit der Schrift als alleiniger Quelle theologischer Erkenntnis, ohne selbst Quelle oder eigenständiges Kriterium theologischer Erkenntnis zu sein. Die Anwendung des Begriffs „Quadrilateral" scheint daher im Hinblick auf die Theologie des deutschsprachigen Methodismus im 19. Jh. wenig sinnvoll. Angemessener ist es, im Hinblick auf Tradition, Vernunft und Erfahrung von ihrem Wesen nach unterschiedlichen Zugangsweisen zur und Explikationsweisen der biblischen Offenbarung zu sprechen.

b) Das Materialprinzip

Mit dem Materialprinzip „Heiligung durch den Glauben" erweist der deutschsprachige Methodismus seine Kontinuität mit der *wesleyanischen und Heiligungstradition*. In dieser Feststellung liegt implizit die Erkenntnis einer zweifachen Akzentverschiebung in dem für methodistische Theologie zentralen Bereich der Soteriologie. Die Auffassung von der Heiligung als der „Central-Idee" des Methodismus setzt erstens eine Verschiebung des Akzents von der Rechtfertigung zur Wiedergeburt im Pietismus und der Erweckungstheologie, zweitens die methodistische Akzentverschiebung von der Wiedergeburt als Beginn der Heiligung zur Vollkommenheit als Zielpunkt der Heiligung voraus.

Heiligung bezeichnet in der theologischen Konzeption des deutschsprachigen Methodismus ein dreifaches. Sie meint *erstens* das Lebensprinzip der Christus-Nachfolge, die gelebte Liebe, die den Wiedergeborenen in eine wachsende Christus-Entsprechung in Gesinnung und Wandel führt. Sie bezieht sich *zweitens* auf die konkrete Erfahrung eines auf die Wiedergeburt folgenden („zweiten") Gnadenwerkes, durch das der Wiedergeborene in den Stand der gänzlichen Heiligung versetzt wird. *Drittens* bezeichnet Heiligung die den Methodismus auf dogmatischer Ebene kennzeichnende „Central-Idee", verstanden in einem mehr theoretischen Sinne.

Den theologischen Ansatz John Wesleys einerseits und der Heiligungsbewegung des 19. Jh. andererseits unterscheidet nicht das Fehlen einer dieser drei Bedeutungsebenen. Was sie unterscheidet, ist vielmehr die Akzentuierung dieser Ebenen. Wesleys reifes Denken ist primär von der Heiligung als dem Lebensprinzip der Christus-Nachfolge bestimmt. In diesem Sinne kann er die Begriffe „Heiligung" und „Liebe" als Synonyme gebrauchen. Daneben hat Wesley die Möglichkeit eines „zweiten" Segens ausdrücklich verteidigt und war auch davon überzeugt, daß die von ihm als biblisch erkannte Heiligungslehre das „grand dipositum" sei, das Gott den Methodisten anvertraut habe. Aber beide Überzeugungen verlieren den soteriologischen Gesamtzusammenhang nie aus den Augen. Wie in der Heiligungsbewegung gewinnen die beiden letztgenannten Begriffsebenen im deutschsprachigen Methodismus des 19. Jh. deutlich stärkere Bedeutung. Zum einen wird die Erfahrung der Heiligung stärker in systematische Kategorien gefaßt. Die Tendenz, ein transsubjektives Erfahrungsgeschehen nun auch begrifflich fassen zu wollen, ist unübersehbar. Zum anderen dient die Heiligungslehre dazu, den konfessionskundlichen Standort des Methodismus zu bestimmen, wobei sich folgendes Schema ergibt. Die Wurzeln methodistischer Theologie liegen erstens in einem milden anglikanischen Arminianismus, wie insbesondere das Bemühen um eine moderate Bestimmung des Verhältnisses von menschlicher Natur bzw. freiem Willen einerseits und göttlicher Gnade andererseits sowie die im wesentlichen calvinistische Sakramentsauffassung zeigen. Sie liegen zweitens in der deutschen reformatorischen Theologie in ihrer durch den älteren Pietismus und die Erweckung beeinflußten, dabei jedoch dem Calvinismus deutlich näher als dem Luthertum stehenden Form, wie sich in der Ausprägung des ekklesiologischen Primitivismus sowie in einzelnen Modifikationen der Heilsordnung erweist (wo z. B. die Bekehrung weitgehend die Funktion der Buße bei Wesley einnimmt). Dabei lassen sich keine grundsätzlichen Unterschiede zwischen dem deutsch-amerikanischen Methodismus auf der einen und dem Methodismus in Deutschland und der Schweiz auf der anderen Seite zu erkennen.[18] Von den älteren

---

18 Eine Ausnahme bildet die im Rahmen dieser Untersuchung nicht behandelte spekulative Eschatologie. Während im deutsch-amerikanischen Methodismus Post- und Prämillenniarismus miteinander im Streit lagen, konnte der die englischsprachige Mutterkirche dominierende Postmillenniarismus in Deutschland nicht Fuß fassen. Hier wurden weithin die in den erwecklichen Kreisen Deutschlands vertretenen prämillenniaristischen Ansichten geteilt. Weitere Unterschiede finden sich bei Berücksichtigung nichttheologischer Faktoren, die außerhalb des Rahmens dieser Arbeit liegen.

kontinentalen Reformationskirchen unterscheidet sich der Methodismus durch seine dogmatisch ausgeführte Lehre von der christlichen Vollkommenheit, verstanden als die durch Gottes Gnade ermöglichte Heilswirklichkeit eines gänzlich von der Sünde befreiten und völlig von der Liebe Gottes erfüllten Lebens. Mit Blick auf die damit verbundene Unterscheidung von (irdischer) Vollkommenheit und (himmlischer) Vollendung kann die methodistische Theologie somit als eine Form der „realisierten Eschatologie" auf dem Gebiet der Soteriologie verstanden werden.[19]

Angesichts der den deutschsprachigen Methodismus des 19. Jh. kennzeichnenden Neuakzentuierung innerhalb der drei Bedeutungsebenen des Heiligungsbegriffs lassen sich folgende Beobachtungen formulieren. Weil im Anschluß an Wesley Heiligung weiterhin als das Lebensprinzip der Christus-Nachfolge verstanden wird, behält der Methodismus seinen ethisch-praktischen Grundzug. Die von Gott her empfangene Liebe erweist sich nicht im Selbstverhältnis des Menschen, sondern in seinem Verhältnis zum Nächsten, dem Gottes Zuwendung gilt. Unter dem Einfluß der Heiligungsbewegung verstärkt sich daneben die aktualistische Emphase, wie sie in der Erfahrung eines „zweiten", auf die Rechtfertigung folgenden Gnadenwerkes begegnet. Hier bestand zumindest die Gefahr, einzelne Momente des Heilslebens gegenüber der Notwendigkeit einer bleibenden Verbindung mit Gott überzubetonen und Menschen auf ein bestimmtes Erfahrungsschema zu verpflichten.

Auf der dogmatischen Ebene führte die Betonung der Lehre von der christlichen Vollkommenheit zu einer schärferen konfessionellen Profilierung. Sie förderte einerseits die Ausprägung einer stabilen kirchlich-theologischen Identität, trieb damit andererseits jedoch den Prozeß der Verkirchlichung voran, der im 20. Jh. in das Streben nach kirchlicher Etablierung und gesellschaftlicher Anerkennung münden sollte. Dagegen erwies sich der Prozeß der konfessionellen Profilierung nicht als Hindernis für die transdenominationelle Zusammenarbeit im Rahmen der Evangelischen Allianz, da diese ihre Arbeit auf einen theologischen Minimalkonsens gründete und nicht auf die dogmatische Zusammenführung der in ihr mitarbeitenden Personen hinzielte. Es bleibt in diesem Zusammenhang zu erwähnen, daß die stärkere Betonung des dogmatischen Gehalts der Heiligungslehre und deren verbindlicher Fixierung in den methodistischen Lehrnormen, wie sie sich in der zweiten Hälfte des 19. Jh. beobachten läßt, sich weniger gegen Kritiker der wesleyanischen Lehre außerhalb, sondern vielmehr gegen deren Kritiker innerhalb der BMK richtete. Die For-

---

19 Ähnlich Clarance L. Bence, der von „progressiver Eschatologie" spricht; vgl. „Progressive Eschatology. A Wesleyan Alternative", WTJ 14 (Spring 1979) 45–59.

derung nach verpflichtender Annahme der den Methodismus kennzeichnenden theologischen Grundüberzeugungen einerseits und das Bekenntnis zur Freiheit des religiösen Bekenntnisses andererseits wurden dabei durch die Bestimmung des Wesens der BMK als einer Freiwilligkeitskirche vermittelt. Als problematisch erscheint hier weniger die Forderung nach dem Abstecken dogmatischer Leitlinien, ohne die eine Kirche letztlich nicht zu bestehen vermag, problematisch sind vielmehr die sich implizit für die Ekklesiologie ergebenden Konsequenzen. Denn faktisch zog die Betonung des Freiwilligkeitsaspekts die Vorstellung von Kirche als einem freien Zusammenschluß Gleichgesinnter nach sich. Hinter dieser Akzentuierung trat die objektive Begründung der Kirche in Jesus Christus als dem Grundstein der Ekklesia deutlich zurück. Auch sie wurde zu einer der selten in den Blick kommenden Voraussetzungen der Ekklesiologie.

c) Das Medialprinzip

Schließlich steht der deutschsprachige Methodismus mit seinem Medialprinzip der Vermittlung des Heils durch die religiöse Erfahrung in Kontinuität mit der Tradition der *„aufgeklärten" Erweckung.*[20] Gemeint ist damit das Zusammenfließen des geistlichen Anliegens der Erweckung mit dem kritischen Anliegen der Aufklärung, wie es sich in den Vereinigten Staaten an der weithin religiös bestimmten Aufklärung, in Deutschland an der Person Schleiermachers festmachen läßt. Mit dem Medialprinzip ist auf das Grundanliegen der „aufgeklärten" Erweckung, nämlich die Frage nach der Möglichkeit religiöser Gewißheit, verwiesen.

Dieses Grundanliegen manifestiert sich in der Theologie des deutschsprachigen Methodismus im 19. Jh. auf zwei Ebenen, auf der Ebene der fides qua und der der fides quae. Danach setzt religiöse Gewißheit zunächst die Wahrheit der biblischen Überlieferung voraus, verstanden als Korrespondenzverhältnis von Schriftwort und Tatsachenwahrheit. Die Wahrheiten der biblischen Überlieferung werden als Tatsachen aufgefaßt, die sich in der Erfahrung des Menschen als unmittelbar evident erweisen, es sei denn, dieser verweigert sich der Anerkennung dieser Fakten. Religiöse Gewißheit setzt aber weiterhin die Erfahrung der Gegenwart Gottes im Herzen des Menschen durch den Glauben voraus. Auf dieser Ebene meint Erfahrung die lebensverändernde Begegnung mit und die Beziehung zu dem Gott, der sich in Jesus Christus geschichtlich

---

20 Ich bilde diesen Begriff als Konsequenz der von Ulrich Gäbler gewonnen Einsichten; vgl. „„Erweckung' – Historische Einordnung und theologische Charakterisierung", in: ders., „Auferstehungszeit". Erweckungsprediger des 19. Jahrhunderts, München 1991, 161–178.

offenbart und in den biblischen Texten bezeugt hat. Obwohl der Erfahrungsbegriff damit eine unabweisbar objektive Komponente besitzt, ist nicht zu übersehen, daß die subjektive Seite des Erfahrungsbegriffs in der Theologie des deutschsprachigen Methodismus einen deutlichen Bedeutungszuwachs erfährt. Dies zeigt sich exemplarisch in der Beschreibung der Erfahrung gänzlicher Heiligung. Die Frage nach den Bedingungen für eine solche Erfahrung wird stets mit dem Hinweis auf die „gänzliche Hingabe" oder „höhere Weihe" beantwortet, wogegen der Hinweis auf den das geistliche Leben nährenden Kontext der Gnadenmittel deutlich zurücktritt. Als Bedingung der gänzlichen Heiligung erscheint die subjektive Zuständlichkeit des Menschen, der in den Gnadenmitteln der Kirche gegebene objektive Erfahrungskontext ist dagegen oftmals ausgeblendet, wenn er auch nicht geleugnet wird. Die christliche Erfahrung, und darin liegt die Bedeutung des Medialprinzips, bezieht das Wirken der göttlichen Gnade auf den Lebenskontext des Menschen und verhindert so, daß die Gnade als eine spekulativ-theologische Entität metaphysischen Zuschnitts erscheint. Gefährdet ist freilich die Balance zwischen dem göttlichen und dem menschlichen Pol der Erfahrung.

d) Fazit

Die Zurückführung der Theologie des deutschsprachigen Methodismus auf ein Formal-, ein Material- und ein Medialprinzip entspricht im wesentlichen den drei Dimensionen des theologischen Programms John Wesleys, wie Theodore Runyon sie aufgezeigt hat. Runyon spricht von der „Orthodoxie" mit Blick auf die für die christliche Tradition normativen Überzeugungen und Ansichten, von der „Orthopraxie" mit Blick auf die sich aus dem Glauben ergebenden Handlungsweisen und schließlich von „Orthopathie" mit Blick auf die sich in der Erfahrung vollziehende Offenheit für die und Teilhabe an der geistlichen Wirklichkeit, aus der sich der Glaube speist.[21] Die Verbindung dieser drei Bereiche in einer, wie wir gesehen haben, *prinzipiellen* Weise kennzeichnet die in dieser Studie untersuchte methodistische Theologie. Als das Verbindungsglied dieser Bereiche kann die Heiligung angesehen werden, sofern sie in den Begriff der Liebe übersetzt wird. Denn es ist die Liebe Gottes zum Menschen und die dieser Liebe entsprechende Antwort des Menschen, die Lehre, Erfahrung und Leben zu einem Bild zusammenfügt, das dem Willen Gottes entspricht. In diesem Anliegen bleibt die Theologie des deutschsprachigen Methodismus des 19. Jh. maßgeblich auch für unsere Zeit.

21 Vgl. Theodore H. Runyon, The New Creation. John Wesley's Theology Today, Nashville 1998, 147–149.

Kurzbiographien in dieser Arbeit zitierter oder erwähnter Prediger[1]

Achard, Charles August Clement
Geb. 1833 in Friedrichsdorf (Taunus) als Kind hugenottischer Eltern; Bekehrung in reformierter Kirche; 1851 Anschluß an die BMK in Friedrichsdorf; 1857 Lokalprediger; 1859 Hausvater am Predigerseminar in Bremen; 1860 Prediger der Missionskonferenz Deutschland/Schweiz; Vorstehender Ältester des Berliner Distrikts; 1879 Unterzeichner einer Einladung zur Weltversammlung der Evangelischen Allianz; 1886 Direktor des Predigerseminars in Frankfurt am Main; Delegierter an der Generalkonferenz; 1889 Auswanderung in die Vereinigten Staaten; weiterer Predigerdienst; 1895 Ruhestand; gest. 1902 in Roselle (Illinois).

Ahrens, Wilhelm
Geb. 1811 in Drackenburg (Hannover); 1838 Auswanderung in die Vereinigten Staaten; 1839 Bekehrung auf einer Lagerversammlung; Anschluß an die BMK; gründete die erste Sonntagsschule des deutsch-amerik. Kirchenzweiges; 1841 Ermahner, dann Prediger; frühzeitiges Ausscheiden aus dem Predigerdienst wegen Taubheit; Verfasser zahlreicher Traktate und mehrerer Bücher; Herausgeber der *Sonntagsschul-Glocke*; Mitbegründer der Traktatgesellschaft sowie der Lehranstalt und des Waisenhauses in Berea (Ohio); gest. 1901 in Indianapolis.

Breunig, Georg A.
Geb. 1810 in Mechanhart (Bayern) als Kind römisch-katholischer Eltern; 1832 Auswanderung in die Vereinigten Staaten; Bekehrung in der Evangelischen Gemeinschaft in Detroit; 1839 Lokalprediger; dann (Reise)prediger in der Ohio Conference, später der Zentral Deutschen Konferenz; 1869 Ruhestand; gest. 1896 in Indianapolis.

---

1 In den nachfolgenden Kurzbiographien ist der Begriff der „Bekehrung" für eine in den Quellen auf unterschiedliche Weise beschriebene Glaubenserfahrung verwendet, die als mehr oder weniger radikale Lebenswende empfunden wurde. An Quellen wurden verwendet: C. Golder/John H. Horst/J. G. Schaal (Hg.), Geschichte der Zentral Deutschen Konferenz; E. C. Margaret/Friedrich Munz/G. B. Addicks (Hg.), Jubiläumsbuch der St. Louis Deutschen Konferenz; E. W. Henke/W. H. Rolfing/Friedrich Schaub/C. J. Brenner/J. J. Hartke (Hg.), Die Nordwest Deutsche Konferenz der Bischöflichen Methodistenkirche; H. Müller u. a. (Hg.), Geschichte der Ost-Deutschen Konferenz; ferner die von Karl Heinz Voigt im BBKL verfaßten Personenartikel (Lit.), vgl. das Verzeichnis in EmK Geschichte 22 (Oktober 2001) 48–51.

Bucher, August Johannes
Geb. 1862 in Zürich (Schweiz); 1877 Bekehrung unter dem Einfluß Ernst Gebhardts; 1879 Auswanderung in die Vereinigten Staaten; Besuch des Deutschen Wallace Kollegiums in Berea (Ohio); Studium am Nast Theological Seminary in Berea (Ohio); Aufnahme als Prediger in die Central Deutsche Konferenz; 1893 Dozent für Ethik und Geschichte Israels am Predigerseminar in Frankfurt am Main; Editor des *Mäßigkeitsfreund*; 1910 Rückkehr nach Cincinnati; Leiter des Ausbildungsinstituts für Gemeindeschwestern „Dorcas"; 1912 Schriftleiter von *Haus und Herd*; 1918 Schriftleiter des *Christlichen Apologeten*; gest. 1937 in Cincinnati (Ohio).

Cramer, Michael J.
Geb. 1835 bei Schaffhausen (Schweiz); ca. 1840 nach dem Tod der Mutter Auswanderung des Vaters mit Michael in die Vereinigten Staaten; Druckerausbildung in der deutschen Abteilung des Methodist Book Concern in Cincinnati; Studium an der Ohio Wesleyan University; 1860 Aufnahme als Prediger auf Probe in die Cincinnati Conference; 1864 Pastor deutsch- und englischsprachiger Gemeinden im Süden (Nashville); Post Chaplain im Dienst der Regierung in Newport Barracks; 1867 Konsul der Vereinigten Staaten in Leipzig; 1871 Hofprediger in Kopenhagen; beginnendes Nervenleiden; 1881 Generalkonsul in Bern; 1885 Rückkehr in die Vereinigten Staaten und Professor für Systematische Theologie an der Boston University; Abbruch der Lehrtätigkeit wegen gesundheitlicher Beschwerden; 1886 Lehrstuhlvertretung für Dr. Crooks am Drew Seminary in Madison (New Jersey); später Philosophieprofessor am Dickenson College; Mitherausgeber der *Deutsch-amerikanischen Zeitschrift für Theologie und Kirche*; befreundet mit T. Christlieb, F. Delitzsch, K. von Tischendorf, E. Luthardt und Theodosius oder Adolf (?) Harnack; gest. 1898 in Carlisle (Pennsylvania).

Dinger, Friedrich Wilhelm
Geb. 1821 in Aarau (Schweiz); 1845 Auswanderung in die Vereinigten Staaten; Anschluß an die reformierte Kirche in Williamsburg; 1848 Anschluß an die BMK; 1850 Aufnahme als Prediger auf Probe in die New York Conference; Vorstehender Ältester des New York Districts; 1893 Ruhestand; gest. 1895.

Döring, Carl Heinrich
Geb. 1811 in Springe (Hannover); 1836 Auswanderung in die Vereinigten Staaten; Bekehrung; ab 1841 Prediger auf Probe der Pittsburgh Conference, Transfer in die New York Conference; Gründung einer deutschsprachigen BMK-Gemeinde in New York; 1843 Ordination zum Diakon, 1844 zum Ältesten; 1850 Prediger der Missionskonferenz Deutschland/Schweiz; 1858 Mitbegründer und zeitweilig Lehrer am Predigerseminar in Bremen; 1866 Vorstehender Ältester; 1871 Leiter des Traktathauses Bremen; 1876 Delegierter an der Generalkonferenz; 1884 Rückkehr in die Vereinigten Staaten; gest. 1897 in Berea (Ohio).

Gebhardt, Ernst
Geb. 1832 in Ludwigsburg (Württemberg); 1851 Auswanderung nach Chile; Rückkehr nach Deutschland und Bekehrung Silvester 1858/59; Studium am

Predigerseminar in Bremen; 1860 Prediger der Missionskonferenz Deutsch-
land/Schweiz; Editor der Zeitschriften *Evangelist*, *Wächterstimmen*, *Kinder-
freund* und Begründer der Zeitschrift *Abstinent*; 1879 Mitbegründer und 1892
Vorsitzender des Christlichen Sängerbundes; Herausgeber zahlreicher Liederbücher; gest. 1899 in Ludwigsburg.

Grentzenberg, Hermann Alexander
Geb. 1835 in Danzig (Westpreußen); 1856 Bekehrung; 1857 Auswanderung
in die Vereinigten Staaten; 1861 Eintritt in die Nordstaaten-Armee; Verwun-
dung und 1864 Ausmusterung; 1865 Mitglied der Union-Kirche in St. Louis;
1867 Erfahrung der gänzlichen Heiligung; 1868 Prediger der Südwestlich
Deutschen Konferenz; 1872 Hilfseditor des *Christlichen Apologeten*; 1876
Wechsel in die Zentral Deutsche Konferenz; 1885 Begründer und Editor des
Wegweisers zur Heiligung; 1889 Ausscheiden aus dem Gemeindedienst aus
gesundheitlichen Gründen; gest. 1934.

Havighorst, Rudolph
Geb. 1829 in Bad Bergen (Hannover); Erweckung in der luth. Kirche; 1846
Auswanderung in die Vereinigten Staaten; Bekanntschaft mit Wilhelm Nast
in Cincinnati; 1848 Bekehrung in Beardstown (Illinois); Anschluß an die
BMK; 1850 Aufnahme in die Illinois Conference; 1892 Ruhestand; gest. (?).

Herzer, Hermann
geb. 1833 in Sachsen; 1848 Auswanderung in die Vereinigten Staaten; Bekehrung und Eintritt in den Predigerdienst; daneben naturwissenschaftliche
Forschungen; Mitglied der Ohio Academy of Science; Superintendent des
Waisenhauses in Berea (Ohio); Vorstehender Ältester des Nord-Ohio-Di-
striks; Mitglied der Fakultät des Deutschen Wallace Kollegiums; gest. 1912.

Horst, John H.
Geb. 1850 in Pittsburgh (Pennsylvania) als Sohn eines Methodistenpredigers
gleichen Namens; 1858 Bekehrung; 1868 Erneuerung der Bekehrung; 1873
Diakon, 1875 Prediger der Zentral Deutschen Konferenz; 1895–99 Konfe-
renz-Sekretär; 1904 Delegierter an der Generalkonferenz; gest. 1923.

Huber, John Wesley
Geb. 1857 in Louisville (Kentucky); Studium an der Louisville Hochschule
und am Deutschen Wallace Kollegium in Berea (Ohio); 1877 Aufnahme auf
Probe in die Zentral Deutsche Konferenz; 1879 Ordination zum Diakon,
1881 zum Ältesten; Trustee des Deutschen Wallace Kollegiums und Präsident
des Bereaner-Bundes; gest. 1930.

Jacoby, Ludwig Sigismund
Geb. 1813 in Alt-Strelitz (Mecklenburg) als Sohn jüdischer Eltern; 1835
lutherische Taufe; 1839 Auswanderung in die Vereinigten Staaten; Lehrer in
Cincinnati; Bekehrung unter dem Einfluß Wilhelm Nasts und Anschluß an
die BMK; 1841 Aufnahme als Prediger in die Missouri Conference; 1844
Vorstehender Ältester; 1844 und 1848 Delegierter an der Generalkonferenz;
1849 erster Prediger der Missionskonferenz Deutschland/Schweiz (in Bremen); 1858 Begründer des Predigerseminars (Martin-Missions-Anstalt) in

Bremen; 1871 Rückkehr in die Vereinigten Staaten; dort Prediger und Vorstehender Ältester des St. Louis Distrikts; gest. 1874 in St. Louis (Missouri).

Junker, Paul Gustav
Geb. 1854 in Rheinböllen (Rheinland); Theologiestudium am Predigerseminar in Frankfurt am Main; Prediger in der Missions-Konferenz Deutschland/Schweiz; 1884 Editor der Zeitschriften im Traktathaus Bremen; 1895 Direktor des Predigerseminars Frankfurt am Main; engagiert in der Mutterhaus-Diakonie und im Blauen Kreuz; gest. 1919 in Frankfurt am Main.

Krehbiel, Jakob
Geb. 1826 in Wachenheim (Hessen-Darmstadt); 1833 Auswanderung mit den Eltern in die Vereinigten Staaten; 1842 Bekehrung; Anschluß an BMK-Gemeinde in Cleveland; 1851 Prediger der Ohio Conference, später der Zentral Deutschen Konferenz; Delegierter an der Generalkonferenz; 1876 Hilfseditor des *Christlichen Apologeten*; gest. 1890.

Lich, Heinrich G.
Geb. 1831 in Butzbach (Hessen); 1851 Auswanderung in die Vereinigten Staaten; 1852 Bekehrung; 1855 Diakon, 1857 Prediger, später der Zentral Deutschen Konferenz; mehrfach Delegierter an der Generalkonferenz; 1899 Ruhestand; gest. 1909.

Liebhart, Heinrich
Geb. 1832 in Karlsruhe (Baden); 1854 Auswanderung in die Vereinigten Staaten; Silvester 1854 Bekehrung in Saugertis (New York); Anschluß an die BMK; 1857 Ermahner; im selben Jahr Prediger der New York Conference, ab 1865 der Zentral Deutschen Konferenz; 1865 Hilfs-Editor des *Christlichen Apologeten*; 1872 Editor von *Haus und Herd, Sonntagsschul-Glocke* und *Bibelforscher*; Stifter des Jugendbundes; Verfasser zahlreicher Bücher und Liederbücher; Mitherausgeber des deutschsprachigen Kirchengesangbuches; Förderer der höheren Lehranstalten; Delegierter an der Generalkonferenz; 1881 Delegierter an der meth. Weltkonferenz; gest. 1895 auf einer Zugreise.

Löbenstein, Alois
Geb. 1818 in Teschen (Österreich-Schlesien); Theologiestudium in Wien und an verschiedenen Universitäten Deutschlands; 1848 Haftstrafe wegen revolutionärer Aktivitäten; 1850(?) Auswanderung in die Vereinigten Staaten; Prediger einer evang. Gemeinde in Missouri; Übertritt in die BMK; 1854 Prediger der Illinois Conference; 1866 Theologieprofessor am Deutschen Wallace Kollegium in Berea (Ohio); 1877 Prediger der Zentral Deutschen Konferenz; gest. 1881 in East Saginaw (Michigan).

Lüring, Adolf
Geb. 1828 in Hamburg; 1854 Bekehrung unter dem Einfluß von E. Riemenschneider; 1857 Aufnahme als Prediger auf Probe in die Missionskonferenz Deutschland/Schweiz; 1894 Ruhestand; gest. 1896.

Meßmer, Jakob J.
Geb. 1841 in Winterthur (Schweiz); Bekehrung im Christlichen Jünglingsverein und Anschluß an die BMK unter E. Riemenschneider; Ausbildung am

Predigerseminar in Bremen; vorzeitiges Studienende wegen Krankheit des Predigers in Basel, vorzeitiger Dienstantritt; 1863 Aufnahme als Prediger auf Probe in die Missionskonferenz Deutschland/Schweiz; 1865 Ordination zum Diakon, 1867 zum Ältesten; 1871 Auswanderung in die Vereinigten Staaten und Transfer in die Östlich Deutsche Konferenz; zeitweilig Redakteur des *Buffalo Volksblatts*; Vorstehender Ältester des Philadelphia Districts; Förderer des Diakonissenwerkes; Verfasser zahlreicher Schriften; 1913 Ruhestand; gest. (?).

Nast, Albert
Geb. 1846 in Cincinnati (Ohio) als Sohn Wilhelm Nasts; seit 11. Lebensjahr Ausbildung in Korntal (Württemberg); nach Rückkehr in die Vereinigten Staaten Bekehrung in Lima (New York); 1864 Student am Deutschen Wallace Kollegium in Berea (Ohio); 1865/66 Hilfsredakteur des *Methodist* in New York; 1868 Absolvent der Wesleyan University in Middletown (Connecticut); 1869 Aufnahme als Prediger in die Nord Ohio Conference, dann Transfer in die Zentral Deutsche Konferenz; 1878 Lehrer am Cincinnati Wesleyan Female College; 1884 Hilfseditor, 1892 Editor des *Christlichen Apologeten*; gest. 1936.

Nast, Wilhelm
Geb. 1807 in Stuttgart (Württemberg; nach Tod der Eltern seit dem 17. Lebensjahr bei seiner älteren Schwester Elisabeth aufgewachsen; obwohl vom Vater für den Pfarrdienst in der Württembergischen Landeskirche bestimmt, Abbruch des Theologiestudiums in Tübingen, 1828 Auswanderung in die Vereinigten Staaten; wechselnde Tätigkeiten als Privatlehrer und Lehrer; 1835 Bekehrung nach mehrjährigem Bußkampf und Anschluß an die BMK; 1835 Ermahner, Lokalprediger; Reiseprediger unter den Deutschen in Cincinnati und später im nördl. Ohio; 1839-1892 Editor des *Christlichen Apologeten* und der deutschen Bücher des Methodist Book Concern in Cincinnati; 1864 Präsident des Deutschen Wallace Kollegiums; Mitbegründer des Diakonissenwerkes des deutsch-amerikanischen Methodismus; 1844/45, 1857 und 1877 Deutschland-Reisen; 1892 Ruhestand; gest. 1899 in Cincinnati (Ohio).

Nippert, Ludwig
Geb. 1825 in Görsdorf (Elsaß); 1830 Auswanderung der Eltern mit Ludwig in die Vereinigten Staaten; Bekehrung bei E. Riemenschneider in Captina; Druckerlehrling im Methodist Book Concern in Cincinnati; Anschluß an die BMK; Klaßführer; Ermahner; 1846 Prediger (auf Probe); ab 1850 Prediger der Missionskonferenz Deutschland/Schweiz; Vorstehender Ältester; 1868 Direktor des Predigerseminars in Frankfurt am Main; 1886 Rückkehr in die Vereinigten Staaten und weiterer Predigerdienst; Autor theologischer Schriften; gest. 1894.

Nuelsen, John Louis
Geb. 1867 in Zürich (Schweiz) als Sohn des Methodistenpredigers Heinrich Nuelsen; Studium der Theologie am (meth.) Drew Theological Seminary in Madison (New Jersey) sowie in Berlin und Halle; nach kurzen Gemeindediensten Lehrer am Central Wesleyan College in Warrenton (Montana) und am Nast Theological Seminary in Berea (Ohio); 1908 Bischof des Omaha-

Sprengels (Nebraska); 1912 Bischof der BMK in Europa mit Sitz in Zürich; Ökumeniker und Verfasser zahlreicher Schriften; 1940 Ruhestand und Rückkehr in die Vereinigten Staaten; gest. 1946 in Cincinnati (Ohio).

Paulus, Carl Friedrich
Geb. 1843 in Ludwigsburg (Württemberg) als Sohn des Mitbegründers der Korntaler Anstalten und Mitinhabers der Bildungsanstalt „Salon" bei Ludwigsburg; Anschluß an die BMK unter dem Einfluß von Gustav Haußer; Studium der Theologie in Berlin und Halle sowie am meth. Predigerseminar in Bremen; 1866 Lehrer am Predigerseminar in Bremen; 1870 Auswanderung in die Vereinigten Staaten; Gemeindedienst in Kentucky; 1874 Professor für Systematische Theologie am Deutschen Wallace Kollegium in Berea (Ohio); gest. 1893 in Berea (Ohio).

Peter, Leonard
Geb. 1845 in Hemmishofen/Stein am Rhein (Schweiz); 1865 Lokalprediger; 1866 Studium am Predigerseminar in Bremen; 1869 Prediger; 1886 Vorstehender Ältester in Biel, 1888 in Berlin, 1897 in Zürich; Präsident der Prediger-Hilfskasse der BMK in der Schweiz; 1910 Ruhestand; gest. 1921 in Männedorf (Schweiz).

Priebe, Carl H.
Geb. 1851 in Klein Salzdorf (Westpreußen); 1870 Auswanderung in die Vereinigten Staaten; Bekehrung unter methodistischem Einfluß; Besuch des Deutschen Wallace Kollegiums in Berea (Ohio); 1879 Prediger der Zentral Deutschen Konferenz; 1899 Ruhestand; gest. (?).

Riemenschneider, Engelhardt
Geb. 1815 in Eubach (Kurhessen); 1835 Auswanderung in die Vereinigten Staaten; 1838 Bekehrung unter dem Einfluß Wilhelm Nasts in Pittsburgh; 1840 Aufnahme als Prediger in die Pittsburgh Conference; 1847 Vorstehender Ältester des Nord-Ohio-Distrikts; ab 1850 Prediger der Missionskonferenz Deutschland/Schweiz; 1870 Rückkehr in die Vereinigten Staaten; Prediger verschiedener Gemeinden; 1877 Ruhestand; gest. 1899 in Chicago (Illinois).

Rodemeyer, August
Geb. 1837 in Vegesack bei Bremen; nach Bekanntschaft mit meth. Sonntagsschule und landeskirchlicher Konfirmation 1858(?) Anschluß an die BMK; Studium an der Missions-Anstalt in Bremen; Aufnahme als Prediger in die Missionskonferenz Deutschland/Schweiz; 1875 Redakteur des *Evangelist* in Bremen; 1881 Vorstehender Ältester in Basel; 1889–1894 Direktor des meth. Traktathauses in Bremen; gest. 1899 in Thalwil (Schweiz).

Schaal, John G.
Geb. 1844 in Haubersbronn (Württemberg); 1847 Auswanderung mit den Eltern in die Vereinigten Staaten; 1856 Bekehrung und Anschluß an die BMK; 1864 Prediger auf Probe der Zentral Deutschen Konferenz; gest. (?).

Schlagenhauf, John
Geb. 1834 in Leidringen (Württemberg); 1852 Auswanderung in die Vereinigten Staaten; 1856 Aufnahme als Prediger in die St. Louis Deutsche Kon-

ferenz; Vorstehender Ältester; viermal Delegierter an der Generalkonferenz; Mitarbeit am kirchlichen Gesangbuch; Präsident des Deutschen Kollegiums in Mt. Pleasant (Iowa); gest. (?).

Schwarz, William [Wilhelm]

Geb. 1826 in Oberachern (Baden) als Sohn römisch-katholischer Eltern; 1845 Auswanderung in die Vereinigten Staaten; 1846 Bekehrung in New York unter Einfluß von J. Rothweiler; 1846 Lokalprediger; 1846 Aufnahme als Prediger auf Probe in die New York Conference; 1857 Vorstehender Ältester des New York Districts; 1858 Entsendung als Missionar nach Deutschland; Prediger und Hausvater der Missions-Anstalt in Bremen; 1865 Vorstehender Ältester des West-Schweiz-Distrikts; 1866 Mission unter den deutschsprachigen Einwohnern von Paris; 1870 Rückkehr nach Deutschland; Vorstehender Ältester des Karlsruher Distrikts; 1874 Rückkehr in die Vereinigten Staaten und Transfer in die Östlich Deutsche Konferenz; gest. 1875 in Melrose (New York).

Schwind, Wilhelm

Geb. 1836 in Flinsbach (Baden); Erweckung unter pietistischem Einfluß; 1852 Auswanderung in die Vereinigten Staaten; Bekehrung; ca. 1856 Anschluß an die BMK in Jacksonville (Illinois); Lokalprediger; 1856 Aufnahme als Prediger in die Illinois Conference; 1901 Ruhestand; gest. 1916.

Simons, George H.

Geb. 1840 in Neben auf Amrum (Nordfriesland); Seefahrer; Erweckung und Bekehrung durch ein Traktat auf hoher See; Anschluß an die BMK; 1876 Studium am Deutschen Wallace Kollegium in Berea (Ohio); Prediger; 1888 Hafenmission in New York; gest. 1899.

Ströter, Ferdinand Ernst

Geb. 1846 in Barmen (Rheinland); Studium der Ev. Theologie in Bonn, Tübingen und Berlin unter dem Einfluß von J.P. Lange, A. Dorner und J. T. Beck; Aufenthalt als Hauslehrer in Paris; Bekanntschaft mit der Methodistenkirche in Paris und Heilsgewißheit unter Einfluß von William Schwarz; 1869 Anschluß an die BMK; 1869 Auswanderung in die Vereinigten Staaten; Anschluß an BMK-Gemeinde in Newark (New Jersey); Ermahner-, dann Lokalpredigerlizenz; 1870 Aufnahme als Prediger auf Probe in die Östlich Deutsche Konferenz; 1871 Ordination zum Diakon und Aussendung nach Texas; 1879 Pastor der Gemeinde in St. Paul (Minnesota); 1884 Professor der historischen und praktischen Theologie am Central Wesleyan College in Warrenton (Missouri), Transfer in die St. Louis Deutsche Konferenz; 1890 Professor der lateinischen Sprache und Literatur in Denver (Colorado); 1894 Missionar unter den Juden, Sekretär der Hoffnung für Israel Mission; 1896 Missionsreise nach Polen und Rußland; 1899 nach Auflösung der Hoffnung für Israel Mission Übersiedlung nach Deutschland und dort selbständiger „Evangelist für Israel"; Missionsreisen nach Polen, Rußland, Palästina und Südafrika; Verfasser zahlreicher Bücher und Begründer der Zeitschrift *Das prophetische Wort*; Redner auf zahlreichen Bad Blankenburger Allianzkonferenzen; Bruch mit Ev. Allianz über Frage der Allversöhnung; gest. 1922 in Zürich (Schweiz).

Sulzberger, Arnold
Geb. 1832 in Winterthur (Schweiz); 1856 Anschluß an die BMK in Lausanne; 1858 Studium am Predigerseminar in Bremen; 1860 Prediger in Biel, daneben Studium der Theologie in Basel; 1867 Prediger in Mannheim und Pirmasens, daneben Studium und Promotion in der Theologie in Heidelberg; 1870 Lehrer für Dogmatik und Altsprachen sowie Englisch am Predigerseminar in Frankfurt am Main; 1895 Ruhestand; gest. 1907 in Zürich.

Warren, William Fairfield
Geb. 1833 in Williamsburg (Massachusetts); Studium der Theologie an der Wesleyan University in Connecticut sowie in Berlin und Halle; 1858 Lehrer für Systematische Theologie am Predigerseminar in Bremen; 1866 Präsident der Boston University; Verfasser zahlreicher theol. Schriften; gest. 1929 in Brookline (Massachusetts).

Abkürzungsverzeichnis

Weitere Abkürzungen im Verzeichnis der RGG⁴

BGEmK	Beiträge zur Geschichte der Evangelisch-methodistischen Kirche
BGM	Beiträge zur Geschichte des Methodismus
BMK	Bischöfliche Methodistenkirche
ChrAp	Der Christliche Apologete
ChH	Church History
DAThK	Vierteljahrschrift für wissenschaftliche und praktische Theologie (wechselnde Titel: Vierteljahrschrift für das gesammte Gebiet der Theologie, Zweimonatliche Zeitschrift für Theologie und Kirche, Deutsch-Amerikanische Zeitschrift für Theologie und Kirche)
EmK	Evangelisch-methodistische Kirche
Evst	Der Evangelist
HaHe	Haus und Herd
JETh	Jahrbuch für Evangelische Theologie
MEC	Methodist Episcopal Church
MethH	Methodist History
MQR	Methodist Quarterly Review
MR	Methodist Review
MSGEmK	Mitteilungen der Studiengemeinschaft für Geschichte der Evangelisch-methodistischen Kirche
RelLife	Religion in Life
ThfPr	Theologie für die Praxis
WzH	Wegweiser zur Heiligung
WJW	The Works of John Wesley, Bde. 1–4: Sermons
WäSt	Wächterstimmen
WTJ	Wesleyan Theological Journal

Literaturverzeichnis

1. Quellen

a) Zeitschriften

Der Bereaner, 1887–1900.
Der Christliche Apologete, 1839–1900.
Der Evangelist, 1850–1900.
Haus und Herd, 1873–1900.
Mäßigkeitsfreund, 1883–1900 (nur unvollständig vorhanden).
Methodist Quarterly Review, 1819–1900 (zunächst: Methodist Review).
Vierteljahrschrift für wissenschaftliche und praktische Theologie, 1880–1900
(wechselnde Titel: Vierteljahrschrift für das gesammte Gebiet der Theologie, Zweimonatliche Zeitschrift für Theologie und Kirche, Deutsch-Amerikanische Zeitschrift für Theologie und Kirche).
Wächterstimmen, 1870–1900.
Wegweiser zur Heiligung, 1885–1900.

b) Monographien und Traktate

Ahrens, Wilhelm: Die Taufe im Lichte der Heiligen Schrift, Cincinnati o.J.
(zit. als *Taufe*).
–: Der Universal-Konflikt zwischen Gut und Böse, oder Der Kampf zwischen dem Reiche Christi und dem Reiche des Teufels und dessen Ausgang. Auf Grund der heiligen Prophetie und der Geschichte, Mit einem ausführlichen Inhaltsregister, Cincinnati 1902.
Baker, Osmon C.: Guide-Book in the Administration of the Discipline of the Methodist Episcopal Church, New York 1855 (zit. als *Guide-Book*).
Breunig, Georg: Von Rom nach Zion, oder Mein Zeugniß vom Finden der köstlichen Perle. Mit einem Vorwort von Dr. Wilhelm Nast, Cincinnati
⁷1887.
Bruns, Ahlerd G.: Lebenserinnerungen eines Predigers aus der Frühzeit des Methodismus in Deutschland und der Schweiz, hrsg. von Richard Bruns, (Privatdruck) Oldenburg 1994.
Burkhardt, Carl Heinrich: Die Bedeutung der Vierteljahrs-Konferenz, Bremen 1898.
Catechism of the Methodist Episcopal Church, No 1, 2, 3, Cincinnati 1852.
Charakter-Bilder aus der Geschichte des Methodismus. Vierzehn Vorlesungen über außerordentliche Persönlichkeiten und Hauptbewegungen des Methodismus in Amerika und Deutschland, gehalten von verschiedenen Predigern

vor den Studenten des deutsch-englischen Collegiums zu Galena, Cincinnati 1881.

Clarke, Adam: Christian Theology, (Reprint) Salem 1990 [1835].

Eine kurze Vertheidigung der Methodistenkirche gegen verschiedene ungerechte Beschuldigungen, o. O. o. J. [Bremen ca. 1865].

Fletcher, Johannes: Der Fall des Menschen, bewiesen in einer Appelation an Thatsachen und die gesunde Vernunft. Nebst einer Antwort an Diejenigen, welche fragen: Was sollen wir thun, um selig zu werden? aus dem Englischen übersetzt von W. Nast, Cincinnati o. J. [1841].

–: Der verdorbene und verlorene Zustand des Menschen, eine Appelation an Thatsachen und die gesunde Vernunft. Aus dem Englischen, Bremen 1866.

Fotsch, Wilhelm: Denkwürdigkeiten aus der Neuen Welt. Ein Beitrag zum 400jährigen Jubiläum der Entdeckung Amerikas, 2 Bde., Cincinnati/Chicago/St. Louis/Bremen o. J. [1892].

–: Glaubenshelden, geschildert vom Standpunkt des vollen Heils in Christo, Cincinnati/Chicago/St. Louis o. J. [1893].

–: Von Krippe und Kreuz zum Thron. Charakterzüge aus dem Leben und der Zeit Jesu sowie der vier Hauptapostel, Cincinnati 1890.

Gebhardt, Ernst: Ein Wort zur Aufklärung auf die Flugschrift der Zwickauer luth. Pastoren von einem Methodisten, Bremen ²1886.

Gesangbuch der Bischöflichen Methodistenkirche für die Gemeinden deutscher Zunge in Europa, 3. Aufl. Bremen o. J.

Henkle, Moses M.: Primary Platform of Methodism; or, Exposition of the General Rules, Louisville 1853.

Jacoby, Ludwig S.: Geschichte des britischen Methodismus und die Ausbreitung desselben in den britischen Colonien, sowie die Geschichte seiner Missionen, Bremen 1870.

–: Handbuch des Methodismus, enthaltend die Geschichte, Lehre, das Kirchenregiment und eigenthümliche Gebräuche desselben. Nach authentischen Quellen bearbeitet, Bremen 1853.

–: Kurzer Inbegriff der christlichen Glaubenslehre. Aus der heiligen Schrift zusammengestellt und nach verschiedenen Schriftstellern bearbeitet, Bremen o. J.

Jellinghaus, Theodor: Das völlige, gegenwärtige Heil durch Christum, 5. durchgesehene und vermehrte Aufl. Berlin 1903.

Junker, Gustav P.: Was mir am Methodismus besonders wertvoll erscheint, Bremen o. J. [ca. 1900].

–: Wer war Martin Luther? Beantwortet durch Zeugnisse namhafter Männer, Auszüge aus seinen Schriften und eine Skizze seines Lebens, Bremen o. J. [ca. 1902].

Klüsner, Franz: Töne aus der Halljahrsposaune. Zwölf Erweckungspredigten, 2. Aufl. Bremen o. J. [1879].

Kopp, Friedrich: Die Deutsch-Amerikanische Kanzel. Eine Auswahl Predigten von den berühmtesten Kanzelpredigern der Englischen Sprache, in's Deutsche übersetzt. Nebst einer Anzahl in deutscher Sprache gehaltener Vorträge, Cincinnati 1879.

–: Das Verborgene Leben mit Christo in Gott. Ein neues Buch zur Förderung wahrer Gottseligkeit, Cincinnati 1876.

Liebhart, Heinrich: Abhandlung über die Stellung des Methodismus zu geistiger Ausbildung und höheren Lehranstalten, als Anhang in: Nast, Wilhelm: Der Hundertjährige Bestand des Amerikanischen Methodismus. Ein Vortrag gehalten bei der Eröffnung des Jubiläumsjahres, Cincinnati 1866.

Löbenstein, Alois: Predigten, Cincinnati 1874.

Lyon, Johann Christian: Kurze Erklärung der Offenbarung St. Johannis, worin die Erfüllung ihrer Weissagungen bis auf die gegenwärtige Zeit nachgewiesen wird aus den untrüglichen Zeugnissen der Geschichte, Cincinnati 1861.

Merrill, Stephen M.: Die Christliche Erfahrung auf den verschiedenen Stufen des Gnadenwerks. Vorwort von Bischof John F. Hurst, Cincinnati 1883.

–: A Digest of Methodist Law. Or, Helps in the Administration of the Discipline of the Methodist Episcopal Church, Revised since the General Conference 1892 [muß heißen: 1792], Cincinnati/New York 1885.

Meßmer, Jakob J.: Fünfzig Jahre des Deutschen Methodismus. Gedenkblätter zur Feier des 50jährigen Jubiläums des deutschen Zweiges der Bischöflichen Methodistenkirche und der 100jährigen Gründung der Bischöflichen Methodistenkirche in Amerika, Rochester 1885.

–: Im Strom der Zeit oder Kapital und Arbeit. Bilder aus dem Arbeiterleben der Gegenwart, Cincinnati u. a. 1883.

–: Die Methodisten in Deutschland und der Schweiz. Ein Wort zur Aufklärung und zum Frieden, Bremen 1870.

–: Die Mission der bischöflichen Methodistenkirche in Deutschland und der Schweiz. Charakterbilder aus der Geschichte des Methodismus, Cincinnati 1883.

o.V.: Die Methodisten. Wer sie sind und was sie wollen, Zürich o.J. [ca. 1910].

Miller, Adam: Experience of German Methodist Preachers. With an Introduction by Charles Elliott, D.D., and a Preliminary Discourse by L.L. Hamline, D.D., Edited by D.W. Clark, D.D., Cincinnati 1859.

Mulfinger, Julius A.: Georg Leonard Mulfinger. Ein Lebensbild. Aus seinen nachgelassenen Tagebüchern und Papieren gezeichnet. Mit einem Vorwort von Dr. W. Nast, Cincinnati/New York 1889.

Munz, Friedrich: Homiletik. Eine Darstellung der Predigt auf biblischer Grundlage. Mit einem Vorwort von Dr. A.J. Nast, Cincinnati/Chicago/St. Louis o.J. [1897].

Nagler, Franz F.: Allgemeines Handwörterbuch der Heiligen Schrift. Eine kurzgefaßte Beschreibung und Erklärung der in der Bibel genannten Städte, Länder, Völker, Personen, Namen, Lehren, Symbole etc. Nebst einem Verzeichniß bedeutender Männer der christlichen Kirche vom ersten Jahrhundert bis zur Gegenwart, 2. überarbeitete Aufl. Cincinnati 1881.

–: Geistliche Erweckungen. Ihre Bedeutung in der Entwicklungsgeschichte des Reiches Gottes, nebst Anweisungen wie dieselben zu fördern und ihre Früchte zu wahren. Mit einem Vorwort von Jakob Krehbiel, Cincinnati 1883.

–: Die Unsterblichkeit der Seele und die Zukunft des Menschen im Lichte der heiligen Schrift mit besonderer Berücksichtigung der Lehre vom Seelenschlaf, der Vernichtung der Gottlosen und verwandter Theorien, Cincinnati u. a. 1888.

–: Die Zukunft Christi, eine Erklärung der großen Weissagung des Herrn mit besonderer Berücksichtigung der Frage: Ob Christus seine Erscheinung vor oder nach dem tausendjährigen Reiche machen wird? Nebst einer Antwort auf die Frage: Erwarteten die Apostel die Wiederkunft Christi in ihrer Zeit?, Cincinnati 1879.

Nast, Wilhelm: Das biblische Christenthum und seine Gegensätze. Nebst Betrachtungen über einige zu wenig beachtete Schriftwahrheiten. Aus der neueren evangelischen Literatur geschöpft und für populäres Verständnis bearbeitet, Cincinnati 1883.

–: Das christlich-apostolische Glaubensbekenntniß katechetisch erklärt, oder der Lehrinhalt der heiligen Schrift, entwickelt aus dem christlich-apostolischen Glaubensbekenntniß mit Beziehung auf Dr. Luther's kleinen Katechismus. Nebst Darlegung der Haupt-Scheidelehren des evangelischen Protestantismus und römischen Katholicismus. Nach Dr. Friedrich Gustav Lisco, Cincinnati o. J. [1858].

–: Christologische Betrachtungen nach Dr. van Oosterzeee's „Bild Christi" bearbeitet, Cincinnati/Chicago/St. Louis o. J. [1866].

–: A Commentary on the Gospels of Matthew and Mark, Critical, Doctrinal, and Homiletical, Embodying For Popular Use and Edification the Results of German and English Exegetical Literature, and Designed to Meet the Difficulties of Modern Scepticism. With a General Introduction Treating the Genuineness, Authenticity, Historic Verity, and Inspiration of the Gospel Records, and of the Harmony and Chronology of the Gospel History, Cincinnati/New York 1870 (zit. als *Commentary*).

–: E. G. Woltersdorf's Fliegender Brief an die Jugend. Abgekürzt, geordnet und bearbeitet für Sonntagschulen, Cincinnati 1857.

–: Das Evangelium nach Lukas nebst Einleitenden Bemerkungen zur Evangelischen Geschichte, Cincinnati/Bremen 1871.

–: The Gospel Records. Their Genuineness, Authenticity, Historic Verity, and Inspiration, With Some Preliminary Remarks on the Gospel History. A Revised Edition of the Author's General Introduction to the First Volume of his Commentary on the New Testament, Cincinnati 1866.

–: Der Größere Katechismus für die deutschen Gemeinden der Bisch. Methodistenkirche. Mit Genehmigung der Generalkonferenz herausgegeben, 1. Aufl. Cincinnati o. J. [1868], 5. Aufl. Bremen o. J.

–: Hare's Abhandlung über die Rechtfertigung des Sünders vor Gott. Frei nach dem Englischen bearbeitet, Cincinnati 1857.

–: Der Hundertjährige Bestand des Amerikanischen Methodismus. Ein Vortrag gehalten bei der Eröffnung des Jubiläumsjahres, Cincinnati 1866.

–: Der Kleinere Katechismus für die deutschen Gemeinden der Bisch. Methodisten-Kirche. Mit Genehmigung der Generalkonferenz herausgegeben, Cincinnati o. J. [1868].

–: Kritisch-praktischer Commentar über das Neue Testament für die Bedürfnisse unserer Zeit. Nach den neueren exegetischen Werken deutscher und englischer Theologen bearbeitet. Erster Band: Die Evangelien von Matthäus und Markus nebst einer allgemeinen Einleitung über die Echtheit und göttliche Autorität des neutestamentlichen Kanons, das Verhältniß des N. T. zum A. T. und die Grundsätze richtiger Schriftauslegung, Cincinnati/Bremen 1860 (zit. als *Commentar*).

–: Kritisch-praktischer Kommentar über Das Evangelium nach Johannes, Erster Theil, Kap. I–XI, Cincinnati/New York 1908.

–: The Larger Catechism. English Edition, Cincinnati 1869.

–: Das Leben und Wirken des Johannes Wesley und seiner Haupt-Mitarbeiter. Bearbeitet nach den besten englischen Quellen, Cincinnati 1855.

–: Philosophie des Erlösungsplanes. Ein Buch für unsere Zeit von einem amerikanischen Bürger. Für das deutsche Publikum bearbeitet nach der neuesten englischen Ausgabe, und mit analysirenden Fragen über jedes Kapitel versehen, Cincinnati 1859.

–: Sammlung auserlesener Predigten von Johannes Wesley. Aus dem Englischen übersetzt, 2 Bde., Bremen o. J.

– (Hg.): Was ist und will der Methodismus? Beantwortet in einer Sammlung von Abhandlungen und Gesprächen, Cincinnati 1853.

Nippert, Ludwig: Beweise für den göttlichen Ursprung der heiligen Schrift und Leitfaden zur christlichen Glaubens- und Sittenlehre für Theologie-Studierende, Ermahner, Sonntagschullehrer und Gemeinden, Bremen/Cincinnati 1881 (zit. als *Leitfaden*).

–: Ein freies Wort über den Bericht des Zürcherischen Kirchenrathes, Zürich 1866.

–: Kurze Abfertigung des Herrn Ernst Johann to Settel. Kreisvicar der Diöcese Tecklenburg, Bremen 1876.

–: Offener Brief an Herrn Dekan Nast in Neuhausen über seine „Abwehr der Methodisten", Heilbronn 1867.

–: Das Walten der göttlichen Vorsehung in Johannes Wesley's Leben und Wirken, Bremen 1876.

Paulus, Carl Fridrich: Das Christliche Heilsleben. Eine populäre Darstellung der Christlichen Sittenlehre, Cincinnati/Chicago/St. Louis 1890 [engl.: A Popular Treatise on Christian Ethics. Translated from the German by F. W. Schneider, Cincinnati 1892] (zit. als *Heilsleben*).

Peck, Jesse: The Central Idea of Christianity, Reprint Salem 1999 [1856].

Peter, Leonard: Antwort auf den „Nothschrei" der Hochspeyerer Conferenz gegen den Methodismus, Speyer 1874.

Riemenschneider, Engelhardt: Mein Lebensgang. Erlebnisse und Erfahrungen während 40jähriger Arbeit im Dienste des Herrn in Amerika, Deutschland und der Schweiz, Bremen 1882.

Rodemeyer, August: Biblische Heiligung, Bremen ²1879.

Schwarz, William: Vortrag über den Methodismus. Nebst Vertheidigung desselben gegen Dr. Güders Kritik in den Berner Hirtenstimmen. Mit einem Anhang, Bremen/Zürich/Biel 1866.

Schütz, Heinrich: Ein Handbüchlein über das volle Heil in Christo, Cincinnati 1875.

Simons, George H.: Christlicher Ratgeber für Auswanderer, New York 1892.

–: Lebens-Compaß für Alt und Jung, Memorial-Auflage Cincinnati 1900 [¹1890].

Stevens, Abel: Geschichte der Bischöflichen Methodistenkirche in den Ver. Staaten von Nordamerika. Frei aus dem Englischen übersetzt von H. Liebhart, 2 Bde., Cincinnati/New York 1867/1872.

–: Das hundertjährige Jubiläum des Amerikanischen Methodismus. Ein Abriß seiner Geschichte, Theologie, seines praktischen Systems und Erfolges. Verfaßt auf Anordnung des Jubiläums-Committees der General-Conferenz der Bischöflichen Methodistenkirche. Nebst einem Bericht über den Plan der Jubiläumsfeier des Jahres 1866, Bremen 1866.

Sulzberger, Arnold: Christliche Glaubenslehre. Mit einem Vorwort von Prof. William F. Warren, 2. Aufl. Bremen o. J. [1886] (zit. als *Glaubenslehre*).

–: Erklärung der Glaubensartikel und Hauptlehren der Methodistenkirche, Bremen o. J. [1879] (zit. als *Erklärung der Glaubensartikel*).

–: Die Heilige Geschichte. Ein Lehrbuch zum Verständnis der göttlichen Heilsoffenbarung alten und neuen Testamentes. Mit archäologischen Anmerkungen und praktischen Anwendungen. Nebst einer kurzen Einleitung in die Bücher der heiligen Schrift, Bremen o. J.

–: Die Lehre der Methodistenkirche. Ein Jubiläums-Vortrag gehalten in der Kapelle der Bischöfl. Methodistenkirche zu Basel, den 15. März 1885, Bremen [2]1886.

–: Der Methodismus und die christliche Kirche des ersten Jahrhunderts, Zürich o. J. [1901].

Traktate, Nr. 1–256, herausgegeben von der Method. Traktatgesellschaft, Bremen o. J.

Warren, William F.: Anfangsgründe der Logik. Einfach dargestellt und mit Beispielen erläutert, Bremen/Zürich/Cincinnati o. J. [1863].

–: Der Methodismus, kein Rath oder Werk aus den Menschen, 2. Aufl. Bremen o. J. [nach 1866].

–: „Scripture Inspiration", in: The Ingham Lectures. A Course of Lectures on the Evidences of Natural and Revealed Religion: Delivered Before the Ohio Wesleyan University, Delaware, Ohio, Cleveland/Cincinnati/New York 1872, 215–245.

–: Systematische Theologie einheitlich behandelt, Bremen/Zürich/Cincinnati o. J. [1865].

Weiß, Carl: Zur Abwehr. Eine Abhandlung über das Verhältniß der Methodisten zur Landeskirche. (Ein Wort zur Verständigung und zum Frieden), Bremen o. J. [ca. 1878].

Wesley, John: Eine kurze Erklärung der christlichen Vollkommenheit, wie sie geglaubt und gelehrt wurde von dem Ehrw. John Wesley, 2. Aufl. Bremen o. J.

–: Explanatory Notes upon the New Testament, London 1976 [Nachdruck 2000].

–: The Works of John Wesley, Bde. 1–4: Sermons, hrsg. v. Albert C. Outler, Nashville 1984–1987.

Wunderlich, Erhardt F.: Glaubenskampf, oder Freud' und Leid eines Missionars in Deutschland, Dritte durchgelesene und verbesserte Aufl. Cincinnati u. a. 1882.

c) Dokumente

Annual Report of the Missionary Society of the Methodist Episcopal Church, New York 1850–1900.

The Doctrines and Discipline of the Methodist Episcopal Church, 1798 ff.

Journals of the General Conference of the Methodist Episcopal Church. Volume III. 1848–1856, New York/San Francisco/Cincinnati o. J.

Journal of the General Conference of the Methodist Episcopal Church, held in Pittsburgh, PA., 1848, New York 1848.

Journal of the General Conference of the Methodist Episcopal Church, held in Buffalo, N. Y., 1860, New York/San Francisco/Cincinnati o. J.

Journal of the General Conference of the Methodist Episcopal Church, held in Philadelphia, PA., 1864, New York 1864.

Journal of the General Conference of the Methodist Episcopal Church, held in Chicago, Ill., 1868, New York 1868.

Verhandlungen der Jährlichen Missions-Konferenz von Deutschland und der Schweiz der Bischöflichen Methodistenkirche, Bremen 1864 ff.

d) ungedruckte Quellen (aus der Nippert Collection der Cincinnati Historical Society)

Cramer, Friedrich Bernhard: Die göttliche Eingebung der heiligen Schrift.

Curnich, Edward: My Acqaintanceship with the Reverend William Nast, D. D.

o. V.: Dr. F. W. Schneider's System der christlichen Lehre.

o. V.: Exegetische Betrachtungen über chr. Vollkommenheit.

o. V.: In welchem Sinne ist der Glaube Gottes Gabe?

o. V.: Die Liebe die Hauptsumme aller Lehre und der Endzweck aller Religionen.

Margaret, E. C.: Biblische Heiligung [1880].

–: Die Uebereinstimmung der Heilslehren mit der Vernunft, Farmington September 1871.

Miller, Adam: A Historical Scetch of the Origin of German Missions in the Methodist Episcopal Church, Juni 1897.

Nast, Albert: Abhandlung über das heilige Abendmahl, September 1873.

–: Der deutsche Methodismus in seiner Entstehung und Entwicklung, Cincinnati, 11. Dezember 1910.

–: Eine Darstellung und Kritik der Lehre der bedingten Unsterblichkeit.

–: Die Wahrheit.

Nast, Wilhelm: Brief an [Charles Nordhoff?], Cincinnati 7. Juli 1854.

–: Brief an Rev. G. R. Crooks, Cincinnati 27. April 1859.

–: Humanität und Christenthum.

–: Über die Offenbarung.

–: What is implied in the Incarnation of the Logos?

Report of an Interview of Prof. Andrew F. West of Princeton, N. J., with Dr. William Nast, in Reference to his Personal Recollections of David Fr. Strauss, held in Cincinnati o. December 30, 1886 (Revised by Dr. Nast).

Schaal, John: Gottes Plan nach seiner Einheit in Natur und Himmelreich, Oktober 1872.

–: Das Verhältniß der neueren Wissenschaft zur Bibel, etwa 1874.

o. V.: Wm. Nasts letzte Tage (Mai 1899).

2. Sekundärliteratur

a) Methodismus, Heiligungs- und Gemeinschaftsbewegung

Abraham, William J.: „Inspiration in the Classical Wesleyan Tradition", in: Kenneth C. Kinghorn (Hg.), A Celebration of Ministry, Wilmore 1982, 33–47.

Barkley, Wade Crawford: History of Methodist Missions. Part One: Early American Methodism 1769–1844; New York 1949.

–: History of Methodist Missions. Part Two: The Methodist Episcopal Church, 1845–1939, 2 Bde., New York 1957.

Bassett, Paul Merritt: „The Theological Identity of the North American Holiness Movement. Its Understanding and Role of the Bible", in: Donald W. Dayton/Robert K. Johnston (Hg.), The Variety of American Evangelicalism, Downers Grove 1991.

Berewinkel, Johannes S.: „Zur Theologie der Gemeinschaftsbewegung", Jahrbuch Pietismus und Neuzeit 15 (1989) 95–113.

Borgen, Ole E.: „Standards of Doctrine in the United Methodist Church: Never Revoked, Altered or Changed?", Drew Gateway 53 (3.1987) 56–79.

Bucher, August J.: Ein Sänger des Kreuzes. Bilder aus dem Leben von Ernst Gebhardt, Basel 1912.

Bucke, Emory Stevens (Hg.): The History of American Methodism, Bd. 3, Nashville 1966.

Bystrom, Robert E.: The Earliest Methodist Responses to Evolution 1870–1880, unveröffentl. MA Thesis, (Northwestern University) Evanston 1966.

Chiles, Robert E.: „Methodist Apostasy. From Free Grace to Free Will", RelLife 27 (1958) 438–449.

–: Theological Transition in American Methodism 1790–1935, Lanham/New York/London 1983.

Collins, Kenneth J.: The Scripture Way of Salvation. The Heart of John Wesley's Theology, Nashville 1997.

Coppedge, Allan: „Entire Sanctification in Early American Methodism. 1812–1835", WTJ 13 (Spring 1978) 34–50.

Curts, Lewis (Hg.): The General Conferences of the Methodist Episcopal Church from 1792 to 1896. Prepared by a Literary Staff under the Supervision of Rev. Lewis Curts, D. D., Publishing Agent of the Western Methodist Book Concern, Cincinnati/New York 1900.

Cushman, Robert E.: John Wesley's Experimental Divinity. Studies in Methodist Doctrinal Standards, Nashville 1989.

Daniel, W. Harrison: „Wilhelm Nast (1807–1899). Founder of German-Speaking Methodism in America and Architect of the Methodist Episcopal Church Mission in Europe", MethH 39 (2001) 154–165.

Dayton, Donald W.: The American Holiness Movement. A Bibliographical Introduction, Wilmore 1971.

–: „The Doctrine of the Baptism of the Holy Spirit. It's Emergence and Significance", WTJ 13 (Spring 1978) 114–126.

–: „„Good News to the Poor'. The Methodist Experience After Wesley", in: M. Douglas Meeks (Hg.), The Portion of the Poor. Good News to the Poor in the Wesleyan Tradition, Nashville 1995, 65–96.

–: Theological Roots of Pentacostalism, Peabody ²1994.

Dieter, Melvin Easterday: „The Development of Nineteenth Century Holiness Theology", WTJ 20 (Spring 1985) 61–77.

–: The Holiness Revival of the Nineteenth Century, Studies in Evangelicalism 1, Lanham/London ²1996 (zit. als Holiness Revival).

Douglass, Paul F.: The Story of German Methodism. Biography of an Immigrant Soul. With an Introduction by Bishop John L. Nuelsen, Cincinnati 1939.

Du Bose, H. M.: The Symbol of Methodism Being an Inquiry into the History, Authority, Inclusions, and Uses of the Twenty-five Articles. With an Introduction by Bishop E. E. Hoss, Nashville 1907.

Eisele, Karl: Der Methodismus, ein Element des Fortschritts innerhalb des Protestantismus, mit besonderer Berücksichtigung der Verhältnisse in Deutschland, 2. Aufl. Bremen o. J. [1925].

Emory, Robert: History of the Discipline of the Methodist Episcopal Church, revised and brought down to 1856, New York o. J. [1856].

Fabricius, D. Cajus: Die Bischöfliche Methodistenkirche. Ihre Kirchenordnung und ihre Katechismen, Corpus Confessionum 20/I, Berlin/Leipzig 1931.

Flew, R. Newton: The Idea of Perfection in Christian Theology. An Historical Study of the Christian Ideal for the Present Life, Oxford/London 1934.

Frantz, John B.: „Early German Methodism in America", Yearbook of German-American Studies 26 (1991) 171–184.

Funk, Theophil: Ernst Gebhardt der Evangeliums-Sänger, Berlin o. J. [1965].

Golder, Christian/Horst, John H./Schaal, John G. (Hg.): Geschichte der Zentral Deutschen Konferenz. Einschließlich der Anfangsgeschichte des deutschen Methodismus. Herausgegeben nach Anordnung der Konferenz, Cincinnati o. J.

Hammer, Paul Ernst: John L. Nuelsen. Aspekte und Materialien eines biographischen Versuchs, BGEmK 3, Stuttgart 1974.

Harmon, Nolan B.: The Rites and Ritual of Episcopal Methodism With Particular Reference to the Rituals of the Methodist Episcopal Church and the Methodist Episcopal Church, South, Respectively, Nashville u. a. 1926.

Hatch, Nathan O.: „The Puzzle of American Methodism", ChH 63 (1994) 175–189.

Heinatsch, Ernst: Die Krisis des Heiligungsbegriffes in der Gemeinschaftsbewegung der Gegenwart (Theodor Jellinghaus). Eine biblisch-dogmatische Studie. Mit einem Vorwort von D. theol. Karl Müller, Neumünster in Holstein o. J.

Heitzenrater, Richard P.: „At Full Liberty. Doctrinal Standards in Early American Methodism", in: ders., Mirror and Memory. Reflections on Early Methodism, Nashville 1989, 189–204.

Henke, E. W. u. a. (Hg.): Die Nordwest Deutsche Konferenz der Bischöflichen Methodistenkirche. Geschichtlich, Sachlich und Biographisch Geschildert, Charles City o. J. [1913].

Holthaus, Stephan: Fundamentalismus in Deutschland. Der Kampf um die Bibel im Protestantismus des 19. und 20. Jahrhunderts, Bonn 1993.

-: „Heil, Heilung, Heiligung - Zur Geschichte der deutschen Heiligungsbewegung (1875-1909)", JETh 11/12 (1997/ 98) 142-174.

Hunter, Frederick: „Sources of Wesleys's Revision of the Prayer Book in 1784-8", Proceedings of the Wesley Historical Society 23 (1941/42) 123-133.

Hunter, Howard Eugene: William Fairfield Warren. Methodist Theologian, unveröffentl. Dissertation, (Boston University) Boston 1957.

Jones, Charles Edwin: „The Inverted Shadow of Phoebe Palmer", WTJ 31 (Fall 1996) 120-131.

Jüngst, Johannes: Der Methodismus in Deutschland. Ein Beitrag zur neuesten Kirchengeschichte, Giessen ³1906.

King, William McGuire: „Denominational Modernization and Religious Identity. The Case of the Methodist Episcopal Church", in: Russell Richey/ Kenneth E. Rowe/Jean Miller Schmidt (Hg.), Perspectives on American Methodism. Interpretative Essays, Nashville 1993, 343-355.

Kirby, James E./Richey, Russell E./Rowe, Kenneth E.: The Methodists, Westport/London 1996.

Klaiber, Walter/Marquardt, Manfred: Gelebte Gnade. Grundriß einer Theologie der Evangelisch-methodistischen Kirche, Stuttgart 1993.

Kostlevy, William: Holiness Manuscripts. A Guide to Sources Documenting the Wesleyan Holiness Movement in the United States and Canada, ATLA Bibliography Series 34, Metuchen 1994.

Kraft-Buchmüller, Irene: Die Frauen in der Anfangszeit der bischöflichen Methodistenkirche in Deutschland. Eine Untersuchung der eigenkirchlichen Schriften von 1850 bis 1914, BGEmK 41, Stuttgart 1992 .

Lambert, Byron C.: „„Experience' in Two Church Traditions. Differing Semantic Worlds", WTJ 30 (Spring 1995) 134-153.

Langford, Thomas A.: Practical Divinity. Theology in the Wesleyan Tradition, Nashville 1983.

Leete, Frederick DeLand: Methodist Bishops. Personal Notes and Bibliography with Quotations from Unpublished Writings and Reminiscences, Nashville 1948.

Lehmann, Hartmut: „Neupietismus und Säkularisierung. Beobachtungen zum sozialen Umfeld und politischen Hintergrund von Erweckungsbewegung und Gemeinschaftsbewegung", Jahrbuch Pietismus und Neuzeit 15 (1989) 40-58.

Lodewigs, Siegfried: „Methodismus = progressiver Pietismus?", in: Unser Auftrag als Evangelisch-methodistische Kirche - gestern, heute, morgen, EmK heute 18, Stuttgart 1975, 35-53.

Loofs, Friedrich: Art. „Methodismus", RE³, Bd. 12, Leipzig 1903, 747-801.

Magaret, E. C. u. a. (Hg.): Jubiläumsbuch der St. Luois Deutschen Konferenz. Herausgegeben nach ihrer Anordnung zur Feier ihres Fünfundzwanzigjährigen Bestandes, Cincinnati o. J.

Malone, David B.: „The Western Christian Advocate: A Voice in the Wilderness", Bulletin of the Cincinnati Historical Society 51 (1993) 23–29.

Marquardt, Manfred: Praxis und Prinzipien der Sozialethik John Wesleys, 2. durchgesehene Aufl. Göttingen 1986.

–: „Die Vorstellung des ‚ordo salutis' in ihrer Funktion für die Lebensführung der Glaubenden", in: Marburger Jahrbuch Theologie, Bd. 3: Lebenserfahrung, hrsg. von Wilfried Härle und Reiner Preul, Marburg 1990, 29–53.

Maser, Frederick E.: „The Movement that Launched a Church", in: Lectures on Several Occasions, Number One, hrsg. vom Center for Methodist Studies at Bridwell Library, Dallas 1997, 5–23.

Melle, F. H. Otto: Das Walten Gottes im deutschen Methodismus. Mit einem Geleitwort von Bischof D. Dr. J. L. Nuelsen, Bremen o. J. [1925].

Minor, Rüdiger: Die Bischöfliche Methodistenkirche in Sachsen. Ihre Geschichte und Gestalt im 19. Jahrhundert in den Beziehungen zur Umwelt, o. O. o. J. [1968].

Müller, H. u. a. (Hg.): Geschichte der Ost-Deutschen Konferenz, New York o. J. [1916].

Neuffer, P. Dale: „Creedal Freedom in American Methodism", RelLife 43 (1974) 42–51.

Norwood, Frederick A.: Church Membership in the Methodist Tradition, Nashville u. a. 1958.

–: The Story of American Methodism. A History of the United Methodists and their Relations, Nashville/New York 1974.

Nuelsen, John L.: Art. „Methodismus in Amerika", RE³, Leipzig 1903, 1–25.

– /Mann, Theophil/Sommer Johann J. (Hg.): Kurzgefaßte Geschichte des Methodismus von seinen Anfängen bis zur Gegenwart, 2. durchgesehene und erweiterte Aufl. Bremen 1929.

Oden, Thomas C.: Doctrinal Standards in the Wesleyan Tradition, Grand Rapids 1988.

– (Hg.): Phoebe Palmer, Selected Writings, New York/Mahwah 1988.

Ohlemacher, Jörg: Das Reich Gottes in Deutschland bauen. Ein Beitrag zur Vorgeschichte und Theologie der deutschen Gemeinschaftsbewegung, AGP 23, Göttingen 1986.

O'Malley, J. Steven: „Die Heiligungsbotschaft und der moderne deutsche Protestantismus in Beziehung zum Methodismus und zur Evangelischen Gemeinschaft", MSGEmK 10 (Oktober 1989) 35–59.

– /Lessmann, Thomas: Gesungenes Heil. Untersuchungen zum Einfluß der Heiligungsbewegung auf das methodistische Liedgut des 19. Jahrhunderts am Beispiel von Gottlieb Füßle und Ernst Gebhardt, BGEmK 44, Stuttgart 1994.

Outler, Albert C.: „‚Biblical Primitivism' in Early American Methodism", in: Thomas C. Oden/Leicester R. Longden (Hg.), The Wesleyan Theological Heritage. Essays of Albert C. Outler, Grand Rapids 1991, 145–159.

Peters, John L.: Christian Perfection and American Methodism, (Reprint) Salem 1985 (zit. als Christian Perfection).

Pilkington, James Penn: The Methodist Publishing House. A History, 2 Bde., Nashville/New York 1968.

Raedel, Christoph: „Die Auseinandersetzung mit Wesen und Wirken des Spiritismus im deutschsprachigen Methodismus des 19. Jahrhunderts", in: Michael Bergunder (Hg.), Religiöser Pluralismus und das Christentum. Festgabe für Helmut Obst zum 60. Geburtstag, KKR 43, Göttingen 2001, 55–73.

–: „Die Bischöfliche Methodistenkirche im 19. Jahrhundert als ‚Bekenntniskirche mit erfahrungstheologischer Grundstruktur'", Freikirchenforschung 10 (2000) 167–213.

–: „Der deutsch-amerikanische Methodismus im 19. Jahrhundert zwischen Aufklärung und Erweckung. Eine Untersuchung zu Jesse Jäckel (1820–1895), Prediger der Evangelischen Gemeinschaft", JETh 16 (2002) 99–127.

–: „‚Gemeindegründung als Mittel zur persönlichen Seelenrettung' – oder: Mit welcher Absicht kamen die bischöflichen Methodisten nach Deutschland?", EmK Geschichte 23 (Oktober 2002) 5–22.

–: „Kinder und Kirche. Die ekklesiologische Bestimmung des kirchlichen Status getaufter Kinder in der Bischöflichen Methodistenkirche des 19. Jahrhunderts", ThfPr 28.1–2 (2002) 60–78.

–: „Methodistische Theologie im 19. Jahrhundert. Der deutsch-amerikanische und deutsche Kirchenzweig der Bischöflichen Methodistenkirche. Ein Forschungsbericht", EmK Geschichte 24 (März 2003) 54–57.

–: „Zur Rezeption August Tholucks im deutsch-amerikanischen bischöflichen Methodismus des 19. Jahrhunderts", Pietismus und Neuzeit 27 (2001) 185–199.

Richey, Russell E.: „History as a Bearer of Denominational Identity. Methodism as a Case Study", in: Russell E. Richey/Kenneth E. Rowe/Jean Miller Schmidt (Hg.), Perspectives on American Methodism. Interpretative Essays, Nashville 1993, 480–497.

–: „Methodism and Providence. A Study in Secularization", in: Protestant Evangelicalism. Britain, Ireland, Germany and America 1750–1950. Essays in Honour of W. R. Ward, hrsg. von Keith Robbins, Studies in Church History Subsidia 7, Oxford 1990, 51–77.

–: „The Social Sources of Denominationalism. Methodism", in: ders. (Hg.), Denominationalism, Nashville 1977, 163–179.

Rott, Ludwig: Die englischen Beziehungen der Erweckungsbewegung und die Anfänge des wesleyanischen Methodismus in Deutschland. Ein Beitrag zur Geschichte der Erweckungsbewegung und des Freikirchentums in der 1. Hälfte des 19. Jahrhunderts, BGM 1, Frankfurt am Main 1968.

Runyon, Theodore H.: The New Creation. John Wesley's Theology Today, Nashville 1998.

Sanders, Paul S.: „The Sacraments in Early American Methodism", ChH 26 (1957) 365–371.

Schaedel, Heinrich (Hg.): Lebensbild von Professor Ernst F. Ströter. Ein Ruhm der Gnade, Klosterlausnitz o. J. [1923].

Schmidt, Jean Miller: „Reexamining the Public/Privat Split. Reforming the Continent and Spreading Scriptual Holiness", in: Russell E. Richey/Kenneth E. Rowe/Jean Miller Schmidt (Hg.), Perspectives on American Methodism. Interpretive Essays, Nashville 1993, 228–247.

Schmieder, Lucida: Geisttaufe. Ein Beitrag zur neueren Glaubensgeschichte, Paderborner Theologische Studien 13, Paderborn u. a. 1982 (zit. als *Geisttaufe*).

Schulz, Walter: Die Bedeutung der vom angelsächsischen Methodismus beeinflußten Liederdichtung für unsere deutschen Kirchengesänge, illustriert an den Liedern von Ernst Gebhardt. Ein Beitrag zur Geschichte der Frömmigkeit, Greifswalder Theologische Forschungen 3, Greifswald 1934.

Scott, Leland Howard: „Methodist Theology in America in the Nineteenth Century", RelLife 25 (1955/56) 87–98.

–: Methodist Theology in the Nineteenth Century, 2 Bde., unveröffentl. Diss. (Yale) 1954.

Sherman, David: History of the Revisions of the Discipline of the Methodist Episcopal Church, New York/Cincinnati ³1890.

Shipley, David C.: „The Development of Theology in American Methodism in the Nineteenth Century", London Quarterly & Holborn Review 28 (1959) 249–264.

Sider-Dayton, Lucille/Dayton, Donald W.: „‚Your Daughters Shall Prophesy‘. Feminism in the Holiness Movement", MethH 14 (1976) 67–92.

Sinnema, John R.: „German Methodism in Ohio", Bulletin of the Cincinnati Historical Society 41 (1983) 39–46.

Smith, Timothy L.: „Christian Perfection and American Idealism 1820–1900", Asbury Seminarian 31 (1976) 7–34.

Sommer, Ernst: „Fehlentwicklungen der EmK in den vergangenen 125 Jahren", in: Unser Auftrag als Evangelisch-methodistische Kirche – gestern, heute, morgen, EmK heute 18, Stuttgart 1975, 5–34.

– (Hg.): Der Methodismus, Die Kirchen der Welt 6 [Reihe A], Stuttgart 1968.

Sommer, J. W. Ernst: Die christliche Erfahrung im Methodismus, Methodismus in Dokumenten 2, Zürich 1949.

Steckel, Karl: „‚Bekenntnis‘ in der Evangelisch-methodistischen Kirche", MSGEmK 2 (2.1981) 17–30.

–: Die Bibel im deutschsprachigen Methodismus. Mit Thesen zum heutigen Schriftverständnis aus evangelisch-methodistischer Sicht, BGEmK 25, Stuttgart 1987.

Stein, K. James: Baltimore 1784. Von der Bewegung zur Kirche, BGEmK 17, Stuttgart 1984.

Streiff, Patrick Philipp: „Im Spannungsfeld zwischen etablierter Kirche und Erweckungsbewegung", ThfPr 16 (1990) 30–35.

–: Jean Guillaume de la Fléchère John William Fletcher 1729–1785. Ein Beitrag zur Geschichte des Methodismus, BSHST 51, Frankfurt am Main/ Bern/New York 1984.

Sweet, William Warren: Methodism in American History, Revised Edition, New York/Nashville 1953.

Truesdale, Al: „Reification of the Experience of Entire Sanctification in the American Holiness Movement", WTJ 31 (Fall 1996) 95–117.

Voigt, Karl Heinz: Die Anfänge der Evangelisch-methodistischen Kirche in Hessen. Mit einem Vorwort von Karl Steckel, BGEmK 12, Stuttgart 1982.

–: Die charismatische Grundstruktur der Evangelisch-methodistischen Kirche. Ein Beitrag zum zwischenkirchlichen Gespräch, EmK heute 28, Stuttgart 1979.

–: „Die deutschen Methodisten in Amerika und die reformatorischen Kirchen Europas", MSGEmK 2 (2.1981) 6–16.

–: „Der deutschsprachige Zweig der Methodistenkirche in den Vereinigten Staaten von Amerika", in: Karl Steckel/C. Ernst Sommer (Hg.), Geschichte der Evangelisch-methodistischen Kirche. Weg, Wesen und Auftrag des Methodismus unter besonderer Berücksichtigung der deutschsprachigen Länder Europas, Stuttgart 1982, 39–58.

–: „Die Glaubensartikel der Methodistenkirche. Ihre Herkunft und Zukunft", Der Mitarbeiter 18 (1991) 3–9.

–: Die Heiligungsbewegung zwischen Methodistischer Kirche und Landeskirchlicher Gemeinschaft. Die „Triumphreise" von Robert Pearsall Smith im Jahre 1875 und ihre Auswirkungen auf die zwischenkirchlichen Beziehungen, Wuppertal 1996 (zit. als *Heiligungsbewegung*).

–: „Die Methodistenkirche in Deutschland", in: Karl Steckel/C. Ernst Sommer (Hg.), Geschichte der Evangelisch-methodistischen Kirche. Weg, Wesen und Auftrag des Methodismus unter besonderer Berücksichtigung der deutschsprachigen Länder Europas, Stuttgart 1982, 85–112.

–: „‚Die Neuevangelisierung der längst Entchristlichten' – Eine Forderung von Professor Christlieb von 1888. Evangelisation in Landeskirchen, Freikirchen und Gemeinschaftsbewegung", „Alles ist euer, ihr aber seid Christi", FS Dietrich Meyer, hrsg. v. Rudolf Mohr, Schriftenreihe des Vereins für Rheinische Kirchengeschichte 147, Köln 2000, 433–458.

–: „Ökumenische Wirkungen der Wittenberger Reformation in den angelsächsischen Ländern", MSGEmK 10 (Oktober 1989) 4–34.

–: Warum kamen die Methodisten nach Deutschland? Eine Untersuchung über ihre Motive für ihre Mission in Deutschland. Mit einem Geleitwort von Prof. Dr. Jürgen W. Winterhagen, BGEmK 4, Stuttgart 1975.

Ware, Steven: „Restorationism in the Holiness Movement, Late Nineteenth and Early Twentieth Centuries", WTJ 34 (Spring 1999) 200–219.

Warfield, Benjamin Breckinridge: Perfectionism, Bd. 1, The Works of Benjamin B. Warfield 7, Reprint Grand Rapids 2000 [1932].

Weyer, Michel: Die Bedeutung von Wesleys Lehrpredigten für die Methodisten, BGEmK 26, Stuttgart 1987.

–: Heiligungsbewegung und Methodismus im deutschen Sprachraum. Einführung in ein Kapitel methodistischer Frömmigkeitsgeschichte und kleine Chronik einer Bewegung des 19. Jahrhunderts. Mit ausgewählten Quellen und Bibliographie, BGEmK 40, Stuttgart 1991.

–: „The Holiness Tradition in German-Speaking Methodism", Asbury Theological Journal 50/51 (Fall 1995/Spring 1996) 197–210.

Wheeler, Henry: History and Exposition of the Twenty-five Articles of Religion of the Methodist Episcopal Church, New York/Cincinnati 1908.

White, Charles Edward: The Beauty of Holiness. Phoebe Palmer As Theologian, Revivalist, Feminist, and Humanitarian, Grand Rapids 1986.

White, James F. (Hg.): John Wesley's Sunday Service of the Methodists in North America, o. O. [Nashville] 1984.

Wittke, Carl: William Nast. Patriarch of German Methodism, Detroit 1959.
Wunderlich, Friedrich: Brückenbauer Gottes, BGM 7, Frankfurt am Main 1963 [engl.: Methodists Linking Two Continents. The Stories of Six German-American Methodists, Nashville u. a. 1960].
Yrigoyen, Charles Jr./Warrick, Susan E.: Historical Dictionary of Methodism, Historical Dictionaries of Religions, Philosophies, and Movements 8, Lanham/London 1996.
Zehrer, Eva-Maria: „Reaktionen auf die Heiligungsbewegung aus den evangelischen Landeskirchen", MSGEmK 13 (Oktober 1992) 2-16.
Zehrer, Karl: Dogmatische Arbeiten in einer deutschen Freikirche, unveröffentl. Manuskript, o. O. o. J.
–: Der Methodismus in Deutschland. Seine Ausbreitung und Probleme der Kirchwerdung, 1830–1968, unveröffentl. Diss., (Martin-Luther-Universität) Halle 1971.
Ziegler, Ulrich: Heiligung und sozialethisches Handeln im deutschsprachigen Methodismus des 19. Jahrhunderts, unveröffentl. Manuskript, o. O. o. J. [1992].

b) Protestantische Theologiegeschichte und Wissenschaftsgeschichte

Adams, Charles: Evangelism in the Middle of the Nineteenth Century; or, An Exhibit, Descriptive and Statistical, of the Present Condition of Evangelical Religion in all the Countries of the World, Boston 1851.
Ahlstrom, Sydney E.: A Religious History of the American People, New Haven/London 1972.
–: „The Scottish Philosophy and American Theology", ChH 24 (1955) 257–272.
Altner, Günter (Hg.): Der Darwinismus. Die Geschichte einer Theorie, Darmstadt 1981.
Axt-Piscalar, Christine: Ohnmächtige Freiheit. Studien zum Verhältnis von Subjektivität und Sünde bei August Tholuck, Julius Müller, Sören Kierkegaard und Friedrich Schleiermacher, BHTh 94, Tübingen 1996.
–: Art. „Sünde VII. Reformation und Neuzeit", TRE, Bd. 32, 400–436.
Barth, Karl: Die protestantische Theologie im 19. Jahrhundert, Zürich/Züllikon 1947.
Bebbington, David W.: „Science and Evangelical Theology in Britain from Wesley to Orr", in: David N. Livingstone/D. G. Hart/Mark A. Noll (Hg.), Evangelicals and Science in Historical Perspective, New York/Oxford 1999, 120–141.
Benz, Ernst: Kirchengeschichte in ökumenischer Sicht, Leiden/Köln 1961.
Bergquist, James M.: „German Communities in American Cities. An Interpretation of the Nineteenth-Century Experience", Journal of American Ethnic History (Fall 1984) 9–30.
Besier, Gerhard: Religion – Nation – Kultur. Die Geschichte der christlichen Kirchen in den gesellschaftlichen Umbrüchen des 19. Jahrhunderts, Neukirchen-Vluyn 1992.
Beyreuther, Erich: Die Erweckungsbewegung, KIG 4/R, 2. ergänzte Aufl. Göttingen 1977.

–: „Die Rückwirkung amerikanischer kirchengeschichtlicher Wandlungen auf das evangelische Deutschland im 19. und 20. Jahrhundert", ÖR 13 (1964) 237–256.

Blankenship, Paul F.: „Bishop Asbury and the Germans", MethH 4 (1966) 5–13.

Bowler, Peter J.: „Herbert Spencers Idee der Evolution und ihre Rezeption", in: Eve-Marie Engels (Hg.), Die Rezeption von Evolutionstheorien im 19. Jahrhundert, Frankfurt am Main 1995, 309–325.

Brauer, Jerald C.: „Revivalism and Milleniarism in America", in: In the Great Tradition. In Honor of Winthrop S. Hudson. Essays on Pluralism, Voluntarism, and Revivalism, hrsg. von Joseph D. Ban/Paul R. Dekar, Valley Forge 1982.

Brooke, John Hedley: „Between Science and Theology. The Defence of Teleology in the Interpretation of Nature, 1820–1876", Zeitschrift für neuere Theologiegeschichte 1 (1994) 47–65.

–: „The History of Science and Religion. Some Evangelical Dimensions", in: David N. Livingstone/D. G. Hart/Mark A. Noll (Hg.), Evangelicals and Science in Historical Perspective, New York/Oxford 1999, 17–40.

Brown, Jerry Wayne: The Rise of Biblical Criticism in America, 1800–1870. The New England Scholars, Middletown 1969.

Bushnell, Horace: Christian Nurture, Cleveland 1994 [1861].

Chadwick, Owen: The Secularization of the European Mind in the Nineteenth Century, Cambridge 1995 [1975].

Conser, Walter: Church and Confession. Conservative Theologians in Germany, England, and America 1815–1866, Mercer University Press 1984.

Courth, Franz: „Die Evangelienkritik des D. Fr. Strauß im Echo seiner Zeitgenossen. Zur Breitenwirkung seines Werkes", in: Georg Schwaiger (Hg.), Historische Kritik in der Theologie. Beiträge zu ihrer Geschichte, SThGG 32, Göttingen 1980, 61–98.

Dillenberger, John: Protestant Thought and Natural Science. A Historical Interpretation, Westport 1960.

Dupree, A. Hunter: „Christianity and the Scientific Community in the Age of Darwin", in: David C. Lindberg/Ronald L. Numbers, God and Nature. Historical Essays on the Encounter between Christianity and Science, Berkeley 1986, 351–368.

Easton, Loyd D.: „German Philosophy in Nineteenth Century Cincinnati – Stallo, Conway, Nast and Willich", Bulletin of the Cincinnati Historical Society 20 (1963) 15–28.

Ebrard, Johannes Heinrich August: Christliche Dogmatik, 2 Bde., Königsberg 1851/1852.

Elert, Werner: Der Kampf um das Christentum. Geschichte der Beziehungen zwischen dem evangelischen Christentum in Deutschland und dem allgemeinen Denken seit Schleiermacher und Hegel, München 1921.

Engels, Eve-Marie: „Biologische Ideen von Evolution im 19. Jahrhundert und ihre Leitfunktionen. Eine Einführung", in: dies. (Hg.), Die Rezeption von Evolutionstheorien im 19. Jahrhundert, Frankfurt am Main 1995, 13–66.

Flower, Elisabeth/Murphey, Murray G.: A History of Philosophy in America, Bd. 2, New York 1977.

Flückiger, Felix: Die protestantische Theologie des 19. Jahrhunderts, KIG 4/P, Göttingen 1975.

Gäbler, Ulrich: Auferstehungszeit. Erweckungsprediger des 19. Jahrhunderts. Sechs Porträts, München 1991.

Gauvreau, Michael: „The Empire of Evangelicalism. Varieties of Common Sense in Scotland, Canada, and the United States", in: Mark A. Noll/David W. Bebbington/George A. Rawlyk (Hg.), Evangelicalism. Comparative Studies of Popular Protestantism in North America, the British Isles and Beyond 1700-1900, New York 1994, 219-252.

Geiger, Max: „Das Problem der Erweckungstheologie", Theologische Zeitschrift 14 (1958) 430-450.

Geikie, Archibald: The Founders of Geology, New York ²1962.

Geldbach, Erich: Freikirchen - Erbe, Gestalt und Wirkung, BenshH 70, Göttingen 1989.

Graf, Friedrich Wilhelm: „The Old Faith and the New: The Late Theology of D. F. Strauss", in: Henning Graf Reventlow/William Farmer (Hg.), Biblical Studies and the Shifting of Paradigms, 1850-1914, Journal for the Study of the Old Testament, Supplement Series 192, Sheffield 1995, 223-245.

Gregory, Frederick: „The Impact of Darwinian Evolution on Protestant Theology in the Nineteenth Century", in: David C. Lindberg/Ronald L. Numbers (Hg.), God and Nature. Historical Essays on the Encounter between Christianity and Science, Berkeley 1986, 369-390.

-: Nature Lost? Natural Science and the German Theological Traditions of the Nineteenth Century, Cambridge (Ma.)/London 1992.

Guelzo, Allen C.: „„The Science of Duty'. Moral Philosophy and the Epistemology of Science in Nineteenth-Century America", in: David N. Livingstone/D. G. Hart/Mark A. Noll (Hg.), Evangelicals and Science in Historical Perspective, New York/Oxford 1999, 267-289.

Guggisberg, Hans Rudolf: „Philip Schaff's Vision of America", Yearbook of German-American Studies 25 (1990) 23-34.

Hamel, Jürgen: Astronomiegeschichte in Quellentexten. Von Hesiod bis Hubbel, Heidelberg/Berlin/Oxford 1996.

-: Geschichte der Astronomie. Von den Anfängen bis zur Gegenwart, Basel/Boston/Berlin 1998.

Hamilton, James E.: „Academic Orthodoxy and the Arminianizing of American Theology", WTJ 9 (Spring 1974) 52-59.

Hauzenberger, Hans: Einheit auf evangelischer Grundlage. Von Werden und Wesen der Evangelischen Allianz, Gießen/Zürich 1986.

Handy, Robert T.: „The Protestant Quest for a Christian America, 1830-1930", in: Henry Warner Bowden/P. C. Kemeny (Hg.), American Church History. A Reader, Nashville 1998, 50-58.

Hirsch, Emanuel: Geschichte der neuern evangelischen Theologie im Zusammenhang mit den allgemeinen Bewegungen des europäischen Denkens, Bd. 5, Gütersloh 1954.

Hölder, Helmut: Geologie und Paläontologie in Texten und ihrer Geschichte, Freiburg/München 1960.

Hofstadter, Richard: Anti-intellectualism in American Life, New York 1963.

Hudson, Winthrop: „Denominationalism as a Basis for Ecumenicity. A Seventeenth Century Conception", ChH 24 (1955) 32-50.

Hughes, Richard T.: „Christian Primitivism as Perfectionism. From Anabaptists to Pentecostals", in: Stanley M. Burgess (Hg.), Reaching Beyond. Chapters in the History of Perfectionism, Peabody 1986, 213-255.

Hull, David: Darwin and His Critics. The Reception of Darwins Theory of Evolution by the Scientific Community, Cambridge (Ma.) 1973.

Jung, Martin H.: Der Protestantismus in Deutschland von 1815 bis 1870, KGE III/3, Leipzig 2000.

Junker, Thomas: Darwinismus und Botanik. Rezeption, Kritik und theoretische Alternativen im Deutschland des 19. Jahrhunderts. Mit einem Geleitwort von Rudolf Schmitz, Quellen und Studien zur Geschichte der Pharmazie 54, Stuttgart 1989.

–: „Zur Rezeption der Darwinschen Theorien bei deutschen Botanikern (1859-1880)", in: Eve-Marie Engels (Hg.), Die Rezeption von Evolutionstheorien im 19. Jahrhundert, Frankfurt am Main 1995, 147-181.

Kähler, Martin: Geschichte der protestantischen Dogmatik im 19. Jahrhundert, TB 16, München 1962.

Kantzenbach, Friedrich Wilhelm: Die Erweckungsbewegung. Studien zur Geschichte ihrer Entstehung und ersten Ausbreitung in Deutschland, Neuendettelsau 1957.

Kübel, Robert: „Apologetik", in: Otto Zöckler (Hg.), Handbuch der theologischen Wissenschaften in encyklopädischer Darstellung mit besonderer Rücksicht auf die Entwicklungsgeschichte der einzelnen Disziplinen, Dritter Band: Systematische Theologie, 3. sorgfältig durchgesehene, teilweise neu bearbeitete Aufl. München 1890, 205-346.

Lehmann, Hartmut: Martin Luther in the American Imagination, American Studies 63, München 1988.

Livingstone, David N.: Darwin's Forgotten Defenders. The Encounter between Evangelical Theology and Evolutionary Thought, Grand Rapids/Edinburgh 1987.

–: „Darwinism and Calvinism. The Belfast-Princeton Connection", ISIS 83 (1992) 408-428.

Luebke, David: „German Exodus. Historical Perspectives on the Nineteenth-Century Emigration", Yearbook of German-American Studies 20 (1985) 1-17.

Luthardt, Chr. Ernst: Die Lehre vom freien Willen und seinem Verhältniß zur Gnade in ihrer geschichtlichen Entwicklung dargestellt, Leipzig 1863.

Magnuson, Norris A./Travis, William G.: American Evangelicalism. An Annotated Bibliography, West Cornwall 1990.

Marsden, George M.: Fundamentalism and American Culture. The Shaping of Twentieth-Century Evangelicalism: 1870-1925, New York/Oxford 1980.

–: „Fundamentalism as an American Phenomenon. A Comparison with English Evangelicalism", ChH 46 (1977) 215-232.

–: Understanding Fundamentalism and Evangelicalism, Grand Rapids 1991.

Martensen, Hans Lassen: Die christliche Dogmatik. Aus dem Dänischen, vierte verbesserte, mit einem Vorwort vermehrte Aufl., Kiel 1858.

Mathisen, Robert R.: „Evangelicals and the Age of Reform, 1870–1930. An Assessment", Fides et Historica 16 (Spring/Summer 1984) 74–85.

Mead, Sidney E.: „Denominationalism. The Shape of Protestantism in America", ChH 23 (1954) 291–320.

Mildenberger, Friedrich: Geschichte der deutschen evangelischen Theologie im 19. und 20. Jahrhundert, Stuttgart 1981.

Montgomery, William M.: „Germany", in: Thomas F. Glick (Hg.), The Comparative Reception of Darwinism, Austin/London 1974, 81–116.

Noll, Mark A.: Das Christentum in Nordamerika, KGE IV/5, Leipzig 2000.

–: „Common Sense Traditions and American Evangelical Thought", American Quarterly 37 (1985) 216–238.

–: A History of Christianity in the United States and Canada, Grand Rapids 1992.

–: „Science, Theology, and Society. From Cotton Mather to William Jennings Bryan", in: David N. Livingstone/D. G. Hart/Mark A. Noll (Hg.), Evangelicals and Science in Historical Perspective, New York/Oxford 1999, 99–119.

Numbers, Ronald L.: Creation by Natural Law. Laplace's Nebular Hypothesis in American Thought, Seattle/London 1977.

–: Darwinism Comes to America, Cambridge (Ma.)/London 1998.

Pannenberg, Wolfhart: Problemgeschichte der neueren evangelischen Theologie in Deutschland. Von Schleiermacher bis zu Barth und Tillich, Göttingen 1997.

Pfeifer, Edward J.: „United States", in: Thomas F. Glick (Hg.), The Comparative Reception of Darwinism, Austin/London 1974, 168–206.

Pöhlmann, Horst G.: Art. „Apologetik", EKL, Bd. 1, Göttingen [3]1986, 213–217.

Radl, Emil: Geschichte der biologischen Theorien, II. Teil: Geschichte der Entwicklungstheorien in der Biologie des XIX. Jahrhunderts, 2. gänzlich umgearbeitete Aufl. Leipzig 1909.

Roberts, Jon H.: Darwinism and the Divine in America. Protestant Intellectuals and Organic Evolution, 1859–1900, Madison/London 1988.

Rohls, Jan: Protestantische Theologie der Neuzeit, Band 1: Die Voraussetzungen und das 19. Jahrhundert, Tübingen 1997.

Rudwick, Martin J.: „The Shape and Meaning of Earth History", in: David C. Lindberg/Ronald L. Numbers, God and Nature. Historical Essays on the Encounter between Christianity and Science, Berkeley 1986, 296–321.

Sandmann, Jürgen: „Ernst Haeckels Entwicklungslehre als Teil seiner biologistischen Weltanschauung", in: Eve-Marie Engels (Hg.), Die Rezeption von Evolutionstheorien im 19. Jahrhundert, Frankfurt am Main 1995, 326–346.

Schleiermacher, Daniel Friedrich Ernst: Kurze Darstellung des theologischen Studiums zum Behuf einleitender Vorlesungen, 2. umgearbeitete Aufl. Berlin 1830.

Schneckenburger, Matthias: Vorlesungen über die Lehrbegriffe der kleineren protestantischen Kirchenparteien, aus dessen handschriftlichem Nachlass herausgegeben von Dr. Karl Bernhard Hundeshagen, Frankfurt am Main 1863.

Schneider, Herbert W.: A History of American Philosophy, New York [2]1963.

Schultze, Viktor: „Evangelische Polemik (Katholizismus und Protestantismus)", in: Otto Zöckler (Hg.), Handbuch der theologischen Wissenschaften in encyklopädischer Darstellung mit besonderer Rücksicht auf die Entwicklungsgeschichte der einzelnen Disziplinen, Dritter Band: Systematische Theologie, 3. sorgfältig durchgesehene, teilweise neu bearbeitete Aufl. München 1890, 349–457.

Smith, Timothy L.: „Congregation, State, and Denomination. The Forming of the American Religious Structure", in: Russell E. Richey (Hg.), Denominationalism, Nashville 1977, 47–67.

–: Revivalism & Social Reform. American Protestantism on the Eve of the Civil War. With a new Afterword by the Author, Baltimore/London [2]1980.

Spitz, Lewis W.: „Luther in America. Reformation History Since Philip Schaff", in: Bernd Moeller (Hg.), Luther in der Neuzeit. Wissenschaftliches Symposion des Vereins für Kirchengeschichte, SVRG 192, Gütersloh 1983, 160 ff.

Steck, Karl Gerhard: Art. „Apologetik II. Neuzeit", TRE, Bd. 3, 411–424.

Stilling, Rodney L.: „Scriptual Geology in America", in: David N. Livingstone/D. G. Hart/Mark A. Noll (Hg.), Evangelicals and Science in Historical Perspective, New York/Oxford 1999, 177–192.

Thielicke, Helmut: Glauben und Denken in der Neuzeit. Die großen Systeme der Theologie und Religionsphilosophie, Tübingen 1983.

Tholuck, August: Die Lehre von der Sünde und vom Versöhner, oder: Die wahre Weihe des Zweiflers, Gotha [8]1862.

Turner, James: Without God, Without Creed. The Origins of Unbelief in America, Baltimore/London 1986.

Voigt, Karl Heinz: Die Evangelische Allianz als ökumenische Bewegung. Freikirchliche Erfahrungen im 19. Jahrhundert, Stuttgart 1990.

Weindling, P. J.: „Darwinism in Germany", in: David Kohn (Hg.), The Darwinian Heritage, Princeton 1985.

Welch, Claude: Protestant Thought in the Nineteenth Century, 2 Bde., New Haven/London 1972/1985.

Wenz, Gunter: „Erweckte Theologie. Friedrich August Gottreu Tholuck 1799–1877", in: Friedrich Wilhelm Graf (Hg.), Profile des neuzeitlichen Protestantismus, Bd. 1, Gütersloh 1990, 251–264.

–: Art. „Erweckungstheologie, 1. Deutschland", EKL, Bd. 1, Göttingen [3]1985, 1088–1094.

–: Geschichte der Versöhnungslehre in der evangelischen Theologie der Neuzeit, 2 Bde., München 1984/1986.

Winkler, Jochen: Der Kirchenhistoriker Jean Henri Merle d'Aubigne, BSHST 12, Zürich 1968.

Wittkau-Horgby, Annette: Materialismus. Entstehung und Wirkung in den Wissenschaften des 19. Jahrhunderts, Göttingen 1998.

Wuketis, Franz M.: Eine kurze Kulturgeschichte der Biologie. Mythen – Darwinismus – Gentechnik, Darmstadt 1998.

Zöckler, Otto: Die christliche Apologetik im neunzehnten Jahrhundert, Gütersloh 1904.

–: Geschichte der Beziehungen zwischen Theologie und Naturwissenschaft mit besondrer Rücksicht auf Schöpfungsgeschichte. Zweite Abtheilung: Von Newton und Leibniz bis zur Gegenwart, Gütersloh 1879.

–: „Der Himmel des Naturforschers und der Himmel des Christen", in: W. Frommel/F. Pfaff, Sammlung von Vorträgen für das deutsche Volk, Bd. 7, Heidelberg 1882, 179–205.

Kirche – Konfession – Religion

Veröffentlichungen des Konfessionskundlichen Instituts des Evangelischen Bundes
Herausgegeben von Hans-Martin Barth, Jörg Haustein und Helmut Obst

46: Fernando Enns
Friedenskirche in der Ökumene
Mennonitische Wurzeln einer Ethik der
Gewaltfreiheit
2003. 364 Seiten, gebunden
ISBN 3-525-56550-X

Der Verfasser entfaltet das Selbstverständnis der Friedenskirchen, skizziert Potenziale und Perspektiven und
entwickelt ein eigenes, trinitarisch
gefülltes Konzept von „Gemeinschaft"/communio.

45: Harald Lamprecht
Neue Rosenkreuzer
Ein Handbuch
2003. 350 Seiten, gebunden
ISBN 3-525-56549-6

H. Lamprecht zeichnet aufgrund
solider historischer Untersuchungen
erstmalig die gesamte Bandbreite
modernen Rosenkreuzertums nach.
Dabei ergibt sich ein buntes Bild: Verschiedene Gemeinschaften freimau-
rerischer, theosophischer oder neu-
gnostischer Prägung konkurrieren
um den Anspruch, die echten „Erben"
der Rosenkreuzer zu sein.

44: Werner Thiede
Wer ist der kosmische Christus?
Karriere und Bedeutungswandel einer
modernen Metapher
2001. 513 Seiten, kartoniert
ISBN 3-525-56548-8

Der *kosmische Christus* hat im 20.
Jahrhundert wachsendes Interesse
auf sich gezogen – sowohl innerhalb

als auch außerhalb von Theologie
und Kirche. Erstmals wird hier die
spannende Gesamtgeschichte dieses
vor hundert Jahren geprägten
Begriffs theologisch aufgearbeitet
und bewertet.

43: Michael Bergunder (Hg.)
Religiöser Pluralismus und das Christentum
Festgabe für Helmut Obst zum
60. Geburtstag
2001. 188 Seiten, kartoniert
ISBN 3-525-56547-X

42: Peter Zimmerling
Die charismatischen Bewegungen
Theologie – Spiritualität – Anstöße zum
Gespräch
2., durchgesehene Auflage 2002. 435 Seiten,
gebunden
ISBN 3-525-56546-1

Diese systematische Darstellung von
Theologie und Frömmigkeit der
charismatischen Bewegungen im
deutschsprachigen Raum legt die
Schwerpunkte auf Gottesdienst,
Spiritualität, Seelsorge und
Gemeindeaufbau.

Vandenhoeck
& Ruprecht

Kirchengeschichte

Der Württemberger Pietist Christoph Gottlob Müller (1785-1858), der 1806 im Zuge der Erweckung nach England kam und dort Methodist wurde, war nach 1830 Wegbereiter des Methodismus in Deutschland. Burkhardts Studie liefert die erste kritische Gesamtdarstellung von Leben und Werk Müllers und zeichnet in mehrfacher Hinsicht ein völlig neues und differenziertes Bild der Anfänge des Methodismus in Deutschland.

Neben einem facettenreichen Einblick in Glaubenswelt und Gebräuche der Methodisten verortet Burkhardt den zeitgenössischen Methodismus in Deutschland in seiner Bedeutung als Teil einer internationalen protestantischen Bewegung des 19. Jahrhunderts.

Friedemann Burkhardt
Christoph Gottlob Müller
und die Anfänge des Methodismus in Deutschland

Arbeiten zur Geschichte des Pietismus, Band 43.
2003. 464 Seiten mit 11 Tabellen und 5 Karten, gebunden
ISBN 3-525-55828-7

V&R
Vandenhoeck & Ruprecht